PLANEJAMENTO FAMILIAR NAS FAMÍLIAS LGBT

Desafios sociais e jurídicos do recurso à reprodução humana assistida no Brasil

MANUEL CAMELO FERREIRA DA SILVA NETTO

Prefácio
Fabíola Albuquerque Lobo

Posfácio
Maria Rita de Holanda

PLANEJAMENTO FAMILIAR NAS FAMÍLIAS LGBT

Desafios sociais e jurídicos do recurso à reprodução humana assistida no Brasil

5

Belo Horizonte

2021

© 2021 Editora Fórum Ltda.

É proibida a reprodução total ou parcial desta obra, por qualquer meio eletrônico, inclusive por processos xerográficos, sem autorização expressa do Editor.

Coordenação da Coleção
Marcos Ehrhardt Júnior

Conselho Editorial da Coleção
Ana Carolina Brochado Teixeira
Anderson Schreiber
Eroulths Cortiano Junior
Fabiola Albuquerque Lobo
Flávio Tartuce
Gustavo Tepedino
Nelson Rosenvald
Paulo Lôbo
Rodrigo da Cunha Pereira

Conselho Editorial

Adilson Abreu Dallari
Alécia Paolucci Nogueira Bicalho
Alexandre Coutinho Pagliarini
André Ramos Tavares
Carlos Ayres Britto
Carlos Mário da Silva Velloso
Cármen Lúcia Antunes Rocha
Cesar Augusto Guimarães Pereira
Clovis Beznos
Cristiana Fortini
Dinorá Adelaide Musetti Grotti
Diogo de Figueiredo Moreira Neto (*in memoriam*)
Egon Bockmann Moreira
Emerson Gabardo
Fabrício Motta
Fernando Rossi
Flávio Henrique Unes Pereira

Floriano de Azevedo Marques Neto
Gustavo Justino de Oliveira
Inês Virgínia Prado Soares
Jorge Ulisses Jacoby Fernandes
Juarez Freitas
Luciano Ferraz
Lúcio Delfino
Marcia Carla Pereira Ribeiro
Márcio Cammarosano
Marcos Ehrhardt Jr.
Maria Sylvia Zanella Di Pietro
Ney José de Freitas
Oswaldo Othon de Pontes Saraiva Filho
Paulo Modesto
Romeu Felipe Bacellar Filho
Sérgio Guerra
Walber de Moura Agra

FÓRUM
CONHECIMENTO JURÍDICO

Luís Cláudio Rodrigues Ferreira
Presidente e Editor

Coordenação editorial: Leonardo Eustáquio Siqueira Araújo
Aline Sobreira de Oliveira

Av. Afonso Pena, 2770 – 15º andar – Savassi – CEP 30130-012
Belo Horizonte – Minas Gerais – Tel.: (31) 2121.4900 / 2121.4949
www.editoraforum.com.br – editoraforum@editoraforum.com.br

Técnica. Empenho. Zelo. Esses foram alguns dos cuidados aplicados na edição desta obra. No entanto, podem ocorrer erros de impressão, digitação ou mesmo restar alguma dúvida conceitual. Caso se constate algo assim, solicitamos a gentileza de nos comunicar através do *e-mail* editorial@editoraforum.com.br para que possamos esclarecer, no que couber. A sua contribuição é muito importante para mantermos a excelência editorial. A Editora Fórum agradece a sua contribuição.

Dados Internacionais de Catalogação na Publicação (CIP) de acordo com a AACR2

N476p	Silva Netto, Manuel Camelo Ferreira da
	Planejamento familiar nas famílias LGBT: desafios sociais e jurídicos do recurso à reprodução humana assistida no Brasil / Manuel Camelo Ferreira da Silva Netto. – Belo Horizonte : Fórum, 2021.
	534 p.; 14,5x21,5cm
	Coleção Fórum Direito Civil e Seus Desafios Contemporâneos, v. 5
	ISBN: 978-65-5518-164-7
	ISBN da coleção: 978-85-450-0675-6
	1. Direito Civil. 2. Direito das Famílias. 3. Direitos LGBTI+. I. Título.
	CDD 342.1
	CDU 347

Elaborado por Daniela Lopes Duarte – CRB-6/3500

Informação bibliográfica deste livro, conforme a NBR 6023:2018 da Associação Brasileira de Normas Técnicas (ABNT):

SILVA NETTO, Manuel Camelo Ferreira da. *Planejamento familiar nas famílias LGBT*: desafios sociais e jurídicos do recurso à reprodução humana assistida no Brasil. Belo Horizonte: Fórum, 2021. (Coleção Fórum Direito Civil e Seus Desafios Contemporâneos, v. 5). 534 p. ISBN 978-65-5518-164-7.

A Carlos, pelo afeto e pelo companheirismo que nos une e nos faz querer lutar por um mundo mais inclusivo e respeitador da diferença.

A toda população LGBTQIAP+ na esperança de que um novo tempo há de vencer, para que possamos florescer.

AGRADECIMENTOS

Em muitos momentos, o ofício da escrita parece (e apenas parece) bastante solitário, já que para concluí-lo precisamos, necessariamente, de momentos de recolhimento aos livros e às telas de nossos computadores. Por outro lado, não há como negar que muitas das inspirações para a realização desse trabalho também vêm dos momentos de troca de conhecimentos e dos incentivos, diretos e indiretos, de pessoas que cruzam nosso caminho e nos ajudam nessa caminhada. Por isso, faço questão de utilizar-me deste espaço facultativo para deixar registrada minha gratidão e para retribuir o carinho e o suporte de todos/as aqueles/as que se fizeram, em certa medida, presentes nesse percurso.

Em primeiro lugar, à minha família, especialmente aos meus avós, Vera e Manuel, os quais foram os principais responsáveis por minha criação e educação, e à minha mãe, Anna Luyza, a qual me demonstrou, na prática, que as famílias fogem a um padrão pronto e acabado, sendo plurais na sua essência e na sua constituição. Quero agradecer principalmente pelo apoio, pela confiança e pelas oportunidades os quais me proporcionaram, sem os quais posso dizer, sem sombra de dúvidas, não teria me tornado o homem que sou hoje.

Aos meus amigos, amigas e amigues, ainda que a vida faça com que nem sempre possamos nos encontrar, por causa de inúmeros fatores, agradeço por sempre me incentivarem, apoiarem e torcerem pelo meu sucesso, fazendo-se presentes e auxiliando na medida do possível. Por essa razão, eu não poderia deixar de agradecer a: Ana Beliza Vasconcelos, Ana Carla Berenguer, Ana Carolina Nóbrega, Ana Caroline Leitão, Antonio Lucas, Ariadne Valença, Bru Leão, Camila Nogueira, Cecília Sampaio, Danielle Rolim, Eduarda Cunha, Filipi Luís, Jamilly Nazário, Júlia Helena Sousa, Juliana Aguiar, Juliana Falcão, Larissa Ramos, Laryssa Meyrelles, Lucas Pina, Maria Adélia Melo, Maria Clara Silvestre, Maria Helena Bancillon, Marina Lisboa, Marina Pedrosa, Marina Sampaio, Mateus Cavendish, Mateus Pacheco, Maurício Maranhão, Mirella Coimbra, Natália Álvares, Natália Buenos, Nicole Aguiar, Pablo Medeiros, Pedro Medeiros, Priscila Aroucha, Rafaela Cavalcanti, Rafaela Lago, Raysa Bascopé, Reginaldo Gomes,

Renata Tavares, Tânia Ferreira, Thalyne Rose, Victória Ferreira, Vincius Castelo e Vitor Ximenes.

Ao Grupo Constitucionalização das Relações Privadas (CONREP), o qual tive a oportunidade de passar a integrar durante o mestrado, agradeço por ter sido um referencial no campo acadêmico e na pesquisa, sobretudo, pelos debates e discussões proporcionados em suas reuniões, sempre muito pertinentes e esclarecedores. Agradeço, ainda, por ter me possibilitado a oportunidade de conhecer e de me aproximar de diversas pessoas pelas quais nutro profundo respeito e admiração, como o Professor Paulo Lôbo, Luciana Brasileiro, Gustavo Andrade, Catarina Oliveira, Karina Franco, Patrícia Rocha, Paula Albuquerque, Danilo Mergulhão, Cora Costa, Dimitre Soares, Carla Moutinho, Karla Delgado, Joyceane Bezerra de Menezes e Luiz Claudio Freire. Meu muito obrigado a todos e a todas que contribuíram, de alguma forma, com o meu crescimento durante esse período.

A Carlos Dantas pelo companheirismo, pelo suporte e pela paciência durante toda essa caminhada. Como já disse algumas vezes, e faço questão de deixar aqui registrado, a você tenho muito a agradecer, não só por ser essa pessoa por quem eu nutro enorme admiração, pessoal e profissional, mas por ser aquele que sei que estará sempre ao meu lado quando eu precisar de algum socorro, de um apoio, de um ombro amigo ou apenas de uma pessoa para conversar e desabafar. Nutrimos juntos essa paixão pela academia e, da minha parte, não escondo de ninguém que esse interesse surgiu, sobretudo, por causa de você e de como você me inspira com seu brilhantismo e sua dedicação a esse ofício. Obrigado pelos incentivos, pelos auxílios, pelo cuidado e também pelas broncas (algumas vezes, necessárias). Por isso e por tantos outros motivos, jamais será possível agradecê-lo completamente pela sua presença em minha vida.

Ao Professor Stéfano Toscano, por quem nutro grande admiração e por quem tive a oportunidade de ser orientado, ainda na graduação, durante a redação do meu Trabalho de Conclusão de Curso e que inspirou o aprofundamento do presente tema. Agradeço pelas grandes contribuições que me foram dadas nesse período e que, sem dúvidas, também contribuíram para o enriquecimento desta dissertação. Meu muito obrigado.

À Professora Maria Rita de Holanda, que me orientou durante a monitoria na disciplina de Direito das Famílias, na graduação, agradeço especialmente pelos ensinamentos e pelas contribuições, sempre nos convidando a reflexões aprofundadas e ponderadas sobre os mais diferentes temas, o que acabou me provocando o interesse na presente pesquisa. Agradeço também por ter me apresentado à metodologia civil-constitucional, meu marco teórico inafastável, e também pelo suporte na época da minha seleção de mestrado, revisando e fazendo sugestões sobre o projeto. Além disso, agradeço por ter aceitado realizar o posfácio da obra, contribuindo sobremaneira com as reflexões em torno da liberdade e da igualdade no planejamento familiar, suas perspectivas e limitações. À senhora, meu muito obrigado.

À Professora Fabíola Lobo, minha orientadora no processo de escrita da dissertação que culminou no presente livro, não tenho nem palavras para agradecer o apoio, o incentivo e os ensinamentos, senão dizendo que não poderia ter tido uma orientadora melhor. Sem dúvidas, a senhora foi fundamental durante esse período do mestrado, tendo abraçado meu tema e minhas propostas para este trabalho, mesmo quando pareciam ousadas e até um pouco fora da caixa. Obrigado pelas dicas, pela disponibilidade, pelas críticas (sempre pertinentes) e, principalmente, pela confiança, sem as quais o trabalho não teria sido desenvolvido da forma como foi. Agradeço, também, por ter aceitado o convite de prefaciar este livro e pelas gentis palavras, bem como pelo convite à leitura. Muito obrigado.

Ao Professor Marcos Ehrhardt, coordenador da Coleção Fórum Direito Civil e seus Desafios Contemporâneos, agradeço pela confiança e pela sua generosidade em dar visibilidade às pesquisas e às produções acadêmicas não só dos membros do CONREP, como também de diversos civilistas comprometidos com as reflexões em torno das transformações perpassadas pelo direito privado na atualidade.

Ao Programa de Pós-Graduação em Direito da Universidade Federal de Pernambuco, agradeço por ter me recebido de braços abertos, mesmo que eu tenha vindo de outra casa, com outros olhares e outras vivências, o que me ensinou a importância do diálogo e da troca na academia. Aos professores, entre os quais cito Torquato Castro Júnior, Roberto Paulino, Eugenia Barza, Larissa Leal, Flávia Santiago, Arthur Stamford, Alexandre da Maia e Pedro Parini, muito obrigado pelos pertinentes debates trazidos e por todos os ensinamentos que, sem dúvidas, geraram um grande amadurecimento acadêmico em mim.

À Universidade Católica de Pernambuco, casa na qual me formei e pela qual nutro profundo afeto, agradeço pelas oportunidades que me foram dadas, especialmente com relação ao Pibic e a monitoria, e que, com certeza, contribuíram positivamente para o meu desempenho durante o período do mestrado.

    Por fim, a todos/as/es que contribuíram direta ou indiretamente com esse momento. Muito obrigado!

[...] *I was afraid of this parade because I wanted so badly to be a part of it. So today I'm marching for that part of me that was once too afraid to march and for all the people who can't march: the people living lives like I did. Today I march to remember that I'm not just a me. I'm also a we and we march with pride* [...].
(*SENSE 8*, I am also a We, 2015).

[...] *Eu tinha medo dessa parada, porque eu queria muito ser parte dela. Então, hoje eu vou marchar por aquela parte de mim que, uma vez, teve tanto medo de marchar e por todas as pessoas que não podem marchar: as pessoas vivendo vidas como eu vivi. Hoje eu marcho para lembrar que eu não sou só um "eu". Eu também sou um "nós" e nós marchamos com orgulho* [...].
(*SENSE 8*, Eu também sou um nós, 2015, tradução nossa).

SUMÁRIO

LISTA DE QUADROS FIGURAS 19

LISTA DE ABREVIATURAS E SIGLAS 21

APRESENTAÇÃO DA COLEÇÃO
COLEÇÃO FÓRUM DIREITO CIVIL E SEUS DESAFIOS
CONTEMPORÂNEOS
Marcos Ehrhardt Jr. 25

PREFÁCIO
Fabíola Albuquerque Lobo 27

CARTA AIS LEITORIES
ABRINDO O ARMÁRIO: O FLORESCER DE UM NOVO
TEMPO 31

INTRODUÇÃO 35

PARTE I
AS FAMÍLIAS LGBT NA PERSPECTIVA CIVIL-CONSTITUCIONAL: EM DEFESA DE TODAS AS FORMAS DE AMOR

CAPÍTULO 1
TRANSFORMAÇÕES NO DIREITO PRIVADO E AS SUAS
REPERCUSSÕES NO DIREITO DAS FAMÍLIAS: DO ESTADO
LIBERAL AO ESTADO SOCIAL 47

1.1 A problemática da eficácia dos direitos fundamentais na esfera privada: um ponto de partida 48

1.2 Evolução histórica do direito das famílias brasileiro: da família patriarcal, cis-heterossexual, biológica e matrimonial às famílias da Constituição de 1988 56

1.3 A metodologia civil-constitucional e a sua aplicabilidade no direito das famílias 61

1.3.1 A Constituição Federal de 1988 e a principiologia do direito das famílias.. 67
1.3.2 A (re)personalização do direito das famílias e a dignidade da pessoa humana.. 74
1.3.3 Multiplicidade de entidades familiares: a não taxatividade do art. 226 da Constituição Federal e a possibilidade de interpretações extensivas.. 77
1.4 A constitucionalização da autonomia no direito privado: delineamento dos conceitos e sua abrangência no direito das famílias.. 81

CAPÍTULO 2
FORA DO ARMÁRIO, PARA DENTRO DAS RUAS: O MOVIMENTO LGBT E A LUTA PELO RECONHECIMENTO IDENTITÁRIO.. 85
2.1 Da patologização ao Movimento LGBT e a luta pela emancipação político-jurídica: um breve escorço histórico......... 89
2.1.1 A patologização da homossexualidade e da transexualidade: o papel do discurso médico na estigmatização das identidades LGBT.. 91
2.1.2 Os Tumultos de Stonewall e o surgimento do movimento político em defesa dos direitos LGBT....................................... 98
2.2 Delineando conceitos basilares: sexo, gênero, expressão de sexualidade e identidade de gênero... 101
2.3 A importância da terminologia para o reconhecimento das identidades: quem são as pessoas que integram o movimento LGBTQIAP+?... 107

CAPÍTULO 3
A TUTELA JURÍDICA DAS FAMÍLIAS LGBT NO CONTEXTO BRASILEIRO: UM ESTUDO DA HOMO/BISSEXUALIDADE E DAS IDENTIDADES TRANS A PARTIR DO DIREITO DAS FAMÍLIAS... 119
3.1 A família homoafetiva no ordenamento jurídico brasileiro: uma análise a partir da metodologia civil-constitucional............ 121
3.1.1 Reconhecimento jurídico das uniões homoafetivas: a atuação do STF no julgamento da ADPF nº 132/RJ e da ADI nº 4.277/DF e as divergências com relação ao caráter ativista da decisão 129
3.1.2 Possibilidade de casamento entre pessoas do mesmo gênero: a atuação do STJ no REsp nº 1.183.378/RS e a Resolução nº 175/2013 do CNJ como meios de promoção de garantias fundamentais... 143

3.2 A família trans no ordenamento jurídico brasileiro: um estudo acerca da tutela jurídica das pessoas trans no seio familiar sob a ótica da *dignidade* e da personalidade... 153
3.2.1 Rumo à despatologização das identidades de gênero e a sua consequente tutela pelos direitos da personalidade: contribuições da doutrina, do STF e do CNJ................................. 159
3.2.1.1 As identidades trans a partir da ótica personalista: direitos à identidade, ao nome, à integridade psicofísica e à privacidade. 166
3.2.2 A conjugalidade da pessoa trans à luz dos direitos da personalidade: diversidade de sexos, erro essencial e anuência do cônjuge ou companheiro.. 179
3.3 A autonomia epistemológica do direito da diversidade sexual e de gênero e a necessidade de criação de um estatuto jurídico próprio: o reconhecimento da diferença como instrumento de efetivação de direitos... 186

PARTE II
OS PROJETOS PARENTAIS ECTOGENÉTICOS LGBT NO ORDENAMENTO JURÍDICO BRASILEIRO: UM NOVO TEMPO HÁ DE VENCER

CAPÍTULO 4
OS IMPACTOS DA BIOÉTICA E DO BIODIREITO NO DIREITO DAS FAMÍLIAS: A REPRODUÇÃO HUMANA ASSISTIDA E O SURGIMENTO DAS FAMÍLIAS ECTOGENÉTICAS 199

4.1 Um breve histórico da filiação civil no contexto brasileiro: da legitimidade na filiação à igualdade entre os filhos de qualquer origem.. 201
4.1.1 As famílias ectogenéticas no ordenamento jurídico brasileiro: uma realidade presumida 208
4.2 Da bioética ao biodireito: perspectivas interdisciplinares sobre os avanços biotecnológicos e os limites da ciência 218
4.2.1 Os princípios da bioética e do biodireito e sua aplicabilidade prática: uma análise do uso das técnicas de reprodução humana assistida 223
4.3 Reprodução humana assistida: tentativa conceitual, finalidade e técnicas 227
4.3.1 Inseminação artificial (IA) 231
4.3.2 Transferência intratubária de gametas (GIFT).............................. 232
4.3.3 Transferência intratubária de zigotos (ZIFT)................................ 233
4.3.4 Fertilização *in vitro* (FIV) 234
4.3.5 Injeção intracitoplásmica do espermatozoide (ICSI) 237
4.3.6 Técnicas auxiliares ao procedimento de RHA.............................. 237

CAPÍTULO 5
A REPRODUÇÃO HUMANA ASSISTIDA E AS DIFICULDADES NA SUA REGULAMENTAÇÃO JURÍDICA: ENTRE TENTATIVAS E ERROS.. 245

5.1   Aspectos controversos da reprodução humana assistida: por que é tão difícil regulamentar?... 247
5.1.1   Gestação por substituição: solidariedade ou instrumentalização?.. 247
5.1.1.1 A gestação sub-rogada na experiência estrangeira............... 248
5.1.1.1.1 França 250
5.1.1.1.2 Itália 251
5.1.1.1.3 Portugal... 253
5.1.1.1.4 Reino Unido... 256
5.1.1.1.5 Uruguai 256
5.1.1.1.6 Ucrânia 257
5.1.1.1.7 Estados Unidos 259
5.1.1.2 A gestação sub-rogada no Brasil: conflitos éticos e jurídicos...... 262
5.1.1.3 A bioética feminista e a gestação sub-rogada: debates em torno do respeito aos direitos das mulheres ante a relação biomédica – Exploração ou emancipação?... 277
5.1.2   Anonimato do doador de gametas na reprodução humana assistida heteróloga: o direito ao conhecimento da origem genética em face do direito à intimidade do(a) doador(a) 289
5.1.3   "Produções independentes" de parentalidade: pode-se falar em direito à biparentalidade?... 297
5.2   Resoluções do Conselho Federal de Medicina: a regulamentação deontológica da reprodução assistida.............. 302
5.3   Uma realidade à margem da lei: os projetos de lei brasileiros e a tentativa de normatização das técnicas de reprodução humana assistida 312
5.4   Provimentos nº 52/2016 e nº 63/2017 do CNJ: a extrajudicialização do registro de crianças fruto das técnicas de reprodução humana assistida....................................... 317

CAPÍTULO 6
FAMÍLIAS ECTOGENÉTICAS LGBT: O PLANEJAMENTO FAMILIAR E O USO DA REPRODUÇÃO HUMANA ASSISTIDA NA CONSTRUÇÃO DA HOMOPARENTALIDADE E DA TRANSPARENTALIDADE 327

6.1   O planejamento familiar no Brasil: uma análise da Constituição de 1988 em conjunto com a Lei nº 9.263/96............ 330

6.1.1	Direitos sexuais e reprodutivos e a sua relevância para o exercício efetivo do planejamento familiar..................................	334
6.1.2	Os limites ao planejamento familiar: a dignidade da pessoa humana e a parentalidade responsável como demarcadores da concretização de projetos parentais autônomos..........................	340
6.2	O planejamento familiar no âmbito da diversidade sexual e de gênero e os projetos parentais LGBT: a (homo/trans) parentalidade à luz da Constituição Federal de 1988....................	344
6.3	Obstáculos à concretização dos projetos parentais ectogenéticos LGBT?..	348
6.3.1	Heterocisnormatividade social e preconceito: entre fatos e mitos..	349
6.3.2	A reprodução humana assistida como uma alternativa para as famílias LGBT: uma escolha legítima?..	356
6.3.3	Colisão de direitos fundamentais: a objeção de consciência do médico em face dos direitos reprodutivos dos casais homoafetivos e transafetivos...	367
6.3.4	A preservação dos direitos reprodutivos das pessoas trans: a heterocisnormatividade reprodutiva e os direitos reprodutivos da população T...	373
6.3.4.1	(Des)construindo a ideia de corpo-homem e corpo-mulher: a heterocisnormatividade reprodutiva como instrumento de violência simbólica imposto às pessoas trans e a necessidade de superação desse paradigma...	374
6.3.4.2	Em busca da autonomia na reprodução: como conciliar as transidentidades com a manutenção da capacidade reprodutiva das pessoas trans?...	378

CAPÍTULO 7
A VIABILIZAÇÃO DOS PROJETOS PARENTAIS ECTOGENÉTICOS LGBT: AS DIFERENTES CONFIGURAÇÕES DAS FAMÍLIAS HOMOPARENTAIS E TRANSPARENTAIS ADVINDAS DA REPRODUÇÃO ASSISTIDA 385

7.1	As diferentes possibilidades de configuração das famílias ectogenéticas homoparentais cisgêneras a partir da ótica biparental...	387
7.1.1	Casais femininos e a dupla maternidade.......................................	387
7.1.2	Casais masculinos e a dupla paternidade......................................	393
7.2	As diferentes possibilidades de configuração das famílias ectogenéticas transparentais a partir da ótica biparental	402
7.2.1	Homem trans (FtM) em um contexto familiar heteroafetivo......	405
7.2.1.1	Homem trans (FtM) em relacionamento heteroafetivo com uma mulher cis...	405

7.2.1.2	Homem trans (FtM) em relacionamento heteroafetivo com uma mulher trans (MtF)	412
7.2.2	Homem trans (FtM) em um contexto familiar homoafetivo	416
7.2.2.1	Homem trans (FtM) em relacionamento homoafetivo com um homem cis	416
7.2.2.2	Homens trans (FtM) em relacionamento homoafetivo	417
7.2.3	Mulher trans (MtF) em um contexto familiar heteroafetivo	418
7.2.3.1	Mulher trans (MtF) em relacionamento heteroafetivo com um homem cis	419
7.2.3.2	Mulher trans (MtF) em relacionamento heteroafetivo com um homem trans (FtM)	421
7.2.4	Mulher trans (MtF) em um contexto familiar homoafetivo	421
7.2.4.1	Mulher trans (MtF) em relacionamento homoafetivo com uma mulher cis	422
7.2.4.2	Mulheres trans (MtF) em relacionamento homoafetivo	423
7.3	As diferentes possibilidades de configuração das famílias ectogenéticas homoparentais e transparentais a partir da ótica monoparental	424

CONSIDERAÇÕES FINAIS 429

POSFÁCIO
Liberdade e igualdade no debate sobre o projeto parental das famílias LGBT
Maria Rita de Holanda 445

APÊNDICES

APÊNDICE A: QUADRO COMPARATIVO ENTRE AS RESOLUÇÕES DO CFM QUE VERSAM SOBRE RHA 451

APÊNDICE B: QUADRO COMPARATIVO ENTRE OS PROJETOS DE LEI COM PROPOSTAS DE REGULAMENTAÇÃO MAIS ABRANGENTES DAS TRHA 465

APÊNDICE C: QUADRO COMPARATIVO ENTRE OS PROJETOS DE LEI COM PROPOSTAS PONTUAIS DE REGULAMENTAÇÃO DAS TRHA 491

APÊNDICE D: QUADRO ESQUEMÁTICO REFERENTE À UTILIZAÇÃO DAS TRHA NOS CONTEXTOS FAMILIARES BIPARENTAIS HOMOAFETIVOS CISGÊNEROS 497

APÊNDICE E: QUADRO ESQUEMÁTICO REFERENTE À UTILIZAÇÃO DAS TRHA NOS CONTEXTOS FAMILIARES MONOPARENTAIS CISGÊNEROS E TRANSGÊNEROS 501

REFERÊNCIAS 505

LISTA DE QUADROS/FIGURAS

QUADRO 1 – Quadro comparativo entre o perfil dos pretensos adotantes e o perfil das crianças aptas à adoção a partir das informações disponibilizadas pelo CNA em 2021 364
QUADRO 2 – Métodos de preservação da fertilidade em pessoas trans .. 381

FIGURA 1 – A filiação no Código Civil (classificação não recepcionada pela Constituição de 1988) 203
FIGURA 2 – Número de embriões congelados nos anos de 2012, 2013, 2014, 2015, 2016, 2017 e 2018 (dados cumulativos) 243
FIGURA 3 – Regulação dos 25 países analisados por Katarina Trimmings e Paul Beaumont em matéria de *surrogacy* (2013) 249
FIGURA 4 – Quadro comparativo entre o perfil dos pretensos adotantes e o perfil das crianças aptas à adoção a partir das informações disponibilizadas pelo CNA em 2016 363
FIGURA 5 – Desenho esquemático da *biobag womb* desenvolvida pelo Hospital Pediátrico da Filadélfia 400
FIGURA 6 – EVE *platform*, desenvolvida pelos pesquisadores da Universidade Western e do Hospital Universitário de Tohoko 401
FIGURA 7 – Ilustração esquemática da disponibilidade das TRHA para um casal heteroafetivo formado por um homem trans (FtM) e uma mulher cis 412
FIGURA 8 – Ilustração esquemática da disponibilidade das TRHA para um casal heteroafetivo formado por um homem trans (FtM) e uma mulher trans (MtF) 416
FIGURA 9 – Ilustração esquemática da disponibilidade das TRHA para um casal homoafetivo formado por um homem trans (FtM) e um homem cis 417
FIGURA 10 – Ilustração esquemática da disponibilidade das TRHA para um casal homoafetivo formado por dois homens trans (FtM) 418
FIGURA 11 – Ilustração esquemática da disponibilidade das TRHA para um casal heteroafetivo formado por uma mulher trans (MtF) e um homem cis 421
FIGURA 12 – Ilustração esquemática da disponibilidade das TRHA para um casal homoafetivo formado por uma mulher trans (MtF) e uma mulher cis 423
FIGURA 13 – Ilustração esquemática da disponibilidade das TRHA para um casal homoafetivo formado por duas mulheres trans (MtF) 424

LISTA DE ABREVIATURAS E SIGLAS

AAP – Academia Americana de Pediatria
ABGLT – Associação Brasileira da Gays, Lésbicas, Bissexuais, Travestis e Transexuais
ADC – Ação Declaratória de Constitucionalidade
ADI – Ação Direta de Inconstitucionalidade
ADO – Ação Direta de Inconstitucionalidade por Omissão
ADPF – Arguição de Descumprimento de Preceito Fundamental
AIESSP – Associação de Incentivo à Educação e Saúde do Estado de São Paulo
AGU – Advocacia-Geral da União
ALERJ – Assembleia Legislativa do Estado do Rio de Janeiro
ANIS – Instituto de Bioética, Direitos Humanos e Gênero
ANVISA – Agência Nacional de Vigilância Sanitária
APA – Associação Psiquiátrica Americana
APGL – Associação de Pais e Futuros Pais Gays e Lésbicas
ASSTRAV – Associação de Travestis e Transexuais de Minas Gerais
BIRC – *Best Interest of the Resolting Child*
CC/02 – Código Civil de 2002
CC/16 – Código Civil de 1916
CCJC – Comissão de Constituição e Justiça e de Cidadania
CDH – Comissão de Direitos Humanos e Legislação Participativa
CDHM – Comissão de Direitos Humanos e Minorias
CEDSG – Comissão Especial da Diversidade Sexual e de Gênero
CELLOS – Centro de Luta pela Livre Orientação Sexual
CEM – Código de Ética Médica
CF/88 – Constituição Federal de 1988
CFM – Conselho Federal de Medicina
CFOAB – Conselho Federal da Ordem dos Advogados do Brasil
CID-10 – Classificação Internacional de Doenças revisão de nº 10
CID-11 – Classificação Internacional de Doenças revisão de nº 11
CIDC – Convenção Internacional sobre os Direitos da Criança

CIDH	–	Corte Interamericana de Direitos Humanos
CJF	–	Conselho da Justiça Federal
CMULHER	–	Comissão de Defesa dos Direitos da Mulher
CNA	–	Cadastro Nacional de Adoção
CNBB	–	Conferência Nacional dos Bispos do Brasil
CNIg	–	Conselho Nacional de Imigração
CNJ	–	Conselho Nacional de Justiça
CNPMA	–	Conselho Nacional de Procriação Medicamente Assistida
CPC/15	–	Código de Processo Civil de 2015
CPF	–	Cadastro de Pessoas Físicas
CREMAM	–	Conselho Regional de Medicina do Estado do Amazonas
CRM	–	Conselho Regional de Medicina
CRMMS	–	Conselho Regional de Medicina do Estado do Mato Grosso do Sul
CRMPR	–	Conselho Regional de Medicina do Estado do Paraná
CSSF	–	Comissão de Seguridade Social e Família
DCO	–	Doação Compartilhada de Oócitos
DGPI	–	Diagnóstico Genético Pré-Implantacional
DNV	–	Declaração de Nascido Vivo
DPVAT	–	Seguro Obrigatório de Danos Pessoais Causados por Veículos Automotores de Via Terrestre
DSM	–	Manual de Diagnóstico e Estatísticas de Distúrbios Mentais
DSM-III	–	Manual de Diagnóstico e Estatísticas de Distúrbios Mentais revisão de nº 3
DSM-IV	–	Manual de Diagnóstico e Estatísticas de Distúrbios Mentais revisão de nº 4
DSM-V	–	Manual de Diagnóstico e Estatísticas de Distúrbios Mentais revisão de nº 5
EC	–	Emenda Constitucional
ECA	–	Estatuto da Criança e do Adolescente
EDH	–	Escritório de Direitos Humanos do Estado de Minas Gerais
FIV	–	Fertilização *In Vitro*
FtM	–	*Female-to-Male*
GEDI/UFMG	–	Grupo de Estudos em Direito Internacional da Universidade Federal de Minas Gerais
GGB	–	Grupo Gay da Bahia
GIFT	–	Transferência Intratubária de Gametas
GS	–	Gestação Sub-rogada ou Gestação por Substituição
HBIGDA	–	*Harry Benjamin International Gender Dysphoria Association*
IA	–	Inseminação Artificial

IBDFAM	–	Instituto Brasileiro de Direito de Família
ICN	–	Identificação Civil Nacional
ICSI	–	Injeção Intracitoplásmica do Espermatozoide
ILGA	–	*International Lesbian and Gay Association*
INSS	–	Instituto Nacional da Seguridade Social
IPGO	–	Instituto Paulista de Ginecologia e Obstetrícia
IR	–	Imposto de Renda
LGBT	–	Lésbicas, Gays, Bissexuais, Transexuais, Travestis e Transgêneros
LGBTQIAP+	–	Lésbicas, Gays, Bissexuais, Transexuais, Travestis, Transgêneros, *Queers*, *Intersex*, Assexuais, Pansexuais e outros
MEC	–	Ministério da Educação
MI	–	Mandado de Injunção
MIRC	–	Melhor Interesse da Criança Resultante
MPF	–	Ministério Público Federal
MS	–	Ministério da Saúde
MtF	–	*Male-to-Female*
OC	–	Opinião Consultiva
OMS	–	Organização Mundial de Saúde
ONU	–	Organização das Nações Unidas
PGR	–	Procuradoria-Geral da República
PL	–	Projeto de Lei
PLS	–	Projeto de Lei do Senado
PMA	–	Procriação Medicamente Assistida
ProUni	–	Programa Universidade para Todos
PTS	–	Projeto Terapêutico Singular
Resp.	–	Recurso Especial
RG	–	Registro Geral de Identidade
RHA	–	Reprodução Humana Assistida
RMA	–	Reprodução Medicamente Assistida
RVBI	–	Rede Virtual de Bibliotecas
SBDP	–	Sociedade Brasileira de Direito Público
SIH-SUS	–	Sistema de Informações Hospitalares do Sistema Único de Saúde
SisEmbrio	–	Sistema Nacional de Produção de Embriões
SOC	–	Normas de Tratamento ou *States of Care*
STF	–	Supremo Tribunal Federal
STJ	–	Superior Tribunal de Justiça
STP	–	*Stop Trans Pathologization*
SUS	–	Sistema Único de Saúde
SUSEP	–	Superintendência de Seguros Privados do Ministério da Fazenda
TJCE	–	Tribunal de Justiça do Ceará
TJDF	–	Tribunal de Justiça do Distrito Federal
TJMG	–	Tribunal de Justiça de Minas Gerais

TJRJ – Tribunal de Justiça do Rio de Janeiro
TJRS – Tribunal de Justiça do Rio Grande do Sul
TJSE – Tribunal de Justiça do Sergipe
TJSP – Tribunal de Justiça de São Paulo
TRE Tribunal Regional Eleitoral
TRF-4 – Tribunal Regional Federal da 4ª Região
TRF-5 – Tribunal Regional Federal da 5ª Região
TRHA – Técnica de Reprodução Humana Assistida
TSE – Tribunal Superior Eleitoral
ULC – *Uniform Law Comissions*
UPA – *Uniform Parantage Act*
ZIFT – Transferência Intratubária de Zigotos

TJRJ –	Tribunal de Justiça do Rio de Janeiro
TJRS –	Tribunal de Justiça do Rio Grande do Sul
TJSE –	Tribunal de Justiça do Sergipe
TJSP –	Tribunal de Justiça de São Paulo
TRE	Tribunal Regional Eleitoral
TRF-4 –	Tribunal Regional Federal da 4ª Região
TRF-5 –	Tribunal Regional Federal da 5ª Região
TRHA –	Técnica de Reprodução Humana Assistida
TSE –	Tribunal Superior Eleitoral
ULC –	*Uniform Law Comissions*
UPA –	*Uniform Parantage Act*
ZIFT –	Transferência Intratubária de Zigotos

IBDFAM	–	Instituto Brasileiro de Direito de Família
ICN	–	Identificação Civil Nacional
ICSI	–	Injeção Intracitoplásmica do Espermatozoide
ILGA	–	*International Lesbian and Gay Association*
INSS	–	Instituto Nacional da Seguridade Social
IPGO	–	Instituto Paulista de Ginecologia e Obstetrícia
IR	–	Imposto de Renda
LGBT	–	Lésbicas, Gays, Bissexuais, Transexuais, Travestis e Transgêneros
LGBTQIAP+	–	Lésbicas, Gays, Bissexuais, Transexuais, Travestis, Transgêneros, *Queers, Intersex*, Assexuais, Pansexuais e outros
MEC	–	Ministério da Educação
MI	–	Mandado de Injunção
MIRC	–	Melhor Interesse da Criança Resultante
MPF	–	Ministério Público Federal
MS	–	Ministério da Saúde
MtF	–	*Male-to-Female*
OC	–	Opinião Consultiva
OMS	–	Organização Mundial de Saúde
ONU	–	Organização das Nações Unidas
PGR	–	Procuradoria-Geral da República
PL	–	Projeto de Lei
PLS	–	Projeto de Lei do Senado
PMA	–	Procriação Medicamente Assistida
ProUni	–	Programa Universidade para Todos
PTS	–	Projeto Terapêutico Singular
Resp.	–	Recurso Especial
RG	–	Registro Geral de Identidade
RHA	–	Reprodução Humana Assistida
RMA	–	Reprodução Medicamente Assistida
RVBI	–	Rede Virtual de Bibliotecas
SBDP	–	Sociedade Brasileira de Direito Público
SIH-SUS	–	Sistema de Informações Hospitalares do Sistema Único de Saúde
SisEmbrio	–	Sistema Nacional de Produção de Embriões
SOC	–	Normas de Tratamento ou *States of Care*
STF	–	Supremo Tribunal Federal
STJ	–	Superior Tribunal de Justiça
STP	–	*Stop Trans Pathologization*
SUS	–	Sistema Único de Saúde
SUSEP	–	Superintendência de Seguros Privados do Ministério da Fazenda
TJCE	–	Tribunal de Justiça do Ceará
TJDF	–	Tribunal de Justiça do Distrito Federal
TJMG	–	Tribunal de Justiça de Minas Gerais

APRESENTAÇÃO DA COLEÇÃO

COLEÇÃO FÓRUM DIREITO CIVIL E SEUS DESAFIOS CONTEMPORÂNEOS

A vida em sociedade é uma constante mutação nos modos e na intensidade de relações interpessoais cada vez mais fluidas e complexas. Diversidade e pluralidade se tornam um desafio para operadores do Direito comprometidos com as diretrizes axiológicas do texto constitucional, num cenário de pouca tolerância e respeito a pontos de vista e escolhas comportamentais e negociais diferentes da maioria.

O Direito Civil exprime o cotidiano do sujeito comum, do indivíduo que assume funções em seu ambiente familiar, negocial e tem que equilibrar as necessidades de interação e contato social com o respeito a seus valores e visão de mundo, que determinam seu projeto de vida e decisões eminentemente existenciais. A velocidade das mudanças no mundo contemporâneo tem produzido um evidente impacto nos institutos tradicionais da disciplina, que carecem de ressistematização e uma funcionalização atenta aos legítimos interesses das pessoas envolvidas.

O melhor caminho para refletir sobre os desafios de aplicar um conhecimento que era abordado de modo estático numa realidade analógica a um cenário dinâmico de elevada interação digital é ter acesso a um acervo de qualidade técnica, elaborado mediante uma pesquisa de fontes exemplar, comprometido com a análise crítica do contexto fático atual e com uma metodologia que privilegia a pessoa e suas necessidades existenciais em detrimento de aspectos puramente patrimoniais.

Com esses objetivos apresenta-se a *Coleção Fórum de Direito Civil e seus desafios contemporâneos*, criada com a finalidade de servir como um espaço privilegiado para a discussão de um Direito Civil adequado às demandas do tempo presente. Os livros que forem editados com este selo têm por objetivo abordar temas que necessitam de maior atenção e debate de operadores jurídicos, quer seja por sua inovação, necessidade de revisão de entendimentos clássicos, quer seja pela nova abordagem que sugerem para o enfrentamento de questões controversas relevantes para a melhoria da prestação jurisdicional em nosso país. Busca-se reunir uma doutrina útil para novas pesquisas e para servir de fonte preferencial para decisões judiciais, servindo de fundamento para a atuação de advogados, promotores, defensores e magistrados.

Com a criação desta coleção, a Editora Fórum mais uma vez reafirma seu compromisso com a consolidação e a divulgação de doutrina jurídica de qualidade a seus leitores, garantindo um espaço de excelência para o trabalho de todos aqueles que acreditam na pesquisa jurídica como um dos caminhos para a construção de uma sociedade mais justa e solidária.

Maceió/AL, 21 de abril de 2019.

Marcos Ehrhardt Jr.
Coordenador

PREFÁCIO

A temática do planejamento familiar há de ser compreendida na ambiência da normativa constitucional, no contexto de direito à saúde, com acesso universal e igualitário a todos e no contexto dos direitos da personalidade.

Na legislação civil e específica, o planejamento familiar é parte integrante do conjunto de ações de regulação da fecundidade que garante direitos iguais de constituição, limitação ou aumento da prole pela mulher, pelo homem ou pelo casal.

O princípio norteador do planejamento familiar, segundo o ordenamento jurídico brasileiro, é o da autonomia da vontade, no que concerne ao direito dos interessados de decidir sobre o número de filhos e de ter acesso a informações adequadas sobre reprodução, vedado qualquer tipo de coerção por parte de instituições privadas ou públicas. Ao Estado cabe tão somente propiciar recursos educacionais e financeiros para o exercício desse direito, ou seja, nesta matéria prevalece o princípio da liberdade, balizado exclusivamente pelo princípio da paternidade responsável, conforme prescrição constitucional.

Como se depreende, em tese não deveria haver controvérsias em torno do planejamento familiar, pois a lei é clara e aplicável a todos, porém tal assertiva está longe quando a temática do planejamento familiar é ambientada na realidade da população LGBT.

A visibilidade da população LGBT relaciona-se diretamente com o reconhecimento jurídico da pluralidade das entidades familiares, cujo fenômeno decorre da Constituição Federal de 1988. Da família singular e acromática do Código Civil/1916 migramos para o reconhecimento jurídico das famílias.

Segundo dispositivo constitucional, a família é a base da sociedade, mas sem nenhuma especificação em relação ao tipo. Desta maneira, a compreensão do direito ao exercício do planejamento familiar, nos mesmos moldes da pluralidade das entidades familiares, ainda que entidades implícitas, há de ser inclusiva a fim de albergar todas as manifestações contemporâneas de família LGBT.

É neste sentido que a presente obra revela sua importância e atualidade, pois o autor por caminhos próprios e críticos descortina a realidade para demonstrar que o acesso e posterior exercício do direito ao planejamento familiar, pelas famílias LGBT, são permeados de entraves burocráticos, sem contar com os óbices de cunho ético, social e jurídico que se fazem presentes.

O reconhecimento de direitos à população LGBT denota um processo lento de conquistas que transita da categorização do Movimento LGBT, como patologização à emancipação político-jurídica do reconhecimento identitário. Entretanto, o que em princípio deveria ser um caminho reto e de curto acesso, o exercício do planejamento familiar das famílias LGBT, apresenta-se tortuoso e repleto de percalços e desafios principalmente no que tange à reprodução humana assistida.

No universo do planejamento familiar, a obra se volta à discussão do direito à reprodução humana assistida e o surgimento das famílias ectogenéticas a partir da utilização dos variados métodos científicos disponíveis, quais sejam: inseminação artificial (IA), transferência intratubária de gametas (GIFT), transferência intratubária de zigotos (ZIFT), fertilização *in vitro* (FIV), injeção intracitoplásmica do espermatozoide (ICSI) e as técnicas auxiliares ao procedimento de RHA.

Para além destas técnicas, indiscutivelmente, a utilização da gestação sub-rogada pela população LGBT é uma das questões mais controversas sob o ponto de vista jurídico e ético. Não por acaso, o autor destinou parte das suas investigações à compreensão da temática sob a perspectiva comparativa, utilizando para tanto o tratamento da matéria na França, Itália, Portugal, Reino Unido, Uruguai, Ucrânia e Estados Unidos.

No Brasil, a matéria não é regulada por lei, apesar de inúmeros projetos legislativos em tramitação. Ante este vácuo legal, o tratamento é dado acriticamente pelas resoluções publicadas pelo Conselho Federal de Medicina e, recentemente também pelo Conselho Nacional de Justiça, ambos sem natureza normativa do ponto de vista formal.

O autor fez a opção pela metodologia civil constitucional, mediante a aplicação direta e imediata dos princípios constitucionais, como base instrumental para assegurar a eficácia dos direitos fundamentais às famílias LGBT. Para tanto se valeu de sólida, atualizada e especializada bibliografia, para dar robustez aos fundamentos de superação das dificuldades lançadas às famílias LGBT, em torno do planejamento familiar.

A obra apresenta-se em duas partes, por sua vez divididas em capítulos respectivamente. A primeira parte estrutura-se na evolução histórica do direito de família brasileiro, cujo ápice desta transformação e conquistas culmina na Constituição Federal/1988, mediante a aplicação dos princípios às relações jurídicas e na centralidade do princípio da dignidade humana, com a tônica da repersonalização em detrimento da patrimonialização. Neste resgaste histórico do direito de família, o autor simultaneamente entrelaça-o com a trajetória do movimento LGBT e ao final demonstra que a pluralidade das entidades familiares também alberga as pessoas que integram o movimento LGBTQIAP+.

A segunda parte da obra volta-se ao olhar mais técnico e jurídico do planejamento familiar e à importância e impactos do biodireito e da bioética, juntamente com os avanços biotecnológicos, no sentido de viabilizar a realização do projeto parental ectogenético. Construção norteada pelo princípio jurídico da igualdade da filiação, independentemente da origem, quer seja biológica, socioafetiva ou científica, em conjunto com o direito ao acesso às técnicas de reprodução humana assistida como meio de viabilizar e concretizar o planejamento familiar das famílias LGBT.

A obra passa a ser referência para todos aqueles que querem se debruçar na temática, o que a torna leitura obrigatória.

Boa leitura.

Recife, março de 2021.

Fabíola Albuquerque Lobo
Professora Titular da Faculdade de Direito do Recife da Universidade Federal de Pernambuco (FDR/UFPE). Doutora e Mestra em Direito pela Universidade Federal de Pernambuco (UFPE). Professora do Departamento de Direito Privado do Centro de Ciências Jurídicas da Universidade Federal de Pernambuco (CCJ/UFPE). Professora do Programa de Pós-Graduação em Direito da Universidade Federal de Pernambuco (PPGD/CCJ/UFPE). Vice-Líder do Grupo de Pesquisa Constitucionalização das Relações Privadas (Conrep/UFPE).

CARTA AIS LEITORIES

ABRINDO O ARMÁRIO: O FLORESCER DE UM NOVO TEMPO

Se enquanto pesquisador tendo a manter minha escrita sempre num tom impessoal, aqui tomo a liberdade de usar a primeira pessoa do singular para fazer valer a minha fala e a minha voz enquanto LGBT. Sim, a pessoa que aqui vos fala diretamente é um homem *gay* e cis que, enquanto acadêmico, foi inspirado pelas constantes inquietações que o consternam diariamente.

Afinal, ser homossexual, ou melhor, ser viado, num mundo heterocisnormativo, é saber, desde cedo, que aquilo que você é ou faz não pode sequer ser enunciado. Ou até pode, desde que seja num tom pejorativo ou depreciativo. É saber que você pode até vir a ser um alguém, desde que mantenha para si a sua real identidade, pois, se você a enunciar e assumi-la para o mundo, esse mesmo mundo retribuirá reduzindo a totalidade do seu ser apenas àquilo que é somente mais uma parte do que você é. Você será sempre um "mas...", aquela conjunção adversativa que insiste em acompanhar as vidas da diferença: "Eu não tenho preconceito, mas...", "Você até pode ser *gay*, mas...", "Nossa! Você é tão [adjetivo], mas...".

É ter um medo constante, pois até aquelas pessoas que lhe são mais queridas, sua família e seus amigos, podem virar as costas para você, podem vir a te desconhecer, ainda que você continue sendo aquele que você sempre foi. É ter medo também de viver, pois, a qualquer momento, alguém ou até você mesmo pode vir a tirar aquilo que supostamente seria o seu bem mais precioso: a sua vida. É ter medo de falar, de escutar ou até de pensar que você pode ser aquilo que a sociedade tanto abomina, maltrata, rejeita, diminui, violenta e mata.

Mas também é ter força e coragem para quebrar as portas dos armários, dar a cara a tapa e enfrentar tudo, todos e todas para fazer valer a sua voz. É também saber que essa voz, essa fala que tanto nos é reprimida e retirada, ao longo das nossas vidas, precisa ser enunciada e ecoar por aí: em casa, na rua, na escola, no trabalho e também aqui na academia. Mas, essa voz não é nem pode ser única, pois devemos ter a consciência de que somos muitos e que somos diversos e essa diversidade é também o que nos torna únicos, singulares, cada um a sua maneira. Por isso, fiz questão de enfatizar, na epígrafe deste trabalho, que "Eu não sou somente um 'Eu', eu sou também um 'Nós' e 'Nós' marchamos [ou, pelo menos, devemos marchar] com orgulho".

E essas vozes orgulhosas que ecoam precisam também que se deixem ser ecoadas. É preciso que se dê a elas o seu devido *local de fala*. Mas o que seria isso? Ora, é simples – e aqui me dou a liberdade de me reportar aos ensinamentos de Djamila Ribeiro[1] na matéria – todas e todos nós temos um *local de fala*, que nada mais é do que uma fala que é entoada a partir do lugar social que ocupamos. Então, se eu sou um homem, *gay*, cis, branco, de classe média e, de certa forma, privilegiado – porque, sim, dentro da diversidade, também é possível haver privilégios –,[2] é desse lugar que eu emito o meu discurso. Portanto, neste trabalho, como está longe de mim querer falar sozinho, tentei, ao máximo, fazer com que as mais diferentes vozes ecoassem na minha escrita, por meio de epígrafes, citações, referências, teorias e pensamentos. Então, aqui não é somente a voz de um pesquisador *gay* e cisgênero que está presente, mas as vozes de vários/as pensadores/as, acadêmicos/as, advogados/as, escritores/as, poetas e poetisas lésbicas, *gays*, bissexuais, travestis, transexuais, transgêneros/as, não binários/as e intersexuais. E dessa forma o fiz, pois a academia – e é assim que eu a enxergo – também cumpre e deve cumprir um papel político transformador ou, ao menos, se proponha a transformar a realidade social.

Portanto, que sigamos juntos/as, todas, todos e todes, LGBTs ou não, cumprindo nossos papéis transformadores, por um direito mais inclusivo, por uma sociedade que respeite as diferenças e por um Estado que acolha a diversidade.

Somente assim, unidos/as, é que poderemos cumprir aquilo que dizem Johnny Hooker e Liniker, em sua música *Flutua* (2017),

---

[1] Cf. RIBEIRO, Djamila. *O que é*: lugar de fala? Belo Horizonte: Letramento; Justificando, 2017.

[2] Pois é preciso que entendamos que, mesmo incorporando a diversidade, é possível que tenhamos privilégios, pois o quão mais incorporamos às nossas identidades características que nos estigmatizam socialmente, maior será a abrangência da opressão sobre os nossos corpos.

e fazer vencer um novo tempo, no qual se possa "amar sem temer". Um tempo em que todos os amores "possam dizer seus nomes", sem correr o risco de serem por isso punidos como aconteceu com Oscar Wilde. Um tempo em que todas as existências sejam respeitadas em sua inteireza e plenitude.

Um tempo de representatividade, mas não aquela representatividade que se restringe aos obituários e às manchetes policiais e sim uma representatividade que se expanda para os mais diversos cenários sociais.

Que ocupe espaços, na família, no mercado de trabalho, nas escolas, nas universidades e, principalmente, que ocupe cargos, como os de Jean Wyllys, David Miranda, Erica Malunguinho, Erica Hilton, Robyonce Lima e da sempre presente Marielle Franco.

Afinal, já dizia o lema do grupo LGBT norte-americano *Queer Nation*: "We're here, we are queer, get used to it".[3] Sim, estamos aqui. Os armários não nos comportam mais. Nossas vozes não se deixarão calar novamente, pelo contrário, elas estão aqui para falar, gritar, denunciar, mas também para aconselhar. E é com a mensagem de um grupo de rap brasileiro, *Quebrada Queer*, que eu deixo aqui a lembrança de que: "Amor não é doença, é cura. Não é só close, é luta. Então, vê se me escuta. Aceita, atura ou surta".

O autor.

---

[3] Em tradução livre: "Estamos aqui, somos queer [estranhos], lidem com isso" (cf. SPARGO, Tamsin. *Foucault e a teoria queer*: seguido de Ágape e êxtase: orientações pós-seculares. Belo Horizonte: Autêntica, 2017).

INTRODUÇÃO

A família, compreendida como uma instituição sociojurídica, perpassou por intensas transformações ao longo da história, tanto no que diz respeito às suas configurações e formas de constituição, quanto no tocante à maneira através da qual o direito a concebe como instituto jurídico. Destarte, pode-se observar que o ramo do direito destinado à regulamentação das relações familiares vê-se constantemente impelido a reinventar-se e readequar-se à realidade social.

Não se pode olvidar, entretanto, o fato de que as regras, por si só, não dão conta de todas as demandas da sociedade. Isso, pois, a realidade social não é inerte, pelo contrário, transforma-se com o tempo, fazendo, muitas vezes, com que a rigidez da interpretação normativa não consiga acompanhar sua dinamicidade. É diante dessa perspectiva, portanto, que se faz essencial o trabalho interpretativo da doutrina e da jurisprudência na tentativa de responder às questões cujo ordenamento ainda não consegue resolver.

Dessa maneira, o presente trabalho pretende debruçar-se nessa seara de escassez normativa para buscar analisar o direito fundamental ao exercício da autonomia no planejamento familiar por parte das famílias LGBT quando da realização de seus projetos parentais. Para tanto, irá focar seus estudos nas questões atinentes à legitimidade de escolha quanto ao uso das técnicas de reprodução humana assistida na concretização desses projetos parentais e na tutela jurídica das famílias ectogenéticas, as quais dizem respeito às entidades familiares advindas do uso das referidas técnicas reprodutivas.

A relevância da presente pesquisa está no fato de que, apesar dos grandes avanços já obtidos com relação à temática, o forte preconceito da sociedade, pautado, sobretudo, na heterocisnormatividade social, a qual será destrinchada mais à frente, faz com que se torne difícil a implementação dos direitos civis dessa parcela da população. Isso, pois, tais indivíduos estão sujeitos a uma invisibilização das suas existências públicas e legítimas, o que acaba repercutindo, inclusive, no reconhecimento legislativo de seus direitos.

No tocante ao direito das famílias não é diferente. Afinal, o modelo familiar tradicional, cujo pilar principal era a família patriarcal – alicerçada na heterocisnormatividade compulsória – apresentava como uma de suas principais funções a procriação. Assim, os indivíduos integrantes da diversidade sexual e de gênero, marcados pelo seu desvio do padrão social imposto, estiveram por um bom tempo às margens da proteção legal, tendo o seu direito à constituição de família negado e cerceado.

Tal panorama, entretanto, sofreu intensas modificações especialmente em razão do advento da Constituição Federal de 1988, a qual elegeu a *afetividade*, a *dignidade* e a *solidariedade* como os principais alicerces do seio familiar. Nesse sentido, a família deixou de ser vista como um núcleo hierarquizado e opressor, no qual o homem concentrava em si, através do poder marital e do poder familiar, a autoridade sobre os demais membros, passando a ser encarada como um ambiente de acolhimento e emancipação de todos os seus membros individualmente considerados.

Nessa continuidade, admitiu-se a concepção de uma pluralidade de entidades familiares, estando as pessoas livres para escolher aquela que melhor atender aos seus interesses, cumprindo ao ordenamento e ao Estado a garantia da sua proteção e a de seus membros. Além disso, foi possibilitado o reconhecimento da *igualdade* entre os mais diversos vínculos de filiação, biológicos, não biológicos ou legais, sem qualquer hierarquia entre eles, estando os pais livres para exercer o planejamento familiar dentro dos parâmetros estabelecidos na legislação.

Em que pese, no entanto, não mencionar expressamente as famílias LGBT, o contexto hermenêutico proporcionado pela aplicação dos princípios e garantias fundamentais contidos na Carta Magna, a exemplo da *dignidade da pessoa humana*, da *liberdade*, da *igualdade* e da *não discriminação*, possibilita a tutela desses grupos familiares. Foi graças a essa percepção, inclusive, que o Supremo Tribunal Federal (STF) reconheceu a proteção das famílias homoafetivas pelo ordenamento jurídico pátrio.

Entretanto, apesar dessa postura ativista da Corte Constitucional, a inércia do Legislativo contribui para uma atmosfera de insegurança jurídica no tocante à efetividade dos direitos da população LGBT, entre os quais estão aqueles atinentes ao exercício da parentalidade.

Isso, pois, a impossibilidade de reprodução pelo método tradicional, coito sexual, por parte desses casais, salvo poucas exceções, as quais serão comentadas ao longo do trabalho, faz com que tenham que se utilizar de outras alternativas para viabilizar seus projetos parentais, a exemplo do que ocorre com a busca pelas técnicas de reprodução humana assistida (RHA). Contudo, a escassez normativa na matéria acaba, muitas vezes, corroborando a dificuldade na efetivação de tais direitos por parte desses indivíduos.

No tocante à procriação medicamente assistida (PMA), especificamente, o Brasil, apesar da existência de inúmeros projetos de lei acerca do tema, ainda não possui uma legislação específica que trate das questões pertinentes a esses procedimentos. Dessa forma, atualmente, as diretrizes gerais nessa matéria são estabelecidas, sobretudo, por uma resolução do Conselho Federal de Medicina, nº 2.168/2017. Tal dispositivo, por sua vez, é norma de cunho meramente deontológico, responsável por balizar as condutas profissionais dos médicos; sem possuir, no entanto, a força cogente própria de uma norma jurídica.

Vale salientar, ainda, que tal resolução, apesar de reconhecer que os casais homoafetivos e pessoas trans podem ser beneficiários desses procedimentos, remete à possibilidade de o médico responsável pelo procedimento exercer sua objeção de consciência nos termos do Código de Ética Médica. Tal previsão diz respeito à possibilidade de esse profissional negar-se a realizar o procedimento de procriação medicamente assistida no contexto familiar homoafetivo, quando isso for de encontro com a sua *liberdade de consciência*. Tem-se, assim, um conflito entre dois direitos fundamentais: da *liberdade de consciência* do médico e da *liberdade* no exercício do planejamento familiar pelas famílias homoafetivas. Dessa forma, faz-se imperiosa uma análise e o estabelecimento de parâmetros para essa objeção de consciência do profissional da medicina de modo a evitar condutas discriminatórias, fundadas eminentemente em seus preconceitos individuais.

Ademais, quando se fala em transexualidade, há uma clara invisibilização dos direitos reprodutivos dessas pessoas, de uma forma que não se cogita a possibilidade de esses indivíduos gerarem filhos com o uso do seu próprio material genético. Isso, pois, tem-se a concepção de que seria contraditório o uso dos gametas sexuais próprios desses indivíduos, tendo em vista ser mais coerente, para a sustentação das suas identidades de gênero, o não exercício da capacidade reprodutiva baseada no sexo biológico – uma vez que essas pessoas possuem uma identidade de gênero diferente daquela a qual lhes é atribuída socialmente em razão do sexo de nascença.

Ante todo esse panorama sociojurídico, surge, assim, a seguinte problemática: apesar da escassez legislativa na matéria, é possível conferir às famílias LGBT uma autonomia legítima para o exercício do direito fundamental ao planejamento familiar na concretização de seus projetos parentais, máxime no tocante à escolha pelo uso das técnicas de reprodução humana assistida?

A fim de responder a essa indagação, o presente trabalho partiu da seguinte hipótese: o planejamento familiar é uma garantia fundamental constitucionalmente assegurada e conferida a toda e qualquer pessoa, sendo vedada qualquer forma de discriminação negativa no seu exercício, no sentido de impedir que uma parcela da população se utilize de suas prerrogativas. Dessa forma, independentemente de haver ou não leis específicas que regulamentem o uso das técnicas de procriação medicamente assistida, o ordenamento possibilita, através das disposições atinentes ao exercício do planejamento familiar, certos parâmetros para utilização desses procedimentos, os quais devem observar a *dignidade da pessoa humana* e a *parentalidade responsável*. Nesse sentido, não há como obstar que famílias LGBT concretizem seus projetos parentais através das técnicas reprodutivas humanas quando tais procedimentos estiverem de acordo com os limites impostos, por lei, para o exercício do planejamento familiar.

Dessa forma, o presente trabalho pretende analisar o direito fundamental ao exercício da autonomia no planejamento familiar das famílias LGBT à luz de uma metodologia civil-constitucional, máxime no que diz respeito à legitimidade da opção pelo uso das técnicas de reprodução humana assistida para fins de viabilizar os seus projetos parentais. Para tanto, objetivou-se:

(A) compreender a evolução histórica do direito das famílias brasileiro à luz de uma metodologia civil-constitucional, a fim de legitimar o reconhecimento das famílias homoafetivas e transafetivas como entidades familiares constitucionalmente protegidas;

(B) analisar os argumentos usados pelo Supremo Tribunal Federal no julgamento da ADPF nº 132/RJ e da ADI nº 4.277/DF para legitimação das uniões homoafetivas ante o ordenamento jurídico pátrio, bem como a Resolução nº 175 do Conselho Nacional de Justiça, que aborda o processo de habilitação para o casamento entre pessoas do mesmo gênero;

(C) avaliar o direito ao reconhecimento da identidade de gênero como um direito da personalidade, tomando por base,

especialmente, o julgamento da ADI nº 4.275/DF pelo Supremo Tribunal Federal e a consequente edição do Provimento nº 73/2018 pelo Conselho Nacional de Justiça, e as implicações de tais reconhecimentos para o direito das famílias;
(D) compreender as mudanças obtidas no campo da filiação no panorama jurídico pátrio, bem como os impactos que o surgimento das técnicas de reprodução humana assistida acarretou na atribuição dos vínculos filiatórios, tendo por base uma análise pautada tanto no direito das famílias, quanto nas disposições pertinentes à seara da bioética e do biodireito;
(E) investigar os projetos de lei que tramitam no Congresso Nacional os quais visam à tentativa de regulamentação das técnicas de reprodução humana assistida, as resoluções do Conselho Federal de Medicina que tratam da referida matéria e os provimentos nº 52/2016 e nº 63/2017 editados pelo Conselho Nacional de Justiça a fim desburocratizar os registros das crianças oriundas da aplicação dessas técnicas, no intuito de averiguar suas contribuições para a regulação de tais procedimentos, dada a escassez legislativa específica sobre o tema;
(F) analisar o instituto do planejamento familiar à luz da Constituição Federal de 1988 e da Lei nº 9.263/96, seus limites e sua aplicação no âmbito das famílias LGBT, tomando em consideração, ainda, os entraves sociais e jurídicos impostos à concretização dos projetos parentais ectogenéticos desempenhados por essas pessoas; e
(G) identificar as múltiplas formas de configuração das relações parentais oriundas do uso das técnicas de reprodução humana assistida no âmbito das famílias LGBT, sob a ótica da doutrina e da jurisprudência.

Nesse sentido, o desenvolvimento do tema pautou-se em uma pesquisa teórica acerca das questões jurídicas que envolvem o direito ao exercício da liberdade de planejamento familiar na seara das famílias LGBT, especificamente no tocante ao exercício da autonomia de tais indivíduos quanto à forma de viabilização de seus projetos parentais. Para tanto, utilizou-se a técnica da documentação indireta, através da pesquisa bibliográfica e documental.

No tocante à pesquisa bibliográfica, foram investigadas as produções acadêmicas já realizadas a respeito dessas temáticas, a fim de compreender as opiniões doutrinárias acerca dessa matéria. Nesse sentido, objetiva-se contribuir para o aprofundamento da questão em tela, máxime no que diz respeito à possibilidade de concretização dessas relações parentais e à legitimidade do exercício da autonomia no planejamento familiar, notadamente no que tange à opção pelo uso das técnicas reprodutivas humanas. Ademais, no tocante à pesquisa documental, foi realizado um estudo legislativo, nacional e internacional, e também jurisprudencial. Dessa forma, pretendeu-se, através do emprego de um método de raciocínio analítico-dedutivo e de uma análise qualitativa, construir um embasamento teórico-jurídico para fundamentar o exercício da homoparentalidade e da transparentalidade, através do uso de técnicas de reprodução humana medicamente assistida.

Para a realização da presente pesquisa, o trabalho foi dividido em duas partes: a) As famílias LGBT na perspectiva civil-constitucional: em defesa de todas as formas de amor; e b) Os projetos parentais ectogenéticos LGBT no ordenamento jurídico brasileiro: um novo tempo há de vencer. Tais partes, por sua vez, foram subdivididas em capítulos, totalizando sete capítulos.

Na *Parte I*, buscou-se trazer o panorama jurídico atual no tocante ao reconhecimento de direitos, na seara familiar, à população LGBT, com a finalidade de sedimentar as bases da legitimidade da natureza familiar dessas relações. Assim, para esse primeiro momento, foram destinados três capítulos.

No *Capítulo 1*, intitulado "Transformações no direito privado e as suas repercussões no direito das famílias: do Estado Liberal ao Estado Social", abordaram-se as questões relativas às principais mudanças pelas quais passou a família, como instituto jurídico e também social, tomando por base as transformações sofridas no direito privado pátrio. Dessa maneira, têm-se, como ponto de partida, as perspectivas relativas à passagem do Estado Liberal ao Estado Social Democrático, a polêmica da aplicação dos direitos e princípios fundamentais constitucionais na esfera particular e as visões da doutrina civilista acerca desse fenômeno. Em seguida, traz-se a metodologia do direito civil-constitucional, suas proposições, críticas à sua utilização e a sua aplicação na seara familiar. Por fim, elencam-se as mudanças trazidas ao instituto da autonomia no direito privado e os impactos decorrentes dessas transformações no campo do direito das famílias.

No *Capítulo 2*, intitulado "Fora do armário, para dentro das ruas: o movimento LGBT e a luta pelo reconhecimento identitário", tratou-se de sedimentar o contexto histórico social em que se desenvolveram os conceitos de homossexualidade e de transexualidade, bem como a criação do movimento político-emancipatório do Orgulho LGBT. Em seguida, foram delineados alguns conceitos basilares para a compreensão da temática central deste trabalho, entre os quais as ideias de sexo, gênero, expressão de sexualidade, identidade gênero, bem como se explicaram as diversas categorias identitárias que compõem o movimento LGBT.

No *Capítulo 3*, intitulado "A tutela jurídica das famílias LGBT no contexto brasileiro: um estudo da homo/bissexualidade e das identidades trans a partir do direito das famílias", foi explorada a tutela jurídica das famílias homoafetivas, pelo viés da doutrina e da jurisprudência pátrias, e das famílias trans, do ponto de vista dos direitos da personalidade, agregando também elementos da doutrina e da jurisprudência. Nesse sentido, buscou-se averiguar as principais transformações relativas ao reconhecimento de efeitos jurídicos a essas configurações familiares, bem como o que ainda precisa mudar, a fim de promover uma efetiva emancipação de seus direitos. Por fim, fez-se uma análise a respeito da pertinência da construção de um estatuto jurídico próprio para tutelar os direitos relativos à diversidade sexual e de gênero, levando em consideração a necessidade de reconhecimento da diferença enquanto um elemento fundamental a ser protegido e tutelado.

Na *Parte II*, tomando por base as transformações no contexto jurídico pátrio e as mudanças no contexto de normatização das famílias, trazidas na Parte I, fez-se um estudo a respeito dos impactos que o uso da reprodução humana assistida acarretou nesse ramo do direito, bem como a respeito da possibilidade de acesso a esses recursos por parte da população LGBT, tomando por base, especificamente, o exercício do planejamento familiar. Para esse ponto foram destinados quatro capítulos.

No *Capítulo 4*, intitulado "Os impactos da bioética e do biodireito no direito das famílias: a reprodução humana assistida e o surgimento das famílias ectogenéticas", abordou-se o estabelecimento dos vínculos filiatórios nas famílias ectogenéticas, a partir da legislação vigente. Para tanto, partiu-se de uma análise da conjuntura atual do regime jurídico da filiação, notadamente em relação ao recurso às técnicas de procriação medicamente assistida. Em seguida, estudou-se a respeito dos impactos trazidos pela consolidação da bioética e do biodireito na regulamentação das novas tecnologias reprodutivas. Além disso, foram investigadas as principais técnicas interventivas sobre o processo de reprodução humana e as suas finalidades.

No *Capítulo 5*, intitulado "A reprodução humana assistida e as dificuldades na sua regulamentação jurídica: entre tentativas e erros", tratou-se das principais dificuldades para o estabelecimento de uma normatização em torno da reprodução humana assistida no Brasil. Dessa forma, iniciou-se pela discussão de alguns aspectos controversos que envolvem o uso das técnicas de procriação medicamente assistida e as repercussões trazidas por eles no tocante ao estabelecimento dos laços de paternidade e maternidade. Ademais, examinaram-se as diretrizes sobre o uso das técnicas de reprodução assistida contidas nas resoluções do Conselho Federal de Medicina, nos projetos de lei que tramitam no Congresso Nacional sobre a matéria e os impactos dos provimentos do Conselho Nacional de Justiça que tratam do registro das crianças oriundas do uso desses procedimentos.

No *Capítulo 6*, intitulado "Famílias ectogenéticas LGBT: o planejamento familiar e o uso da reprodução humana assistida na construção da homoparentalidade e da transparentalidade", tratou-se a respeito de como a liberdade de planejamento familiar é importante para legitimar a viabilização dos projetos homoparentais e transparentais. Nesse sentido, foram analisados os elementos desse planejamento familiar, a autonomia no seu exercício, bem como os limites impostos a ele pelo ordenamento jurídico. Nessa continuidade, tratou-se do respeito ao exercício desse direito por parte da população LGBT, assim como os entraves existentes e que repercutem na obstacularização do seu desempenho por essas pessoas.

No *Capítulo 7*, intitulado "A viabilização dos projetos parentais ectogenéticos LGBT: as diferentes configurações das famílias homoparentais e transparentais advindas da reprodução assistida", foi desempenhada uma análise das diferentes configurações das famílias LGBT que possam vir a desejar recorrer às técnicas de reprodução humana assistida para darem viabilidade a um projeto parental, tomando por base os contextos familiares biparentais (casais compostos por pessoas que integrem a diversidade sexual e de gênero) e monoparentais (pessoas LGBT solteiras, divorciadas ou viúvas que queiram empreender em uma "produção independente" de parentalidade). Para tanto, foram levantados os critérios jurídicos que podem ser utilizados para a atribuição da filiação, mediante as variadas hipóteses de formatações familiares, e também os tipos de infertilidade a serem considerados para fundamentar o direito de acesso a esses recursos.

Por fim, o presente trabalho conta, ainda, com cinco apêndices, elaborados pelo autor, e que se destinam a auxiliar na compreensão dos temas tratados ao longo do texto. São eles: a) Quadro comparativo entre as resoluções do CFM que versam sobre RHA; b) Quadro comparativo entre os projetos de lei com propostas de regulamentação mais abrangentes das TRHA; c) Quadro comparativo entre os projetos de lei com propostas pontuais de regulamentação das TRHA; d) Quadro

esquemático referente à utilização das TRHA nos contextos familiares biparentais homoafetivos cisgêneros; e e) Quadro esquemático referente à utilização das TRHA nos contextos familiares monoparentais cisgêneros e transgêneros.

PARTE I

AS FAMÍLIAS LGBT[4] NA PERSPECTIVA CIVIL-CONSTITUCIONAL: EM DEFESA DE TODAS AS FORMAS DE AMOR

E a gente vai à luta
E conhece a dor
Consideramos justa toda forma de amor.
(SANTOS, Lulu. *Toda forma de amor*, 1989)

---

[4] Dois esclarecimentos precisam ser feitos a respeito da escolha pelo uso da expressão "Famílias LGBT" no presente trabalho, quais sejam: 1) cumpre esclarecer que, no tocante à terminologia utilizada, tem-se que a sigla "LGBT" corresponde à população de lésbicas, *gays*, bissexuais, transexuais, travestis e transgêneros. Importa destacar que a referida sigla é utilizada pelo movimento LGBT com o intuito de proporcionar uma afirmação política das identidades das pessoas as quais integram esse grupo social, bem como de dar-lhes visibilidade. Em razão disso, optou-se pela utilização da expressão "Famílias LGBT", não em um sentido de proceder com quaisquer diferenciações ou distinções discriminatórias quando em relação às famílias compostas por pessoas heterossexuais e cisgêneras, mas num sentido de especificar a delimitação temática a qual será abordada nesta pesquisa; 2) importante aclarar, ainda, que se optou pela sigla LGBT, em detrimento da sigla LGBTQIAP+ – mais recentemente adotada, em razão da inclusão do "Q", relativo às identidades não binárias ou *queers*, do "I", relativo às pessoas designadas como intersexuais, do "A", referente às pessoas assexuais, do "P", relativa aos pansexuais, e do "+", que representa outras identidades –, tendo em vista o necessário recorte temático da pesquisa que, se incluísse também a tutela jurídica das pessoas não binárias, intersexuais, assexuais, pansexuais etc. restaria por demasiado abrangente, inviabilizando sua concretização.

CAPÍTULO 1

TRANSFORMAÇÕES NO DIREITO PRIVADO E AS SUAS REPERCUSSÕES NO DIREITO DAS FAMÍLIAS: DO ESTADO LIBERAL AO ESTADO SOCIAL

> *Depois desse dia, aquela rua 10.406 com seus 2.046 endereços não foi mais a mesma via. Também pudera: uma rua tão larga, extensa e importante, não nasce rua, se faz caminho no percurso, no desencontro e no encontro.*
> (FACHIN, Luiz Edson. *A filha das estrelas em busca do artigo perdido*, 2008)

A tradicional dicotomia, direito público e direito privado, remetida ao sistema jurídico romano-germânico,[5] se um dia fora marcada pela radical separação de suas esferas, encontra, na sociedade contemporânea, no mínimo, uma incitação à integração de seus saberes, que, nas palavras de Paulo Lôbo, pode ser concebida como uma interdisciplinaridade interna.[6] Ocorre que as intensas transformações pelas quais perpassa o meio social repercutem diretamente no âmbito jurídico, o qual não pode quedar-se apático a tais realidades.

No campo do direito civil, especificamente em matéria de normatização da família – ou das famílias –, as modificações sofridas no ordenamento, sobretudo em razão da influência e da incidência

---

[5] LÔBO, Paulo. *Direito civil*: parte geral. 7. ed. São Paulo: Saraiva, 2018. p. 21.
[6] LÔBO, Paulo. Constitucionalização do direito civil. *Revista Informação Legislativa*, Brasília, v. 36, n. 141, p. 99-109, 1999. p. 100. Disponível em: http://www.direitofmc.xpg.com.br/TGDC/texto01.pdf. Acesso em: 8 ago. 2018.

das normas constitucionais na esfera particular, corroboraram o estabelecimento de um novo paradigma, marcado pela inclusão, pela diversidade e pelo respeito ao ser humano. Ante tal perspectiva, novos direitos afloraram e antigos padrões sociais foram e são superados a cada dia, seja pelas modificações legislativas, seja pela atuação dos juízes e Tribunais na tentativa de salvaguardar os pressupostos axiológicos estampados na Carta Magna.

Em razão de tal contexto, a complexidade das demandas sociais tem, recentemente, sobrecarregado o Poder Judiciário de ações pleiteando os mais diversos direitos relativos à seara familiarista, notadamente no tocante ao reconhecimento de novas e mais complexas formas de composições familiares, a exemplo das famílias homoafetivas, multiparentais, paralelas, poliafetivas etc. No entanto, em que pese toda a virada paradigmática proposta pela Carta Política, a legislação infraconstitucional nem sempre se demonstra completamente abalizada de mecanismos suficientes para promover a proteção dos indivíduos integrantes dessas novas entidades familiares.

Diante disso, fala-se na aplicação de uma metodologia do direito civil-constitucional, a fim de possibilitar a concretização dos direitos fundamentais na esfera das relações interprivadas, encontrando, no direito das famílias, um âmbito de promoção da *dignidade*, da *solidariedade*, da *igualdade*, da *liberdade* e da *não discriminação*. Nessa continuidade, discute-se, também, a abrangência do exercício da autonomia nas relações familiares, identificando a existência ou não de possíveis limites no seu exercício e quais seriam eles.

Assim, buscar-se-á, neste primeiro momento, elucidar as questões que pairam em torno da constitucionalização do direito civil, com ênfase na abordagem familiarista, e da vinculação dos propósitos axiológicos constitucionais na seara jusprivatista. Com isso, pretende-se lançar mão dos pressupostos teóricos basilares para a construção desta pesquisa e compreensão de sua temática central.

1.1 A problemática da eficácia dos direitos fundamentais na esfera privada: um ponto de partida

O direito, compreendido aqui como um fato ou fenômeno social –[7] uma vez que tem como um de seus principais objetivos a ordenação e a organização da vida em sociedade –, está intrinsecamente ligado ao

---

[7] REALE, Miguel. *Lições preliminares de direito*. 27. ed. São Paulo: Saraiva, 2002. p. 2.

meio no qual se encontra inserido e às suas necessidades particulares. Assim, pode-se dizer que as suas instituições se encontram sempre impelidas a um constante processo de reinvenção e adaptação das suas estruturas, a fim de proporcionar uma melhor adequação da seara jurídica à realidade social da qual faz parte.

Nessa toada, constata-se que o direito civil passou por intensas transformações as quais se destinaram a promover a sua conformação com as vicissitudes sociais. Diante disso, torna-se perceptível um processo contínuo e gradativo, caracterizado pela passagem de uma perspectiva liberal-burguesa, em que o ente estatal (âmbito público) e a sociedade civil (âmbito privado) eram tidos como campos completamente distintos e apartados, para um ideário social e solidário, no qual as dimensões do público e do privado aproximam-se a ponto de gerar um diálogo recíproco entre elas.[8]

Fala-se, assim, que as concepções atinentes ao dito Estado Liberal, fundado em ideais de *igualdade* e *liberdade* em sentido meramente formal – as quais desconsideram as individualizações e subjetividades de cada indivíduo que compõe uma relação jurídica –,[9] deram espaço para uma nova perspectiva, consubstanciada no chamado Estado Social ou, como se encontra denominado na Constituição Federal de 1988 (CF/88),[10] Estado Democrático de Direito. A partir de tal marco histórico, inclusive, nota-se que a *dignidade da pessoa humana* é alçada ao ideal de princípio norteador das relações jurídicas, devendo servir de parâmetro axiológico uniformizador e balizador das interpretações relativas à aplicação do ordenamento jurídico nacional.[11]

---

[8] LÔBO, Paulo. A constitucionalização do direito civil brasileiro. *In*: TEPEDINO, Gustavo (Org.). *Direito civil contemporâneo*: novos problemas à luz da legalidade constitucional: anais do Congresso Internacional de Direito Civil-Constitucional da Cidade do Rio de Janeiro. São Paulo: Atlas, 2008. p. 19.

[9] CORTIANO JÚNIOR, Eroulths. As quatro fundações do direito civil: ensaio preliminar. *Revista da Faculdade de Direito da Universidade Federal do Paraná (UFPR)*, Curitiba, v. 45, n. 0, p. 99-102, 2006. p. 100-101. Disponível em: http://revistas.ufpr.br/direito/article/view/8750/6576. Acesso em: 6 ago. 2018.

[10] Importante ter-se em mente que, no contexto brasileiro, o Estado Social teve seu início com a Constituição de 1934, mas, sem sombra de dúvidas, o regime democrático trazido pela Constituição de 1988 conseguiu incorporar melhor os valores relativos à dignidade e à solidariedade (LÔBO, Paulo. *Direito civil*: parte geral. 7. ed. São Paulo: Saraiva, 2018. p. 60-61).

[11] FACHIN, Luiz Edson. A construção do direito privado contemporâneo na experiência crítico-doutrinária brasileira a partir do catálogo mínimo para o direito civil-constitucional no Brasil. *In*: TEPEDINO, Gustavo (Org.). *Direito civil contemporâneo*: novos problemas à luz da legalidade constitucional: anais do Congresso Internacional de Direito Civil-Constitucional da Cidade do Rio de Janeiro. São Paulo: Atlas, 2008. p. 13.

Destarte, a teoria liberal clássica, que se destinava única e exclusivamente a definir o alcance da incidência dos direitos fundamentais na esfera das relações públicas – funcionando como limitadores ao exercício do Poder pelo Estado –, torna-se anacrônica diante da complexidade das demandas sociais contemporâneas. Isso, pois, tal realidade requer respostas jurídicas compatíveis com as opressões e as violações de direitos, as quais podem emanar tanto do ente estatal quanto de inúmeros atores privados, a exemplo de outros particulares, da família, da empresa, do mercado etc., ainda mais em contextos sociais marcados por intensas desigualdades como acontece na conjuntura brasileira.[12]

Ocorre que, diante desse panorama, verifica-se que há interpretações dissonantes, na doutrina pátria, quanto à eficácia dessa aplicação da *dignidade humana*, bem como de outros princípios constitucionais, no âmbito das relações privadas. Isso se dá, sobretudo, em razão da existência de dois grandes modelos teóricos[13] que se debruçam no estudo relativo à vinculação dos direitos fundamentais na esfera particular, quais sejam: a) a teoria da eficácia indireta ou mediata dos direitos fundamentais na esfera privada; b) a teoria da eficácia direta ou imediata dos direitos fundamentais na esfera privada.

Diante disso, antes de analisar qualquer influência no direito das famílias pátrio referente às transformações pelas quais passou o direito civil como um todo, impende, como um ponto de partida, analisar e esclarecer quais as principais conclusões propostas por essas concepções distintas, para, em seguida, enquadrar o presente trabalho em uma dessas linhas teóricas de raciocínio. Afinal, a escolha e o enquadramento teórico a ser adotado, na pesquisa, darão o tom e o direcionamento das discussões que serão travadas ao longo do trabalho; sem que isso impeça, entretanto, que outros pontos de vista também possam ser trazidos para o debate a título de contraposição.[14]

Dito isso, inicia-se a discussão a partir da análise da primeira corrente teórica, relativa à aplicação indireta e mediada dos direitos fundamentais na esfera privada. Tal corrente foi desenvolvida

---

[12] SARMENTO, Daniel. A vinculação dos particulares aos direitos fundamentais: o debate teórico e a jurisprudência do STF. *In*: LEITE, George Salomão; SARLET, Ingo Wolfgang; CARBONELL, Miguel (Org.). *Direitos, deveres e garantias fundamentais*. Salvador: JusPodivm, 2011. p. 285.

[13] Em que pese ter-se ciência de que essas não são as únicas teorias a respeito do tema, para fins deste trabalho, focar-se-á apenas nessas duas, tendo em vista terem sido as que mais repercutiram na doutrina jusprivatista brasileira.

[14] MARCONI, Maria de Andrade; LAKATOS, Eva Maria. *Fundamentos de metodologia científica*. 5. ed. São Paulo: Atlas, 2003. p. 224.

originariamente, na doutrina alemã, por Günter Dürig, tendo se tornado a opinião majoritária na Alemanha,[15] sendo adotada, inclusive, pela Corte Constitucional alemã, destacando-se a decisão proferida no caso *Lüth*.[16]

Em suma, os adeptos dessa teoria, em que pese admitirem a possibilidade de vinculação dos particulares aos direitos fundamentais, defendem que tais garantias não configuram, no âmbito privado, direitos subjetivos invocáveis diretamente a partir do texto constitucional. Para tal, demandar-se-iam pontes que ligassem o direito privado à Constituição, de forma a que se possam aplicar os valores desta na esfera própria daquele.[17] Isto é, condicionar-se-ia a operabilidade das garantias fundamentais, no campo jusprivatista, à mediação de um órgão do Estado, o qual está diretamente vinculado por esses direitos.[18]

Os partidários dessa corrente teórica sustentam que tal cuidado é necessário, pois evitara que o direito privado se transformasse apenas em uma mera concretização do direito constitucional; perdendo, assim, sua autonomia como ramo jurídico específico.[19] Dessa forma, assumem que a vinculação dos particulares aos preceitos constitucionais dar-se-ia de forma indireta, mediante a atuação do legislador infraconstitucional, por meio dos instrumentos próprios do direito privado e não daqueles

---

[15] SARMENTO, Daniel. A vinculação dos particulares aos direitos fundamentais: o debate teórico e a jurisprudência do STF. *In*: LEITE, George Salomão; SARLET, Ingo Wolfgang; CARBONELL, Miguel (Org.). *Direitos, deveres e garantias fundamentais*. Salvador: JusPodivm, 2011. p. 292.

[16] Tal caso refere-se à decisão tida como a mais importante já proferida pela Corte Constitucional da Alemanha, referente a uma reclamação constitucional em que *Erich Lüth* pleiteou a reversão da decisão emitida em sede de instância ordinária, cominando-lhe a abstenção de incitação ao boicote de um filme dirigido pelo cineasta *Veit Harlan*, conhecido por ser colaborador do regime nazista. Em tal deliberação, o Tribunal alemão reconhece a eficácia horizontal dos direitos fundamentais em relação também aos particulares entre si e não somente nas relações entre cidadãos e Estado (cf. RODRIGUES JUNIOR, Otávio Luiz. *Distinção sistemática e autonomia epistemológica do direito civil contemporâneo em face da constituição e dos direitos fundamentais*. 2017. 682 f. Tese (Livre-Docência em Direito) – Faculdade de Direito da Universidade de São Paulo, São Paulo, 2017. p. 34).

[17] SARMENTO, Daniel. A vinculação dos particulares aos direitos fundamentais: o debate teórico e a jurisprudência do STF. *In*: LEITE, George Salomão; SARLET, Ingo Wolfgang; CARBONELL, Miguel (Org.). *Direitos, deveres e garantias fundamentais*. Salvador: JusPodivm, 2011. p. 292-293.

[18] BILBAO UBILLOS, Juan María. Eficacia horizontal de los derechos fundamentales: las teorias y la practica. *In*: TEPEDINO, Gustavo (Org.). *Direito civil contemporâneo*: novos problemas à luz da legalidade constitucional: anais do Congresso Internacional de Direito Civil-Constitucional da Cidade do Rio de Janeiro. São Paulo: Atlas, 2008. p. 226.

[19] SARMENTO, Daniel. A vinculação dos particulares aos direitos fundamentais: o debate teórico e a jurisprudência do STF. *In*: LEITE, George Salomão; SARLET, Ingo Wolfgang; CARBONELL, Miguel (Org.). *Direitos, deveres e garantias fundamentais*. Salvador: JusPodivm, 2011. p. 293.

referentes ao campo constitucional.[20] Afinal, para eles, haveria uma incapacidade das disposições constitucionais em solucionar diretamente um conflito entre particulares.[21]

Nessa perspectiva, a preferência pelo legislador em detrimento do juiz para funcionar como mediador da reciprocidade estabelecida entre as esferas pública e privada dar-se-ia em razão da segurança jurídica e do respeito à separação dos poderes. Dessa sorte, cumpriria ao Poder Judiciário apenas o papel de: a) preencher as cláusulas gerais e indeterminadas criadas pelo Legislativo, na elaboração das leis, levando em conta os direitos fundamentais; e b) declarar a inconstitucionalidade das normas jusprivatistas incompatíveis com essas garantias.[22] Assim, os Tribunais e juízes apenas aplicariam as normas infraconstitucionais de direito privado, interpretando-as em conformidade com a Constituição.[23]

Por outro lado, a teoria da eficácia direta e imediata dos direitos fundamentais nas relações privadas foi desenvolvida, também na Alemanha, pelo teórico Hans Carl Nipperdey, sustentando que, apesar de existirem garantias fundamentais que se apliquem apenas ao ente estatal, outras, pela sua natureza própria, poderiam vincular-se aos particulares diretamente, independentemente de mediação por parte do legislador.[24] Por isso, diz-se que é preciso levar em consideração a diversidade estrutural dos direitos fundamentais constitucionais e a sua aptidão intrínseca para operar diretamente na seara particular.[25]

---

[20] SARMENTO, Daniel. A vinculação dos particulares aos direitos fundamentais: o debate teórico e a jurisprudência do STF. *In*: LEITE, George Salomão; SARLET, Ingo Wolfgang; CARBONELL, Miguel (Org.). *Direitos, deveres e garantias fundamentais*. Salvador: JusPodivm, 2011. p. 294.

[21] BILBAO UBILLOS, Juan María. Eficacia horizontal de los derechos fundamentales: las teorias y la practica. *In*: TEPEDINO, Gustavo (Org.). *Direito civil contemporâneo*: novos problemas à luz da legalidade constitucional: anais do Congresso Internacional de Direito Civil-Constitucional da Cidade do Rio de Janeiro. São Paulo: Atlas, 2008. p. 228.

[22] SARMENTO, Daniel. A vinculação dos particulares aos direitos fundamentais: o debate teórico e a jurisprudência do STF. *In*: LEITE, George Salomão; SARLET, Ingo Wolfgang; CARBONELL, Miguel (Org.). *Direitos, deveres e garantias fundamentais*. Salvador: JusPodivm, 2011. p. 294.

[23] BILBAO UBILLOS, Juan María. Eficacia horizontal de los derechos fundamentales: las teorias y la practica. *In*: TEPEDINO, Gustavo (Org.). *Direito civil contemporâneo*: novos problemas à luz da legalidade constitucional: anais do Congresso Internacional de Direito Civil-Constitucional da Cidade do Rio de Janeiro. São Paulo: Atlas, 2008. p. 230.

[24] SARMENTO, Daniel. A vinculação dos particulares aos direitos fundamentais: o debate teórico e a jurisprudência do STF. *In*: LEITE, George Salomão; SARLET, Ingo Wolfgang; CARBONELL, Miguel (Org.). *Direitos, deveres e garantias fundamentais*. Salvador: JusPodivm, 2011. p. 298.

[25] BILBAO UBILLOS, Juan María. Eficacia horizontal de los derechos fundamentales: las teorias y la practica. *In*: TEPEDINO, Gustavo (Org.). *Direito civil contemporâneo*: novos

Conforme os partidários dessa teoria, não há como conceber o direito privado como um âmbito isolado, à margem da Constituição, visto que sofre influência direta de seus preceitos e disposições. Nesse sentido, diante da complexidade da sociedade contemporânea, não há como admitir que o Estado seja o único a ameaçar a esfera de garantias fundamentais dos indivíduos, pelo que outras pessoas também poderiam ser responsáveis por violá-los, não podendo estar impunes com relação a tais atentados.[26]

Diante disso, defendem que deve haver o sopesamento, por meio da análise do caso concreto, entre a liberdade individual dos particulares e os direitos fundamentais em questão, de forma a impedir que tais garantias sejam aviltadas, de igual modo, nessas relações interpessoais privadas. Ademais, seus adeptos compreendem que, caso exista lei regulamentando a matéria referente ao conflito privado em tela, essa será o instrumento hábil a ser aplicado para resolvê-lo, abstendo-se os julgadores dos solipsismos;[27] podendo, no entanto, afastar a sua aplicação somente se ela se demonstrar incompatível com as disposições contidas na Carta Política.[28]

Assim, entendidos ambos os modelos teóricos relativos à eficácia horizontal dos direitos fundamentais na seara particular, impende dizer que tais divergências repercutiram também na construção da doutrina civilista hodierna, a qual não é uníssona quanto à matéria em comento. Em suma, pode-se resumir essa ambivalência em dois grandes grupos:

(A) *o do direito civil contemporâneo* – compreendido aqui como relativo aos partidários da teoria da eficácia mediata, que sustentam a autonomia do direito civil com relação ao direito constitucional. Defendem, portanto, que o direito privado,

---

problemas à luz da legalidade constitucional: anais do Congresso Internacional de Direito Civil-Constitucional da Cidade do Rio de Janeiro. São Paulo: Atlas, 2008. p. 230-231.

[26] SARMENTO, Daniel. A vinculação dos particulares aos direitos fundamentais: o debate teórico e a jurisprudência do STF. *In*: LEITE, George Salomão; SARLET, Ingo Wolfgang; CARBONELL, Miguel (Org.). *Direitos, deveres e garantias fundamentais*. Salvador: JusPodivm, 2011. p. 298.

[27] Entende-se por solipsismo judicial a aposição de impressões pessoais por parte do julgador quando da resolução de litígios, decidindo-os segundo seus próprios ideais de justiça e não segundo as disposições normativas postas (cf. STRECK, Lenio Luiz. *O que é isto* – Decido conforme minha consciência? Porto Alegre: Livraria do Advogado, 2010).

[28] SARMENTO, Daniel. A vinculação dos particulares aos direitos fundamentais: o debate teórico e a jurisprudência do STF. *In*: LEITE, George Salomão; SARLET, Ingo Wolfgang; CARBONELL, Miguel (Org.). *Direitos, deveres e garantias fundamentais*. Salvador: JusPodivm, 2011. p. 300.

como disciplina jurídica, possui metodologia e princípios próprios, os quais devem ser obedecidos e observados quando da sua aplicação. Dessa forma, compreendem não ser adequado haver uma transposição dos elementos próprios do direito público para o âmbito jusprivatista, sob pena de perda das suas categorias e disposições historicamente construídas;[29] e

(B) *o do direito civil-constitucional* – abrangendo os adeptos da teoria da eficácia imediata, os quais adotam o posicionamento de que o arcabouço axiológico constitucional irradia seus preceitos de forma direta e imediata para o ordenamento jurídico como um todo, inclusive o direito privado. Tal ramo, por sua vez, deve cumprir os propósitos dispostos na Carta Magna, independentemente de intermediação legislativa infraconstitucional.[30]

Para fins da presente pesquisa, adotar-se-á a segunda perspectiva, compreendendo que o advento da CF/88 fortaleceu, no ordenamento pátrio, o fenômeno da constitucionalização do direito civil. Esse paradigma, a seu turno, é responsável por empreender uma observância dos preceitos e garantias fundamentais constitucionalmente protegidos por parte da legislação infraconstitucional, com a finalidade de propiciar os ideais de *solidariedade*, de *justiça social* e de *liberdade* e *igualdade materiais* contidos na Carta Política.[31] Sobre isso, explica Luís Roberto Barroso que "A idéia [*sic*.] de constitucionalização do direito aqui explorada está associada a um efeito expansivo das normas constitucionais, cujo conteúdo material e axiológico se irradia, com força normativa, por todo o sistema jurídico".[32]

---

[29] RODRIGUES JUNIOR, Otávio Luiz. Estatuto epistemológico do direito civil contemporâneo na tradição de civil law em face do neoconstitucionalismo e dos princípios. *Meritum, Revista de Direito da Universidade FUMEC*, Belo Horizonte, v. 5, n. 2, p. 13-52, 2010. p. 43. Disponível em: http://www.fumec.br/revistas/meritum/article/view/1054/747. Acesso em: 14 ago. 2018.

[30] LÔBO, Paulo. *Direito civil*: parte geral. 7. ed. São Paulo: Saraiva, 2018.

[31] LÔBO, Paulo. A constitucionalização do direito civil brasileiro. *In*: TEPEDINO, Gustavo (Org.). *Direito civil contemporâneo*: novos problemas à luz da legalidade constitucional: anais do Congresso Internacional de Direito Civil-Constitucional da Cidade do Rio de Janeiro. São Paulo: Atlas, 2008. p. 20.

[32] BARROSO, Luís Roberto. A constitucionalização do direito civil. *In*: TEPEDINO, Gustavo (Org.). *Direito civil contemporâneo*: novos problemas à luz da legalidade constitucional: anais do Congresso Internacional de Direito Civil-Constitucional da Cidade do Rio de Janeiro. São Paulo: Atlas 2008. p. 244.

Nessa toada, tem-se a perspectiva de uma metodologia civil constitucional, a qual abarca um método de estudo, de pesquisa e de aplicação do direito civil, responsável por promover a ressignificação de seus institutos jurídicos básicos, a fim de proporcionar um acompanhamento das transformações sociais por parte do ordenamento.[33] Com isso, a Constituição passa a ocupar o centro do ordenamento jurídico, no qual gravitam os demais ramos do direito – civil, comercial, tributário, administrativo etc. –, irradiando seus preceitos, de forma direta e imediata, para as demais esferas jurídicas.[34]

Sobre isso, ressalta, ainda, Luiz Edson Fachin que o fenômeno da constitucionalização do direito civil apresenta-se a partir de três dimensões diferentes da Constituição: a) a formal – representando a assimilação das regras e dos princípios presentes no arcabouço normativo da Carta Política; b) a substancial – abarcando a efetivação das disposições do Magno Texto a partir da atuação da Corte Constitucional e da aplicação dos princípios implícitos, derivados dos princípios explícitos da CF/88; e c) a prospectiva – abrangendo a ação permanente e contínua de ressignificação dos elementos jurídicos presentes no discurso normativo, doutrinário e jurisprudencial, em especial as matérias relativas ao governo jurídico das relações sociais (propriedade, contratos e família).[35]

Em razão disso, a aplicação dos princípios e das garantias constitucionais, especialmente os atinentes a direitos fundamentais, ganhou diversas consequências na seara das relações privadas, pelo que sua incidência direta e imediata se faz mister para a proteção dos pressupostos axiológicos contidos no Diploma Constitucional. Nesse sentido, destaca-se, principalmente, a disposição contida no §1º do art. 5º da CF/88, que prevê expressamente a aplicação imediata desses preceitos.[36] De acordo com tal perspectiva, sustenta, ainda, Daniel

---

[33] LÔBO, Paulo. Metodologia do direito civil constitucional. *In*: RUZYK, Carlos Eduardo Pianovski; SOUZA, Eduardo Nunes de; MENEZES, Joyceane Bezerra de; EHRHARDT JÚNIOR, Marcos (Org.). *Direito civil constitucional*: a ressignificação dos institutos fundamentais do direito civil contemporâneo e suas consequências, Florianópolis: Conceito, 2014. p. 20.

[34] FACHIN, Luiz Edson. *Questões do direito civil brasileiro contemporâneo*. Rio de Janeiro: Renovar, 2008. p. 6.

[35] FACHIN, Luiz Edson. *Questões do direito civil brasileiro contemporâneo*. Rio de Janeiro: Renovar, 2008. p. 7.

[36] "[...] nós temos, no Brasil, uma norma constitucional clara, que é o parágrafo primeiro do artigo 5º da Constituição, que diz: as normas definidoras dos direitos e garantias fundamentais têm aplicação imediata" (cf. LÔBO, Paulo. Metodologia do direito civil constitucional. *In*: RUZYK, Carlos Eduardo Pianovski; SOUZA, Eduardo Nunes de; MENEZES, Joyceane Bezerra de; EHRHARDT JÚNIOR, Marcos (Org.). *Direito civil constitucional*: a ressignificação dos

Sarmento que, em razão das fortes desigualdades sociais pelas quais perpassa a sociedade brasileira, justifica-se "[...] um reforço dos direitos humanos no campo privado, em que reinam a opressão e a violência".[37]

Portanto, pode-se constatar que o direito civil hodierno, sob a luz das disposições da Constituição Cidadã, caminha para a preservação das garantias constitucionais também entre os particulares, os quais, em suas relações intersubjetivas, devem observar os mandamentos fundamentais. Tal noção, por sua vez, como se pode observar, tem repercussões diretas também na esfera do direito das famílias, as quais serão melhor discutidas nos tópicos que se seguem.

1.2 Evolução histórica do direito das famílias brasileiro: da família patriarcal, cis-heterossexual, biológica e matrimonial às famílias da Constituição de 1988

O direito privado, como antes comentado, passou por intensas mudanças em razão da superação do ideal liberal-burguês – próprio do Estado Liberal do século XIX – para a concepção social-democrática, que, no Brasil, teve sua fortificação a partir da promulgação da Carta Magna de 1988. Com relação ao direito das famílias,[38] como ramificação própria do direito civil que é, não poderia ser diferente. Pelo contrário, a dinamicidade das relações familiares hodiernas contribui bastante para impulsionar e estimular esse ramo jurídico a estar constantemente modernizando-se, com o intuito de melhor proteger os interesses dos indivíduos que compõem tais relações.

Por outro lado, não se pode esquecer que as normas jurídicas nem sempre são capazes de solucionar as questões da vida diária, visto

---

institutos fundamentais do direito civil contemporâneo e suas consequências, Florianópolis: Conceito, 2014. p. 23).

[37] SARMENTO, Daniel. A vinculação dos particulares aos direitos fundamentais: o debate teórico e a jurisprudência do STF. *In*: LEITE, George Salomão; SARLET, Ingo Wolfgang; CARBONELL, Miguel (Org.). *Direitos, deveres e garantias fundamentais*. Salvador: JusPodivm, 2011. p. 318.

[38] A opção aqui feita pela denominação "direito das famílias", ao invés da tradicional expressão "direito de família", busca transpassar, com maior ênfase, a superação do modelo único de família matrimonializada, existente no passado, para uma concepção mais plural e democrática do meio familiar, inaugurado, no Brasil, a partir da nova legalidade constitucional proposta pela CF/88. Nesse sentido, explica, também, Maria Berenice Dias que: "[...] a expressão direito das famílias é a que melhor atende à necessidade de enlaçar, no seu âmbito de proteção, as famílias, todas elas, sem discriminação, tenha a formatação que tiver" (cf. DIAS, Maria Berenice. *Manual de direito das famílias*. 10. ed. São Paulo: Revista dos Tribunais, 2015. p. 30).

que o cotidiano é muito mais dinâmico que a lei. Sobre isso, esclarece Maria Berenice Dias:

> Como a lei vem sempre depois do fato e procura congelar a realidade, tem um viés conservador. Mas a realidade se modifica, o que necessariamente acaba se refletindo na lei. Por isso a família juridicamente regulada nunca consegue corresponder à família natural, que preexiste ao Estado e está acima do direito.[39]

É por esse motivo, acima de tudo, que, em se tratando do direito das famílias, especificamente, inúmeras foram as mudanças legislativas na matéria, a qual ainda demanda diversas alterações. Contudo, enquanto isso não é proporcionado, os princípios, a doutrina e a jurisprudência têm um papel crucial na resolução de conflitos cujas regras por si só ainda não são capazes de dirimir.

Tendo isso em mente, é necessário, antes de tudo, traçar uma evolução histórica das relações familiares no contexto jurídico-social brasileiro. Para tanto, é importante destacar, *a priori*, que, durante a sistemática estruturante do Estado Liberal – hegemonicamente alastrada pelo Ocidente, durante o século XIX –, a família foi relegada à não interferência do Estado em suas relações. Isso, pois, esse ideário social burguês, no âmbito da organização estatal, limitava-se a abalizar o exercício do poder político e a determinar a não intervenção do Estado na esfera privada.[40]

Nessas circunstâncias, a ideologia iluminista expressava-se tão somente por meio de perspectivas patrimoniais: a) de liberdade na aquisição e transmissão do direito de propriedade; e b) de *igualdade* meramente *formal*, ou seja, a ideia de que todos e todas são iguais perante a lei, sem atentar para quaisquer questões de isonomia e diferenças subjetivas entre os sujeitos. Diante disso, a família, por estar à margem dos interesses patrimonializantes das relações civis, teve sua atenção mitigada na seara existencial, sem que lhe tivessem penetrado os valores iluministas de *liberdade* e *igualdade*, dando-se maior ênfase às suas particularidades que tangenciavam a esfera do patrimônio.[41]

---

[39] DIAS, Maria Berenice. *Manual de direito das famílias*. 10. ed. São Paulo: Revista dos Tribunais, 2015. p. 29.
[40] LÔBO, Paulo. *Direito civil*: famílias. 7. ed. São Paulo: Saraiva, 2017. p. 30.
[41] LÔBO, Paulo. *Direito civil*: famílias. 7. ed. São Paulo: Saraiva, 2017. p. 30.

Ante esse contexto, o meio familiar desenvolveu-se mediante um ambiente opressor e nivelado, que encontrava na família patriarcal[42] o único modelo a ser seguido. Tal circunstância, inclusive, remonta às influências do modelo de família greco-romano, no qual se observa:

> [...] a autoridade masculina não se resumia ao poder e superioridade exercidos sobre a mulher. Os filhos também estavam sob a decisão do pai, tanto em relação às questões patrimoniais, como também para as de cunho existencial. A própria condição de filho, dependia da vontade do pai.[43]

No Brasil, esse modelo hierarquizado, existente tanto nas Ordenações do Reino (Afonsinas, Manuelinas e Filipinas),[44] quanto na redação original Código Civil de 1916 (CC/16),[45] alicerçava-se principalmente nas seguintes características: a) a família exclusivamente matrimonial – formada somente através do casamento, o qual era indissolúvel; b) a biologização dos vínculos familiares – somente consideravam-se filhos os biológicos; c) a desigualdade entre os membros integrantes do grupo familiar – configurada pela prevalência da figura masculina e o exercício de poder do homem sobre a mulher

---

[42] Cumpre aqui fazer uma análise acerca do termo "patriarcado", o qual, por si só, gera certa divergência dentro da teoria feminista. Admite-se, por parte dos autores, que "[...] o patriarcado é entendido como sendo apenas uma das manifestações históricas da dominação masculina. Ele corresponde a uma forma específica de organização política, vinculada ao absolutismo, bem diferente das sociedades democráticas concorrenciais atuais. [...] Falar em dominação masculina, portanto, seria mais correto e alcançaria um fenômeno mais geral que o patriarcado" (cf. MIGUEL, Luis Felipe; BIROLI, Flávia. *Feminismo e política*: uma introdução. São Paulo: Boitempo, 2014. p. 18). Para fins do presente trabalho, entretanto, seguindo o direcionamento da doutrina familiarista nacional, adotar-se-á a expressão "família patriarcal" para descrever o modelo hierarquizado e desigual de família que, remontando a tradição greco-romana, perdurou, no Brasil, até pouco antes da promulgação da Constituição de 1988.

[43] OLIVEIRA, Catarina Almeida de. *Relações existenciais decorrentes do poder familiar e sua tutela pelas normas do direito das obrigações*. 2012. 196 f. Tese (Doutorado em Direito) – Faculdade de Direito do Recife, Universidade Federal de Pernambuco, Recife, 2012. p. 23. Disponível em: https://repositorio.ufpe.br/bitstream/123456789/10137/1/TESE%20-%20CATARINA%20ALMEIDA%20DE%20OLIVEIRA.pdf. Acesso em: 7 ago. 2018.

[44] Segundo Paulo Lôbo, o período compreendido entre o Brasil Colônia e o Império (1500-1889), denominado pelo autor de período religioso ou do direito canônico, era marcado pelo controle da Igreja católica sobre os aspectos referentes ao direito de família. Nesse ínterim, sob a regência das ordenações portuguesas, as quais remetiam às normas do direito canônico, o direito das famílias sofreu grandes influências de preceitos religiosos na sua configuração (cf. LÔBO, Paulo. *Direito civil*: famílias. 7. ed. São Paulo: Saraiva, 2017. p. 38-39).

[45] MATOS, Ana Carla Harmatiuk. *União entre pessoas do mesmo sexo*: aspectos jurídicos e sociais. Belo Horizonte: Del Rey, 2004.

(poder marital)⁴⁶ e sobre os filhos (pátrio poder);⁴⁷ d) a legitimidade na filiação – distinção existente entre os tipos de filiação, tendo em vista que eram tidos como filhos legítimos apenas aqueles biológicos nascidos na constância da união matrimonial;⁴⁸ e) a prevalência dos interesses patrimoniais em detrimento dos pessoais – a concepção do homem livre e proprietário foi crucial para a formação da legislação familiarista;⁴⁹ e f) a (cis)heterossexualidade compulsória – percepção segundo a qual a família se constitui única e exclusivamente por meio da união entre um homem e uma mulher – biologicamente considerados –,⁵⁰ sendo imprescindível essa diversidade de sexos, a qual, para além de um modelo patriarcal, denotando uma estrutura (cis)heteropatriarcal.⁵¹

Tal modelo familiar, por outro lado, mesmo tendo perdurado durante uma boa parte da história nacional, sucumbiu, sobretudo, em razão das intensas transformações sociais as quais atingiram diretamente os seus balizadores. Segundo Maria Berenice Dias, dois fatores principais são responsáveis pelo ruído desse modelo patriarcal tradicional, quais sejam: a) a emancipação laboral feminina; e b) o intenso processo de urbanização.⁵² Afinal, tais transformações sociais acarretaram em

---

⁴⁶ Sobre isso aponta Carolina Ferraz, inclusive, para os seguintes fatos: a) as mulheres eram tratadas como absolutamente incapazes pela legislação, necessitando de assistência masculina para manifestarem suas vontades; b) se possuíssem patrimônio próprio, a sua administração ficava a cargo do marido; c) era exigida autorização marital para que as mulheres desempenhassem atividades laborativas fora do âmbito doméstico e para abrirem contas em banco; d) seus salários eram entregues aos seus maridos, para que procedessem com a sua administração; e) em caso de óbito do casal, os parentes paternos tinham preferência sobre os maternos para exercerem a guarda ou a tutela com relação aos filhos menores do casal (cf. FERRAZ, Carolina Valença. O direito privado e a opressão feminina nas relações sociais: como o patriarcado construiu relações nefastas de poder em face do gênero aproveitando os costumes de casa que foram à praça. *In*: FERRAZ, Carolina Valença (Coord.). *Manual jurídico feminista*. Belo Horizonte: Letramento, 2019. p. 226).

⁴⁷ LÔBO, Paulo. *Direito civil*: famílias. 7. ed. São Paulo: Saraiva, 2017. p. 16.

⁴⁸ LÔBO, Paulo. *Direito civil*: famílias. 7. ed. São Paulo: Saraiva, 2017. p. 211.

⁴⁹ LÔBO, Paulo. Despatrimonialização do direito de família e a constitucionalização permanente. *Revista do Tribunal de Justiça do Estado do Maranhão*, São Luís, v. 5, n. 2, p. 25-35, 2011. p. 29. Disponível em: http://gerenciador.tjma.jus.br/app/webroot/files/publicacao/403468/anexo_20873_revista_do_tj_-_jul_a_dez_de_2011_30092013_1005.pdf. Acesso em: 15 ago. 2018.

⁵⁰ ROUDINESCO, Elisabeth. *A família em desordem*. Rio de Janeiro: Jorge Zahar Ed., 2003. p. 13.

⁵¹ MATOS, Ana Carla Harmatiuk. *União entre pessoas do mesmo sexo*: aspectos jurídicos e sociais. Belo Horizonte: Del Rey, 2004. p. 8.

⁵² "[...] não resistiu à revolução industrial, que fez aumentar a necessidade de mão de obra, principalmente para desempenhar atividades terciárias. Foi assim que a mulher ingressou no mercado de trabalho, deixando o homem de ser a única fonte de subsistência da família. [...] Acabou a prevalência do seu caráter produtivo e reprodutivo. A família migrou do campo para as cidades e passou a conviver em espaços menores. Isso levou à aproximação dos seus membros, sendo mais prestigiado o vínculo afetivo que envolve seus integrantes. Surge a

mudanças nas funções da família – econômica, procriacional, política etc. –, convertendo-a, hoje, muito mais em um núcleo voluntário e afetivo, multifacetado e diversificado.[53]

Dessa maneira, foi proporcionada uma mudança paradigmática na percepção desse instituto sociojurídico, o qual deixou de ser visto como um ambiente hierarquizado, rígido e desigual, tornando-se um âmago de acolhimento, baseado na união, na *afetividade* e na *igualdade* entre seus membros. Consequentemente, diz-se que "A família atual busca sua identificação na solidariedade (art. 3º, I, da Constituição), como um dos fundamentos da afetividade".[54]

Isso representou uma larga mudança na percepção das relações familiares,[55] tanto no âmbito social, quanto no campo jurídico, a qual teve como ápice a promulgação da Constituição de 1988, responsável pela consolidação do Estado Social ou Democrático de Direito e pela consequente inauguração do momento em que se encontra o direito das famílias contemporâneo. Em virtude desse novo Diploma Constitucional, fortificou-se o fenômeno conhecido como a constitucionalização do direito privado, anteriormente comentado, que, no âmbito da família, contribuiu, acima de tudo, para: a) pôr um fim às desigualdades formais entre o homem e a mulher na esfera familiar – garantindo-lhes os mesmos direitos;[56] b) equiparar todas as espécies de filiação – pondo fim à discriminação com relação à origem e à legitimidade da filiação, seja ela biológica ou não biológica;[57] c) proteger toda e qualquer entidade familiar – estabelecendo a isonomia entre elas, as quais merecem igual proteção do Estado, e reconhecendo a multiplicidade das relações e

---

concepção da família formada por laços afetivos de carinho, amor. [...] Disso resulta que, cessado o afeto, está ruída a base de sustentação da família, e a dissolução do vínculo do casamento é o único modo de garantir a dignidade da pessoa" (cf. DIAS, Maria Berenice. *Manual de direito das famílias*. 10. ed. São Paulo: Revista dos Tribunais, 2015. p. 30).

[53] LÔBO, Paulo. *Direito civil*: famílias. 7. ed. São Paulo: Saraiva, 2017. p. 17-18.

[54] LÔBO, Paulo. *Direito civil*: famílias. 7. ed. São Paulo: Saraiva, 2017. p. 17.

[55] "O direito de família que surgiu desse processo transformador, de acordo com a intensa evolução das relações familiares, pouco tem de comum com o que se conheceu nas décadas e séculos anteriores. Nenhum ramo do direito privado renovou-se tanto quanto o direito de família, que antes se caracterizava como o mais estável e conservador de todos" (cf. LÔBO, Paulo. *Direito civil*: famílias. 7. ed. São Paulo: Saraiva, 2017. p. 41).

[56] Constituição Federal de 1988: "Art. 226. A família, base da sociedade, tem especial proteção do Estado [...] §5º Os direitos e deveres referentes à sociedade conjugal são exercidos igualmente pelo homem e pela mulher".

[57] Constituição Federal de 1988: "Art. 227. [...] §6º Os filhos, havidos ou não da relação do casamento, ou por adoção, terão os mesmos direitos e qualificações, proibidas quaisquer designações discriminatórias relativas à filiação".

formatações familiares;[58] e d) reconhecer a supremacia da *dignidade da pessoa humana*, da *solidariedade* e da *afetividade* na tutela jurídica de proteção às famílias.

Assim, diz-se que o modelo hierárquico e desigual de família (no singular) do patriarcado foi superado, especialmente em virtude do advento da Constituição de 1988, para dar espaço à ideia de famílias (no plural) múltiplas e regidas por laços de *afetividade* e de *solidariedade*, colocando como mais importantes as pessoas que a compõem do que o caráter patrimonial das suas relações, conforme será esclarecido a diante.

1.3 A metodologia civil-constitucional e a sua aplicabilidade no direito das famílias

Quando se fala em constitucionalização do direito civil e na aplicação de uma metodologia civil-constitucional na esfera privada, muitas divergências, questionamentos e críticas emanam, notadamente, da doutrina civilista contemporânea. Pergunta-se se teria o direito privado perdido sua autonomia em relação ao direito público constitucional ou, ainda, se teria abandonado a singularidade de suas categorias históricas.[59] Com relação ao direito das famílias, inclusive, há preocupações com relação à possibilidade de esse ramo estar caminhando para se vincular ao direito público, em razão da intensa publicização de suas regras e princípios.[60]

Diante dessas inquietações, impende esclarecer alguns pontos relativos a tal debate, de forma a compreender qual a real função da aplicação da metodologia civil-constitucional no âmbito privado, especificamente com relação à regulação das relações familiares, as quais dizem respeito ao objeto central deste trabalho. Logo, cabe, como ponto

---

[58] Constituição Federal de 1988: "Art. 226. A família, base da sociedade, tem especial proteção do Estado [...] §1º O casamento é civil e gratuita a celebração [...] §2º O casamento religioso tem efeito civil, nos termos da lei [...] §3º Para efeito da proteção do Estado, é reconhecida a união estável entre o homem e a mulher como entidade familiar, devendo a lei facilitar sua conversão em casamento [...] §4º Entende-se, também, como entidade familiar a comunidade formada por qualquer dos pais e seus descendentes".

[59] LÔBO, Paulo. Metodologia do direito civil constitucional. *In*: RUZYK, Carlos Eduardo Pianovski; SOUZA, Eduardo Nunes de; MENEZES, Joyceane Bezerra de; EHRHARDT JÚNIOR, Marcos (Org.). *Direito civil constitucional*: a ressignificação dos institutos fundamentais do direito civil contemporâneo e suas consequências, Florianópolis: Conceito, 2014. p. 20.

[60] RODRIGUES JUNIOR, Otávio Luiz. Distinção sistemática e autonomia epistemológica do direito civil contemporâneo em face da constituição e dos direitos fundamentais. 2017. 682 f. Tese (Livre-Docência em Direito) – Faculdade de Direito da Universidade de São Paulo, São Paulo, 2017. p. 138-139.

de partida, uma elucidação a respeito do que seria constitucionalização e qual o significado de publicização. Seriam tais palavras sinônimas ou existem diferenças entre elas? Tal distinção faz-se mister, pois alguns doutrinadores confundem ambos os eventos, o que, por sua vez, pode levar a compreensões equivocadas do fenômeno em questão, qual seja: a constitucionalização do direito privado, a qual será o objeto de análise desta seção.

Ocorre que a publicização compreende um processo de forte intervenção estatal, notadamente no campo legislativo infraconstitucional, característico do Estado Social do século XX, tendo-se uma gradativa redução da autonomia privada, em função da garantia da tutela jurídica dos sujeitos vulneráveis, como acontece no direito do consumidor, da criança e do adolescente, agrário etc. Por outro lado, a constitucionalização representa um movimento através do qual o direito positivo encontra-se submetido ao fundamento de validade constitucional, ou seja, a interpretação da esfera infraconstitucional está condicionada aos propósitos axiológicos constitucionais.[61]

À vista disso, começa-se o debate a partir da discussão sobre o que viria a ser esse processo tão controvertido na doutrina. Sobre isso, algumas divergências precisam ser elucidadas e contrapostas, a fim de dirimir ditas controvérsias e de trazer à baila pontos de vista dissonantes e complementares. Dessa maneira, iniciar-se-á o debate pelas opiniões daqueles que são refratários à aplicação e à operabilidade da metodologia civil-constitucional, para, em seguida, apresentar os pontos de vista daqueles que defendem a pertinência da sua utilização.

Nessa toada, tem-se, *a priori*, no dizer de Otávio Luiz Rodrigues Júnior, que tal acontecimento ganhou força, na atualidade, pois há inúmeras críticas às tradições e construções históricas do modelo de *civil law*, em geral, e do direito civil, em particular, os quais são ambos frutos da herança franco-germânica. Sobre isso, elenca, inclusive, alguns movimentos teóricos que, na esfera jurídica brasileira, sobretudo, têm despertado tais contestações, a exemplo: do neoconstitucionalismo, do ativismo judicial, das teorias da argumentação etc. Ocorre que, para o mencionado autor, esse contexto é composto por um sincretismo metodológico acrítico, que apenas contribui para corroborar cenários

---

[61] LÔBO, Paulo. Constitucionalização do direito civil. *Revista Informação Legislativa*, Brasília, v. 36, n. 141, p. 99-109, 1999. p. 100-101. Disponível em: http://www.direitofmc.xpg.com.br/TGDC/texto01.pdf. Acesso em: 8 ago. 2018.

de "falácias, jogos de palavras ou vazios de fundamentação", gerando resultados questionáveis.[62]

A respeito do neoconstitucionalismo, Otávio Luiz explica-o como sendo uma linha teórica na qual se afirma, com base em uma multiplicidade de fundamentos, que, após o segundo pós-guerra, surge um "novo constitucionalismo", o qual teria por norte os princípios constitucionais, em especial a *dignidade humana*, a força normativa da Constituição, a eficácia dos direitos fundamentais e a criação de grandes e fortes tribunais constitucionais.[63] Ocorre que, para o referenciado autor, a plasticidade conceitual própria do respectivo tema tem duplo efeito: a) a ampla identificação pessoal de cada indivíduo com relação aos seus ditames; e b) a dificuldade semântica de estabelecer o que ele significa. Conclui, assim, que essa abrangência de sentido, própria do neoconstitucionalismo, e a sua consequente associação com o fenômeno da constitucionalização do direito civil dificulta o estabelecimento de uma segurança jurídica, pois, em suas palavras, "se tudo é constitucionalização, nada terminará por sê-lo".[64]

Nessa continuidade, importante ressaltar também a crítica de Lenio Luiz Streck ao ativismo judicial[65] e ao fenômeno apelidado por ele de "panprincipiologismo" ou "panprincipialismo".[66] Quanto a essas duas expressões, o citado doutrinador reserva suas respectivas críticas: a) com relação ao ativismo – diz ser sempre ruim, pois consiste em má

---

[62] RODRIGUES JUNIOR, Otávio Luiz. Estatuto epistemológico do direito civil contemporâneo na tradição de civil law em face do neoconstitucionalismo e dos princípios. *Meritum, Revista de Direito da Universidade FUMEC*, Belo Horizonte, v. 5, n. 2, p. 13-52, 2010. p. 15-16. Disponível em: http://www.fumec.br/revistas/meritum/article/view/1054/747. Acesso em: 14 ago. 2018.

[63] RODRIGUES JUNIOR, Otávio Luiz. Distinção sistemática e autonomia epistemológica do direito civil contemporâneo em face da constituição e dos direitos fundamentais. 2017. 682 f. Tese (Livre-Docência em Direito) – Faculdade de Direito da Universidade de São Paulo, São Paulo, 2017. p. 295-296.

[64] RODRIGUES JUNIOR, Otávio Luiz. Distinção sistemática e autonomia epistemológica do direito civil contemporâneo em face da constituição e dos direitos fundamentais. 2017. 682 f. Tese (Livre-Docência em Direito) – Faculdade de Direito da Universidade de São Paulo, São Paulo, 2017. p. 308.

[65] Sucintamente, pode-se dizer que o ativismo judicial seria um fenômeno através do qual o julgador, no exercício de sua função jurisdicional e decisória, atua de forma a adentrar nas esferas de operação do Legislativo ou da Administração Pública (cf. RAMOS, Elival da Silva. *Ativismo judicial*: parâmetros dogmáticos. São Paulo: Saraiva, 2015. p. 116-117).

[66] Seria a construção desenfreada de princípios que, por sua vez, não possuem normatividade, pelos quais seria possível decidir de qualquer modo e de acordo com as convicções pessoais do julgador. Entre tais princípios, cita, inclusive, o da *afetividade* (cf. STRECK, Lenio Luiz. Zimermann, Schmidt, Streck e Otavio: todos contra o pan-principialismo. *Revista Consultor Jurídico*, 5 mar. 2015. Disponível em: https://www.conjur.com.br/2015-mar-05/senso-incomum-balde-agua-fria-pan-principialismo-clausulas-gerais2. Acesso em: 19 ago. 2018).

atuação do Poder Judiciário, através da qual se usurpa a competência dos demais poderes, em especial o Legislativo;[67] e b) com relação ao panprincipialismo – entende ser danoso, pois se encontra associado à ideia de que os princípios são "cláusulas abertas" ou mandados de otimização, gerando espaço para a livre atuação dos julgadores, quando do exercício de suas funções jurisdicionais, e a aposição de impressões pessoais nos julgados com base nos princípios.[68] A associação desses fenômenos à acepção da constitucionalização, por sua vez, implicaria o abuso na utilização dos princípios e também no seu uso inadequado, a exemplo da má utilização da *afetividade*, da *dignidade humana* e da *função social*, na visão de Otávio Luiz Rodrigues Júnior.[69]

Por fim, os críticos da metodologia civil-constitucional afirmam que a transposição das normas de direito público para o direito privado é imprópria e desnecessária, visto que o direito civil possui mecanismos jurídicos próprios, desenvolvidos durante toda a sua construção histórica, e que norteiam a sua devida aplicação.[70] Nessa mesma linha de pensamento, sustenta, também, Torquato Castro Júnior que, em que pesa a importância constitucional para a interpretação do direito privado, a Constituição atende a propósitos político-retóricos distintos do Código Civil, aplicando palavras semanticamente menos determinadas e perseguindo fins diversos.[71] Por isso, diz-se, do mesmo modo, não ser possível admitir como padrão uma "abertura valorativa-principiológica",

---

[67] STRECK, Lenio Luiz. O rubicão e os quatro ovos do condor: de novo, o que é ativismo? *Revista Consultor Jurídico*, 7 jan. 2016. Disponível em: https://www.conjur.com.br/2016-jan-07/senso-incomum-rubicao-quatro-ovos-condor-ativismo. Acesso em: 19 ago. 2018.

[68] STRECK, Lenio Luiz. Zimermann, Schmidt, Streck e Otavio: todos contra o pan-principialismo. *Revista Consultor Jurídico*, 5 mar. 2015. Disponível em: https://www.conjur.com.br/2015-mar-05/senso-incomum-balde-agua-fria-pan-principialismo-clausulas-gerais2. Acesso em: 19 ago. 2018.

[69] RODRIGUES JUNIOR, Otávio Luiz. Estatuto epistemológico do direito civil contemporâneo na tradição de civil law em face do neoconstitucionalismo e dos princípios. *Meritum, Revista de Direito da Universidade FUMEC*, Belo Horizonte, v. 5, n. 2, p. 13-52, 2010. p. 39-41. Disponível em: http://www.fumec.br/revistas/meritum/article/view/1054/747. Acesso em: 14 ago. 2018.

[70] RODRIGUES JUNIOR, Otávio Luiz. Estatuto epistemológico do direito civil contemporâneo na tradição de civil law em face do neoconstitucionalismo e dos princípios. *Meritum, Revista de Direito da Universidade FUMEC*, Belo Horizonte, v. 5, n. 2, p. 13-52, 2010. p. 43. Disponível em: http://www.fumec.br/revistas/meritum/article/view/1054/747. Acesso em: 14 ago. 2018.

[71] CASTRO JÚNIOR, Torquato. Constitucionalização do direito privado e mitologias da legislação: Código Civil versus Constituição? *In*: SILVA, Arthur Stamford da (Org.). *O Judiciário e o discurso dos direitos humanos*. Recife: Editora Universidade UFPE, 2011. p. 66.

advinda do neoconstitucionalismo e do uso desenfreado da ponderação de valores e de interesses, sob o risco de afetar a segurança jurídica.[72]

Em contraposição a essa visão, sustenta Paulo Lôbo que a metodologia do direito civil-constitucional representa a ressignificação das categorias históricas desenvolvidas na seara jusprivatista, de modo a atender às mudanças que se desenrolam na complexidade da sociedade contemporânea. A partir dessa linha de pensamento, afirma, inclusive, que a constitucionalização do direito civil visa a atender à sua vocação histórica, qual seja a de ser um direito de todo o povo, não somente de uma parcela da população.[73]

Para tanto, Luiz Edson Fachin, como referido anteriormente, defende que ela se apresenta a partir de uma tripla dimensão (formal, substancial e prospectiva), através da qual atua como centro irradiador, conformando todo o ordenamento com base em seus pressupostos axiológicos.[74] Nesse sentido, afirma, valendo-se de uma metáfora, que a metodologia civil-constitucional é existente, válida e eficaz na doutrina, na legislação e na jurisprudência brasileiras, pois, segunda sua perspectiva: a) é existente – tendo em vista a compreensão objetiva do fenômeno (encontrando como núcleo irradiador a própria CF/88), a autoridade que a denominação revelou na produção científica pátria[75] e também a resistência e as críticas que as suas circunstâncias empreendem nos debates doutrinários (contribuindo para corroborar a sua substância); b) é válida – levando-se em conta que o *princípio*

---

[72] STRECK, Lenio Luiz. Zimermann, Schmidt, Streck e Otavio: todos contra o pan-principialismo. *Revista Consultor Jurídico*, 5 mar. 2015. Disponível em: https://www.conjur.com.br/2015-mar-05/senso-incomum-balde-agua-fria-pan-principialismo-clausulas-gerais2. Acesso em: 19 ago. 2018.

[73] LÔBO, Paulo. Metodologia do direito civil constitucional. *In*: RUZYK, Carlos Eduardo Pianovski; SOUZA, Eduardo Nunes de; MENEZES, Joyceane Bezerra de; EHRHARDT JÚNIOR, Marcos (Org.). *Direito civil constitucional*: a ressignificação dos institutos fundamentais do direito civil contemporâneo e suas consequências, Florianópolis: Conceito, 2014. p. 20.

[74] FACHIN, Luiz Edson. *Questões do direito civil brasileiro contemporâneo*. Rio de Janeiro: Renovar, 2008. p. 6-7.

[75] Sobre isso, Otávio Luiz Rodrigues Júnior efetuou interessante estudo, em sua tese de livre-docência, em que observou a grande repercussão que a constitucionalização surtiu na doutrina brasileira. Para tanto, realizou pesquisa na Rede Virtual de Bibliotecas (RVBI), compreendendo os períodos de 1º.3.1950 a 1º.3.2017, encontrando 73 livros e capítulos de livros que tratavam da constitucionalização, sendo que entre eles 64 eram relativos ao direito civil. Além disso, nesse mesmo espaço temporal, restringindo a busca apenas para periódicos e revistas, obteve o total de 212 artigos dedicados ao tema, dos quais 53 eram relativos à matéria do direito civil (cf. RODRIGUES JUNIOR, Otávio Luiz. *Distinção sistemática e autonomia epistemológica do direito civil contemporâneo em face da constituição e dos direitos fundamentais*. 2017. 682 f. Tese (Livre-Docência em Direito) – Faculdade de Direito da Universidade de São Paulo, São Paulo, 2017. p. 278).

democrático e a dimensão material do texto constitucional legitimam a coerência do referido processo; e c) é eficaz – considerando-se a eficácia direta e imediata das normas constitucionais nas relações privadas, anteriormente comentada.[76]

Assim, diz-se que o fenômeno da constitucionalização repercute tanto na esfera dos três poderes (Executivo, Legislativo e Judiciário), na sua relação com os particulares e, de forma inovadora, também nas relações intersubjetivas estabelecidas entre entes privados,[77] essa última possibilitada, especialmente, em razão da regra do §1º do art. 5º da CF/88, o qual autoriza a aplicação imediata das normas relativas às garantias fundamentais.[78] A respeito das consequências do mencionado processo, Luís Roberto Barroso sintetiza-as da seguinte maneira: a) com relação ao Legislativo – há a limitação da sua discricionariedade com relação à produção legislativa, bem como a imposição de deveres de atuação, com fins de realizar propósitos constitucionais; b) com relação à Administração Pública – há igualmente a limitação da sua discricionariedade e a imposição de deveres de atuação, bem como o fornecimento de fundamento de validade para a prática de atos, independentemente de intermediação legislativa; c) com relação ao Judiciário – há o estabelecimento de parâmetros para o controle de constitucionalidade e o condicionamento da interpretação do ordenamento jurídico; e d) com relação aos particulares – há a limitação ao

---

[76] FACHIN, Luiz Edson. *Questões do direito civil brasileiro contemporâneo*. Rio de Janeiro: Renovar, 2008. p. 14.

[77] BARROSO, Luís Roberto. A constitucionalização do direito civil. *In*: TEPEDINO, Gustavo (Org.). *Direito civil contemporâneo*: novos problemas à luz da legalidade constitucional: anais do Congresso Internacional de Direito Civil-Constitucional da Cidade do Rio de Janeiro. São Paulo: Atlas 2008. p. 245.

[78] Sobre essa norma, inclusive, sustenta Paulo Lôbo, ao comentar a eficácia imediata dos direitos fundamentais na esfera privada, que os grandes críticos dessa aplicabilidade direta estão, sobretudo, influenciados pela doutrina alemã. Nessa oportunidade, lembra que, no contexto jurídico germânico, não existe norma equivalente, pelo que se preconiza pela intermediação das normas-princípios pelas normas-regras, pois, em sua Constituição, tem-se dispositivo que vincula os direitos fundamentais apenas aos três poderes. Dessa forma, a oponibilidade dessas garantias, na Alemanha, dá-se realmente apenas com relação ao ente estatal. No entanto, não há como se falar o mesmo do Brasil, dadas as conjunturas normativas distintas (cf. LÔBO, Paulo. Metodologia do direito civil constitucional. *In*: RUZYK, Carlos Eduardo Pianovski; SOUZA, Eduardo Nunes de; MENEZES, Joyceane Bezerra de; EHRHARDT JÚNIOR, Marcos (Org.). *Direito civil constitucional*: a ressignificação dos institutos fundamentais do direito civil contemporâneo e suas consequências, Florianópolis: Conceito, 2014. p. 23).

exercício da autonomia da vontade, a qual se encontra afeta ao respeito dos direitos e princípios fundamentais constitucionalmente protegidos.[79]

Por derradeiro, impende destacar que a aplicação da metodologia civil-constitucional não deve significar uma confusão do direito com os sistemas conexos, como o econômico, o político, o moral, o religioso etc., de forma a subverter sua sistemática em detrimento das organizações desses demais sistemas. Logicamente, isso não obsta o diálogo do direito com outras áreas do conhecimento, em caráter interdisciplinar; devendo-se evitar, entretanto, uma superposição de seu campo de atuação pelos princípios alheios, o que acarretaria a perda da sua autonomia.[80]

Por conseguinte, observa-se que a constitucionalização do direito civil, a despeito das controvérsias, é um fenômeno que se destina a empreender um novo olhar sobre as relações privadas, condicionando-as também à observância dos direitos constitucionais dispostos na Lei Fundamental. Por isso, serão discutidos, nos itens que se seguem, os três pontos cruciais que denotam os principais impactos ocasionados pelo processo de constitucionalização nas relações de família, quais sejam: a) as novas diretrizes principiológicas atinentes ao direito das famílias; b) a (re)personalização das relações familiares; e c) a pluralidade familiar, esboçada no art. 226 da Constituição Federal.

1.3.1 A Constituição Federal de 1988 e a principiologia do direito das famílias

Para introduzir os comentários relativos aos impactos da constitucionalização no direito das famílias, inicia-se a discussão a partir da análise das diretrizes principiológicas perpetradas pela Carta Magna de 1988. Destarte, impende destacar que as normas constitucionais serão aqui classificadas, conforme a taxonomia adotada por Paulo Lôbo, em *normas-regras* e *normas-princípios*; considerando-se, ainda, que ambas

---

[79] BARROSO, Luís Roberto. A constitucionalização do direito civil. *In*: TEPEDINO, Gustavo (Org.). *Direito civil contemporâneo*: novos problemas à luz da legalidade constitucional: anais do Congresso Internacional de Direito Civil-Constitucional da Cidade do Rio de Janeiro. São Paulo: Atlas 2008. p. 245.
[80] LÔBO, Paulo. Metodologia do direito civil constitucional. *In*: RUZYK, Carlos Eduardo Pianovski; SOUZA, Eduardo Nunes de; MENEZES, Joyceane Bezerra de; EHRHARDT JÚNIOR, Marcos (Org.). *Direito civil constitucional*: a ressignificação dos institutos fundamentais do direito civil contemporâneo e suas consequências, Florianópolis: Conceito, 2014. p. 26.

possuem força normativa própria, diferenciando-se pela sua forma de incidência e amplitude de seu conteúdo.[81]

Ocorre que, com relação às *normas-regas*, essas possuem suporte-fático hipotético mais restrito e fechado, pelo que se consubstanciam a partir da utilização da técnica da subsunção, ou seja, na medida em que as hipóteses previstas se apresentam na concretude do mundo dos fatos, há a incidência normativa. Em contrapartida, as *normas-princípios* têm suporte fático-hipotético mais abrangente e indeterminado, dependendo da intermediação do intérprete, com observância da regra da equidade, para que haja a sua verificação.[82]

Acontece que, com relação aos princípios, especificamente, assume-se que possuem a mesma força normativa, não se admitindo qualquer hierarquia ou prevalência, *a priori*, entre eles. Assim, quando há colisão entre princípios, deve-se verificar, no caso concreto, qual deles irá prevalecer. Dito de outra forma, em que pese a não prevalência de um sobre outro, de início, à luz da facticidade prática, verificar-se-á qual dos princípios deverá ser aplicado, com base na técnica da ponderação. Tal técnica fora desenvolvida por Robert Alexy, que, ao descrevê-la, constata o seguinte:

> [...] se afirma que, nos casos concretos, os princípios têm diferentes pesos e que prevalece o princípio com maior peso. Os conflitos de regras ocorrem na dimensão da validade: a colisão de princípios – como só podem entrar em colisão princípios válidos – tem lugar além da dimensão da validade, na dimensão do peso.[83]

Com base em tal perspectiva, Alexy desenvolve a lei de colisão, segundo a qual, levando-se em conta o contexto do caso concreto, haverá uma situação de precedência condicionada, indicando-se as condições

---

[81] LÔBO, Paulo. A nova principiologia do direito de família e suas repercussões. *In*: HIRONAKA, Giselda Maria Fernandes Novaes; TARTUCE, Flávio; SIMÃO, José Fernandes (Org.). *Direito de família e das sucessões*. São Paulo: Método, 2009. p. 1-2.

[82] LÔBO, Paulo. A nova principiologia do direito de família e suas repercussões. *In*: HIRONAKA, Giselda Maria Fernandes Novaes; TARTUCE, Flávio; SIMÃO, José Fernandes (Org.). *Direito de família e das sucessões*. São Paulo: Método, 2009. p. 1-2.

[83] No original: "[...] se afirma que en los casos concretos los principios tienen diferente peso y que prima el principio con mayor peso. Los conflictos de reglas se llevan a cabo em la dimensión de la validez: la colisión de principios – como sólo pueden entrar en colisión principios válidos – tiene lugar más allá de la dimensión de la validez, em la dimensión del peso" (cf. ALEXY, Robert. *Teoria de los derechos fundamentales*. Tradução de Ernesto Garzón Valdés. Madrid: Centro de Estudios Constitucionales, 1993. p. 89. Tradução nossa).

segundo as quais um princípio irá preferir o outro como fundamento para tal decisão.[84] Assim, o autor elabora a seguinte estrutura:

$$(P_1 \: P \: P_2) \: C$$

Explica-se: em tal fórmula, P_1 equivale ao primeiro princípio e P_2 equivale ao segundo princípio, os quais levam a juízos concretos de dever-ser jurídico reciprocamente contraditórios. P, por sua vez, representa a relação de precedência estabelecida entre um princípio e outro, ao passo que C simboliza as condições segundo as quais um princípio precede ao outro. Sobre essa estrutura, Alexy comenta que "O princípio P_1 tem, em um caso concreto, um peso maior que o princípio oposto P_2 quando existem razões suficientes para que P_1 preceda a P_2, sob as condições C dadas no caso concreto".[85] Por isso, fala-se que essas condições sob as quais um princípio precede a outro (C) constituem o suporte fático da regra que expressa a consequência jurídica do princípio precedente.[86]

Diante dessas circunstâncias, extrai-se o que Alexy chama de *Lei de Colisão*, a qual reforçaria a ideia de que não existem relações de precedência absolutas entre os princípios.[87] Consequentemente, admite-se que os princípios não oferecem soluções únicas, prontas e acabas, pelo que permitem a adaptação do ordenamento jurídico às transformações verificadas na sociedade; sem comprometer, contudo, a segurança jurídica, visto que o frequente processo de adaptação contínua evita a defasagem das regras, em razão das mudanças sociais.[88]

Compreendidos tais pressupostos, passa-se agora a delinear a conjuntura principiológica estruturada pela CF/88 no tema de direito das famílias. Para tanto, destacar-se-ão os princípios mais relevantes

---

[84] ALEXY, Robert. *Teoria de los derechos fundamentales*. Tradução de Ernesto Garzón Valdés. Madrid: Centro de Estudios Constitucionales, 1993. p. 90-91.

[85] "El principio P_1 tiene, en un caso concreto, un peso mayor que el principio opuesto P_2 cuando existen razones suficientes para que P_1 preceda a P_2, bajo las condiciones C dadas en el caso concreto" (cf. ALEXY, Robert. *Teoria de los derechos fundamentales*. Tradução de Ernesto Garzón Valdés. Madrid: Centro de Estudios Constitucionales, 1993. p. 92-93. Grifos no original, tradução nossa).

[86] Cf. ALEXY, Robert. *Teoria de los derechos fundamentales*. Tradução de Ernesto Garzón Valdés. Madrid: Centro de Estudios Constitucionales, 1993. p. 94.

[87] Cf. ALEXY, Robert. *Teoria de los derechos fundamentales*. Tradução de Ernesto Garzón Valdés. Madrid: Centro de Estudios Constitucionales, 1993. p. 94-95.

[88] LÔBO, Paulo. A nova principiologia do direito de família e suas repercussões. *In*: HIRONAKA, Giselda Maria Fernandes Novaes; TARTUCE, Flávio; SIMÃO, José Fernandes (Org.). *Direito de família e das sucessões*. São Paulo: Método, 2009. p. 2.

para o estudo da matéria em análise, delimitando sua conceituação e sua aplicabilidade. Dessa maneira, citam-se:

(A) *a dignidade da pessoa humana* – que, como dito alhures, representa o principal balizador do sistema jurídico nacional, responsável por impor respeito a toda e qualquer pessoa pela simples qualidade de ser pessoa. Tal princípio remonta as noções de imperativo categórico formuladas por *Kant*, o qual estabelece um paralelo distintivo entre aquilo que possui um preço – seja ele pecuniário ou estimativo – e aquilo que possui dignidade, isto é, o que é inestimável, insubstituível.[89] Na família, por sua vez, esse preceito atua para embasar "[...] as normas que cristalizaram a emancipação de seus membros [...]",[90] desembocando num processo denominado repersonalização das relações de família, o qual será melhor abordado no tópico que se segue;

(B) *a solidariedade familiar* – a *solidariedade*, no âmbito nacional, apenas fora insculpida enquanto um princípio jurídico a partir da Constituição de 1988, sendo dantes concebida apenas enquanto dever moral. Essa positivação – a qual se deu no art. 3º, I da CF/88 –,[91] segundo Paulo Lôbo, é fruto da superação dos modos de pensar e viver a sociedade segundo perspectivas individualistas, que marcam a história mundial desde os primeiros séculos da modernidade, perdurando, de certa forma, até hoje.[92]

Na seara familiar, a *solidariedade* diz respeito, sobretudo, ao dever recíproco de assistência material e moral (imaterial) existente entre os membros da família, em especial pais, filhos, cônjuges, companheiros, irmãos etc. Tais deveres, inclusive, expressam-se, na Carta Magna, com a atribuição de obrigações para o Estado, para a sociedade civil e também para a família de cuidado e proteção com o núcleo familiar

---

[89] LÔBO, Paulo. *Direito civil*: famílias. 7. ed. São Paulo: Saraiva, 2017. p. 54.
[90] LÔBO, Paulo. *Direito civil*: famílias. 7. ed. São Paulo: Saraiva, 2017. p. 55.
[91] Constituição Federal de 1988: "Art. 3º Constituem objetivos fundamentais da República Federativa do Brasil: [...] I - construir uma sociedade livre, justa e solidária".
[92] LÔBO, Paulo. *Direito civil*: famílias. 7. ed. São Paulo: Saraiva, 2017. p. 56.

(no art. 226, *caput* da CF/88),⁹³ com a criança e o adolescente (no art. 227, *caput* da CF/88),⁹⁴ e com o idoso (no art. 230, *caput* da CF/88);⁹⁵ ⁹⁶

(C) *a liberdade familiar* – pode-se dizer que a Constituição de 1988 adotou uma perspectiva pluralista como um de seus fundamentos, o que, na concepção de Ana Carolina Brochado Teixeira, representa a admissão de uma multiplicidade de visões de mundo, que, consequentemente, acarretam na possibilidade de cada de pessoa autogerir-se segundo suas noções individuais do que é bom para si.⁹⁷

No campo familiar, isso representou um libelo da pluralidade familiar, pois o reconhecimento da *liberdade*, nessa seara, contrapõe-se ao modelo rígido anterior. Pode-se dizer, ainda, que, na atualidade, apresenta duas acepções principais, quais sejam: a) a *liberdade* da entidade familiar; e b) a *liberdade* de cada membro da família diante dos demais. Assim, tal preceito verifica-se na livre constituição e extinção da entidade familiar, no exercício livre do planejamento familiar, na livre disposição quanto ao regime de bens a ser adotado etc.

(D) *a igualdade familiar* – a qual, no âmbito familiarista, foi responsável por intensas transformações, sobretudo com relação à ruptura dos alicerces que compunham o modelo familiar tradicional, patriarcal, hierarquizado e fundado na legitimação. Por isso, diz-se que sua contribuição se desvela por meio de três vertentes principais: a) a *igualdade*

---

[93] Constituição Federal de 1988: "Art. 226. A família, base da sociedade, tem especial proteção do Estado".
[94] Constituição Federal de 1988: "Art. 227. É dever da família, da sociedade e do Estado assegurar à criança, ao adolescente e ao jovem, com absoluta prioridade, o direito à vida, à saúde, à alimentação, à educação, ao lazer, à profissionalização, à cultura, à dignidade, ao respeito, à liberdade e à convivência familiar e comunitária, além de colocá-los a salvo de toda forma de negligência, discriminação, exploração, violência, crueldade e opressão".
[95] Constituição Federal de 1988: "Art. 230. A família, a sociedade e o Estado têm o dever de amparar as pessoas idosas, assegurando sua participação na comunidade, defendendo sua dignidade e bem-estar e garantindo-lhes o direito à vida".
[96] LÔBO, Paulo. *Direito civil*: famílias. 7. ed. São Paulo: Saraiva, 2017. p. 56.
[97] TEIXEIRA, Ana Carolina Brochado. Autonomia existencial. *Revista Brasileira de Direito Civil – RBDCivil*, Belo Horizonte, v. 16, p. 75-104, 2018. p. 76. Disponível em: https://rbdcivil.ibdcivil.org.br/rbdc/article/view/232/214. Acesso em: 23 mar. 2019.

entre homem e mulher;[98] b) a *igualdade* entre os filhos;[99] e c) a *igualdade* entre as entidades familiares.[100] [101]

Importante destacar, ainda, que essa perspectiva de *igualdade* denota uma ambivalência conceitual, qual seja: a) de *igualdade no sentido formal* – concepção que coloca todas e todos segundo uma noção geral de igualdade, sendo traduzida pela ideia de que "todos são iguais perante a lei", representando uma abstração jurídica, que deve ser utilizada como ponto de partida;[102] e b) de *igualdade no sentido material ou igualdade substancial* – destinada à atuação estatal na realização e concretização dos objetivos fundamentais da ordem constitucional, significando a "igualdade feita pela lei",[103] a qual se dá, por sua vez, de duas maneiras: i) a *igualdade material enquanto redistribuição* – embasada em critérios socioeconômicos, conforme exposto no art. 3º, III da CF/88,[104] ensejando políticas de justiça distributiva, próprias do Estado Social de Direito, mediante ações concretas de combate à desigualdade real;[105] e ii) a *igualdade material enquanto reconhecimento* – embasada em critérios de gênero, expressão de sexualidade, raça, etnia, deficiência etc., conforme expresso no art. 3º, IV da CF/88,[106] requerendo a adoção de políticas

---

[98] Constituição Federal de 1988, art. 226: "§5º Os direitos e deveres referentes à sociedade conjugal são exercidos igualmente pelo homem e pela mulher".

[99] Constituição Federal de 1988, art. 227: "§6º Os filhos, havidos ou não da relação do casamento, ou por adoção, terão os mesmos direitos e qualificações, proibidas quaisquer designações discriminatórias relativas à filiação".

[100] Sobre as entidades familiares, fala-se numa perspectiva de cláusulas de inclusão, as quais serão melhor abordadas, mais à frente, em tópico próprio.

[101] LÔBO, Paulo. *Direito civil*: famílias. 7. ed. São Paulo: Saraiva, 2017. p. 58.

[102] DUARTE, Clarice Seixas. Fundamentos filosóficos da proteção às minorias. *In*: MAGALHÃES, José Quadros de; JUBILUT, Liliana Lyra; BAHIA, Alexandre Gustavo Melo Franco. *Direito à diferença*. Saraiva: São Paulo, 2014. v. 1. p. 34.

[103] DUARTE, Clarice Seixas. Fundamentos filosóficos da proteção às minorias. *In*: MAGALHÃES, José Quadros de; JUBILUT, Liliana Lyra; BAHIA, Alexandre Gustavo Melo Franco. *Direito à diferença*. Saraiva: São Paulo, 2014. v. 1. p. 36.

[104] Constituição Federal de 1988: "Art. 3º Constituem objetivos fundamentais da República Federativa do Brasil: [...] III - erradicar a pobreza e a marginalização e reduzir as desigualdades sociais e regionais".

[105] DUARTE, Clarice Seixas. Fundamentos filosóficos da proteção às minorias. *In*: MAGALHÃES, José Quadros de; JUBILUT, Liliana Lyra; BAHIA, Alexandre Gustavo Melo Franco. *Direito à diferença*. Saraiva: São Paulo, 2014. v. 1. p. 38-40.

[106] Constituição Federal de 1988: "Art. 3º Constituem objetivos fundamentais da República Federativa do Brasil: [...] IV - promover o bem de todos, sem preconceitos de origem, raça, sexo, cor, idade e quaisquer outras formas de discriminação".

de combate a toda e qualquer forma de discriminação e preconceito enraizado no meio social.[107]

(E) *a afetividade* – segundo sustenta Paulo Lôbo, é o princípio que embasa e fundamenta o direito das famílias hodierno, por reconhecer a importância da salvaguarda das relações socioafetivas e da comunhão de vida, conferindo-lhes estabilidade e proteção jurídicas próprias.[108] Não obstante, nem toda a doutrina jurídica mostra-se propensa a reconhecer a força normativa própria desse preceito fundamental, a exemplo do que defende Lenio Luiz Streck:

> [...] embora esse *standard* possa ser considerado "fofo" (quem não gosta de que sejamos afetivos?), na verdade apenas escancara a compreensão do Direito como subsidiário a juízos morais (sem levar em conta os problemas relacionados pelo "conceito" de afetividade no âmbito da psicanálise, para falar apenas desse campo do conhecimento). Isso para dizer o mínimo. Daí a perplexidade: se os princípios constitucionais são deontológicos, como retirar da "afetividade" essa dimensão normativa? Trata-se, na verdade, de mais um álibi para sustentar/justificar decisões pragmatistas. É evidente que a institucionalização das relações se dá por escolhas pela relevância delas na sociedade. Ocorre que as decisões devem ocorrer a partir de argumentos de princípio e não por preferências pessoais, morais, teleológicas, etc. No fundo, acreditar na existência deste "princípio" é fazer uma profissão de fé em discursos pelos quais a moral corrige as "insuficiências ônticas" (*sic*) das regras jurídicas. Ou seja, nada mais do que uma espécie de "terceiro turno" do processo constituinte: os juízes – apoiados em forte doutrina, "corrigem-no". Aliás, a vingar a tese, por que razão não elevar ao *status* de *princípio* o amor, o companheirismo, a paz, a felicidade, a tristeza, enfim, todo o que pode ser derivado do respeito (ou não) do princípio da dignidade da pessoa humana, alçado, aliás, à categoria de "superprincípio"?[109]

---

[107] DUARTE, Clarice Seixas. Fundamentos filosóficos da proteção às minorias. *In*: MAGALHÃES, José Quadros de; JUBILUT, Liliana Lyra; BAHIA, Alexandre Gustavo Melo Franco. *Direito à diferença*. Saraiva: São Paulo, 2014. v. 1. p. 41.

[108] LÔBO, Paulo. *Direito civil*: famílias. 7. ed. São Paulo: Saraiva, 2017. p. 68.

[109] STRECK, Lenio Luiz. O pamprincipiologismo e a flambagem do direito. *Revista Consultor Jurídico*, 10 out. 2013. Disponível em: https://www.conjur.com.br/2013-out-10/senso-incomum-pamprincipiologismo-flambagem-direito. Acesso em: 23 mar. 2019.

Note-se, porém, que, enquanto um valor jurídico, a *afetividade* não se confunde com o afeto, como um fato psicológico, pois representa uma imposição que atinge os membros de uma família ainda quando, entre eles, haja desamor ou desafeição.[110] Afinal, como bem suscitou a Ministra Nancy Andrighi, quando do julgamento do Recurso Especial nº 1.159.242/SP, "[...] amar é faculdade, cuidar é dever".[111] Assim, pode-se dizer que, diferentemente do que defende Streck, não há qualquer dimensão de "fofura" no fundamento do *princípio da afetividade*, pelo contrário, sua atuação é coercitiva, exigindo a prestação de conduta jurídica positiva por parte dos membros da família e a sua ausência pode levar, inclusive, a consequências jurídicas, a exemplo do reconhecimento compulsório de paternidade, da responsabilização por abandono afetivo, do dever de prestar alimentos aos filhos, ao ex-cônjuge e ao ex-companheiro, da perda do poder familiar, do dever jurídico recíproco de convivência etc.

Ademais, em que pese esse princípio não constar expressamente no texto constitucional, tal imposição – a qual pode ser também subentendida como um dever jurídico de cuidado – pode ser vislumbrada implicitamente a partir da análise de alguns dispositivos constitucionais, quais sejam: a) a superação da verdade biológica para atribuição da filiação (art. 227, §§5º e 6º da CF/88); b) a proteção jurídica às famílias monoparentais (art. 226, §4º da CF/88); e c) o dever de convivência familiar assegurado à criança e ao adolescente (art. 227, *caput* da CF/88).[112]

Por fim, cumpre dizer que a carga principiológica que permeia o direito das famílias pátrio não se resume aos cinco princípios anteriormente referidos. No entanto, optou-se por aludir aos demais preceitos, de forma mais pormenorizada, ao longo do trabalho, quando da análise específica das categorias jusfamiliaristas que serão exploradas pelo tema central desta pesquisa.

1.3.2 A (re)personalização do direito das famílias e a dignidade da pessoa humana

Neste segmento, passa-se a comentar o fenômeno que ficou conhecido como despatrimonialização ou repersonalização do direito

---

[110] LÔBO, Paulo. *Direito civil*: famílias. 7. ed. São Paulo: Saraiva, 2017. p. 69.
[111] BRASIL. Superior Tribunal de Justiça. *Recurso Especial nº 1.159.242/SP*. Relatora Min. Nancy Andrighi, 24 de abril de 2012. Disponível em: https://bdjur.stj.jus.br/jspui/bitstream/2011/100798/Julgado_1.pdf. Acesso em: 5 jan. 2017.
[112] LÔBO, Paulo. *Direito civil*: famílias. 7. ed. São Paulo: Saraiva, 2017. p. 68-69.

privado.¹¹³ Ocorre que historicamente, como bem lembra Paulo Lôbo, os Códigos Civis, na maioria dos povos ocidentais, entre os quais o Brasil, foram editados sob a forte influência do liberalismo individualista. Tal perspectiva foi responsável pela forte proteção à propriedade privada e pela grande valorização dos interesses patrimoniais, mesmo na seara jusfamiliarista. Nessa oportunidade, comenta, ainda, o citado autor, a título de curiosidade, que, no caso do CC/16, entre os 290 artigos da parte destinada à regulamentação das relações familiares, 151 tratavam de relações patrimoniais e 139 de relações pessoais.¹¹⁴

Por outro lado, a partir da vigência da Constituição Federal de 1988, responsável por elevar o *princípio da dignidade da pessoa humana* ao *status* de valor fundante do ordenamento, a pessoa passou a ser o cerne da proteção do direito e seus institutos devem vislumbrar a realização desse propósito. Diz-se, assim, que, com tal movimento emancipador da existência humana, dá-se origem ao movimento, anteriormente referido, da despatrimonialização ou repersonalização das relações familiares.

As famílias contemporâneas, marcadas por tal processo, têm sido assinaladas pela intensa valorização das relações afetivas, pela pluralidade e pelo reconhecimento e proteção individual de cada um dos seus membros. Sob tal perspectiva, afirma-se que sua função, na atual conjuntura social, transformou-se na realização dos projetos existenciais humanos.¹¹⁵ É por isso, inclusive, que se fala em uma mudança de perspectiva, responsável por compreender a família não mais como mera instituição jurídica – sendo vista apenas como fragmento do meio social –, mas sim como um instrumento de realização pessoal e existencial de seus integrantes, destinada a promover a emancipação de cada um de seus membros, como bem explicam Cristiano Chaves de Farias e Nelson Rosenvald:

---

[113] Vale destacar o ponto de vista de Francisco Hupsel, o qual afirma que, em que pese a similaridade finalística de ambas as expressões, pode-se enxergar dois aspectos complementares que apontam para as seguintes intenções: a) na primeira, "despatrimonialização", a ideia de desconstrução da primazia do patrimônio; b) na segunda, "repersonalização", a concepção de reconstrução, dando-se a devida ênfase ao elemento pessoal, o ser humano (cf. HUPSEL, Francisco. *Autonomia privada na dimensão civil-constitucional*: o negócio jurídico, a pessoa concreta e suas escolhas existenciais. Salvador: JusPodivm, 2016. p. 68).

[114] LÔBO, Paulo. Despatrimonialização do direito de família e a constitucionalização permanente. *Revista do Tribunal de Justiça do Estado do Maranhão*, São Luís, v. 5, n. 2, p. 25-35, 2011. p. 29. Disponível em: http://gerenciador.tjma.jus.br/app/webroot/files/publicacao/403468/anexo_20873_revista_do_tj_-_jul_a_dez_de_2011_30092013_1005.pdf. Acesso em: 15 ago. 2018. p. 29.

[115] LÔBO, Paulo. *Direito civil*: famílias. 7. ed. São Paulo: Saraiva, 2017. p. 19.

A transição da família como unidade econômica para uma compreensão igualitária, tendente a promover o desenvolvimento da personalidade de seus membros, reafirma uma nova feição, agora fundada no afeto. Seu novo balizamento evidencia um espaço privilegiado para que os seres humanos se complementem e se completem. Abandona-se, assim, uma visão institucionalizada, pela qual a família era, apenas, uma célula social fundamental, para que seja compreendida como núcleo privilegiado para o desenvolvimento da personalidade humana. Ou seja, afirma-se um caráter instrumental, sendo a família o meio de promoção da pessoa humana e não a finalidade almejada.[116]

Pode-se dizer, então, que tal noção instrumentalizada da família foi adotada pela CF/88 para oportunizar um ambiente propício ao desenvolvimento de cada um de seus integrantes. "O direito civil constitucionalizou-se, afastando-se da concepção individualista, tradicional e conservadora-elitista da época das codificações do século passado"[117] e, em vista disso, adotou uma postura acolhedora, primando, sobretudo, pelo respeito à *solidariedade* e à *dignidade humana*.

Corroborando, ainda, tal ponto de vista, sustenta Carlos Eduardo Pianovski, em sua tese de doutoramento, que as transformações pela qual passou a família, na contemporaneidade, representam uma mudança no seu arquétipo tradicional. Com base nisso, o autor se perfilha ao entendimento de que haveria, hoje em dia, uma compreensão eudemonista da família, em que se deixa de enxergar o indivíduo como existente em função dela (dimensão transpessoal) e passa a compreender que, na realidade, a família existe para realização de seu desenvolvimento pessoal (dimensão coexistencial), o qual se dá através do exercício da liberdade e da busca pela felicidade no seio familiar.[118]

Não obstante, importa destacar aqui também o ponto de vista, sustentado por Francisco Hupsel, de que a defesa por uma perspectiva repersonalizada do direito privado, como um todo, não implica compreender que foi retirado completamente o conteúdo patrimonial dos institutos civilísticos. Até porque, tal natureza é própria de alguns

---

[116] FARIAS, Cristiano Chaves de; ROSENVALD, Nelson. *Curso de direito civil*: famílias. 8. ed. Salvador: JusPodivm, 2016. p. 36.
[117] FARIAS, Cristiano Chaves de; ROSENVALD, Nelson. *Curso de direito civil*: famílias. 8. ed. Salvador: JusPodivm, 2016. p. 36.
[118] RUZYK, Carlos Eduardo Pianovski. *Liberdade(S) e função*: contribuição crítica para uma nova fundamentação da dimensão funcional do direito civil brasileiro. 2009. 402 f. Tese (Doutorado em Direito das Relações Sociais) – Universidade Federal do Paraná, Curitiba, 2009. p. 366. Disponível em: https://acervodigital.ufpr.br/bitstream/handle/1884/19174/?sequence=1. Acesso em: 5 maio 2018.

de seus ramos, como o obrigacional, o direito das coisas e até os aspectos patrimoniais que se circunscrevem às relações de família.[119] Assim, o que se propugna é uma tutela diversa desse patrimônio, o qual não pode ser tido mais como valor fundante, mas ter seus dispositivos interpretados em função da pessoa humana e de sua dignidade.[120]

Nessa continuidade, impende ter-se em mente que, a partir do recurso à metodologia civil-constitucional, a aplicação dos princípios e garantias fundamentais ganhou diversas implicações na realidade familiar e também se tornou imprescindível "[...] para a aproximação do ideal de justiça, não dispondo exclusivamente de força supletiva".[121]

Dessa maneira, diz-se, por conseguinte, que as famílias, assim como seus integrantes, têm por parte do Estado um dever de respeito e proteção. Assim, toda e qualquer entidade familiar, formada com base em laços de *afetividade* e companheirismo, merece ser reconhecida como tal, a fim de que seus direitos possam ser protegidos e, consequentemente, sua função instrumental possa ser efetivada.

1.3.3 Multiplicidade de entidades familiares: a não taxatividade do art. 226 da Constituição Federal e a possibilidade de interpretações extensivas

Continuando a análise acerca dos principais impactos sofridos pelo ramo do direito das famílias em razão do fenômeno da constitucionalização do direito civil, passa-se a comentar o alargamento do conceito legal de família. Afinal, hoje, como dantes referido, não se concebe a família apenas como aquela formada a partir do casamento, mas sim como uma estrutura plural que preza pela emancipação e pelo acolhimento de seus membros – servindo de instrumento para o alcance da felicidade coexistencial –,[122] independentemente da sua formatação específica.

---

[119] HUPSEL, Francisco. *Autonomia privada na dimensão civil-constitucional*: o negócio jurídico, a pessoa concreta e suas escolhas existenciais. Salvador: JusPodivm, 2016. p. 63.

[120] HUPSEL, Francisco. *Autonomia privada na dimensão civil-constitucional*: o negócio jurídico, a pessoa concreta e suas escolhas existenciais. Salvador: JusPodivm, 2016. p. 68.

[121] DIAS, Maria Berenice. *Manual de direito das famílias*. 10. ed. São Paulo: Revista dos Tribunais, 2015. p. 39.

[122] Tal conceito diz respeito ao exercício da liberdade que se verifica na coexistência dos indivíduos que compõem uma família, ou seja, está diretamente ligado à função da família na busca pela felicidade coexistencial de cada um de seus membros (cf. RUZYK, Carlos Eduardo Pianovski. *Liberdade(S) e função*: contribuição crítica para uma nova fundamentação da dimensão funcional do direito civil brasileiro. 2009. 402 f. Tese (Doutorado em Direito das Relações Sociais) – Universidade Federal do Paraná, Curitiba, 2009. Disponível em:

Ocorre que o art. 226 da CF/88 representou uma grande inovação no tocante ao direito das famílias no âmbito nacional. Isso, pois, trouxe expressamente a previsão de proteção às famílias constituídas através do casamento, da união estável e ainda as monoparentais, diferentemente do que ocorria nas legislações anteriores, em que somente as famílias matrimoniais eram reconhecidas pelo ordenamento jurídico. Em razão disso, diz-se que o Magno Texto "Trouxe o conceito de entidade familiar, reconhecendo a existência de relações afetivas fora do casamento".[123]

Por outro lado, cumpre ainda a indagação acerca da proteção jurídica dada às entidades familiares que não estão previstas expressamente na Constituição: estariam essas excluídas da proteção constitucional? Seria o art. 226 da Constituição uma norma *numerus clausus* ou *numerus apertus*?

Quanto a isso a doutrina hodierna,[124] bem como a jurisprudência pátria,[125] admitem a abertura na interpretação do mencionado artigo, o qual constituiria *rol* meramente enunciativo. Tal perspectiva sustenta-se, pois, em virtude da multiplicidade de entidades familiares estabelecida na Carta Magna, além da supremacia da *afetividade* nas relações de família e da proteção da autonomia dos indivíduos no tocante à sua formação, não seria razoável admitir uma taxatividade a essa disposição, tendo

---

https://acervodigital.ufpr.br/bitstream/handle/1884/19174/?sequence=1. Acesso em: 5 maio 2018).

[123] DIAS, Maria Berenice. *Manual de direito das famílias*. 10. ed. São Paulo: Revista dos Tribunais, 2015. p. 272.

[124] Esse posicionamento nem sempre fora o dominante na doutrina civilista pátria. Sobre isso, inclusive, menciona Paulo Lôbo – em artigo defendendo a extensibilidade hermenêutica do art. 226 da CF/88, publicado em 2002 – que a interpretação dominante na doutrina, à época, era no sentido de o rol ser taxativo, o que implicava o reconhecimento de natureza familiar tão somente às entidades expressamente contidas na Constituição (cf. LÔBO, Paulo. *Entidades familiares constitucionalizadas*: para além do numerus clausus. 2002. Disponível em: http://www.egov.ufsc.br/portal/sites/default/files/anexos/9408-9407-1-PB.pdf. Acesso em: 14 ago. 2018).

[125] Sobre isso se menciona o julgamento conjunto da ADPF nº 132/RJ e da ADI nº 4.277/DF o qual, tratando do reconhecimento da natureza familiar das uniões homoafetivas, tem como um dos elementos da sua *ratio decidendi* a extensibilidade na interpretação do art. 226 da CF/88 (cf. BRASIL. Supremo Tribunal Federal. *Arguição de Descumprimento de Preceito Fundamental nº 132/RJ*. Relator: Ministro Ayres Britto, 05 de maio de 2011. Disponível em: http://redir.stf.jus.br/paginadorpub/paginador.jsp?docTP=AC&docID=628633. Acesso em: 14 ago. 2018; BRASIL.. Supremo Tribunal Federal. *Ação Direta de Inconstitucionalidade nº 4.277/DF*. Relator: Ministro Ayres Britto, 05 de maio de 2011. Disponível em: http://jurisprudencia.s3.amazonaws.com/STF/IT/ADI_4277_DF_1319338828608.pdf?Signature=3tCKJor9pw22ndmfv2CkDfbIRXg%3D&Expires=1459737468&AWSAccessKeyId=AKIAIPM2XEMZACAXCMBA&response-content-type=application/pdf&x-amz-meta-md5-hash=82e72df83dc8520f9d7b7eeb704df7c6. Acesso em: 14 ago. 2018).

em vista que isso representaria uma afronta aos próprios preceitos constitucionais em matéria de direito das famílias.[126]

Sobre isso, a fim de dar um maior balizamento a essa tese, defende, também, Paulo Lôbo a existência do que ele chama de "normas constitucionais de inclusão", as quais representariam disposições de cuja interpretação decorre a inclusão das entidades familiares não aludidas expressamente.[127] Tais normas são: a) o *caput* do art. 226 da CF/88 (cláusula geral de inclusão) – segundo o autor, ao determinar que a família é a base da sociedade, de forma genérica, sem eleger um tipo específico, como ocorria nas Constituições anteriores (com eleição do casamento como parâmetro fundador da família, o que constituía cláusula de exclusão), deu-se margem ao reconhecimento de qualquer configuração familiar, visto que a tutela constitucional refere-se à "família", isto é, qualquer família; b) o §4º do art. 226 da CF/88 – o qual, na opinião do autor, ao incluir a expressão "também" em sua redação, dá a tal palavra o significado de "igualmente" ou "da mesma forma", determinando a não exclusão dos demais tipos e possibilidades de entidades familiares factivelmente observáveis; e c) o §8º do art. 226 da CF/88 –[128] dispositivo o qual prevê a proteção da "família" por parte do Estado, sem que, mais uma vez, seja eleita qualquer modalidade familiar, dando azo a uma interpretação ampla e plural.[129]

Para certificar tal posição, destaca-se também o argumento de Carlos Eduardo Pianovski, cuja defesa de um paradigma eudemonista funcionalizado da família contemporânea, previamente comentado, leva a atestar que, se o meio familiar representa esse ambiente de autoconstituição coexistencial, não há como o Estado defini-lo, tampouco a sua forma de constituição. Cabe-lhe, assim, apenas protegê-lo, garantir a sua livre formação e assegurar a pluralidade que lhe é própria.[130]

---

[126] "A análise detida da dimensão e do alcance das normas e princípios contidos no art. 226 da Constituição, em face dos critérios de interpretação constitucional – notadamente do princípio da concretização constitucional –, leva ao convencimento da superação do *numerus clausus* das entidades familiares" (cf. LÔBO, Paulo. *Direito civil*: famílias. 7. ed. São Paulo: Saraiva, 2017. p. 79).

[127] LÔBO, Paulo. *Direito civil*: famílias. 7. ed. São Paulo: Saraiva, 2017. p. 79.

[128] Constituição Federal de 1988: "§8º O Estado assegurará a assistência à família na pessoa de cada um dos que a integram, criando mecanismos para coibir a violência no âmbito de suas relações".

[129] LÔBO, Paulo. *Direito civil*: famílias. 7. ed. São Paulo: Saraiva, 2017. p. 79-80.

[130] RUZYK, Carlos Eduardo Pianovski. *Liberdade(S) e função*: contribuição crítica para uma nova fundamentação da dimensão funcional do direito civil brasileiro. 2009. 402 f. Tese (Doutorado em Direito das Relações Sociais) – Universidade Federal do Paraná, Curitiba, 2009. p. 366. Disponível em: https://acervodigital.ufpr.br/bitstream/handle/1884/19174/?sequence=1. Acesso em: 5 maio 2018.

Diante dessa perspectiva, torna-se necessário, portanto, o estabelecimento de parâmetros para o reconhecimento das entidades familiares que não se encontram presentes no texto constitucional, tidas por implícitas. Diz-se, assim, que há características em comum, as quais possibilitam o seu reconhecimento enquanto famílias a serem protegidas pelo direito, quais sejam: a) a afetividade entre seus membros – a qual deve representar o móvel fundante daquele seio familiar, ignorando-se os interesses meramente patrimoniais; b) a estabilidade das relações – tais entidades devem ter um caráter estável, desconsiderando-se as relações estabelecidas de forma eventual e esporádica; c) a convivência pública ou ostensividade – referindo-se ao reconhecimento pelo meio social da sua natureza de família; e d) a vontade de constituição de família – elemento de natureza subjetiva o qual deve ser averiguado no caso concreto a partir das manifestações da factibilidade.[131]

Assim, toda e qualquer forma de família merece proteção do direito, não cabendo ao legislador definir hierarquias ou preferências, visto que "Como todo conceito indeterminado, depende de concretização dos tipos, na experiência da vida, conduzindo à tipicidade aberta, dotada de ductilidade e adaptabilidade".[132] Para essas famílias não previstas no art. 226 da Carta Magna, então, admite-se:

> Quando a legislação infraconstitucional não cuida de determinada entidade familiar, ela é regida pelos princípios e regras constitucionais, pelas regras e princípios gerais do direito de família aplicáveis e pela contemplação de suas especificidades. Não pode haver, portanto, regras únicas, segundo modelos únicos ou preferenciais. O que as unifica é a função de espaço de afetividade e da tutela da realização da personalidade das pessoas que as integram [...].[133]

Esse raciocínio deve-se pelo fato de que cada entidade familiar possui uma configuração diferente das demais, pelo que suas subjetividades também precisam ser reconhecidas pelo direito de forma a melhor proteger seus interesses. É nessa esfera em que se inserem as famílias homoafetivas, multiparentais ou pluriparentais, anaparentais, recompostas ou mosaico etc., cujas configurações próprias não lhes retiram a *dignidade* e as características inerentes a uma unidade familiar,

---

[131] LÔBO, Paulo. *Direito civil*: famílias. 7. ed. São Paulo: Saraiva, 2017. p. 76.
[132] LÔBO, Paulo. *Direito civil*: famílias. 7. ed. São Paulo: Saraiva, 2017. p. 80.
[133] LÔBO, Paulo. *Direito civil*: famílias. 7. ed. São Paulo: Saraiva, 2017. p. 75.

respeitando-se a autonomia de seus membros para fins de suas múltiplas configurações.

No entanto, ficam, ainda, alguns interessantes questionamentos: até que ponto pode ser garantida a autonomia dentro do âmbito familiar? Seria essa autonomia ilimitada ou sujeita a alguma restrição? Se existirem restrições, quais seriam elas? São perguntas complexas e que demandam uma maior elaboração, pelo que será o objeto de discussão do tópico seguinte.

1.4 A constitucionalização da autonomia no direito privado: delineamento dos conceitos e sua abrangência no direito das famílias

Entendidos os principais aspectos que circundam as transformações do direito privado, no contexto jurídico atual, bem como os reflexos da constitucionalização e da aplicação direta dos direitos fundamentais na esfera familiar, passa-se a analisar a problemática atinente ao delineamento do exercício da autonomia no âmbito do direito das famílias hodierno. De que autonomia se está a falar: da vontade ou privada? Pode-se, hoje em dia, conceber a ideia de autonomia existencial? Existem limites para o exercício dessa autonomia?

Diante disso, tem-se como ponto de partida o fato de que o conceito de autonomia, no direito privado, sofreu modificações de acordo com o período histórico em que se encontrava inserido. Por isso, remontando-se agora às discussões travadas no início deste capítulo, tem-se que a passagem do Estado Liberal para um Estado Social Democrático de Direito surtiu intensos efeitos sob a forma como o direito concebe e expressa a autonomia no âmbito jusprivatista.

Conforme dito anteriormente, o modelo de Estado Liberal pressupunha um apartamento completo entre as esferas pública e privada, o que, para o direito civil, representou a consolidação de um individualismo jurídico que desconsiderava, no trato das relações interpessoais, as subjetividades daqueles que a compunham, calcando-se em ideais de *liberdade* e *igualdade* meramente formais.[134] Diz-se, então, que o exercício da *liberdade* no âmbito particular, nesse contexto liberal, desembocou na criação do conceito de *autonomia da vontade*, a qual

---

[134] ALVES, Leonardo Barreto Moreira. *Direito de família mínimo*: possibilidade de aplicação e o campo de incidência da autonomia privada no direito de família. Rio de Janeiro: Lumen Juris, 2010. p. 15.

garantia uma ampla possibilidade de participação nas relações jurídicas patrimoniais, as quais representavam o cerne e o fim da tutela jurídica jusprivatista.[135]

Nesse ínterim, o direito civil desenvolveu-se elegendo o burguês livre do controle e da ingerência estatal – o qual tinha a prerrogativa de usar, fruir e dispor de seu patrimônio, segundo sua vontade – como o modelo de sujeito de direitos a ser observado; admitindo, ainda, uma convicção formal de *igualdade* entre os sujeitos, a qual desconsiderava suas desigualdades práticas.[136]

Por outro lado, a passagem do Estado Liberal para o Estado Social Democrático, a qual, no Brasil, teve seu ápice com a promulgação da CF/88, promoveu uma virada paradigmática no trato das relações interpessoais na esfera privada. Isso, pois, o abandono da perspectiva liberal-burguesa acarretou no estabelecimento de um quadro jurídico-constitucional focado na solidariedade, na justiça social, na distribuição mais equilibrada das riquezas e no reconhecimento de desigualdades práticas que, por acarretarem situações de vulnerabilidade, necessitavam ser observadas. Nota-se, portanto, que o Estado deixa a posição absenteísta, do não intervir na *liberdade* individual, para tomar para si uma postura mais intervencionista, a fim de promover a realização de garantias fundamentais.[137]

Nesse novo cenário, por sua vez, tem-se a elaboração do conceito de *autonomia privada*, a qual pressupõe o respeito aos limites impostos pela própria ordem constitucional.[138] Assim, essa autonomia privada, embora ainda detenha seu caráter patrimonial, passou a conviver com a função social – do contrato e da propriedade, e porque não dizer também da família – como limitadora do seu exercício.[139] Desse modo, tem-se que ela deve observar não somente os interesses particulares,

---

[135] TEIXEIRA, Ana Carolina Brochado. Autonomia existencial. *Revista Brasileira de Direito Civil – RBDCivil*, Belo Horizonte, v. 16, p. 75-104, 2018. p. 82. Disponível em: https://rbdcivil.ibdcivil.org.br/rbdc/article/view/232/214. Acesso em: 23 mar. 2019.

[136] LÔBO, Paulo. Constitucionalização do direito civil. *Revista Informação Legislativa*, Brasília, v. 36, n. 141, p. 99-109, 1999. p. 101. Disponível em: http://www.direitofmc.xpg.com.br/TGDC/texto01.pdf. Acesso em: 8 ago. 2018.

[137] HUPSEL, Francisco. *Autonomia privada na dimensão civil-constitucional*: o negócio jurídico, a pessoa concreta e suas escolhas existenciais. Salvador: JusPodivm, 2016. p. 40-41.

[138] HOLANDA, Maria Rita de. Filiação: natureza jurídica, autonomia e boa-fé. *In*: LOBO, Fabíola Albuquerque; EHRHARDT JÚNIOR, Marcos; PAMPLONA FILHO, Rodolfo (Coord.). *Boa-fé e sua aplicação no direito brasileiro*. Belo Horizonte: Fórum, 2017. p. 219.

[139] TEIXEIRA, Ana Carolina Brochado. Autonomia existencial. *Revista Brasileira de Direito Civil – RBDCivil*, Belo Horizonte, v. 16, p. 75-104, 2018. p. 84. Disponível em: https://rbdcivil.ibdcivil.org.br/rbdc/article/view/232/214. Acesso em: 23 mar. 2019.

mas também a funcionalização dos institutos civis, promovendo com o seu desempenho a realização de uma *igualdade material* que considera as diferenças particulares de cada um.

Não obstante, as transformações não pararam por aí, tendo em vista que a nova tábua axiológica constitucional deu maior relevância às questões relativas à pessoa e, consequentemente, ao livre exercício da sua personalidade. Ante tal contexto, surgem as situações jurídicas denominadas existenciais, devido ao seu caráter extrapatrimonial, as quais não se aplicam à lógica patrimonialista tradicional. Afinal, a tutela jurídica, nessa conjuntura, abrange as mais diversas manifestações volitivas, a exemplo dos atos de disposição sobre os direitos da personalidade – como as possibilidades de submeter-se a cirurgias de redesignação genital, a doação de órgãos ou de sangue, a autolimitação da privacidade na era digital, a elaboração de diretivas antecipadas de vontade etc. –, o livre exercício do planejamento familiar, a constituição de entidades familiares implícitas, a possibilidade de impugnação ao reconhecimento de paternidade e a desconstituição do citado vínculo etc.[140]

Assim, as conjecturas próprias à autonomia privada demandam adaptações e reformulações de modo a melhor abranger a ideia de autonomia existencial. Sobre isso, Ana Carolina Brochado Teixeira defende que "[...] é necessário se investigar os contornos da autonomia privada, aplicada às situações existenciais de modo a estabelecer uma dogmática coerente para o tratamento delas".[141] Fala-se, por conseguinte, no estímulo à convivência entre as ideias de *dignidade enquanto autonomia* e de *dignidade enquanto heteronomia*.

A respeito desse tema, elucida Luís Roberto Barroso que a noção de *dignidade humana* apresenta uma ambivalência, dividindo-se nas ideias de: a) *dignidade enquanto autonomia* – que diz respeito à capacidade de autodeterminação de cada sujeito, a partir da consecução de condições adequadas para o seu exercício, entre as quais se elenca a capacidade de autodeterminação e a promoção de um mínimo existencial; e b) *dignidade enquanto heteronomia* – que representa os valores compartilhados pela

---

[140] TEIXEIRA, Ana Carolina Brochado. Autonomia existencial. *Revista Brasileira de Direito Civil* – RBDCivil, Belo Horizonte, v. 16, p. 75-104, 2018. p. 84. Disponível em: https://rbdcivil.ibdcivil.org.br/rbdc/article/view/232/214. Acesso em: 23 mar. 2019.

[141] TEIXEIRA, Ana Carolina Brochado. Autonomia existencial. *Revista Brasileira de Direito Civil* – RBDCivil, Belo Horizonte, v. 16, p. 75-104, 2018. p. 85. Disponível em: https://rbdcivil.ibdcivil.org.br/rbdc/article/view/232/214. Acesso em: 23 mar. 2019.

comunidade e que se opõem às escolhas particulares, funcionando como uma constrição externa ao exercício da liberdade individual.[142]

Diante desse contexto, pode-se dizer que, no Estado Democrático de Direito, a autonomia existencial convive obrigatoriamente com a heteronomia, de modo a que ambas cedam espaço reciprocamente perante as circunstâncias de cada caso concreto.[143] Dito de outra forma, significa dizer que a autonomia existencial se desenvolve a partir de um modelo híbrido que guarda características próprias da autonomia da vontade, bem como características da autonomia privada.

Logo, é imperioso que, nessa seara existencial, respeite-se a liberdade de escolha e as particularidades de cada pessoa, mas sem esquecer que a realização pessoal de cada um deve se dar em conformidade, sobretudo, com o que preceituam os princípios da *dignidade da pessoa humana* e da *solidariedade*,[144] bem como não pode estar dissociada da ideia de responsabilidade pelos seus atos. Somente mediante essas circunstâncias um indivíduo poderá desenvolver plenamente suas potencialidades através do desempenho da sua autonomia existencial.

Assim, pode-se dizer que é por meio do exercício dessa autonomia híbrida, em conjunto com a correta atribuição de responsabilidade que o direito das famílias contemporâneo deve sedimentar suas bases. O reconhecimento de novos modelos familiares, por sua vez, não pode afastar-se dessa ótica; pelo que se tem, portanto, que tais pressupostos são essenciais para a compreensão do objeto central desta pesquisa, fazendo-se referência a eles ao longo de todo o trabalho.

---

[142] BARROSO, Luís Roberto. Legitimidade da recusa de transfusão de sangue por testemunhas de jeová. Dignidade humana, liberdade religiosa e escolhas existenciais. *In*: LEITE, George Salomão; SARLET, Ingo Wolfgang; CARBONELL, Miguel (Org.). *Direitos, deveres e garantias fundamentais*. Salvador: JusPodivm, 2011. p. 668-670.

[143] TEIXEIRA, Ana Carolina Brochado. Autonomia existencial. *Revista Brasileira de Direito Civil – RBDCivil*, Belo Horizonte, v. 16, p. 75-104, 2018. p. 95. Disponível em: https://rbdcivil.ibdcivil.org.br/rbdc/article/view/232/214. Acesso em: 23 mar. 2019.

[144] HOLANDA, Maria Rita de. Filiação: natureza jurídica, autonomia e boa-fé. *In*: LOBO, Fabíola Albuquerque; EHRHARDT JÚNIOR, Marcos; PAMPLONA FILHO, Rodolfo (Coord.). *Boa-fé e sua aplicação no direito brasileiro*. Belo Horizonte: Fórum, 2017. p. 221.

respeitando-se a autonomia de seus membros para fins de suas múltiplas configurações.

No entanto, ficam, ainda, alguns interessantes questionamentos: até que ponto pode ser garantida a autonomia dentro do âmbito familiar? Seria essa autonomia ilimitada ou sujeita a alguma restrição? Se existirem restrições, quais seriam elas? São perguntas complexas e que demandam uma maior elaboração, pelo que será o objeto de discussão do tópico seguinte.

1.4 A constitucionalização da autonomia no direito privado: delineamento dos conceitos e sua abrangência no direito das famílias

Entendidos os principais aspectos que circundam as transformações do direito privado, no contexto jurídico atual, bem como os reflexos da constitucionalização e da aplicação direta dos direitos fundamentais na esfera familiar, passa-se a analisar a problemática atinente ao delineamento do exercício da autonomia no âmbito do direito das famílias hodierno. De que autonomia se está a falar: da vontade ou privada? Pode-se, hoje em dia, conceber a ideia de autonomia existencial? Existem limites para o exercício dessa autonomia?

Diante disso, tem-se como ponto de partida o fato de que o conceito de autonomia, no direito privado, sofreu modificações de acordo com o período histórico em que se encontrava inserido. Por isso, remontando-se agora às discussões travadas no início deste capítulo, tem-se que a passagem do Estado Liberal para um Estado Social Democrático de Direito surtiu intensos efeitos sob a forma como o direito concebe e expressa a autonomia no âmbito jusprivatista.

Conforme dito anteriormente, o modelo de Estado Liberal pressupunha um apartamento completo entre as esferas pública e privada, o que, para o direito civil, representou a consolidação de um individualismo jurídico que desconsiderava, no trato das relações interpessoais, as subjetividades daqueles que a compunham, calcando-se em ideais de *liberdade* e *igualdade* meramente formais.[134] Diz-se, então, que o exercício da *liberdade* no âmbito particular, nesse contexto liberal, desembocou na criação do conceito de *autonomia da vontade*, a qual

---

[134] ALVES, Leonardo Barreto Moreira. *Direito de família mínimo*: possibilidade de aplicação e o campo de incidência da autonomia privada no direito de família. Rio de Janeiro: Lumen Juris, 2010. p. 15.

garantia uma ampla possibilidade de participação nas relações jurídicas patrimoniais, as quais representavam o cerne e o fim da tutela jurídica jusprivatista.[135]

Nesse ínterim, o direito civil desenvolveu-se elegendo o burguês livre do controle e da ingerência estatal – o qual tinha a prerrogativa de usar, fruir e dispor de seu patrimônio, segundo sua vontade – como o modelo de sujeito de direitos a ser observado; admitindo, ainda, uma convicção formal de *igualdade* entre os sujeitos, a qual desconsiderava suas desigualdades práticas.[136]

Por outro lado, a passagem do Estado Liberal para o Estado Social Democrático, a qual, no Brasil, teve seu ápice com a promulgação da CF/88, promoveu uma virada paradigmática no trato das relações interpessoais na esfera privada. Isso, pois, o abandono da perspectiva liberal-burguesa acarretou no estabelecimento de um quadro jurídico-constitucional focado na solidariedade, na justiça social, na distribuição mais equilibrada das riquezas e no reconhecimento de desigualdades práticas que, por acarretarem situações de vulnerabilidade, necessitavam ser observadas. Nota-se, portanto, que o Estado deixa a posição absenteísta, do não intervir na *liberdade* individual, para tomar para si uma postura mais intervencionista, a fim de promover a realização de garantias fundamentais.[137]

Nesse novo cenário, por sua vez, tem-se a elaboração do conceito de *autonomia privada*, a qual pressupõe o respeito aos limites impostos pela própria ordem constitucional.[138] Assim, essa autonomia privada, embora ainda detenha seu caráter patrimonial, passou a conviver com a função social – do contrato e da propriedade, e porque não dizer também da família – como limitadora do seu exercício.[139] Desse modo, tem-se que ela deve observar não somente os interesses particulares,

---

[135] TEIXEIRA, Ana Carolina Brochado. Autonomia existencial. *Revista Brasileira de Direito Civil – RBDCivil*, Belo Horizonte, v. 16, p. 75-104, 2018. p. 82. Disponível em: https://rbdcivil.ibdcivil.org.br/rbdc/article/view/232/214. Acesso em: 23 mar. 2019.

[136] LÔBO, Paulo. Constitucionalização do direito civil. *Revista Informação Legislativa*, Brasília, v. 36, n. 141, p. 99-109, 1999. p. 101. Disponível em: http://www.direitofmc.xpg.com.br/TGDC/texto01.pdf. Acesso em: 8 ago. 2018.

[137] HUPSEL, Francisco. *Autonomia privada na dimensão civil-constitucional*: o negócio jurídico, a pessoa concreta e suas escolhas existenciais. Salvador: JusPodivm, 2016. p. 40-41.

[138] HOLANDA, Maria Rita de. Filiação: natureza jurídica, autonomia e boa-fé. *In*: LOBO, Fabíola Albuquerque; EHRHARDT JÚNIOR, Marcos; PAMPLONA FILHO, Rodolfo (Coord.). *Boa-fé e sua aplicação no direito brasileiro*. Belo Horizonte: Fórum, 2017. p. 219.

[139] TEIXEIRA, Ana Carolina Brochado. Autonomia existencial. *Revista Brasileira de Direito Civil – RBDCivil*, Belo Horizonte, v. 16, p. 75-104, 2018. p. 84. Disponível em: https://rbdcivil.ibdcivil.org.br/rbdc/article/view/232/214. Acesso em: 23 mar. 2019.

CAPÍTULO 2

FORA DO ARMÁRIO, PARA DENTRO DAS RUAS[145]: O MOVIMENTO LGBT E A LUTA PELO RECONHECIMENTO IDENTITÁRIO

Diga-me por que, triste e suspirando, você vagueia
Esses reinos agradáveis? Peço-te que me fales
Qual é o teu nome? Ele disse: "Meu nome é amor".
Então direto o primeiro se virou para mim
E clamou: "Ele mente, pois seu nome é vergonha,
Mas eu sou amor, e eu estava acostumado a ser
Sozinho neste jardim justo, até que ele veio
Não solicitado pela noite; sou verdadeiro amor, preencho
Os corações de menino e menina com chama mútua".
Então suspirando, disse o outro: "Tem a tua vontade,
Eu sou o amor que não ousa falar seu nome".
(DOUGLAS, Alfred. *Dois amores*, 1894, tradução nossa)

Sei, nasci pra ser sujeito
Escolhi, decidi, quis ser eu mesma
Me tornei abjeto
Parece comum
Um ser que não parece merecer afeto.
(GUITZEL, Virgínia. *Um brinde*, 2016)

---

[145] O título faz alusão a um dos *slogans* do movimento LGBT norte-americano, representando a tradução literal da frase "out of the closet, into the streets".

As epígrafes escolhidas para iniciar este capítulo não o foram sem motivo. A primeira, relativa ao trecho do poema *Dois amores*, que fora publicado na revista *The Chamaleon*, no ano de 1894, é de autoria do Lorde Alfred Douglas. Em tal passagem, o autor traz uma conversa entre o eu-poético e dois personagens, situados em um formoso jardim, no qual um deles reivindica o título de "Verdadeiro Amor" e o outro, no decorrer do diálogo, contenta-se com o epíteto de "O Amor que não Ousa falar seu Nome". A escolha desse fragmento do texto, como dito antes, não é meramente eventual. Afinal, trata-se de uma clara representação do tratamento dispendido pela sociedade com relação às diversas formas de expressão da afetividade e dos relacionamentos sentimentais, dividindo-os, nas palavras de Richard Miskolci, entre aqueles enunciáveis e os que só existem no silêncio.[146]

Ademais, a história por detrás desse poema em específico tem muito a contar a respeito da sistemática opressiva pela qual perpassou (e, de certa maneira, ainda perpassa) a população LGBT ao longo dos séculos, em especial os relacionamentos homoafetivos, temática central do poema. Isso, pois, o Lord Alfred Douglas ficou historicamente conhecido como o grande amor do famoso escritor inglês Oscar Wilde, amor este que foi "responsável" pela sua ruína.

Famoso por seus escritos, sobretudo, pela sua obra clássica, *O retrato de Dorian Gray* (1891), Wilde desenvolveu uma grande amizade amorosa com Alfred Douglas (a quem chamava de Bosie). Ocorre que o pai de Alfred, o Marquês de Queensberry, não aceitando a homossexualidade do filho e repudiando a sua relação com o renomado escritor, fez uma verdadeira perseguição pública a Wilde, a qual culminou, inclusive, na sua condenação a dois anos de cárcere com trabalhos forçados no ano de 1895, dado o fato de que a homossexualidade consistia em um delito a época.[147] Durante o julgamento, em que pese, de início, tentar negar as acusações, quando confrontado com provas irrefutáveis, Wilde tomou para si a defesa do seu amor repudiado, proferindo o seguinte discurso:

> Esse amor é a grande afeição de um homem mais velho por um homem mais jovem, como aquela que houve entre Davi e Jônatas, o amor que Platão tornou a base de sua filosofia, o amor que se pode achar nos sonetos de Miguel Ângelo e Shakespeare. Tal amor é tão mal compreendido neste

---

[146] MISKOLCI, Richard. Comentário. *Cadernos Pagu*, Campinas, n. 28, p. 55-63, 2007. p. 55. Disponível em: http://www.scielo.br/pdf/cpa/n28/04.pdf. Acesso em: 19 nov. 2018.

[147] BAYER, Diego. Oscar Wilde: condenado por ser homossexual. *Justificando*, 2015. Disponível em: http://www.justificando.com/2015/02/11/oscar-wilde-condenado-por-ser-homossexual/. Acesso em: 19 nov. 2018.

século que se admite descrevê-lo como o "amor que não ousa dizer seu nome". Ele é bonito, é bom, é a mais nobre forma de afeição. Não há nada nele que seja antinatural. Ele é intelectual, e repetidamente tem existido entre um homem mais velho e um homem mais novo, quando o mais velho tem o intelecto e o mais jovem tem toda a alegria, a esperança e o encanto da vida à sua frente. O mundo não compreende que seja assim. Zomba dele e às vezes, por causa dele, coloca alguém no pelourinho.[148]

Tal desabafo, por sua vez, ficou conhecido, nas palavras de João Silvério Trevisan, como um dos mais corajosos e contundentes textos em defesa da homossexualidade e das expressões afetivo-sexuais não hegemônicas.[149]

O segundo trecho, intitulado *Um brinde*, de autoria da poetisa trans Virgínia Guitzel, trata, por sua vez, do dilema enfrentado pelas pessoas trans com relação às suas vivências amorosas. Afinal, a assunção de uma identidade de gênero não hegemônica, em meio a uma sociedade heterocisnormativa,[150] parece implicar quase que necessariamente ao que, nas palavras da ativista transfeminista Maria Clara Araújo, representa uma espécie de limbo afetivo.[151]

Tal circunstância, por sua vez, deve-se à própria lógica de funcionamento social a qual atribui às pessoas trans uma identidade desviante e patológica que transgride as normas de gênero convencionalmente impostas. Diante disso, o não reconhecimento das identidades de gênero dessas pessoas coloca-as numa posição subalterna na sociedade que repercute diretamente em diversas esferas das suas vidas, inclusive a amorosa. Sobre isso, discorre Maria Clara Araújo ao afirmar:

> O processo de desumanização diário [a] que somos, infelizmente, expostas refletem não só nos índices de evasão escolar e de não estarmos

---

[148] TREVISAN, João Silvério. Oscar Wilde e os direitos homossexuais. *Cult*, 2013. Disponível em: https://revistacult.uol.com.br/home/oscar-wilde-e-os-direitos-homossexuais/. Acesso em: 19 nov. 2018.

[149] TREVISAN, João Silvério. Oscar Wilde e os direitos homossexuais. *Cult*, 2013. Disponível em: https://revistacult.uol.com.br/home/oscar-wilde-e-os-direitos-homossexuais/. Acesso em: 19 nov. 2018.

[150] Tal conceito será melhor trabalhado mais adiante, mas, resumidamente, diz respeito a um modelo social que segrega as pessoas não heterossexuais e as pessoas trans.

[151] ARAÚJO, Maria Clara. Por que os homens não estão amando as mulheres trans? *Blogueiras Negras*, 2015. Disponível em: http://blogueirasnegras.org/2015/10/17/por-que-os-homens-nao-estao-amando-as-mulheres-trans-2/. Acesso em: 13 mar. 2019.

no mercado de trabalho, mas também em questões afetivas. Na nossa interação com o outro. Com a expectativa afetiva em relação ao outro.[152]

Por meio desses relatos, um referente a um episódio desenvolvido no século XIX, outros dois relativos à atualidade, pode-se perceber, guardadas as devidas proporções, um padrão de dominação social dispendido para com a população LGBT, outrora e também hodiernamente, caracterizado, especialmente, pela invisibilização de suas existências públicas e legítimas.[153] Tal processo de opressão, por sua vez, reverbera de diversas maneiras nas esferas política, social e jurídica, acarretando, por exemplo, um contexto de violência contra os integrantes dessa parcela populacional,[154] a omissão legislativa quanto à efetivação de direitos fundamentais desses indivíduos,[155] entre outras circunstâncias.

Diante disso, antes de tratar da legitimidade jurídica conferida às famílias LGBT no ordenamento jurídico pátrio, cumpre, primeiramente, destacar algumas temáticas referentes a esse grupo populacional, quais sejam: a) uma breve contextualização histórica do seu movimento político emancipatório; e b) questões conceituais e terminológicas relativas às suas diversas categorias identitárias. Tal abordagem faz-se pertinente, pois pretende melhor situar o leitor com relação à temática a ser abordada, para, posteriormente, facilitar a apreensão com relação aos tópicos que serão desenvolvidos ao longo deste trabalho.

---

[152] ARAÚJO, Maria Clara. Por que os homens não estão amando as mulheres trans? *Blogueiras Negras*, 2015. Disponível em: http://blogueirasnegras.org/2015/10/17/por-que-os-homens-nao-estao-amando-as-mulheres-trans-2/. Acesso em: 13 mar. 2019.

[153] BOURDIEU, Pierre. *A dominação masculina*. Tradução de Maria Helana Kühner. 11. ed. Rio de Janeiro: Bertland Brasil, 2012.

[154] Dados levantados pelo Grupo Gay da Bahia (GGB) apontam que o Brasil é o país em que mais se mata por motivos de LGBTfobia, sendo que a cada 19 horas um LGBT é assassinado ou suicida-se por tais razões. Além disso, registrou-se um aumento de 30% dessas mortes do ano de 2016 para 2017, passando de 343 para 445 (cf. SOUTO, Luiza. Assassinatos de LGBT crescem 30% entre 2016 e 2017, segundo relatório. *O Globo*, 2018. https://oglobo.globo.com/sociedade/assassinatos-de-lgbt-crescem-30-entre-2016-2017-segundo-relatorio-22295785. Acesso em: 19 nov. 2018).

[155] Até a presente data ainda não foi aprovada qualquer lei específica referente à promoção de direitos para a população LGBT. Ademais, projetos como o Estatuto das Famílias (PLS nº 470 de 2013) e o Estatuto da Diversidade Sexual e de Gênero (PLS nº 134 de 2018), que se destinam a garantir a efetividade de direitos para os membros da diversidade sexual e de gênero, encontram bastante resistência com relação à sua aprovação no Congresso Nacional, conforme será melhor abordado mais à frente.

2.1 Da patologização ao Movimento LGBT e a luta pela emancipação político-jurídica: um breve escorço histórico

É sabido que as expressões de sexualidade e as identidades de gênero não hegemônicas não datam de hoje, ainda que as suas construções conceituais sejam mais recentes. O que mudou, por sua vez, foi a postura das sociedades para com elas, ao longo do tempo, variando de acordo com os ideais culturais de cada povo, o que, por si só, não representa uma variação conceitual propriamente dita, mas sim uma modificação valorativa no que tange ao trato das identidades LGBT pelas diferentes culturas ao longo da história.[156] Entre essas diferentes concepções, exemplifica Paulo Iotti, ao tratar especificamente da história da homossexualidade, têm-se os conceitos de pederastia institucionalizada da Antiguidade Clássica,[157] de pregações homofóbicas

---

[156] VECCHIATTI, Paulo Roberto Iotti. *Manual da homoafetividade*: da possibilidade jurídica do casamento civil, da união estável e da adoção por casais homoafetivos. 2. ed. Rio de Janeiro: Forense; São Paulo: Método, 2012. p. 3.

[157] Explica Paulo Iotti que, nas sociedades primitivas da Antiguidade Clássica, o amor entre homens era uma prática constante e aceita, a qual era, inclusive, institucionalizada pela própria cultura, através de uma relação entre um homem mais velho e um adolescente. Nessa relação, o homem mais velho ocupava o polo ativo e o adolescente ocupava o polo passivo, pois se entendia que somente mediante tal prática aquele jovem iria alcançar a fertilidade necessária para uma futura procriação. Ademais, esses relacionamentos implicavam a construção da masculinidade daquele jovem, em razão da exclusão do seu contato com a mãe (e das mulheres em geral) e a sua consequente inserção no mundo masculino, no qual aprenderia os costumes dos homens do seu povo. Não obstante, segundo o autor, o machismo, já presente naquelas culturas, apenas valorizava o polo ativo da relação, tendo em vista a sua associação com a postura masculina, ao passo que o polo passivo era associado com a postura feminina, somente sendo aceita por parte de meninos adolescentes, justamente por acreditarem que aquela seria a forma de eles alcançarem a masculinidade. No caso de homens adultos, a passividade era repudiada, por entender-se que representaria uma "redução" do seu patamar ao mesmo patamar das mulheres, que eram socialmente desprezadas pela camada dominante da sociedade, a qual era exclusivamente composta por homens. Além disso, cumpre destacar que há poucas referências históricas com relação ao amor entre mulheres, ocasionado justamente pela concepção de que não se poderia ter uma relação sexual sem a presença de um homem, ignorando totalmente a sexualidade feminina, se é que existia tal conceito à época. Por fim, o autor faz duas observações extremamente pertinentes e que merecem ser destacadas com relação a esse exercício sexual entre homens nesse período: a) que ele não se relaciona com o conceito atual de homossexualidade, tendo em vista que, naquela época, somente se falava em uma sexualidade masculina – em que, por sua vez, não interessava qual o sexo biológico da pessoa com quem aquele homem se relacionava sexualmente, mas sim o papel ocupado por ele naquela relação sexual –, ao passo que não havia propriamente uma noção de sexualidade feminina, a qual era atrelada apenas às ideias de fertilidade, geração e maternidade; e b) não há que se utilizar esse modelo de pederastia institucionalizada para condenar a homossexualidade ou para generalizar todos os homossexuais enquanto praticantes de pederastia (que é a pedofilia entre homens), pois, ao longo da história, é notório que homens heterossexuais também

das instituições religiosas na Idade Média,[158] a patologização da homossexualidade por meio da ideia de "homossexualismo" e a gradativa tutela desse grupo pela via dos direitos humanos e fundamentais nos dias atuais.

No entanto, tendo em vista o recorte temático desta pesquisa, não cabe aqui tecer uma longa digressão histórica a respeito do tratamento dispensado para com o que hoje se entende enquanto população LGBT, pois o que se almeja, neste trabalho, é a compreensão de como os conceitos de homossexualidade e transexualidade,[159] nas suas acepções contemporâneas, foram delineados. Sobre isso, inclusive, importante reportar ao texto de Luciano Oliveira, intitulado *Não fale do Código de Hamurabi!*, para justificar essa escolha metodológica específica, pois o mencionado autor explica que tais incursões históricas não podem ser feitas de modo acrítico e descontextualizado, desconsiderando que cada período histórico tem suas particularidades.[160]

Para os fins do presente trabalho, portanto, será dada ênfase à concepção patológica da homossexualidade, que se iniciou principalmente a partir do século XIX – o que também pode ser aplicada às identidades trans, na metade do século XX –, à consequente superação de tal pensamento e ao surgimento do Movimento do Orgulho *Gay*, que, posteriormente, converteu-se em um Orgulho LGBT, com a finalidade de promover a emancipação político-jurídica e também social dessas pessoas.

---

praticaram a pedofilia de modo institucionalizado ao casarem com meninas adolescentes, não sendo uma prática que possa ser relacionada somente à homossexualidade, mas sim que fez parte de uma construção história pretérita, mas que hoje em dia é condenada (cf. VECCHIATTI, Paulo Roberto Iotti. *Manual da homoafetividade*: da possibilidade jurídica do casamento civil, da união estável e da adoção por casais homoafetivos. 2. ed. Rio de Janeiro: Forense; São Paulo: Método, 2012. p. 4-9, *passim*).

[158] Segundo Paulo Iotti "[...] com a Idade Média o preconceito contra qualquer ato sexual que não fosse aquele praticado dentro do casamento, na posição mais ortodoxa e com a finalidade exclusiva de procriação, aumentou em grandes proporções, pois a sociedade humana já estava começando a ficar 'doutrinada' pelos dogmas arbitrários e preconceituosos da Igreja Católica Apostólica Romana contra tudo aquilo que não julgava correto" (cf. VECCHIATTI, Paulo Roberto Iotti. *Manual da homoafetividade*: da possibilidade jurídica do casamento civil, da união estável e da adoção por casais homoafetivos. 2. ed. Rio de Janeiro: Forense; São Paulo: Método, 2012. p. 25).

[159] Aqui a palavra "homossexualidade" é usada no sentido de relacionamento entre pessoas de mesmo gênero, o que não exclui propriamente a noção de bissexualidade, ao passo que a palavra "transexualidade" foi usada para se referir às identidades de gênero não hegemônicas. Mais à frente, reservou-se um tópico específico para explicar cada categoria identitária que compõe o movimento LGBT.

[160] OLIVEIRA, Luciano. *Não fale do Código de Hamurabi!* A pesquisa sócio-jurídica na pós-graduação em direito. Disponível em: https://www3.ufpe.br/moinhojuridico/images/ppgd/7.4%20hamurabi_por_loliveira.pdf. Acesso em: 29 mar. 2019.

2.1.1 A patologização da homossexualidade e da transexualidade: o papel do discurso médico na estigmatização das identidades LGBT

Sabe-se que as transformações ocorridas no pensamento humano apontaram numa direção de maior valorização da racionalidade em detrimento das crenças religiosas, no que tange às explicações dos fenômenos humanos, sociais e naturais. Diante disso, os preceitos e dogmas religiosos já não bastavam para explicar a suposta antinaturalidade do comportamento homossexual. Porém, a influência dessas mesmas pregações homofóbicas ocasionou a transmutação desse dogma numa concepção patologizante, ou seja, de que a homossexualidade representaria uma doença a ser sanada, mesmo não se tendo comprovado nada nesse sentido.[161]

Tal acontecimento, inclusive, somente foi possibilitado pelo que, nas palavras do teórico Michel Foucault, caracterizava-se como um fenômeno no qual o conhecimento científico encontrava-se diretamente subordinado aos imperativos morais, que haviam sido convertidos em normas médicas. Para Foucault, esse contexto é fruto de um processo histórico, construído em torno do sexo, tanto para produzir quanto para mascarar a verdade em torno dele.[162] Diante disso, ele identifica dois procedimentos historicamente desenvolvidos para construir essa verdade em torno do sexo, quais sejam:

> (A) *a ars erotica (arte erótica)* – adotada em inúmeras sociedades como a China, o Japão, a Índia, o Império Romano etc., em que a verdade é extraída do próprio prazer, entendido como uma prática e absorvido como experiência, ou seja, a verdade sobre o sexo não era formulada a partir de leis absolutas do permitido e do proibido, mas sim por um saber que recai sobre a própria prática sexual e pela sua experimentação;[163] e
> (B) *a scientia sexualis* – praticada e desenvolvida nas civilizações ocidentais, a partir do século XIX, e estruturada enquanto

---

[161] VECCHIATTI, Paulo Roberto Iotti. *Manual da homoafetividade*: da possibilidade jurídica do casamento civil, da união estável e da adoção por casais homoafetivos. 2. ed. Rio de Janeiro: Forense; São Paulo: Método, 2012. p. 27.

[162] FOUCAULT, Michel. *História da sexualidade 1*: A vontade de saber. 2. ed. São Paulo: Paz e Terra, 2015. p. 59-60; 64.

[163] FOUCAULT, Michel. *História da sexualidade 1*: A vontade de saber. 2. ed. São Paulo: Paz e Terra, 2015. p. 64.

uma forma de poder-saber[164] que é extraído através das confissões. Explica-se: desde a Idade Média a confissão é eleita, nas sociedades ocidentais, enquanto um dos rituais mais importantes para a produção da verdade. Diante disso, a confissão passou a ser, no Ocidente, uma técnica bastante valorizada para a produção da verdade, difundindo seus efeitos para a esfera jurídica, para a medicina, para a pedagogia, para o âmbito familiar etc.:

> [...] confessam-se os crimes, os pecados, os pensamentos e os desejos, confessam-se passado e sonhos, confessa-se a infância; confessam-se as próprias doenças e misérias; emprega-se a maior exatidão para dizer o mais difícil de ser dito; confessa-se em público, em particular, aos pais, aos educadores, ao médico, àqueles a quem se ama; fazem-se a si próprios, no prazer e na dor, confissões impossíveis de confiar a outrem, com o que se produzem livros. Confessa-se – ou se é forçado a confessar.[165]

Assim, na percepção foucaultiana, o homem ocidental torna-se um "animal confidente", o qual introjeta essa cultura da confissão de uma forma a que nem perceba que ela é fruto de um poder que o coage a fazê-lo.[166] Com relação ao sexo, especificamente, essa confissão perde o caráter ritual, de penitência, e, gradativamente – em razão do protestantismo, da Contrarreforma, da pedagogia do século XVIII e da medicina do século XIX – desbrava novos domínios, construindo um arquivo sobre os prazeres do sexo e, se antes as confissões cristãs não deixavam vestígios sobre esse arquivo, a medicina, a psiquiatria e

---

[164] Para Foucault a ideia de poder não está relaciona a algo ou a alguém, por exemplo, um rei, um governo, uma instituição. Para o autor o poder é um conjunto de relações que são exercidas no meio social, desenvolvendo-se a partir de um discurso sobre a verdade e para que se possa observá-lo é imperioso que se tomem alguns cuidados metodológicos, quais sejam: a) compreendê-lo não pelo local de onde ele emana, mas sim com base nas consequências geradas pelo seu exercício; b) entendê-lo a partir dos efeitos reais causados por ele; c) analisá-lo não como um fenômeno homogêneo de dominação, que pode ser apossado por alguém, mas mais como algo que circula e que age em cadeia, sendo exercício e não titularizado; d) compreendê-lo segundo uma análise ascendente, em que se vislumbra as formas pelas quais seus mecanismos atuam para fazê-lo ser exercido; e e) entender que ele somente pode ser exercido a partir da formulação e da organização de um saber ou de mecanismos de saber, os quais não se confundem com aparelhos ideológicos (cf. FOUCAULT, Michel. *Em defesa da sociedade*: curso no Collège de France (1975-1976). São Paulo: Martins Fontes, 1999. p. 28-40, *passim*).

[165] FOUCAULT, Michel. *História da sexualidade 1*: A vontade de saber. 2. ed. São Paulo: Paz e Terra, 2015. p. 66.

[166] FOUCAULT, Michel. *História da sexualidade 1*: A vontade de saber. 2. ed. São Paulo: Paz e Terra, 2015. p. 67.

também a pedagogia reuniram o que o filósofo chama de um grande registro dos prazeres. A partir disso, estabelece-se uma classificação desses prazeres, descrevendo-se, inclusive, as suas estranhezas.[167] Daí decorre, segundo o autor, que a *scientia sexualis*, utilizando-se do histórico método da confissão a serviço da escuta clínica, cria um dispositivo para produzir discursos verdadeiros sobre o sexo, do qual perpassa a ideia de sexualidade como um domínio naturalmente aberto a processos patológicos que, consequentemente, solicitam procedimentos terapêuticos ou de normalização.[168]

É nesse contexto, então, segundo explica Paulo Iotti, que foi criado o termo "homossexual" – o que, na concepção foucaultiana, corresponderia à própria invenção da homossexualidade –[169] por um médico chamado Karoly Maria Benkert, o qual defendia a não perseguição estatal a essas pessoas, mas sim a sua submissão a tratamentos que possibilitassem a sua "cura".[170] É em consonância com esse pensamento que:

> [...] a classe médica em geral difundiu a ideia da homossexualidade como "degeneração", por vislumbrarem nela um suposto conteúdo patológico, o que aumentou a concepção social condenatória do comportamento homoafetivo. [...] Em decorrência dessa visão patológica, temia-se que a homossexualidade pudesse se "espalhar" pela sociedade se não fosse fortemente reprimida, o que igualmente contribuiu para o aumento da homofobia. [...] Isso fez com que tratamentos desumanos fossem abertamente impostos a homossexuais, sem nenhuma punição estatal. Terapias com choques convulsivos, lobotomia e terapias por aversão foram largamente utilizadas e ninguém na sociedade a elas

---

[167] FOUCAULT, Michel. *História da sexualidade 1*: A vontade de saber. 2. ed. São Paulo: Paz e Terra, 2015. p. 71-72.

[168] FOUCAULT, Michel. *História da sexualidade 1*: A vontade de saber. 2. ed. São Paulo: Paz e Terra, 2015. p. 76-77.

[169] Foucault compreende que a origem da homossexualidade é relativamente recente e data do final do século XIX. Para o autor, a categoria da homossexualidade, assim como a sexualidade no geral, corresponde a uma construção social. Isso não quer dizer que Foucault ignorava que existiram práticas sexuais entre pessoas do mesmo gênero anteriormente a esse período histórico, apenas significa que, diferentemente do que ocorreria nos períodos anteriores, essa categorização do final do século XIX cria uma "espécie", composta por seres humanos que desempenhavam uma sexualidade tida como perversa (cf. SPARGO, Tamsin. *Foucault e a teoria queer*: seguido de Ágape e êxtase: orientações pós-seculares. Belo Horizonte: Autêntica, 2017. p. 18).

[170] VECCHIATTI, Paulo Roberto Iotti. *Manual da homoafetividade*: da possibilidade jurídica do casamento civil, da união estável e da adoção por casais homoafetivos. 2. ed. Rio de Janeiro: Forense; São Paulo: Método, 2012. p. 28.

se opunha: queriam, a todo custo, descobrir uma forma de reverter a homossexualidade.[171]

Em função disso, até o século XX, não houve muita evolução quanto ao pensamento acerca da homossexualidade.[172] Entretanto, apesar dos esforços, os médicos não obtinham êxito nas suas tentativas de "curá-la", pois, como bem se sabe hoje, essa expressão da sexualidade humana não tem cunho patológico, é uma característica pessoal de cada indivíduo a qual diz respeito à sua identidade e à sua personalidade.

Em contrapartida a essa concepção, destaca-se, então, apesar de críticas ao método utilizado,[173] o "Relatório Kinsey" de 1945, como um marco do século XX no tocante ao estudo da homossexualidade. Nele, Alfred Kinsey, em uma pesquisa inédita, estudou o comportamento sexual masculino – em seguida, fez um estudo similar voltado às mulheres –, no qual classificou o homem como "heterossexual exclusivo", "incidentalmente homossexual", "mais do que incidentalmente homossexual", "igualmente heterossexual ou homossexual", "mais do que incidentalmente heterossexual", "incidentalmente heterossexual" e "homossexual exclusivo", além de "indiferente sexualmente".[174]

Nesse estudo, Kinsey entrevistou 5.300 homens e 5.940 mulheres, verificando, no tocante à homossexualidade, que 37% dos homens arguidos relataram ter tido alguma experiência homossexual, quando, nas mulheres, esse percentual foi de 13%.[175] Em que pese, portanto, o

---

[171] VECCHIATTI, Paulo Roberto Iotti. *Manual da homoafetividade*: da possibilidade jurídica do casamento civil, da união estável e da adoção por casais homoafetivos. 2. ed. Rio de Janeiro: Forense; São Paulo: Método, 2012. p. 29.

[172] VECCHIATTI, Paulo Roberto Iotti. *Manual da homoafetividade*: da possibilidade jurídica do casamento civil, da união estável e da adoção por casais homoafetivos. 2. ed. Rio de Janeiro: Forense; São Paulo: Método, 2012. p. 32.

[173] Com relação a tal crítica, Paulo Iotti explica que ela se deve ao fato de que Kinsey baseou seu estudo na prática do ato sexual e não na atração afetivo-sexual, em si, para classificar as pessoas enquanto homossexuais, heterossexuais ou bissexuais. Diante disso, os resultados tornam-se questionáveis, pois o que caracteriza a homossexualidade é a atração afetivo-sexual por uma pessoa de mesmo gênero, pelo que a prática de atos sexuais, pura e simplesmente, não supõe essa forma de atração, podendo representar apenas um ato de experimentação sexual o qual não descaracteriza a expressão sexual de um indivíduo (cf. VECCHIATTI, Paulo Roberto Iotti. *Manual da homoafetividade*: da possibilidade jurídica do casamento civil, da união estável e da adoção por casais homoafetivos. 2. ed. Rio de Janeiro: Forense; São Paulo: Método, 2012. p. 33).

[174] VECCHIATTI, Paulo Roberto Iotti. *Manual da homoafetividade*: da possibilidade jurídica do casamento civil, da união estável e da adoção por casais homoafetivos. 2. ed. Rio de Janeiro: Forense; São Paulo: Método, 2012. p. 33.

[175] SENA, Tito. Os relatórios Kinsey: práticas sexuais, estatísticas e processos de normali(ti)zação. In: SEMINÁRIO INTERNACIONAL FAZENDO GÊNERO: DIÁSPORAS, DIVERSIDADE E DESLOCAMENTOS, 9., 2010, Florianópolis. *Anais Fazendo Gênero 9*: diásporas, diversidade

fato de o estudo ter sido feito de forma a não se deixar influenciar pelo pensamento vigente na época, mostrou-se de fundamental importância para explicitar as diversas práticas sexuais humanas e demonstrar a sua efetiva existência,[176] a despeito da condenação social. Nesse campo discursivo, portanto, as estatísticas de Alfred Kinsey e seus colaboradores foram ferramentas para justificar as oposições aos padrões de normalidade e legalidade vigentes no meio norte-americano, no pós-guerra, e defender uma concepção de sexualidade constituída a partir de uma infinidade de práticas e preferências entre os indivíduos.[177]

Por outro lado, com relação às identidades trans, mais especificamente a transexualidade, o percurso foi, de certa forma, semelhante. Na década de 1950, foram divulgados os primeiros trabalhos que especificavam o "fenômeno transexual", tendência a qual se intensificou nas duas décadas seguintes, sempre voltados a criar parâmetros para estabelecer um diagnóstico preciso para diferenciar o(a) transexual dos *gays*, das lésbicas e das travestis.[178]

Tal tendência, inclusive, segundo Berenice Bento, demonstra que a transexualidade não é uma experiência identitária a-histórica, pois tal categoria somente pode ser pensada a partir da superação de um modelo do isomorfismo e sua consequente substituição pelo modelo do dimorfismo. Isso, pois, até metade do século XVII, os anatomistas trabalhavam com a perspectiva de que existia apenas um corpo e pelo menos dois gêneros (isomorfismo).[179] Para tanto, embasavam-se na ideia de que a mulher era um homem imperfeito, tendo em vista que o órgão genital feminino (vagina) seria um órgão sexual masculino (pênis) incompleto.[180]

---

e deslocamentos. Florianópolis: Universidade Federal de Santa Catarina, 2010. p. 1; 7. Disponível em: http://www.fazendogenero.ufsc.br/9/resources/anais/1278011145_ARQUIVO_ArtigoTitoSenaFG9.pdf. Acesso em: 29 mar. 2019.

[176] VECCHIATTI, Paulo Roberto Iotti. *Manual da homoafetividade*: da possibilidade jurídica do casamento civil, da união estável e da adoção por casais homoafetivos. 2. ed. Rio de Janeiro: Forense; São Paulo: Método, 2012. p. 33.

[177] SENA, Tito. Os relatórios Kinsey: práticas sexuais, estatísticas e processos de normali(ti)zação. *In*: SEMINÁRIO INTERNACIONAL FAZENDO GÊNERO: DIÁSPORAS, DIVERSIDADE E DESLOCAMENTOS, 9., 2010, Florianópolis. *Anais Fazendo Gênero 9*: diásporas, diversidade e deslocamentos. Florianópolis: Universidade Federal de Santa Catarina, 2010. p. 6. Disponível em: http://www.fazendogenero.ufsc.br/9/resources/anais/1278011145_ARQUIVO_ArtigoTitoSenaFG9.pdf. Acesso em: 29 mar. 2019. p. 6.

[178] BENTO, Berenice Alves de Melo. *O que é transexualidade*. São Paulo: Brasiliense, 2008. p. 95.

[179] BENTO, Berenice Alves de Melo. *O que é transexualidade*. São Paulo: Brasiliense, 2008. p. 24.

[180] JESUS, Jaqueline Gomes de. Feminismo contemporâneo e interseccionalidade 2.0: uma contextualização a partir do pensamento transfeminista. *Rebeh – Revista Brasileira de Estudos*

Essa tendência, por sua vez, foi perdendo espaço a partir de estudos de meados do século XVII, os quais se intensificaram nos séculos XVIII e XIX. O discurso médico por volta dos anos de 1860-1870, como anteriormente abordado, buscava incessantemente comprovar que os comportamentos sexuais tinham origem na biologia, acarretando numa diferenciação radical entre os corpos-sexuados (dimorfismo), a qual possibilitou também o surgimento de novas identidades.[181]

Diante dessa nova conjuntura, destaca-se, então, o trabalho do endocrinologista Harry Benjamin, com a publicação do seu livro *O fenômeno transexual*, em 1966, contendo aspectos que serviriam de base para categorizar a figura do(a) "transexual verdadeiro(a)".[182] Para Benjamin, inclusive, a única alternativa terapêutica eficaz e possível para essas pessoas seria a submissão às cirurgias de transgenitalização; evitando, assim, as tentativas de suicídio.[183]

Ademais, seguindo essa tendência de patologização dessas identidades, três documentos internacionais podem ser destacados por terem reforçado a ideia de que as pessoas trans são "[...] construídas como portadoras de um conjunto de indicadores comuns que as posicionam como transtornadas, independentes das várias culturas, sociais e econômicas",[184] quais sejam:

> (A) *o Manual de Diagnóstico e Estatísticas de Distúrbios Mentais (DSM) da Associação Psiquiátrica Americana (APA)* – em 1980, a APA editou a terceira revisão do seu *Manual de Diagnóstico e Estatísticas de Distúrbios Mentais (DSM-III)*, incluindo a transexualidade entre os "Transtornos de Identidade de Gênero", no capítulo dos "Distúrbios de Identidade de Gênero", tendência

---

da *Homocultura*, [s.l.], v. 1, n. 1, p. 5-24, 2018. p. 7-8. Disponível em: http://www.revistas.unilab.edu.br/index.php/rebeh/article/view/87. Acesso em: 5 abr. 2019.

[181] BENTO, Berenice Alves de Melo. *O que é transexualidade*. São Paulo: Brasiliense, 2008. p. 25-26.

[182] Para Benjamin a figura do(a) "verdadeiro(a) transexual" é centrada na ideia de um ser assexuado que sonha em ter um corpo de homem/mulher que será obtido através da cirurgia de redesignação genital, a qual lhe permitiria desfrutar do *status* de gênero com o qual se identifica, bem como de exercer apropriadamente a sua sexualidade, que seria relativa a uma heterossexualidade (cf. BENTO, Berenice Alves de Melo. *O que é transexualidade*. São Paulo: Brasiliense, 2008. p. 118). Conforme se verá, no decorrer deste trabalho, essa ideia de transexualidade é bastante reducionista, associando a figura da(o) transexual a uma vontade quase que compulsória de realizar a cirurgia de transgenitalização, sem falar que ignora completamente as identidades travestis e apenas vislumbra a transexualidade dentro de um modelo heterossexual.

[183] BENTO, Berenice Alves de Melo. *O que é transexualidade*. São Paulo: Brasiliense, 2008. p. 95-96.

[184] BENTO, Berenice Alves de Melo. *O que é transexualidade*. São Paulo: Brasiliense, 2008. p. 98.

a qual se manteve na sua quarta revisão, o *DSM-IV*. Neles, estabeleceram-se critérios para o diagnóstico das chamadas "desordens de gênero" na infância, na adolescência, na fase adulta e também os chamados transtornos de gênero não especificados (os quais representam aquelas pessoas que não cumpriam todos os critérios elencados para a identificação das "desordens de gênero").

A perspectiva adotada por esses documentos, por sua vez, seguiu a linha de pensamento do psicanalista Robert Stoller, publicada em sua obra *A experiência transexual*, representando verdadeiras concretizações dos ditames teóricos formulados por ele. Para Stoller,[185] é papel do terapeuta reestabelecer a "coerência" entre o corpo, o gênero e a sexualidade, por entender a transexualidade como um "transtorno de identidade", e bloquear, consequentemente, o desenvolvimento dessa identidade trans. Ademais, diferentemente de Harry Benjamin, não enxerga a cirurgia como uma alternativa terapêutica viável e pertinente;[186]

(B) *a Classificação Internacional de Doenças (CID) da Organização Mundial de Saúde (OMS)* – a 10ª revisão da Classificação Internacional de Doenças (CID-10) da OMS, aprovada pela Conferência Internacional realizada em Genebra, em 1989, entra em vigor no ano de 1993 e funciona como uma convenção médica que estabelece as características das doenças e seus respectivos códigos em âmbito internacional; não servindo, entretanto, como um orientador de diagnósticos. Nela as identidades trans são tratadas como "transtornos de identidade sexual", sob os códigos F64.0 – "Transexualismo", F64.1 – "Travestismo Bivalente", F64.2 – "Transtorno de Identidade Sexual na Infância", F64.8 – "Outros Transtornos

---

[185] Explica Berenice Bento que Stoller desenvolveu sua tese com base na ideia de que aquilo que seria responsável pelos "desvios" de gênero em crianças seria a personalidade materna. Para ele, a mãe dessa criança seria uma mulher que, em razão da inveja dos homens e de um desejo inconsciente de ser homem, transfere tal desejo para o seu filho, criando uma ligação simbiótica entre ela e o filho, a qual não permite que o conflito de Édipo se instaure. Nessa continuidade, a não passagem pelo conflito de Édipo e a sua consequente resolução impede um desenvolvimento "normal" da identidade de gênero dessa criança (cf. BENTO, Berenice Alves de Melo. *O que é transexualidade*. São Paulo: Brasiliense, 2008. p. 101).

[186] BENTO, Berenice Alves de Melo. *O que é transexualidade*. São Paulo: Brasiliense, 2008. p. 99-103, *passim*.

de Identidade Sexual" e F64.9 – "Transtorno não Especificado da Identidade Sexual";[187] e

(C) *as Normas de Tratamento ou States of Care (SOC) da Harry Benjamin Internacional Gender Dysphoria Association (HBIGDA)* – esse documento, pautado nos ideais desenvolvidos por Harry Benjamin, reúne um conjunto de orientações exclusivamente relativas aos chamados "transtornos de gênero". Nas SOC, as identidades trans são descritas como uma "disforia de gênero", sendo que seu objetivo principal é criar um consenso internacional sobre as formas de se lidar com essas questões no âmbito psiquiátrico, psicológico, médico e cirúrgico; orientando, assim, os profissionais dessas áreas quanto ao desempenho de seus papéis. Nela há uma grande ênfase na importância da cirurgia, que seria um dos componentes da "terapia triádica", composta pela experiência de vida real, a hormonioterapia e a cirurgia de redesignação genital.[188]

Diante de todo esse contexto, fica nítido que os conceitos de homossexualidade e de transexualidade foram edificados a partir de um ponto de vista medicalizado e patológico, que ignora a construção identitária dessas pessoas e oprime suas individualidades, colocando-as na posição de um ser doente que precisa ser curado, corrigido e "normalizado". Nesse diapasão, os estudos foucaultianos e *queer* simbolizam um importante instrumento de recondução dessas perspectivas, trabalhando os conceitos de sexo, de sexualidade e de gênero a partir de uma perspectiva social, os quais serão melhor abordados mais à frente.

2.1.2 Os Tumultos de Stonewall e o surgimento do movimento político em defesa dos direitos LGBT

Por derradeiro, compreendidas tais conjunturas históricas nas quais foram desenvolvidos os conceitos de homossexualidade e de transexualidade, impende agora delimitar as circunstâncias as quais deram ensejo à criação do movimento político-emancipatório LGBT. Sobre isso, tem-se que, em 1969, os *Stonewall Riots* ou Tumultos de Stonewall, como ficaram conhecidos os conflitos entre *gays*, lésbicas,

---

[187] BENTO, Berenice Alves de Melo. *O que é transexualidade*. São Paulo: Brasiliense, 2008. p. 111-113, *passim*.

[188] BENTO, Berenice Alves de Melo. *O que é transexualidade*. São Paulo: Brasiliense, 2008. p. 113-116, *passim*.

drag queens e travestis com a polícia norte-americana, tiveram bastante repercussão midiática.[189]

Ocorre que, naquela época, as leis dos Estados Unidos (EUA) proibiam a venda de bebidas alcoólicas em estabelecimentos voltados ao público LGBT.[190] Diante disso, os pontos de encontro entre essas pessoas eram poucos, além de rigorosamente vigiados e praticamente ilegais, consistindo em verdadeiros guetos. Não obstante, havia bares clandestinos, administrados por máfias, que comercializavam bebidas e cigarros para seus frequentadores, cujo funcionamento basicamente dependia do dinheiro pago ilegalmente à polícia, a qual era incumbida de sua fiscalização e do seu fechamento.[191]

O Stonewall Inn era um desses bares que costumava pagar regularmente essa quantia à polícia, de modo a evitar quaisquer problemas com fechamentos. No entanto, na semana do dia 24 de junho (terça-feira), uma batida policial passou pelo bar, no início da noite, quando o movimento ainda era baixo, para recolher seu pagamento habitual. Três dias depois, no dia 27 de junho (sexta-feira), um grupo de seis policiais voltou ao local, obstinado a obter mais dinheiro e, de forma bastante truculenta, surpreendeu os seus frequentadores, expulsando-os violentamente. Em seguida, esses mesmos policiais foram acuados, dentro das dependências do bar, pela grande multidão enfurecida que se formou do lado de fora, tendo se iniciado focos de fogo que foram sucedidos pela chegada do reforço policial e a continuação dos embates. No dia seguinte, 28 de junho (sábado), a máfia resolveu reabrir o Stonewall Inn, repondo bebidas e vidros quebrados com os conflitos da noite anterior. Houve, por sua vez, a divulgação de folhetos, distribuídos pelo bairro, convocando todas e todos para comparecer ao bar, sendo que diferentes segmentos sociais, não só LGBT, apareceram para compor um foco de resistência, do qual ecoavam gritos de ordem

---

[189] VECCHIATTI, Paulo Roberto Iotti. *Manual da homoafetividade*: da possibilidade jurídica do casamento civil, da união estável e da adoção por casais homoafetivos. 2. ed. Rio de Janeiro: Forense; São Paulo: Método, 2012. p. 33.

[190] VECCHIATTI, Paulo Roberto Iotti. *Manual da homoafetividade*: da possibilidade jurídica do casamento civil, da união estável e da adoção por casais homoafetivos. 2. ed. Rio de Janeiro: Forense; São Paulo: Método, 2012. p. 33.

[191] LINS, Rivelynno Costa. *Corpos LGBTs no espaço público*: práticas de liberdade na cidade do Recife nos anos 2000. 2017. 203 f. Dissertação (Mestrado em História) – Universidade Federal de Pernambuco, Recife, 2017. p. 46. Disponível em: https://repositorio.ufpe.br/bitstream/123456789/29885/1/DISSERTA%C3%87%C3%83O%20Rivelynno%20da%20Costa%20Lins.pdf. Acesso em: 31 mar. 2019.

de "Not police! Gay power!".[192] A polícia, a seu turno, preparou a repressão de forma mais violenta e desproporcional.[193]

Um ano depois, no dia 28.6.1970 (domingo), organizou-se uma grande passeata na Avenida Christopher, em Nova York, denominada de *Gay Liberation Day*, em que foram entoadas as mesmas palavras de ordem "Gay power! Gay power!".[194] Essa manifestação, a seu turno, ficou conhecida, nos Estados Unidos e no mundo, como Parada do Orgulho *Gay*, sendo hoje denominada Parada do Orgulho LGBT.[195] Esses movimentos, por sua vez, representaram e continuam representando atualmente a afirmação de uma identidade LGBT, além da luta pelo reconhecimento dos direitos dessa população, entre os quais se citam: o casamento, as uniões estáveis ou civis, a constituição de família, a adoção, o reconhecimento das identidades de gênero, o reconhecimento do nome que corresponda a essa identidade, a criminalização da LGBTfobia etc.

Diz-se, portanto, que, após essas insurgências revoltosas e reivindicatórias ocorridas a partir dos Tumultos de Stonewall, a perspectiva acerca das identidades LGBT foi sofrendo mudanças graduais e significativas, a começar pelas próprias noções patológicas que foram sendo desmistificadas pouco a pouco.[196] Pode-se ainda dizer

---

[192] Em tradução livre: "Não à polícia! Poder Gay!".

[193] LINS, Rivelynno Costa. *Corpos LGBTs no espaço público*: práticas de liberdade na cidade do Recife nos anos 2000. 2017. 203 f. Dissertação (Mestrado em História) – Universidade Federal de Pernambuco, Recife, 2017. p. 46-47. Disponível em: https://repositorio.ufpe.br/bitstream/123456789/29885/1/DISSERTA%C3%87%C3%83O%20Rivelynno%20da%20Costa%20Lins.pdf. Acesso em: 31 mar. 2019.

[194] LINS, Rivelynno Costa. *Corpos LGBTs no espaço público*: práticas de liberdade na cidade do Recife nos anos 2000. 2017. 203 f. Dissertação (Mestrado em História) – Universidade Federal de Pernambuco, Recife, 2017. p. 48. Disponível em: https://repositorio.ufpe.br/bitstream/123456789/29885/1/DISSERTA%C3%87%C3%83O%20Rivelynno%20da%20Costa%20Lins.pdf. Acesso em: 31 mar. 2019.

[195] O autor explica que o termo "orgulho *gay*", posteriormente substituído por "orgulho LGBT", a título de inclusão dos diversos segmentos integrantes da diversidade sexual e de gênero, representa uma questão da identidade homossexual, bissexual ou transexual, mesmo em um contexto social de grande opressão por parte da sociedade (cf. VECCHIATTI, Paulo Roberto Iotti. *Manual da homoafetividade*: da possibilidade jurídica do casamento civil, da união estável e da adoção por casais homoafetivos. 2. ed. Rio de Janeiro: Forense; São Paulo: Método, 2012. p. 33-34).

[196] "Em 1974, a Associação Americana de Psiquiatria afirmou que a homossexualidade de per si não é uma perturbação mental. Em 1993, a Organização Mundial de Saúde fez o mesmo, excluindo-a de sua Classificação Internacional de Doenças (CID 10/1993), precedido que foi pelo Conselho Federal de Medicina, que o fez em 1985" (cf. VECCHIATTI, Paulo Roberto Iotti. *Manual da homoafetividade*: da possibilidade jurídica do casamento civil, da união estável e da adoção por casais homoafetivos. 2. ed. Rio de Janeiro: Forense; São Paulo: Método, 2012. p. 34).

que tal "normalização"[197] das identidades LGBT, no sentido de aceitação dessas como formas diferentes de expressão da sexualidade humana e da autoidentificação de gênero, contribuiu também para os avanços jurídicos atuais, conforme será visto mais à frente.

2.2 Delineando conceitos basilares: sexo, gênero, expressão de sexualidade e identidade de gênero

Ao trabalhar-se o tema da tutela jurídica da população LGBT, não se pode deixar de elucidar alguns conceitos-chave que se relacionam a essa temática e que serão constantemente mencionados e explorados ao longo desta pesquisa, são eles as noções de: a) sexo; b) gênero; c) sexualidade e expressão de sexualidade; e d) identidade de gênero. Por isso, diante da fundamentalidade da compreensão a respeito dessas nomenclaturas e das suas consequentes diferenciações, este tópico debruçar-se-á na tentativa de esclarecer o leitor a respeito desses temas; empregando-lhes, inclusive, a percepção crítica trazida pelos estudos foucaultianos e da teoria *queer*.[198]

Inicia-se, então, a partir de uma tentativa de delimitar a abrangência conceitual da palavra *sexo*, a qual costumeiramente é atribuída a uma concepção biológica – embasada, sobretudo, nas distinções genitais – que se estabelece a partir da diferenciação entre macho (aquele que nasce com pênis) e fêmea (aquela que nasce com vagina). Sobre isso, explica Luiz Edson Fachin que "Sexo biológico pode ser definido como o conjunto de características fisiológicas, nas quais se encontram as informações cromossômicas, os órgãos genitais e os caracteres secundários capazes de diferenciar machos e fêmeas".[199]

Não obstante, essa suposta praticidade conceitual que paira em torno da ideia de sexo encontra, especialmente nas formulações feitas

---

[197] Se é que se pode falar em normalidade, pois, quando se fala que algo é "normal" está-se automaticamente estabelecendo um padrão no qual geralmente exclui-se quem não se enquadra nos seus parâmetros.

[198] Em síntese apertada, a teoria *queer* representa um movimento teórico plural e diversificado, o qual centra os seus estudos nas relações entre sexo, gênero e desejo sexual, apresentando uma visão subversiva e não ortodoxa dessas temáticas, que questiona as pressuposições basilares as quais foram naturalizas (cf. SPARGO, Tamsin. *Foucault e a teoria queer*: seguido de Ágape e êxtase: orientações pós-seculares. Belo Horizonte: Autêntica, 2017. p. 13).

[199] FACHIN, Luiz Edson. O corpo do registro e o registro do corpo: mudança de nome e sexo sem cirurgia de redesignação. *Revista Brasileira de Direito Civil*, Belo Horizonte, v. 1, p. 36-60, 2014. p. 45. Disponível em: https://rbdcivil.ibdcivil.org.br/rbdc/article/view/130/126. Acesso em: 12 mar. 2019.

por Judith Butler, uma das maiores expoentes da teoria *queer*, um ponto de criticidade que merece ser explorado. Para a citada autora, esse aparente caráter pré-discursivo – ou seja, essencialista e ontológico – do sexo não passa de uma visão que omite a sua real natureza cultural.[200]

Isto é, Butler compreende que o sexo não é uma categoria natural ou dada, pelo contrário, ela é construída a partir do discurso[201] que atua sobre os corpos, através do instrumento da interpelação. Essa interpelação, por sua vez, caracteriza-se como o ato através do qual é atribuída uma posição de sujeito – uma identidade – a uma pessoa, através do chamamento. Explica-se: quando uma gestante submete-se a um exame de ultrassom e o médico anuncia que aquele feto "é menina!" ou "é menino!", a interpelação está sendo concretizada através do discurso médico que, a partir da análise genital, atribui àquele corpo uma natureza sexuada, sendo homem ou mulher. Desse modo, tomando por base esse ponto de vista, tem-se que o sexo é um efeito e não uma causa, sendo materializado nos corpos através da linguagem e do discurso.[202]

A noção de *gênero*, por sua vez, implica uma construção cultural que é atribuída a cada sexo, relativa ao papel social que deverá ser desempenhado por cada um deles, sendo que do homem se espera uma postura "masculina", ao passo que da mulher se espera um comportamento "feminino". Tais condutas, assim, encontram-se ligadas a todo um *modus operandi* que vai desde as roupas, o modo de falar, o comportamento, os hábitos, os interesses pessoais até os espaços a serem ocupados na estrutura social.[203] Explica-se: tomando por base o mesmo exemplo anterior, a respeito da anunciação do sexo do bebê, a revelação feita pelo médico, a partir do discurso "é menina!" ou "é menino!", carrega consigo um efeito simbólico que, automaticamente, gera expectativas sobre cores (rosa para meninas e

---

[200] BUTLER, Judith. *Problema de gênero*: feminismo e subversão da identidade. 6. ed. Rio de Janeiro: Civilização Brasileira, 2013. p. 25-26.

[201] A palavra "discurso" aqui não é empregada de acordo com a sua significação usual de uma "mensagem oral", mas a partir da perspectiva da teoria foucaultiana, a qual a encara como um elemento do poder, representando uma prática situada historicamente, dentro de determinada instituição ou grupo social, produzindo relações de poder que estão relacionadas a um saber específico. Por exemplo, o discurso jurídico, o discurso médico, o discurso psiquiátrico etc. (cf. SPARGO, Tamsin. *Foucault e a teoria queer*: seguido de Ágape e êxtase: orientações pós-seculares. Belo Horizonte: Autêntica, 2017. p. 52).

[202] SALIH, Sara. *Judith Butler e a teoria queer*. Belo Horizonte: Autêntica, 2015. p. 108-113, *passim*.

[203] FERRAZ, Carolina Valença; LEITE, Glauber Salomão. A pessoa transgênera e o reconhecimento do direito de ser mulher: promoção da dignidade humana e garantia de desenvolvimento pessoal. *In*: FERRAZ, Carolina Valença; LEITE, George Salomão; LEITE, Glauber Salomão; LEITE, Glauco Salomão (Coord.). *Manual dos direitos da mulher*. São Paulo: Saraiva, 2013. p. 216-217.

azul para meninos), brinquedos (bonecas, panelinhas, casinhas etc. para meninas e videogames, carrinhos, *skates* etc. para os meninos), modelos de roupa e acessórios (blusas, vestidos, saias, colares, brincos etc. para as meninas e camisas, camisetas, bermudas, calças, bonés etc. para os meninos), comportamentos (docilidade, passividade, recato, vaidade etc. para as meninas e agressividade, atividade, expansividade para os meninos) etc.[204]

Diante disso, observa-se que o gênero é esse constructo que molda os comportamentos de homens e mulheres segundo padrões culturais, históricos e sociais os quais serão responsáveis por ditar os modelos de "masculinidade" e de "feminilidade" a serem seguidos. Sobre isso, elucida a filósofa Judith Butler que o gênero não se trata meramente de um determinismo biológico que se constrói a partir da observância das genitálias dos indivíduos, mas sim de um fenômeno contextual constituído a partir da convergência de fatores relacionais, culturais, históricos e linguísticos.[205]

Butler ainda vai mais além, ao afirmar que o gênero possui um caráter performativo, delineando-se a partir de um ato ou de uma sequência de atos os quais estão continuamente acontecendo e cristalizam-se de forma a que pareçam naturalmente desempenhados.[206] Explica-se mais uma vez: uma pessoa que, por possuir uma vagina, é designada como menina no seu nascimento, desde criança, irá passar por um processo contínuo de modelagem social de forma a que absorva os atributos esperados de uma mulher, aqueles ligados à noção de "feminilidade". Logo, essa mesma menina irá ser compelida, pelo discurso social, a reproduzir, ao longo da sua vida, essas mesmas características tidas como "femininas" e serão essas repetições contínuas e estilizadas as quais irão evidenciar esse cunho performativo. Daí, inclusive, a pertinência da conhecida máxima de Simone de Beauvoir de que "Ninguém nasce mulher; torna-se mulher",[207] pelo que se pode dizer também que o gênero é um "fazer" muito mais do que um "ser".

---

[204] BENTO, Berenice Alves de Melo. *O que é transexualidade*. São Paulo: Brasiliense, 2008. p. 34-35.
[205] BUTLER, Judith. *Problema de gênero*: feminismo e subversão da identidade. 6. ed. Rio de Janeiro: Civilização Brasileira, 2013. p. 25.
[206] SALIH, Sara. *Judith Butler e a teoria queer*. Belo Horizonte: Autêntica, 2015. p. 94.
[207] BEAUVOIR, Simone. *O segundo sexo*: a experiência vivida. 3. ed. Rio de Janeiro: Nova Fronteira, 2016. v. 2. p. 11.

Nessa toada, cabe agora tecer algumas considerações a respeito dos conceitos de *sexualidade* e *expressão de sexualidade*,²⁰⁸ os quais, *a priori*, pode-se dizer, estão ligados à ideia de atração afetivo-sexual de uma pessoa por outrem. Na perspectiva de Michel Foucault, a *sexualidade* não é um componente natural da pessoa, mas sim uma categoria construída a partir de visões históricas, sociais e culturais, mas não biológicas. Tal ponto de vista, no entanto, não significa que esse teórico negava uma dimensão biológica da *sexualidade*, mas que privilegiava o papel das instituições sociais e dos discursos na sua edificação.²⁰⁹

Diante disso, tem-se que a "verdade" sobre a *sexualidade* é revelada, não descoberta, mas fabricada, a partir do exercício do poder que constrói um saber com base em um discurso.²¹⁰ Explica-se: como dito no tópico anterior, para Foucault, a homossexualidade foi inventada a partir do discurso médico do século XIX e tal processo de criação relaciona-se com o poder, atuando com base nas confissões emitidas por alguém às quais são atribuídas interpretações por seus interlocutores, geralmente uma figura de autoridade, no caso, os médicos. Isso posto, tem-se que a confissão da atração por pessoas de mesmo gênero faz com que a medicina construa um discurso patologizante a respeito desse desejo, o qual, ao mesmo tempo, produz uma categoria identitária e consubstancia um saber médico a respeito dessa identidade homossexual, qual seja uma conotação de doença, de "anormalidade", de desvio.

Essas circunstâncias levam a um contexto dito heteronormativo, ou seja, no qual a heterossexualidade é entendida como a norma, o padrão a ser seguido, por isso, ela é pressuposta nas relações sociais num geral. Dita de outra forma, a heteronormatividade representa uma estrutura de dominação social na qual a heterossexualidade

---

[208] Em que pese não haver qualquer erro na utilização da ideia de orientação sexual, a qual inclusive encontra-se bem definida na Carta de Princípios de Yogyakarta como "[...] uma referência à capacidade de cada pessoa de ter uma profunda atração emocional, afetiva ou sexual por indivíduos de gênero diferente, ou do mesmo gênero ou de mais de um gênero, assim como ter relações íntimas e sexuais com essas pessoas" (cf. PRINCÍPIOS DE YOGYAKARTA. *Princípios sobre a aplicação da legislação internacional de direitos humanos em relação à orientação sexual e identidade de gênero*. Disponível em: http://www.dhnet.org.br/direitos/sos/gays/principios_de_yogyakarta.pdf. Acesso em: 12 jul. 2017), para os fins desta pesquisa, trabalhar-se-á preferencialmente com a ideia de expressão de sexualidade, por entender-se que a conotação da palavra "expressão" traduz melhor o fenômeno da atração afetivo-sexual, visto que dá a ideia de um sentimento que parte de dentro do indivíduo e expressa-se, consequentemente, para o meio social.

[209] SPARGO, Tamsin. *Foucault e a teoria queer*: seguido de Ágape e êxtase: orientações pós-seculares. Belo Horizonte: Autêntica, 2017. p. 15.

[210] SPARGO, Tamsin. *Foucault e a teoria queer*: seguido de Ágape e êxtase: orientações pós-seculares. Belo Horizonte: Autêntica, 2017. p. 17.

configura um comportamento presumido nos espaços sociais. Isto é, pressupõe-se que todas as pessoas são, *a priori*, heterossexuais, a não ser que se declarem integrantes de uma expressão afetivo-sexual diversa da heterossexualidade hegemônica. Tal arranjo, por sua vez, gera uma opressão estrutural, relegando, sobretudo, a homossexualidade e a bissexualidade à invisibilidade social, política e jurídica.[211]

Para Butler, por sua vez, essa instituição de um modelo de heterossexualidade compulsória e naturalizada faz com que o gênero assim como o sexo sejam regulados de forma binária, em que os termos masculino/feminino e homem/mulher diferenciam-se a partir da própria prática do desejo heterossexual, denotando uma relação de coerência entre sexo/gênero/desejo.[212] Nesse diapasão, Butler defende que a estrutura social e a própria heterossexualidade criam a homossexualidade – e por que não dizer também a bissexualidade – para coibi-la logo em seguida.[213] Essa repressão, manifestada a partir de uma infinidade de interdições, constitui o que, nas palavras de Berenice Bento, seria relativo a um verdadeiro heteroterrorismo expressado durante a construção das subjetividades de um indivíduo desde a sua infância. Isso nada mais é do que a reiterada inibição de comportamentos que afrontam esse sistema heteronormativo, a exemplo de quando se diz a uma menina para ela "sentar como uma mocinha!" ou quando se fala para um menino que determinado ato "é coisa de viadinho!", ou ainda quando se diz que "menino não chora!", "isso não é coisa de menina!", "isso não é brincadeira de menino!", "menino veste azul e menina veste rosa!" etc.[214] Essa conjuntura é estruturada de forma a que a norma heterossexual seja respeitada, numa tentativa cruel e perversa de aniquilar qualquer expressão de sexualidade dissidente.

Por fim, a ideia de *identidade de gênero* diz respeito à autopercepção individual de cada pessoa, ou seja, a formação da sua identidade como homem ou mulher, o que, nas palavras de Carolina Ferraz e Glauber Salomão, representa "[...] o sentimento de pertencer a determinado sexo, de acordo com as convicções internas de cada um, conforme a

---

[211] MIGUEL, Luis Felipe; BIROLI, Flávia. *Feminismo e política*: uma introdução. São Paulo: Boitempo, 2014. p. 18.
[212] BUTLER, Judith. *Problema de gênero*: feminismo e subversão da identidade. 6. ed. Rio de Janeiro: Civilização Brasileira, 2013. p. 45-46.
[213] SALIH, Sara. *Judith Butler e a teoria queer*. Belo Horizonte: Autêntica, 2015. p. 85.
[214] BENTO, Berenice Alves de Melo. *O que é transexualidade*. São Paulo: Brasiliense, 2008. p. 39-41.

própria pessoa se vê ou até mesmo como decorrência de sua vontade".[215] Tal constatação é difundida, na sociedade, de modo a que o gênero esteja sempre em conformidade com o sexo e que os indivíduos invariavelmente identifiquem-se como pertencentes ao gênero e ao sexo que lhes fora atribuído com o seu nascimento.

À vista disso, tem-se que, para além de uma ótica heteronormativa, pode-se falar em uma heterocisnormatividade compulsória,[216] significando que o meio social impele seus membros a seguirem não só o padrão da heterossexualidade, mas também a cisgeneridade.[217] Tal contexto, por sua vez, acaba por deixar às margens da proteção sociolegal aqueles indivíduos que não se encaixem nos padrões de expressão de sexualidade e de identidade de gênero hegemonicamente impostos. Essa marginalização específica sofrida por essa população, explicam Fábio Pereira e Jordhana Costa, foi chamada pela filósofa Judith Butler de abjeção, a qual se caracteriza pela negação da existência e da *dignidade* dessas pessoas. Isso, pois, as suas violações dos padrões sexo/gênero/desejo socialmente impostos corrobora que tais corpos, tidos como abjetos, sejam vistos a partir da ótica do "não merecer existir".[218]

Diz-se, pois, que para uma pessoa ser inteligível, aos olhos da estrutura social da qual faz parte, é preciso que respeite a coerência pressuposta entre o sistema sexo/gênero/sexualidade, que impõe a identificação entre pênis-homem-masculino-atraído por mulheres e vagina-mulher-feminina-atraída por homens.[219] A consequente não sujeição a esse modelo cria seres ditos "anormais", desviantes e abjetos, implicando subjugação, inferiorização e invisibilização das expressões de sexualidade e identidades de gênero não hegemônicas.

---

[215] FERRAZ, Carolina Valença; LEITE, Glauber Salomão. A pessoa transgênera e o reconhecimento do direito de ser mulher: promoção da dignidade humana e garantia de desenvolvimento pessoal. *In*: FERRAZ, Carolina Valença; LEITE, George Salomão; LEITE, Glauber Salomão; LEITE, Glauco Salomão (Coord.). *Manual dos direitos da mulher*. São Paulo: Saraiva, 2013. p. 218.

[216] ANGONESE, Mônica; LAGO, Mara Coelho de Souza. Direitos e saúde reprodutiva para a população de travestis e transexuais: abjeção e esterilidade simbólica. *Saúde e Sociedade*, v. 26, p. 256-270, 2017. Disponível em: http://www.scielo.br/pdf/sausoc/v26n1/1984-0470-sausoc-26-01-00256.pdf. Acesso em: 27 out. 2017.

[217] Esse conceito será melhor trabalhado no tópico seguinte, mas, sinteticamente, representa o fato de uma pessoa identificar-se com o sexo e o gênero que lhes foram atribuídos com o seu nascimento.

[218] PEREIRA, Fabio Queiroz; GOMES, Jordhana Maria Costa. Pobreza e gênero: a marginalização de travestis e transexuais pelo direito. *Revista Direitos Fundamentais e Democracia*, Curitiba, v. 22, n. 2, p. 210-224, 2017. p. 215. Disponível em: http://revistaeletronicardfd.unibrasil.com.br/index.php/rdfd/article/view/800. Acesso em: 3 dez. 2017.

[219] BENTO, Berenice Alves de Melo. *O que é transexualidade*. São Paulo: Brasiliense, 2008. p. 22.

Para os fins do presente trabalho, portanto, será adotada a ideia de que a homossexualidade e a bissexualidade consistem numa das múltiplas formas de expressão da sexualidade humana, assim como as identidades trans representam algumas das múltiplas formas de identificação de gênero no emaranhado social, as quais, independentemente de sua origem, merecem e devem ser respeitadas pela sociedade, bem como protegidas pelo ordenamento jurídico. Isso, pois, a condição humana dessas pessoas já é suficiente para ensejar a garantia e o reconhecimento de seus direitos fundamentais, pouco importando se a sua *expressão de sexualidade* ou sua *identidade de gênero* são oriundas de fatores biológicos ou de escolhas pessoais, devendo ser vistas apenas como uma manifestação da sua identidade e da sua personalidade.

2.3 A importância da terminologia para o reconhecimento das identidades: quem são as pessoas que integram o movimento LGBTQIAP+?[220]

Conforme analisado no tópico anterior, as noções de *expressão de sexualidade* e de *identidade de gênero* diferem-se quanto às suas conceituações individuais. Tem-se que a *expressão de sexualidade* diz respeito à atração afetivo-sexual de um indivíduo por outro, seja essa pessoa homem ou mulher, o que difere totalmente da ideia de *identidade de gênero*, a qual traduz a forma como uma pessoa se percebe no mundo, a sua identidade, ou seja, o seu modo de sentir e de experimentar as noções de masculino e/ou feminino no meio social em que habita.[221] Não obstante, ambas as acepções, cada uma à sua maneira, possuem um fator de convergência, qual seja servir de base teórica para a compreensão das categorias identitárias que compõem o movimento político LGBT+ na contemporaneidade.

A partir daí, tem-se que, quanto à *expressão de sexualidade*, podem existir pessoas *heterossexuais* (aquelas que possuem uma atração afetivo-sexual por pessoas de gênero oposto), *homossexuais* (que são

---

[220] Em que pese o fato de a pesquisa pautar-se especificamente na realização de projetos homoparentais e transparentais (abarcando apenas a sigla LGBT), considerou-se pertinente, neste tópico, tratar de todas as categorias identitárias que integram a sigla, de modo a demonstrar também que se trata de um grupo bastante heterogêneo e dotado de diversas subjetividades.
[221] SILVA JÚNIOR, Enézio de Deus. Diversidade sexual e suas nomenclaturas. *In*: DIAS, Maria Berenice (Coord.). *Diversidade sexual e direito homoafetivo*. São Paulo: Revista dos Tribunais, 2011. p. 97.

aqueles indivíduos que têm uma atração afetivo-sexual por pessoas do mesmo gênero), *bissexuais* (que são aquelas que possuem uma atração afetivo-sexual por pessoas de ambos os gêneros, ainda que em níveis de atração diferentes, quer ao mesmo tempo, quer alternando essa atração, por um ou por outro, em fases distintas da vida),[222] *assexuais* (que são aqueles indivíduos que não experimentam atração sexual; podendo, no entanto, despertar interesses do tipo romântico por outras pessoas, dissociados das experiências sexuais)[223] e *pansexuais* (que são aquelas que possuem atração afetivo-sexual por pessoas, independentemente do gênero que elas venham a expressar, não limitando o objeto do seu desejo a uma dualidade construída em torno dos ideais de homem e mulher; admitindo, inclusive, a existência de outras identidades para além dessas duas).[224]

Por outro lado, com relação à *identidade de gênero*, tem-se que as pessoas podem ser *cisgêneras* (que seriam aquelas que, independentemente da expressão afetivo-sexual, têm uma identidade de gênero compatível com aquela que lhes é atribuída com o seu nascimento, em razão do sexo biológico), *transgêneras* (que seriam aquelas que, independentemente da expressão afetivo-sexual, divergem do padrão de gênero o qual lhes fora convencionado a partir do seu sexo de nascimento, construindo sua forma singular de sentirem-se homens ou mulheres)[225] ou, também, *não binárias* ou *queers* (que seriam aquelas que, independentemente da expressão afetivo-sexual, não se identificam, necessariamente, com nenhum dos gêneros ou se identificam com ambos ao mesmo tempo, ou seja, são um grupo identitário que pretende quebrar com os estereótipos binaristas[226] de gênero socialmente

---

[222] SILVA JÚNIOR, Enézio de Deus. Diversidade sexual e suas nomenclaturas. *In*: DIAS, Maria Berenice (Coord.). *Diversidade sexual e direito homoafetivo*. São Paulo: Revista dos Tribunais, 2011. p. 98.

[223] BRIGEIRO, Mauro. A emergência da assexualidade: notas sobre política sexual, ethos científico e o desinteresse pelo sexo. *Sexualidad, Salud y Sociedad – Revista Latinoamericana*, Rio de Janeiro, n. 14, p. 253-283, 2013. Disponível em: http://www.scielo.br/pdf/sess/n14/a12n14.pdf. Acesso em: 9 jul. 2018.

[224] Destaca-se que o sufixo "-pan" significa todos/as, ao que pansexualidade representaria a atração afetivo-sexual por todos/as (cf. GONEL, Ayisigi Hale. Pansexual identification in online communities: employing a collaborative queer method to study pansexuality. *Graduate Journal of Social Science*, v. 10, n. 1, p. 36-59, 2013. p. 2. Disponível em: http://www.gjss.org/sites/default/files/issues/chapters/papers/Journal-10-01--02-HaleGonel.pdf. Acesso em: 24 jun. 2019).

[225] SILVA JÚNIOR, Enézio de Deus. Diversidade sexual e suas nomenclaturas. *In*: DIAS, Maria Berenice (Coord.). *Diversidade sexual e direito homoafetivo*. São Paulo: Revista dos Tribunais, 2011. p. 98.

[226] Tem-se que o gênero, enquanto construção sociocultural, é produzido de forma binária, ou seja, possuindo como duas únicas possibilidades as ideias de masculino e de feminino,

impostos a toda e qualquer pessoa, permeando "em diferentes formas de neutralidade, ambiguidade, multiplicidade, parcialidade, ageneridade, outrogeneridade, fluidez em suas identificações").[227]

Ademais, fala-se também nas pessoas *intersexuais ou intersex*, que seriam aqueles indivíduos que nascem com órgãos reprodutivos e características anatômicas sexuais, as quais não se encaixam nas definições típicas de masculino ou feminino.[228] Tais corpos são, assim, tidos como "anormais" por destoarem anátomo-morfologicamente do padrão binarista imposto pela sociedade, o que acaba acarretando intervenções médicas, ainda na tenra infância, no intuito de adequá-los ao binômio macho-fêmea. É comum que sejam confundidos com hermafroditas (pessoas que possuem os dois sexos), problema que, segundo Mauro Cabral, pesquisador e ativista *intersex*, é um dos mais recorrentes e complexos para quem trabalha teórica e politicamente com a causa da intersexualidade. Para ele, tal associação é oriunda das artes e da mitologia,[229] mas não condiz com a realidade da vivência *intersex*, a qual é dotada de diversas corporalidades possíveis,[230] cujas variações estão circunscritas a um discurso cultural e médico específico.[231]

---

enquanto papéis sociais. Tal compreensão advém, por sua vez, de um determinismo biológico do sexo, segundo o qual os corpos são percebidos, com base nas genitálias, segundo a lógica macho e fêmea (cf. REIS, Neilton; PINHO, Raquel. Gêneros não-binários: identidades, expressões e educação. *Revista Reflexão e Ação*, Santa Cruz do Sul, v. 24, n. 1, p. 7-25, 2016. Disponível em: https://online.unisc.br/seer/index.php/reflex/article/view/7045/pdf. Acesso em: 10 mar. 2019).

[227] REIS, Neilton; PINHO, Raquel. Gêneros não-binários: identidades, expressões e educação. *Revista Reflexão e Ação*, Santa Cruz do Sul, v. 24, n. 1, p. 7-25, 2016. Disponível em: https://online.unisc.br/seer/index.php/reflex/article/view/7045/pdf. Acesso em: 10 mar. 2019. p. 8.

[228] PINO, Nádia. A teoria queer e os intersex: experiências invisíveis de corpos desfeitos. *Cadernos Pagu*, Campinas, v. 28, p. 149-174, 2007. p. 153. Disponível em: http://www.scielo.br/pdf/cpa/n28/08.pdf. Acesso em: 10 mar. 2019.

[229] Sobre essa relação mitológica explica Marianna Chaves que, na mitologia grega, Hermafrodito era uma divindade híbrida, descendente de Afrodite e de Hermes, sendo que essa sua bivalência sexual surge da paixão de Salmacis que, amando-o e não sendo correspondida, pediu aos deuses que unissem o seu corpo ao do jovem deus para a eternidade. A partir daí, concebe-se um ser que possui os órgãos sexuais masculino e feminino (cf. CHAVES, Marianna. *Homoafetividade e direito*: proteção constitucional, uniões, casamento e parentalidade. 3. ed. Curitiba: Juruá, 2015. p. 45-46).

[230] "Segundo Fausto-Sterlling (2005:52) os tipos mais comuns de intersexualidade são: Hiperplasia Congênita Adrenal: Causas: geneticamente herdada, o que implica o mau funcionamento de uma ou das seis enzimas envolvidas nos processos de produção dos hormônios esteróides. Características clínicas básicas: Em crianças podem causar a masculinização das genitálias ou alterações, que são visíveis no momento do nascimento, se não forem tratadas podem causar masculinização até a puberdade ou no início da puberdade. Síndrome da insensibilidade ao andrógino: Causas: Geneticamente herdada, o que modifica a superfície de recepção da célula em relação à testosterona. Características clínicas básicas: crianças XY nascem com genitálias muito feminilizadas. O corpo é 'cego' em relação à presença da testosterona, as células não fazem uso da testosterona, o que

Compreendidas tais distinções, as quais circunscrevem e definem os agentes políticos integrantes do movimento LGBTQIAP+ (lésbicas, *gays*, bissexuais, travestis, transexuais, transgêneros, *queers, intersex*, assexuais, pansexuais e outros),[232] impende, a partir de agora, adentrar, mais especificamente, nas discussões em torno das categorias identitárias que irão compor o objeto da presente pesquisa, quais sejam aquelas que dizem respeito à sigla LGBT (lésbicas, *gays*, bissexuais, travestis, transexuais e transgêneros).

Com relação à homossexualidade, o pensamento dispendido para com esse grupo de pessoas implicou também numa mudança terminológica a seu respeito. Em um primeiro momento, no século XIX, a homossexualidade foi vista como uma doença, "partindo do pressuposto de que a heterossexualidade seria a conduta 'sadia' e a homossexualidade um 'distúrbio', um 'desvio comportamental' etc.".[233] Dessa concepção, então, surgiu a ideia de "homossexualismo", em que

---

ocasiona o desenvolvimento das características masculinas. Até a adolescência as crianças desenvolvem seios e formas corporais femininas. Disgenia Gonodal: Causas: Várias causas, nem todas genéticas. Características clínicas básicas: se refere a indivíduos (em geral, XY) cujas gônadas não se desenvolvem direito. As características clínicas básicas são heterogêneas. Hipoplastia: Causas: Várias causas, incluindo alterações no metabolismo da testosterona. Características clínicas básicas: A uretra não acaba na ponta do pênis. Em suas formas mais leves, a abertura é 'tímida' na ponta do pênis, em suas formas mais moderadas, é alongada até a haste, e, em suas formas mais severas pode abrir a base do pênis. Síndrome de Turner: Causa: mulheres com falta do cromossomo X. Características clínicas básicas: é uma forma de disgenesia gonodal em mulheres. Os ovários não se desenvolvem; essas mulheres têm estatura baixa, carência de estrógeno e hormônios do crescimento. Síndrome de Klinefelter: Causa: Homens com cromossomo extra (XXY). Características clínicas básicas: é uma forma de disgenesia que causa a infertilidade. Depois da puberdade, freqüentemente, o peito e os ombros se alargam, o tratamento inclui terapia da testosterona" (cf. FAUSTO-STERLLING, Anne. *Sexing the body*: gender politics and the construction of sexuality. New York: Basic Books, 2000 *apud* PINO, Nádia. A teoria queer e os intersex: experiências invisíveis de corpos desfeitos. *Cadernos Pagu*, Campinas, v. 28, p. 149-174, 2007. p. 154. Disponível em: http://www.scielo.br/pdf/cpa/n28/08.pdf. Acesso em: 10 mar. 2019. grifos da autora).

[231] CABRAL, Mauro; BENZUR, Gabriel. Cuando digo intersex. Um dialogo introductorio a la intersexualidad. *Cadernos Pagu*, Campinas, v. 24, p. 283-304, 2005. p. 283-284. Disponível em: http://www.scielo.br/pdf/cpa/n24/n24a13.pdf. Acesso em: 10 mar. 2019.

[232] Interessante notar que os estudos *queers*, em razão de seu caráter contestador dos padrões sexo-gênero-sexualidade vigentes, por serem pautados em um binarismo homem/mulher e hétero/homo, repercutem diretamente a que outras categorias identitárias surjam, a fim de quebrar com esse paradigma binário, por isso inclui-se, na sigla, o símbolo "+", de modo a determinar que, para além dessas identidades, existem muitas outras.

[233] VECCHIATTI, Paulo Roberto Iotti. *Manual da homoafetividade*: da possibilidade jurídica do casamento civil, da união estável e da adoção por casais homoafetivos. 2. ed. Rio de Janeiro: Forense; São Paulo: Método, 2012. p. 64.

o sufixo "-ismo" traz uma conotação patológica.[234] Essa nomenclatura, contudo, perdeu sentido quando houve sua desclassificação, na revisão de 1993, da Classificação Internacional de Doenças número 10 (CID-10), deixando de ser entendida como patologia, passando a ser vista como uma conduta natural, uma das diversas manifestações da sexualidade humana.

Em razão disso, substituiu-se o sufixo "-ismo" pelo sufixo "-dade", dando ao termo a conotação de "modo de ser", de forma a retirar o conceito pejorativo trazido pela ideia patológica anterior.[235] Além disso, no âmbito nacional, foram adotados, ainda, dois termos que, assim como a expressão "homossexualidade", foram cunhados com o intuito de superar a negatividade latente da palavra "homossexualismo", quais sejam: "homoerotismo"[236] e "homoafetividade". A segunda expressão fora criada, a título de neologismo, por Maria Berenice Dias, em 2001, tendo se popularizado mais que a primeira, tanto na doutrina quanto na jurisprudência. O intuito foi o de enfatizar o afeto presente nas relações entre pessoas do mesmo gênero, de forma a promover uma superação de estigmas sociais atrelados à ideia de que representam "uma relação anormal" ou "uma afronta à moral e aos bons costumes".[237]

Diante disso, pode-se dizer que a transformação das nomenclaturas foi importante para o processo de emancipação da população homossexual, atuando como uma forma de reconhecimento das suas identidades. Em função disso, tendo consciência da importância terminológica para esse processo de recognição e emancipação dos grupos vulneráveis, para os fins do presente trabalho, adotar-se-á, majoritariamente, os seguintes vocábulos: a) homossexualidade – no sentido de atração afetivo-sexual de uma pessoa por outra do mesmo gênero; b) homossexual – no sentido de pessoa, seja homem ou mulher,

---

[234] VECCHIATTI, Paulo Roberto Iotti. *Manual da homoafetividade*: da possibilidade jurídica do casamento civil, da união estável e da adoção por casais homoafetivos. 2. ed. Rio de Janeiro: Forense; São Paulo: Método, 2012. p. 64.

[235] VECCHIATTI, Paulo Roberto Iotti. *Manual da homoafetividade*: da possibilidade jurídica do casamento civil, da união estável e da adoção por casais homoafetivos. 2. ed. Rio de Janeiro: Forense; São Paulo: Método, 2012. p. 65.

[236] COSTA, Jurandir Freire. Politicamente correto. *Revista Teoria & Debate*, n. 18, 2º sem. 1992 *apud* SILVA JÚNIOR, Enézio de Deus. Diversidade sexual e suas nomenclaturas. *In*: DIAS, Maria Berenice (Coord.). *Diversidade sexual e direito homoafetivo*. São Paulo: Revista dos Tribunais, 2011. p. 100.

[237] DIAS, Maria Berenice. *União homossexual*: preconceito & a justiça. 2. ed. Porto Alegre: Livraria do Advogado *apud* SILVA JÚNIOR, Enézio de Deus. Diversidade sexual e suas nomenclaturas. *In*: DIAS, Maria Berenice (Coord.). *Diversidade sexual e direito homoafetivo*. São Paulo: Revista dos Tribunais, 2011. p. 100.

que possua uma expressão de sexualidade voltada para a atração afetivo-sexual por pessoas do mesmo gênero; c) lésbica – num sentido, mais específico, de mulher homossexual; d) *gay* – num sentido, mais específico, de homem homossexual; e e) homoafetividade – referindo-se aqui às relações desempenhadas por pares de mesmo gênero, ressaltando, como era o intuito de sua criadora, os laços afetivos necessários para a constituição de uma família.[238]

Nessa continuidade, alguns esclarecimentos precisam ser delineados com relação às pessoas que se reconhecem como bissexuais. A bissexualidade, como dito anteriormente, diz respeito à categoria identitária na qual o indivíduo (homem ou mulher) possui atração afetivo-sexual tanto por homens quanto por mulheres, não existindo necessariamente uma hierarquia preferencial quanto ao direcionamento desse afeto. Diante da assunção de tal expressão de sexualidade, portanto, decorre logicamente que essas pessoas podem vir a relacionar-se tanto com uma pessoa do gênero oposto quanto com uma pessoa do seu mesmo gênero. À vista disso, ao tratar-se de relações homoafetivas, para os fins desta pesquisa, estar-se-á considerando não somente a possibilidade de um relacionamento entre pessoas homossexuais (lésbicas ou *gays*), mas também a existência de relacionamentos homoafetivos em que um de seus integrantes ou mesmo ambos sejam bissexuais.

Tal esclarecimento, por sua vez, mostra-se pertinente e relevante, pois a bissexualidade sofre um processo de dominação específico que,

---

[238] Em que pese algumas críticas com relação ao uso da especificação "famílias homoafetivas", o que, para alguns, pode denotar uma discriminação velada decorrente de uma aparente diferenciação entre as configurações "homoafetivas" e as "heteroafetivas", importa tecer aqui alguns esclarecimentos quanto à escolha do seu uso no contexto desta pesquisa. É importante ressaltar que a crítica a essa terminologia tem pertinência e encontra guarida, sobretudo, na ideia de que é necessário que se defenda um ideal de constituição familiar o qual independa da expressão de sexualidade daquelas pessoas que venham a integrá-lo, sejam elas heterossexuais, homossexuais ou bissexuais. Contudo, embora se compreenda que a ausência de especificações seja um modelo a ser seguido e almejado, tendo por base a atual configuração dos direitos dessa parcela da população – a qual somente foi possível pela via jurisprudencial, mas que ainda encontra fortes barreiras no Congresso Nacional – entendeu-se pertinente a manutenção dessa terminologia, a qual fora cunhada a fim de ressignificar o preconceito em torno dessas relações afetivo-sexuais. Nesse sentido, reporta-se aos ensinamentos de Elizabeth Zambrano, a qual elucida que o uso de uma terminologia específica se justifica por uma estratégia política para colocar em evidência uma situação que se mostra corriqueira no plano fático, mas que ainda enfrenta algumas barreiras legislativas para ser tida por plenamente reconhecida (cf. ZAMBRANO, Elizabeth. *"Nós também somos família"*: estudo sobre a parentalidade homossexual, travesti e transexual. 2008. 236 f. Tese (Doutorado em Antropologia Social) – Universidade Federal do Rio Grande do Sul, Porto Alegre, 2008. p. 17. Disponível em: https://www.lume.ufrgs.br/bitstream/handle/10183/17649/000718906.pdf?sequence=1&isAllowed=y. Acesso em: 13 nov. 2019).

em muitas vezes, assemelha-se ao da homossexualidade, mas que possui seus próprios delineamentos, apresentando, entre outras razões, as seguintes características: a) a negação da existência da bissexualidade como categoria identitária autônoma; b) a necessidade de classificar as expressões afetivo-sexuais dentro de um binarismo compulsório, em que as pessoas somente podem ser homossexuais ou heterossexuais; e c) a hipersexualização das identidades bissexuais, enxergando-as sempre em contextos de promiscuidade, de poliamor[239] ou de infidelidade.[240] Assim, sabendo-se que essas circunstâncias acabam por corroborar uma maior invisibilidade das identidades bissexuais, seja pela negação da sua existência, seja pela sua não percepção dentro de um contexto familiar, o qual pode ser tanto homoafetivo quanto heteroafetivo, a referida elucidação mostra-se totalmente pertinente.

Por fim, com relação às identidades trans tem-se que, segundo Enézio de Deus, a ideia de pessoa transgênera, anteriormente mencionada, compreende um termo guarda-chuva, no qual se encontram diversas categorias identitárias, quais sejam: a) de realidades identitárias perenes, como nos casos das travestis ou das(os) transexuais; e b) de realidades identitárias que se manifestam em atos de transgeneridade eventuais, como nos casos das *drag queens*, dos *drag kings*, transformistas e *crossdressers*.[241] [242]

---

[239] Aqui não se está pretendo promover uma depreciação dos relacionamentos poliafetivos. Não obstante, é necessário esclarecer que existe um estigma com relação à população bissexual de que essas pessoas somente se realizariam afetivamente mediante a formação de uma relação poliafetiva com um homem e uma mulher ao mesmo tempo. Tal visão é limitada e preconceituosa, pois, da mesma forma que pessoas heterossexuais e homossexuais, as pessoas bissexuais podem realizar-se afetivamente tanto em relacionamentos monogâmicos ou em relacionamentos poligâmicos.

[240] LEWIS, Elizabeth Sara. "Eu quero meu direito como bissexual": a marginalização discursiva da diversidade sexual dentro do movimento LGBT e propostas para fomentar a sua aceitação. *In*: III SIMPÓSIO NACIONAL DISCURSO, IDENTIDADE E SOCIEDADE (III SIDIS), 3, 2012, Campinas. *Anais do III Simpósio Nacional Discurso, Identidade e Sociedade (III SIDIS)*: dilemas e desafios na contemporaneidade, Campinas: [s.n.], 2012. p. 1-22. Disponível em: https://www.iel.unicamp.br/sidis/anais/pdf/LEWIS_ELIZABETH_SARA.pdf. Acesso em: 19 nov. 2018.

[241] Sobre essas identidades, cabem algumas considerações: a) a *drag queen* – corresponde à expressão artística em que um indivíduo, geralmente um homem, monta-se de um personagem feminino para desempenhar algum papel artístico, seja de canto, de dança, de comédia *stand-up*. A exemplo, têm-se algumas *drag queens* famosas como as cantoras brasileiras Pabllo Vittar, Gloria Groove, Lia Clarck, ou a cantora e apresentadora norte-americana RuPaul; b) o *drag king* – assim como no caso das *drag queens*, compreende uma forma de expressão artística em que mulheres se montam de um personagem masculino para desempenhar algum papel artístico. Um famoso exemplo é o caso da cantora norte-americana Lady Gaga quando interpreta o seu personagem Jo Calderone, que aparece no videoclipe de sua música *You and I*; c) a/o transformista – é um termo mais antigo, usado no

Para fins do presente trabalho, serão consideradas as travestis e as(os) transexuais, como pessoas que merecem uma devida tutela jurídica segundo os direitos da personalidade, em respeito a sua busca pelo reconhecimento jurídico de uma identidade sociojurídica condizente com a sua identidade sociopsíquica.[243] Note-se, por outro lado, que tais termos não configuram sinônimos, visto que se tem, geralmente, que: a) travestis – ligadas a figuras identitárias femininas,[244] são pessoas, que, via de regra, aceitam, do ponto de vista psicológico, o seu sexo biológico de nascimento, não perseguindo, necessariamente, uma redesignação genital, mas que se identificam como indivíduos do gênero oposto, pleiteando também o reconhecimento sociojurídico como mulheres; e b) transexuais – são pessoas que, via de regra, desde a tenra infância, sentem-se em desconexão com os seus sexos biológicos de nascença, por identificarem-se com o gênero oposto e, consequentemente, visam

---

Brasil, para referir-se às *drag queens* e aos *drag kings*, tendo em vista experimentarem a arte da transformação, vivendo a transição entre os gêneros como um manifestação artística, e não como uma identidade; e d) o *crossdresser* – diz respeito aos homens, geralmente heterossexuais, muitas vezes casados, que se realizam na assunção de diferentes papéis de gênero; sem, no entanto, reivindicarem uma identidade de gênero trans, pois identificam-se com aquele gênero que lhes foi atribuído com o seu nascimento (cf. JESUS, Jaqueline Gomes de. *Orientações sobre identidade de gênero*: conceitos e termos. Brasília: [s.n.], 2012. p. 10).

[242] SILVA JÚNIOR, Enézio de Deus. Diversidade sexual e suas nomenclaturas. *In*: DIAS, Maria Berenice (Coord.). *Diversidade sexual e direito homoafetivo*. São Paulo: Revista dos Tribunais, 2011. p. 98.

[243] Afinal, não é bastante apenas sentir-se mulher ou homem, mas também que, nas suas relações sociais, tais indivíduos sejam assim reconhecidos como tais por terceiros, sejam eles particulares ou o próprio Estado (cf. FERRAZ, Carolina Valença; LEITE, Glauber Salomão. A pessoa transgênera e o reconhecimento do direito de ser mulher: promoção da dignidade humana e garantia de desenvolvimento pessoal. *In*: FERRAZ, Carolina Valença; LEITE, George Salomão; LEITE, Glauber Salomão; LEITE, Glauco Salomão (Coord.). *Manual dos direitos da mulher*. São Paulo: Saraiva, 2013).

[244] Impende destacar que tal grupo identitário é um dos mais estigmatizados entre aqueles que integram as identidades trans, sendo que os termos pejorativos "traveco" e "trava", ou até mesmo o termo "travesti" estão corriqueiramente associados à atividade da prostituição, na figura "do homem que se veste de mulher para se prostituir". Importa, no entanto, esclarecer algumas questões quanto a essas ideias errôneas: a) que, primeiramente, as travestis não são "homens que se vestem de mulher", mas sim mulheres, visto que sua identidade de gênero é feminina, pelo que devem ser tratadas no feminino (sendo o correto dizer "a travesti" e não "o travesti"), sob pena de estar-se desrespeitando suas identidades; e b) que o fato de muitas travestis sujeitarem-se à prostituição dá-se pelas ausências de oportunidades de inserção no mercado de trabalho formal (cf. FONTES, Gustavo Rosa. *Bioética e transexualidade*: o sistema jurídico brasileiro e fundamentos para uma bioética queer. 2014. 178 f. Dissertação (Mestrado em Direito) – Universidade do Estado do Amazonas, Manaus, 2014. p. 27-28. Disponível em: http://www.pos.uea.edu.br/data/area/titulado/download/60-8.pdf. Acesso em: 10 mar. 2019).

a uma redesignação genital em conjunto com um reconhecimento sociojurídico de suas identidades.[245]

Essa distinção, no entanto, não é totalmente pacífica. Afinal, pode levar à equivocada interpretação de que travestis são, exclusivamente, aquelas pessoas trans que não se submetem à cirurgia de redesignação genital e que transexuais são, exclusivamente, aquelas pessoas trans que se submetem a essa espécie de intervenção cirúrgica. Afinal, muitas pessoas transexuais não almejam a cirurgia – seja pela invasividade do procedimento,[246] seja por receio de perdas de sensibilidade na prática sexual etc. –, sendo que tais indivíduos já se sentem satisfeitos, do ponto de vista psicológico, com os tratamentos hormonais, com a aplicação de próteses de silicone (no caso das mulheres trans) ou com a mastectomia (no caso dos homens trans).[247] [248]

Sobre a efetividade procedimental das cirurgias, inclusive, explica o filósofo Paul B. Preciado que, no tocante à faloplastia (cirurgia de redesignação genital *Female-to-Male* – FtM), tal procedimento, que ainda possui um caráter experimental, produz "resultados cosméticos muito medíocres" quando comparada, por exemplo, à vaginoplastia (cirurgia de redesignação genital *Male-to-Female* – MtF). Explica o autor que: a) a faloplastia se mostra como o resultado de, pelo menos, quatro intervenções cirúrgicas: i) sutura dos lábios vaginais; ii) obtenção de tecidos da pele da perna e/ou do ventre, os quais servirão para a fabricação de enxerto de pênis; iii) obtenção de uma veia, geralmente, da perna; e iv) enxerto do pênis. Note-se que tais operações carregam consigo alguns riscos, a exemplo da perda da motricidade do braço ou da perna; e b) a vaginoplastia, a seu turno, é caracterizada por uma "inversão da pele do pênis", no intuito de formar uma vagina,

---

[245] SILVA JÚNIOR, Enézio de Deus. Diversidade sexual e suas nomenclaturas. *In*: DIAS, Maria Berenice (Coord.). *Diversidade sexual e direito homoafetivo*. São Paulo: Revista dos Tribunais, 2011. p. 99.

[246] FACHIN, Luiz Edson. O corpo do registro e o registro do corpo: mudança de nome e sexo sem cirurgia de redesignação. *Revista Brasileira de Direito Civil*, Belo Horizonte, v. 1, p. 36-60, 2014. Disponível em: https://rbdcivil.ibdcivil.org.br/rbdc/article/view/130/126. Acesso em: 12 mar. 2019. p. 55.

[247] Para os fins desta pesquisa, considerar-se-ão mulheres trans, transmulheres ou *Male-to-Female* (MtF) aquelas pessoas, travestis ou transexuais, as quais, embora tendo nascido com o sexo biológico masculino, possuem identidade de gênero feminina. A seu turno, considerar-se-ão homens trans, trans-homens ou *Female-to-Male* (FtM) aquelas pessoas que, embora tendo nascido com o sexo biológico feminino, possuem identidade de gênero masculina (cf. JESUS, Jaqueline Gomes de. *Orientações sobre identidade de gênero*: conceitos e termos. Brasília: [s.n.], 2012. p. 15-16).

[248] GONÇALVES, Camila de Jesus Mello. *Transexualidade e direitos humanos*: o reconhecimento da identidade de gênero entre os direitos da personalidade. Curitiba: Juruá, 2016. p. 76-77.

apresentando quatro etapas: i) etapa I – realização de uma incisão na pele do pênis e dos testículos, de modo a que se possa recuperar os tecidos para posteriormente construir as paredes internas da vagina; ii) etapa II – denominada "castração", na qual são extirpados os testículos, realizando-se uma incisão na parte superior do pênis, no intuito de fazer com que sua pele deslize para baixo, preparando-se, concomitantemente, um espaço para a vagina entre a bexiga e o reto; iii) etapa III – na qual se constrói o clitóris a partir do corpo cavernoso, esperando-se recuperar o máximo de superfície de excitação. Para tanto, coloca-se um cateter urinário na bexiga e dá-se a volta na pele do pênis, empurrando-a para o interior, completando-se, se for preciso, com um enxerto de pele do escroto; e iv) etapa IV – na qual é colocado um molde, que tem a forma de um pênis, no lugar reservado à vagina, a fim de que o orifício não se feche.[249] Desta feita, não há como negar que não é injustificada a ausência de vontade de algumas pessoas em submeterem-se a tais cirurgias, especialmente em virtude do seu caráter invasivo e dos riscos de efeitos colaterais indesejados.

Assim, pode-se dizer que essas perspectivas dão ensejo a maiores reflexões a respeito de repensar essa "taxonomia", visto que, na realidade, a principal diferença entre transexuais e travestis reside numa questão de autorreconhecimento e autoidentificação,[250] para além de perspectivas biologizantes ou conceituais. Afinal, como bem esclarece Maria Júlia Leonel, "Parece-me que a diferença central entre travesti e transexual está na dificuldade de a sociedade aceitar algo que não tenha uma definição precisa".[251]

---

[249] Aqui cabe uma interessante constatação, visto que a versão do livro que fora utilizada, neste trabalho, ainda traz o nome de nascença do referido autor, "Beatriz Preciado". No entanto, em respeito ao seu nome social, optou-se por, no corpo do texto, chamá-lo de Paul B. Preciado, nome com o qual assina atualmente os seus textos (cf. PRECIADO, Beatriz. *Manifesto contrassexual*: práticas subversivas de identidade sexual. São Paulo: n-1 Edições, 2014. p. 123-125).

[250] Interessante notar, inclusive, que algumas pessoas trans, apesar das questões terminológicas anteriormente trabalhadas, reivindicam para si identidades "travesti" como forma de afirmação política de resistência, visando a uma ressignificação dessa categoria identitária tão estigmatizada. Sobre isso, faz-se pertinente, inclusive, trazer trecho de uma entrevista realizada por Maria Júlia Leonel com uma mulher trans, a qual se deu o nome fictício de Amanda, na qual a autora relata: "[...] respondeu-me que se considerava uma transexual, mas que por uma questão de afirmação política dizia-se travesti, pois para ela suas condições representavam uma quebra no estigma do que é ser travesti, já que estuda e trabalha fora da prostituição" (cf. LEONEL, Maria Júlia. O Estado falocêntrico e a travestilidade: a desconstrução do feminino heteronormativo. *In*: FERRAZ, Carolina Valença. *Manual jurídico feminista*. Belo Horizonte: Letramento, 2019. p. 420).

[251] LEONEL, Maria Júlia. O Estado falocêntrico e a travestilidade: a desconstrução do feminino heteronormativo. *In*: FERRAZ, Carolina Valença. *Manual jurídico feminista*. Belo Horizonte: Letramento, 2019. p. 422.

Nesse sentido, defendem, também, Heloisa Bezerra Lima e Raul Victor Nascimento que "A questão do gênero é, sobretudo, uma questão pessoal, quando não personalíssima que não se deve impor [...] por uma classificação estrita [...]".[252] Ademais, corroborando tal ponto de vista, William Siqueira aponta para a necessidade de utilizar a referência ao TTT (travestis, transexuais e transgêneros) de forma a combater os estereótipos e de respeitar as individualidades.[253] Tais circunstâncias, portanto, denotam que não existe uma única forma de se ser uma pessoa trans, mas sim uma pluralidade de possibilidades, as quais merecem ser visibilizadas e respeitadas. Diante disso, para os fins do presente trabalho, far-se-á referência à ideia de "pessoas trans", de modo mais genérico, a fim de englobar todas as suas expressões identitárias, seja ela travesti, transexual ou transgênera.

Assim, feito todo esse apanhado a respeito dos sujeitos que compõem o núcleo estruturante desta pesquisa – lésbicas, *gays*, bissexuais, travestis e transexuais – passa-se, no capítulo seguinte, a tecer considerações a respeito da devida tutela jurídica a qual deve ser dispensada para com tais indivíduos. Para tanto, elege-se o recorte do direito das famílias, aqui especificamente voltado ao reconhecimento da concessão de efeitos civis aos relacionamentos afetivos desempenhados pelas pessoas previamente elencadas como membros da população LGBT.

---

[252] LIMA, Heloisa Bezerra; NASCIMENTO, Raul Victor Rodrigues do. Transgeneridade e cárcere: diálogos sobre uma criminologia transfeminista. *Revista Transgressões: Ciências Criminais em Debate*, Natal, v. 2, n. 2, p. 75-89, 2014. p. 84. Disponível em: https://periodicos.ufrn.br/transgressoes/article/view/6444/5256. Acesso em: 10 dez. 2017.

[253] PERES, William Siqueira. Cenas de exclusões anunciadas: travestis, transexuais, transgêneros e a escola brasileira. In: JUNQUEIRA, Rogério Diniz (Org.). *Diversidade sexual na educação*: problematizações sobre homofobia nas escolas. Brasília: Ministério da Educação, UNESCO, 2009, p. 258 apud GONÇALVES, Camila de Jesus Mello. *Transexualidade e direitos humanos*: o reconhecimento da identidade de gênero entre os direitos da personalidade. Curitiba: Juruá, 2016.

CAPÍTULO 3

A TUTELA JURÍDICA DAS FAMÍLIAS LGBT NO CONTEXTO BRASILEIRO: UM ESTUDO DA HOMO/BISSEXUALIDADE E DAS IDENTIDADES TRANS A PARTIR DO DIREITO DAS FAMÍLIAS

> *Amor não é doença, é cura*
> *Não é só close, é luta*
> *Então vê se me escuta*
> *Aceita, atura ou surta!*
> (QUEBRADA QUEER. *Quebrada queer*, 2018)
>
> *São compatíveis, são pronunciáveis juntas, as palavras direito e amor? Ou pertencem a lógicas conflitantes, tanto que uma e outra buscam subjugar-se reciprocamente*
> (RODOTÀ, Stefano. *Diritto d'amore*, 2015, tradução nossa)

Falar em amor e em afeto, a partir de um ponto de vista jurídico, sem dúvidas, é um trabalho penoso e difícil. Isso, pois, como bem se sabe, tais sentimentos dizem respeito à esfera mais íntima das subjetividades humanas, uma seara tão pessoal que nem mesmo o direito tem a possibilidade de penetrar.[254] Afinal, o papel do sistema jurídico

---

[254] Sobre esse tema, Otávio Luiz Rodrigues Junior tece algumas considerações, explicando que, enquanto o âmbito jurídico ocupa-se de direitos e obrigações, as relações amorosas não são, segundo sua concepção, exigíveis ou executáveis, posto que "Ama-se por 'querer estar preso por vontade'" (cf. RODRIGUES JUNIOR, Otávio Luiz. O amor desapareceu do Código Civil brasileiro. *Revista Consultor Jurídico*, 19 dez. 2012. Disponível em: https://www.

é de regular as várias relações sociais existentes e tentar estabilizá-las, conferindo-lhes a devida segurança, não cabendo a ele interferir, até certo ponto, na autonomia individual de cada pessoa, desde que essa autonomia respeite os limites jurídicos impostos a ela, como foi visto no Capítulo 1 deste trabalho.

Ora, se assim o é, pode-se dizer que o direito das famílias segue essa mesma lógica, não sendo possível ao sistema jurídico impor sentimentos e/ou sensações às pessoas que pretende tutelar, posto que tais ânimos compõem uma dimensão distinta daquela a qual o seu âmbito de atuação está destinado a normatizar. Por outro lado, pode-se dizer que a seara jusfamiliarista possui um papel primordial e desafiador dentro da ordem jurídica, qual seja: o de organizar as relações coexistenciais presentes no âmago de todas e cada uma das modalidades familiares existentes, sem lhes impor um arquétipo predefinido, mas respeitando as suas diferenças constitutivas e prezando sempre pela responsabilidade na sua regulação.

É por essa razão que, apesar de pertencerem a campos distintos, o direito e o amor, de certa forma, caminham lado a lado. Isso se justifica, porque, se por um lado não é dado à ordem jurídica o poder de obrigar alguém a nutrir uma relação sentimental por outrem – quando tal afeição não lhe satisfizer –, por outro, ela não pode ignorar as diversas formas nas quais esse afeto se apresenta na realidade fática, cabendo a ela dar-lhes a devida e merecida regulamentação, prezando sempre pelo respeito à responsabilidade coexistencial no desempenho dessas relações.

É nesse contexto que o *princípio da afetividade* se mostra crucial para a regulamentação desses vínculos, conferindo-lhes juridicidade e impondo-lhes condutas positivas de cuidado e responsabilidade dos seus membros uns para com os outros. Nesse sentido, embora seja muito criticado, sobretudo, em razão de uma confusão semântica que alguns doutrinadores fazem com relação ao seu conteúdo – o qual, não raras vezes, é confundido com o "afeto" ou o "amor" como sentimentos –, é preciso que se compreenda a importância do seu papel regulador e normatizador da diversidade de elos e laços que existem na realidade fática.

Tendo isso em mente, o presente capítulo debruçar-se-á a respeito do reconhecimento jurídico da legitimidade das aqui denominadas

---

conjur.com.br/2012-dez-19/direito-comparado-amor-desapareceu-codigo-civil-brasileiro. Acesso em: 11 nov. 2019).

famílias LGBT, levando em conta a possibilidade de atribuição de efeitos próprios do direito das famílias às entidades compostas por pessoas homossexuais, bissexuais e trans. Afinal, tendo por base as transformações desempenhadas no contexto pátrio – já trabalhadas no Capítulo 1 – e a própria noção de que não cumpre ao sistema jurídico interferir no campo sentimental das pessoas, resta-lhe a atribuição de dar a devida regulamentação a essas entidades familiares, respeitando as subjetividades daqueles que a integram.

Assim, a título meramente didático, optou-se por separar, em duas seções distintas, as questões relativas aos relacionamentos homoafetivos e àquelas atinentes às relações afetivas compostas por pessoas trans, de modo a melhor trabalhar as peculiaridades em torno de cada uma dessas composições familiares. Tal escolha deve-se, ainda, ao fato de vislumbrar-se um descompasso entre essas duas realidades fáticas, devido a: a) os debates a respeito da natureza jusfamiliarista das relações homoafetivas encontrarem-se mais avançados; e b) o fato de, no tocante às pessoas trans, essa discussão mostrar-se bastante embrionária, posto que, com relação a esses indivíduos, os debates giram, de forma mais recorrente, em torno dos seus direitos da personalidade; demandando, assim, maiores reflexões a respeito das repercussões trazidas pelo reconhecimento das suas identidades de gênero no âmbito das relações familiares, de forma a que haja uma tutela jurídica efetiva e adequada às suas subjetividades. Assim, como supõe a própria ideia de *igualdade material*, é preciso que se tratem diferentemente situações distintas, atribuindo-lhes o reconhecimento próprio das particularidades envolvidas.

3.1 A família homoafetiva no ordenamento jurídico brasileiro: uma análise a partir da metodologia civil-constitucional

Insta notar que, apesar do que vinha defendendo grande parte da doutrina nacional a respeito da possibilidade de reconhecimento de entidades familiares implícitas, a exemplo de Paulo Lôbo quando afirma que "[...] as normas do art. 226 são autoaplicáveis, independentemente de regulamentação",[255] é perceptível, ao menos no tocante às uniões homoafetivas, que o seu reconhecimento efetivo como família, no âmbito

---

[255] LÔBO, Paulo. *Direito civil*: famílias. 7. ed. São Paulo: Saraiva, 2017. p. 83.

nacional, somente foi possível através do trabalho jurisprudencial do Supremo Tribunal Federal (STF) no julgamento conjunto da Arguição de Descumprimento de Preceito Fundamental nº 132/RJ (ADPF nº 132/RJ) e da Ação Direta de Inconstitucionalidade nº 4.277/DF (ADI nº 4.277/DF).[256]

Tal constatação torna-se mais evidente, inclusive, se se fizer um apanhado das decisões judiciais anteriores ao mencionado julgamento pelo STF, em que se pode perceber que o forte estigma social dispensado para com a população não heterossexual acabava obstando a efetividade da tutela jurídica das suas uniões como núcleos familiares. Sobre isso, constata Rafael Calmon Rangel, a partir de um intenso estudo jurisprudencial de 25 anos a respeito das uniões homoafetivas, que, desde a década de 1990 até meados de 2005, a posição do Judiciário, incluindo decisões de Tribunais Estaduais[257] e do próprio Superior Tribunal de Justiça (STJ), a respeito dessas relações era basicamente a de: a) atribuir-lhes natureza jurídica de sociedades de fato;[258] b) não atribuir natureza familiar, compreendendo que tais demandas eram juridicamente impossíveis de serem regidas pelo direito das famílias; c) atribuir apenas efeitos patrimoniais, mediante ajuizamento de ação de dissolução de sociedade de fato perante as varas cíveis, nunca nos juízos especializados de família; e d) exigir a comprovação do esforço comum na aquisição do patrimônio, gerando, muitas vezes, partilha desigual de bens, diferente do que acontece nos regimes de comunhão de bens, nos quais o esforço comum é presumido.[259]

Ademais, ressalta, ainda, o autor o caráter pejorativo, oriundo da forte reprovação social, que transparecia, inclusive, no corpo de alguns julgados, entre os quais cita a expressão "ostensiva esdruxularia", utilizada em mais de uma decisão do Tribunal de Justiça do Rio de

---

[256] Essas ações serão oportunamente analisadas mais à frente.
[257] Nesse sentido, o autor cita decisões dos seguintes tribunais: Tribunal de Justiça de Minas Gerais (TJMG), Tribunal de Justiça do Rio de Janeiro (TJRJ), Tribunal de Justiça do Distrito Federal (TJDF), Tribunal de Justiça de São Paulo (TJSP), Tribunal de Justiça do Ceará (TJCE), Tribunal de Justiça de Sergipe (TJSE) (cf. RANGEL, Rafael Calmon. As uniões homoafetivas na visão dos tribunais: análise da jurisprudência dos últimos 25 anos. *In*: DIAS, Maria Berenice (Coord.). *Diversidade sexual e direito homoafetivo*. 3. ed. São Paulo: Revista dos Tribunais, 2017. p. 286-290, *passim*).
[258] Sobre o tema, explica André Santa Cruz que as sociedades de fato são aquelas que não possuem instrumento inscrito de constituição (contrato social), sendo regidas pelas normas relativas ao capítulo das sociedades em comum no Código Civil (cf. RAMOS, André Luiz Santa Cruz. *Direito empresarial*. 7. ed. Rio de Janeiro: Forense; São Paulo: Método, 2017).
[259] RANGEL, Rafael Calmon. As uniões homoafetivas na visão dos tribunais: análise da jurisprudência dos últimos 25 anos. *In*: DIAS, Maria Berenice (Coord.). *Diversidade sexual e direito homoafetivo*. 3. ed. São Paulo: Revista dos Tribunais, 2017. p. 286.

Janeiro (TJRJ), por volta dos anos de 1992 e 2002.[260] O único tribunal que se mostrava vanguardista, nessa época, era o Tribunal de Justiça do Rio Grande do Sul (TJRS), o qual, desde 1990, destacava-se por atribuir natureza familiar a essas demandas, as quais eram encaminhadas para os juízos especializados de família.[261]

Curiosa constatação, também, é a de que, paralelamente a essa situação de não proteção jurídica dessas relações por parte da maioria das varas de família – as quais atribuíam a esses pares a situação de sócios meramente –, magistrados de juízos não afeitos às questões familiaristas demonstraram maior sensibilidade a essa matéria, reconhecendo o caráter familiar que lhes é próprio. Entre tais precedentes, Rangel cita: a) ocorrido entre os anos de 2000 e 2001, a atribuição do direito à pensão por morte e a benefícios previdenciários aos companheiros de união homoafetiva por parte do Tribunal Regional Federal da 4ª Região (TRF-4), sendo que, na mesma época, o Tribunal Regional Federal da 5ª Região (TRF-5) também proferiu decisão histórica, no nordeste, a respeito de concessão de pensão por morte a companheiro de união homoafetiva;[262] b) concessão de benefícios previdenciários, próprios do regime estatutário dos servidores públicos, a companheiros de pares homoafetivos, por parte de juízos atribuídos de competência não familiarista, como no caso das varas da Fazenda Pública; e c) reconhecimento de inelegibilidade por parte de companheiras de união homoafetiva proferida pelo Tribunal Superior Eleitoral (TSE), em 2004.[263]

Somente a partir de 2005 que o STJ modificou seu posicionamento no sentido de equiparar analogicamente essas relações àquelas heteroafetivas, ao menos no concernente aos efeitos patrimoniais, a

---

[260] Os julgados citados pelo autor são: TJRJ. Apelação Cível nº 0006973-50.1992.8.19.0000 (1992.001.03309), julgada em 21-11-1992; 35ª Vara Cível da Comarca da Capital do Rio de Janeiro. Processo nº 12.262/1989, sentença proferida em 28.8.1992; TJRJ. Apelação Cível nº 3.309/1992, voto proferido em 28.8.2002 (cf. RANGEL, Rafael Calmon. As uniões homoafetivas na visão dos tribunais: análise da jurisprudência dos últimos 25 anos. In: DIAS, Maria Berenice (Coord.). Diversidade sexual e direito homoafetivo. 3. ed. São Paulo: Revista dos Tribunais, 2017. p. 287).

[261] RANGEL, Rafael Calmon. As uniões homoafetivas na visão dos tribunais: análise da jurisprudência dos últimos 25 anos. In: DIAS, Maria Berenice (Coord.). Diversidade sexual e direito homoafetivo. 3. ed. São Paulo: Revista dos Tribunais, 2017. p. 288.

[262] CHAVES, Marianna. Homoafetividade e direito: proteção constitucional, uniões, casamento e parentalidade. 3. ed. Curitiba: Juruá, 2015. p. 221.

[263] RANGEL, Rafael Calmon. As uniões homoafetivas na visão dos tribunais: análise da jurisprudência dos últimos 25 anos. In: DIAS, Maria Berenice (Coord.). Diversidade sexual e direito homoafetivo. 3. ed. São Paulo: Revista dos Tribunais, 2017. p. 290-292.

exemplo de benefícios previdenciários e da possibilidade de inscrição dos companheiros em plano de saúde.[264]

Nessa toada, não se pode deixar de mencionar também algumas outras conquistas obtidas na seara administrativa e judicial, a exemplo: a) da Instrução Normativa nº 50/2001 do Instituto Nacional de Seguridade Social (INSS), na seara nacional, autorizando a inscrição de companheiros de união homoafetiva como beneficiários principais nos sistemas de previdência, garantindo o recebimento de auxílio-reclusão e pensão por morte, mediante a comprovação dos requisitos exigidos aos casais heteroafetivos;[265] [266] b) da Circular nº 247 da Superintendência de Seguros Privados do Ministério da Fazenda (Susep), a qual foi responsável por conferir o direito de dependente preferencial também aos companheiros de par homoafetivo, para fins de Seguro Obrigatório de Danos Pessoais Causados por Veículos Automotores de Via Terrestre (DPVAT), responsável por cobrir um montante das despesas médicas e oferecer cobertura para casos de invalidez, para além da indenização por morte; c) da Resolução Normativa nº 77/2008 do Conselho Nacional de Imigração (CNIg), estabelecendo os critérios para a concessão de visto temporário ou permanente ou de autorização de permanência aos companheiros de casal homoafetivo nos mesmos moldes daqueles concedidos aos casais heteroafetivos; d) da Resolução nº 39 de 14.8.2007 do Conselho Nacional de Justiça (CNJ) a qual abarca os companheiros de par homoafetivo no *rol* de dependentes econômicos dos servidores para fins de concessão de benefícios; e) do direito à autorização de

---

[264] RANGEL, Rafael Calmon. As uniões homoafetivas na visão dos tribunais: análise da jurisprudência dos últimos 25 anos. *In*: DIAS, Maria Berenice (Coord.). *Diversidade sexual e direito homoafetivo*. 3. ed. São Paulo: Revista dos Tribunais, 2017. p. 292-293.

[265] Da mesma forma que foi feito no julgamento da ADPF nº 132/RJ e da ADI nº 4.277/DF, toma-se a liberdade de utilizar o neologismo "união heteroafetiva" para designar as uniões estáveis entre pessoas de gêneros distintos.

[266] Instrução Normativa nº 50/2011 do INSS: "Art. 3º Para comprovação da união estável e dependência econômica devem ser apresentados, no mínimo, três dos seguintes documentos: I - declaração de Imposto de Renda do segurado, em que conste o interessado como seu dependente; II - disposições testamentárias; III - declaração especial feita perante tabelião (escritura pública declaratória de dependência econômica); IV - prova de mesmo domicílio; V - prova de encargos domésticos evidentes e existência de sociedade ou comunhão nos atos da vida civil; VI - procuração ou fiança reciprocamente outorgada; VII - conta bancária conjunta; VIII - registro em associação de classe, onde conste o interessado como dependente do segurado; IX - anotação constante de ficha ou livro de registro de empregado; X - apólice de seguro da qual conste o segurado como instituidor do seguro e a pessoa interessada como sua beneficiária; XI - ficha de tratamento em instituição de assistência médica da qual conste o segurado como responsável; XII - escritura de compra e venda de imóvel pelo segurado em nome do dependente; XIII - quaisquer outros documentos que possam levar à convicção do fato a comprovar".

doação de órgãos por parte de companheiros de casal de mesmo gênero, concedido pela 9ª Vara Federal Cível de São Paulo em 2009; f) do direito à inclusão de parceiro de mesmo gênero como dependente para fins de dedução do Imposto de Renda (IR), conferido pela 2ª Vara Federal do Piauí no ano de 2009; e g) da aceitação do contrato de união estável homoafetiva, subscrita em cartório, pelo Ministério da Educação (MEC) para fins de cálculo de renda para concessão de bolsa de estudos nos termos do Programa Universidade para Todos (ProUni).[267]

Diante de todo esse cenário, pode-se dizer que tais garantias somente foram possibilitadas, pois a Constituição Federal, conforme já abordado, admite uma interpretação extensiva ao seu art. 226, possibilitando o reconhecimento de outros tipos de famílias, ainda que não se enquadrem entre as três espécies elencadas expressamente no texto constitucional, quais sejam as famílias monoparentais, as matrimoniais e as convivenciais. Em função disso, apesar das omissões legais, cabe aos preceitos estabelecidos na Lei Maior a tarefa de assegurar aos grupos familiares não expressos no texto, como é o caso das uniões homoafetivas, o *status* que lhes é próprio, reconhecendo sua existência e validade, bem como lhes atribuindo efeitos próprios à estrutura familiar. Do contrário, estar-se-ia negando o afeto, a afetividade e a responsabilidade existentes entre tais indivíduos, colocando-os num patamar inferior ao das demais comunidades familiares, a exemplo do que diz Luiz Roberto Barroso:

> As uniões afetivas entre pessoas do mesmo sexo são uma consequência direta e inevitável da existência de uma orientação homossexual. Por isso mesmo, também são um fato da vida, que não é interditado pelo Direito e diz respeito ao espaço privado da existência de cada um. As relações homoafetivas existem e continuarão a existir, independentemente do reconhecimento jurídico positivo do Estado. Se o direito se mantém indiferente, de tal atitude emergirá uma indesejada situação de insegurança.[268]

Dessa maneira, torna-se imperativa a necessidade de uma interpretação inclusiva e respeitosa dos direitos humanos desses

---

[267] CHAVES, Marianna. *Homoafetividade e direito*: proteção constitucional, uniões, casamento e parentalidade. 3. ed. Curitiba: Juruá, 2015. p. 220-231, *passim*.
[268] BARROSO, Luís Roberto. Diferentes, mas iguais: o reconhecimento jurídico das relações homoafetivas no Brasil. *Revista Brasileira de Direito Constitucional – RBDC*, [s.l.], v. 17, p. 105-138, 2011. p. 112. Disponível em: http://www.esdc.com.br/seer/index.php/rbdc/article/view/242/235. Acesso em: 6 abr. 2019.

indivíduos de forma a garantir-lhes a *dignidade humana* a qual lhes é inerente, além de assegurar-lhes o direito à *igualdade* e à *não discriminação* sobre sua expressão de sexualidade. Sobre isso, explicam Luiz Edson Fachin e Melina Girardi Fachin:

> No prisma constitucional brasileiro e no internacional interamericano a tutela da liberdade de opção sexual [sic] e sua consequente não discriminação derivam da hermenêutica construída a partir da não literalidade, em prol da proteção da igualdade e dignidade humana.[269]

Nesse sentido, cumpre ressaltar alguns aspectos de cada um desses preceitos. De início, vale salientar que a *dignidade* a qual se refere o autor não corresponde apenas ao respeito à identidade dessas pessoas, é a *dignidade* em suas diversas expressões, quais sejam: de autonomia privada, no plano individual, de autonomia pública, no plano político, e de mínimo existencial, no plano social, conforme explica Barroso:

> De fato, no plano dos direitos individuais, ela se expressa na *autonomia privada*, que decorre da liberdade e da igualdade das pessoas. Integram o conteúdo da dignidade a autodeterminação individual e o direito ao igual respeito e consideração. As pessoas têm o direito de eleger seus projetos existenciais e de não sofrer discriminações em razão de sua identidade e de suas escolhas. No plano dos direitos políticos, ela se traduz em *autonomia pública*, no direito de participação no processo democrático. Entendida a democracia como uma parceira de todos em um projeto de autogoverno, cada pessoa tem o direito de participar politicamente e de influenciar o processo de tomada de decisões, não apenas no ponto de vista eleitoral, mas também através do debate público e da organização social. Por fim, a dignidade está subjacente aos direitos sociais materialmente fundamentais, que correspondem ao mínimo existencial. Todo indivíduo tem direito a prestações e utilidades imprescindíveis à sua existência física e moral, cuja satisfação é pré-condição para o próprio exercício da autonomia privada e pública.[270]

Logo, deve-se assegurar o direito à identidade desses indivíduos, enquanto uma garantia personalíssima, a qual se exprime aqui na

---

[269] FACHIN, Luiz Edson; FACHIN, Melina Girardi. A proteção dos direitos humanos e a vedação à discriminação por orientação sexual. *In*: DIAS, Maria Berenice (Coord.). *Diversidade sexual e direito homoafetivo*. 2. ed. São Paulo: Revista dos Tribunais, 2011. p. 116.

[270] BARROSO, Luís Roberto. Legitimidade da recusa de transfusão de sangue por testemunhas de jeová. Dignidade humana, liberdade religiosa e escolhas existenciais. *In*: LEITE, George Salomão; SARLET, Ingo Wolfgang; CARBONELL, Miguel (Org.). *Direitos, deveres e garantias fundamentais*. Salvador: JusPodivm, 2011. p. 667-668.

liberdade de expressão de suas sexualidades para além de uma noção de heterossexualidade compulsória e na autodeterminação pessoal, no sentido de formação de uma família compatível com as suas próprias maneiras de manifestação do seu afeto. Isso, pois, do contrário, afora as identidades lésbicas e *gays*, que estariam totalmente desamparadas, as pessoas bissexuais veriam-se numa situação de total insegurança jurídica, pois ora estariam acobertadas pelo direito, quando estivessem integrando um par heteroafetivo, ora estariam desprotegidas, quando estivessem integrando um casal homoafetivo.

Dessa maneira, deve ser garantido um mínimo existencial por parte do Estado, o qual corresponda ao reconhecimento da legitimidade dessas relações, a fim de dar-lhes a devida proteção jurídica a qual merecem. Afinal, a consecução dessas garantias é uma consequência lógica da proteção da personalidade de todo e qualquer indivíduo e, ao não assegurar esse livre desenvolvimento da personalidade, o Estado está atuando contra seus próprios fundamentos basilares de proteção à cidadania, à *dignidade* e ao pluralismo. A expressão de sexualidade representa elemento da identidade de todo e qualquer ser humano, pelo que não se é possível conceber que fatores externos impeçam o seu desempenho de maneira livre e autônoma.

Por outro lado, a dimensão da autonomia pública também é de extrema pertinência para a concretização desses fins, tendo em vista que a garantia de plena participação no processo democrático é fundamental para possibilitar a representatividade política dessas camadas menos privilegiadas da população. Em 2018, segundo dados da Aliança Nacional LGBTI+, comparado com o certame eleitoral de 2014, observou-se um crescimento de 386% de candidaturas de pessoas abertamente LGBT, equivalente a 160 candidatos e candidatas,[271] dos quais se elegeram: a) para deputadas(os) estaduais – Erica Malunguinho (PSOL-SP), Erika Hilton cocandidata da Bancada Ativista (PSOL-SP), Fábio Felix (PSOL-DF), Isa Penna (PSOL-SP), Leci Brandão (PC do B-SP) e Robyoncé Lima cocandidata das Juntas (PSOL-PE); b) para deputado federal – Jean Wyllys (PSOL-RJ);[272] e c) para senador – Fabiano

---

[271] DEARO, Guilherme. Número de candidatos LGBT cresce 386% em 2018, diz pesquisa. *Exame*, 29 ago. 2018. Disponível em: https://exame.abril.com.br/brasil/eleicoes-2018-numero-de-candidatos-lgbt-cresce-386/. Acesso em: 7 abr. 2019.

[272] Não obstante obter votos suficientes para a sua terceira reeleição como deputado federal, Jean Wyllys, primeiro deputado abertamente LGBT a ocupar uma cadeira no Congresso Nacional, optou por deixar o Brasil e não assumir seu mandato, devido às várias ameaças de morte que vinha sofrendo, o que denota a manifesta postura de perseguição política aos defensores de direitos humanos. O Vereador David Miranda (PSOL-RJ), também

Contarato (REDE-ES).²⁷³ Não obstante tais avanços, a sub-representação dessa camada populacional ainda denota a forte influência da heterocisnormatividade no campo político, sobretudo, em razão da falta de políticas públicas no sentido de estimular a participação dessas pessoas no campo político.²⁷⁴

Por fim, cabe ressaltar a necessidade de respeito à incidência direta do *princípio da igualdade*, primordialmente, na sua dimensão formal, tendo em vista a ausência de previsão legal expressa a respeito das uniões homoafetivas, pois como bem elucida Luís Roberto Barroso:

> [...] a questão aqui estudada resolve-se no plano da igualdade puramente formal, sem envolver quaisquer das dificuldades teóricas e práticas presentes na concretização da igualdade material. Onde não exista um motivo relevante e legítimo que justifique diferença no tratamento, a equiparação deve ser a conduta de todos os órgãos e agentes públicos e, dentro de certa medida, deve ser imposta até mesmo aos particulares.²⁷⁵

É perceptível, portanto, que, diante do panorama constitucional atual, não há óbice expresso que impossibilite o reconhecimento das entidades formadas pela união entre pessoas do mesmo gênero como núcleos familiares. O direito das famílias hodierno, calcado nas

---

homossexual, assumiu o mandato na condição de suplente (cf. CALEIRO, João Pedro. Jean Wyllys diz que desistiu de mandato e vai deixar Brasil após ameaças. *Exame*, 24 jan. 2019. Disponível em https://exame.abril.com.br/brasil/jean-wyllys-diz-que-desistiu-de-mandato-e-vai-deixar-brasil-apos-ameacas/. Acesso em: 7 abr. 2019).

²⁷³ COSTA, Bruno. Quem são os LGBTs eleitos em 2018. *Vice*, 9 out. 2018. Disponível em: https://www.vice.com/pt_br/article/wj97zy/quem-sao-os-lgbts-eleitos-em-2018. Acesso em: 7 abr. 2019.

²⁷⁴ Sobre isso Cleyton Feitosa Pereira evidencia como a desigualdade na distribuição de recursos e o reforço à inferiorização de determinados setores vulnerabilizados da sociedade, no caso, a população LGBT, representam um cenário totalmente desigual de disputa política, favorecedor de candidaturas de homens, brancos, heterossexuais e cisgêneros, o qual acarreta, consequentemente, a assimetria representativa. Diante desse panorama, ele conclui que "[...] a violência e as desigualdades sociais fora das instituições liberais transbordam para dentro das instituições políticas, espelhando as injustiças, distorções e correlações de força no tecido social. E o primeiro elemento observável é a aniquilação da produção de desejo e ambição política entre sujeitos e sujeitas vulneráveis que em face das assimetrias e iniquidades não se veem possibilitados a disputar espaços de poder formais" (cf. PEREIRA, Cleyton Feitosa. Barreiras à ambição e à representação política da população LGBT no Brasil. *Revista Ártemis*, João Pessoa, v. 24, n. 1, p. 120-131, 2017. Disponível em: http://www.periodicos.ufpb.br/index.php/artemis/article/view/35710/19262. Acesso em: 7 abr. 2019).

²⁷⁵ BARROSO, Luís Roberto. Diferentes, mas iguais: o reconhecimento jurídico das relações homoafetivas no Brasil. *Revista Brasileira de Direito Constitucional – RBDC*, [s.l.], v. 17, p. 105-138, 2011. p. 120. Disponível em: http://www.esdc.com.br/seer/index.php/rbdc/article/view/242/235. Acesso em: 6 abr. 2019.

transformações possibilitadas pelo fenômeno da constitucionalização do direito privado, como o próprio nome sugere, estabelece um novo paradigma, uma perspectiva democrática, em que todas as entidades pautadas em laços ostensivos, contínuos, duradouros e com o intuito de constituição de família merecem ser protegidas pelo direito, independentemente da expressa previsão legal. Dessa forma, poder-se-ão preservar os interesses existenciais dessas pessoas e também a legitimidade desses vínculos.

3.1.1 Reconhecimento jurídico das uniões homoafetivas: a atuação do STF no julgamento da ADPF nº 132/RJ e da ADI nº 4.277/DF e as divergências com relação ao caráter ativista da decisão

Em 2011, o STF foi provocado no sentido de posicionar-se e decidir quanto ao reconhecimento ou não das uniões estáveis homoafetivas pelo ordenamento jurídico brasileiro. Para tanto, a Corte Suprema fora acionada, via controle concentrado de constitucionalidade, através da ADPF nº 132/RJ, a qual, na mesma oportunidade, devido à coincidência temática, foi julgada simultaneamente à ADI nº 4.277/DF, ambas de relatoria do Ministro Carlos Ayres Britto.

Na primeira, tratou-se de ação interposta pelo governador do estado do Rio de Janeiro, em função da interpretação dada ao Estatuto dos Servidores Civis do referido estado (Decreto-Lei nº 220/1975), a qual gerava uma restrição na atribuição de direitos a pessoas integrantes de casais homoafetivos, notadamente nos aspectos previdenciários e de assistência social, bem como da concessão de licenças para acompanhamento de pessoas da família ou do cônjuge.[276] Além disso, foram juntadas decisões proferidas pelo Judiciário carioca, bem como de outras unidades

---

[276] Decreto-Lei nº 220 de 1975 (Estatuto dos Funcionários Públicos Civis do Poder Executivo do Estado do Rio de Janeiro): "Art. 19. Conceder-se-á licença: [...] II - por motivo de doença em pessoa da família, com vencimento e vantagens integrais nos primeiros 12 (doze) meses; e, com dois terços, por outros 12 (doze) meses, no máximo; [...] V - sem vencimento, para acompanhar o cônjuge eleito para o Congresso Nacional ou mandado servir em outras localidades se militar, servidor público ou com vínculo empregatício em empresa estadual ou particular [...] Art. 33 - O Poder Executivo disciplinará a previdência e a assistência ao funcionário e à sua família, compreendendo: I - salário-família; II - auxílio-doença; III - assistência médica, farmacêutica, dentária e hospitalar; IV - financiamento imobiliário; V - auxílio-moradia; VI - auxílio para a educação dos dependentes; VII - tratamento por acidente em serviço, doença profissional ou internação compulsória para tratamento psiquiátrico; VIII - auxílio-funeral, com base no vencimento, remuneração ou provento; IX - pensão em caso de morte por acidente em serviço ou doença profissional; X - plano de seguro compulsório para complementação de proventos e pensões. Parágrafo único - A

da federação, a fim de comprovar a disparidade de tratamento entre os casais homoafetivos e os heteroafetivos. Dessa forma, pretendeu-se, com base nos princípios constitucionais da *igualdade*, da *liberdade*, da *dignidade*, da *segurança jurídica* e da *razoabilidade*, que fosse utilizada uma interpretação analógica, no sentido de aplicar o regime jurídico das uniões estáveis, contido tanto na Constituição Federal, quanto no Código Civil de 2002 (CC/02), às uniões homoafetivas estáveis, quais sejam aquelas ostensivas, duradouras e contínuas entre pessoas do mesmo gênero.

Ademais, pleiteou-se, subsidiariamente, para o caso de não ser hipótese de ADPF, o recebimento da ação como ação direta de inconstitucionalidade, a fim de conferir uma interpretação conforme a Constituição tanto ao art. 19, incs. II e IV, e ao art. 33 do Estatuto dos Servidores Civis do estado do Rio de Janeiro, quanto ao art. 1.723 do CC/02,[277] e requereu-se, em sede de liminar, a declaração da validade dos atos administrativos que equipararam as uniões homoafetivas às uniões estáveis e a consequente suspensão dos processos e dos efeitos das decisões em sentido contrário.

Foram solicitadas informações ao governador do estado do Rio de Janeiro, á Assembleia Legislativa do Estado do Rio de Janeiro (ALERJ) e aos tribunais de justiça dos estados, pelo que se obtiveram as seguintes respostas: a) que a maioria dos tribunais estaduais posicionou-se a favor da equiparação entre as uniões homoafetivas e as uniões estáveis – entre os quais os do Acre, Goiás, Rio Grande do Sul, Rio de Janeiro e Paraná –, excetuando-se os tribunais do Distrito Federal, Santa Catarina e Bahia, os quais manifestaram posicionamento contrário à equiparação; e b) que a Lei nº 5.034/2007, a qual regulamentava a possibilidade da inscrição de companheiros de par homoafetivo como dependentes previdenciários dos servidores públicos do estado do Rio de Janeiro,[278]

---

família do funcionário constitui-se dos dependentes que, necessária e comprovadamente, vivam a suas expensas".

[277] Código Civil de 2002: "Art. 1.723. É reconhecida como entidade familiar a união estável entre o homem e a mulher, configurada na convivência pública, contínua e duradoura e estabelecida com o objetivo de constituição de família".

[278] Lei Ordinária nº 5.034 de 2007 do Estado do Rio de Janeiro: "Art. 1º O art. 29 da Lei nº 285, de 03 de dezembro de 1979, fica acrescido do seguinte parágrafo: 'Art. 29. [...] §8º Equiparam-se à condição de companheira ou companheiro de que trata o inciso I deste artigo, os parceiros homoafetivos, que mantenham relacionamento civil permanente, desde que devidamente comprovado, aplicando-se para configuração deste, no que couber, os preceitos legais incidentes sobre a união estável entre parceiros de sexos diferentes' [...] Art. 2º Aos servidores públicos estaduais, titulares de cargo efetivo, fica assegurado o direito de averbação junto à autoridade competente, para fins previdenciários, da condição de parceiros homoafetivos".

encontrava-se em pleno vigor. Nessa continuidade, também forneceram parecer favorável à equiparação a Advocacia-Geral da União (AGU) e a Procuradoria-Geral da República (PGR).

Foram também deferidas as participações de 14 *amicus curie*, em razão da relevância social do tema, entre os quais posicionaram-se: a) favoráveis à equiparação – Conectas Direitos Humanos, Escritório de Direitos Humanos do Estado de Minas Gerais (EDH), Grupo *Gay* da Bahia (GGB), Instituto de Bioética, Direitos Humanos e Gênero (ANIS), Grupo de Estudos em Direito Internacional da Universidade Federal de Minas Gerais (GEDI/UFMG), Centro de Referência de *Gays*, Lésbicas, Bissexuais, Travestis, Transexuais e Transgêneros do Estado de Minas Gerais – Centro de Referência GLBTTT, Centro de Luta pela Livre Orientação Sexual (CELLOS), Associação de Travestis e Transexuais de Minas Gerais (ASSTRAV), Grupo Arco-Íris de Conscientização Homossexual, Associação Brasileira de *Gays*, Lésbicas, Bissexuais, Travestis e Transexuais (ABGLT), Instituto Brasileiro de Direito de Família (IBDFAM), Sociedade Brasileira de Direito Público (SBDP), Associação de Incentivo à Educação e Saúde do Estado de São Paulo (AIESSP); e b) contrários à equiparação – Conferência Nacional dos Bispos do Brasil (CNBB) e Associação Eduardo Banks.

No que diz respeito à ADI nº 4.277/DF, por sua vez, ela foi proposta pela Procuradoria-Geral da República, pretendendo, com fulcro nos princípios constitucionais da *dignidade da pessoa humana*, da *igualdade*, da *vedação à discriminação*, da *liberdade* e da *proteção à segurança jurídica*: a) o reconhecimento, no Brasil, de união entre pessoas do mesmo gênero como família, desde que atendidos os requisitos legais para a configuração de união estável entre homem e mulher; e b) que os mesmos direitos e deveres dos companheiros nas uniões estáveis se estendessem para as uniões homoafetivas.

Tendo isso em mente, cumpre ressaltar, de pronto, que a Suprema Corte reconheceu a proteção jurídica às famílias homoafetivas pelo ordenamento jurídico pátrio, embora por argumentos diferenciados. Desse modo, é importante destacar os principais posicionamentos trazidos pelos ministros para dar provimento às ações, sem, contudo, deixar de frisar as divergências nos seus fundamentos.

O entendimento majoritário dos ministros foi no sentido de receber a ADPF nº 132/RJ como Ação direta de inconstitucionalidade, para, em conjunto com a ADI nº 4.277/DF, dar interpretação conforme a Constituição ao art. 1.723 do CC/02, de forma a impedir qualquer discriminação no reconhecimento das uniões entre pessoas do mesmo gênero como entidades familiares, desde que cumpridos os mesmos requisitos necessários à configuração das uniões estáveis entre homem e mulher.

Dessa maneira, nos termos do voto do relator podem-se extrair os três argumentos básicos utilizados pela Corte para decidir de tal forma. Assim, em primeiro lugar, sustentou o Ministro Ayres Britto que, com base no inc. IV do art. 3º da CF/88,[279] é fundamento basilar da República brasileira promover o bem estar de todos sem qualquer distinção, inclusive no tocante à expressão de sexualidade, quando afirma haver "[...] o direito da mulher a tratamento igualitário com os homens, assim como o direito dos homoafetivos a tratamento isonômico com os heteroafetivos".[280]

Além disso, alegou também o referido ministro, com fulcro no art. 5º, II da CF/88,[281] que "o silêncio normativo, aqui, atua como absoluto respeito a algo que, nos animais em geral e nos seres humanos em particular; se define como instintivo ou da própria natureza das coisas".[282] Assim, uma vez pertencente à própria condição humana, a sexualidade e a autonomia dos indivíduos na forma de expressá-la merecem respeito, visto que a própria Carta Magna não apresenta nenhuma disposição no sentido de optar pela maneira "correta" de seu exercício, consignando, ainda, o que, nas palavras do ministro relator, seria o "direito de não ter dever"[283] no referido inc. II do art. 5º da CF/88.

Por fim, destaca também o Ministro Ayres Britto, ao analisar o termo "família", empregado no texto constitucional, não ser um conceito restrito, mas sim plural; sendo, portanto, função do Supremo,

---

[279] Constituição Federal de 1988: "Art. 3º Constituem objetivos fundamentais da República Federativa do Brasil: [...] IV - promover o bem de todos, sem preconceitos de origem, raça, sexo, cor, idade e quaisquer outras formas de discriminação".

[280] Voto do Ministro Ayres Britto, p. 34 (cf. BRASIL. Supremo Tribunal Federal. *Arguição de Descumprimento de Preceito Fundamental nº 132/RJ*. Relator: Ministro Ayres Britto, 05 de maio de 2011. Disponível em: http://redir.stf.jus.br/paginadorpub/paginador. jsp?docTP=AC&docID=628633. Acesso em: 14 ago. 2018; BRASIL. Supremo Tribunal Federal. *Ação Direta de Inconstitucionalidade nº 4.277/DF*. Relator: Ministro Ayres Britto, 05 de maio de 2011. Disponível em: http://jurisprudencia.s3.amazonaws.com/STF/IT/ ADI_4277_DF_1319338828608.pdf?Signature=3tCKJor9pw22ndmfv2CkDfbIRXg%3D&Ex pires=1459737468&AWSAccessKeyId=AKIAIPM2XEMZACAXCMBA&response-content-type=application/pdf&x-amz-meta-md5-hash=82e72df83dc8520f9d7b7eeb704df7c6. Acesso em: 14 ago. 2018).

[281] Constituição Federal de 1988: "Art. 5º Todos são iguais perante a lei, sem distinção de qualquer natureza, garantindo-se aos brasileiros e aos estrangeiros residentes no País a inviolabilidade do direito à vida, à liberdade, à igualdade, à segurança e à propriedade, nos termos seguintes: [...] II - ninguém será obrigado a fazer ou deixar de fazer alguma coisa senão em virtude de lei".

[282] Voto do Ministro Ayres Britto, p. 28.

[283] Voto do Ministro Ayres Britto, p. 28.

como guardião da Constituição, "[...] manter a Constituição na posse do seu fundamental atributo da coerência, pois o conceito contrário implicaria forçar o nosso Magno Texto a incorrer, ele mesmo, em discurso indisfarçavelmente preconceituoso ou homofóbico".[284]

Seria, então, no mínimo, contraditória aos preceitos estabelecidos, na Carta Magna, uma interpretação direcionada a empreender ao sentido de família uma noção restrita e limitada àquelas dispostas expressamente no texto da Lei Fundamental. Logo, restou ao STF, como protetor das normas constitucionais, apenas declarar a impossibilidade de discriminação aos casais formados por pessoas do mesmo gênero e afirmar os seus direitos à constituição de uma família, dotada de *dignidade* e merecedora de proteção como qualquer outra e, para tanto, equiparando-a ao regime jurídico das uniões estáveis entre homem e mulher.

Não obstante a unanimidade de tal reconhecimento, as opiniões dos ministros não foram todas equânimes, especialmente no tocante à técnica interpretativa utilizada, bem como com relação ao *status* jurídico das uniões homoafetivas. Com relação à questão hermenêutica, o Ministro Gilmar Mendes, em seu voto, ressalvou a sua preocupação quanto à técnica de interpretação conforme a Constituição em tese, pois, na sua visão, "[...] o texto legal não fazia nada mais do que reproduzir a norma constitucional que prevê a união estável entre homem e mulher".[285] Entretanto, em que pese tal ponderamento, afirmou que o mérito da questão seria mais o aspecto do reconhecimento jurídico das uniões homoafetivas, pelo que se posicionou no sentido de dar provimento às duas ações, entendendo pela impossibilidade de aplicação de interpretação a qual impingisse a restrição dos direitos desses casais.

Por sua vez, o Ministro Ricardo Lewandowski, no teor de seu voto, afirmou entender que a união entre pessoas do mesmo gênero não deveria ser equiparada à união estável, pois, a seu ver, esta última, segundo a vontade do legislador, era necessariamente formada por indivíduos de gêneros diferentes. Nessa toada, sustentou o argumento de que o correto não seria equiparar essas duas modalidades familiares, mas sim utilizar-se da analogia para preencher a lacuna normativa deixada pelo legislador. Em suas palavras: "Convém esclarecer que não se está, aqui, a reconhecer uma 'união estável homoafetiva', por

---

[284] Voto do Ministro Ayres Britto, p. 42.
[285] Voto do Ministro Gilmar Mendes, p. 121.

interpretação extensiva do §3º do art. 226, mas uma 'união homoafetiva estável', mediante um processo de integração analógica".[286]

Além disso, para o referido ministro, tal aplicação analógica seria provisória, pois, segundo sua visão, caberia ao Poder Legislativo editar lei que regulamentasse esse modelo de família e suas especificidades.

Cabe ressalvar, contudo, com a máxima vênia ao posicionamento do Ministro Lewandowski, que essa compreensão díspar entre a união estável e a união homoafetiva pode acabar corroborando a propagação do preconceito contra as pessoas LGBT, especificamente, no caso, os homossexuais e bissexuais. Isso, pois, apesar de o ministro ter usado essa justificativa para utilizar-se de técnica diversa para reconhecer tais entidades familiares, ainda assim, afirmar que são institutos diferentes, pois assim o quis o legislador, merecendo, portanto, legislação própria, seria o mesmo que defender que os homossexuais e bissexuais estariam adstritos apenas àquele modelo familiar enquanto suas relações não fossem abarcadas expressamente pela legislação. De tal sorte, mais pertinente seria defender a desnecessidade de divergência de gêneros para constituição de uma família, em qualquer de suas modalidades, seja matrimonial, seja convivencial. Afinal, a vontade de constituir família é a mesma, o que muda são as pessoas as quais integram tal união, pouco importando se são do mesmo gênero ou de gêneros distintos.

Outrossim, vale enfatizar o fato de essa decisão, em sede de controle concentrado de constitucionalidade, possuir eficácia *erga omnes* (contra todos) e efeito vinculante, de observação obrigatória por todos os órgãos do Poder Judiciário, assim como pela Administração Pública direta e indireta da União, dos estados, do Distrito Federal e dos municípios. A relevância desses efeitos está no fato de que, "[...] ainda que existam órgãos judiciais que, eventualmente, tenham entendimento diferente daquele que fora externado pelo STF, haverão de respeitar a interpretação constitucional construída por essa Corte".[287] Portanto, uma vez que o STF reconheceu a existência dessas relações no ordenamento jurídico pátrio, essa interpretação deve ser respeitada pelo Estado, tanto nas esferas judicial, quanto administrativa, devendo todo e qualquer

---

[286] Voto do Ministro Ricardo Lewandowski, p. 112.

[287] LEITE, Glauco Salomão. Jurisdição constitucional, ativismo judicial e minorias: o Supremo Tribunal Federal e o reconhecimento da união estável homoafetiva. *In*: FERRAZ, Carolina Valença; LEITE, George Salomão; LEITE, Glauber Salomão; LEITE, Glauco Salomão (Coord.). *Manual do direito homoafetivo*. São Paulo: Saraiva, 2013. p. 41.

ato contrário a ele ser repelido e, para tanto, o instrumento cabível é o da reclamação constitucional,[288] constante do art. 102, I, l da CF.[289]

De toda forma, em que pese o teor vanguardista do julgado em comento, responsável por conferir e assegurar direitos à parcela vulnerabilizada do meio social, a via escolhida, a postura do STF na decisão e também as técnicas interpretativas utilizadas não estão livres de críticas por parte da doutrina especializada. Sobre isso, inclusive, elucida Flávia Santiago Lima que a atuação das Cortes no assecuramento de direitos, em matérias moralmente sensíveis, desperta tanto mobilização social quanto críticas jurídicas. Explica, ainda, que, no Brasil, a avaliação desses julgados leva em consideração tanto a obediência à tripartição de poderes, mediante o respeito à função legiferante do legislador (autocontenção), quanto a condenação aos procedimentos decisórios do STF intitulados como ativistas, ainda que os analistas concordem com o mérito da decisão.[290]

Nessa toada, a respeito da potencialidade lesiva a qual pode advir do ativismo judicial, explicam Lenio Luiz Streck, Vicente de Paulo Barretto e Rafael Tomaz de Oliveira que a necessidade de recurso ao que chamam de "bons ativismos" para resolver questões que a sociedade em transformação provoca e que as instâncias deliberativas políticas (Legislativo) não conseguem acompanhar é preocupante, pois as experiências históricas legadas apontam que a própria definição de ativismo judicial não se direciona necessariamente para o "bem" ou para o "mal" das atividades desenvolvidas, mas não se pode falar o mesmo sobre os seus efeitos.[291] Para eles, delegar ao Judiciário a possibilidade

---

[288] LEITE, Glauco Salomão. Jurisdição constitucional, ativismo judicial e minorias: o Supremo Tribunal Federal e o reconhecimento da união estável homoafetiva. *In*: FERRAZ, Carolina Valença; LEITE, George Salomão; LEITE, Glauber Salomão; LEITE, Glauco Salomão (Coord.). *Manual do direito homoafetivo*. São Paulo: Saraiva, 2013. p. 41.

[289] Constituição Federal de 1988: "Art. 102. Compete ao Supremo Tribunal Federal, precipuamente, a guarda da Constituição, cabendo-lhe: [...] I - processar e julgar, originariamente: [...] l) a reclamação para a preservação de sua competência e garantia da autoridade de suas decisões".

[290] LIMA, Flávia Danielle Santiago. Diálogos ou embates institucionais? A ADPF 132/ADI 4.277 e as dinâmicas políticas entre STF e Congresso Nacional. *In*: FERRAZ, Carolina Valença; LEITE, Glauber Salomão; OMMATI, José Emílio Medauar; VECCHIATTI, Paulo Roberto Iotti (Coord.). *Diferentes, mas iguais*: estudos sobre a decisão do STF sobre a união homoafetiva (ADPF 132 e ADI 4277). Rio de Janeiro: Lumen Juris, 2017. p. 378.

[291] Evocando a experiência estrangeira os autores indicam que, no caso norte-americano, por exemplo, as posturas ativistas foram responsáveis tanto por nomear posturas conservadoras que perpetuaram a segregação racial, por volta da década de 1920, até as posturas mais progressistas ou liberais da Corte Warren, na década de 1960 (cf. STRECK, Lenio Luiz; BARRETTO, Vicente de Paulo; OLIVEIRA, Rafael Tomaz. Ulisses e o canto das sereias: sobre ativismos judiciais e os perigos da instauração de um "terceiro turno da constituinte".

de posicionamento ante a questões dessa envergadura, por mais nobres que sejam as causas, representa, ao mesmo tempo, a assunção do risco de fragilizar a produção democrática do direito.[292]

Especificamente com relação às ações em comento, os referidos autores[293] apontam as seguintes críticas:

(A) *a alegação de omissão por parte do Estado brasileiro, quando, na realidade, para eles, não há omissão* – alegam que o próprio comando constitucional é claro e preciso ao demandar a proteção estatal às uniões estáveis entre homem e mulher, não se podendo falar em hierarquia entre normas constitucionais, sob pena de implicar uma possibilidade de afirmação de que normas constitucionais podem ser inconstitucionais;

(B) *a falta de lógica no uso de uma interpretação conforme a Constituição, quando o art. 1.723 do CC/02 reproduz a redação do texto constitucional* – defendem que a efetivação de tal medida daria ensejo a uma transformação do tribunal em um órgão com poderes permanentes de alteração do texto constitucional, o que seria de competência do poder constituinte derivado, por meio da edição de emendas à Constituição. Para os autores, a técnica da interpretação conforme não está autorizada a modificar normas, apenas a criar um paralelismo entre a interpretação de determinada norma e o texto constitucional;

(C) *a necessidade de respeito aos meios adequados de regulamentação da matéria sub júdice, tendo em vista que o Judiciário não pode substituir o legislador* – para eles, é importante que se regulamente a questão das uniões homoafetivas, desde que seja feito pela via do processo legislativo previsto na Lei Fundamental; e

(D) *a necessidade de distinção entre preferências pessoais e questões de foro de princípios* – pois afirmam que não cabe aos meios judicantes externarem decisões que compreendam

---

Revista Estudos Constitucionais, Hermenêutica e Teoria do Direito – RECHTD, São Leopoldo, v. 1, n. 2, p. 75-83, 2009. p. 77. Disponível em: http://revistas.unisinos.br/index.php/RECHTD/article/view/47/2401. Acesso em: 8 abr. 2019).

[292] STRECK, Lenio Luiz; BARRETTO, Vicente de Paulo; OLIVEIRA, Rafael Tomaz. Ulisses e o canto das sereias: sobre ativismos judiciais e os perigos da instauração de um "terceiro turno da constituinte". *Revista Estudos Constitucionais, Hermenêutica e Teoria do Direito – RECHTD*, São Leopoldo, v. 1, n. 2, p. 75-83, 2009. p. 78. Disponível em: http://revistas.unisinos.br/index.php/RECHTD/article/view/47/2401. Acesso em: 8 abr. 2019.

[293] STRECK, Lenio Luiz; BARRETTO, Vicente de Paulo; OLIVEIRA, Rafael Tomaz. Ulisses e o canto das sereias: sobre ativismos judiciais e os perigos da instauração de um "terceiro turno da constituinte". *Revista Estudos Constitucionais, Hermenêutica e Teoria do Direito – RECHTD*, São Leopoldo, v. 1, n. 2, p. 75-83, 2009. p. 77. Disponível em: http://revistas.unisinos.br/index.php/RECHTD/article/view/47/2401. Acesso em: 8 abr. 2019. p. 78-81, *passim*.

preferências pessoais dos seus julgadores. Para os autores, a democracia não pode ficar à mercê das opiniões pessoais do Poder Judiciário, do contrário, os próprios interesses da população homossexual – o que aqui se estende também aos bissexuais – estaria em risco a depender da postura ideológica daqueles que julgam seus pleitos, daí a necessidade de se esperar uma normatização pela via legislativa.

Em razão de tudo isso, chegam à seguinte conclusão:

> Ora, é necessário ter coragem para dizer algumas coisas, mesmo que possam parecer "antipáticas" aos olhos da comunidade jurídica. A resolução das querelas relativas às uniões homoafetivas deve ser feita – enquanto não for emendada a Constituição ou elaborada lei ordinária (a exemplo do que ocorreu, por exemplo, na Espanha) – no âmbito do direito das obrigações, e não a partir do direito sucessório ou do direito de família. Há limites hermenêuticos para que o Judiciário se transforme em legislador.[294]

É importante ressaltar que, em que pese a relevância de alguns argumentos, o desfecho do raciocínio é, deveras, preocupante, pela sua clara submissão a uma lógica excludente que vislumbra, nas uniões homoafetivas, uma categoria de segunda ordem não enquadrável nos parâmetros legais expressos. À vista disso, importa refutar, um a um, os argumentos anteriormente elencados, a fim de demonstrar que a ordem jurídica pátria comporta o reconhecimento da legitimidade das uniões entre pessoas do mesmo gênero, ainda que não mediante uma menção explícita, mas por meio da interpretação axiológico-sistemática do ordenamento, através da aplicação direta dos princípios constitucionais na esfera privada, numa perspectiva civil-constitucional.

De início, importa-se referenciar que a menção expressa feita pela norma do art. 226, §3º da CF/88 e aquela do art. 1.723 do CC/02 à união estável constituída "entre o homem e a mulher" de forma alguma pode ser interpretada de maneira a restringir os direitos da população homossexual e bissexual. Afinal, como bem ressalta Paulo Iotti, a possibilidade jurídica do pedido – além de ter sido descaracterizada como uma condição da ação pelo Código de Processo Civil de 2015

---

[294] STRECK, Lenio Luiz; BARRETTO, Vicente de Paulo; OLIVEIRA, Rafael Tomaz. Ulisses e o canto das sereias: sobre ativismos judiciais e os perigos da instauração de um "terceiro turno da constituinte". *Revista Estudos Constitucionais, Hermenêutica e Teoria do Direito – RECHTD*, São Leopoldo, v. 1, n. 2, p. 75-83, 2009. p. 77. Disponível em: http://revistas.unisinos.br/index.php/RECHTD/article/view/47/2401. Acesso em: 8 abr. 2019. p. 81.

(CPC/15) – não depende de autorização da lei, mas de inexistência de vedação explícita,[295] ao que não se observa caráter impeditivo na norma, pois dizer que será conferida "proteção jurídica às uniões entre o homem e a mulher" é diferente de dizer que "será conferida proteção jurídica somente às uniões entre o homem e a mulher".[296] Desse modo, é possível a aplicação tanto da técnica da interpretação extensiva, se se considerar que as uniões homoafetivas são idênticas às uniões heteroafetivas, com a única distinção dos sujeitos que as compõem – tese que parece mais coerente –, quanto da analogia, se se entender que as uniões homoafetivas não são exatamente iguais às heteroafetivas, mas lhes são equivalentes, ambas acarretando a aplicação do regime jurídico da situação expressamente citada (união estável entre o homem e a mulher) àquela que não o foi explicitamente (união entre dois homens ou entre duas mulheres).[297]

Isso se sustenta, inclusive, pois, no dizer de Celso Antônio Bandeira de Mello, o *princípio da igualdade*, na acepção de *isonomia*, atua de forma a desigualar os indivíduos, a fim de torná-los equiparados uns em relação aos outros. Nessa toada, a desequiparação somente é legítima se forem respeitados alguns requisitos, quais sejam: a) a pertinência do fator de *discrímem* (o fator que autoriza a desigualdade); b) a existência de uma relação lógica entre o fator de *discrímem* e a desigualdade pretendida; e c) a compatibilidade de tal desigualdade com os preceitos firmados na Constituição.[298] Assim, não há como se avistar uma motivação lógica que autorize a não proteção das uniões homoafetivas, tendo em vista que o ordenamento não as veda abertamente, tampouco elas ferem a

---

[295] VECCHIATTI, Paulo Roberto Iotti. Constitucionalidade das decisões do STF, STJ e CNJ sobre as uniões homoafetivas. *In*: FERRAZ, Carolina Valença; LEITE, Glauber Salomão; OMMATI, José Emílio Medauar; VECCHIATTI, Paulo Roberto Iotti (Coord.). *Diferentes, mas iguais*: estudos sobre a decisão do STF sobre a união homoafetiva (ADPF 132 e ADI 4277). Rio de Janeiro: Lumen Juris, 2017. p. 12-13.

[296] VECCHIATTI, Paulo Roberto Iotti. Constitucionalidade das decisões do STF, STJ e CNJ sobre as uniões homoafetivas. *In*: FERRAZ, Carolina Valença; LEITE, Glauber Salomão; OMMATI, José Emílio Medauar; VECCHIATTI, Paulo Roberto Iotti (Coord.). *Diferentes, mas iguais*: estudos sobre a decisão do STF sobre a união homoafetiva (ADPF 132 e ADI 4277). Rio de Janeiro: Lumen Juris, 2017. p. 26-27.

[297] VECCHIATTI, Paulo Roberto Iotti. Constitucionalidade das decisões do STF, STJ e CNJ sobre as uniões homoafetivas. *In*: FERRAZ, Carolina Valença; LEITE, Glauber Salomão; OMMATI, José Emílio Medauar; VECCHIATTI, Paulo Roberto Iotti (Coord.). *Diferentes, mas iguais*: estudos sobre a decisão do STF sobre a união homoafetiva (ADPF 132 e ADI 4277). Rio de Janeiro: Lumen Juris, 2017. p. 13-14.

[298] BANDEIRA DE MELLO, Celso Antônio. *O conteúdo jurídico do princípio da igualdade*. 3. ed. São Paulo: Malheiros, 2002.

ordem constitucional, que se alicerça nos ideais de *dignidade, liberdade, igualdade* e não discriminação.

Nessa continuidade, cabe reforçar que, apesar de não se aceitar a existência de um conflito real entre normas constitucionais originárias, a solução de tal antinomia aparente é possibilitada por meio dos princípios gerais de hermenêutica. A esse respeito, Paulo Iotti[299] alude aos preceitos hermenêuticos:

> (A) *da unidade da Constituição* – significando uma necessária interpretação da Carta Magna como um todo harmônico, evitando contradições e adequando as tensões aparentes entre as suas normas. Dessa feita, é necessário analisar o art. 226, §3º da CF/88 em conjunto com os princípios da *dignidade da pessoa humana* e da *igualdade*, o que impõe uma hermenêutica inclusiva das uniões homoafetivas;
> (B) *da máxima efetividade da Constituição* – significando a indispensabilidade de atribuição do sentido que dê a maior eficácia possível às normas constitucionais, máxime no que diga respeito às garantias fundamentais. Nesse sentido, tal eficácia máxima somente seria possível mediante a interpretação do art. 226 como um rol exemplificativo, o qual abarca múltiplas composições familiares, para além daquelas explicitamente apostas; e
> (C) *da concordância prática entre as normas constitucionais* – implicando a compatibilização dos bens constitucionais em conflito, o que denota uma interpretação não restritiva da ideia de família, para conciliar os ditames do art. 226 com os princípios da *dignidade humana* e da *igualdade*.

Com relação à crítica à aplicação da técnica de interpretação conforme a Constituição, a qual afirma que a norma do art. 1.723 do CC/02 é mera repetição do art. 226, §3º da CF/88, alguns apontamentos precisam ser esclarecidos. A começar, ressalte-se o fato de que o dispositivo contido no Código Civil de 2002 não poder ser considerado simples reprodução da norma constitucional. Ora, a normativa contida no citado parágrafo do art. 226 da CF/88 basta-se a reconhecer a devida proteção legal da entidade familiar convivencial, além de determinar a

---

[299] VECCHIATTI, Paulo Roberto Iotti. Constitucionalidade das decisões do STF, STJ e CNJ sobre as uniões homoafetivas. *In:* FERRAZ, Carolina Valença; LEITE, Glauber Salomão; OMMATI, José Emílio Medauar; VECCHIATTI, Paulo Roberto Iotti (Coord.). *Diferentes, mas iguais:* estudos sobre a decisão do STF sobre a união homoafetiva (ADPF 132 e ADI 4277). Rio de Janeiro: Lumen Juris, 2017. p. 20-21.

facilitação no seu processo de conversão em casamento, ao passo que o artigo do Código Civil se presta a elencar os requisitos jurídicos da sua configuração, quais sejam: a) a notoriedade; b) a durabilidade; c) a continuidade; e d) a intenção de constituição de família.[300]

A respeito disso, inclusive, Paulo Iotti comenta que tal distinção entre essas normativas deu ensejo a que o próprio STF reconhecesse a natureza de norma de eficácia limitada àquele parágrafo do texto constitucional, demandando a edição de norma infraconstitucional para a sua consequente atribuição de efeitos.[301] Daí o fato de, após a promulgação da Constituição Cidadã, a união estável ter sido, sucessivamente, regulada por diplomas jurídicos distintos: a) a Lei nº 8.971/94 – que estabelecia como requisitos o tempo mínimo de 5 anos de convivência ou a existência de prole em comum; b) a Lei nº 9.278/96 – que estabeleceu como requisitos a convivência contínua, duradoura, pública e com intenção de constituição de família; e c) o Código Civil de 2002 – o qual disciplinou em seu art. 1.723 aqueles requisitos anteriormente elencados, além de sistematizar toda a matéria relativa à união estável, revogando toda a legislação anterior que fosse com ele incompatível.[302] Desse jeito, não há como vislumbrar mera repetição, pois, se assim o fosse, a norma do art. 1.723 do CC/02 em nada adiantaria para conferir exequibilidade à norma do §3º do art. 226 da CF/88.

Outrossim, não se pode falar também num exercício de voluntarismos por parte dos ministros quando do julgamento conjunto dessas ações, pois sua atuação pautou-se, sobretudo, na aplicação direta e imediata dos princípios fundamentais na esfera privada, a fim de eliminar situação discriminatória injusta, a qual obstava a concretização de direitos fundamentais de uma parcela estigmatizada da população. Ademais, como bem explica Flávia Santiago Lima, há um aparente consenso com relação à importância do caráter contramajoritário[303] da

---

[300] Código Civil de 2002: "Art. 1.723. É reconhecida como entidade familiar a união estável entre o homem e a mulher, configurada na convivência pública, contínua e duradoura e estabelecida com o objetivo de constituição de família".
[301] VECCHIATTI, Paulo Roberto Iotti. Constitucionalidade das decisões do STF, STJ e CNJ sobre as uniões homoafetivas. In: FERRAZ, Carolina Valença; LEITE, Glauber Salomão; OMMATI, José Emílio Medauar; VECCHIATTI, Paulo Roberto Iotti (Coord.). *Diferentes, mas iguais*: estudos sobre a decisão do STF sobre a união homoafetiva (ADPF 132 e ADI 4277). Rio de Janeiro: Lumen Juris, 2017. p. 62.
[302] LÔBO, Paulo. *Direito civil*: famílias. 7. ed. São Paulo: Saraiva, 2017. p. 161.
[303] Explica a autora que esse caráter contramajoritário dá-se quando o Judiciário invalida os atos dos poderes sujeitos aos processos eleitorais não em nome da maioria dominante, mas contra esta, a fim de assegurar garantias fundamentais, geralmente, atinentes a temas

revisão judicial, justamente por sua natureza assecuratória de direitos.[304] Em razão disso, no dizer de Paulo Iotti, "levou-se o texto a sério, ao se destacar que inexiste proibição constitucional ao reconhecimento da união homoafetiva como família conjugal com igualdade de direitos relativamente à família heteroafetiva [...]".[305]

Nesse seguimento, importa mencionar, também, que a espera pela mobilização legislativa com relação à regulamentação das pautas relativas à população LGBT é demasiadamente lenta. A esse respeito, Flávia Piovesan e Sandro Gorski esclarecem que a insurgência de movimentos fundamentalistas religiosos – formados, em grande parte, por evangélicos – tem dado força a esse segmento no contexto político nacional, especialmente no processo legiferante, sobretudo, pela ascensão de líderes religiosos ao poder. Os autores atribuem tal mobilização ao que chamam de mercantilização no campo da fé, processo que acaba transformando pastores em grandes empresários, com poder monetário e midiático, facilitando a assunção dos cargos públicos, mediante o processo eleitoral,[306] sem falar também no intenso crescimento populacional desse grupo social.[307]

Como consequência dessa conjuntura, os parlamentares evangélicos, em nome da "moralização da família", aliados a outros setores

---

sensíveis e relevantes para os diversos atores (cf. LIMA, Flávia Danielle Santiago. Diálogos ou embates institucionais? A ADPF 132/ADI 4.277 e as dinâmicas políticas entre STF e Congresso Nacional. *In*: FERRAZ, Carolina Valença; LEITE, Glauber Salomão; OMMATI, José Emílio Medauar; VECCHIATTI, Paulo Roberto Iotti (Coord.). *Diferentes, mas iguais*: estudos sobre a decisão do STF sobre a união homoafetiva (ADPF 132 e ADI 4277). Rio de Janeiro: Lumen Juris, 2017. p. 372).

[304] LIMA, Flávia Danielle Santiago. Diálogos ou embates institucionais? A ADPF 132/ADI 4.277 e as dinâmicas políticas entre STF e Congresso Nacional. *In*: FERRAZ, Carolina Valença; LEITE, Glauber Salomão; OMMATI, José Emílio Medauar; VECCHIATTI, Paulo Roberto Iotti (Coord.). *Diferentes, mas iguais*: estudos sobre a decisão do STF sobre a união homoafetiva (ADPF 132 e ADI 4277). Rio de Janeiro: Lumen Juris, 2017. p. 372.

[305] VECCHIATTI, Paulo Roberto Iotti. Constitucionalidade das decisões do STF, STJ e CNJ sobre as uniões homoafetivas. *In*: FERRAZ, Carolina Valença; LEITE, Glauber Salomão; OMMATI, José Emílio Medauar; VECCHIATTI, Paulo Roberto Iotti (Coord.). *Diferentes, mas iguais*: estudos sobre a decisão do STF sobre a união homoafetiva (ADPF 132 e ADI 4277). Rio de Janeiro: Lumen Juris, 2017. p. 62.

[306] PIOVESAN, Flávia; SILVA, Sandro Gorski. Diversidade sexual e o contexto global: desafios à plena implementação dos direitos humanos LGBTI. *Revista Quaestio Iuris*, Rio de Janeiro, v. 8, n. 4, p. 2.613-2650, 2015. p. 2.644. Disponível em: file:///C:/Users/Sergio/Downloads/20949-68351-2-PB.pdf. Acesso em: 29 out. 2017.

[307] Segundo o Censo de 2010, a população evangélica, que, em 2000, correspondia a 15,4% da população, em 2010, passa a representar 22,2% (cf. NÚMERO de evangélicos aumenta 61% em 10 anos, aponta IBGE. *G1*, 29 jun. 2012. Disponível em: http://g1.globo.com/brasil/noticia/2012/06/numero-de-evangelicos-aumenta-61-em-10-anos-aponta-ibge.html. Acesso em: 9 abr. 2019).

conservadores do Congresso, compõem verdadeira frente de resistência à aprovação de leis que protejam os direitos da população LGBT.[308] Isso, pois, segundo Maria Berenice Dias, apesar de inúmeros projetos terem sido apresentados, a sua tramitação é demasiadamente lenta, sendo arquivados, desarquivados e apensados num processo interminável. Diante disso, pouquíssimas são as leis, atualmente, que mencionam, de alguma forma, o dever de respeito à livre expressão de sexualidade, sempre de forma bastante pontual, quais sejam: a) a Lei nº 11.340/2006 (Lei Maria da Penha);[309] b) a Lei nº 12.852/2013 (Estatuto da Juventude);[310] e c) a Lei nº 13.146/2015 (Estatuto da Pessoa com Deficiência).[311] [312]

Por sua vez, ao analisar a postura dialógica do Congresso Nacional em relação ao julgamento da ADPF nº 132/RJ e da ADI nº 4.277/DF, Flávia Santiago Lima observa que as respostas, no sentido de promover um diálogo ativo, ou seja, de rejeição aos termos da decisão, foram mais numerosas e rápidas que a proposta que se destinava a um diálogo passivo, ou seja, aquele que concorda com os termos do julgado.[313] Nessa

---

[308] SOUZA, Sandra Duarte. Política religiosa e religião política: os evangélicos e o uso político do sexo. *Revista Estudos de Religião*, [s.l.], v. 27, n. 1, p. 177-201, 2013. p. 190. Disponível em: https://www.metodista.br/revistas/revistas-ims/index.php/ER/article/view/4160/3622. Acesso em: 9 abr. 2019.

[309] Lei Maria da Penha (Lei nº 11.340/2006): "Art. 5º Para os efeitos desta Lei, configura violência doméstica e familiar contra a mulher qualquer ação ou omissão baseada no gênero que lhe cause morte, lesão, sofrimento físico, sexual ou psicológico e dano moral ou patrimonial: [...] Parágrafo único. As relações pessoais enunciadas neste artigo independem de *orientação sexual*" (grifos nossos).

[310] Estatuto da Juventude (Lei nº 12.852/2013): "Art. 17. O jovem tem direito à diversidade e à igualdade de direitos e de oportunidades e não será discriminado por motivo de: [...] II - *orientação sexual*, idioma ou religião [...] Art. 18. A ação do poder público na efetivação do direito do jovem à diversidade e à igualdade contempla a adoção das seguintes medidas: [...] III - inclusão de temas sobre questões étnicas, raciais, de deficiência, de *orientação sexual*, de gênero e de violência doméstica e sexual praticada contra a mulher na formação dos profissionais de educação, de saúde e de segurança pública e dos operadores do direito" (grifos nossos).

[311] Estatuto da Pessoa com Deficiência (Lei nº 13.146/2015): "Art. 18. É assegurada atenção integral à saúde da pessoa com deficiência em todos os níveis de complexidade, por intermédio do SUS, garantido acesso universal e igualitário [...] §4º As ações e os serviços de saúde pública destinados à pessoa com deficiência devem assegurar: [...] VI - respeito à especificidade, à *identidade de gênero* e à *orientação sexual* da pessoa com deficiência [...]" (grifos nossos).

[312] DIAS, Maria Berenice. Rumo a um novo direito. *In*: DIAS, Maria Berenice (Coord.). *Diversidade sexual e direito homoafetivo*. 3. ed. São Paulo: Revista dos Tribunais, 2017. p. 41-42.

[313] LIMA, Flávia Danielle Santiago. Diálogos ou embates institucionais? A ADPF 132/ADI 4.277 e as dinâmicas políticas entre STF e Congresso Nacional. *In*: FERRAZ, Carolina Valença; LEITE, Glauber Salomão; OMMATI, José Emílio Medauar; VECCHIATTI, Paulo Roberto Iotti (Coord.). *Diferentes, mas iguais*: estudos sobre a decisão do STF sobre a união homoafetiva (ADPF 132 e ADI 4277). Rio de Janeiro: Lumen Juris, 2017. p. 386.

toada, esperar do Congresso Nacional que atue para regulamentar as uniões homoafetivas, em âmbito nacional, é basicamente improvável, pelo menos, por ora, visto que, passados quase 10 anos da decisão, nenhuma lei foi aprovada ainda nessa matéria.

Cabe frisar, portanto, que esse contexto jurídico-político que motivou o reconhecimento das uniões entre pessoas de mesmo gênero pela via jurisdicional ainda se encontra latente na realidade nacional. Desse modo, se o STF tivesse decidido de forma diversa, negando o pleito equiparador das ações, tais uniões estariam ainda relegadas à tutela obrigacional, sob a alcunha de sociedades de fato, denotando uma postura excludente, discriminatória e deveras atentatória da ordem constitucional pluralista e protetora da *dignidade humana*. O caminho tradicional do Legislativo, de fato, poderia conferir maior segurança jurídica, por estampar expressamente, no texto legal, a tutela almejada, mas diante da dificuldade dialógica do Congresso Nacional com a população LGBT, a decisão da Suprema Corte mostra-se igualmente pertinente e legítima, tendo em vista a força normativa principiológica evocada e a natureza de proteção a direitos e garantias fundamentais. Ativista ou não, a decisão do STF fez valer a efetividade de uma realidade social inegável, para a qual o direito não poderia mais fechar seus olhos e que, nas palavras do próprio Ministro Relator Carlos Ayres Britto, "[...] não se separe por um parágrafo (esse de nº 3)".[314]

3.1.2 Possibilidade de casamento entre pessoas do mesmo gênero: a atuação do STJ no REsp nº 1.183.378/RS e a Resolução nº 175/2013 do CNJ como meios de promoção de garantias fundamentais

Apesar de o STF ter reconhecido a união entre pessoas do mesmo gênero, equiparando-a à união estável, o casamento homoafetivo não foi objeto da referida decisão. Dessa forma, ainda cabe a seguinte indagação: tendo sido reconhecida a união estável homoafetiva, é possível também reconhecer a existência de casamento entre pessoas do mesmo gênero?

De início, importa esclarecer que, no tocante à sua natureza, o casamento é caracterizado por ser um ato solene, cercado de formalidades, iniciado a partir de um processo de habilitação prévio, no qual se

---

[314] Voto do Ministro Ayres Britto, p. 46.

investigará a presença de impedimentos matrimoniais e se verificará a existência de pacto antenupcial, determinando regime de bens diverso do legal supletivo, qual seja a comunhão parcial de bens. É, também, ato jurídico complexo, dependente da manifestação volitiva dos nubentes (*consensus facit matrimonium*), bem como da confirmação do Estado, através de uma sequência de atos formais (habilitação, publicidade, celebração e registro) e da chancela de autoridade competente (juiz de direito, juiz de paz ou ministro de confissão religiosa), para ser considerado existente e válido.[315]

Sem dúvida, é uma das instituições mais tradicionais, estando historicamente ligado, inclusive, a uma figura sacramentar que era de competência exclusiva da Igreja católica. Hoje em dia, em razão de um processo de secularização, tem natureza civil, ainda que se permita a produção de efeitos civis à celebração de casamento religioso.[316] Entretanto, em que pese tal afastamento entre Estado e Igreja, são inegáveis as influências dessa herança religiosa no âmbito conjugal, especialmente ao se abordar a figura do casamento entre pessoas do mesmo gênero.

Tais repercussões ficam claras ao se observar que, na tradição doutrinária, o requisito da diversidade de sexos[317] foi elencado como um dos pressupostos de existência do casamento. A respeito disso, explica Silvio Venosa que não há casamento sem diversidade de sexos, por tratar-se de elemento natural do matrimônio, sendo estabelecido como requisito pela legislação. Para o autor, a fim de que se altere tal entendimento, é preciso que haja uma modificação no texto legal, para abarcar as uniões entre pessoas do mesmo gênero e, enquanto não houver tal alteração, a diversidade de sexos continua sendo elemento fundamental para a existência do casamento.[318]

---

[315] LÔBO, Paulo. *Direito civil*: famílias. 7. ed. São Paulo: Saraiva, 2017. p. 91.
[316] VENOSA, Sílvio de Salvo. A família conjugal. *In*: PEREIRA, Rodrigo da Cunha (Coord.). *Tratado de direito das famílias*. 2. ed. Belo Horizonte: IBDFAM, 2016. p. 139.
[317] Aqui será utilizada a expressão "diversidade de sexos", pois é dessa forma que o mencionado pressuposto foi construído pela doutrina. No entanto, vale ressaltar que, para os fins deste trabalho, compreende-se que a expressão de sexualidade é – ou, pelo menos, deveria ser entendida como sendo – voltada para a pessoa do parceiro e os seus atributos pessoais, entre os quais um dos elementos considerados para despertar tal interesse seria o seu gênero e não necessariamente o seu sexo. Tais circunstâncias e suas repercussões, na seara jurídica, serão melhor abordadas em tópico próprio mais à frente.
[318] VENOSA, Sílvio de Salvo. A família conjugal. *In*: PEREIRA, Rodrigo da Cunha (Coord.). *Tratado de direito das famílias*. 2. ed. Belo Horizonte: IBDFAM, 2016. p. 140.

Explica, também, que a teoria do casamento inexistente surgiu na França, a partir da noção de que não pode ser decretada nulidade de casamento sem expressa previsão legal. Afirma, então, que, se fossem consideradas apenas as hipóteses de nulidades textuais, "restariam situações absurdas que não se amoldam à noção primeira e fundamental de matrimônio".[319] Diante disso, a teoria da inexistência é apresentada para justificar a ineficácia de atos aos quais faltem requisitos de existência, dando como exemplo o casamento homoafetivo, o celebrado com ausência de manifestação de vontade expressa e o celebrado com ausência de autoridade competente para o ato, aos quais reputa a noção de "um nada jurídico".[320] Por fim, com relação às decisões conferindo direitos às uniões entre pessoas de mesmo gênero, entende que essas situações *de lege ferenda* não podem ser reputadas como se matrimônios fossem – ainda que alguns de seus efeitos secundários sejam concedidos, a exemplo da herança, de benefícios previdenciários, de planos de saúde etc. –, estando "fora do sublime e histórico conceito de casamento".[321]

Ante tal postura doutrinária, a qual, com a devida vênia, mostra-se bastante estigmatizante, sobretudo, por mencionar uma ideia de "casamento natural", atribuindo-o exclusivamente àquele heteroafetivo, é preciso que se teçam alguns comentários, a fim de reforçar a legitimidade das uniões matrimoniais estabelecidas entre pessoas de mesmo gênero. Inicialmente, é importante relembrar que o próprio STF, no julgamento da ADPF nº 132/RJ e da ADI nº 4.277/DF, compreendeu que a menção legal às ideias de "homem e mulher" não significavam uma exclusão obrigatória da possibilidade jurídica de uniões homoafetivas. Isso, pois, a partir de uma interpretação axiológico-sistemática do texto constitucional, da aplicação direita de seus princípios no âmbito privado e do entendimento de que o art. 226 da CF/88 caracteriza um rol exemplificativo, não haveria óbices legais, no ordenamento, que autorizassem uma exclusão dessas uniões da proteção conferida pelo direito das famílias às entidades familiares.

Da mesma forma, então, pode-se compreender que, no caso do casamento, as alusões feitas a "homem e mulher" nos arts. 226, §5º

---

[319] VENOSA, Sílvio de Salvo. A família conjugal. *In*: PEREIRA, Rodrigo da Cunha (Coord.). *Tratado de direito das famílias*. 2. ed. Belo Horizonte: IBDFAM, 2016. p. 140-141.
[320] VENOSA, Sílvio de Salvo. A família conjugal. *In*: PEREIRA, Rodrigo da Cunha (Coord.). *Tratado de direito das famílias*. 2. ed. Belo Horizonte: IBDFAM, 2016. p. 141.
[321] VENOSA, Sílvio de Salvo. A família conjugal. *In*: PEREIRA, Rodrigo da Cunha (Coord.). *Tratado de direito das famílias*. 2. ed. Belo Horizonte: IBDFAM, 2016. p. 141.

da CF/88,[322] 1.514,[323] 1.535[324] e 1.565,[325] todos do CC/02, também não podem representar um obstáculo para a contração do matrimônio por pessoas de mesmo gênero, tendo em vista o uso de uma interpretação que respeita a aplicação dos preceitos fundamentais na esfera privada e também harmoniza o sistema jurídico, evitando contradições no seu bojo, conforme elucidado no tópico anterior.

Sobre isso, inclusive, defendem Carolina Valença Ferraz e Glauber Salomão Leite a possibilidade jurídica do casamento homoafetivo – ou, como preferem os autores, casamento igualitário –, sem necessidade de intermediação de norma infraconstitucional, por meio da incidência direta dos seguintes princípios: a) da *dignidade da pessoa humana* – compreendendo-o como o respeito à condição humana de cada indivíduo sem que lhes sejam impostas discriminações negativas com relação às suas expressões de sexualidade; b) da *igualdade* – defendendo que a homossexualidade – ao que aqui se pode estender também à bissexualidade – não representa fator desequiparador a ensejar um não reconhecimento do direito ao casamento; c) da *liberdade* – sustentando que, como uma modalidade familiar, o casamento é um instrumento da vontade do casal, primeiramente com relação à própria escolha pelo vínculo matrimonial, assim como a modalidade da cerimônia, o regime de bens e a inclusão ou não do sobrenome do outro cônjuge, não podendo a expressão de sexualidade ser tida como um obstáculo, mas, pelo contrário, ser compreendida como uma manifestação da liberdade sexual; d) da *pluralidade familiar* – afirmando que a família atual não é a mesma de antes, em razão do seu caráter plural e democrático; e e) da *vedação ao retrocesso social* – defendendo que a relevância dada às

---

[322] Constituição Federal de 1988: "Art. 226. A família, base da sociedade, tem especial proteção do Estado: [...] §5º Os direitos e deveres referentes à sociedade conjugal são exercidos igualmente pelo homem e pela mulher".

[323] Código Civil de 2002: "Art. 1.514. O casamento se realiza no momento em que o homem e a mulher manifestam, perante o juiz, a sua vontade de estabelecer vínculo conjugal, e o juiz os declara casados".

[324] Código Civil de 2002: "Art. 1.535. Presentes os contraentes, em pessoa ou por procurador especial, juntamente com as testemunhas e o oficial do registro, o presidente do ato, ouvida aos nubentes a afirmação de que pretendem casar por livre e espontânea vontade, declarará efetuado o casamento, nestes termos: 'De acordo com a vontade que ambos acabais de afirmar perante mim, de vos receberdes por marido e mulher, eu, em nome da lei, vos declaro casados'".

[325] Código Civil de 2002: "Art. 1.565. Pelo casamento, homem e mulher assumem mutuamente a condição de consortes, companheiros e responsáveis pelos encargos da família".

conquistas sociais impede o retorno ao modelo anterior, hierarquizado e excludente.[326]

Nessa toada, é importante reenfatizar também que o Brasil é um país laico e o casamento é uma instituição civil, diferindo completamente do sacramento religioso, como bem explica Aníbal Guimarães:

> O casamento de caráter religioso, conceituado pelas diferentes denominações religiosas como um sacramento, é uma faculdade oferecida a seus seguidores e fiéis. Portanto, como sacramento, o casamento religioso visa exclusivamente à obtenção de reconhecimento e legitimidade moral por parte de todas aquelas pessoas que, livremente, comungam dos preceitos de uma determinada fé ou denominação religiosa. Desse modo, é fácil compreender que a questão metafísica implícita em toda crença religiosa não se confunde com as questões de ordem prática que emanam da vida civil.[327]

Por isso, em que pese a postura refratária de segmentos religiosos mais conservadores à consecução desse direito à população homossexual e bissexual, por um infundado temor de violação da sua fé, é preciso que se tenha bem claro que o casamento religioso e o civil ocupam instâncias completamente distintas. Afinal, enquanto este representa um direito civil, com efeitos próprios ao âmbito jurídico, aquele diz respeito à regulação autônoma de cada religião, podendo vir a surtir efeitos jurídicos apenas se os noivos optarem por sua celebração religiosa.

Portanto, em razão dessa *liberdade de culto*, não cabe ao Estado impor a qualquer religião que seja a celebração de um ato que vá de encontro às suas crenças, competindo a cada credo a faculdade de celebrar ou não casamentos entre pessoas do mesmo gênero.[328] Por outro lado, também não cabe a nenhum membro de qualquer culto que seja impedir que o Estado assegure direitos à população LGBT,

---

[326] FERRAZ, Carolina Valença; LEITE, Glauber Salomão. A pessoa transgênera e o reconhecimento do direito de ser mulher: promoção da dignidade humana e garantia de desenvolvimento pessoal. *In*: FERRAZ, Carolina Valença; LEITE, George Salomão; LEITE, Glauber Salomão; LEITE, Glauco Salomão (Coord.). *Manual dos direitos da mulher*. São Paulo: Saraiva, 2013. p. 187-192, *passim*.

[327] GUIMARÃES, Aníbal. Os princípios de Yogyakarta. *In*: DIAS, Maria Berenice (Coord.). *Diversidade sexual e direito homoafetivo*. 2. ed. São Paulo: Revista dos Tribunais, 2011. p. 88.

[328] FERRAZ, Carolina Valença; LEITE, Glauber Salomão. A pessoa transgênera e o reconhecimento do direito de ser mulher: promoção da dignidade humana e garantia de desenvolvimento pessoal. *In*: FERRAZ, Carolina Valença; LEITE, George Salomão; LEITE, Glauber Salomão; LEITE, Glauco Salomão (Coord.). *Manual dos direitos da mulher*. São Paulo: Saraiva, 2013. p. 201-202.

especialmente quando esse fiel estiver ocupando um cargo estatal, pois a laicidade estatal é recíproca e atua em ambas as esferas.

Ademais, argumento tal qual o da impossibilidade de reprodução por esses pares também não tem como prosperar. Isso, pois, com a evolução da própria concepção de família, a função reprodutiva perdeu forças ante a equiparação entre todas as formas de filiação, para além daquela biológica, e também em razão dos avanços tecnológicos proporcionados pelas modernas técnicas de reprodução humana assistida. Essas mudanças, associadas à ideia de um direito ao livre exercício do planejamento familiar, assegurado pela Lei Maior, deu azo a que os vínculos filiais pudessem ser constituídos das mais diversas formas e com igual *dignidade* ou ainda que se opte por não os constituir, tendo por base a autonomia do núcleo familiar, seja ele o casal ou a pessoa solteira.[329]

Assim, cumpre, por sua vez, avaliar duas possibilidades: a) a de conversão da união homoafetiva em casamento; e b) a de habilitação direta para o casamento homoafetivo, sem necessária existência de união estável anterior.

Para o primeiro caso, levando-se em consideração que o STF, ao reconhecer as uniões homoafetivas, equiparou-as às uniões estáveis e que a Carta Magna, em seu art. 226, §3º, assim como o Código Civil de 2002, em seu art. 1.726,[330] garantem a possibilidade de conversão da união estável em casamento, há de se admitir que seria impossível impedir essa conversão. Isso, pois, a partir do momento que o órgão de cúpula do Judiciário determina, com efeitos vinculantes, que as uniões homoafetivas estão equiparadas "com as mesmas regras e consequências" à união estável, a conversão torna-se decorrência lógica dos efeitos dessa decisão.

No segundo caso, a seu turno, pode-se dizer que, em já tendo havido o reconhecimento das uniões homoafetivas e a sua possibilidade de conversão em casamento, não seria razoável obstar a habilitação direta para este. Isso se justifica, por sua vez, por não se poder impor às pessoas o estabelecimento de uma união estável como requisito para

---

[329] FERRAZ, Carolina Valença; LEITE, Glauber Salomão. A pessoa transgênera e o reconhecimento do direito de ser mulher: promoção da dignidade humana e garantia de desenvolvimento pessoal. *In*: FERRAZ, Carolina Valença; LEITE, George Salomão; LEITE, Glauber Salomão; LEITE, Glauco Salomão (Coord.). *Manual dos direitos da mulher*. São Paulo: Saraiva, 2013. p. 196.

[330] Código Civil de 2002: "Art. 1.726. A união estável poderá converter-se em casamento, mediante pedido dos companheiros ao juiz e assento no Registro Civil".

se casar, pois tais institutos são distintos e autônomos, cabendo ao casal a escolha do modelo mais adequado para os seus interesses.

Nesse sentido, inclusive, o Superior Tribunal de Justiça (STJ) firmou entendimento, em 2011, pouco após a decisão do STF sobre as uniões homoafetivas, quanto à possibilidade de habilitação para o casamento entre pessoas do mesmo gênero, a partir do julgamento do Recurso Especial nº 1.183.378/RS (REsp nº 1.183.378/RS), sob relatoria do Ministro Luis Felipe Salomão.[331] No caso, K.R.O. e L.P., um casal de mulheres, requereram habilitação para casamento junto a dois cartórios de registros civis de Porto Alegre-RS, obtendo a negação de ambos os pedidos, pelo que ajuizaram pedido de habilitação de casamento perante a Vara de Registros Públicos e de Ações Especiais da Fazenda Pública da Comarca de Porto Alegre/RS, a qual julgou improcedente o referido pleito. Na segunda instância, o TJRS manteve os termos da sentença, negando a procedência da apelação. Em seguida, foi interposto recurso especial, alegando: a) que o art. 1.521 do CC/22,[332] que trata dos impedimentos matrimoniais, não indica a identidade de gêneros como um impedimento, o que autorizava a possibilidade de habilitação, dada a ausência de vedação normativa.

O parecer da Procuradoria-Geral da República foi no sentido de não se dar provimento àquele recurso especial. Não obstante, os ministros Luis Felipe Salomão, Antônio Carlos Ferreira e Marco Buzzi e a Ministra Maria Isabel Gallotti julgaram, por maioria de 4 a 1, pela procedência do recurso, nos termos do voto do relator, para "afastar o óbice relativo à diversidade de sexos [sic] e para determinar o prosseguimento do processo de habilitação de casamento [...]".[333] Já o Ministro Raul Araújo votou pelo não conhecimento do recurso, por entender que se tratava de matéria constitucional, estando para além da competência do STJ.

---

[331] BRASIL. Superior Tribunal de Justiça. *Recurso Especial nº 1.183.378/RS*. Relator: Ministro Luis Felipe Salomão, 25 de outubro de 2011. Disponível em: https://jurisprudencia.s3.amazonaws.com/STJ/IT/RESP_1183378_RS_1330972067974.pdf?Signature=UrJqtmv%2Fp3N%2B2R1bfDaCDSu8KEc%3D&Expires=1555052681&AWSAccessKeyId=AKIAIPM2XEMZACAXCMBA&response-content-type=application/pdf&x-amz-meta-md5-hash=6614bce5618ad15c0806d4ac79e931ac. Acesso em: 12 abr. 2019.

[332] Código Civil de 2002: "Art. 1.521. Não podem casar: I - os ascendentes com os descendentes, seja o parentesco natural ou civil; II - os afins em linha reta; III - o adotante com quem foi cônjuge do adotado e o adotado com quem o foi do adotante; IV - os irmãos, unilaterais ou bilaterais, e demais colaterais, até o terceiro grau inclusive; V - o adotado com o filho do adotante; VI - as pessoas casadas; VII - o cônjuge sobrevivente com o condenado por homicídio ou tentativa de homicídio contra o seu consorte".

[333] Voto do Ministro Luis Felipe Salomão, p. 27.

Nessa continuidade, mesmo com os posicionamentos decisórios do STF, com efeito *erga omnes*, e do STJ, um ambiente de insegurança jurídica viu-se instaurado, devido à incoerência gerada por decisões proferidas em todo o território nacional, algumas autorizando a conversão de casamento ou o próprio casamento direto, outras negando as duas hipóteses. Além disso, nem todos os oficiais de registros autorizavam tais procedimentos relativos ao casamento entre pessoas do mesmo gênero, por entenderem que não se tratava de questão ainda pacificada.[334]

Diante desse cenário, o CNJ editou a Resolução nº 175 de 2013, a qual se propôs a regulamentar as questões da habilitação para o casamento homoafetivo, bem como da conversão da união entre pessoas do mesmo gênero em casamento, vedando expressamente que as autoridades competentes se recusassem a fazê-lo.[335] Para tanto, essa resolução baseou-se principalmente nos julgamentos da ADI nº 4.277/DF, da ADPF nº 132/RJ e do REsp nº 1.183.378/RS, todos previamente mencionados, de forma a evitar o recurso ao Judiciário sempre que essas pessoas almejassem contrair matrimônio. Determinou, assim, que a recusa à efetuação dos procedimentos acarretaria comunicação imediata ao juiz corregedor para que aplicasse as sanções cabíveis.[336]

Importante dizer que tal resolução, assim como o próprio julgamento do STF, não está livre de críticas, questionando-se a sua constitucionalidade, por entender que o CNJ estaria se imiscuindo em assunto de competência legislativa. Alega-se que a decisão tomada no julgamento da ADPF nº 132/RJ e da ADI nº 4.277/DF restringe-se ao reconhecimento das uniões homoafetivas, não sendo abordado o casamento entre pessoas de mesmo gênero, ao passo que a decisão do STJ, no REsp nº 1.183.378/RS, não passaria apenas de precedente relevante, pois os seus efeitos são *inter-partes*, ou seja, limitados à situação fática tratada.[337]

---

[334] LIMA, Suzana Borges Viegas. *O estatuto jurídico das relações homoafetivas*. Brasília: Gazeta Jurídica, 2015. p. 66-69, *passim*.

[335] Resolução nº 175/2013 do CNJ: "Art. 1º É vedada às autoridades competentes a recusa de habilitação, celebração de casamento civil ou de conversão de união estável em casamento entre pessoas de mesmo sexo".

[336] Lei nº 8.935/94 (Lei dos Cartórios): "Art. 32. Os notários e os oficiais de registro estão sujeitos, pelas infrações que praticarem, assegurado amplo direito de defesa, às seguintes penas: I - repreensão; II - multa; III - suspensão por noventa dias, prorrogável por mais trinta; IV - perda da delegação".

[337] LIMA, Suzana Borges Viegas. *O estatuto jurídico das relações homoafetivas*. Brasília: Gazeta Jurídica, 2015. p. 74-76.

Diante disso, inclusive, algumas medidas foram tomadas na tentativa de sustar os efeitos desse ato normativo, quais sejam: a) o Mandado de Segurança nº 32.077 (MS nº 32.077) impetrado pelo Partido Social Cristão – PSC, o qual fora extinto sem resolução do mérito pelo relator, Ministro Luiz Fux, por ser incabível MS contra lei em tese, pela inteligência da Súmula nº 266 do STF;[338] b) a Ação Direta de Inconstitucionalidade nº 4.966/DF (ADI nº 4.966/DF), também ajuizada pelo PSC, a qual, atualmente, encontra-se conclusa para o relator, Ministro Gilmar Mendes, desde 16.4.2018;[339] e c) foi editado Projeto de Decreto Legislativo nº 106/2013, do Senador Magno Malta, para sustar os efeitos da Resolução nº 175/2013 do CNJ, encontrando-se atualmente arquivado.[340]

Ora, conforme defendido anteriormente, o casamento homoafetivo é uma possibilidade no ordenamento jurídico pátrio, tendo em vista a aplicação dos princípios constitucionais na esfera privada, entre eles os da *dignidade da pessoa humana*, da *liberdade*, da *igualdade*, da *pluralidade familiar* e o da *vedação ao retrocesso social*. Além disso, como sustenta Marianna Chaves, não há qualquer alusão, no texto constitucional, a um suposto exclusivismo do casamento heteroafetivo, pois a Constituição não faz tal vedação, apenas referindo-se a "homem e mulher" para equipará-los no seio da família, consagrando a igualdade entre os gêneros também dentro do âmbito familiar e dirimindo a hierarquização do modelo anterior.[341] Nessa toada, a autora enfatiza, ainda, que admitir a perspectiva de uma restrição implícita é postura eivada de inconstitucionalidade, contrariando a inteligência do art. 5º, II da CF/88,[342] [343] o que somente pode ser justificável por uma acepção preconceituosa e discriminatória arbitrária.

---

[338] Súmula nº 266 do Supremo Tribunal Federal: "Não cabe mandado de segurança contra lei em tese".

[339] Disponível em: http://portal.stf.jus.br/processos/detalhe.asp?incidente=4419751. Acesso em: 13 abr. 2019.

[340] Disponível em: https://www25.senado.leg.br/web/atividade/materias/-/materia/112745. Acesso em: 13 abr. 2019.

[341] CHAVES, Marianna. *Homoafetividade e direito*: proteção constitucional, uniões, casamento e parentalidade. 3. ed. Curitiba: Juruá, 2015. p. 289.

[342] Constituição Federal de 1988: "Art. 5º Todos são iguais perante a lei, sem distinção de qualquer natureza, garantindo-se aos brasileiros e aos estrangeiros residentes no País a inviolabilidade do direito à vida, à liberdade, à igualdade, à segurança e à propriedade, nos termos seguintes: [...] II - ninguém será obrigado a fazer ou deixar de fazer alguma coisa senão em virtude de lei".

[343] CHAVES, Marianna. *Homoafetividade e direito*: proteção constitucional, uniões, casamento e parentalidade. 3. ed. Curitiba: Juruá, 2015. p. 293.

Importante dizer também que o art. 103-B, §4º da CF[344] determina que é de competência do CNJ o controle da atuação administrativa do Poder Judiciário, entre as quais se enquadram a regulamentação cartorária. Assim, sabendo-se que a decisão do STF possui efeitos vinculantes e eficácia *erga omnes*, afastando a vedação às uniões homoafetivas, e que, pela incidência direta dos princípios fundamentais na esfera privada, não há como se impedir que o casamento entre pessoas do mesmo gênero ocorra, por ausência de vedação expressa, pode-se dizer que a Resolução nº 175/2013 do CNJ não afronta a Constituição. Pelo contrário, ela consubstancia seus propósitos, eliminando qualquer óbice discriminatório à consecução de direitos das pessoas homossexuais e bissexuais de contraírem casamento com pessoa de gênero idêntico ao seu, a partir de uma uniformização da atuação cartorária. Sobre isso, lembra também Paulo Iotti que o STF entendeu que o CNJ tem competência para a edição de atos normativos primários, desde que tal medida diga respeito à concretização de normas constitucionais, o que ocorreu no julgamento da Ação Declaratória de Constitucionalidade nº 12/DF (ADC nº 12/DF).[345]

Não obstante, é de se dizer que a mencionada resolução, de fato, é dotada de certa fragilidade normativa, mas não por ser ilegítima, como sustenta, por exemplo, Suzana Borges Viegas[346] e sim por restringir-se ao âmbito administrativo do Poder Judiciário. Diante disso, urge que o Legislativo, ante tantas omissões, mobilize-se a fim de regulamentar tais direitos, dando-lhes expressa previsão legal e dirimindo todos esses conflitos.

---

[344] Constituição Federal de 1988: "Art. 103-B. O Conselho Nacional de Justiça compõe-se de 15 (quinze) membros com mandato de 2 (dois) anos, admitida 1 (uma) recondução, sendo: [...] §4º Compete ao Conselho o controle da atuação administrativa e financeira do Poder Judiciário e do cumprimento dos deveres funcionais dos juízes, cabendo-lhe, além de outras atribuições que lhe forem conferidas pelo Estatuto da Magistratura: [...] I - zelar pela autonomia do Poder Judiciário e pelo cumprimento do Estatuto da Magistratura, podendo expedir atos regulamentares, no âmbito de sua competência, ou recomendar providências".

[345] O autor afirma que, nessa oportunidade, o STF reconheceu a constitucionalidade da Resolução nº 7 do CNJ, que regulamentava a vedação ao nepotismo, possibilitando a concretização dos princípios da impessoalidade, da moralidade administrativa, da igualdade e da eficiência (cf. VECCHIATTI, Paulo Roberto Iotti. Constitucionalidade das decisões do STF, STJ e CNJ sobre as uniões homoafetivas. *In*: FERRAZ, Carolina Valença; LEITE, Glauber Salomão; OMMATI, José Emílio Medauar; VECCHIATTI, Paulo Roberto Iotti (Coord.). *Diferentes, mas iguais*: estudos sobre a decisão do STF sobre a união homoafetiva (ADPF 132 e ADI 4277). Rio de Janeiro: Lumen Juris, 2017. p. 76).

[346] LIMA, Suzana Borges Viegas. *O estatuto jurídico das relações homoafetivas*. Brasília: Gazeta Jurídica, 2015. p. 74-76.

De toda forma, pode-se dizer que a citada resolução, embora controversa, representou um marco para a promoção dos direitos LGBT. Inclusive, sustenta Paulo Lôbo que a consequência prática dela e das decisões do STF e do STJ é que a união homoafetiva deixa de figurar como entidade familiar autônoma, ao passo que o casamento e a união estável tornam-se opções tanto para heterossexuais, quanto para homossexuais (ao que aqui também se estende aos bissexuais).[347] Além disso, esse processo de democratização matrimonial, no dizer de Carolina Valença Ferraz e Glauber Salomão Leite, é um ganho para toda a sociedade, pois "Quando um grupo socialmente discriminado é reconhecido em seus direitos, quando ganha espaço para expressar seus gostos e sentimentos [...] a sociedade inteira se torna um pouco mais livre, mais justa e mais desenvolvida nos aspecto humano e social".[348]

3.2 A família trans no ordenamento jurídico brasileiro: um estudo acerca da tutela jurídica das pessoas trans no seio familiar sob a ótica da *dignidade* e da personalidade

Traçadas as discussões a respeito do reconhecimento dos direitos da população homossexual e bissexual no direito das famílias pátrio, impende agora delinear a temática sob a ótica das identidades trans. Para tanto, iniciar-se-á o debate a partir do reconhecimento da necessidade de tutela dessas pessoas a partir dos direitos da personalidade, para daí extrair as consequências jurídicas no campo familiar.

De início, é importante enfatizar que a noção patologizante das identidades trans tem sido repensada e problematizada, sobretudo, em razão das mais recentes teorias a respeito das questões de gênero e sexualidade, a exemplo dos estudos feministas, *queer* e foucaultianos. A partir disso, gerou-se um movimento, em nível internacional, de combate a essa concepção patológica por parte de ativistas, pesquisadores(as), acadêmicos(as) e defensores(as) dos direitos humanos, a qual culminou na campanha *Stop Trans Pathologization* (STP),[349] reivindicando

---

[347] LÔBO, Paulo. *Direito civil*: famílias. 7. ed. São Paulo: Saraiva, 2017. p. 85.

[348] FERRAZ, Carolina Valença; LEITE, Glauber Salomão. A pessoa transgênera e o reconhecimento do direito de ser mulher: promoção da dignidade humana e garantia de desenvolvimento pessoal. *In*: FERRAZ, Carolina Valença; LEITE, George Salomão; LEITE, Glauber Salomão; LEITE, Glauco Salomão (Coord.). *Manual dos direitos da mulher*. São Paulo: Saraiva, 2013. p. 189.

[349] Em tradução livre: "Parem com a patologização trans".

uma revisão dos principais documentos médicos internacionais que elencavam a transexualidade e a travestilidade como doenças, quais sejam a CID-10 e o DSM-V.[350]

Sabe-se que as identidades trans encontravam-se elencadas dentro do Capítulo V – Transtornos Mentais e Comportamentais (F00-99), na parte de "Transtornos de Identidade Sexual" (F64), da CID-10 da OMS, sob os códigos F64.0, denominado "Transexualismo"[351], e F64.1, denominado "Travestismo Bivalente",[352] sob uma perspectiva totalmente estigmatizante que enxergava tais identidades como dotadas de patologias. Por sua vez, o DSM-V, lançado em 2013, utilizando a nomenclatura de "Disforia de Gênero", apresenta diversos critérios para realizar tal diagnóstico em diferentes fases da vida, em crianças (302.6),[353] adolescentes e adultos (302.85).[354]

---

[350] OLIVEIRA, André Lucas Guerreiro. *"Somos quem podemos ser"*: os homens (trans) brasileiros e o discurso pela (des)patologização da transexualidade. 2015. 169 f. Dissertação (Mestrado em Ciências Sociais) – Universidade Federal do Rio Grande do Norte, 2015. p. 37. Disponível em: https://repositorio.ufrn.br/jspui/bitstream/123456789/20034/1/AndreLucasGuerreiroOliveira_DISSERT.pdf. Acesso em: 15 abr. 2019.

[351] Classificação Internacional de Doenças nº 10: "F64.0 Transexualismo – Trata-se de um desejo de viver e ser aceito enquanto pessoa do sexo oposto. Este desejo se acompanha em geral de um sentimento de mal estar ou de inadaptação por referência a seu próprio sexo anatômico e do desejo de submeter-se a uma intervenção cirúrgica ou a um tratamento hormonal a fim de tornar seu corpo tão conforme quanto possível ao sexo desejado" (cf. ORGANIZAÇÃO MUNDIAL DE SAÚDE. *CID-10*. Disponível em: http://www.datasus.gov.br/cid10/V2008/WebHelp/f60_f69.htm#F64. Acesso em: 12 mar. 2019).

[352] Classificação Internacional de Doenças nº 10: "F64.1 Travestismo bivalente – Este termo designa o fato de usar vestimentos do sexo oposto durante uma parte de sua existência, de modo a satisfazer a experiência temporária de pertencer ao sexo oposto, mas sem desejo de alteração sexual mais permanente ou de uma transformação cirúrgica; a mudança de vestimenta não se acompanha de excitação sexual. Transtorno de identidade sexual no adulto ou adolescente, tipo não-transexual. Exclui: travestismo fetichista" (cf. ORGANIZAÇÃO MUNDIAL DE SAÚDE. *CID-10*. Disponível em: http://www.datasus.gov.br/cid10/V2008/WebHelp/f60_f69.htm#F64. Acesso em: 12 mar. 2019).

[353] *Manual de Diagnóstico e Estatísticas de Distúrbios Mentais nº V*: "Disforia de Gênero em Crianças 302.6 (F64.2) – A. Incongruência acentuada entre o gênero experimentado/expresso e o gênero designado de uma pessoa, com duração de pelo menos seis meses, manifestada por no mínimo seis dos seguintes (um deles deve ser o Critério A1):1. Forte desejo de pertencer ao outro gênero ou insistência de que um gênero é o outro (ou algum gênero alternativo diferente do designado). 2. Em meninos (gênero designado), uma forte preferência por cross-dressing (travestismo) ou simulação de trajes femininos; em meninas (gênero designado), uma forte preferência por vestir somente roupas masculinas típicas e uma forte resistência a vestir roupas femininas típicas. 3. Forte preferência por papéis transgêneros em brincadeiras de faz de conta ou de fantasias. 4. Forte preferência por brinquedos, jogos ou atividades tipicamente usados ou preferidos pelo outro gênero. 5. Forte preferência por brincar com pares do outro gênero. 6. Em meninos (gênero designado), forte rejeição de brinquedos, jogos e atividades tipicamente masculinos e forte evitação de brincadeiras agressivas e competitivas; em meninas (gênero designado), forte rejeição de brinquedos, jogos e atividades tipicamente femininas. 7. Forte desgosto com a própria anatomia sexual. 8. Desejo intenso por características sexuais primárias e/ou secundárias compatíveis com o

É importante esclarecer, ainda, que, apesar do relevante papel da STP no combate à estigmatização dessas pessoas, um fator que preocupa a população trans é justamente o fato de essas mudanças pretendidas nos documentos médicos de classificação de doenças acarretarem a remoção da assistência médica nos seus processos de transição, especialmente aqueles disponibilizados pelas redes públicas de saúde.[355] No entanto, embora seja compreensível esse temor, nos dizeres de Leonardo Farias Pessoa Tenório e de Marco Aurélio Máximo Prado, deve-se considerar também que a própria OMS define que saúde

---

gênero experimentado. B. A condição está associada a sofrimento clinicamente significativo ou a prejuízo no funcionamento social, acadêmico ou em outras áreas importantes da vida do indivíduo. Especificar se: Com um transtorno do desenvolvimento sexual (p. ex., distúrbio adrenogenital congênito, como 255.2 [E25.0] hiperplasia adrenal congênita ou 259.50 [E34.50] síndrome de insensibilidade androgênica). Nota para codificação: Codificar tanto o transtorno do desenvolvimento sexual como a disforia de gênero" (cf. ASSOCIAÇÃO PSIQUIÁTRICA AMERICANA. *Manual diagnóstico e estatístico de transtornos mentais*: DSM-5. 5. ed. Porto Alegre: Artmed, 2014. p. 452).

[354] *Manual de Diagnóstico e Estatística de Distúrbios Mentais nº V*: "Disforia de Gênero em Adolescentes e Adultos 302.85 (F64.1) A. Incongruência acentuada entre o gênero experimentado/expresso e o gênero designado de uma pessoa, com duração de pelo menos seis meses, manifestada por no mínimo dois dos seguintes: 1. Incongruência acentuada entre o gênero experimentado/expresso e as características sexuais primárias e/ou secundárias (ou, em adolescentes jovens, as características sexuais secundárias previstas). 2. Forte desejo de livrar-se das próprias características sexuais primárias e/ou secundárias em razão de incongruência acentuada com o gênero experimentado/expresso (ou, em adolescentes jovens, desejo de impedir o desenvolvimento das características sexuais secundárias previstas). 3. Forte desejo pelas características sexuais primárias e/ou secundárias do outro gênero. 4. Forte desejo de pertencer ao outro gênero (ou a algum gênero alternativo diferente do designado). 5. Forte desejo de ser tratado como o outro gênero (ou como algum gênero alternativo diferente do designado). 6. Forte convicção de ter os sentimentos e reações típicos do outro gênero (ou de algum gênero alternativo diferente do designado). B. A condição está associada a sofrimento clinicamente significativo ou prejuízo no funcionamento social, profissional ou em outras áreas importantes da vida do indivíduo. Especificar se: *Com um transtorno do desenvolvimento sexual* (p. ex., distúrbio adrenogenital congênito, como 255.2 [E25.0] hiperplasia adrenal congênita ou 259.50 [E34.50] síndrome de insensibilidade androgênica). *Nota para codificação*: Codificar tanto o transtorno do desenvolvimento sexual como a disforia de gênero. Especificar se: *Pós-transição*: O indivíduo fez uma transição para uma vida em tempo integral no gênero desejado (com ou sem legalização da mudança de gênero) e fez (ou está se preparando para fazer) pelo menos um procedimento médico ou um regime de tratamento transexual – a saber, tratamento hormonal transexual regular ou cirurgia de redesignação de gênero confirmando o gênero desejado (p. ex., penectomia, vaginoplastia em um gênero masculino ao nascimento; mastectomia ou faloplastia em um gênero feminino ao nascimento)" (cf. ASSOCIAÇÃO PSIQUIÁTRICA AMERICANA. *Manual diagnóstico e estatístico de transtornos mentais*: DSM-5. 5. ed. Porto Alegre: Artmed, 2014. p. 452-453, grifos no original).

[355] OLIVEIRA, André Lucas Guerreiro. "*Somos quem podemos ser*": os homens (trans) brasileiros e o discurso pela (des)patologização da transexualidade. 2015. 169 f. Dissertação (Mestrado em Ciências Sociais) – Universidade Federal do Rio Grande do Norte, 2015. p. 39. Disponível em: https://repositorio.ufrn.br/jspui/bitstream/123456789/20034/1/AndreLucasGuerreiroOliveira_DISSERT.pdf. Acesso em: 15 abr. 2019.

não significa a mera ausência de doença, importando num estado de bem-estar físico, mental e social. Nessa esteira, não seria necessário que a população trans fosse encarada como doente para obter assistência médica, mas apenas demonstrar a ausência de um pleno bem-estar biopsicossocial.[356]

Ademais, não se pode igualmente olvidar que a transexualidade e a travestilidade compreendem dimensões da identidade individual de cada pessoa, pelo que, ainda que haja as modificações pretendidas pelo STP na CID-10 e no DSM-V, ainda é possível pleitear a assistência médica com relação ao processo transexualizador a partir da tutela do livre desenvolvimento da personalidade. Isso, pois, direitos da personalidade, segundo lições de Paulo Lôbo, são aquelas estruturas jurídicas extrapatrimoniais intrínsecas a toda e qualquer pessoa as quais emanam do cerne das suas *dignidades*; representando, portanto, a concretização da *dignidade da pessoa humana* na seara jusprivatista.[357] Nesse sentido, tem-se, ainda, que tais direitos, por representarem o que há de mais essencial nos sujeitos, dado o seu cunho jusnaturalista, configuram decorrência lógica do chamado Estado Democrático de Direito, merecendo especial proteção do ordenamento jurídico, resvalando, inclusive, na seara constitucional.[358]

Por esse motivo, diz-se, ainda, que os direitos da personalidade estão umbilicalmente ligados à noção de direitos fundamentais. Estes, por sua vez, dizem respeito às situações jurídicas dos indivíduos perante os poderes públicos, encontrando-se consagrados na Constituição Federal, e têm por fim resguardá-los das ingerências estatais nas suas esferas de pessoalidade.[359] Tal relação de aproximação[360] enseja, a seu turno, um

---

[356] TENÓRIO, Leonardo Farias Pessoa; PRADO, Marco Aurélio Máximo. As contradições da patologização das identidades trans e argumentos para mudança de paradigma. *Revista Periodicus*, Salvador, v. 1, n. 5, p. 41-55, 2016. p. 52. Disponível em: https://portalseer.ufba.br/index.php/revistaperiodicus/article/view/17175/11332. Acesso em: 15 abr. 2019.

[357] LÔBO, Paulo. *Direito civil*: parte geral. 7. ed. São Paulo: Saraiva, 2018. p. 139.

[358] FACHIN, Luiz Edson. O corpo do registro e o registro do corpo: mudança de nome e sexo sem cirurgia de redesignação. *Revista Brasileira de Direito Civil*, Belo Horizonte, v. 1, p. 36-60, 2014. Disponível em: https://rbcivil.ibdcivil.org.br/rbdc/article/view/130/126. Acesso em: 12 mar. 2019. p. 40.

[359] MANZUR, Maurício. A dicotomia entre os direitos da personalidade e os direitos fundamentais. *In*: MIRANDA, Jorge; RODRIGUES JÚNIOR, Otávio Luiz; FRUET, Gustavo Bonato (Org.). *Direitos da personalidade*. São Paulo: Atlas, 2012. p. 31.

[360] Importa frisar, como ensina Paulo Lôbo, que a similitude entre os direitos da personalidade e os direitos fundamentais não é uma relação de total equivalência, visto que em que pese os primeiros consistirem em espécies do gênero direitos fundamentais, nem todos os direitos fundamentais, positivados no texto constitucional, compreendem direitos da personalidade. Afinal, o legislador constituinte atribui natureza de fundamentalidade a direitos de natureza

vínculo de complementariedade entre essas duas espécies jurídicas, a fim de realizar melhor os objetivos da tutela da personalidade.

Além disso, pode-se dizer também que o fenômeno da constitucionalização do direito privado contribui com esse processo, visto que alça a *dignidade da pessoa humana* ao ideal de princípio norteador das relações jurídicas, sobretudo em razão do advento da Constituição Federal de 1988. Ante tal panorama, imputa-se, assim, uma observância dos preceitos e garantias fundamentais constitucionalmente protegidos por parte da legislação infraconstitucional, com a finalidade de propiciar os ideais de *solidariedade*, de *justiça social* e de *liberdade* e *igualdade materiais* contidos na Carta Política.[361]

Diante disso, tem-se que os direitos da personalidade não configuram um rol taxativo, sendo dotados de uma tipicidade aberta, de modo que aqueles direitos previstos no Código Civil e na Constituição não encerram as possibilidades de tutela jurídica da personalidade.[362] Por isso, vislumbra-se a possibilidade de enquadramento do direito à identidade de gênero como uma categoria dos direitos da personalidade, na qual se compreende a ideia de gênero para além das concepções deterministas que se baseiam no sexo biológico, mas sim como uma construção social; respeitando-se, portanto, o autorreconhecimento de cada indivíduo como entes do gênero masculino ou feminino.

Nesse caso, estar-se-ia dando às pessoas trans uma tutela jurídica que reconhece as suas individualidades, afastando-as do tenebroso estigma da patologia e da "anormalidade".[363] Isso, pois, atribuir à identidade de gênero a mesma proteção legal que é conferida aos

---

social, cultural e econômica, bem como estabelece direitos para organizações que não são pessoas (cf. LÔBO, Paulo. *Direito civil*: parte geral. 7. ed. São Paulo: Saraiva, 2018. p. 139).

[361] LÔBO, Paulo. A constitucionalização do direito civil brasileiro. *In*: TEPEDINO, Gustavo (Org.). *Direito civil contemporâneo*: novos problemas à luz da legalidade constitucional: anais do Congresso Internacional de Direito Civil-Constitucional da Cidade do Rio de Janeiro. São Paulo: Atlas, 2008. p. 20.

[362] LÔBO, Paulo. *Direito civil*: parte geral. 7. ed. São Paulo: Saraiva, 2018. p. 145.

[363] Sobre o mencionado estigma, inclusive, faz-se pertinente – em razão do respeito ao local de fala – a transcrição do posicionamento de Leilane Assunção da Silva, uma das primeiras mulheres trans doutora e professora universitária no Brasil, e Emilly Mel Fernandes de Souza, a respeito da patologização das identidades trans: "Por isso, lançamos a campanha 'Stop Patologização das identidades trans', porque não fomos consultadas sobre nossa suposta condição de doentes, não conversaram conosco sobre isso, apenas nos observaram [...] e sem diálogo algum, definem-nos como loucas, perturbadas mentais, portadoras de um 'transtorno comportamental de gênero'" (cf. SILVA, Leilane Assunção da; SOUZA, Emilly Mel Fernandes de. A epistemologia do barraco: uma breve história do movimento LGBTI em geral. *Inter-Legere – Revista de Pós-Graduação em Ciências Sociais da UFRN*, n. 21, p. 106-121, 2017. p. 119. Disponível em: https://periodicos.ufrn.br/interlegere/article/view/13539/9261. Acesso em: 12 mar. 2019).

direitos da personalidade lança um olhar mais humanizado por parte do direito com relação às pessoas trans e, consequentemente, melhor concretiza as suas *dignidades*.

Sobre isso, inclusive, alguns acontecimentos, em nível internacional e também nacional, em que pese a inércia do Legislativo pátrio, apontam para transformações no tratamento jurídico e também médico com relação às pessoas trans, que corroboram a tutela da identidade de gênero como um direito da personalidade. Entre tais circunstâncias, na esfera nacional, tem-se o julgamento da Ação Direta de Inconstitucionalidade nº 4.275/DF (ADPF nº 4.275/DF) pelo Supremo Tribunal Federal e a edição do Provimento nº 73/2018 pelo CNJ, os quais serão melhor explorados no tópico seguinte.

Em âmbito internacional, por sua vez, ocorre que, no ano de 2018, a OMS divulgou que o "Transexualismo" e o "Travestismo"[364] seriam retirados, na sua Revisão de nº 11, da parte relativa aos "Transtornos Mentais", passando a integrar o Capítulo 17, intitulado "Condições ligadas à Saúde Sexual", sob o nome de "Incongruência de Gênero".[365] Importante notar que a manutenção, de certa forma, na CID-11, segundo justificativa da própria OMS, dá-se ao fato de subsistirem cuidados necessários a serem tomados com relação à saúde das pessoas trans – como as terapias hormonais, os acompanhamentos psicológicos ou mesmo a cirurgia de redesignação genital etc. – os quais podem ser melhor observados com a codificação dessa condição na CID-11.

No entanto, a retirada do rol de "Transtornos Mentais" definitivamente é tida como necessária e pertinente, em razão de todo o estigma que essa patologização atribui às pessoas trans.[366] Ademais, em que pese tal normativa ainda não estar em vigor, o Brasil, como Estado-Membro

---

[364] Importante constatação faz-se necessária com relação aos termos "transexualismo" e "travestismo", tendo em vista que o sufixo "-ismo" possui uma conotação de patologia, tendo tais termos sido utilizados pela OMS quando da patologização das identidades trans. No entanto, a terminologia correta e, portanto, mais adequada aos fins deste trabalho é a relativa às ideias de "transexualidade" e de "travestilidade", visto que o sufixo "-dade" denota o sentido de "modo de ser".

[365] Classificação Internacional de Doenças nº 11: "A incongruência de gênero é caracterizada por uma incongruência acentuada e persistente entre o sexo experimentado por um indivíduo e o sexo atribuído. Comportamento variante de gênero e preferências, por si só, não são uma base para atribuir os diagnósticos neste grupo" (cf. ORGANIZAÇÃO MUNDIAL DE SAÚDE. *ICD-11*. Disponível em: https://icd.who.int/browse11/l-m/en#/http%3a%2f%2fid.who.int%2ficd%2fentity%2f577470983. Acesso em: 12 mar. 2019. Tradução nossa).

[366] ORGANIZAÇÃO MUNDIAL DE SAÚDE. *ICD-11*: classifying disease to map the way we live and die, 2018. Disponível em: https://www.who.int/health-topics/international-classification-of-diseases. Acesso em: 12 mar. 2019.

da Organização das Nações Unidas (ONU), adotará a CID-11 a partir de 1.1.2022, data a qual ficou determinada para início da sua vigência.[367]

A APA, a seu turno, limitou-se a modificar a terminologia "Transtorno de Identidade de Gênero", contida no DSM-IV, para "Disforia de Gênero", constante do DSM-V, conforme visto anteriormente. Contudo, tal iniciativa, como bem sustenta André Lucas Oliveira, mesmo que tente minimizar o estigma a partir da retirada do termo "transtorno", não é suficiente para promover a despatologização, até pela própria abordagem desse documento, encarando tais experiências identitárias ainda como um desvio das expectativas impostas pelo padrão heterocisnormativo.[368]

De toda forma, essas mudanças de perspectiva, por conseguinte, refletem uma tendência transformadora com relação à tutela das identidades trans, aproximando-as da proteção conferida aos direitos da personalidade. Diante disso, além de destrinchar melhor a decisão proferida em sede da ADPF nº 4.275/DF e também o Provimento nº 73/2018 do CNJ, é imperioso que se teçam algumas considerações com relação às repercussões dessas transformações com relação ao direito das famílias.

3.2.1 Rumo à despatologização das identidades de gênero e a sua consequente tutela pelos direitos da personalidade: contribuições da doutrina, do STF e do CNJ

Em 2018, o STF julgou a Ação Direta de Inconstitucionalidade nº 4.275/DF (ADI nº 4.275/DF), relatada pelo Ministro Marco Aurélio Mello, a qual fora proposta pela Procuradoria-Geral da República, pleiteando a atribuição de interpretação conforme a Constituição ao art. 58 da Lei nº 6.015/1973 (Lei de Registros Públicos),[369] reconhecendo-se às pessoas trans, independentemente da realização de cirurgia de

---

[367] ORGANIZAÇÃO PAN-AMERICANA DE SAÚDE. *Aprueban resoluciones sobre seguridad del paciente, atención de emergencias y traumatismos, agua y saneamiento, y la CIE-11*, 2019. Disponível em: https://www.paho.org/hq/index.php?option=com_content&view=article&id=15214:delegations-adopted-resolutions-on-patient-safety-emergency-and-trauma-care-water-and-sanitation-and-on-the-icd-11&Itemid=1926&lang=es. Acesso em: 14 dez. 2019.

[368] OLIVEIRA, André Lucas Guerreiro. *"Somos quem podemos ser"*: os homens (trans) brasileiros e o discurso pela (des)patologização da transexualidade. 2015. 169 f. Dissertação (Mestrado em Ciências Sociais) – Universidade Federal do Rio Grande do Norte, 2015. p. 40-41. Disponível em: https://repositorio.ufrn.br/jspui/bitstream/123456789/20034/1/AndreLucasGuerreiroOliveira_DISSERT.pdf. Acesso em: 15 abr. 2019.

[369] Lei de Registros Públicos (Lei nº 6.015/1973): "Art. 58. O prenome será definitivo, admitindo-se, todavia, a sua substituição por apelidos públicos notórios".

redesignação genital, o direito à mudança de prenome e sexo[370] no registro civil. Além disso, requeria-se que, em caso de não optar pela cirurgia, fossem cumpridos os seguintes requisitos, a fim de possibilitar-se tal retificação: a) idade superior a 18 anos; b) convicção, há pelo menos 3 anos, de pertencer ao gênero oposto ao biológico; e c) baixa probabilidade, de acordo com pronunciamento de grupo de especialistas, de modificação da identidade de gênero. Subsidiariamente, caso o Tribunal não entendesse suficiente a aplicação da interpretação conforme a Constituição, requereu-se que a ação fosse recebida como ADPF, voltada para os casos de indeferimento de alteração do registro anexados a exordial.

O presidente do STF solicitou a manifestação da AGU e o parecer da PGR, obtendo os seguintes pronunciamentos: a) a AGU – pugnou pela inadmissibilidade da ação direta, com base no fato de o art. 58 da Lei de Registros Públicos não tratar da alteração de registro de pessoa transexual, pelo que não caberia a interpretação conforme a Constituição, e, no mérito, pela parcial procedência da ação, conferindo-se o direito à retificação independentemente de cirurgia, mas alegando que deveria ser mentido registro do estado anterior, a fim de evitar o desaparecimento do sujeito pregresso; e b) a PGR – sustentou a procedência da ação, reiterando as razões expostas na inicial. Ademais, pronunciaram-se também: a) a Presidência da República – apontado que o Poder Executivo tutela o direito das pessoas trans mediante a instituição do processo transexualizador no âmbito do Sistema Único de Saúde (SUS) e defende a possibilidade de retificação postulada, com a condição de que não se eliminasse a averbação originária com o gênero e prenome anteriores; b) a Câmara dos Deputados – alegando não ter informações a prestar; e c) o Senado Federal – defendendo que o Poder Público garante os direitos das pessoas trans de forma eficiente, a partir da concessão da cirurgia de redesignação genital, frisando ser inviável a modificação do registro sem a submissão a esse processo, pois entende ser imprescindível que o registro corresponda à realidade física e sustenta, ainda, que o Judiciário não pode atuar como legislador positivo nesse caso.

Diante disso, o ministro relator proferiu seu voto nos seguintes termos: a) rejeitando a preliminar suscitada pela AGU, por entender que caberia o uso da técnica de interpretação conforme a Constituição; b) deferindo a possibilidade de alteração do registro de pessoa transexual, independentemente de cirurgia, por entender que o Judiciário não

---

[370] Aqui se utiliza a terminologia usada na citada ação.

pode impor mutilações para que se garanta direito fundamental dos jurisdicionados, cabendo à própria pessoa determinar, segundo sua autonomia, a submissão a tais procedimentos; c) indicando a necessária submissão a procedimento de jurisdição voluntária, com a participação do Ministério Público; e d) determinando que, nos casos de não realização da cirurgia, a modificação registral deveria ser precedida da verificação dos critérios técnicos aptos a comprovar a transexualidade, conforme dispunha o art. 3º da então vigente Resolução nº 1.955/2010 do Conselho Federal de Medicina (CFM),[371] bem como o respeito aos seguintes requisitos: (i) idade mínima de 21 anos, não dizendo respeito à maioridade civil, mas sim à maturidade necessária para a tomada dessa decisão; e (ii) diagnóstico médico de "transexualismo",[372] realizado por equipe multidisciplinar composta por médico psiquiatra, cirurgião, endocrinologista, psicólogo e assistente social, após, no mínimo, 2 anos de acompanhamento conjunto.[373] [374]

Logo em seguida, o Ministro Alexandre de Moraes vota também pela procedência do pleito, fundamentando, inclusive, que diversos outros países já regularizaram tal questão dispensando qualquer exigência com relação à necessidade de submissão à cirurgia, entre os quais: Itália (Lei nº 164/1982), Alemanha (Lei dos Transexuais – *Transsexuellengesetz* de janeiro de 1981), Grã-Bretanha (*Gender Recognition Act* de 2004), Espanha (Lei nº 3 de 2007), Portugal (Lei nº 7 de 2011) e Argentina (Lei nº 26.743 de 2012). Ademais, torna explícita a necessidade de estender tal direito não somente às pessoas tidas por transexuais,

---

[371] Resolução nº 1.955/2010 do Conselho Federal de Medicina: "Art. 3º Que a definição de transexualismo obedecerá, no mínimo, aos critérios abaixo enumerados: 1) Desconforto com o sexo anatômico natural; 2) Desejo expresso de eliminar os genitais, perder as características primárias e secundárias do próprio sexo e ganhar as do sexo oposto; 3) Permanência desses distúrbios de forma contínua e consistente por, no mínimo, dois anos; 4) Ausência de outros transtornos mentais.(Onde se lê 'Ausência de outros transtornos mentais', leia-se 'Ausência de transtornos mentais')".

[372] Termo utilizado na Resolução nº 1.955 do CFM e reproduzido pelo ministro em seu voto.

[373] Resolução nº 1.955/2010 do Conselho Federal de Medicina: "Art. 4º Que a seleção dos pacientes para cirurgia de transgenitalismo obedecerá a avaliação de equipe multidisciplinar constituída por médico psiquiatra, cirurgião, endocrinologista, psicólogo e assistente social, obedecendo os critérios a seguir definidos, após, no mínimo, dois anos de acompanhamento conjunto: 1) Diagnóstico médico de transgenitalismo; 2) Maior de 21 (vinte e um) anos; 3) Ausência de características físicas inapropriadas para a cirurgia".

[374] Voto do Ministro Marco Aurélio Melo, p. 10-16, *passim* (cf. BRASIL. Supremo Tribunal Federal. *Ação Direta de Inconstitucionalidade nº 4.275/DF*. Relator: Ministro Marco Aurélio Mello, 01 de março de 2018. Disponível em: https://portal.stf.jus.br/processos/downloadPeca.asp?id=15339649246&ext=.pdf Acesso em: 12 mar. 2019).

mas para pessoas transgêneras como um todo, entendendo que tal termo é mais abrangente.[375]

Nessa continuidade, o voto do Ministro Luiz Edson Fachin instaurou divergência parcial com relação aos dois anteriores; tendo, inclusive, sido o entendimento que prevaleceu ao fim do julgado. Nele, o ministro fundamenta seu voto com base em diversos argumentos, doutrinários, legais e jurisprudenciais, entre os quais se destacam os seguintes: a) base constitucional – o direito à *dignidade*, constante do art. 1º, III da CF/88, bem como os direitos à intimidade e à vida privada, com fulcro no art. 5º, X da CF/88;[376] b) base convencional – o direito ao nome (art. 18), o direito ao reconhecimento da personalidade jurídica (art. 3º), o direito à liberdade pessoal (art. 7.1), o direito à honra e à dignidade (art. 11.2), todos constantes do Pacto de São José da Costa Rica (Convenção Americana de Direitos Humanos de 1969);[377] e c) base em precedentes – o Recurso Extraordinário nº 670.422/RS (RE nº 670.422/RS), de relatoria do Ministro Dias Toffoli,[378] a ADPF nº 54/DF, de relatoria do Ministro Marco Aurélio Mello[379] e a Opinião Consultiva

---

[375] Voto do Ministro Alexandre de Morais, p. 20-22.

[376] Constituição Federal de 1988, art. 5º: "X - são invioláveis a intimidade, a vida privada, a honra e a imagem das pessoas, assegurado o direito a indenização pelo dano material ou moral decorrente de sua violação".

[377] Convenção Americana de Direitos Humanos de 1969: "Artigo 3. Direito ao reconhecimento da personalidade jurídica. Toda pessoa tem direito ao reconhecimento de sua personalidade jurídica [...] Artigo 7. Direito à liberdade pessoal. 1. Toda pessoa tem direito à liberdade e à segurança pessoais [...] Artigo 11. Proteção da honra e da dignidade. 1. Toda pessoa tem direito ao respeito de sua honra e ao reconhecimento de sua dignidade. 2. Ninguém pode ser objeto de ingerências arbitrárias ou abusivas em sua vida privada, na de sua família, em seu domicílio ou em sua correspondência, nem de ofensas ilegais à sua honra ou reputação. [...] Artigo 18. Direito ao nome. Toda pessoa tem direito a um prenome e aos nomes de seus pais ou ao de um destes. A lei deve regular a forma de assegurar a todos esse direito, mediante nomes fictícios, se for necessário" (cf. ORGANIZAÇÃO DOS ESTADOS AMERICANOS. *Convenção Americana de Direitos Humanos ("Pacto de San José de Costa Rica") de 22 de novembro de 1969*. Disponível em: https://www.cidh.oas.org/basicos/portugues/c.convencao_americana.htm. Acesso em: 15 abr. 2019).

[378] Nesse caso, o qual teve seu julgamento iniciado antes da ADPF nº 4.275, mas que apenas foi decidido após a resolução desta, os ministros aprovaram o Tema de Repercussão Geral nº 761: "Possibilidade de alteração de gênero no assento de registro civil de transexual, mesmo sem a realização de procedimento cirúrgico de redesignação de sexo" (cf. BRASIL. Supremo Tribunal Federal. *Recurso Extraordinário nº 670.422/RS*. Relator: Ministro Dias Toffoli. Data do Julgamento: 15/08/2018. Disponível em: http://portal.stf.jus.br/processos/detalhe.asp?incidente=4192182. Acesso em: 15 abr. 2019).

[379] Nessa oportunidade, conforme se depreende do julgado, os ministros votaram pela inconstitucionalidade da interpretação na qual se considera a interrupção da gravidez de feto anencefálico como conduta tipificada pelos arts. 124, 126 e 128, incs. I e II, do Código Penal (cf. BRASIL. Supremo Tribunal Federal. *Arguição de descumprimento de preceito fundamental nº 54/DF*. Relator: Ministro Marco Aurélio Mello, 12 de abril de 2012. Disponível em: http://

nº 24/2017 (OC nº 24/17) da Corte Interamericana de Direitos Humanos (CIDH) sobre identidade de gênero e igualdade e não discriminação.[380] [381]

Dessa maneira, o ministro votou pela procedência da ação, dando interpretação conforme a Constituição ao art. 58 da Lei de Registros Públicos, de modo a reconhecer que as pessoas transgêneras, independentemente de cirurgia ou realização de tratamentos hormonais ou patologizantes, têm o direito à retificação do nome e do sexo diretamente no registro civil.[382] Esclareceu, ainda, que entende pela dispensabilidade de um procedimento judicial, *prima facie*, pois, de um modo geral, os assentamentos de nascimento são realizados diretamente nos cartórios de registro civil de pessoas naturais e, na sua concepção, está-se a tratar da modificação do prenome e não dos sobrenomes. Não obstante, admite a possibilidade de o oficial de registro civil suscitar

---

portal.stf.jus.br/processos/downloadPeca.asp?id=136389880&ext=.pdf. Acesso em: 15 abr. 2019).

[380] Em 28.5.2016 a República da Costa Rica apresentou uma solicitação de opinião consultiva sobre a interpretação e o alcance dos artis. 11.2 (proteção da honra e da dignidade), 18 (direito o nome) e 24 (igualdade perante a lei), a fim de o Tribunal se pronunciar a respeito da alteração de nome das pessoas, de acordo com sua identidade de gênero, e sobre os efeitos patrimoniais oriundos de uniões entre pessoas de mesmo gênero. Diante disso, com relação ao respeito à identidade de gênero, em síntese apertada, a CIDH pronunciou-se nos seguintes termos: a) a mudança do nome e, em geral, a adequação dos registros públicos e dos documentos de identidade para que esses estejam em conformidade com a identidade de gênero autopercebida constitui um direito protegido pelos arts. 3, 7.1, 11.2 e 18 da Convenção, em conformidade com os arts. 1.1 (obrigação de respeitar os direitos) e 24 (igualdade perante a lei), pelo que se encontram os Estados na obrigação de reconhecer, regular e estabelecer os procedimentos adequados para tais fins, nos termos dos parágrafos 85 (o direito à *dignidade* como um direito humano fundamental oponível *erga omnes*) e 116 (a mudança de nome, a adequação da imagem e a retificação registral para que esses estejam de acordo com a identidade de gênero autopercebida) da decisão; e b) os Estados devem garantir que as pessoas interessadas em proceder com a retificação registral do gênero ou, no seu caso, a menção do sexo, em mudar seu nome, em adequar sua imagem nos registros e/ou nos documentos de identidade para deixá-los em conformidade com sua identidade de gênero autopercebida, podem recorrer a um procedimento ou a um trâmite: (i) focado na adequação integral à identidade de gênero autopercebida; (ii) embasado totalmente no consentimento livre e informado do solicitante, sem que se exijam requisitos como pareceres médicos e/ou psicológicos ou outros que podem resultar irrazoáveis ou patologizantes; (iii) confidencial, sendo que as mudanças, correções ou adequações nos registros e nos documentos de identidade não devem refletir as mudanças de conformidade com a identidade de gênero; (iv) tendente à gratuidade na medida do possível; (v) que não deve exigir operações e tratamentos hormonais como requisitos, sendo que o procedimento administrativo ou notarial é o que mais se adequa a tal finalidade, pelo que os Estados podem fornecer, paralelamente, essa via administrativa, para ficar a critério do interessado escolher (cf. CORTE INTERAMERICANA DE DIREITOS HUMANOS. *Opinión consultiva nº 24 de 2017*. Disponível em: http://www.corteidh.or.cr/docs/opiniones/seriea_24_esp.pdf. Acesso em: 15 abr. 2019. Tradução nossa).

[381] Voto do Ministro Luiz Edson Fachin, p. 24-25.

[382] Voto do Ministro Luiz Edson Fachin, p. 40.

dúvida e submeter a matéria ao juiz da vara de registros públicos, quando considerar pertinente.[383]

Isso posto, em suma, a ação foi julgada procedente, de forma unânime, quanto à possibilidade de alteração do registro civil das pessoas trans sem necessidade de prévia submissão à intervenção cirúrgica. No entanto, os ministros divergiram com relação à indispensabilidade de apreciação judicial prévia para fins de efetivação dessa modificação registral, tendo ficado estabelecido, por maioria dos votos (em razão do posicionamento dos ministros Luiz Edson Fachin, Luís Roberto Barrosos, Rosa Weber, Luiz Fux, Celso de Mello e Cármen Lúcia), que a retificação poderia ser feita tanto pela via administrativa quanto judicial – ficando ao critério da pessoa interessada eleger o caminho mais apropriado, segundo seus interesses –, restando vencidos os ministros Marco Aurélio (Relator), Alexandre de Morais, Ricardo Lewandowski e Gilmar Mendes.[384]

Nesse diapasão, o Provimento nº 73/2018 foi editado pelo CNJ, em conformidade com o que foi decidido pelo STF na ADI nº 4.275/DF, a fim de regulamentar o procedimento de retificação de registro civil de pessoas trans diretamente nos cartórios, sendo desnecessárias quaisquer comprovações de realização de cirurgia de redesignação sexual e/ou de tratamento hormonal ou patologizante, assim como de apresentação de laudo médico ou psicológico. Nesse documento, ficam elencados como critérios para o procedimento administrativo de retificação: a) a maioridade de 18 anos; b) a declaração autônoma, tomada a termo e assinada, da(o) requerente, perante o oficial de registros, com relação ao desejo da alteração; c) a declaração de inexistência de processo judicial, em curso, que tenha por objeto tal retificação registral, visto que, em tal caso, a opção pela via administrativa está condicionada ao arquivamento do feito judicial; e d) a apresentação dos documentos listados no §6º do art. 4º do provimento.[385]

---

[383] Esclarecimento feito pelo Ministro Luiz Edson Fachin aos ministros Ricardo Lewandowski e Marco Aurélio Mello, p. 42-43.

[384] Importante destacar que o Ministro Dias Toffoli não participou da votação em razão de impedimento, por ter prestado informação como Advogado-Geral da União.

[385] Provimento nº 73/2018 do CNJ: "Art. 4º O procedimento será realizado com base na autonomia da pessoa requerente, que deverá declarar, perante o registrador do RCPN, a vontade de proceder à adequação da identidade mediante a averbação do prenome, do gênero ou de ambos [...] §6º A pessoa requerente deverá apresentar ao ofício do RCPN, no ato do requerimento, os seguintes documentos: I – certidão de nascimento atualizada; II – certidão de casamento atualizada, se for o caso; III – cópia do registro geral de identidade (RG); IV – cópia da identificação civil nacional (ICN), se for o caso; V – cópia do passaporte brasileiro, se for o caso; VI – cópia do cadastro de pessoa física (CPF) no Ministério da

Ademais, prevê também as seguintes medidas: a) que as alterações devem ser mantidas em sigilo, salvo disposição em contrário da(o) requente ou em razão de determinação judicial; b) que, mediante suspeita de fraude, falsidade, má-fé, vício de vontade ou simulação quanto ao desejo real da pessoa requerente, o registrador encaminhará o pedido ao juiz corregedor, mediante fundamentação da recusa; c) que todos os documentos referidos no art. 4º do provimento devem permanecer arquivados indefinidamente; e d) que o Ofício de Registro Civil de Pessoas Naturais no qual foi feita a modificação deve comunicar o ato aos órgão expedidores do Registro Geral de Identidade (RG), da Identificação Civil Nacional (ICN), do Cadastro de Pessoas Físicas (CPF) e do passaporte, bem como à Justiça Eleitoral, mediante o respectivo Tribunal Regional Eleitoral (TRE).

Por derradeiro, o provimento estabelece em seu §7º do art. 4º que fica facultado à(ao) requerente a apresentação de laudo médico ou parecer psicológico que ateste a transexualidade/travestilidade ou laudo médico que ateste a realização de cirurgia de transgenitalização. Sobre isso, interessa elucidar a pertinente crítica feita por Céu Silva e Henrique da Fonte a esse dispositivo, visto que a *ratio decidendi* utilizada pelo STF segue a linha da autodeclaração; sendo, portanto, desnecessários quaisquer laudos ou pareceres de profissionais da saúde. Dessa forma, ainda que a normativa disponha a possibilidade de apresentação facultativa desses documentos, dispositivo nesse sentido perpetua o entendimento de que as identidades trans são patológicas. Ademais, sustentam os autores que, na prática, a faculdade pode tornar-se obrigatoriedade caso haja leituras equivocadas do dispositivo tanto por parte das(os) requerentes ou mesmo pelos oficiais de registro.[386] Daí a importância de que se reveja essa disposição, para que não ocorra de ela perpetuar a discriminação e o estigma para com as pessoas trans,

---

Fazenda; VII – cópia do título de eleitor; IX – cópia de carteira de identidade social, se for o caso; X – comprovante de endereço; XI – certidão do distribuidor cível do local de residência dos últimos cinco anos (estadual/federal); XII – certidão do distribuidor criminal do local de residência dos últimos cinco anos (estadual/federal); XIII – certidão de execução criminal do local de residência dos últimos cinco anos (estadual/federal); XIV – certidão dos tabelionatos de protestos do local de residência dos últimos cinco anos; XV – certidão da Justiça Eleitoral do local de residência dos últimos cinco anos; XVI – certidão da Justiça do Trabalho do local de residência dos últimos cinco anos; XVII – certidão da Justiça Militar, se for o caso".

[386] CAVALCANTI, Céu Silva; SOUZA, Henrique da Fonte Araújo de. Transforma-se o direito, permanecem os estigmas: a transgeneridade e o provimento nº 73/2018 do Conselho Nacional de Justiça. *Revista da Defensoria Pública do Rio Grande do Sul*, Porto Alegre, v. 21, p. 13-31, 2018. Disponível em: https://issuu.com/defensoriapublicadoriograndedosul/docs/revista_21. Acesso em: 13 mar. 2019.

ao invés de apenas facilitar o processo de alteração registral, como era o objetivo.

3.2.1.1 As identidades trans a partir da ótica personalista: direitos à identidade, ao nome, à integridade psicofísica e à privacidade

Ante o contexto anteriormente narrado, é notória a atuação do Judiciário no sentido de promover uma despatologização das identidades trans, submetendo-as, a seu turno, ao tratamento por meio da tutela jurídica dos direitos da personalidade. Entre esses, pode-se dizer que quatro deles experimentaram um forte impacto com relação a essas mudanças, quais sejam: os direitos à identidade, ao nome, à integridade psicofísica e à privacidade.

Com relação à *identidade*, como um direito personalíssimo próprio, pode-se dizer que ela representa a exteriorização da personalidade no plano social. Assim, tem-se que cada indivíduo atua de forma autônoma na construção das suas subjetividades, mas a identidade não se basta nos indivíduos em si, tendo em vista que ela pressupõe também um reconhecimento, por parte de terceiros, daquela individualidade. Por isso, fala-se que a identidade tem, igualmente, um caráter relacional.[387]

À vista disso, é imperioso notar que a manifestação da identidade pessoal se encontra diretamente atrelada ao processo de autoconhecimento de determinada pessoa e, portanto, também à sua dimensão de autonomia. Nessa sequência, decorre logicamente o fato de a pessoa em questão almejar também um reconhecimento dessa sua individualidade por parte daqueles que a cercam. Por esse motivo, em se tratando de pessoas trans, sabendo-se que a elas foi imposta, com o nascimento, uma condição a qual não se harmoniza com a construção das suas subjetividades, elas demandam um reconhecimento sociojurídico que se ajuste às suas identidades.

Dessa maneira, tem-se a indispensabilidade do papel do Estado nesse processo de recognição. Afinal, para que se garanta o direito ao livre desenvolvimento da personalidade dessas pessoas, é necessário que suas identidades sejam acolhidas em todas as esferas da sua vida, não só a pessoal, mas também a vida pública. Daí surgem as necessidades de promoção de alterações no seu registro civil, bem como, em alguns

---

[387] GONÇALVES, Camila de Jesus Mello. *Transexualidade e direitos humanos*: o reconhecimento da identidade de gênero entre os direitos da personalidade. Curitiba: Juruá, 2016. p. 199-200.

casos, a vontade de submissão a tratamentos hormonais ou, ainda, a procedimentos cirúrgicos de redesignação genital. Tais modificações, que decorrem da livre construção da identidade, por sua vez, denotam na aproximação com outros direitos de personalidade o direito ao *nome*, o direito à *integridade psicofísica* e direito à *privacidade*.

Com relação ao *nome*, ele representa um direito/dever de identificação que assiste a toda e qualquer pessoa e, com base nisso, sabe-se que o registro civil, como bem explica Paulo Lôbo, é uma imposição legal.[388] Note-se, portanto, que, em razão dessa natureza dúplice e em nome da segurança jurídica, entre as características as quais lhe são atribuídas, está a ideia de sua imutabilidade, que, a seu turno, não é absoluta, existindo previsões legais de alteração desse nome.

Entre tais hipóteses de alteração, em que pese uma ausência de previsão expressa com relação às identidades trans, está a questão da aposição de apelidos públicos notórios, constante do art. 58 da Lei de Registros Públicos, à qual foi dada interpretação conforme a constituição pelo STF, como fora anteriormente suscitado. Ademais, como a retificação do nome, por si só, não é suficiente para indicar corretamente a identidade de gênero da pessoa trans, tal modificação implica também a mudança do sexo no registro civil, pois, como bem explica o Professor Luiz Edson Fachin, "[...] a mudança do nome sem a mudança do sexo é incompleta, ainda não dirime os constrangimentos pelos quais a pessoa transexual é exposta, configurando ainda inconteste violência simbólica".[389]

Sobre isso, também são esclarecedoras as explicações de Guilherme Wünsch e Taysa Schiocchet, ao diferenciarem os seguintes conceitos: a) *sexo biológico* – sendo aquele que decorre das características corporais da pessoa; b) *sexo endócrino* – representando o sexo gonadal, identificado pelas glândulas sexuais do homem (testículos) e da mulher (ovários), destinados à produção de hormônios, e o extragonadal, constituído de outras glândulas que atribuem aos indivíduos outras características de masculinidade e de feminilidade; c) *sexo morfológico* – significando a aparência de um indivíduo, no tocante ao seu órgão genital, como homem (pênis) e mulher (vagina); d) *sexo psíquico* – sendo aquele atinente à autopercepção do indivíduo, ou seja, correspondendo à sua identidade

---

[388] LÔBO, Paulo. *Direito civil*: parte geral. 7. ed. São Paulo: Saraiva, 2018. p. 164.
[389] FACHIN, Luiz Edson. O corpo do registro e o registro do corpo: mudança de nome e sexo sem cirurgia de redesignação. *Revista Brasileira de Direito Civil*, Belo Horizonte, v. 1, p. 36-60, 2014. Disponível em: https://rbdcivil.ibdcivil.org.br/rbdc/article/view/130/126. Acesso em: 12 mar. 2019.

de gênero; e e) *sexo civil ou jurídico* – aquele que é determinado a partir da vida civil de uma pessoa, dizendo respeito àquele que se encontra transcrito no seu registro e que é determinado a partir do seu sexo morfológico.[390] Assim, sabendo-se que o sexo jurídico ou civil é aquele que regimenta a vida social de determinado indivíduo, é também imprescindível que seja feita a sua alteração, a fim de que ele seja coerente com a identidade de gênero dessa pessoa.

Por outro lado, note-se que, apesar das facilidades trazidas ao procedimento de retificação de registro das pessoas trans, tanto pelo STF, quanto pelo CNJ, tal mudança importa no cumprimento de determinados requisitos, entre os quais o perfazimento da maioridade civil. Por isso, de forma a melhor atender à *dignidade* dessas pessoas – durante o tempo em que ainda não obtiverem a retificação pretendida – torna-se mister a proteção também do *nome social*,[391] a qual, no Brasil, ainda não encontra qualquer legislação nesse sentido.

Não obstante, alguns estados e órgãos públicos têm adotado medidas para assegurar o respeito ao nome social, sendo que, na esfera federal, tal proteção é possibilitada pelo Decreto nº 8.727/2016. Ante tal medida, esses indivíduos poderão requerer aos órgãos e entidades da Administração Pública Federal direta, autárquica e fundacional que seja utilizado seu nome social nos registros dos sistemas de informação, de cadastros, de programas, de serviços, de fichas, de formulários, de prontuários e documentos afins, devendo constar o campo "nome social" em destaque, acompanhado do nome civil, o qual será usado apenas para questões administrativas internas.[392] De toda forma,

---

[390] WÜNSCH, Guilherme; SCHIOCCHET, Taysa. O reconhecimento do transexual como um sujeito de direito das famílias: o biodireito frente aos desafios da contemporaneidade. *In*: ENCONTRO NACIONAL DO CONPEDI, 20., 2011, Belo Horizonte. *Anais do XX Encontro Nacional do Conpedi*. Florianópolis: Conpedi, 2011. p. 1646. Disponível em: https://www.academia.edu/11490927/O_Reconhecimento_do_Transexual_como_um_Sujeito_de_Direito_das_Fam%C3%ADlias_o_Biodireito_Frente_aos_Desafios_da_Contemporaneidade. Acesso em: 15 abr. 2019.

[391] O nome social, aqui disposto, nada mais é do que o nome através do qual a pessoa trans se vê reconhecida no âmbito social; traduzindo, portanto, a realidade da sua identidade de gênero. Importa notar, no entanto, que esse nome social nem sempre equivale ao nome civil, tendo em vista a necessidade de retificação registral, para que o prenome da pessoa trans seja alterado para que conste, em seu lugar, o nome social. Assim, esse nome social irá coincidir com o nome civil apenas quando finalizado o procedimento da retificação do registro.

[392] BRASIL. *Decreto nº 8.727, de 28 de abril de 2016*. Dispõe sobre o uso do nome social e o reconhecimento da identidade de gênero de pessoas travestis e transexuais no âmbito da administração pública federal direta, autárquica e fundacional. Disponível em: http://www.in.gov.br/materia/-/asset_publisher/Kujrw0TZC2Mb/content/id/21174536/do1-2016-04-29-decreto-n-8-727-de-28-de-abril-de-2016-21174484. Acesso em: 13 mar. 2019.

em relação a esse aspecto, tais indivíduos ainda estão submetidos à discricionariedade, visto que nem todos os órgãos públicos e privados dão-lhes essa alternativa, pelo que a edição de uma legislação específica na matéria atenderia melhor à essa questão.[393]

No caso do direito à *integridade psicofísica*, esse desvela o objetivo de preservar a intocabilidade do corpo e da mente de um indivíduo. Dessa forma, para as pessoas trans, o perfazimento da concretização de tal direito desponta em dois *fronts*: a) o da preservação da integridade psíquica, por meio do respeito às suas identidades de gênero, a qual se dá tanto no aspecto social-relacional, quanto no reconhecimento jurídico dessa condição, acarretando as modificações necessárias nos seus registros, como dantes mencionado; e b) o do direito à autonomia sobre o próprio corpo, para o qual se tem a possibilidade de submissão ou não a intervenções cirúrgicas e a tratamentos hormonais.

Conforme antes mencionado, não é uma regra invariável o fato de as pessoas trans sempre sentirem a necessidade de realização de procedimentos cirúrgicos a fim de adequar o seu sexo biológico à sua identidade de gênero. Na realidade, segundo sustentam Leonardo Farias Pessoa Tenório e Marco Aurélio Máximo Prado, muitas vezes, esse sofrimento é mais social, pelas opressões impostas pela própria sociedade ao livre desenvolvimento de suas identidades de gênero, do que propriamente individual, de sofrimento com relação ao próprio corpo.[394] Afinal, como bem lembram os autores, independentemente de transformações corporais, os indivíduos já se reivindicam como detentores de sentimentos próprios de masculinidade ou feminilidade.[395]

---

[393] SÁ, Mariana Oliveira de; CARDOSO, Fernanda Carolina Lopes; COELHO, Henri Cláudio de Almeida. A criação de uma lei de identidade de gênero no Brasil como ferramenta para a efetivação de direitos das pessoas LGBT. *In*: CONGRESSO INTERNACIONAL CONSTITUCIONALISMO E DEMOCRACIA: O NOVO CONSTITUCIONALISMO LATINO-AMERICANO, 4., 2017, Rio de Janeiro. *Anais Direito, Gênero, Sexualidades e Racialidade*. Florianópolis: Conpedi, 2017. p. 260-279. Disponível em: https://www.conpedi.org.br/publicacoes/qu1qisf8/g86d5443/yeAm75X2o1uYly21.pdf. Acesso em: 13 mar. 2019.

[394] A esse respeito, ainda, os autores dão os exemplos de homens trans, os quais, por medo de sofrerem represálias, desejam realizar a mastectomia apenas porque o colete compressor machuca e, ao mesmo tempo, os seios "denunciam" a sua condição. Ou, também, casos de homens trans que se submetem a hormonioterapia não por incômodo com o corpo, mas mais como uma afirmação social do gênero masculino, ou que não desejam se submeter à cirurgia de transgenitalização, pois essa ainda é experimental, no Brasil, no caso de redesignação FtM (cf. TENÓRIO, Leonardo Farias Pessoa; PRADO, Marco Aurélio Máximo. As contradições da patologização das identidades trans e argumentos para mudança de paradigma. *Revista Periodicus*, Salvador, v. 1, n. 5, p. 41-55, 2016. p. 45. Disponível em: https://portalseer.ufba.br/index.php/revistaperiodicus/article/view/17175/11332. Acesso em: 15 abr. 2019).

[395] TENÓRIO, Leonardo Farias Pessoa; PRADO, Marco Aurélio Máximo. As contradições da patologização das identidades trans e argumentos para mudança de paradigma. *Revista*

Dessa maneira, é imperioso que se assegure a possibilidade de existirem mulheres com pênis e homens com vaginas, sem que essa ausência de intervenção cirúrgica seja capaz de descaracterizar a identidade pessoal de cada uma dessas pessoas. De toda sorte, pela própria natureza plural das identidades trans, obviamente, existem indivíduos os quais desejam desempenhar modificações corporais no intuito de atender a seus anseios pessoais de "adequação" dos seus sexos biológicos às suas identidades de gênero socialmente construídas. Fala-se, então, no chamado processo transexualizador, regulamentado, no âmbito do CFM e do SUS, através de resoluções e portarias.

No caso do CFM, a regulamentação deu-se, primeiramente, em 1997, pela Resolução nº 1.482/1997, a qual autorizava a realização de cirurgia de redesignação em transexuais, a título experimental, a ser realizada em hospitais universitários ou públicos adequados à pesquisa. Em 2002, editou-se a Resolução nº 1.652/2002, revogando a anterior, que passou a autorizar: a) a cirurgia do tipo neocolpovulvoplastia (MtF) e outros procedimentos complementares sobre gônadas e caracteres sexuais secundários em mulheres trans; e b) a cirurgia de neofaloplastia (FtM), a título experimental, e também outros procedimentos complementares sobre gônadas e caracteres sexuais secundários em homens trans, a serem realizados apenas em hospitais universitários ou públicos adequados à pesquisa.[396]

Em 2010, por sua vez, foi elaborada a Resolução nº 1.955/2010, que trouxe as seguintes disposições: a) autorização das cirurgias de neocolpovulvoplastia e, a título experimental, de neofaloplastia, assim como procedimentos complementares sobre gônadas e caracteres sexuais secundários[397] como tratamento para os casos de "transexualismo";[398] b)

Periodicus, Salvador, v. 1, n. 5, p. 41-55, 2016. p. 44. Disponível em: https://portalseer.ufba.br/index.php/revistaperiodicus/article/view/17175/11332. Acesso em: 15 abr. 2019.

[396] CUNHA, Marina Luz Martinez. Questões de gênero: transexualidade e o processo transexualizador ofertado pelo Sistema Único de Saúde no Brasil. *In*: XXVII CONGRESSO NACIONAL DA CONPEDI PORTO ALEGRE – RS: TECNOLOGIA, COMUNICAÇÃO E INOVAÇÃO NO DIREITO, 27, 2018, Porto Alegre. *Anais gênero, sexualidades e direito I*. Florianópolis: Conpedi, 2018. p. 303-304. Disponível em: http://conpedi.danilolr.info/publicacoes/34q12098/b0f9sx12/6Xz2pZ9h2B8H9SDz.pdf. Acesso em: 16 abr. 2019.

[397] Nas meninas, essas características sexuais secundárias incluem os seios, a menstruação, o formato mais arredondado, pelos nas axilas e pelos pubianos em formato de um triângulo invertido. Nos meninos, incluem pelos faciais e corporais, a proeminência do pomo de adão, vozes graves, pelos pubianos em formado de diamante e massa muscular (cf. GENDER IDENTITY RESEARCH AND EDUCATION SOCIETY. *A guide to hormone therapy for trans people*. Londres: DH Publications Orderline, 2007. p. 6. Disponível em: http://www.edinburghtranswomen.org.uk/Guide_to_Hormones.pdf. Acesso em: 27 nov. 2019).

[398] Aqui se está utilizando a nomenclatura usada pela resolução do CFM.

definição de "transexualismo" a partir dos critérios de: (i) desconforto com o sexo anatômico natural; (ii) desejo explícito de eliminar os genitais, perder as características primárias e secundárias do próprio sexo e ganhar as do sexo oposto; (iii) permanência desses "distúrbios" de forma contínua e consistente por, no mínimo, dois anos; e (iv) ausência de "transtornos"[399] mentais; c) seleção dos pacientes a partir de uma equipe multidisciplinar composta por médico psiquiatra, cirurgião, endocrinologista, psicólogo e assistente social, seguindo os seguintes critérios: (i) diagnóstico médico de transgenitalismo; (ii) ser maior de 21 anos; e (iii) ausência de características inapropriadas para a cirurgia; e d) autorização para a realização desse procedimento em hospitais, públicos ou particulares, que contemplem os requisitos da equipe multidisciplinar do art. 4º, bem como aqueles elencados no art. 5º da resolução.[400] [401]

Por fim, em 2019, levando em consideração o lançamento da CID 11, foi editada a Resolução nº 2.265/2019 no intuito de dispor sobre os procedimentos a serem adotados no cuidado específico com relação às pessoas com incongruência de gênero ou transgêneras, nos seus

---

[399] Nessa parte, o uso da palavra "transtorno mental", usada no documento em comento, faz uma clara alusão a uma concepção medicalizada e patologizante das deficiências mentais. Embora não seja objeto desta pesquisa, importa esclarecer que tal terminologia é também considerada estigmatizante, pois atribui à deficiência uma concepção de "problema", de "doença", de "anomalia" inerente ao indivíduo, quando, na realidade, a deficiência nada mais é do que uma questão relacional do indivíduo com deficiência e o meio ambiente não adaptado, o qual impede o desenvolvimento das suas potencialidades em igualdade de oportunidades com as demais pessoas (cf. FONSECA, Ricardo Tadeu Marques da. A ONU e o seu conceito revolucionário de pessoa com deficiência. *Inclusive – Inclusão e Cidadania*, 2 maio 2008. Disponível em: http://www.inclusive.org.br/arquivos/109. Acesso em: 6 jan. 2016).

[400] Resolução nº 1.955 do CFM: "Art. 5º O tratamento do transgenitalismo deve ser realizado apenas em estabelecimentos que contemplem integralmente os pré-requisitos estabelecidos nesta resolução, bem como a equipe multidisciplinar estabelecida no artigo 4º. [...] §1º O corpo clínico destes hospitais, devidamente registrado no Conselho Regional de Medicina, deve ter em sua constituição os profissionais previstos na equipe citada no artigo 4º, aos quais caberá o diagnóstico e a indicação terapêutica. §2º As equipes devem ser previstas no regimento interno dos hospitais, inclusive contando com chefe, obedecendo aos critérios regimentais para a ocupação do cargo. §3º Em qualquer ocasião, a falta de um dos membros da equipe ensejará a paralisação de permissão para a execução dos tratamentos. §4º Os hospitais deverão ter comissão ética constituída e funcionando dentro do previsto na legislação pertinente".

[401] CONSELHO FEDERAL DE MEDICINA. *Resolução nº 1.955, de 3 de setembro de 2010*. Dispõe sobre a cirurgia de transgenitalismo e revoga a Resolução CFM nº 1.652/02. Disponível em: http://www.portalmedico.org.br/resolucoes/cFm/2010/1955_2010.htm. Acesso em: 13 mar. 2019.

expressos termos.[402] Sem dúvidas, pode-se dizer que a normativa teve um maior cuidado no trato da questão, abordando o acompanhamento médico, multiprofissional (pediatra, no caso de pacientes crianças ou adolescentes, psiquiatra, endocrinologista, ginecologista, urologista e cirurgião plástico, sem prejuízo de outras especialidades médicas) e interdisciplinar nos diversos estágios da vida das pessoas trans. Desse modo, pode-se dizer que suas principais disposições foram:

> (A) *o Projeto Terapêutico Singular (PTS)* – consistindo em um conjunto de propostas de condutas terapêuticas resultantes da discussão entre a equipe multiprofissional e interdisciplinar com o(a) paciente, levando em conta sua rede assistencial e as suas demandas e necessidades, independentemente da idade, visto que cada pessoa irá vivenciar a sua identidade de gênero de formas distintas. Diante disso, a pessoa trans deverá ser informada e orientada previamente sobre os procedimentos e intervenções clínicas e cirúrgicas, seus riscos e benefícios, sendo obrigatória a coleta do termo de consentimento informado. Para tanto, o PTS: i) será de responsabilidade da equipe ambulatorial, no tocante à sua primeira etapa; ii) deve assegurar que todas as pessoas da equipe realizem o atendimento, para identificar a singularidade de cada caso; iii) será elaborado em reunião de discussão com a(o) paciente; iv) no tocante ao atendimento médico, deverá constar anamnese, exame físico e psíquico completos, bem como a identificação do indivíduo (nome social, nome de registro, identidade de gênero e "sexo ao nascimento"); v) deverá constar histórico patológico e os devidos encaminhamentos necessários; vi) considerar a fase peculiar do desenvolvimento, devendo as ações sugeridas ser construídas junto às crianças, adolescentes e seus representantes legais; e vi) no tocante à assistência às crianças e aos adolescentes, deve ser articulado com as

---

[402] Resolução nº 2.265/2019: "Art. 1º Compreende-se por transgênero ou incongruência de gênero a não paridade entre a identidade de gênero e o sexo ao nascimento, incluindo-se neste grupo transexuais, travestis e outras expressões identitárias relacionadas à diversidade de gênero. [...] §1º Considera-se identidade de gênero o reconhecimento de cada pessoa sobre seu próprio gênero.[...] §2º Consideram-se homens transexuais aqueles nascidos com o sexo feminino que se identificam como homem.[...] §3º Consideram-se mulheres transexuais aquelas nascidas com o sexo masculino que se identificam como mulher.[...] §4º Considera-se travesti a pessoa que nasceu com um sexo, identifica-se e apresenta-se fenotipicamente no outro gênero, mas aceita sua genitália.[...] §5º Considera-se afirmação de gênero o procedimento terapêutico multidisciplinar para a pessoa que necessita adequar seu corpo à sua identidade de gênero por meio de hormonioterapia e/ou cirurgias".

escolas e instituições de acolhimento, tendo em vista sua importância para o desenvolvimento infantil;

(B) *atenção médica especializada para pacientes crianças pré-púberes* – foram estabelecidas as seguintes diretrizes: i) o acompanhamento ao longo da infância, realizado pela equipe médica, multiprofissional e interdisciplinar, a qual deve, respeitados os preceitos éticos específicos de cada área profissional, facilitar, orientar e esclarecer o desenvolvimento e acolhimento da criança junto à família, cuidadores, responsável legal, instituições de acolhimento e educacionais que tenham obrigação legal pelo cuidado, educação, proteção e acolhimento da criança; ii) é vedada qualquer intervenção envolvendo uso de hormônios ou procedimentos cirúrgicos; iii) o envolvimento dos pais, familiares, responsável legal ou instituições de acolhimento e educacionais é essencial para a tomada das decisões; iv) o acompanhamento psiquiátrico deve ser realizado durante toda a infância;

(C) *atenção médica especializada para pacientes crianças púberes ou adolescentes* – foram estabelecidas as seguintes diretrizes: i) possibilidade de realização de bloqueio puberal em criança púbere ou adolescente, consistindo na interrupção de produção de hormônios sexuais, impedindo o desenvolvimento de caracteres sexuais secundários do sexo biológico pelo uso de análogos de hormônio liberador de gonadotrofinas (GnRH), realizado exclusivamente em caráter experimental em hospitais universitários e/ou de referência para o SUS; ii) possibilidade de realização de hormonioterapia cruzada em adolescente com 16 anos, consistindo na reposição hormonal em que os hormônios sexuais e outras medicações hormonais são administradas para promover a feminização ou masculinização, de acordo com a identidade de gênero e com o que foi estabelecido no PTS; iii) o bloqueio puberal e a hormonioterapia cruzada ficará a encargo de médico endocrinologista, ginecologista ou urologista, todos com conhecimento científico específico, e somente se dará na vigência de acompanhamento psiquiátrico, com anuência da equipe e do responsável legal do menor púbere ou adolescente; iv) ambos os procedimentos poderão ser interrompidos, a qualquer tempo, por decisão médica, do menor ou de seu responsável legal; e

(D) *atenção médica especializada para pacientes maiores de 18 anos* – foram estabelecidas as seguintes diretrizes: i) a realização de hormonioterapia cruzada, prescrita por endocrinologista, ginecologista ou urologista, todos com conhecimento científico específico, tendo por finalidade induzir características sexuais compatíveis com a identidade de gênero; ii) o objetivo da hormonioterapia será: a) reduzir os níveis hormonais endógenos do sexo biológico, induzindo caracteres sexuais secundários compatíveis com a identidade de gênero do(a) paciente; e b) estabelecer hormonioterapia adequada que permita níveis hormonais fisiológicos compatíveis com a identidade de gênero do(a) paciente; iii) os hormônios utilizados são: a) a testosterona, para caracteres sexuais secundários masculinos nos homens transexuais; b) o estrogênio, para caracteres sexuais secundários femininos nas mulheres transexuais e travestis; e c) o antiandrógeno, para atenuar o crescimento dos pelos corporais e as ereções espontâneas até a realização da orquiectomia (remoção dos testículos); iv) no caso da testosterona e dos estrógenos, sua aplicação deve ser mantida ao longo da vida do(a) paciente, com acompanhamento médico adequado; v) a realização de acompanhamento psiquiátrico por psiquiatra integrante de equipe multiprofissional, cabendo-lhe identificar morbidades (transtornos depressivos graves, abuso/dependência de álcool e outras substâncias químicas, transtornos de personalidade, transtornos de estresse pós-traumático e transtornos de ansiedade), prescrever medicamentos e indicar psicoterapias, se for o caso. A partir dessa avaliação, serão contraindicadas a hormonioterapia e as intervenções cirúrgicas nos casos de transtornos psicóticos graves, transtornos de personalidade graves, retardo mental e transtornos globais do desenvolvimento graves;[403] vi) o acompanhamento psiquiátrico em equipe multiprofissional deve dar-se pelo período mínimo de 1 ano, mesmo após o encaminhamento para realização de cirurgia; vii) os procedimentos cirúrgicos para afirmação do gênero são: a) neovulvovaginoplastia; b) mamoplastia de aumento; c) mamoplastia bilateral; d) cirurgias pélvicas (histerectomia e ooforectomia bilateral); e) cirurgias genitais (neovaginoplastia e faloplastias); f) outros procedimentos devem ser avaliados de acordo com o PTS.

---

[403] Terminologia utilizada na resolução.

Com relação ao SUS, por sua vez, até então, foram editadas duas portarias. A primeira, em 2008, Portaria nº 1.707/2008 do Ministério da Saúde (MS), a qual se limitava a instituir, no Sistema Único de Saúde, o processo transexualizador, baseado no que dispunha a Resolução nº 1.652/2002 do CFM, sem trazer grandes especificidades sobre os tratamentos a serem oferecidos.[404] Importante destacar que, em 2001, o Ministério Público Federal (MPF) havia ingressado com a Ação Civil Pública nº 2001.71.00.026279-7/RS contra a União, na qual ficou determinado que o SUS deveria disponibilizar todas as medidas apropriadas a possibilitar às pessoas trans a realização da cirurgia de transgenitalização, bem como que a União ficaria obrigada a editar a Tabela de Sistema de Informações Hospitalares do SUS (SIH-SUS), contendo os procedimentos remunerados pelo Sistema Único de Saúde.[405]

Em 2013, houve o trânsito em julgado da execução da sentença, a qual deu origem à Portaria nº 2.803/2013 do Ministério da Saúde, que se encarregou de redefinir e ampliar o processo transexualizador ofertado pelo SUS.[406] Nessa nova normativa ficou estabelecido que as atividades voltadas ao processo transexualizador estariam disponíveis para transexuais e travestis, não se restringindo às cirurgias e demais intervenções somáticas, abarcando trabalho em equipe interdisciplinar e multiprofissional, tendo como porta de entrada a Atenção Básica,[407] a

---

[404] BRASIL. Ministério da Saúde. *Portaria nº 1.707, de 18 de agosto de 2008*. Institui, no âmbito do Sistema Único de Saúde (SUS), o Processo Transexualizador, a ser implantado nas unidades federadas, respeitadas as competências das três esferas de gestão. Disponível em: http://bvsms.saude.gov.br/bvs/saudelegis/gm/2008/prt1707_18_08_2008.html. Acesso em: 16 abr. 2019.

[405] CUNHA, Marina Luz Martinez. Questões de gênero: transexualidade e o processo transexualizador ofertado pelo Sistema Único de Saúde no Brasil. *In*: XXVII CONGRESSO NACIONAL DA CONPEDI PORTO ALEGRE – RS: TECNOLOGIA, COMUNICAÇÃO E INOVAÇÃO NO DIREITO, 27, 2018, Porto Alegre. *Anais gênero, sexualidades e direito I*. Florianópolis: Conpedi, 2018. p. 304-305. Disponível em: http://conpedi.danilolr.info/publicacoes/34q12098/b0f9sx12/6Xz2pZ9h2B8H9SDz.pdf. Acesso em: 16 abr. 2019.

[406] CUNHA, Marina Luz Martinez. Questões de gênero: transexualidade e o processo transexualizador ofertado pelo Sistema Único de Saúde no Brasil. *In*: XXVII CONGRESSO NACIONAL DA CONPEDI PORTO ALEGRE – RS: TECNOLOGIA, COMUNICAÇÃO E INOVAÇÃO NO DIREITO, 27, 2018, Porto Alegre. *Anais gênero, sexualidades e direito I*. Florianópolis: Conpedi, 2018. p. 305. Disponível em: http://conpedi.danilolr.info/publicacoes/34q12098/b0f9sx12/6Xz2pZ9h2B8H9SDz.pdf. Acesso em: 16 abr. 2019.

[407] Portaria nº 2.803/2013 do Ministério da Saúde: "Art. 3º A linha de cuidado da atenção aos usuários e usuárias com demanda para a realização das ações no Processo Transexualizador é estruturada pelos seguintes componentes: I - Atenção Básica: é o componente da Rede de Atenção à Saúde (RAS) responsável pela coordenação do cuidado e por realizar a atenção contínua da população que está sob sua responsabilidade, adstrita, além de ser a porta de entrada prioritária do usuário na rede; e [...] Art. 4º A integralidade do cuidado aos

partir do acolhimento e humanização do atendimento sem discriminação. Na Atenção Especializada,[408] por sua vez, são fornecidos os serviços nas seguintes modalidades: a) ambulatorial – correspondendo ao acompanhamento clínico pré e pós-operatório e a hormonioterapia; e b) hospitalares – dizendo respeito à realização de cirurgias e ao acompanhamento pré e pós-operatório.

São ofertados, então, os seguintes procedimentos, sendo a idade mínima estipulada de 18 anos para os acompanhamentos ambulatoriais e de 21 anos para os cirúrgicos e a idade máxima de 75 anos para ambos: a) acompanhamento mensal do(a) usuário(a) (MtF e FtM) – no máximo dois atendimentos por mês, pelo período mínimo de 2 anos, no pré-operatório, e de 1 ano no pós-operatório; b) hormonioterapia (MtF e FtM) – consistindo na terapia medicamentosa hormonal (estrógeno ou testosterona) ofertada mensalmente e iniciada após o diagnóstico; c) tratamento hormonal pré-operatório (MtF e FtM) – caracterizado pela terapia medicamentosa hormonal (ciproterona) oferecida mensalmente no período de 2 anos que antecede a cirurgia; d) redesignação sexual no sexo masculino (MtF) – composta pela orquiectomia bilateral (remoção dos testículos) com amputação do pênis e a neocolpoplastia (construção da neovagina); e) tireoplastia (MtF) – caracterizada pela redução do pomo de adão para feminilização da voz e/ou alongamento das cordas vocais; f) mastectomia simples bilateral (FtM) – consistindo na ressecção de ambas as mamas com reposicionamento do complexo areolar mamilar; g) histerectomia com anexectomia bilateral e colpectomia (FtM) – procedimento cirúrgico de ressecção do útero e dos ovários e retirada da vagina; h) cirurgias complementares de redesignação sexual (MtF e FtM) – reconstrução da neovagina realizada, meatotomia, meatoplastia, cirurgia estética para correções complementares dos grandes lábios, pequenos lábios e clitóris e tratamento de deiscências e fistulectomia; h) plástica mamária reconstrutiva bilateral, incluindo prótese mamária de silicone bilateral (MtF); e i) em caráter experimental,

---

usuários e usuárias com demanda para a realização das ações no Processo Transexualizador no Componente Atenção Básica será garantida pelo: I - acolhimento com humanização e respeito ao uso do nome social; e II - encaminhamento regulado ao Serviço de Atenção Especializado no Processo Transexualizador".

[408] Portaria nº 2.803/2013 do Ministério da Saúde, art. 3º: "[...] II - Atenção Especializada: é um conjunto de diversos pontos de atenção com diferentes densidades tecnológicas para a realização de ações e serviços de urgência, ambulatorial especializado e hospitalar, apoiando e complementando os serviços da atenção básica de forma resolutiva e em tempo oportuno".

vaginectomia, neofaloplastia (com implante de próteses penianas e testiculares), clitoroplastia e cirurgia de cordas vocais (FtM).[409]

Em que pese possíveis críticas que decorrem da análise dessas duas normativas – em razão de tratarem as identidades trans ainda numa visão patologizante é certo que tais dispositivos garantem a essas pessoas a possibilidade de submissão a procedimentos que auxiliam na construção de suas identidades pessoais, repercutindo diretamente no livre desenvolvimento de suas personalidades. Não obstante, não custa lembrar que a sujeição a esse processo depende do exercício da autonomia desses indivíduos, aos quais deve ser dada a liberdade de escolha com relação aos recursos que lhes serão disponibilizados, a partir do exercício de um consentimento livre e esclarecido.[410]

Por fim, tem-se o direito à *privacidade*, o qual, como uma modalidade de direito personalíssimo, segundo explica Paulo Lôbo, revela um constante embate entre o âmbito privado e a esfera pública; resultando, assim, num intento de proteger a reserva pessoal de cada indivíduo com relação àqueles aspectos de sua vida os quais não devem ser compartilhados com o seu entorno.[411] Por esse ângulo, o regime legal da privacidade alcança múltiplas dimensões da existência de uma pessoa, entre as quais se chama atenção para: a) a *intimidade* – caracterizada pelo domínio exclusivo dos fatos e acontecimentos os quais a pessoa não deseja dividir com qualquer outra; e b) a *vida privada* – a qual diz respeito à convivência no âmbito familiar e o compartilhamento de experiências por seus integrantes.[412]

Nessa toada, alguns debates são travados, na doutrina, com relação às identidades trans e que dizem respeito às repercussões das alterações registrais por parte desses indivíduos. Alguns defendem, segundo lembra Gustavo Rosa Fontes, que a retificação deve ser procedida de forma a que conste, no registro de nascimento, no local reservado para o sexo, a indicação do termo "transexual", por se tratar de condição pessoal do indivíduo.[413] Tal opção é tida, no entanto, como

---

[409] BRASIL. Ministério da Saúde. *Portaria nº 2.803, de 19 de novembro de 2013.* Redefine e amplia o Processo Transexualizador no Sistema Único de Saúde (SUS). Disponível em: http://bvsms.saude.gov.br/bvs/saudelegis/gm/2013/prt2803_19_11_2013.html. Acesso em: 13 mar. 2019.

[410] Sobre esse tema haverá uma melhor abordagem no Capítulo 4, ao tratar-se dos aspectos bioéticos e do biodireito.

[411] LÔBO, Paulo. *Direito civil*: parte geral. 7. ed. São Paulo: Saraiva, 2018. p. 150-151.

[412] LÔBO, Paulo. *Direito civil*: parte geral. 7. ed. São Paulo: Saraiva, 2018. p. 152.

[413] FONTES, Gustavo Rosa. *Bioética e transexualidade*: o sistema jurídico brasileiro e fundamentos para uma bioética queer. 2014. 178 f. Dissertação (Mestrado em Direito) – Universidade do Estado do Amazonas, Manaus, 2014. p. 27-28. Disponível em: http://www.pos.uea.edu.br/data/area/titulado/download/60-8.pdf. Acesso em: 10 mar. 2019. p. 63.

vexatória e atentatória da *dignidade humana*, visto que perpetua uma concepção de que as pessoas trans são uma casta à parte da sociedade, merecendo ter suas identidades reveladas, de modo a que não induzam terceiros a "erro". Sobre isso, inclusive, note-se que, em se tratando de pessoas cisgêneras, tal condição não é aposta no registro, pelo que a condição de pessoa trans também não o deve ser.

Outros doutrinadores, entre os quais Flávio Tartuce, filiam-se ao posicionamento de que a aposição da qualificação de "transexual" no registro representa uma perpetuação de discriminações contra esses indivíduos. Por isso, defende o autor que o argumento pelo qual terceiros de boa-fé podem ser enganados pela pessoa trans, sobretudo aquela que se submeteu à cirurgia, não pode prosperar, tendo em vista que incumbe à própria pessoa revelar ao seu parceiro a sua condição, ficando sujeita à responsabilização civil, prevista no art. 187 do CC/02,[414] por incorrência em abuso de direito.[415]

Não obstante, discorda-se parcialmente de tal posicionamento, no sentido de que não se vislumbra a existência de abuso de direito por parte da pessoa trans que omite tal condição de um parceiro, mas sim o exercício do direito à intimidade e também o que Gustavo Rosa Fontes chama de exercício regular do direito ao esquecimento. Interessante notar que o direito ao esquecimento, apesar de ausência de previsão legal expressa, já fora consolidado na jurisprudência, com base nos direitos à privacidade, à intimidade, à vida privada e à honra e representa o direito que uma pessoa tem de administração das suas lembranças pessoais.[416]

Por isso, não há de se falar em abuso do direito por parte das pessoas trans, visto que fazem jus ao direito ao esquecimento sobre suas condições jurídico-registrais pretéritas, cumprindo a sua esfera de autonomia pessoal a revelação da sua condição como travesti, transexual ou transgênero. Inclusive, a esse respeito, o art. 5º do Provimento nº 73/2018 do CNJ traz que a retificação tem caráter sigiloso, não podendo constar informações a seu respeito nas certidões dos assentos, salvo

---

[414] Código Civil de 2002: "Art. 187. Também comete ato ilícito o titular de um direito que, ao exercê-lo, excede manifestamente os limites impostos pelo seu fim econômico ou social, pela boa-fé ou pelos bons costumes".

[415] TARTUCE, Flávio. *Mudança do nome do transexual*. Disponível em: http://www.egov.ufsc.br/portal/sites/default/files/anexos/31506-35738-1-PB.pdf. Acesso em: 14 mar. 2019.

[416] FONTES, Gustavo Rosa. *Bioética e transexualidade*: o sistema jurídico brasileiro e fundamentos para uma bioética queer. 2014. 178 f. Dissertação (Mestrado em Direito) – Universidade do Estado do Amazonas, Manaus, 2014. p. 27-28. Disponível em: http://www.pos.uea.edu.br/data/area/titulado/download/60-8.pdf. Acesso em: 10 mar. 2019. p. 64.

autorização da própria pessoa ou por determinação judicial, hipóteses nas quais as certidões deverão versar sobre todo o conteúdo do registro.[417] Ademais, como bem sustenta Gustavo Rosa Fontes, a admissão de entendimento contrário a esse apenas serve para perpetuar os estigmas de que pessoas trans não são "mulheres de verdade" ou "homens de verdade", revelando-se completamente atentatório à identidade de gênero desses indivíduos.[418]

Portanto, essa perspectiva de tratamento das pessoas trans a partir dos direitos da personalidade consubstancia uma ótica inclusiva, na qual esses indivíduos são enxergados e tratados a partir das suas identidades de gênero autodeterminadas. Tais tratativas, portanto, são imprescindíveis para a emancipação político-social e também jurídica dessas pessoas, afastando-as da lógica da "anormalidade" ininteligível, para acolhê-las como sujeitos de direitos dotados de *dignidade*, os quais podem construir autonomamente as suas vivências pessoais de gênero, sem que lhes sejam dispensadas quaisquer discriminações negativas em razão disso.

3.2.2 A conjugalidade da pessoa trans à luz dos direitos da personalidade: diversidade de sexos, erro essencial e anuência do cônjuge ou companheiro

Reconhecer a tutela jurídica das identidades de gênero das pessoas trans a partir dos direitos da personalidade, sem dúvidas, impõe discussões a respeito da efetividade dos direitos personalíssimos em espécie, tanto na dimensão individual, quanto na esfera interpessoal. Por isso, passa-se aqui à análise das repercussões que essa mudança de perspectiva surtirá com relação ao trato para com as identidades trans, notadamente com relação às suas consequências para o direito das famílias.

Insta salientar, *ab initio*, que o reconhecimento da identidade de gênero como um direito da personalidade e as suas consequentes

---

[417] BRASIL. Conselho Nacional de Justiça. *Provimento nº 73 de 28 de junho de 2018*. Dispõe sobre a averbação da alteração do prenome e do gênero nos assentos de nascimento e casamento de pessoa transgênero no Registro Civil das Pessoas Naturais (RCPN). Disponível em: http://www.cnj.jus.br/files/atos_administrativos/provimento-n73-28-06-2018-corregedoria.pdf. Acesso em: 12 mar. 2019.

[418] FONTES, Gustavo Rosa. *Bioética e transexualidade*: o sistema jurídico brasileiro e fundamentos para uma bioética queer. 2014. 178 f. Dissertação (Mestrado em Direito) – Universidade do Estado do Amazonas, Manaus, 2014. p. 27-28. Disponível em: http://www.pos.uea.edu.br/data/area/titulado/download/60-8.pdf. Acesso em: 10 mar. 2019. p. 65.

repercussões (no nome, na integridade e na privacidade) não obstam a que certas discriminações sejam dispensadas para com as pessoas trans no âmbito familiar, social e político. Assim, é imperiosa a atuação estatal, do Executivo (na criação de políticas públicas de promoção do respeito às identidades de gênero de pessoas trans), do Legislativo (na edição de leis que garantam integralmente os direitos dessas pessoas) e do Judiciário (mediante a proteção dos direitos fundamentais que cabem a essas pessoas, sem que sejam toleradas quaisquer discriminações pautadas nos estigmas que pairam em torno das identidades trans).

Por isso, aqui será feita uma análise das repercussões relativas ao reconhecimento das identidades de gênero enquanto direitos da personalidade na esfera da conjugalidade, entendida em seu sentido amplo, abarcando tanto o casamento como a união estável.[419] Diante disso, é importante traçar algumas possibilidades as quais precisam ser consideradas e que serão analisadas neste tópico: com relação ao requisito da diversidade de sexos no casamento: a retificação do registro é essencial para a contração do matrimônio? E a união estável? No caso de a pessoa descobrir sua identidade trans antes de iniciar um relacionamento amoroso que culmina em casamento ou em união estável, já tendo realizado a cirurgia de redesignação genital e também a retificação registral: está essa pessoa obrigada a contar ao seu cônjuge ou companheiro da sua condição, sob pena de responder civilmente pela omissão? Além disso, cabe anulação de casamento para essa hipótese ou a via de dissolução seria o divórcio? No caso de a pessoa descobrir-se trans somente após a contração de matrimônio ou o estabelecimento da convivência: o(a) parceiro(a) precisa dar-lhe anuência para que proceda com o processo de transgenitalização ou, ainda, para que retifique seus registros?

De início, cabe relembrar que identidade de gênero não se confunde com expressão de sexualidade, de modo que as pessoas trans podem expressar suas sexualidades de diversas formas, podendo ser heterossexuais, homossexuais, bissexuais, assexuais ou mesmo pansexuais. Assim, caso optem pela via do casamento, essas pessoas podem vir a constituir enlaces heteroafetivos ou homoafetivos. Nesses casos, importante ressaltar que para aqueles que defendem que a diversidade de sexos é um requisito para a existência do casamento, a pessoa trans heterossexual ou bissexual, em relação heteroafetiva,

---

[419] Optou-se por restringir a presente discussão à dimensão conjugal, pois o âmbito parental será discutido em tópico próprio mais à frente.

somente poderia contraí-lo após a retificação de registro – pois, para fins registrais, o seu sexo seria o mesmo do sexo registral do(a) seu(sua) parceiro(a) –, ao passo que a pessoa trans homossexual ou bissexual, em relação homoafetiva, somente poderia contrair o matrimônio antes da retificação de registro – pois o seu sexo registral seria diferente do sexo registral do(a) seu(sua) parceiro(a) –, estando impedida de fazê-lo após tal alteração.

Daí percebe-se mais uma contradição na acepção de que a diversidade de sexos seria requisito para configuração de um matrimônio existente. Isso, pois, por essa ótica, em se tratando de pessoas trans homossexuais, elas poderiam convolar núpcias antes da retificação, sendo seu enlace considerado existente, e, após modificarem seus registros, seu casamento passaria a ser considerado inexistente, sendo totalmente ilógico admitir que um ato possa vir a existir e depois deixar de existir logo em seguida. Assim, conforme defendido anteriormente e ratificando os argumentos previamente sustentados, não há como se considerar que a diversidade de sexos é um pressuposto de existência do casamento, sob pena de violarem-se os preceitos e garantias fundamentais constantes da Carta Magna.

Dessa forma, considera-se que uma pessoa trans pode contrair casamento com qualquer pessoa que seja – desde que não incorram em hipótese de impedimento – e a qualquer tempo, seja antes ou depois da retificação registral, pois o "sexo" do registro não pode ser elemento obstativo da concretização de uma entidade familiar. No mesmo sentido, o estabelecimento da convivência para fins de união estável pode dar-se com pessoa de mesmo gênero ou de gênero distinto, pois o STF reconheceu, com eficácia vinculante, que a união homoafetiva é entidade familiar equiparada à união estável para todos os fins.

Nessa continuidade, importa agora esclarecer com relação à necessidade de revelação da condição de pessoa trans para o(a) parceiro(a). Sobre isso, as discussões relativas à privacidade e à vida privada desses indivíduos também reverberam no campo do direito das famílias, em especial no que concerne à possibilidade de anulação do casamento por erro essencial quanto à pessoa do outro cônjuge. Isso, pois, como lembra Camila de Jesus Mello Gonçalves, a doutrina tende a enquadrar nas causas que dão ensejo à anulação do casamento, mediante a interpretação conjunta dos arts. 1.550, III,[420] e 1.557,

---

[420] Código Civil de 2002: "Art. 1.550. É anulável o casamento: [...] III - por vício da vontade, nos termos dos arts. 1.556 a 1.558".

I,[421] ambos do CC/02, a hipótese de pessoas trans que contraem matrimônio, tendo omitido sua condição ao seu cônjuge.[422]

No entanto, perceba-se que tal entendimento não merece prosperar, visto que contraria a ordem jurídica em diversos aspectos: a) por não resguardar o direito à intimidade da pessoa trans que não deseje compartilhar a sua condição com o seu parceiro, seja por temor de sofrer discriminação,[423] seja porque tal condição não lhe parece relevante de ser compartilhada, tendo em vista que, para ela, essa característica não altera sua percepção enquanto homem ou mulher; b) por tratar de concepção que fere frontalmente o *princípio da igualdade*, na acepção de *isonomia*, pois se se admite que um casamento possa ser anulado pelo fato de uma pessoa ser trans, também deveria se reconhecer a possibilidade de anulá-lo pelo fato de a pessoa ser cis, o que não ocorre; e c) por desvelar interpretação que desrespeita a concretização dos princípios da *dignidade humana* e da *vedação de qualquer forma de discriminação*, visto que protege a manifestação do preconceito, consubstanciado em discriminação ilegítima, daqueles que não reconhecem as pessoas trans enquanto mulheres ou homens "de verdade".

Sobre isso, inclusive, explica Paulo Iotti que, enquanto o preconceito caracteriza-se por um juízo de valor equivocado, a discriminação seria o tratamento diferenciado e arbitrário que se impõe a determinado indivíduo, ou seja, representa a própria exteriorização do preconceito. Tal distinção é de extrema relevância, pois não se pune o preconceito, mas sim a discriminação, que é vedada pela Lei Fundamental.[424] Dessa maneira, sabendo-se que cabe ao magistrado, mediante análise do caso

---

[421] Código Civil de 2002: "Art. 1.557. Considera-se erro essencial sobre a pessoa do outro cônjuge: [...] I - o que diz respeito à sua identidade, sua honra e boa fama, sendo esse erro tal que o seu conhecimento ulterior torne insuportável a vida em comum ao cônjuge enganado".

[422] GONÇALVES, Camila de Jesus Mello. *Transexualidade e direitos humanos*: o reconhecimento da identidade de gênero entre os direitos da personalidade. Curitiba: Juruá, 2016. p. 259.

[423] Destaca Maria Jaqueline Coelho Pinto, com base em entrevistas realizadas com mulheres transgenitalizadas, o temor da revelação aos parceiros da sua condição, por medo de sofrerem agressões físicas e/ou psicológicas. Tal receio implica múltiplas atitudes, às quais a autora dá o nome de mecanismos de sobrevivência psíquica e social, a exemplo de encobrimento, mentiras e a manipulação de informações. Isso, pois, o relacionamento pode ser comprometido após a revelação, que pode acarretar tanto em aceitação quanto em abandono total. Em razão disso, também, muitas mulheres trans optam por revelarem sua identidade, não de livre e espontânea vontade, mas para evitar algum tipo de desgaste psicológico (cf. PINTO, Maria Jaqueline Coelho. *A vivência afetivo-sexual de mulheres transgenitalizadas*. 2008. 227 f. Tese (Doutorado em Psicologia) – Faculdade de Filosofia, Ciências e Letras de Ribeirão Preto, Universidade de São Paulo, 2008. Disponível em: http://www.teses.usp.br/teses/disponiveis/59/59137/tde-27052008-141851/pt-br.php. Acesso em: 18 abr. 2019).

[424] VECCHIATTI, Paulo Roberto Iotti. Constitucionalidade (e dever constitucional) da classificação da homofobia e da transfobia como crimes de racismo. *In*: DIAS, Marias Berenice

concreto, decidir se são relevantes ou não as qualidades sobre as quais recai a essencialidade do erro, como ensina Rolf Madaleno,[425] não parece razoável com a ordem constitucional vigente admitir como causa para tal anulação o fato de a pessoa ser trans. Afinal, é papel do Estado e, consequentemente, do Poder Judiciário combater todo e qualquer ato eminentemente discriminatório.

Outrossim, faz-se mister a compreensão de que, no tocante à expressão de sexualidade, a atração afetivo-sexual é – ou, ao menos, deveria ser compreendida como sendo – voltada à pessoa e às suas características, entre as quais o gênero seria apenas uma das qualidades que desperta esse interesse. Isto é, significa dizer que as pessoas se atraem pelo gênero das outras e não pelo seu sexo. Isso, pois, quando se admite que uma pessoa se atrai pelo sexo da outra, parece, no mínimo, uma acepção reducionista, tendo em vista o entendimento de que "sexo" é um fator biológico associado, geralmente, aos órgãos genitais. Por sua vez, quando se admite que uma pessoa se atrai pelo gênero da outra, está-se dizendo que o direcionamento daquela atração afetivo-sexual é para os signos culturais, históricos e sociais os quais constroem a identidade de gênero de determinado indivíduo, abarcando tanto as pessoas trans, quanto aquelas cisgêneras.

Do contrário, se se admitisse que as pessoas se atraem pelo "sexo" das outras, estar-se-ia excluindo cabalmente, como consequência, as identidades trans do campo afetivo-sexual, pois a sua subversão do sistema sexo/gênero as coloca numa posição de desconformidade entre o sexo biológico que lhes foi imputado com o nascimento e a sua identidade de gênero socialmente construída. Raciocínios como esse, por conseguinte, acabam por reforçar o estigma com relação às pessoas trans, colocando-as na posição de mulheres e de homens "de mentira", por não terem nascido com a genitália esperada para o seu gênero respectivo.

Não obstante, é nítido que o preconceito enraizado por um sistema heterocisnormativo tende a excluir aqueles que não se encaixam nos padrões estabelecidos. Isso, pois, como bem ressaltam os estudos da teoria *queer*, mencionados em tópico pretérito, o seu raciocínio está baseado em uma suposta coerência lógica entre sexo/gênero/sexualidade, a qual reputa ininteligíveis todas as existências que vão de encontro a esse sentido. Tal construção, inclusive, faz com que se dê demasiada

---

(Coord.). *Diversidade sexual e direito homoafetivo*. 3. ed. São Paulo: Revista dos Tribunais, 2017. p. 98-99.

[425] MADALENO, Rolf. *Direito de família*. 8. ed. Rio de Janeiro: Forense, 2018. p. 207.

relevância à condição transexual para fins de anulação, quando essa apenas deveria ser enxergada como mera característica dessas pessoas, tal qual a cor dos seus cabelos ou a dos seus olhos.

Sabendo disso, é importante que o Estado atue tanto para coibir atos discriminatórios, quanto para preveni-los e impedir que aconteçam. Por isso, são necessárias tanto a promoção de uma incitação à transformação da mentalidade social, através de políticas públicas de conhecimento, respeito e inclusão das pessoas integrantes da diversidade sexual e de gênero, quanto a refutação de práticas ou manifestações discriminatórias por parte dos poderes públicos.

Assim, tem-se por mais acertada que, em casos como esse, nos quais a revelação da identidade torne insuportável a convivência do casal, a opção de dissolução do casamento que melhor respeita a *dignidade* de ambos é a do divórcio. Afinal, sabe-se que, desde a Emenda Constitucional nº 66/2010 (EC nº 66/10), o divórcio tornou-se direito potestativo, pelo que ninguém pode ser obrigado a estar casado contra a sua vontade. Nesse diapasão, os efeitos do divórcio, diferentemente da anulação do casamento, respeitam, no mínimo, a história e a convivência daquele casal como integrantes de um relacionamento que, por algum tempo, foi permeado pelo respeito e pela afetividade. Já a anulação teria por fito "apagar", de certa forma, uma história afetiva que fora construída antes de prevalecerem os preconceitos, colocando, ainda por cima, a pessoa trans na qualidade de cônjuge de "má-fé" ao qual os efeitos matrimoniais não poderiam ser aproveitados.

No mesmo sentido, com relação à união estável, sua extinção deve dar-se mediante as formas tradicionais de dissolução desse instituto, quais sejam: a) a dissolução amigável, por meio de instrumento público ou particular, quando a divergência se dê apenas com relação à insuportabilidade da convivência; ou b) a extinção litigiosa, na qual se formulará pedido judicial de declaração de existência e consequente dissolução de união estável. Ambas as modalidades produzindo seus efeitos jurídicos próprios tanto na esfera pessoal quanto na esfera patrimonial.

Da mesma forma, não se pode admitir que seja imputada indenização à pessoa trans que omite a sua condição ao seu cônjuge ou companheiro, por não estar ela praticando qualquer comportamento proibido. Pelo contrário, está, como fora sustentado anteriormente, no exercício regular do seu direito ao esquecimento sobre um passado jurídico-social que não a contemplava plenamente, por não traduzir a sua identidade de gênero. Dessa sorte, não se pode falar em cometimento de ato ilícito ou de abuso de direito, pois, se o direito pretende incluir essas pessoas, não pode exigir que exponham sua intimidade contra a sua vontade, cabendo a elas tal decisão e não ao ordenamento.

Por fim, cabe discutir a possibilidade de retificação registral e de realização de procedimento de transgenitalização por parte de pessoas trans casadas ou em união estável. Sobre isso, há grandes divergências na doutrina, sobretudo com relação à prévia existência de vínculo matrimonial, até por sua natureza mais formal, consoante explica Camila de Jesus Mello Gonçalves, pois há entendimentos no sentido de: a) que o processo de transição corporal somente pode ser realização se houver autorização do cônjuge; b) que a retificação do registro somente pode ser feita em pessoas trans solteiras, viúvas ou divorciadas e que, caso não tenha ocorrido o divórcio, esse deve ser decretado conjuntamente com a retificação registral; c) que a retificação no registro acarretaria automaticamente divórcio, por não se poder impor ao outro cônjuge uma convivência homossexual; d) que, se o cônjuge der a anuência, pode ser mantido o enlace matrimonial já existente; e e) que a retificação no registro de casamento do cônjuge somente pode ser feita mediante a sua aquiescência.[426]

Não obstante as diversas ponderações, a autora afirma que parece mais pertinente e razoável que a submissão a procedimentos de terapia hormonal e de cirurgias de transgenitalização, assim como a própria retificação de registro de nome e sexo devam ser admitidas independentemente do estado civil da pessoa, por tratar-se de questões relativas ao livre desenvolvimento da sua personalidade. Ademais, afirma que tais modificações não seriam suficientes para ensejar a extinção de casamento ou de união estável, os quais podem ser mantidos mediante a vontade dos parceiros. Isso, pois, lembra que a concepção contemporânea de família se volta para a realização pessoal de seus membros.[427]

De toda forma, reconhece, ainda, que com relação ao outro cônjuge, como sua *dignidade* também é objeto de proteção, aquele deve ser notificado a se manifestar e, em caso de discordância, realizar-se-á o divórcio, apenas procedendo-se as respectivas alterações, na certidão de casamento, se houver o seu consentimento.[428] Sobre isso, inclusive,

---

[426] GONÇALVES, Camila de Jesus Mello. *Transexualidade e direitos humanos*: o reconhecimento da identidade de gênero entre os direitos da personalidade. Curitiba: Juruá, 2016. p. 261-264, *passim*.

[427] GONÇALVES, Camila de Jesus Mello. *Transexualidade e direitos humanos*: o reconhecimento da identidade de gênero entre os direitos da personalidade. Curitiba: Juruá, 2016. p. 264.

[428] GONÇALVES, Camila de Jesus Mello. *Transexualidade e direitos humanos*: o reconhecimento da identidade de gênero entre os direitos da personalidade. Curitiba: Juruá, 2016. p. 265.

estabelece o Provimento nº 73/2018, em seu art. 8º, item 3º que "A subsequente averbação da alteração do prenome e do gênero no registro de casamento dependerá da anuência do cônjuge", bem como que, nos casos de sua discordância quanto à averbação, "o consentimento deverá ser suprido judicialmente".[429]

Ante todo esse panorama, nota-se que a tutela jurídica da identidade de gênero das pessoas trans pela via dos direitos da personalidade não se trata de mero capricho, mas representa verdadeira necessidade de concretização dos direitos fundamentais desses indivíduos na esfera privada. Claramente, a edição de norma específica sobre a matéria é importante, de forma a dirimir as controvérsias, mas, enquanto o Congresso não se mobiliza nesse sentido, cabe ao Poder Judiciário zelar pelo respeito à *dignidade*, à *liberdade*, à *igualdade* e à *não discriminação* dessa parcela populacional, pois ao Estado não cabe realizar meia inclusão, pois essa somente é efetiva quando realizada plenamente.

3.3 A autonomia epistemológica do direito da diversidade sexual e de gênero[430] e a necessidade de criação de um estatuto jurídico próprio: o reconhecimento da diferença como instrumento de efetivação de direitos

Por último, mas não menos importante, cabe ainda discutir, neste capítulo, a pertinência da edição de um diploma normativo que contemple, de forma específica, a proteção e a consequente promoção dos direitos próprios da população LGBT+.[431] Tal discussão mostra-se

---

[429] BRASIL. Conselho Nacional de Justiça. *Provimento nº 73 de 28 de junho de 2018*. Dispõe sobre a averbação da alteração do prenome e do gênero nos assentos de nascimento e casamento de pessoa transgênero no Registro Civil das Pessoas Naturais (RCPN). Disponível em: http://www.cnj.jus.br/files/atos_administrativos/provimento-n73-28-06-2018-corregedoria. pdf. Acesso em: 12 mar. 2019.

[430] As pessoas integrantes da diversidade sexual e de gênero são aquelas que possuem uma expressão afetivo-sexual ou uma identidade de gênero diversa daquelas que são socialmente privilegiadas (a heterossexual e a cisgênera). Isto é, "[...] homossexuais, lésbicas, bissexuais, transexuais, travestis, transgêneros, intersexuais" (no mesmo sentido, ver DIAS, Maria Berenice. Estatuto da diversidade sexual – uma lei por iniciativa popular. *In*: FERRAZ, Carolina Valença; LEITE, George Salomão; LEITE, Glauber Salomão; LEITE, Glauco Salomão (Coord.). *Manual do direito homoafetivo*. São Paulo: Saraiva, 2013. p. 522).

[431] Apesar do recorte temático desta pesquisa, a qual vislumbra uma análise dos projetos parentais desempenhados por lésbicas, *gays*, bissexuais, travestis, transexuais e transgêneros (LGBT), a discussão empreendida no presente tópico não pode desconsiderar que a edição

necessária, pois, conforme visto anteriormente, trata-se de um grupo social marcado pela vulnerabilidade decorrente do estigma que é imposto a tais indivíduos em razão das bases heterocisnormativas nas quais está tradicionalmente fundada a edificação da sociedade contemporânea.

Diante disso, algumas interessantes questões são levantadas, entre as quais se citam: seria necessária a criação de um novo ramo jurídico para conferir a adequada tutela desses indivíduos ou os campos jurídicos tradicionais já seriam capazes de suprir essa proteção? Ou, ainda, sabendo-se que o ramo do direito homoafetivo fora inicialmente pensado diante de um contexto de total ausência de garantias para a população LGBT, ainda subsiste a razoabilidade da manutenção de sua autonomia epistemológica ou as transformações conferidas em âmbito administrativo e jurisprudencial, previamente citadas, já dariam margem à salvaguarda dos direitos dessas pessoas pelos ramos jurídicos já historicamente consolidados, a exemplo do direito das famílias?

A fim de responder a essas indagações, portanto, o presente tópico irá debruçar-se sobre alguns pontos cruciais para a compreensão da matéria analisada, os quais serão utilizados como base para a construção da solução mais adequada, seja ela a de entender desnecessária a edificação de um novo ramo jurídico, seja a relevância da solidificação de sua autonomia epistemológica.

Destarte, é imperioso relembrar, conforme já descrito neste trabalho, que a luta pelo reconhecimento de direitos, nas mais diversas esferas jurídicas, por parte da população LGBT+ foi (e, em certa medida, ainda, é) marcada por um processo de exclusão e de discriminação que invisibiliza suas existências. O ordenamento jurídico, assim como a sociedade, não foi tradicionalmente pensado para comportar expressões de sexualidade e identidades de gênero que contrariam o padrão heterocisnormativo imposto. Isso, no dizer de Maria Berenice Dias, implicou uma grande "[...] dificuldade de se construir um referencial doutrinário e legal que alavanque a construção de um arcabouço

---

de uma lei que regulamente e promova os direitos da diversidade sexual e de gênero não pode excluir do seu âmbito de regulamentação também a tutela jurídica das demais identidades que integram a população LGBTQIAP+. Logo, por essa razão, de forma a que se compatibilizem as discussões deste trabalho com a efetiva proteção jurídica da diversidade sexual e de gênero, optou-se, neste tópico, pelo emprego da sigla LGBT+, para destacar o recorte temático da pesquisa e, ao mesmo tempo, elucidar a maior amplitude dessa discussão quando se considera a existência de outras categorias identitárias que, apesar de não comporem o objeto pesquisado, também fazem parte do debate aqui empreendido.

teórico-científico para o reconhecimento de se estar diante de um novo ramo do direito".[432]

Sobre isso, inclusive, é interessante destacar a longa trajetória percorrida pela autora e descrita nas apresentações da sua obra *Homoafetividade e direitos LGBTI* (2016), quando, na 1ª edição de seu livro – nesse tempo intitulado *União homossexual: o preconceito e a justiça* (2000) –, foi motivada a trazer uma abordagem jurídica, até então inexistente, a respeito do tema. Nessa oportunidade, viu-se impelida a discutir sobre a promoção da emancipação das relações homossexuais – ou, como preferiu chamá-las, homoafetivas – através do direito e a consequente necessidade de superação dos preconceitos que pairavam em torno da temática na época.[433]

A partir de então, inúmeros escritos foram empreendidos sobre a matéria e, igualmente, diversos posicionamentos jurisprudenciais foram firmados, entre os quais se destacam as já mencionadas decisões do STF sobre o reconhecimento das uniões homoafetivas (ADPF nº 132/RJ e ADI nº 4.277/DF) e da possibilidade de retificação registral das pessoas trans (ADI nº 4.275/DF), bem como o julgado a respeito da criminalização da homotransfobia (Ação Direta de Inconstitucionalidade por Omissão – ADO – nº 26 e Mandado de Injunção – MI – nº 4.733).[434]

---

[432] DIAS, Maria Berenice. Rumo a um novo direito. *In*: DIAS, Maria Berenice (Coord.). *Diversidade sexual e direito homoafetivo*. 3. ed. São Paulo: Revista dos Tribunais, 2017. p. 31.

[433] DIAS, Maria Berenice. *Homoafetividade e direitos LGBTI*. 7. ed. São Paulo: Revista dos Tribunais, 2016. p. 31-33.

[434] Não serão reservados maiores comentários a respeito dessa decisão, pois uma análise mais aprofundada a seu respeito foge aos contornos temáticos da presente pesquisa. De toda forma, faz-se constar que o STF decidiu da seguinte forma: a) por unanimidade, reconhecer parcialmente a ADI; e b) por maioria, julgar procedente e com eficácia *erga omnes* e efeito vinculante no sentido de: i) reconhecer o estado de mora inconstitucional do Congresso Nacional no sentido de promover a proteção penal específica do grupo LGBT; ii) declarar a omissão normativa inconstitucional do Poder Legislativo; iii) cientificar o Congresso Nacional a respeito do estado de mora inconstitucional; iv) dar interpretação conforme a Constituição para enquadrar a homotransfobia, qualquer que seja sua forma de manifestação, nos tipos penais constantes da Lei nº 7.716/89 (Lei para Crime de Racismo), até que sobrevenha legislação autônoma editada pelo Congresso Nacional; e v) declarar que os efeitos da decisão somente se aplicarão a partir da data de conclusão do julgado. Ademais, foi fixada tese para, em suma: a) até que o Legislativo edite norma específica, enquadrar a homotransfobia no conceito do crime de racismo, na sua acepção social, a partir da sua inserção interpretativa no contexto da Lei de Racismo e, nos casos de homocídio doloso, enquadrá-la como circunstância que o qualifique, como motivo torpe; b) considerar que a repressão penal à homotransfobia não restrinja o exercício da liberdade religiosa, desde que não seja configurado discurso de ódio (manifestações que induzam à hostilidade, discriminação e violência contra pessoas LGBT); e c) estabelecer que o racismo, na sua acepção social, é baseado em uma construção histórico-cultural, motivada pelo objetivo de justificar a desigualdade destinada a um controle ideológico de dominação daquelas pessoas que não se encaixam no padrão hegemonicamente imposto pela sociedade (cf.

Diante disso, a supracitada autora afirma que essa mobilização, tanto por parte da doutrina, quanto do Poder Judiciário, oportunizou o advento de um novo ramo no direito, qual seja o direito homoafetivo[435] (que será aqui trabalhado enquanto direito LGBT+ ou direito da diversidade sexual e de gênero).

Nessa toada, pode-se dizer que foi possibilitado, também, o advento de uma autonomia epistemológica[436] para esse novo campo, a qual contribuiu para a compreensão, para o reconhecimento e para a legitimação das existências e das vivências LGBT+, no intuito de trazê-las, consequentemente, para os debates próprios da seara jurídica. Tal processo, por sua vez, é de extrema relevância para a garantia da emancipação político-jurídico-social dessa parcela da população, pois, como sustenta Gisele Mascarelli Salgado, "Saber quem conhece e como se conhece o Direito é fundamental para entender que tipo de ciência se produz [...]"[437] e, além disso, porque, conforme explica Anselmo Peres Alós, "A discussão de representações sexuais que não reproduzam os imperativos heteronormativos é uma alternativa para vencer o silenciamento imposto aos sujeitos homossexuais, travestis, transexuais e transgêneros".[438] Como resultado, uma ciência jurídica que conheça os mecanismos de dominação impostos a essas pessoas pela heterocisnormatividade estará igualmente mais apta a dar respostas legais mais apropriadas às suas demandas e aos seus anseios.

Nessa continuidade, mostra-se oportuna uma investigação a respeito dos esforços legislativos destinados tanto a promover, quanto a obstar a concessão de garantias à população LGBT no contexto nacional.

BRASIL. Supremo Tribunal Federal. *Ação Direta de Inconstitucionalidade por Omissão nº 26/DF*. Relator: Ministro Celso de Mello, 13 de junho de 2019. Disponível em: http://portal.stf.jus.br/processos/detalhe.asp?incidente=4515053. Acesso em: 15 dez. 2019).

[435] DIAS, Maria Berenice. *Homoafetividade e direitos LGBTI*. 7. ed. São Paulo: Revista dos Tribunais, 2016. p. 301.

[436] A epistemologia diz respeito ao ramo da filosofia que se dedica a compreender o conhecimento científico e a conhecer os processos de produção desse conhecimento, ou seja, a forma através da qual são estabelecidas relações sujeito-objeto entre os pesquisadores e seus objetos de pesquisa (cf. RAGO, Margareth. Epistemologia feminista, gênero e história. *In*: GROSSI, Miriam Pilar; PEDRO, Joana Maria (Org.). *Masculino, feminino, plural*. 1. ed. Florianópolis: Mulheres, 1998. Disponível em: http://files.mudem.webnode.com/200000074-71426723a2/Epistemologia%20feminista,%20g%C3%AAnero%20e%20hist%C3%B3ria.pdf. Acesso em: 20 dez. 2019).

[437] SALGADO, Gisele Mascarelli. Epistemologia feminista no direito. *In*: FERRAZ, Carolina Valença (Coord.). *Manual jurídico feminista*. Belo Horizonte: Letramento, 2019. p. 68.

[438] ALÓS, Anselmo Peres. Gênero, epistemologia e performatividade: estratégias pedagógicas de subversão. *Revista Estudos Feministas*, Florianópolis, v. 19, n. 2, p. 421-449, 2011. p. 443. Disponível em: https://periodicos.ufsc.br/index.php/ref/article/view/S0104-026X2011000200007/19545. Acesso em: 20 dez. 2019.

Sobre isso, importa frisar, inicialmente, a curiosa constatação ressaltada por Maria Berenice Dias – e já mencionada neste trabalho – de que há um grande esforço de camadas conservadoras e fundamentalistas, no Congresso Nacional, voltado a impedir a apreciação de pautas destinadas a promover direitos à diversidade sexual e de gênero e, até mesmo, reverter algumas conquistas que já foram asseguradas no âmbito da jurisprudência.[439]

Entre esses, talvez um dos mais conhecidos, está o PL nº 6.583/2013, de autoria do Deputado Anderson Ferreira (PR/PE), que pretende a instituição do "Estatuto da Família" (no singular), o qual, em seu art. 2º, define família como a união entre um homem e uma mulher, mediante casamento ou união estável, ou a comunhão formada por qualquer dos pais e seus filhos.[440] Tal proposta, que atualmente se encontra aguardando recurso na Mesa da Câmara dos Deputados, acarreta uma concepção reducionista e discriminatória do conceito de entidade familiar e, caso venha a ser aprovada, estaria, no dizer de Flávia Santiago Lima, sujeita ao controle de constitucionalidade, cenário no qual caberia novamente ao STF zelar pela proteção aos direitos fundamentais no exercício do seu papel contramajoritário.[441]

Em contrapartida, é interessante pontuar que não faltam projetos de lei (PLs) tramitando no Congresso Nacional na tentativa de regulamentar alguns aspectos pertinentes ao acolhimento da diversidade sexual e de gênero no contexto jurídico brasileiro.[442] Entretanto, essas tentativas

---

[439] DIAS, Maria Berenice. *Homoafetividade e direitos LGBTI*. 7. ed. São Paulo: Revista dos Tribunais, 2016. p. 99.

[440] Projeto de Lei nº 6.583/2013 (Estatuto da Família): "Art. 2º Para os fins desta Lei, define-se entidade familiar como o núcleo social formado a partir da união entre um *homem e uma mulher*, por meio de casamento ou união estável, ou ainda por comunidade formada por qualquer dos pais e seus descendentes" (grifos no original).

[441] LIMA, Flávia Danielle Santiago. Diálogos ou embates institucionais? A ADPF 132/ADI 4.277 e as dinâmicas políticas entre STF e Congresso Nacional. *In*: FERRAZ, Carolina Valença; LEITE, Glauber Salomão; OMMATI, José Emílio Medauar; VECCHIATTI, Paulo Roberto Iotti (Coord.). *Diferentes, mas iguais*: estudos sobre a decisão do STF sobre a união homoafetiva (ADPF 132 e ADI 4277). Rio de Janeiro: Lumen Juris, 2017. p. 393.

[442] A autora faz, inclusive, uma relação dos PLs destinados a garantir a proteção dos direitos da população LGBT+ no cenário nacional, dividindo-os a partir da matéria a qual visam regulamentar e colocando o *status* da sua tramitação no CN, chegando a uma listagem de quase 50 projetos de lei, os quais podem ser agrupados nas seguintes categorias: *a) projetos de lei que visam à criminalização da homofobia* – 1) PL nº 2.138/2015, da Deputada Erika Kokay (PT/DF), apensado ao PL 1.959/2011; 2) PL 622/2015, da Deputada Moema Gramacho (PT/BA), aguardadno parecer do relator na Comissão de Defesa dos Direitos da Mulher (CMULHER); 3) PL nº 81/2007, da Deputada Fátima Bezerra (PT/RN), aguardando deliberação do recurso na Mesa Diretora da Câmara dos Deputados; 4) PL nº 7.052/2006, da Deputada Iara Bernardi (PT/SP), arquivado; 5) PL nº 5.003/2001, da Deputada Iara Bernardi (PT/SP), aguardando apreciação do Senado Federal; *b) projetos de lei que visam à regulamentação da união civil entre*

pessoas do mesmo gênero – 6) PL nº 335/2015, do Deputado Wadson Ribeiro (PCdoB/MG), aguardando parecer do Relator da Comissão de Direitos Humanos e Minorias (CDHM); 7) PL nº 5.120/2013, dos Deputados Jean Wyllys (PSOL/RJ) e Erika Kokay (PT/DF), apensado ao PL 580/2007; 8) PL nº 2.153, da Deputad Janete Rocha Pietá (PT/SP), apensado ao PL nº 7.018/2010; 9) PL 1.510/2011, da Deputada Erika Kokay (PT/DF), apensado ao PL 4.684/2001; 10) PL nº 4.914/2009, dos Deputados José Genoíno (PT/SP), Manuela D'ávila (PCdoB/RS) Maria Helena (PSB/RR) e outros, apensado ao PL nº 580/2007; 11) PL nº 3.712/2008, do Deputado Maurício Rands (PT/PE), arquivado; 12) PL nº 674/2007, do Deputado Vaccarezza (PT/SP), aguardando deliberação do recurso na Mesa Diretora da Câmara dos Deputados; 13) PL nº 580/2007, do Deputado Clodovil Hernandes (PTC/SP); 14) PL nº 6.874/2006, da Deputada Laura Carneiro (PFL/RJ), arquivado; 15) PL nº 6.297/2005, do Deputado Maurício Rands (PT/PE), arquivado; 16) PL nº 4.684/2001, Marcos Rolim (PT/RS), apensado ao PL nº 107/1999; 17) PL nº 1.151/1995, da Deputada Marta Suplicy (PT/SP), pronto para pauta no plenário; 18) Projeto de Lei do Senado (PLS) nº 612/2011, da Senadora Marta Suplicy (PT/SP), arquivado; *c) projetos de lei que visam à regulamentação da intervenção cirúrgica e da alteração de sexo* – 19) PL nº 4.870/2016, da Deputada Laura Carneiro (PMDB/RJ), apensado ao PL nº 70/1995; 20) PL nº 70/1995, do Deputado José Coimbra (PTB/SP), pronto para pauta no plenário; *d) projetos de lei que visam à regulamentação da Identidade de Gênero* – 21) PL nº 4.931/2016, do Deputado Ezequiel Teixeira (PTN/RJ), aguardando designação de relator na Comissão de Seguridade Social e Família (CSSF); 22) PL nº 1.531/2015, do Deputado Chico D'Angelo (PT/RJ), apensado ao PL nº 7.727/2014; 23) PL nº 2.138/2015, da Deputada Erika Kokay (PT/DF), apensado ao PL nº 1.959/2011; 24) PL nº 8.032/2014, da Deputada Jandira Feghali (PCdoB/RJ), pronto para pauta na CDHM; 25) PL nº 7.524/2014, do Deputado Jean Wyllys (PSOL/RJ), pronto para pauta na CDHM; 26) PL nº 5.002/2013, denominado Lei de Identidade de Gênero ou Lei João W. Nery, dos Deputados Jean Wyllys (PSOL/RJ) e Erika Kokay (PT/DF), pronto pra pauta da CDHM; 27) PL nº 4.916/2012, do Deputado Jean Wyllys (PSOL/RJ), apensado ao PL nº 2.304/2003; 28) PL nº 4.241/2012, da Deputada Erika Kokay (PT/DF), apensado ao PL nº 70/1995; 29) PL nº 2.976/2008, da Deputada Cida Diogo (PT/RJ), apensado ao PL nº 70/1995; 30) PL nº 6.655/2006, do Deputado Luciano Zica (PT/SP), aguardando apreciação pelo Senado Federal; *e) projetos de lei que visam à regulamentação da discriminação por orientação sexual* – 31) PL nº 4.359/2016, do Deputado Atila A. de Nunes (PSL/RJ), apensado ao PL nº 4.916/2012; 32) PL nº 1.846/2011, da Deputada Carmen Zanotto (PPS/SC), pronto para a pauta na Comissão de Constituição e Justiça e de Cidadania (CCJC); 33) PL nº 4.373/2008, da Deputada Sueli Vidigal (PDT/ES), arquivado; 34) PL nº 6.871/2006, da Deputada Laura Carneiro (PFL/RJ), apensado ao PL nº 2.773/2000; 35) PL nº 6418/2005 (PLS nº 309/2004), do Senador Paulo Paim (PT/RS), pronto para pauta no Plenário; 36) PL nº 3.770/2004, do Deputado Eduardo Valverde (PT/RO), arquivado; 37) PL nº 2.383/2003, da Deputada Maninha (PT/DF), aguardando deliberação do recurso na Mesa Diretora da Câmara dos Deputados; 38) PL nº 726/2003, do Deputado Fernando de Fabinho (PFL/BA), arquivado; 39) PL nº 287/2003, da Deputada Laura Carneiro (PFL/RJ), pronta para pauta no plenário; 40) PL nº 5.452/2001, da Deputada Iara Bernardi (PT/SP), apensado ao PL nº 6.418/2005; 41) PL nº 3.980/2000, do Senador Geraldo Candido (PT/RJ), pronto para pauta no plenário; 42) PL nº 3.099/2000, do Deputado Pompeo de Mattos (PDT/RS), apensado ao PL nº 434/1999; 43) PL nº 2.773/2000, do Deputado Alceste Almeida (PMDBR/RR), pronto para pauta no plenário; 44) PL nº 2.367/2000, do Deputado Vincente Caropreso (PSDB/SC), apensado ao PL nº 1.904/1999; 45) PL nº 1.904/1999, do Deputado Nilmário Miranda (PT/MG), arquivado; e *f) projetos de lei que visam à regulamentação da adoção por casal homoafetivo* – 46) PL nº 2.153/2011, da Deputada Janete Rocha Pietá (PSC/PA), apensado ao PL nº 7.018/2010; 47) PL nº 7.018/2010, do Deputado Zequinha Marinho (PSC/PA), arquivado (CF. DIAS, Maria Berenice. *Homoafetividade e direitos LGBTI*. 7. ed. São Paulo: Revista dos Tribunais, 2016. p. 100 e 390-401, *passim*).

veem-se constantemente dificultadas, seja pela sua não inserção nas pautas de votação, seja pelo arquivamento dos PLs apresentados.[443]

Nesse grupo de propostas legislativas, duas ganham especial destaque no tocante à promoção dos direitos da população LGBT+. Em primeiro lugar, mais especificamente no campo do direito das famílias, tem-se o Projeto de Lei do Senado (PLS) nº 470/2013, elaborado pelo IBDFAM e apresentado pela Senadora Lídice da Mata (PSB/BA), o qual visa à instituição do "Estatuto das Famílias", que, nos dizeres de Maria Berenice Dias, pretende a exclusão do Livro de Direito de Família do CC/02 e a consequente positivação do direito das famílias (no plural) de forma mais adequada à realidade da sociedade contemporânea, através de um microssistema que regula aspectos civis e processuais.[444] Nas suas disposições, podem-se destacar, entre outros, o art. 3º (que visa à proteção das famílias em todas as suas modalidades),[445] o art. 20 (que trata da manifestação de vontade para o casamento como um ato praticado "pelos nubentes", retirando as expressões "o homem e a mulher", as quais ensejavam entendimentos restritivos por parte da doutrina)[446] e o art. 61 (que caracteriza a união estável como a união entre "pessoas", afastando igualmente os termos "homem e mulher" de sua disposição normativa).[447]

Somado a esse projeto, tem-se, agora de forma mais representativa dos direitos LGBT+, o PLS nº 134/2018, apresentado pela Comissão de Direitos Humanos e Legislação Participativa, conhecido como "Estatuto da Diversidade Sexual e de Gênero". A respeito dessa proposta, cabem considerações mais aprofundadas, visto que está diretamente vinculada aos propósitos analíticos deste tópico.

Assim, impende inaugurar a discussão dizendo que tal projeto legislativo é fruto do trabalho realizado pela Comissão Especial da Diversidade Sexual e de Gênero (CEDSG) do Conselho Federal da Ordem dos Advogados do Brasil (CFOAB), a qual foi incumbida de

---

[443] DIAS, Maria Berenice. *Homoafetividade e direitos LGBTI*. 7. ed. São Paulo: Revista dos Tribunais, 2016. p. 99-100.

[444] DIAS, Maria Berenice. *Homoafetividade e direitos LGBTI*. 7. ed. São Paulo: Revista dos Tribunais, 2016. p. 103.

[445] Projeto de Lei do Senado nº 470/2013 (Estatuto das Famílias): "Art. 3º É protegida a família em qualquer de suas modalidades e as pessoas que a integram".

[446] Projeto de Lei do Senado nº 470/2013 (Estatuto das Famílias): "Art. 20. O casamento é civil e produz efeitos a partir do momento em que os nubentes manifestam a vontade de estabelecer o vínculo conjugal e a autoridade celebrante os declara casados".

[447] Projeto de Lei do Senado nº 470/2013 (Estatuto das Famílias): "Art. 61. É reconhecida como entidade familiar a união estável entre duas pessoas, configurada na convivência pública, contínua, duradoura e estabelecida com o objetivo de constituição de família".

realizar uma ampla revisão da legislação infraconstitucional no intuito de promover o reconhecimento de direitos que já vinham sido garantidos nas esferas judicial e administrativa. Para tanto, contou com o apoio das várias CDSG das Seccionais e das Subseccionais da OAB, das Comissões de Direito Homoafetivo do IBDFAM e dos movimentos sociais, tendo o Anteprojeto do Estatuto da Diversidade Sexual (ao qual, posteriormente, fora incluída a expressão "e de Gênero") sido entregue ao CFOAB no dia 23.8.2011, recebendo parecer favorável do seu relator.[448]

A partir daí, a CEDSG iniciou um movimento, em 17.5.2012 (Dia Mundial de Combate à Homofobia), para conseguir adesões para que o projeto fosse levado à Câmara Federal por iniciativa popular, o que demandaria a adesão de 1% do eleitorado, nos termos do art. 61, §2º da CF/88,[449] e, paralelamente, o anteprojeto foi também encaminhado à Comissão de Direitos Humanos e Legislação Participativa (CDH), como a Sugestão nº 61/2017, em razão da legitimidade ativa universal, dispensada comprovação de pertinência temática, conferida ao CFOAB pelo art. 7º do Ato nº 01/2006 da CDH.[450] [451] Desse modo, em 2018, a Sugestão nº 61/2017 obteve parecer favorável da relatora Marta Suplicy (PMDB/SP) e foi aprovada pela CDH, passando a tramitar como o atual PLS nº 134/2018.[452]

Desse modo, o propósito do referido Estatuto, no dizer de Maria Berenice Dias, é construir um microssistema jurídico no intuito

---

[448] DIAS, Maria Berenice. *Homoafetividade e direitos LGBTI*. 7. ed. São Paulo: Revista dos Tribunais, 2016. p. 305.

[449] Constituição Federal de 1988: "Art. 61. A iniciativa das leis complementares e ordinárias cabe a qualquer membro ou Comissão da Câmara dos Deputados, do Senado Federal ou do Congresso Nacional, ao Presidente da República, ao Supremo Tribunal Federal, aos Tribunais Superiores, ao Procurador-Geral da República e aos cidadãos, na forma e nos casos previstos nesta Constituição [...] §2º A iniciativa popular pode ser exercida pela apresentação à Câmara dos Deputados de projeto de lei subscrito por, no mínimo, um por cento do eleitorado nacional, distribuído pelo menos por cinco Estados, com não menos de três décimos por cento dos eleitores de cada um deles".

[450] Ato da Comissão de Direitos Humanos e Legislação Participativa nº 01/2006: "Art. 7º Para atuar junto à Comissão de Direitos Humanos e Legislação Participativa as pessoas jurídicas legitimadas no art. 102-E, do Regimento Interno do Senado Federal, alterado pela Resolução nº 1 de 2005, deverão observar o requisito de pertinência temática com a atividade da entidade. [...]§2º Partido político sem representação no Congresso Nacional, o Conselho Federal da OAB e suas Seccionais têm legitimação ativa universal em virtude de sua atuação e, portanto, não precisam observar a pertinência temática".

[451] DIAS, Maria Berenice. *Homoafetividade e direitos LGBTI*. 7. ed. São Paulo: Revista dos Tribunais, 2016. p. 305.

[452] BRASIL. CDH acolhe sugestão de Estatuto da Diversidade Sexual. *Senado Federal*, 23 maio 2018, 16:45. Disponível em: https://www12.senado.leg.br/noticias/materias/2018/03/21/cdh-acolhe-sugestao-da-oab-sobre-estatuto-da-diversidade-sexual-e-de-genero. Acesso em: 15 dez. 2019.

de promover normas afirmativas por meio de princípios e regras de conteúdo material e processual que visam consagrar a concretização do *princípio da igualdade* com respeito à diferença para a população LGBT+ no sistema jurídico brasileiro.[453] Para tanto, no seu bojo, traz disposições gerais (relativas às nomenclaturas utilizadas e ao objetivo de combate à discriminação por expressão de sexualidade ou identidade de gênero, constante dos arts. 1º ao 3º), princípios fundamentais (art. 4º), direito à livre orientação sexual e identidade de gênero (arts. 5º ao 8º), direito à *igualdade* e à *não discriminação* (arts. 9º ao 11), direito à *convivência familiar* (arts. 12 ao 17), direito à parentalidade (arts. 18 ao 30), direito à identidade de gênero (arts. 31 ao 43), direito à saúde (arts. 44 ao 50), direitos previdenciários (arts. 51 ao 55), direito à educação (arts. 56 ao 61), direito ao trabalho (arts. 63 ao 71), direito à moradia (arts. 72 ao 76), direito de acesso à justiça e à segurança (arts. 77 ao 88), tutela adequada dos meios de comunicação (arts. 89 ao 91), tutela adequada das relações de consumo (arts. 92 ao 96), crimes (arts. 97 ao 102) e políticas públicas (arts. 103 ao 105).[454]

Além disso, promove alterações na Lei de Introdução às Normas do Direito Brasileiro, no Código Civil, na Lei de Registros Públicos, no Estatuto da Criança e do Adolescente, na Regulação da Investigação de Paternidade, na Consolidação das Leis Trabalhistas, nos Planos de Benefícios da Previdência Social, na Regulamentação da Previdência Social, na Disposição do Regime Jurídico dos Servidores Públicos da União, das Autarquias e das Fundações Públicas Federais, na Regulamentação do Imposto de Renda, no Código Penal, no Código de Processo Penal, na Lei de Execuções Penais, no Código Penal Militar, no Estatuto dos Militares e na Lei de Racismo.[455]

Tal iniciativa, portanto, pode-se dizer, consiste em uma tentativa de redução da vulnerabilização à qual está sujeita a população LGBT+, tanto no meio social, quanto a sua reverberação no campo jurídico. No intuito de combater essa estigmatização recorre-se, então, à sedimentação

---

[453] Comenta, ainda, a autora que tal alternativa é a forma que os Estados Modernos têm encontrado para garantir a visibilidade e a segurança daquelas pessoas que sofrem algum tipo de discriminação no meio social. Razão, por exemplo, pela qual foram construídos o Código de Defesa do Consumidor, o Estatuto da Criança e do Adolescente, o Estatuto do Idoso, o Estatuto da Pessoa com Deficiência etc. (cf. DIAS, Maria Berenice. *Homoafetividade e direitos LGBTI*. 7. ed. São Paulo: Revista dos Tribunais, 2016. p. 305).

[454] BRASIL. Congresso Nacional. *Projeto de Lei do Senado nº 134/2018*. Institui o Estatuto da Diversidade Sexual e de Gênero. Disponível em: https://www25.senado.leg.br/web/atividade/materias/-/materia/132701. Acesso em: 15 dez. 2019.

[455] DIAS, Maria Berenice. *Homoafetividade e direitos LGBTI*. 7. ed. São Paulo: Revista dos Tribunais, 2016. p. 346-366, passim.

daquilo que Bruno Galindo chama de um direito antidiscriminatório que, a partir do reconhecimento das diferenças, no intento de promover a *igualdade material*, atua para coibir condutas discriminatórias negativas e pejorativas e, ao mesmo tempo, para implementar políticas públicas de discriminação reversa ou positiva, a fim de garantir a plenitude do exercício da cidadania para aquelas pessoas que se encontram em situação de vulnerabilidade, propiciando-lhes uma igualdade de oportunidades.[456]

À vista disso, é imperioso que o Poder Legislativo se mobilize para garantir a aprovação dessa lei que se destina a uma regulamentação adequada dos mais variados aspectos que envolvem a tutela jurídica da população LGBT+, visto que concentra, em si, de forma sistemática, aspectos atinentes a vários ramos do direito material e processual, não apenas o direito das famílias. Além do que, comprova a legitimidade e a necessidade da garantia de uma autonomia epistemológica de um ramo jurídico específico destinado ao estudo dos direitos próprios da diversidade sexual e de gênero, de modo a conferir a essas pessoas o merecido reconhecimento e emancipação que lhes é justo, tomando por base o respeito à liberdade na expressão das suas sexualidades e das suas identidades de gênero em igualdade de oportunidades com as demais pessoas.

---

[456] GALINDO, Bruno. O direito antidiscriminatório entre a forma e a substância: igualdade material e proteção de grupos vulneráveis pelo reconhecimento da diferença. *In*: FERRAZ, Carolina Valença; LEITE, Glauber Salomão (Coord.). *Direito à diversidade*. São Paulo: Atlas, 2015. p. 51.

PARTE II

OS PROJETOS PARENTAIS ECTOGENÉTICOS LGBT NO ORDENAMENTO JURÍDICO BRASILEIRO: UM NOVO TEMPO HÁ DE VENCER

Um novo tempo há de vencer
Pra que a gente possa florescer
E, baby, amar, amar sem temer.
(HOOKER, *Johnny* part. Liniker. Flutua, 2017)

CAPÍTULO 4

OS IMPACTOS DA BIOÉTICA E DO BIODIREITO NO DIREITO DAS FAMÍLIAS: A REPRODUÇÃO HUMANA ASSISTIDA E O SURGIMENTO DAS FAMÍLIAS ECTOGENÉTICAS

> *Os avanços científicos relacionados à biologia e à medicina produzem mudanças não apenas na natureza que, ao ser desvendada, passa a ser reformulada, mas também na própria pessoa humana. O ponto é que, diante de uma nova humanidade e de uma nova natureza, diferentes relações sociais surgem no contexto da civilização humana.*
> (GAMA, Guilherme Calmon Nogueira da. *A nova filiação*, 2003)

A infertilidade sempre se apresentou como uma questão de saúde com consequências sociais bem expressivas, entre as quais a ideia de uma impossibilidade de transmissão dos genes de determinada família para as gerações futuras. Isso, em um contexto social hermeticamente fechado, pautado no exclusivismo do matrimônio heteroafetivo e na consanguinidade como legitimadora das relações filiais, corroborava uma sistemática de frustração de expectativas sociais impostas aos casais. No dizer de Ana Cláudia Brandão de Barros, era muito comum, inclusive, a provocação da degradação da família num cenário em que o biologismo era o único elo que caracterizava, de fato e de direito, o estabelecimento de vínculos paterno-materno-filiais.[457]

---

[457] FERRAZ, Ana Claudia Brandão de Barros Correia. *Reprodução humana assistida e suas consequências nas relações de família*: a filiação e a origem genética sob a perspectiva da repersonalização. 2. ed. Curitiba: Juruá, 2016. p. 41.

No século XX, porém, desenvolveram-se importantes experimentos no ramo da genética, entre as quais as descobertas a respeito do processo de hereditariedade por Gregor Mendel – com a consequente formulação das Leis de Mendel – e da estrutura do DNA por James Dewry e Harry Compton Crick, o que representou um verdadeiro marco na área da engenharia genética. Essas pesquisas, a seu turno, proporcionaram o aperfeiçoamento, no campo reprodutivo, de procedimentos para o tratamento e a superação da infertilidade e da esterilidade.[458]

Surgem, então, as técnicas de reprodução humana assistida (TRHA ou, simplesmente, RHA), as quais oportunizaram, guardadas as devidas proporções, a viabilização do que antes não passava de mera ficção científica, idealizada por Aldous Huxley na sua clássica obra distópica, *Admirável mundo novo* (1932).[459] Nascia, assim, em 1978, o primeiro "bebê de proveta" do mundo, a inglesa Louise Brown, no Hospital Geral de Oldham, próximo a Manchester, fruto da aplicação da técnica da fertilização *in vitro* – a qual será melhor explicada mais à frente – resultante dos esforços do embriologista Robert Edwards e do ginecologista Patrick Steptoe. No Brasil, a seu turno, não tardou para que a referida técnica também fosse exitosa, sendo que, em 1984, nascia Ana Paula Caldeira, primeiro "bebê de proveta" brasileiro, em razão do trabalho do ginecologista Milton Nakamura.[460]

Fala-se, a partir daí, no conceito de famílias ectogenéticas, dizendo respeito àqueles modelos familiares nos quais os filhos são oriundos da aplicação das TRHA,[461] representando mudanças paradigmáticas para a estrutura familiar tradicional, entre as quais a construção de novos

---

[458] FERRAZ, Ana Claudia Brandão de Barros Correia. *Reprodução humana assistida e suas consequências nas relações de família*: a filiação e a origem genética sob a perspectiva da repersonalização. 2. ed. Curitiba: Juruá, 2016. p. 42-43.

[459] O livro em questão, além de outras temáticas, narra uma história que se passa em um universo futurístico fictício no qual as avançadas tecnologias reprodutivas possibilitavam a produção de seres humanos em laboratório. A partir desse cenário, Huxley constrói e desenvolve um enredo, no qual a ciência, além de ser responsável pela criação desses indivíduos, também atua para condicioná-los a exercerem determinado papel naquela sociedade imaginária; gerando, assim, um sistema de castas condicionado pelos avanços científicos no campo reprodutivo (cf. HUXLEY, Aldous. *Admirável mundo novo*. 22. ed. São Paulo: Globo, 2014).

[460] MOURA, Marisa Decat de; SOUZA, Maria do Carmo Borges de; SCHEFFER, Bruno Brum. Reprodução assistida. Um pouco de história. *Revista da Sociedade Brasileira de Psicologia Hospitalar*, Rio de Janeiro, v. 12, n. 2, p. 23-42, 2009. p. 35-36. Disponível em: http://pepsic.bvsalud.org/scielo.php?script=sci_arttext&pid=S1516-08582009000200004. Acesso em: 11 jun. 2019.

[461] PEREIRA, Rodrigo da Cunha. *Dicionário de direito de família e sucessões*: ilustrado. São Paulo: Saraiva, 2015. p. 289.

vínculos de parentesco, a reformulação dos conceitos de maternidade e paternidade, a reestruturação da ideia de monogamia,[462] a desvinculação das práticas sexuais da ideia de reprodução etc. Desde então, tem-se que a biotecnologia reprodutiva avançou e continua avançando para caminhos nunca dantes imaginados, trazendo com ela necessárias reflexões bioéticas, sociais e jurídicas.

Diante disso, o presente capítulo debruçar-se-á no estudo desses modelos familiares específicos, a partir de uma intersecção entre o direito civil (direito das famílias) e o biodireito, para avaliar as principais repercussões do emprego da RHA para o instituto da filiação civil. Com isso, visa-se à construção de um sólido embasamento teórico-jurídico que servirá, mais à frente, para a análise da viabilização dos projetos parentais ectogenéticos LGBT na perspectiva do direito brasileiro.

4.1 Um breve histórico da filiação civil no contexto brasileiro: da legitimidade na filiação à igualdade entre os filhos de qualquer origem

Quando se fala em filiação, no Brasil, assim como na própria evolução histórica da família no território nacional, tem-se uma perspectiva de inclusão, ao longo do tempo, na tentativa de combater o segregacionismo e a hierarquização promovidos outrora, sob a égide da família patriarcal. Nesse modelo tradicional, os vínculos filiatórios eram marcados pela classificação em razão do *status* jurídico dos pais – se casados entre si ou não –, separando os filhos em legítimos e ilegítimos mediante a aplicação de efeitos jurídicos diferenciados. Tais distinções, por sua vez, seguiam uma lógica patrimonialista bem definida, pautada na perpetuação do patrimônio na linha consanguínea, associada ao fundamento da preservação do matrimônio como a única forma de família a ser tutelada, em virtude da sua tradição e também da possibilidade de maior ingerência do Estado sobre essas uniões. Dessa forma, o CC/16 qualificava a filiação

---

[462] CHAVES, Marianna. Famílias ectogenéticas: os limites jurídicos para utilização de técnicas de reprodução assistida. *Anais do Congresso Brasileiro de Direito de Família*, v. 10, p. 309-340, 2016. p. 310-311. Disponível em: https://www.academia.edu/27632388/FAMÍLIAS_ECTOGENÉTICAS_OS_LIMITES_JURÍDICOS_PARA_UTILIZAÇÃO_DE_TÉCNICAS_DE_REPRODUÇÃO_ASSISTIDA. Acesso em: 27 jun. 2018.

em legítima e ilegítima, quando oriunda dos vínculos de consanguinidade, ou em civil, quando decorrente da adoção.⁴⁶³

Nessa lógica, filhos legítimos eram aqueles nascidos na constância do casamento válido, ao passo que os ilegítimos seriam todos aqueles resultantes de relações sexuais extramatrimoniais. Os ilegítimos, por sua vez, poderiam ser naturais, quando nascidos de relações extramatrimoniais em que os pais não possuíam, entre si, impedimentos para casar, ou espúrios, quando nascidos de uniões nas quais os pais eram impedidos de contrair o matrimônio. Esses últimos classificavam-se, ainda, em incestuosos, quando o impedimento era oriundo de parentesco próximo entre os pais, e adulterinos, quando o impedimento era fruto de relação adulterina, ou seja, na qual pelo menos um dos pais já fosse casado com outra pessoa.⁴⁶⁴ Vale ressalvar que, nessa sistemática, era proibido o reconhecimento de paternidade aos filhos incestuosos e adulterinos, sendo permitido apenas o reconhecimento dos filhos naturais, mediante escritura pública ou por testamento,⁴⁶⁵ ou, também, a sua legitimação, mediante a contração de núpcias pelos pais após a sua concepção, dando-se-lhes a mesma proteção dos legítimos.⁴⁶⁶ No tocante ao parentesco civil, sob essa égide da supremacia da origem biológica, a filiação adotiva era encarada de forma excepcional, a título de consolo para aqueles que não possuíam filhos biológicos⁴⁶⁷ e os efeitos oriundos dela não eram os mesmos daqueles conferidos aos filhos de sangue, sendo bem mais restritos.

A fim de proporcionar uma melhor visualização dessa classificação, traz-se a representação gráfica feita por Gustavo Tepedino a respeito dessa taxonomia empregada pelo CC/16 em matéria de filiação:

---

⁴⁶³ TEPEDINO, Gustavo. A disciplina jurídica da filiação na perspectiva civil-constitucional. *In*: PEREIRA, Rodrigo da Cunha Pereira (Org.). *Direito de família contemporâneo*. Belo Horizonte: Del Rey, 1997. p. 549-550.

⁴⁶⁴ TEPEDINO, Gustavo. A disciplina jurídica da filiação na perspectiva civil-constitucional. *In*: PEREIRA, Rodrigo da Cunha Pereira (Org.). *Direito de família contemporâneo*. Belo Horizonte: Del Rey, 1997. p. 554-555.

⁴⁶⁵ AGUIAR, Mônica. *Direito à filiação e a bioética*. Rio de Janeiro: Forense, 2005. p. 10.

⁴⁶⁶ TEPEDINO, Gustavo. A disciplina jurídica da filiação na perspectiva civil-constitucional. *In*: PEREIRA, Rodrigo da Cunha Pereira (Org.). *Direito de família contemporâneo*. Belo Horizonte: Del Rey, 1997. p. 555.

⁴⁶⁷ LÔBO, Paulo. *Direito civil*: famílias. 7. ed. São Paulo: Saraiva, 2017. p. 268.

I. Biológica
A. Legítima (se concebida na constância do casamento)
B. Ilegítima (se concebida na constância do casamento)
1. Natural (proveniente de relação extramatrimonial entre pessoas que não tinham impedimento legal para o casamento)
2. Espúria   *a) Adulterina* (proveniente de relação adulterina, materna ou paterna, vale dizer, filhos de leito extramatrimonial de pessoa casada)
b) Incestuosa (proveniente de relação sexual entre parentes próximos)
II. Civil
Adotiva

FIGURA 1 – A filiação no Código Civil (classificação não recepcionada pela Constituição de 1988)

Fonte: TEPEDINO, Gustavo. A disciplina jurídica da filiação na perspectiva civil-constitucional. *In*: PEREIRA, Rodrigo da Cunha Pereira (Org.). *Direito de família contemporâneo*. Belo Horizonte: Del Rey, 1997.

Ao revés dessa lógica eminentemente patrimonialista, a Constituição de 1988 introduziu um novo paradigma nas relações familiares num geral, mas também em matéria de filiação especificamente. Isso se deu, pois, foi introduzido o *princípio da igualdade na filiação*,[468] constante do art. 227, §6º[469] da Carta Magna. A partir daí, ainda que, à época, o CC/16 estivesse em vigência, adotando-se uma perspectiva civil-constitucional, consubstanciada na aplicação direta dos direitos fundamentais na esfera privada, já se poderia sustentar a não possibilidade de haver quaisquer distinções entre os filhos independentemente da sua origem, fossem eles biológicos, adotivos, oriundos das técnicas de RHA ou de vínculos socioafetivos, pois seriam todos considerados filhos à luz do ordenamento e como tais deveriam ter seus direitos decorrentes do estado de filiação assegurados.

Essa transformação, proporcionada pela Carta Política, segundo afirma Paulo Lôbo, não "[...] permite que a interpretação das normas relativas à filiação possa revelar qualquer resíduo de desigualdade de

---

[468] LÔBO, Paulo. *Direito civil*: famílias. 7. ed. São Paulo: Saraiva, 2017. p. 212.

[469] Constituição Federal de 1988: "§6º Os filhos, havidos ou não da relação do casamento, ou por adoção, terão os mesmos direitos e qualificações, proibidas quaisquer designações discriminatórias relativas à filiação".

tratamento aos filhos, independentemente de sua origem [...]",[470] sendo uma nítida influência dos princípios constitucionais na seara familiar. Entre tais preceitos, inclusive, além dos já mencionados – da *dignidade da pessoa humana* e da *igualdade familiar* –, destacam-se outros três, mais específicos da relação de filiação,[471] quais sejam:

(A) *o melhor interesse da criança e do adolescente* –[472] constante da primeira parte do *caput* do art. 227 da CF/88,[473] dos arts. 4º e 6º do Estatuto da Criança de do Adolescente (ECA)[474] e do art. 3.1 da Convenção Internacional sobre os Direitos da Criança de 1989 (CIDC),[475] preceituando o respeito à primazia dos interesses da criança e do adolescente enquanto sujeitos em desenvolvimento e dotados de *dignidade*. Nesse sentido, há uma inversão de valores com relação à concepção anterior – em que se privilegiavam os interesses dos pais e a criança era vista como simples objeto de decisão –, para enxergar as crianças e os adolescentes enquanto sujeitos de direitos que,

---

[470] LÔBO, Paulo. *Direito civil*: famílias. 7. ed. São Paulo: Saraiva, 2017. p. 212.

[471] DIAS, Maria Berenice. *Manual de direito das famílias*. 10. ed. São Paulo: Revista dos Tribunais, 2015. p. 389.

[472] No texto original da CIDC de 1989, falava-se em *best interest of the child*, ao que algumas opções doutrinárias escolheram traduzir como *superior interesse da criança* ou *maior interesse da criança*. Não obstante, prefere-se aqui denominá-lo *melhor interesse da criança*, pois, consoante defende e explica Rodrigo da Cunha Pereira, retrata de forma mais precisa a predileção qualitativa e não meramente quantitativa pelo interesse do menor, parecendo mais adequado ao se considerar os interesses daquela normativa legal (cf. PEREIRA, Rodrigo da Cunha. *Princípios fundamentais e norteadores para a organização jurídica da família*. 2004. 157 f. Tese (Doutorado em Direito) – Universidade Federal do Paraná, Curitiba, 2004. p. 91. Disponível em: https://acervodigital.ufpr.br/bitstream/handle/1884/2272/Tese_Dr.%20 Rodrigo%20da%20Cunha.pdf. Acesso em: 12 jun. 2019).

[473] Constituição Federal de 1988: "Art. 227. É dever da família, da sociedade e do Estado assegurar à criança, ao adolescente e ao jovem, *com absoluta prioridade*, o direito à vida, à saúde, à alimentação, à educação, ao lazer, à profissionalização, à cultura, à dignidade, ao respeito, à liberdade e à convivência familiar e comunitária, além de colocá-los a salvo de toda forma de negligência, discriminação, exploração, violência, crueldade e opressão" (grifos nossos).

[474] Estatuto da Criança e do Adolescente (Lei nº 8.069/90: "Art. 4º É dever da família, da comunidade, da sociedade em geral e do poder público assegurar, *com absoluta prioridade*, a efetivação dos direitos referentes à vida, à saúde, à alimentação, à educação, ao esporte, ao lazer, à profissionalização, à cultura, à dignidade, ao respeito, à liberdade e à convivência familiar e comunitária [...] Art. 6º Na interpretação desta Lei levar-se-ão em conta os fins sociais a que ela se dirige, as exigências do bem comum, os direitos e deveres individuais e coletivos, e *a condição peculiar da criança e do adolescente como pessoas em desenvolvimento*" (grifos nossos).

[475] Convenção Internacional sobre os Direitos da Criança: "Artigo 3.1. Todas as ações relativas às crianças, levadas a efeito por instituições públicas ou privadas de bem estar social, tribunais, autoridades administrativas ou órgãos legislativos, devem considerar, primordialmente, *o interesse maior da criança*" (grifos nossos).

em razão de suas condições peculiares de desenvolvimento, mereçam que seus interesses sejam favorecidos;[476]

(B) *a parentalidade responsável* –[477] a qual implica a assunção de deveres por parte dos pais e das mães em virtude do exercício dos seus direitos reprodutivos, seja através do coito sexual, seja por meio do uso de técnicas de RHA. Dessa forma, impõe uma responsabilidade às pessoas que, no livre exercício do planejamento familiar, geram uma nova vida humana, devendo zelar por seu bem-estar psicofísico e, consequentemente, pela garantia dos seus direitos fundamentais. Em que pesem algumas divergências quanto à sua natureza de norma-princípio, é fato que se encontra estampado no §7º do art. 226 da CF/88[478] na qualidade de limite ao exercício do planejamento familiar e, em virtude disso, será aqui considerado dotado de força normativa.[479]

(C) *a proteção integral da criança e do adolescente* – representa a incorporação da doutrina da proteção integral e encontra-se positivada no *caput* do art. 227 da CF/88 e no art. 3º do ECA.[480] Esse princípio impõe concomitantemente ao Estado,

---

[476] LÔBO, Paulo. *Direito civil*: famílias. 7. ed. São Paulo: Saraiva, 2017. p. 72-73.

[477] Sabe-se que o termo empregado pelo texto constitucional é *paternidade responsável*, mas optou-se aqui por seguir a posição doutrinária de Guilherme Calmon Nogueira da Gama, utilizando-se da expressão *parentalidade responsável*. Isso, pois, entende-se que sua aplicação abrange melhor tanto a noção de paternidade quanto a de maternidade; sendo, portanto, termo mais genérico e adequado (cf. GAMA, Guilherme Calmon Nogueira da. *A nova filiação*: o biodireito e as relações parentais: o estabelecimento da parentalidade-filiação e os efeitos jurídicos da reprodução humana assistida heteróloga. Rio de Janeiro: Renovar, 2003). No mesmo sentido, importa destacar a pertinente reflexão empregada por Silvia Ozelame Rigo Moschetta ao afirma que "A justificativa da utilização da expressão parentalidade responsável em vez de paternidade responsável também se refere ao fato de que não só aos pais cabem as responsabilidades perante seus filhos, mas às mães também" (cf. MOSCHETTA, Sílvia Ozelame Rigo. *Homoparentalidade*: direito à adoção e reprodução humana assistida por casais homoafetivos. 2. ed. Curitiba: Juruá, 2011. p. 99).

[478] Constituição Federal de 1988: "§7º Fundado nos princípios da dignidade da pessoa humana e da *paternidade responsável*, o planejamento familiar é livre decisão do casal, competindo ao Estado propiciar recursos educacionais e científicos para o exercício desse direito, vedada qualquer forma coercitiva por parte de instituições oficiais ou privadas" (grifos nossos).

[479] OLIVEIRA, Maria Rita de Holanda Silva. *A autonomia parental e os limites do planejamento familiar no sistema jurídico brasileiro*. 2016. 297 f. Tese (Doutorado em Direito) – Faculdade de Direito do Recife, Universidade Federal de Pernambuco, 2016. p. 165. Disponível em: https://repositorio.ufpe.br/bitstream/123456789/19182/1/Maria%20Rita%20Tese%20%20final%20pdf.pdf. Acesso em: 12 jun. 2019.

[480] Estatuto da Criança e do Adolescente (Lei nº 8.069/90): "Art. 3º A criança e o adolescente gozam de todos os direitos fundamentais inerentes à pessoa humana, sem prejuízo da proteção integral de que trata esta Lei, assegurando-se-lhes, por lei ou por outros meios, todas as oportunidades e facilidades, a fim de lhes facultar o desenvolvimento físico, mental, moral, espiritual e social, em condições de liberdade e de dignidade".

à sociedade e à família o dever de respeito e promoção dos direitos e garantias fundamentais das crianças e dos adolescentes, implicando uma salvaguarda integral desses sujeitos, mediante a imposição de obrigações a esses vários entes sociais. No dizer de Rodrigo da Cunha Pereira, implica não apenas uma conduta omissa do intérprete – de respeitar o crescimento pessoal da criança e do adolescente –, mas também uma atuação comissiva, de forma a que os responsáveis promovam o desenvolvimento de suas personalidades de forma sadia, respeitando suas integridades psicofísicas.[481]

Nessa toada, seguindo a mesma lógica da CF/88, o CC/02 trouxe, em seu art. 1.596, essa mesma proteção a todas as formas de filiação independentemente da origem,[482] reproduzindo os ditames constitucionais. A partir dessa nova sistemática, então, diz-se que a filiação está dissociada de qualquer discriminação quanto à sua procedência, cumprindo seu papel social de promoção do desenvolvimento sadio e seguro dos filhos, atribuindo aos pais, independentemente do vínculo, o dever de promover tal crescimento, como bem asseveram Cristiano Chaves de Farias e Nelson Rosenvald:

> [...] o direito filiatório infraconstitucional está submetido necessariamente a algumas características fundamentais: (i) a filiação tem de servir à realização pessoal e ao desenvolvimento da pessoa humana (caráter instrumental do instituto, significando que a filiação serve para a afirmação da dignidade do homem); (ii) despatrimonialização das relações paterno-filiais (ou seja, a transmissão de patrimônio é mero efeito da filiação, não marcando a sua essência); (iii) a ruptura entre a proteção dos filhos e o tipo de relacionamento vivenciado pelos pais.[483]

É possível perceber, portanto, que dissociado daquele ideal patrimonialista e hierarquizado, oriundo da família patriarcal, a nova ordem constitucional, a qual foi seguida pelo Código Civil, contribuiu

---

[481] PEREIRA, Rodrigo da Cunha. *Princípios fundamentais e norteadores para a organização jurídica da família*. 2004. 157 f. Tese (Doutorado em Direito) – Universidade Federal do Paraná, Curitiba, 2004. Disponível em: https://acervodigital.ufpr.br/bitstream/handle/1884/2272/Tese_Dr.%20Rodrigo%20da%20Cunha.pdf. Acesso em: 12 jun. 2019. p. 94.

[482] Código Civil de 2002: "Os filhos, havidos ou não da relação de casamento, ou por adoção, terão os mesmos direitos e qualificações, proibidas quaisquer designações discriminatórias relativas à filiação".

[483] FARIAS, Cristiano Chaves de; ROSENVALD, Nelson. *Curso de direito civil*: famílias. 8. ed. Salvador: JusPodivm, 2016. p. 559-560.

para a promoção dos interesses existenciais e pessoais dos filhos como indivíduos dotados de personalidade e *dignidade* dentro do seio familiar.

Essa mudança de paradigma, no entanto, não foi súbita e repentina, pelo contrário, vale-se dizer que é oriunda, especialmente, das discussões doutrinárias anteriores à promulgação da Constituição Cidadã, nas quais já se questionava o cerne da parentalidade e colocava-se em xeque a sua natureza eminentemente biológica. Tais debates tiveram como precursor João Baptista Villela, o qual, em seu famoso texto *Desbiologização da paternidade*, de 1979, já atribuía à paternidade – o que aqui pode ser compreendido em um sentido mais amplo, abarcando também a ideia de maternidade – um elemento muito mais cultural do que natural. Afinal, nos dizeres do mencionado autor, "[...] ser pai ou ser mãe não está tanto no fato de gerar quanto na circunstância de amar e servir".[484]

Fala-se, a partir de então, na construção de uma doutrina da socioafetividade, na qual se considera que a filiação não está adstrita a um mero determinismo biológico, mas sim no exercício do cuidado e na efetivação da convivência e da responsabilidade.[485] Daí pode-se dizer que as noções de paternidade e maternidade não estão necessariamente na dimensão do ser, mas sim na do fazer, do prestar e do cuidar.

Em função dessa mudança de perspectiva, a filiação, atualmente, afastou-se da ideia única de reprodução, sendo diversos os critérios utilizados hodiernamente para estabelecer os vínculos filiatórios, quais sejam: a) o biológico – oriundo da consanguinidade em si; b) o não biológico ou socioafetivo – constituído através da adoção, da adoção à brasileira, da posse do estado de filiação e do uso das TRHA heterólogas; e c) o jurídico – decorrente da incidência das presunções de paternidade prescritas pelo Código Civil.[486] Note-se, também, que essa classificação não passa de uma forma didática de relacionar as múltiplas dimensões do fenômeno da filiação, pois, diversamente do que ocorria na ordem jurídica anterior, a origem desses vínculos não os desqualifica uns perante os outros, pelo contrário, os efeitos jurídicos próprios são iguais entre eles.

---

[484] VILLELA, João Baptista. Desbiologização da paternidade. *Revista da Faculdade de Direito da Universidade Federal de Minas Gerais*, Belo Horizonte, n. 21, p. 400-418, 1979. p. 408. Disponível em: https://www.direito.ufmg.br/revista/index.php/revista/article/view/1156/1089. Acesso em: 12 jun. 2019.

[485] LÔBO, Paulo. Socioafetividade no direito de família: a persistente trajetória de um conceito fundamental. *Revista Brasileira de Direito das Famílias e das Sucessões*, Porto Alegre, v. 5, p. 5-22, 2008. p. 7.

[486] DIAS, Maria Berenice. *Manual de direito das famílias*. 10. ed. São Paulo: Revista dos Tribunais, 2015. p. 390.

Cabe salientar, ainda, que tem sido dada bastante ênfase à verificação da socioafetividade nas relações familiares, máxime no tocante à atribuição da filiação, pois, como já mencionado anteriormente, dado o fenômeno da repersonalização das relações familiares, colocam-se as relações existenciais no centro das preocupações jurídicas. Por consequência disso, dá-se prevalência à incidência do *princípio da afetividade* para a determinação desses vínculos, de forma a tentar abarcar o verdadeiro sentido da parentalidade.

Diante desse panorama, portanto, o estabelecimento dos vínculos filiatórios, na atualidade, ganhou uma complexidade ímpar. Afinal, além dos mais novos avanços biotecnológicos, seja através do exame de DNA, seja o recurso às diversas técnicas de RHA, a teoria da socioafetividade ganha força na contemporaneidade, cumprindo ao sistema jurídico vigente tentar conciliar tais aspectos, de maneira a possibilitar uma melhor tutela dos interesses dos indivíduos que estão inseridos nesses contextos variados.

4.1.1 As famílias ectogenéticas no ordenamento jurídico brasileiro: uma realidade presumida

O ordenamento jurídico, além dos critérios biológico e socioafetivo, traz, como dito anteriormente, a figura da filiação jurídica, por meio das presunções de paternidade e maternidade. *A priori* tais presunções serviam para atribuição de legitimidade aos filhos nascidos durante a constância do casamento, tendo sua finalidade mudado, hoje em dia, para a de configuração do estado de filiação com os seus efeitos respectivos.[487]

Essas presunções estão descritas no art. 1.597 do CC/02,[488] trazendo, em seu bojo, cinco hipóteses, sendo duas oriundas da sistemática do Código Civil de 1916 (incs. I e II) e outras três destinadas a tentar regular as implicações do uso de algumas técnicas de RHA (incs. III, IV e V). Tal mecanismo é utilizado no intuito de dar estabilidade ao

---

[487] DIAS, Maria Berenice. *Manual de direito das famílias*. 10. ed. São Paulo: Revista dos Tribunais, 2015. p. 202.

[488] Código Civil de 2002: "Art. 1.597. Presumem-se concebidos na constância do casamento os filhos: I - nascidos cento e oitenta dias, pelo menos, depois de estabelecida a convivência conjugal; II - nascidos nos trezentos dias subsequentes à dissolução da sociedade conjugal, por morte, separação judicial, nulidade e anulação do casamento; III - havidos por fecundação artificial homóloga, mesmo que falecido o marido; IV - havidos, a qualquer tempo, quando se tratar de embriões excedentários, decorrentes de concepção artificial homóloga; V - havidos por inseminação artificial heteróloga, desde que tenha prévia autorização do marido".

sistema jurídico, atuando a partir de deduções que são extraídas de fatos certos e constatáveis, na intenção de confirmar uma situação incerta e desconhecida.[489] Nesse sentido, afirma Maria Rita de Holanda que, no caso brasileiro, as presunções de filiação visam estabelecer o momento da concepção e, consequentemente, determinar a paternidade.[490]

Dessa forma, antes de adentrar à questão atinente à reprodução assistida em si, cumpre discorrer sobre as presunções tradicionalmente utilizadas para determinar a filiação. Sobre isso, elenca Paulo Lôbo: a) a presunção *pater is est quem nuptiae demonstrant* ou simplesmente presunção *pater is est* – significando que o "o pai é aquele que demonstrar as núpcias", ou seja, o marido da mulher casada será o pai dos seus filhos nascidos durante a constância do casamento; b) a presunção *mater semper certa est* – sugerindo que a "mãe é sempre certa", ou seja, que a mulher sempre será a mãe, visto que existem sinais físicos em seu corpo, a exemplo da gravidez e do parto, os quais denotam a maternidade; e c) a presunção de paternidade atribuída àquele que teve relações sexuais com a mãe no período da concepção. É importante destacar que tais presunções foram criadas com o intuito de atribuir uma ligeira certeza a paternidade numa época na qual não se tinham as mesmas facilidades atuais para verificá-la. Dessa maneira, o sistema jurídico, presumindo sempre a fidelidade da mulher casada, conferia-lhe a maternidade e atribuía ao seu marido a paternidade dos filhos nascidos na constância do casamento.[491]

Outrossim, o art. 1.597 do CC/02 traz mais duas presunções tradicionais: a) a de que os filhos nascidos 180 dias contados a partir da coabitação presumem-se do marido da mulher casada (inc. I); e b) a de paternidade dos filhos nascidos até 300 dias após a dissolução da sociedade conjugal, seja por morte, anulação, nulidade ou separação (inc. II). Assim, o ordenamento cria, levando em consideração o período habitual de nove meses de duração de uma gestação, uma espécie de margem de erro, em que são considerados concebidos durante o matrimônio os filhos nascidos 180 dias (6 meses) contados a partir da

---

[489] DIAS, Maria Berenice. *Manual de direito das famílias*. 10. ed. São Paulo: Revista dos Tribunais, 2015. p. 392.
[490] OLIVEIRA, Maria Rita de Holanda Silva. *A autonomia parental e os limites do planejamento familiar no sistema jurídico brasileiro*. 2016. 297 f. Tese (Doutorado em Direito) – Faculdade de Direito do Recife, Universidade Federal de Pernambuco, 2016. p. 106. Disponível em: https://repositorio.ufpe.br/bitstream/123456789/19182/1/Maria%20Rita%20Tese%20%20final%20pdf.pdf. Acesso em: 12 jun. 2019.
[491] LÔBO, Paulo. *Direito civil*: famílias. 7. ed. São Paulo: Saraiva, 2017. p. 214-215.

coabitação e os nascidos nos 300 dias (10 meses) contados a partir da dissolução do casamento.[492]

Ademais, é importante comentar que, apesar de o CC/02 não trazer expressamente a aplicação dessas presunções para a união estável, não há razão em não estender o seu uso também para os companheiros. Isso, pois, conforme explica Paulo Lôbo, a redação original do Projeto do Código Civil de 2002 apenas reproduziu a redação da legislação anterior, a qual contemplava somente a família matrimonial e a filiação legítima, não tendo sido feita a devida atualização aos moldes propostos pela CF/88 no seu art. 226. Deve-se, por outro lado, observar algumas pequenas particularidades, como aponta o mencionado autor, "[...] Enquanto no casamento a convivência presume-se a partir da celebração, na união estável deve ser provado o início de sua convivência, pois independe de ato ou declaração".[493]

Assim, não há que se falar em impossibilidade do uso das presunções também para a união estável. Isso, pois, uma vez oriunda da existência de coabitação e de relações sexuais entre os casais, se ambas forem provadas também no caso dos companheiros, não se pode deixar de aplicá-la, podendo sim ser estendida sua incidência, conforme posicionamento já manifestado no STJ.[494]

Para além dessas, o CC/02 traz três outras presunções de paternidade, que, por sua vez, pretendem dar alguma regulamentação ao uso das TRHA. No entanto, como será demonstrado ao longo deste

---

[492] DIAS, Maria Berenice. *Manual de direito das famílias*. 10. ed. São Paulo: Revista dos Tribunais, 2015. p. 394.
[493] LÔBO, Paulo. *Direito civil*: famílias. 7. ed. São Paulo: Saraiva, 2017. p. 223.
[494] A autora reporta-se ao REsp nº 1.194.059/SP de relatoria do Ministro Massami Uyeda, em que, fundando-se no reconhecimento da natureza familiar da união estável pelo ordenamento, em especial, pela CF/88, os ministros da Terceira Turma acordaram que a presunção do art. 1.597, II do CC/02 pudesse ser aplicada extensivamente ao caso, no qual o companheiro da mãe da criança faleceu 239 dias antes do seu nascimento, em acórdão ementado da seguinte forma "RECURSO ESPECIAL - NOMEM IURIS - DEMANDA - PRINCÍPIO ROMANO DA MIHI FACTUM DADO TIBI JUS - APLICAÇÃO - UNIÃO ESTÁVEL – ENTIDADE FAMILIAR - RECONHECIMENTO DO ORDENAMENTO JURÍDICO - REQUISITOS - CONVIVÊNCIA PÚBLICA, CONTÍNUA E DURADOURA - OBJETIVO DE CONSTITUIR FAMÍLIA - DEVERES - ASSISTÊNCIA, GUARDA, SUSTENTO, EDUCAÇÃO DOS FILHOS, LEALDADE E RESPEITO - ARTIGO 1.597, DO CÓDIGO CIVIL - PRESUNÇÃO DE CONCEPÇÃO DOS FILHOS NA CONSTÂNCIA DO CASAMENTO - APLICAÇÃO AO INSTITUTO DA UNIÃO ESTÁVEL - NECESSIDADE - ESFERA DE PROTEÇÃO - PAI COMPANHEIRO - FALECIMENTO - 239 (DUZENTOS E TRINTA E NOVE DIAS) APÓS O NASCIMENTO DE SUA FILHA - PATERNIDADE – DECLARAÇÃO - NECESSIDADE - RECURSO ESPECIAL PROVIDO (SUPERIOR TRIBUNAL DE JUSTIÇA, Resp. 1.194.059/SP, Rel. Massami Uyeda, j. 06/11/2012)" (cf. DIAS, Maria Berenice. *Manual de direito das famílias*. 10. ed. São Paulo: Revista dos Tribunais, 2015. p. 393).

tópico, tal tentativa é bastante incipiente e imprecisa, suscitando mais dúvidas do que resoluções propriamente ditas.

Nesse sentido, o art. 1.597 trouxe as presunções de paternidade do marido para os seguintes casos e nos seguintes termos: a) de fecundação artificial homóloga *post mortem* (inc. III); b) de embriões excedentários decorrentes de concepção artificial homóloga (inc. IV); e c) de inseminação artificial heteróloga, quando haja consentimento do marido (inc. V). Antes de analisar essas hipóteses, entretanto, faz-se necessário, primeiramente, atentar para uma atecnia do legislador no emprego das expressões "fecundação", "concepção" e "inseminação" para representar aparentemente o mesmo acontecimento, pois, consoante explica Mônica Aguiar:

> [...] a exatidão da linguagem, tarefa certamente difícil de ser exercida em toda a plenitude, não se harmoniza com o significado de cada uma dessas palavras. [...] Por fecundação artificial, entende-se a fusão de um óvulo e um espermatozoide fora do corpo humano, mediante a assistência médica. [...] Denomina-se concepção artificial o ato de gerar um ser humano, por qualquer método auxiliar da medicina. [...] Inseminação artificial é o processo por inteiro e que engloba, pois as duas figuras anteriores.[495]

Assim, houve uma clara inobservância por parte do legislador do sentido das expressões utilizadas, o que levou à edição dos enunciados nº 105[496] e nº 126[497] da I Jornada de Direito Civil do Conselho da Justiça Federal (CJF), sugerindo a substituição dessas expressões para "técnica

---

[495] AGUIAR, Mônica. *Direito à filiação e a bioética*. Rio de Janeiro: Forense, 2005. p. 14-15.

[496] I Jornada de Direito Civil do CJF: "Enunciado 105 - As expressões 'fecundação artificial', 'concepção artificial' e 'inseminação artificial' constantes, respectivamente, dos incs. III, IV e V do art. 1.597 deverão ser interpretadas como 'técnica de reprodução assistida'".

[497] I Jornada de Direito Civil do CJF: "Enunciado 126 - Proposição sobre o art. 1.597, incs. III, IV e V: *Proposta*: Alterar as expressões 'fecundação artificial', 'concepção artificial' e 'inseminação artificial' constantes, respectivamente, dos incs. III, IV e V do art. 1.597 para 'técnica de reprodução assistida'. *Justificativa*: As técnicas de reprodução assistida são basicamente de duas ordens: aquelas pelas quais a fecundação ocorre in vivo, ou seja, no próprio organismo feminino, e aquelas pelas quais a fecundação ocorre in vitro, ou seja, fora do organismo feminino, mais precisamente em laboratório, após o recolhimento dos gametas masculino e feminino. As expressões 'fecundação artificial' e 'concepção artificial' utilizadas nos incs. III e IV, são impróprias, até porque a fecundação ou a concepção obtida por meio das técnicas de reprodução assistida é natural, com o auxílio técnico, é verdade, mas jamais artificial. Além disso, houve a mesma imprecisão terminológica no inc. V, quando trata da inseminação artificial heteróloga, uma vez que a inseminação artificial é apenas uma das técnicas de reprodução in vivo; para os fins do inciso em comento, melhor seria a utilização da expressão 'técnica de reprodução assistida', incluídas aí todas as variantes das técnicas de reprodução in vivo e in vitro" (grifos nossos).

de reprodução assistida", mais genérica e, portanto, abarcando as outras três.[498] Note-se que, mesmo o enunciado não representando comando legal impositivo, sua elaboração é fruto de debates estruturados e podem vir a influenciar a interpretação do dispositivo de lei ao qual se refere.[499]

Feitos esses esclarecimentos, cumpre agora analisar com mais cautela as presunções trazidas no ordenamento pátrio em matéria de procriação assistida. Dessa maneira, dividir-se-ão em dois grupos: a) as que versam sobre as TRHA homólogas, entendidas como as que se utilizam dos gametas sexuais dos próprios integrantes do casal beneficiário das técnicas; e b) as que dizem respeito às TRHA heterólogas, nas quais se utiliza o material genético de um terceiro, doador anônimo, estranho ao casal beneficiário.[500]

No tocante à reprodução homóloga, o art. 1.597 traz duas possibilidades. A primeira é da RHA *post mortem*, na qual, utilizando-se dos gametas do marido já falecido, faz-se uso das técnicas após a sua morte. Sobre essa hipótese, comenta Paulo Lôbo:

> [...] A presunção tradicional atribui a paternidade ao marido da mãe em relação ao filho nascido dentro dos trezentos dias após a morte daquele. A fecundação artificial homóloga poderá ocorrer em tempo posterior a esse, persistindo a presunção da paternidade do falecido, desde que se prove que foi utilizado seu gameta, por parte da entidade que se incumbiu do armazenamento.[501]

Dessa maneira, leva-se em consideração o *princípio da autonomia da vontade*, no sentido de respeitar a vontade do casal em levar adiante o seu projeto parental, ainda que posteriormente a morte do marido. Entretanto, embora não haja previsão explícita nesse sentido, faz-se necessária a existência de consentimento expresso do marido autorizando o uso dessa prática, pois a autonomia da vontade, como princípio basilar do biodireito, não pode ser presumida, como será melhor abordado mais à frente.[502]

---

[498] AGUIAR, Mônica. *Direito à filiação e a bioética*. Rio de Janeiro: Forense, 2005. p. 15.

[499] OLIVEIRA, Maria Rita de Holanda Silva. *A autonomia parental e os limites do planejamento familiar no sistema jurídico brasileiro*. 2016. 297 f. Tese (Doutorado em Direito) – Faculdade de Direito do Recife, Universidade Federal de Pernambuco, 2016. p. 112. Disponível em: https://repositorio.ufpe.br/bitstream/123456789/19182/1/Maria%20Rita%20Tese%20%20final%20pdf.pdf. Acesso em: 12 jun. 2019.

[500] DIAS, Maria Berenice. *Manual de direito das famílias*. 10. ed. São Paulo: Revista dos Tribunais, 2015. p. 400.

[501] LÔBO, Paulo. *Direito civil*: famílias. 7. ed. São Paulo: Saraiva, 2017. p. 203.

[502] LÔBO, Paulo. *Direito civil*: famílias. 7. ed. São Paulo: Saraiva, 2017. p. 203.

Para além disso, esse método tem uma forte implicação para as questões do direito sucessório no tocante à legitimidade sucessória desse filho, pois vislumbra-se uma antinomia entre tal disposição e aquela prevista no art. 1.798 do CC/02.[503] Afinal, por lei, são legitimados passivos a suceder, na sucessão legítima, apenas aqueles já nascidos ou concebidos a época da abertura da sucessão, ou seja, da morte.

Diante disso, surgem diversos questionamentos: seria legítimo conceber um filho já sem pai ou poder-se-ia falar em um direito à biparentalidade? Teria o filho, concebido após a morte de seu pai, mediante o uso de técnica de RHA, capacidade para herdar, mesmo tendo sido concebido após a sua morte? Caso lhe seja negado tal direito, isso implicaria discriminação quanto à origem dessa filiação? Caso seja admitida a sua capacidade sucessória, deve ser estabelecido algum prazo para a efetivação desse direito ou, a qualquer tempo, poder-se-ia haver tal concepção? A esposa do falecido teria direito a que seu filho fosse reconhecido como filho dele apenas enquanto durasse seu estado de viuvez ou poderia fazer jus a esse reconhecimento também se viesse a contrair outro casamento ou união estável? Caso a mulher viesse a contrair novo casamento e desempenhasse um projeto parental utilizando-se o sêmen do seu ex-marido, a paternidade seria atribuída ao falecido pela presunção do inc. III ou ao seu novo cônjuge pela presunção *pater is est*? E quanto ao homem viúvo, poderia valer-se do material genético de sua falecida esposa para desempenhar um projeto parental *post mortem*?

Muitas são as perguntas, para as quais a lei não traz qualquer resposta, pelo que se encontram, no máximo, algumas orientações interpretativas e sugestões doutrinárias, a fim de mitigar essas incertezas. Por exemplo, a respeito da sucessão, sugere Maria Berenice Dias que "há a possibilidade de o filho fruto da reprodução assistida, quer homóloga, quer heteróloga, mesmo não concebido, ser contemplado mediante testamento (CC 1.799, I). Basta que nasça até dois anos após a abertura da sucessão (CC 1.800)".[504]

Além disso, tem-se o fato de que o Enunciado nº 106 da I Jornada de Direito Civil da CJF[505] orienta a que a mulher esteja na condição de

---

[503] Código Civil de 2002: "Art. 1.798. Legitimam-se a suceder as pessoas nascidas ou já concebidas no momento da abertura da sucessão".

[504] DIAS, Maria Berenice. *Manual de direito das famílias*. 10. ed. São Paulo: Revista dos Tribunais, 2015. p. 402.

[505] I Jornada de Direito Civil do CJF: "Enunciado 106 – Art. 1.597, inc. III: para que seja presumida a paternidade do marido falecido, será obrigatório que a mulher, ao se submeter a uma das técnicas de reprodução assistida com o material genético do falecido, *esteja na condição*

viúva e que haja autorização escrita do marido para haver a utilização de seu material genético, ao passo que o Enunciado nº 633 da VIII Jornada de Direito Civil da CJF,[506] com base no *princípio da igualdade entre os cônjuges*, direciona para que se admita o uso da TRHA *post mortem* também para o viúvo ou companheiro sobrevivente, com recurso à gestação sub-rogada, desde que haja expressa anuência da falecida. Noutra perspectiva, o Enunciado nº 127 também da I Jornada de Direito Civil[507] sugere uma proposta de alteração legislativa no sentido de não autorizar o uso da técnica de RHA *post mortem*, a fim de evitar o nascimento de crianças sem pai, visto que esse já estaria falecido. Daí já se pode extrair uma divergência interpretativa quanto à pertinência ou não do recurso a esse procedimento quando um dos genitores já for falecido.

Somado a isso, o art. 1597 do CC/02 traz, ainda, no inc. IV, a questão dos embriões excedentários para os casos de RHA também homóloga, atribuindo-se a paternidade ao marido caso haja a sua implantação a qualquer tempo. Esse dispositivo deve-se ao fato de, por muitas vezes, para garantir o sucesso das técnicas, serem gerados vários embriões a serem utilizados em diversas tentativas. Em função disso, aqueles que não são utilizados ficam crioconservados nas clínicas de RHA.[508] Porém, o referido inciso trata apenas da presunção de

---

[506] *de viúva*, sendo obrigatório, ainda, que *haja autorização escrita* do marido para que se utilize seu material genético após sua morte" (grifos nossos).

[506] VIII Jornada de Direito Civil do CJF: "633 – Art. 1.597: É possível ao viúvo ou ao companheiro sobrevivente, o acesso à técnica de reprodução assistida póstuma – por meio da maternidade de substituição, desde que haja expresso consentimento manifestado em vida pela sua esposa ou companheira. *Justificativa*: Nos casos de reprodução assistida homóloga – inclusive após o falecimento de um dos dois -, apesar do silêncio da norma codificada (CC, art. 1.597, III), deve haver manifestação de consentimento expresso do casal de modo a conferir segurança ao procedimento de reprodução assistida que poderá ser realizado mesmo após o falecimento do marido. Da mesma forma, ainda que a pessoa falecida seja a esposa, será possível que o viúvo venha a ter acesso à reprodução assistida póstuma desde que obviamente através da maternidade de substituição com outra mulher emprestando gratuitamente seu corpo para a gestação. Com base no princípio da igualdade entre os cônjuges (marido e esposa) em direitos e deveres (CF, art. 226, §5º) – o que também se aplica aos companheiros –, a mulher pode expressamente autorizar que seu material fecundante congelado possa ser utilizado mesmo após a sua morte, permitindo que seu marido (ou companheiro) venha a concretizar o projeto parental do casal. Conclui-se, portanto, que também nos casos de reprodução assistida homóloga é indispensável o consentimento do casal, o que se reforça em matéria de reprodução póstuma quanto ao uso do material fecundante congelado" (grifos nossos).

[507] I Jornada de Direito Civil do CJF: "Enunciado 127 – 127 – Proposição sobre o art. 1.597, inc. III: *Proposta*: Alterar o inc. III para constar "havidos por fecundação artificial homóloga". *Justificativa*: Para observar os princípios da paternidade responsável e da dignidade da pessoa humana, porque *não é aceitável o nascimento de uma criança já sem pai*" (grifos nossos).

[508] LÔBO, Paulo. *Direito civil*: famílias. 7. ed. São Paulo: Saraiva, 2017. p. 218.

paternidade com relação ao embrião, sem adentrar no assunto do destino dado a esses embriões excedentes. Sobre isso, comenta Paulo Lôbo:

> O destino desses embriões descartados ou excedentários tem constituído um dos mais delicados problemas relacionados com a reprodução assistida, especialmente quando os cônjuges ou companheiros não têm mais interesse em conceber outros filhos, nem permitem que sejam utilizados em outras mulheres.[509]

Dessa maneira, fica a critério dos cônjuges a utilização ou não desses embriões tanto para novas tentativas, quanto para sua doação a outros casais, a fim de auxiliar na concretização do projeto parental, ou sua doação para pesquisas com células tronco, conforme os ditames da Lei de Biossegurança (Lei nº 11.105/2005).[510]

Outrossim, além das questões relativas à sucessão, assim como na reprodução *post mortem* – visto que se admite a possibilidade de implantação desses embriões, a qualquer tempo, inclusive, após a morte do marido –, vários são os questionamentos a respeito desse procedimento, a exemplo de: qual seria a natureza jurídica desses embriões extrauterinos: de pessoa ou de coisa? Caso se admita a natureza de pessoa, fariam jus a receber alimentos ou, ainda, poderiam ser adotados para desempenho em projeto parental alheio? Ainda considerando sua natureza de pessoa, seria admissível a possibilidade de seu descarte ou a sua destinação para fins de pesquisa científica? Caso sejam considerados coisa, havendo divórcio, seriam objeto de partilha de bens? Ainda nessa hipótese, em havendo a sua implantação, após o divórcio, no útero da mulher, a quem seria atribuída a paternidade ao ex-cônjuge ou ao novo marido ou companheiro? Ou também, poderia ser tal embrião implantado no útero da nova esposa ou companheira daquele homem? Para haver implantação, após a dissolução do casamento, seria necessária a autorização de qualquer dos ex-cônjuges?

Mais uma vez, a lei é completamente omissa na resolução dessas questões. Assim, o que há são algumas orientações interpretativas contidas nos enunciados das Jornadas de Direito Civil da CJF. De início, destaca-se o Enunciado nº 107, o qual determina que a presunção do inc. IV somente será aplicada, após a dissolução do casamento, se houver autorização prévia, por escrito, dos ex-cônjuges, possibilitando

---

[509] LÔBO, Paulo. *Direito civil*: famílias. 7. ed. São Paulo: Saraiva, 2017. p. 218.
[510] DIAS, Maria Berenice. *Manual de direito das famílias*. 10. ed. São Paulo: Revista dos Tribunais, 2015. p. 401.

a sua revogação até o momento da implantação.[511] Além disso, pode-se suscitar também a vertente interpretativa do Enunciado n° 633 da VIII Jornada de Direito Civil da CJF, anteriormente mencionado,[512] para admitir que o marido se utilize da TRHA, com auxílio da gestação sub-rogada, para desempenhar seu projeto parental, desde que haja expresso consentimento da esposa ou companheira falecida.

Numa vertente contrária, tem-se também a orientação para a revogação do inciso em comento, constante no Enunciado n° 128, a fim de evitar litígios desnecessários, com relação à utilização de embriões excedentários, nas hipóteses de dissolução da sociedade conjugal, e de preservar o *princípio da igualdade entre os cônjuges*.[513]

Por derradeiro, no que tange à RHA heteróloga, estabelece o inc. V que se presumem concebidos na constância do casamento os filhos nascidos da utilização da referida técnica, desde que haja prévia autorização do marido, a qual não precisa ser necessariamente escrita, podendo ser verbal e comprovada em juízo como tal. Nessa hipótese,

---

[511] I Jornada de Direito Civil do CJF: "Enunciado 107 – Art. 1.597, IV: finda a sociedade conjugal, na forma do art. 1.571, a regra do inc. IV somente poderá ser aplicada se houver *autorização prévia, por escrito, dos excônjuges* para a utilização dos embriões excedentários, *só podendo ser revogada até o início do procedimento de implantação desses embriões*" (grifos nossos).
[512] Ver nota de rodapé número 506.
[513] I Jornada de Direito Civil do CJF: "Enunciado 128 – Proposição sobre o art. 1.597, inc. IV: *Proposta*: Revogar o dispositivo. *Justificativa*: O fim de uma sociedade conjugal, em especial quando ocorre pela anulação ou nulidade do casamento, pela separação judicial ou pelo divórcio, é, em regra, processo de tal ordem traumático para os envolvidos que a autorização de utilização de embriões excedentários será fonte de desnecessários litígios. Além do mais, a questão necessita de análise sob o enfoque constitucional. Da forma posta e não havendo qualquer dispositivo no novo Código Civil que autorize o reconhecimento da maternidade em tais casos, somente a mulher poderá se valer dos embriões excedentários, ferindo de morte o princípio da igualdade esculpido no caput e no inc. I do art. 5º da Constituição da República. A título de exemplo, se a mulher ficar viúva, poderá, 'a qualquer tempo', gestar o embrião excedentário, assegurado o reconhecimento da paternidade, com as conseqüências legais pertinentes; porém o marido não poderá valer-se dos mesmos embriões, para cuja formação contribuiu com o seu material genético, e gestá-lo em útero sub-rogado. Como o dispositivo é vago e diz respeito apenas ao estabelecimento da paternidade, sendo o novo Código Civil omisso quanto à maternidade, poder-se-ia indagar: se esse embrião vier a germinar um ser humano após a morte da mãe, ele terá a paternidade estabelecida e não a maternidade? Caso se pretenda afirmar que a maternidade será estabelecida pelo nascimento, como ocorre atualmente, a mãe será aquela que dará à luz, porém, neste caso, tampouco a paternidade poderá ser estabelecida, uma vez que a reprodução não seria homóloga. Caso a justificativa para a manutenção do inciso seja evitar a destruição dos embriões crioconservados, destaca-se que legislação posterior poderá autorizar que venham a ser adotados por casais inférteis. Assim, prudente seria que o inciso em análise fosse suprimido. Porém, se a supressão não for possível, solução alternativa seria determinar que os embriões excedentários somente poderão ser utilizados se houver prévia autorização escrita de ambos os cônjuges, evitando-se com isso mais uma lide nas varas de família" (grifos nossos).

utiliza-se um gameta doado por doador anônimo, cuja paternidade será afastada e atribuída ao marido da receptora, dada a sua expressa anuência. Em razão disso, fala-se que essa modalidade de utilização das TRHA vem para fortalecer a doutrina da socioafetividade, pois admite a atribuição da paternidade do marido, mediante seu expresso consentimento, mesmo sabendo que o material genético utilizado não lhe pertence.[514]

O consentimento do marido, a seu turno, é tido por irrevogável; gerando, portanto, uma presunção absoluta de paternidade (*juris et de jure*), diferentemente daquelas presentes nos primeiros quatro incisos do art. 1.597, que são relativas (*juris tantum*), admitindo prova em contrário.[515] Essa irrevogabilidade justifica-se, pois o direito brasileiro prima pelo respeito à boa-fé, vedando o *venire contra factum propium*, ou seja, não permitindo que uma pessoa volte-se contra seu próprio ato, o que consubstanciaria comportamento contraditório.[516] Nesse sentido, sustenta Maria Berenice Dias que a "[...] manifestação do cônjuge corresponde a uma adoção antenatal, pois revela, sem possibilidade de retratação, o desejo de ser pai".[517] Esse também é o entendimento formulado pelo Enunciado nº 104 da I Jornada de Direito Civil.[518]

No mais, discute-se, na doutrina, a possibilidade de reconhecimento da paternidade genética do filho nascido a partir do uso das TRHA heterólogas. Com relação a essa questão, reservou-se ponto específico, mais à frente, para trabalhar essa hipótese, pelo que não se entrará nesse mérito aqui neste tópico.

Por fim, em razão de todo o exposto, mostra-se perceptível que, apesar de o CC/02 tentar reger a matéria, essa regulamentação é ainda muito incipiente ante tantos aspectos merecedores de atenção. Dessa forma, é imperioso que haja a edição de uma lei específica a qual se destine a regulamentar todos os aspectos que circundam a aplicação da RHA e, para tanto, cabe ao biodireito o dever de estudar

---

[514] LÔBO, Paulo. *Direito civil*: famílias. 7. ed. São Paulo: Saraiva, 2017. p. 221-222.
[515] DIAS, Maria Berenice. *Manual de direito das famílias*. 10. ed. São Paulo: Revista dos Tribunais, 2015. p. 403.
[516] LÔBO, Paulo. *Direito civil*: famílias. 7. ed. São Paulo: Saraiva, 2017. p. 221.
[517] DIAS, Maria Berenice. *Manual de direito das famílias*. 10. ed. São Paulo: Revista dos Tribunais, 2015. p. 402-403.
[518] I Jornada de Direito Civil do CJF: "Enunciado 104 – Art. 1.597: no âmbito das técnicas de reprodução assistida envolvendo o emprego de material fecundante de terceiros, *o pressuposto fático da relação sexual é substituído pela vontade* (ou eventualmente pelo risco da situação jurídica matrimonial) *juridicamente qualificada*, gerando *presunção absoluta ou relativa de paternidade* no que tange ao marido da mãe da criança concebida, *dependendo da manifestação expressa (ou implícita) da vontade no curso do casamento*" (grifos nossos).

tais circunstâncias, a fim viabilizar a melhor forma de estabelecer a sua normatização. Tendo isso em mente, passa-se, no próximo ponto, a discutir o papel da bioética e do biodireito para o estabelecimento de parâmetros mínimos para o uso das TRHA.

4.2 Da bioética ao biodireito: perspectivas interdisciplinares sobre os avanços biotecnológicos e os limites da ciência

Durante o século XX, mais precisamente nas décadas de 1960 e 1970, o mundo se deparou com diversos avanços e descobertas científicas e tecnológicas no ramo da biologia e da medicina, entre os quais se citam a criação das unidades de terapia intensiva (UTIs), os transplantes de rins, o diagnóstico de morte cerebral, o diagnóstico pré-natal, alguns avanços no conhecimento dos mecanismos imunológicos do corpo humano etc. Essas variadas invenções e descobertas, por sua vez, começaram a gerar certa preocupação em inúmeros profissionais, em especial da área médica e da biologia, principalmente com relação aos impactos que essas novas tecnologias poderiam vir a causar na sociedade, no meio ambiente e na própria vida das pessoas.[519] Tais receios justificavam-se especialmente, pois esses avanços no meio científico "criam situações imprevisíveis ou indesejáveis e, ainda, podem criar conflitos de várias ordens, envolvendo tanto questões de ordem moral, religiosa, quanto social, jurídica e, certamente, envolvimentos de ordem econômica".[520]

É nessa conjuntura que surgem os primeiros pensamentos atinentes à bioética, termo esse cuja autoria e importância histórico-genealógica são atribuídas, em que pese algumas controvérsias,[521] a Van Rensselaer Potter por sua obra *Bioética: uma ponte para o futuro* (1971).[522] Para Potter, a bioética deveria atuar como uma disciplina

---

[519] SOARES, André Marcelo M.; PIÑEIRO, Walter Esteves. *Bioética e biodireito*: uma introdução. 2. ed. São Paulo: Loyola, 2006. p. 13.

[520] BRAUNER, Maria Claudia Crespo. *Direito, sexualidade e reprodução humana*: conquistas médicas e o debate bioético. Rio de Janeiro: Renovar, 2003. p. 151.

[521] Explicam as autoras que, para uma parte dos pesquisadores bioeticistas encabeçados por Warren Reich, embora reconheçam ser o termo de autoria de Potter, compreendem ser mais importante para a história da disciplina o primeiro emprego acadêmico do seu conceito. Diante disso, consideram que a bioética tem dois berços: um com Potter, na Universidade de Wisconsin, em Madison, e outro com Andre Hellegers, na Universidade de Georgetown, em Washington (cf. DINIZ, Débora; GUILHEM, Dirce. *O que é bioética*. São Paulo: Brasiliense, 2012).

[522] DINIZ, Débora; GUILHEM, Dirce. *O que é bioética*. São Paulo: Brasiliense, 2012. p. 11.

destinada à criação de uma ética aplicada às situações da vida, primando pelo respeito à condição humana, em meio aos avanços tecnológicos proporcionados pelo desenvolvimento científico.[523]

É importante salientar que alguns fatores de cunho social e político, além dos avanços tecnológicos, também foram responsáveis para o nascimento da bioética. Primeiramente, no campo científico, destaca-se o surgimento de diversos dilemas morais oriundos do intenso desenvolvimento tecnocientífico desempenhado na área biomédica (aqui entendida como termo genérico que abarca diversas áreas do âmbito da saúde, a exemplo da medicina, da enfermagem, da nutrição, da biologia, da psicologia etc.). De outro lado, ressalta-se também o fato de que a década de 1960 compreendeu um período histórico marcado pela insurgência de vários movimentos sociais organizados (a exemplo do movimento feminista, do movimento *hippie*, do movimento negro etc.) os quais atuaram no desencadeamento de debates críticos a respeito dos padrões morais vigentes e incitaram o respeito à diversidade e ao pluralismo moral.[524]

Nessa toada, destacam-se, ainda, como fatores que motivaram a consolidação acadêmica da bioética: a) as crescentes denúncias – inspiradas, principalmente, pelas barbaridades cometidas pelos médicos nazistas, durante a II Guerra Mundial, nos campos de concentração – de abusos nas pesquisas com seres humanos; e b) a gradativa abertura da área médica para o diálogo com outros campos do conhecimento, a exemplo da filosofia, da sociologia, da psicologia e do direito.[525]

Assim, diz-se que a bioética se desvela numa tentativa de compreender e estudar as possíveis repercussões a serem geradas pelos avanços biotecnológicos, criando uma espécie de balizador das atitudes dos profissionais do ramo biomédico, de forma a preservar a ética nas ações e a *dignidade* dos envolvidos. Nesse sentido, explica Maria Cláudia Crespo Brauner, quando diz:

> A expressão bioética, embora seja muito recente, leva a considerar que seu conteúdo se insere na preocupação em se estabelecer critérios de orientação para a invenção e a utilização de descobertas científicas e tecnológicas, relativas ao corpo humano, às funções humanas ou órgãos

---

[523] DINIZ, Débora; GUILHEM, Dirce. *O que é bioética*. São Paulo: Brasiliense, 2012. p. 14.
[524] DINIZ, Débora; GUILHEM, Dirce. *O que é bioética*. São Paulo: Brasiliense, 2012. p. 15-16.
[525] DINIZ, Débora; GUILHEM, Dirce. *O que é bioética*. São Paulo: Brasiliense, 2012. p. 17.

e seus elementos e que, em princípio, devam trazer benefícios para toda a humanidade.[526]

É devido a essas preocupações, inclusive, que, em 1974, o Governo e o Congresso norte-americanos criaram um comitê nacional no intuito de que fossem elaborados princípios éticos para servir de orientadores para a pesquisa científica, formando-se aquela que ficou conhecida como a "Comissão Nacional para a Proteção de Sujeitos Humanos na Pesquisa Biomédica e Comportamental". Dos trabalhos da Comissão, foi elaborado, quatro anos após a sua criação, o Relatório de Belmont (1978), no qual ficaram instituídos três princípios: a) *respeito pelas pessoas*; b) *beneficência*; e c) *justiça*.[527]

Porém, não obstante a importância histórica desse documento, a bioética somente conseguiu firmar a sua devida força acadêmica com a publicação do livro *Princípios da* ética biomédica (1979), de autoria de Tom Beauchamp e James Childress. Nessa obra, as formulações dos autores – que ficaram conhecidas genericamente como teoria principialista – inclinaram-se para elencar quatro princípios basilares, quais sejam: a) o da *autonomia* (em substituição ao *princípio do respeito pelas pessoas*); b) o da *beneficência*; c) o da *não maleficência*; e d) o da *justiça*.[528] Sobre tais preceitos, separou-se um tópico próprio, logo em seguida, destinado a explicá-los, bem como as suas repercussões para o uso das TRHA.

Diz-se, então, que amparada nesses diversos princípios, a bioética procura preservar o respeito aos seres vivos ante os avanços da ciência e das novas tecnologias, de forma a tentar evitar uma realidade em que o desenvolvimento técnico-científico se sobressaia em relação às vidas dos seres envolvidos nesses processos. Por outro lado, não cumpre a ela controlar os processos científicos, submetendo os cientistas e médicos a uma série de imposições, mas sim primar pelo respeito à ética, à responsabilidade profissional e à prudência nas experiências; sem, contudo, interferir de forma a impossibilitar os avanços da ciência.[529]

Por outro lado, embora sejam de extrema relevância as incursões bioéticas, para a criação de parâmetros aplicáveis às pesquisas

---

[526] BRAUNER, Maria Claudia Crespo. *Direito, sexualidade e reprodução humana*: conquistas médicas e o debate bioético. Rio de Janeiro: Renovar, 2003. p. 155.
[527] DINIZ, Débora; GUILHEM, Dirce. *O que é bioética*. São Paulo: Brasiliense, 2012. p. 33-34.
[528] DINIZ, Débora; GUILHEM, Dirce. *O que é bioética*. São Paulo: Brasiliense, 2012. p. 38-39.
[529] BRAUNER, Maria Claudia Crespo. *Direito, sexualidade e reprodução humana*: conquistas médicas e o debate bioético. Rio de Janeiro: Renovar, 2003. p. 155-156.

biomédicas, Heloisa Helena Barbosa chama a atenção para o fato de que a adequação do comportamento científico a essas estruturas valorativas extracientíficas – pois calcadas em disposições éticas e culturais – dá-se geralmente de forma espontânea, através de autorrestrições e controles autônomos, o que nem sempre é suficiente. Para ela, é imperioso que sejam aclarados modelos externos de controle, pois, para esses casos, não basta o uso da consciência pessoal, demandam-se referências da coletividade, a partir de valores que a sociedade, em determinado momento histórico, julgue relevantes.[530]

Dessa maneira, considerando a função do direito, entendido como um organizador, ordenador e harmonizador das relações sociais, é evidente a necessidade de promoção de uma interseção entre o âmbito jurídico e a bioética, tendo em vista que o primeiro é dotado de meios adequados para se fazer valer o respeito aos pressupostos basilares que o compõem.[531] No dizer de Judith Martins-Costa, o direito seria, do mesmo modo, fruto de um processo histórico, tendo em seu condão o papel de intermediar as oposições entre o tradicional e o disruptivo, bem como entre os processos de continuidade e de descontinuidade social. Desta feita, cabe a ele traçar os parâmetros mínimos de compatibilização entre as rupturas paradigmáticas proporcionadas pelas descobertas desenvolvidas no campo biomédico e a continuidade do reconhecimento de valores próprios à humanidade.[532]

Fala-se, então, na criação de um ramo específico, ao qual se convencionou chamar de biodireito que, apesar de uma ligeira dificuldade em precisar-lhe um conceito pronto e acabado,[533] é definido

---

[530] BARBOZA, Heloisa Helena. Princípios da bioética e do biodireito. *Revista de Bioética*, Brasília, v. 8, n. 2, p. 209-216, 2000. p. 212. Disponível em: http://www.revistabioetica.cfm.org.br/index.php/revista_bioetica/article/view/2 76/275. Acesso em: 15 jun. 2019.

[531] BARBOZA, Heloisa Helena. Princípios da bioética e do biodireito. *Revista de Bioética*, Brasília, v. 8, n. 2, p. 209-216, 2000. p. 213. Disponível em: http://www.revistabioetica.cfm.org.br/index.php/revista_bioetica/article/view/2 76/275. Acesso em: 15 jun. 2019.

[532] MARTINS-COSTA, Judith. Bioética e dignidade da pessoa humana: rumo à construção do biodireito. *Revista da Faculdade de Direito da UFRGS*, Porto Alegre, v. 18, p. 153-170, 2000. p. 158. Disponível em: https://seer.ufrgs.br/revfacdir/article/view/71207/40420. Acesso em: 15 jun. 2019.

[533] Explica Giselda Hironaka que não é tão simples conceituar o biodireito com a mesma facilidade e precisão que se chegou às definições de direito do consumidor ou de direito ambiental, por exemplo. Isso, pois, para a autora, o termo encerra um conjunto de perplexidades que ainda não são totalmente compreensíveis para o mundo jurídico, tampouco para a sociedade em si (cf. HIRONAKA, Giselda Maria Fernandes Novaes. As inovações biotecnológicas e o direito das sucessões. *In*: TEPEDINO, Gustavo (Org.). *Direito civil contemporâneo*: novos problemas à luz da legalidade constitucional: anais do Congresso Internacional de Direito Civil-Constitucional da Cidade do Rio de Janeiro. São Paulo: Atlas, 2008. p. 313).

por Heloisa Helena Barboza como "[...] o ramo do Direito que trata da teoria, da legislação e da jurisprudência relativas às normas reguladoras da conduta humana em face dos avanços da Biologia, da Biotecnologia e da Medicina".[534] É nessa seara, portanto, na qual se insere o biodireito, com o intuito de regulamentar as condutas humanas diante dos avanços da ciência.[535]

Para tanto, é importante também lembrar que tais normatizações propostas por esse ramo do direito não podem estar afastadas dos propósitos basilares do ordenamento jurídico pátrio. Afinal, há um conjunto de princípios e direitos fundamentais, os quais devem ser observados e respeitados, de modo a garantir o propósito democrático e principalmente a *dignidade da pessoa humana*.[536]

Para tanto, na visão de Heloisa Helena Barboza, as normas do biodireito não poderão preterir esses princípios, os quais regulam a própria atuação legislativa, ao passo que o legislador também não poderá distanciar-se dos princípios próprios da bioética na medida em que estão fundamentados também em valores reconhecidos pela ordem jurídica.[537] Trata-se, portanto, de uma convergência de fatores e elementos de ambas as áreas no intuito de proporcionar um aporte teórico-prático que norteie a área biomédica; sem, contudo, tolher-lhe o desenvolvimento próprio.

Dessa maneira, diz-se que as técnicas de RHA e também as suas implicações jurídicas se encontram diante desse contexto. Os avanços da ciência, na tentativa de auxiliar o processo reprodutivo humano, apesar das múltiplas possibilidades proporcionadas, precisam de uma regulamentação ético-jurídica a qual norteie a condução desse processo, visando sempre à proteção do paciente como pessoa humana, assim como de seus direitos fundamentais. Somente dessa maneira será possível garantir a efetivação das finalidades almejadas, primando sempre pela ética nas condutas e pela proteção das pessoas como indivíduos dotados de *dignidade*, sejam eles os pais, sejam eles os filhos a serem gerados.

---

[534] BARBOZA, Heloisa Helena. Princípios da bioética e do biodireito. *Revista de Bioética*, Brasília, v. 8, n. 2, p. 209-216, 2000. p. 212. Disponível em: http://www.revistabioetica.cfm.org.br/index.php/revista_bioetica/article/view/2 76/275. Acesso em: 15 jun. 2019.

[535] KRELL, Olga Jubert Gouveia. *Reprodução humana assistida e filiação civil*: princípios éticos e jurídicos. Curitiba: Juruá, 2006. p. 49-50.

[536] SOARES, André Marcelo M.; PIÑEIRO, Walter Esteves. *Bioética e biodireito*: uma introdução. 2. ed. São Paulo: Loyola, 2006. p. 68.

[537] BARBOZA, Heloisa Helena. Princípios da bioética e do biodireito. *Revista de Bioética*, Brasília, v. 8, n. 2, p. 209-216, 2000. p. 214-215. Disponível em: http://www.revistabioetica.cfm.org.br/index.php/revista_bioetica/article/view/2 76/275. Acesso em: 15 jun. 2019.

No próximo tópico, por conseguinte, passa-se à análise desses usos a partir dos princípios da bioética e do biodireito.

4.2.1 Os princípios da bioética e do biodireito e sua aplicabilidade prática: uma análise do uso das técnicas de reprodução humana assistida

Compreendidos os papéis da bioética e do biodireito na regulamentação dos avanços técnico-científicos, impende agora tecer uma análise acerca da aplicação das técnicas de RHA a partir dos ditames ético-jurídicos dessas áreas do conhecimento. Para tanto, adotar-se-á a teoria principialista de Beauchamp e Childress, pois, embora se saiba que não está livre de pertinentes críticas, ainda hoje é a tese mais difundida no campo da bioética e da sua pricipiologia. Ademais, sabendo-se que não trata de uma abordagem exclusivamente bioética, mas também jurídica, levar-se-á em consideração, da mesma forma, a aplicação dos direitos fundamentais na esfera privada e a sua proteção ante os avanços da biotecnologia.

Dito isso, optou-se por iniciar essa discussão a partir da dialética existente entre os *princípios* da *beneficência* e da *não maleficência*, os quais são preceitos antagônicos, mas complementares. Ao passo que o primeiro afirma uma conduta positiva por parte do profissional da saúde, a fim de que esse sempre promova benefícios para o seu paciente,[538] o segundo – associado à máxima *primum non nocere*, ou seja, "acima de tudo, não cause danos" – é um princípio de caráter negativo, que lhe impõe também o dever de não causar prejuízos a essa pessoa.[539] Dessa maneira, surgem para possibilitar uma atmosfera de respeito à *dignidade humana*, tendo em vista promover o bem dos pacientes, primando pela prudência dos profissionais da saúde, os quais devem sempre sopesar os benefícios e os riscos de um tratamento, observando também a vontade de seus pacientes para sua aplicação.[540]

Em razão disso, espera-se que os profissionais que integram os quadros das clínicas, centros ou serviços de aplicação das TRHA levem sempre em consideração o bem-estar de todas as pessoas envolvidas no procedimento, sejam elas os beneficiários, a gestante por substituição

---

[538] BRAUNER, Maria Claudia Crespo. *Direito, sexualidade e reprodução humana*: conquistas médicas e o debate bioético. Rio de Janeiro: Renovar, 2003. p. 159.
[539] DINIZ, Débora; GUILHEM, Dirce. *O que é bioética*. São Paulo: Brasiliense, 2012. p. 49.
[540] SOARES, André Marcelo M.; PIÑEIRO, Walter Esteves. *Bioética e biodireito*: uma introdução. 2. ed. São Paulo: Loyola, 2006. p. 32.

ou o próprio filho a ser concebido. Por isso, é importante que haja a devida atenção para com todos os critérios biopsicossociais e técnicos que envolvem esse processo, tais quais os limites etários, os riscos do procedimento, os cuidados para evitar a ocorrência de gravidez múltipla, o controle de doenças infectocontagiosas, o estado de saúde da gestante e os cuidados pré-natais, a sugestão de uso das técnicas mais apropriadas para cada caso em específico, respeitada a autonomia dos pacientes etc.

Nessa continuidade, fala-se na questão da autonomia, a qual preceitua um consenso entre paciente e médico, de forma que o primeiro decida qual a melhor opção para ele, obtendo sempre a concordância do seu médico, através de uma decisão conjunta.[541] De toda forma, para que essa autonomia seja considerada legítima, ou seja, livre de vícios, necessita-se da figura de um consentimento informado, através do qual o paciente, sendo previamente informado acerca dos procedimentos a serem utilizados, inclusive de seus riscos, manifesta de maneira válida e inequívoca sua vontade, autorizando-os. Por isso, afirma-se que é de responsabilidade do médico dar ao seu paciente os subsídios necessários para ele autodeterminar-se, funcionado como uma figura auxiliar na tomada de decisões.[542] Ademais, sobre essa forma de consentimento, é importante atentar para alguns critérios, como bem explica Luís Roberto Barroso:

> O sujeito do consentimento é o titular do direito fundamental em questão, que deverá manifestar de maneira válida e inequívoca a sua vontade. Para que ela seja *válida*, deverá ele ser civilmente capaz e estar em condições adequadas de discernimento para expressá-la. Portanto, além da capacidade, o titular do direito deverá estar apto para manifestar sua vontade [...] Para que se repute o consentimento como *inequívoco*, ele deverá ser, ainda, personalíssimo, expresso e atual. Personalíssimo exclui a recusa feita mediante representação, somente se admitindo que o próprio interessado rejeite a adoção do procedimento. A decisão, ademais, haverá de ser expressa, não se devendo presumir a recusa de

---

[541] BRAUNER, Maria Claudia Crespo. *Direito, sexualidade e reprodução humana*: conquistas médicas e o debate bioético. Rio de Janeiro: Renovar, 2003. p. 159.
[542] No mesmo sentido, ver SILVA NETTO, Manuel Camelo Ferreira; DANTAS, Carlos Henrique Félix; FERRAZ, Carolina Valença. O dilema da "produção independente" de parentalidade: é legítimo escolher ter um filho sozinho? *Revista Direito GV*, São Paulo, v. 14, n. 9, p. 1.106-1.138, 2018. p. 1.115. Disponível em: http://www.scielo.br/scielo.php?script=sci_arttext&pid=S1808-24322018000301106. Acesso em: 15 jun. 2019.

tratamento médico. [...] Por fim, a vontade deve ser atual, manifestada imediatamente antes do procedimento, e revogável.[543]

Dessa maneira, estar-se-ia garantindo a genuína expressão da vontade do paciente ao autodeterminar-se. Entretanto, deve-se lembrar também que tal manifestação volitiva não pode dar-se de maneira a afetar os direitos de terceiros, pois "A existência da noção moral de respeito à autonomia significa que a autodeterminação do agente moral só poderá ser considerada desde que não ocasione danos ou sofrimentos a outras pessoas".[544]

Feitas essas considerações, cumpre estabelecer um paralelo entre a aplicação desse princípio e o recurso à RHA. De início, é importante dizer que, diante da multiplicidade de técnicas existentes – consoante será melhor destrinchado no tópico seguinte –, impende que clínicas, centros ou serviços de tratamento tomem os devidos cuidados para que aos seus clientes seja fornecido um aparato informativo claro e entendível, devendo colocar seus profissionais à disposição deles para que sanem eventuais dúvidas quanto à eficiência e à pertinência das técnicas indicadas; divulgando, inclusive, informações relativas aos resultados obtidos com aquela técnica específica naquela unidade.[545] Outrossim, Marianna Chaves chama atenção para o fato de, geralmente, enfocar-se apenas nas vantagens das técnicas, importando que sejam também enfatizados e reenfatizados os riscos, de modo a garantir um conhecimento de todas as circunstâncias pertinentes. Por fim, conforme defende também a autora, é imprescindível que o médico não condicione o seu paciente a tomar essa ou aquela decisão, sob pena de infligir o exercício de sua autonomia.[546]

---

[543] BARROSO, Luís Roberto. Legitimidade da recusa de transfusão de sangue por testemunhas de jeová. Dignidade humana, liberdade religiosa e escolhas existenciais. *In*: LEITE, George Salomão; SARLET, Ingo Wolfgang; CARBONELL, Miguel (Org.). *Direitos, deveres e garantias fundamentais*. Salvador: JusPodivm, 2011. p. 692-693, grifos no original.

[544] DINIZ, Débora; GUILHEM, Dirce. *O que é bioética*. São Paulo: Brasiliense, 2012. p. 46.

[545] SILVA NETTO, Manuel Camelo Ferreira; DANTAS, Carlos Henrique Félix; FERRAZ, Carolina Valença. O dilema da "produção independente" de parentalidade: é legítimo escolher ter um filho sozinho? *Revista Direito GV*, São Paulo, v. 14, n. 9, p. 1.106-1.138, 2018. p. 1.115-1.116. Disponível em: http://www.scielo.br/scielo.php?script=sci_arttext&pid=S1808-24322018000301106. Acesso em: 15 jun. 2019.

[546] CHAVES, Marianna. Famílias ectogenéticas: os limites jurídicos para utilização de técnicas de reprodução assistida. *Anais do Congresso Brasileiro de Direito de Família*, v. 10, p. 309-340, 2016. p. 313. Disponível em: https://www.academia.edu/27632388/FAMÍLIAS_ECTOGENÉTICAS_OS_LIMITES_JURÍDICOS_PARA_UTILIZAÇÃO_DE_TÉCNICAS_DE_REPRODUÇÃO_ASSISTIDA. Acesso em: 27 jun. 2018.

Seguindo esse fluxo, fala-se também no *princípio da justiça*, o qual invoca uma "[...] distribuição justa, equitativa e universal dos benefícios da ciência, oferecida amplamente pelos serviços de saúde".[547] Dessa maneira, tal princípio pretende servir de equilíbrio entre os diferentes interesses existentes no meio social, tentando balancear os interesses pessoais (científicos e econômicos de exclusividade sobre as descobertas, sob a forma de patentes) e sociais (do anseio pelo acesso às novas biotecnologias).[548] De resto, tal distribuição de recursos deve atentar-se para a lógica da justiça distributiva, a partir dos fundamentos instituídos pelo *princípio da igualdade material*, devendo os desiguais ser tratados de maneira diferenciada, a fim de que não haja qualquer tipo de discriminação.[549]

Nesse sentido, a respeito da RHA discute-se bastante o direito de acesso a essas técnicas, vislumbrando-se, sobretudo, o alto custo desses procedimentos. Atualmente, apenas 9 hospitais oferecem esses tratamentos de forma gratuita através do SUS, sendo 4 na Região Sudeste (São Paulo e Minas Gerais), 2 na Região Nordeste (Pernambuco e Rio Grande do Norte), 2 na Região Sul (Rio Grande do Sul) e 1 na Região Centro-Oeste (Brasília)[550] e, para tanto, são instituídos programas de atenção básica, de média complexidade e de alta complexidade.[551]

---

[547] BRAUNER, Maria Claudia Crespo. *Direito, sexualidade e reprodução humana*: conquistas médicas e o debate bioético. Rio de Janeiro: Renovar, 2003. p. 159.

[548] BRAUNER, Maria Claudia Crespo. *Direito, sexualidade e reprodução humana*: conquistas médicas e o debate bioético. Rio de Janeiro: Renovar, 2003. p. 164.

[549] SILVA NETTO, Manuel Camelo Ferreira; DANTAS, Carlos Henrique Félix; FERRAZ, Carolina Valença. O dilema da "produção independente" de parentalidade: é legítimo escolher ter um filho sozinho? *Revista Direito GV*, São Paulo, v. 14, n. 9, p. 1.106-1.138, 2018. p. 1.117. Disponível em: http://www.scielo.br/scielo.php?script=sci_arttext&pid=S1808-24322018000301106. Acesso em: 15 jun. 2019.

[550] São eles: Hospital Materno Infantil de Brasília (HMBI)/Brasília; Hospital das Clínicas da Universidade Federal de Minas Gerais/Belo Horizonte; Hospital Nossa Senhora da Conceição SA – Fêmina/Porto Alegre; Hospital das Clínicas de Porto Alegre/Porto Alegre; Hospital das Clínicas da Faculdade de Medicina da Universidade de São Paulo (Hospital das Clínicas São Paulo)/São Paulo; Centro de Referência da Saúde da Mulher de São Paulo – Pérola Byington/São Paulo; Hospital das Clínicas da Fundação de Apoio ao Ensino, Pesquisa e Assistência do Hospital das Clínicas da Faculdade de Medicina de Ribeirão Preto (FAEPA Ribeirão Preto)/São Paulo; Instituto de Medicina Integral Prof. Fernando Figueira – IMIP/Recife; Maternidade Escola Januário Cicco/Natal (cf. BRASIL. Ministério da Saúde. *Portaria nº 3.149, de 28 de dezembro de 2012*. Ficam destinados recursos financeiros aos estabelecimentos de saúde que realizam procedimentos de atenção à Reprodução Humana Assistida, no âmbito do SUS, incluindo fertilização in vitro e/ou injeção intracitoplasmática de espermatozoides. Disponível em: http://bvsms.saude.gov.br/bvs/saudelegis/gm/2012/prt3149_28_12_2012.html. Acesso em: 15 jun. 2019).

[551] Portaria nº 2.048/2009 do Ministério da Saúde: "Art. 307. A Política Nacional de Atenção Integral em Reprodução Humana Assistida, de que trata o art. 1º deste Regulamento, deverá ser constituída a partir dos seguintes componentes fundamentais: I - *Atenção Básica*:

No entanto, embora seja importante a implantação de tal modelo de política pública, inúmeras barreiras apresentam-se como obstáculos à expansão da sua efetividade. Entre elas, a capacidade do Estado para custear esses tratamentos, pode-se dizer, é a principal. Afinal, pelo que se pode perceber, nem todas as regiões do país estão contempladas com essa possibilidade – não há qualquer unidade hospitalar na Região Norte que forneça os tratamentos pelo SUS – e, mesmo naquelas que a ofertam, as grandes filas apresentam-se como outro fator complicador. Diante disso, vislumbra-se que ainda há muito a se fazer para que o *princípio da justiça* seja plenamente garantido pelo Estado.

Por fim, importa enfatizar que a utilização desses princípios não se dá de forma isolada, pelo contrário, deve haver uma harmonização na sua aplicação, a fim de que os interesses éticos sejam vislumbrados da melhor forma. Além do mais, como dito antes, o biodireito não pode pautar-se apenas na incidência da bioética sobre as relações biomédicas, pelo que se faz mister a combinação do seu uso com o respeito aos direitos fundamentais estampados na Carta Magna. Por isso, como se está a falar em liberdade no desempenho do projeto parental e na formação de entidades familiares, aplicam-se também para esses casos todos aqueles princípios já vistos e que norteiam o direito das famílias hodierno – com ênfase para o *princípio da dignidade da pessoa humana* –, bem como as diretrizes que norteiam o exercício do planejamento familiar, o qual será especificamente trabalhado no Capítulo 6.

4.3 Reprodução humana assistida: tentativa conceitual, finalidade e técnicas

Como um ponto de partida, é imperioso que se realize uma tentativa conceitual a respeito do que seriam as TRHA, também

---

é a porta de entrada para a identificação do casal infértil e na qual devem ser realizados a anamnese, o exame clínico-ginecológico e um elenco de exames complementares de diagnósticos básicos, afastando-se patologias, fatores concomitantes e qualquer situação que interfira numa futura gestação e que ponha em risco a vida da mulher ou do feto; II - *Média Complexidade*: os serviços de referência de Média Complexidade estarão habilitados a atender aos casos encaminhados pela Atenção Básica, realizando acompanhamento psicossocial e os demais procedimentos do elenco desse nível de atenção, e aos quais é facultativa e desejável a realização de todos os procedimentos diagnósticos e terapêuticos relativos à reprodução humana assistida, à exceção dos relacionados à fertilização in vitro; e III - *Alta Complexidade*: os serviços de referência de Alta Complexidade estarão habilitados a atender aos casos encaminhados pela Média Complexidade, estando capacitados para realizar todos os procedimentos de Média Complexidade, bem como a fertilização in vitro e a inseminação artificial" (grifos nossos).

denominadas técnicas de procriação medicamente assistida (PMA).[552] Essas expressões foram cunhadas pelo campo médico, especificamente na área da medicina reprodutiva, a fim de caracterizar um conjunto de métodos que se destinavam a um tratamento paliativo da infertilidade.[553]

Nesse sentido, percebe-se que, em sua origem, as TRHA estavam ligadas ao tratamento de quadros clínicos precisos de infertilidade e de esterilidade masculina e/ou feminina, dizendo-se um tratamento paliativo, pois, após a aplicação das técnicas, a infertilidade continua a subsistir. Não obstante, com o passar do tempo e o melhor desenvolvimento desses procedimentos, essa definição restrita a um tratamento da infecundidade meramente biológica já não se mostra totalmente condizente com o que seria esse fenômeno social, tendo em vista o fato de pessoas solteiras e de casais homoafetivos, por exemplo, também reivindicarem a sua utilização[554] por inúmeros fatores, os quais serão melhor abordados mais à frente.

Nessa toada, ante um panorama constitucional que preza pela liberdade e autonomia dos indivíduos, máxime no tocante ao exercício livre do planejamento familiar, pode-se dizer que as técnicas de RHA surgem para potencializar as possibilidades de concretização dos projetos parentais no geral. Isso, pois, com base principalmente no direito à autodeterminação, previamente destacado, e também nos direitos sexuais e reprodutivos, os quais são matéria do Capítulo 6, pode-se dizer que "[...] deve ser considerada legítima toda intervenção que tenha o objetivo de assegurar o restabelecimento das funções reprodutivas, ou, de oferecer alternativas que possam resultar no nascimento de filhos desejados".[555]

É nessa seara, portanto, em que estão inseridos esses procedimentos, almejando dar às pessoas a possibilidade de realizar seus

---

[552] Essa segunda expressão, *procriação medicamente assistida* (PMA), é mais utilizada na tradição jurídica portuguesa, tendo sido, inclusive, a terminologia empregada na legislação lusitana (Lei nº 32/2006), ao que se pode constatar já no seu art. 1º: "Artigo 1.º Objecto. A presente lei regula a utilização de técnicas de procriação medicamente assistida (PMA)".

[553] CORRÊA, Marilena Cordeiro Dias Villela; LOYOLA, Maria Andréa. Reprodução e bioética. A regulação da reprodução assistida no Brasil. *Caderno CRH*, Salvador, v. 18, n. 43, p. 103-112, 2005. p. 103. Disponível em: https://portalseer.ufba.br/index.php/crh/article/view/18514/11890. Acesso em: 10 jun. 2019.

[554] CORRÊA, Marilena Cordeiro Dias Villela; LOYOLA, Maria Andréa. Reprodução e bioética. A regulação da reprodução assistida no Brasil. *Caderno CRH*, Salvador, v. 18, n. 43, p. 103-112, 2005. p. 103. Disponível em: https://portalseer.ufba.br/index.php/crh/article/view/18514/11890. Acesso em: 10 jun. 2019.

[555] BRAUNER, Maria Claudia Crespo. *Direito, sexualidade e reprodução humana*: conquistas médicas e o debate bioético. Rio de Janeiro: Renovar, 2003. p. 51-52.

desejos de constituir uma parentalidade, a qual, por diversos fatores, não tem como ser efetivada através do método reprodutivo tradicional, ou seja, pelo coito sexual. Afinal, a infertilidade e a esterilidade são problemas comuns na sociedade, os quais encontram uma possível solução nesses tratamentos. Cabe ressaltar, ainda, que, para os fins do presente trabalho, esses vocábulos serão utilizados como sinônimos; note-se, no entanto, que os seus conceitos diferem entre si, visto que a infertilidade diz respeito a uma condição que apenas dificulta a concepção, podendo ser tratada e revertida, ao passo que a esterilidade redunda numa impossibilidade permanente e irreversível.[556]

As causas de infertilidade são múltiplas tanto para os homens quanto para as mulheres. No caso da infertilidade masculina, tem-se como principais motivos: a) a aspermia – ausência de ejaculação; b) a oligospermia – ausência de um mínimo de espermatozoides por mililitro, equivalente a 20.000.000/ml; c) a azoospermia – total ausência de espermatozoides; d) astenozoospermia – dificuldade na mobilidade dos espermatozoides; e e) impotência, ensejando uma dificuldade no coito. A seu turno, as principais razões que acarretam a infertilidade feminina são: a) fatores tubários – ausência de trompas ou questões congênitas ou adquiridas, as quais impedem a passagem do espermatozoide; b) fatores ovarianos – ausência de óvulos por fatores congênitos, psíquicos ou por uma escassez precoce; c) fatores uterinos – ausência de útero ou infecções neste, miomas, alterações no muco endocervical, causando a destruição dos espermatozoides etc.; d) fatores vaginais – vaginite (inflamações vaginais) ou vaginismo (espasmos dolorosos na vagina) etc.; e e) endometriose – presença do tecido do endométrio fora do útero, causando processos inflamatórios crônicos e dificultando a fertilização.[557] Ainda com relação a esse tema, não se pode olvidar das questões relativas às hormonioterapias realizadas em pessoas trans submetidas ao processo transexualizador, nas quais se vislumbra a ocorrência de infertilidade como um de seus efeitos colaterais.[558]

Além dessas questões, tem-se, também, que os casais homoafetivos e as pessoas solteiras também podem ser auxiliados por essas técnicas,

---

[556] FERRAZ, Ana Claudia Brandão de Barros Correia. *Reprodução humana assistida e suas consequências nas relações de família*: a filiação e a origem genética sob a perspectiva da repersonalização. 2. ed. Curitiba: Juruá, 2016. p. 43.

[557] HOLANDA, Caroline Sátiro. *As técnicas de reprodução assistida e a necessidade de parâmetros jurídicos à luz da Constituição Federal de 1988*. 2006. 263 f. Dissertação (Mestrado em Direito) – Universidade de Fortaleza, Fortaleza, 2006. p. 60-61. Disponível em: http://www.dominiopublico.gov.br/download/teste/arqs/cp041477.pdf. Acesso em: 28 nov. 2018.

[558] Esse tema será melhor trabalhado em tópico próprio no Capítulo 5.

visto que os desejos de ser pai ou mãe não se restringem aos casais heteroafetivos, tampouco o planejamento familiar, já que a própria Lei nº 9.263/1996 estabelece, em seu art. 1º, que é um direito de todo cidadão.[559] Sobre isso, comenta, também, Maria Christina de Almeida:

> [...] o desejo de gerar um filho é garantido pela Constituição Federal em seu artigo 226, §7º, em cuja temática se inserem os 'direitos reprodutivos', o que significa dizer que é reconhecido a toda pessoa humana o direito de exercer sua vida sexual e reprodutiva, podendo, inclusive, recorrer aos meios científicos disponíveis para a realização do projeto de parentalidade.[560]

Diante desse panorama, pode-se dizer, então, que a procriação medicamente assistida apresenta-se como uma alternativa legítima e eficaz de concretização de projetos parentais outrora inimagináveis. Afinal, o planejamento familiar consiste em direito constitucionalmente tutelado, cabendo a cada entidade familiar autodeterminar-se com relação ao estabelecimento desses vínculos filiatórios, respeitando, por óbvio, os limites impostos a essa garantia.

Por esse motivo, faz-se pertinente conhecer e estudar as principais técnicas[561] disponíveis atualmente em matéria de RHA, a fim de que se possa compreender como se dão os seus procedimentos específicos, para consequentemente poder-se melhor discutir as suas repercussões jurídicas e a sua compatibilidade com o ordenamento pátrio. Diante disso, serão comentados, nos subtópicos que se seguem, os métodos de: a) inseminação artificial; b) transferência intratubária de gametas; c) transferência intratubária de zigotos; d) fertilização *in vitro*; e) injeção intracitoplásmica do espermatozoide; e f) técnicas auxiliares ao processo de RHA.

---

[559] Lei de Planejamento Familiar (Lei nº 9.263/1996): "Art. 1º O planejamento familiar é direito de todo cidadão, observado o disposto nesta Lei".
[560] ALMEIDA, Maria Christina. Filhos da reprodução assistida. *In*: GROENINGA, Giselle Câmara; PEREIRA, Rodrigo da Cunha (Coord.). *Direito de família e psicanálise*: rumo a uma nova epistemologia. Rio de Janeiro: Imago, 2003. p. 278.
[561] Neste ponto, serão comentadas as técnicas que auxiliam o processo reprodutivo, seja por meio da fertilização *in vivo* (dentro do corpo da receptora), seja pela fecundação *in vitro* (fora do corpo da receptora, em laboratório). Ademais, serão elucidados alguns métodos auxiliares, entre os quais, a doação de gametas sexuais, o diagnóstico genético pré-implantacional, a crioconservação de gametas e de embriões, a gestação compartilhada de oócitos e o recurso à gestação sub-rogada.

4.3.1 Inseminação artificial (IA)

A inseminação artificial (IA) consiste em uma técnica que implica a substituição da relação sexual, na qual ocorreria a fecundação pela união do espermatozoide ao óvulo, auxiliando no processo reprodutivo deficitário em alguma de suas etapas.[562] Esse método caracteriza-se pelo depósito do sêmen, através de meios artificiais, na vagina (inseminação intravaginal), no colo do útero (inseminação intracervical) ou dentro do útero (inseminação intrauterina).[563]

Essa foi a primeira técnica de reprodução medicamente assistida praticada pelos médicos e o seu sucesso depende do cálculo exato da ovulação, pois a fecundação deverá acontecer dentro do corpo da mulher, desenvolvendo-se a gestação naturalmente.[564]

Para tanto, a mulher será submetida a um tratamento hormonal, visando estimular e induzir a ovulação, visto que o processo natural de ovulação apenas libera um óvulo ao mês. Por sua vez, o sêmen, coletado através da masturbação, passará por processos de migração e centrifugação, com vistas a liberar os espermatozoides do líquido seminal. Esse procedimento se dá a fim de potencializar o processo reprodutivo, pois o líquido seminal possui efeitos inibidores ao processo de fecundação. Ademais, esse sêmen também receberá um tratamento *in vitro*, com o intuito de selecionar os espermatozoides mais aptos à fertilização,[565] sendo que esse esperma poderá ser crioconservado pelo prazo atualmente fixado de 20 anos.[566]

Tal técnica pode ser classificada em: a) homóloga – quando o espermatozoide introduzido na mulher é do seu marido ou companheiro; b) heteróloga – quando o espermatozoide introduzido na mulher não

---

[562] FERRAZ, Ana Claudia Brandão de Barros Correia. *Reprodução humana assistida e suas consequências nas relações de família*: a filiação e a origem genética sob a perspectiva da repersonalização. 2. ed. Curitiba: Juruá, 2016. p. 44.

[563] HOLANDA, Caroline Sátiro. *As técnicas de reprodução assistida e a necessidade de parâmetros jurídicos à luz da Constituição Federal de 1988*. 2006. 263 f. Dissertação (Mestrado em Direito) – Universidade de Fortaleza, Fortaleza, 2006. p. 63. Disponível em: http://www.dominiopublico.gov.br/download/teste/arqs/cp041477.pdf. Acesso em: 28 nov. 2018.

[564] FERRAZ, Ana Claudia Brandão de Barros Correia. *Reprodução humana assistida e suas consequências nas relações de família*: a filiação e a origem genética sob a perspectiva da repersonalização. 2. ed. Curitiba: Juruá, 2016. p. 44.

[565] HOLANDA, Caroline Sátiro. *As técnicas de reprodução assistida e a necessidade de parâmetros jurídicos à luz da Constituição Federal de 1988*. 2006. 263 f. Dissertação (Mestrado em Direito) – Universidade de Fortaleza, Fortaleza, 2006. p. 63-64. Disponível em: http://www.dominiopublico.gov.br/download/teste/arqs/cp041477.pdf. Acesso em: 28 nov. 2018.

[566] FERRAZ, Ana Claudia Brandão de Barros Correia. *Reprodução humana assistida e suas consequências nas relações de família*: a filiação e a origem genética sob a perspectiva da repersonalização. 2. ed. Curitiba: Juruá, 2016. p. 45.

é o do seu marido ou companheiro, mas sim de um terceiro, doador anônimo; e c) bisseminal – quando os gametas sexuais masculinos pertencem a duas pessoas distintas.[567]

A técnica da IA homóloga é aconselhada para os casos de infertilidade masculina e ou dificuldades na relação sexual. A IA heteróloga, a seu turno, é aconselhada para os casos te esterilidade masculina ou de transmissão de doenças pelo homem.[568] Por fim, em se tratando da IA bisseminal, tem-se como exemplo, no caso de casais heteroafetivos, quando há a utilização dos sêmens do marido ou companheiro e de doador anônimo, em razão de o material genético do marido ou companheiro ser insuficiente, pelo que será misturado ao de um doador para que se realize a introdução na mulher.[569] Além disso, pode-se falar em inseminação bisseminal no caso de casal homoafetivo masculino, na qual é coletado o material genético de ambos para realizar a inseminação naquela que será a gestante por substituição.

4.3.2 Transferência intratubária de gametas (GIFT)

Na transferência intratubária de gametas (GIFT), a mulher é também submetida a um tratamento hormonal, a fim de induzir a ovulação, constatando-se o bom desenvolvimento dessa estimulação através da ecografia, em que se verifica a dosagem da taxa hormonal de estrogênio no sangue e o crescimento dos folículos ovarianos. Posteriormente, esses óvulos são aspirados do corpo da mulher, com o auxílio de um ultrassom de alta frequência e um probe transvaginal com uma agulha acoplada, mediante anestesia geral na paciente. O espermatozoide, a seu turno, recebe um tratamento *in vitro* de forma semelhante ao que ocorre na IA.[570]

---

[567] FERRAZ, Ana Claudia Brandão de Barros Correia. *Reprodução humana assistida e suas consequências nas relações de família*: a filiação e a origem genética sob a perspectiva da repersonalização. 2. ed. Curitiba: Juruá, 2016. p. 45.

[568] HOLANDA, Caroline Sátiro. *As técnicas de reprodução assistida e a necessidade de parâmetros jurídicos à luz da Constituição Federal de 1988*. 2006. 263 f. Dissertação (Mestrado em Direito) – Universidade de Fortaleza, Fortaleza, 2006. p. 64. Disponível em: http://www.dominiopublico.gov.br/download/teste/arqs/cp041477.pdf. Acesso em: 28 nov. 2018.

[569] FERRAZ, Ana Claudia Brandão de Barros Correia. *Reprodução humana assistida e suas consequências nas relações de família*: a filiação e a origem genética sob a perspectiva da repersonalização. 2. ed. Curitiba: Juruá, 2016. p. 45.

[570] HOLANDA, Caroline Sátiro. *As técnicas de reprodução assistida e a necessidade de parâmetros jurídicos à luz da Constituição Federal de 1988*. 2006. 263 f. Dissertação (Mestrado em Direito) -- Universidade de Fortaleza, Fortaleza, 2006. p. 64-65. Disponível em: http://www.dominiopublico.gov.br/download/teste/arqs/cp041477.pdf. Acesso em: 28 nov. 2018.

Em seguida, há a transferência desses gametas, através de uma cirurgia, denominada laparoscopia, na qual um cateter deposita os gametas na trompa. Daí em diante, o processo de fecundação ocorre naturalmente e de forma totalmente intracorpórea.[571] Assim, se tudo ocorrer regularmente, os espermatozoides penetram em um ou mais óvulos, formando-se o embrião, o qual descerá dentro das trompas até o útero.[572]

A GIFT é indicada para casos de lesão tubária e pode produzir bons resultados em casos de endometriose, distúrbios no esperma e infertilidade não explicada. Porém, não é um método muito utilizado, pois seus resultados deixam a desejar em relação aos demais.[573]

A sua vantagem é a ocorrência da fecundação de forma intracorpórea, diminuindo-se as manipulações *in vitro*, o que, consequentemente, propicia um ambiente mais natural aos embriões.[574] Dessa forma, reduzem-se os riscos de gravidezes extrauterinas, pois a fecundação dá-se *in vivo*.[575]

4.3.3 Transferência intratubária de zigotos (ZIFT)

A transferência intratubária de zigotos (ZIFT) tem um procedimento parecido com o da GIFT, com indução hormonal, captação dos óvulos e tratamento *in vitro* dos espermatozoides. As técnicas, contudo, diferem entre si somente quanto ao local da fertilização, a qual, na ZIFT, ocorre em uma placa, que é transferida para uma estufa a qual simula o ambiente das trompas. Dessa forma, a fecundação dá-se de

---

[571] HOLANDA, Caroline Sátiro. *As técnicas de reprodução assistida e a necessidade de parâmetros jurídicos à luz da Constituição Federal de 1988*. 2006. 263 f. Dissertação (Mestrado em Direito) – Universidade de Fortaleza, Fortaleza, 2006. p. 65. Disponível em: http://www.dominiopublico.gov.br/download/teste/arqs/cp041477.pdf. Acesso em: 28 nov. 2018.

[572] FERRAZ, Ana Claudia Brandão de Barros Correia. *Reprodução humana assistida e suas consequências nas relações de família*: a filiação e a origem genética sob a perspectiva da repersonalização. 2. ed. Curitiba: Juruá, 2016. p. 48.

[573] HOLANDA, Caroline Sátiro. *As técnicas de reprodução assistida e a necessidade de parâmetros jurídicos à luz da Constituição Federal de 1988*. 2006. 263 f. Dissertação (Mestrado em Direito) – Universidade de Fortaleza, Fortaleza, 2006. p. 65. Disponível em: http://www.dominiopublico.gov.br/download/teste/arqs/cp041477.pdf. Acesso em: 28 nov. 2018.

[574] HOLANDA, Caroline Sátiro. *As técnicas de reprodução assistida e a necessidade de parâmetros jurídicos à luz da Constituição Federal de 1988*. 2006. 263 f. Dissertação (Mestrado em Direito) – Universidade de Fortaleza, Fortaleza, 2006. p. 65. Disponível em: http://www.dominiopublico.gov.br/download/teste/arqs/cp041477.pdf. Acesso em: 28 nov. 2018.

[575] FERRAZ, Ana Claudia Brandão de Barros Correia. *Reprodução humana assistida e suas consequências nas relações de família*: a filiação e a origem genética sob a perspectiva da repersonalização. 2. ed. Curitiba: Juruá, 2016. p. 49.

forma extrauterina, sendo que os gametas são colocados em contato e o processo acontece sem necessidade de indução.[576]

A partir desse procedimento, forma-se o zigoto, o qual é reimplantado nas trompas de falópio dentro do prazo de 24 horas. Esse zigoto possui apenas uma célula e, em razão disso, não pode ser chamado ainda de embrião. A sua implantação dá-se, assim como na GIFT, através da cirurgia de laparoscopia. Ademais, como essa técnica permite o conhecimento prévio da fecundação antes da sua introdução nas trompas, os riscos de gestações múltiplas são menores, pois poucos zigotos são transferidos.[577]

As indicações médicas coincidem com as da GIFT, sendo contraindicada para mulheres que tenham danos significativos nas trompas, problemas anatômicos com o útero e quando o espermatozoide não pode penetrar o óvulo. Geralmente, é utilizada por casais que não conseguem a fecundação natural, durante um ano de tentativas, falhando nos cinco ou seis ciclos de estimulação ovariana com inseminação intrauterina.[578] A técnica, assim como a GIFT, encontra-se em desuso, servindo apenas para casos excepcionais, a exemplo da incapacidade de implantação de embriões no colo do útero.[579]

4.3.4 Fertilização *in vitro* (FIV)

A fertilização *in vitro* (FIV) configura uma espécie de continuação da técnica da ZIFT com a diferença de que os zigotos continuam incubados, *in vitro*, até que haja a sua segmentação e a formação do embrião, daí o fato de essa técnica ter ficado popularmente conhecida como "bebê de proveta".[580] Nesse procedimento, colhe-se um óvulo

---

[576] HOLANDA, Caroline Sátiro. *As técnicas de reprodução assistida e a necessidade de parâmetros jurídicos à luz da Constituição Federal de 1988*. 2006. 263 f. Dissertação (Mestrado em Direito) – Universidade de Fortaleza, Fortaleza, 2006. p. 66. Disponível em: http://www.dominiopublico. gov.br/download/teste/arqs/cp041477.pdf. Acesso em: 28 nov. 2018.

[577] FERRAZ, Ana Claudia Brandão de Barros Correia. *Reprodução humana assistida e suas consequências nas relações de família*: a filiação e a origem genética sob a perspectiva da repersonalização. 2. ed. Curitiba: Juruá, 2016. p. 49-50.

[578] FERRAZ, Ana Claudia Brandão de Barros Correia. *Reprodução humana assistida e suas consequências nas relações de família*: a filiação e a origem genética sob a perspectiva da repersonalização. 2. ed. Curitiba: Juruá, 2016. p. 49.

[579] HOLANDA, Caroline Sátiro. *As técnicas de reprodução assistida e a necessidade de parâmetros jurídicos à luz da Constituição Federal de 1988*. 2006. 263 f. Dissertação (Mestrado em Direito) – Universidade de Fortaleza, Fortaleza, 2006. p. 66. Disponível em: http://www.dominiopublico. gov.br/download/teste/arqs/cp041477.pdf. Acesso em: 28 nov. 2018.

[580] HOLANDA, Caroline Sátiro. *As técnicas de reprodução assistida e a necessidade de parâmetros jurídicos à luz da Constituição Federal de 1988*. 2006. 263 f. Dissertação (Mestrado em

maduro, o qual será misturado ao sêmen do marido ou companheiro ou de um doador anônimo em uma proveta, na qual se processará a fecundação.[581] Em seguida, realiza-se a transferência desses embriões (estágio em que se tem de 2 a 8 células) para o útero ou para as trompas da receptora,[582] seja ela a beneficiária ou a gestante por substituição.

A FIV é uma das técnicas de RHA que mais se desenvolveu, não só o procedimento em si, mas também os métodos auxiliares para aumentar a taxa de gravidez e melhorar a viabilidade dos embriões a serem implantados.[583] Tal processo é indicado, geralmente, para casos de esterilidade tubária bilateral feminina ou obstrução irreversível nas trompas, hipofertilidade masculina, oligozoospermia, falha de tratamento cirúrgico tubário, endometriose e esterilidade inexplicável sem causa aparente,[584] ou, ainda, no caso de casais homoafetivos masculinos que visam à utilização das técnicas de RHA.

Após a verificação e estudo dos espermatozoides e dos óvulos, constatando-se as questões que levam à infertilidade dos interessados e feita a opção pela FIV, a mulher passará por um tratamento hormonal de indução à ovulação, assim como nas técnicas previamente explicadas. O desenvolvimento dessa estimulação é analisado, através do exame da ecografia, por meio da dosagem de estrogênio no sangue e pelo crescimento dos folículos ovarianos. Após a averiguação de que os hormônios estão em níveis adequados e de que os folículos atingiram bom tamanho, a ovulação será provocada, a partir da injeção da gonadotrofina coriônica (Hcg), que será responsável pela maturação final do óvulo.[585]

Direito) – Universidade de Fortaleza, Fortaleza, 2006. p. 67. Disponível em: http://www.dominiopublico.gov.br/download/teste/arqs/cp041477.pdf. Acesso em: 28 nov. 2018.

[581] FERRAZ, Ana Claudia Brandão de Barros Correia. *Reprodução humana assistida e suas consequências nas relações de família*: a filiação e a origem genética sob a perspectiva da repersonalização. 2. ed. Curitiba: Juruá, 2016. p. 46.

[582] OMMATI, José Emílio Medauar. As novas técnicas de reprodução humana à luz dos princípios constitucionais. *Revista de Informação Legislativa*, Brasília, v. 36, n. 141, p. 229-238, 1999. p. 233. Disponível em: https://www2.senado.leg.br/bdsf/bitstream/handle/id/464/r141-17.pdf?sequence=4. Acesso em: 4 jun. 2019.

[583] HOLANDA, Caroline Sátiro. *As técnicas de reprodução assistida e a necessidade de parâmetros jurídicos à luz da Constituição Federal de 1988*. 2006. 263 f. Dissertação (Mestrado em Direito) – Universidade de Fortaleza, Fortaleza, 2006. p. 67. Disponível em: http://www.dominiopublico.gov.br/download/teste/arqs/cp041477.pdf. Acesso em: 28 nov. 2018.

[584] FERRAZ, Ana Claudia Brandão de Barros Correia. *Reprodução humana assistida e suas consequências nas relações de família*: a filiação e a origem genética sob a perspectiva da repersonalização. 2. ed. Curitiba: Juruá, 2016. p. 46.

[585] FERRAZ, Ana Claudia Brandão de Barros Correia. *Reprodução humana assistida e suas consequências nas relações de família*: a filiação e a origem genética sob a perspectiva da repersonalização. 2. ed. Curitiba: Juruá, 2016. p. 47.

Após cerca de trinta e seis horas, é realizada a punção e o marido ou companheiro deverá doar o sêmen ou deverá ser recolhido o sêmen congelado de um doador anônimo. A partir daí, os gametas sexuais serão colocados em contato, *in vitro*, de onde será desencadeado todo o processo de fecundação até a formação do embrião, aguardando-se, geralmente, de 3 a 5 dias. Nessa continuidade, se a fertilização for exitosa, os embriões serão introduzidos no útero ou nas trompas, por meio da utilização do cateter, e, após 14 dias da punção, deverá ser realizado o exame de gravidez.[586]

Ocorre que, quanto mais embriões implantados, maiores as chances de desenvolvimento da gravidez. No entanto, há limitações, previstas na Resolução nº 2.168/2017 do Conselho Federal de Medicina (CFM), para o número de embriões a serem transferidos de acordo com a idade da receptora.[587] Ademais, existem clínicas que, a fim de evitar que as mulheres se submetam, mais de uma vez, ao processo de indução hormonal, procedem com o congelamento dos embriões, para, em caso de frustração da tentativa, em um novo ciclo, serem descongelados e implantados; fazendo surgir, então, a problemática dos embriões excedentários.[588]

Por fim, cabe esclarecer que, da mesma forma que ocorre na IA, os materiais genéticos a serem utilizados na FIV poderão ser tanto do casal beneficiário (reprodução homóloga) quanto de doadores anônimos (reprodução heteróloga). Note-se, porém, que, diferentemente da IA, não apenas o sêmen poderá ser de um terceiro, doador anônimo, mas também o óvulo a ser utilizado, no processo de fertilização, poderá ser de uma doadora anônima. Além disso, o embrião poderá ser implantado no útero de uma terceira, gestante por substituição,[589] a qual levará a termo aquela gestação em favor do projeto parental de outrem, seja um casal heteroafetivo ou homoafetivo ou ainda uma pessoa solteira.

---

[586] FERRAZ, Ana Claudia Brandão de Barros Correia. *Reprodução humana assistida e suas consequências nas relações de família*: a filiação e a origem genética sob a perspectiva da repersonalização. 2. ed. Curitiba: Juruá, 2016. p. 47; 49.

[587] Com relação às resoluções do CFM, será destinado tópico próprio, no Capítulo 5, no intuito de comentá-las e verificar como foi construído o balizamento deontológico médico no tocante à utilização das técnicas de reprodução humana assistida no Brasil.

[588] FERRAZ, Ana Claudia Brandão de Barros Correia. *Reprodução humana assistida e suas consequências nas relações de família*: a filiação e a origem genética sob a perspectiva da repersonalização. 2. ed. Curitiba: Juruá, 2016. p. 47.

[589] FERRAZ, Ana Claudia Brandão de Barros Correia. *Reprodução humana assistida e suas consequências nas relações de família*: a filiação e a origem genética sob a perspectiva da repersonalização. 2. ed. Curitiba: Juruá, 2016. p. 48.

4.3.5 Injeção intracitoplásmica do espermatozoide (ICSI)

A injeção intracitoplásmica do espermatozoide (ICSI) é uma técnica bastante parecida com a FIV – pois a fecundação dá-se *in vitro* e não *in vivo* –, mas possui algumas especificidades que merecem ser esclarecidas.

Nesse procedimento, diferentemente da FIV, em que os gametas sexuais são colocados em contato, numa proveta, para que a fecundação ocorra, a fertilização do óvulo com o espermatozoide ocorrerá a partir de uma técnica chamada micromanipulação. A partir dela, o espermatozoide é injetado no óvulo, com a ajuda de um microscópio especial e de uma microagulha.[590] A ICSI servirá como um impulso para aquele espermatozoide com debilidade de locomoção, o qual será injetado no óvulo, aguardando-se a fertilização, em uma incubadora que simula a trompa, para, em seguida, ser transferido para o útero da receptora.[591]

A vantagem da ICSI sobre a FIV é que basta apenas um único espermatozoide saudável para que a fecundação seja viabilizada.[592] Essa técnica é indicada geralmente para os casos de infertilidade masculina, sendo empregada quando os espermatozoides são escassos ou não possuem mobilidade suficiente para a realização da FIV.[593]

4.3.6 Técnicas auxiliares ao procedimento de RHA

Seguindo com esse viés de análise das principais técnicas de RHA disponibilizadas pela medicina reprodutiva hodierna, é importante destacar que, além daquelas que foram mencionadas anteriormente, pode-se fazer uso também de alguns outros métodos auxiliares. Esses outros procedimentos, por sua vez, destinar-se-ão a contribuir com

---

[590] HOLANDA, Caroline Sátiro. *As técnicas de reprodução assistida e a necessidade de parâmetros jurídicos à luz da Constituição Federal de 1988*. 2006. 263 f. Dissertação (Mestrado em Direito) – Universidade de Fortaleza, Fortaleza, 2006. p. 67-68. Disponível em: http://www.dominiopublico.gov.br/download/teste/arqs/cp041477.pdf. Acesso em: 28 nov. 2018.

[591] BELTRÃO, Silvio Romero. *Reprodução humana assistida*: conflitos éticos e legais. Legislar é necessário. 2010. 244 f. Tese (Doutorado em Direito) – Faculdade de Direito do Recife, Universidade Federal de Pernambuco, Recife, 2010. p. 34-35. Disponível em: https://repositorio.ufpe.br/bitstream/123456789/3775/1/arquivo402_1.pdf. Acesso em: 13 jun. 2019.

[592] HOLANDA, Caroline Sátiro. *As técnicas de reprodução assistida e a necessidade de parâmetros jurídicos à luz da Constituição Federal de 1988*. 2006. 263 f. Dissertação (Mestrado em Direito) – Universidade de Fortaleza, Fortaleza, 2006. p. 67-68. Disponível em: http://www.dominiopublico.gov.br/download/teste/arqs/cp041477.pdf. Acesso em: 28 nov. 2018.

[593] BELTRÃO, Silvio Romero. *Reprodução humana assistida*: conflitos éticos e legais. Legislar é necessário. 2010. 244 f. Tese (Doutorado em Direito) – Faculdade de Direito do Recife, Universidade Federal de Pernambuco, Recife, 2010. p. 34-35. Disponível em: https://repositorio.ufpe.br/bitstream/123456789/3775/1/arquivo402_1.pdf. Acesso em: 13 jun. 2019.

o tratamento reprodutivo, colaborando com a sua viabilidade e/ou acarretando uma maior efetividade para o procedimento. São elas:

(A) *doação de gametas sexuais* – como visto anteriormente, em alguns casos de infertilidade, seja ela masculina ou feminina, pode ser que seja necessário o recurso ao material genético de um terceiro ou de uma terceira, a fim de que se dê viabilidade a determinado projeto parental, o qual será possibilitado pela aplicação de uma TRHA heteróloga. Diante disso, demanda-se que haja a doação anônima dos gametas sexuais, a fim de preservar-se a identidade dos doadores, bem como de evitar quaisquer conflitos relativos à parentalidade daquela criança a ser gerada com o auxílio da RHA.[594] Para tanto, têm-se as seguintes alternativas: a) no caso dos gametas masculinos (espermatozoides), a coleta é simples e indolor, sendo feita através da masturbação; e b) com relação aos gametas femininos (óvulos), o procedimento é mais complicado e demorado, demandando injeções hormonais periódicas e procedimento cirúrgico para a coleta dos óvulos, o que pode gerar alguns riscos e efeitos colaterais;[595]

(B) *doação compartilhada de oócitos (DCO)* – constante do item IV-9 da Resolução nº 2.168/2017 do CFM,[596] diz respeito a uma modalidade específica de doação de gametas, através da qual a doadora e a receptora dividem o material genético e também os custos com o procedimento de RHA ao qual ambas irão submeter-se. Para tanto, de um lado, buscam-se

---

[594] De toda forma, é importante relembrar que o embate entre o direito ao reconhecimento da identidade genética por parte da pessoa nascida a partir do emprego das TRHA heterólogas e o direito à preservação da intimidade do doador de gametas gera intensas discussões, na doutrina, a respeito da sua possibilidade ou não e se essa alternativa teria alguma repercussão com relação ao estabelecimento de vínculos de parentalidade entre o doador e a prole eventual. A esse respeito reservou-se tópico próprio, no Capítulo 5, para aclarar essas discussões.

[595] BRASIL. Conheça os procedimentos envolvidos na doação de óvulos e sêmen. *Governo do Brasil*, 23 dez. 2017. Disponível em: http://legado.brasil.gov.br/noticias/saude/2012/04/conheca-os-procedimentos-envolvidos-na-doacao-de-ovulos-e-semen. Acesso em: 15 ago. 2019; FONSECA, Larissa Lupião; HOSSNE, William Saad; BARCHFINTAINE, Christian de Paul de. Doação compartilhada de óvulos: opinião de pacientes em tratamento para infertilidade. *Revista Bioethikos – Centro Universitário São Camilo*, São Paulo, v. 3, n. 2, p. 235-240, 2009. p. 238. Disponível em: http://www.saocamilo-sp.br/pdf/bioethikos/71/235-240.pdf. Acesso em: 14 ago. 2019.

[596] Resolução nº 2.168/2017 do CFM: "9. É permitida a doação voluntária de gametas, bem como a situação identificada como doação compartilhada de oócitos em RA, em que doadora e receptora, participando como portadoras de problemas de reprodução, compartilham tanto do material biológico quanto dos custos financeiros que envolvem o procedimento de RA".

pacientes jovens, com menos de 35 anos, para fazer o papel de doadoras, caso tenham um bom prognóstico de ovulação e desejem recorrer às técnicas de RHA por fatores outros que não digam respeito à anovulação.[597] Do outro lado, geralmente estão mulheres mais velhas e com um maior poderio econômico, acometidas por problemas de fertilidade, as quais se comprometem a arcar com os custos da medicação ou de todo o tratamento das primeiras.[598] A partir daí, o material genético coletado será dividido entre a doadora e a receptora, sendo fertilizado com os gametas sexuais dos respectivos parceiros. Além disso, vale salientar que certos cuidados devem ser tomados com relação a esse procedimento, a exemplo da preservação do anonimato de ambas (doadora e receptora) e a suspensão do compartilhamento quando a captação de oócitos da doadora for pequena, a fim de evitar prejuízos quanto ao sucesso do seu tratamento.[599]

(C) *diagnóstico genético pré-implantacional (DGPI)* – consiste em uma técnica auxiliar, através da qual se analisa o genoma de um embrião fecundado *in vitro* antes de proceder-se com a sua transferência para o útero ou para as trompas da receptora. Através dele é possível detectar doenças genéticas ou cromossômicas severas, dando aos beneficiários a opção de descartar, ou seja, não realizar a transferência daqueles embriões que contiverem qualquer "atipicidade".[600] Sua aplicação requer a participação de profissionais especializados nas áreas de ginecologia, obstetrícia, embriologia e genética médica, pois combina procedimentos de fertilização *in vitro* e

---

[597] FONSECA, Larissa Lupião; HOSSNE, William Saad; BARCHFINTAINE, Christian de Paul de. Doação compartilhada de óvulos: opinião de pacientes em tratamento para infertilidade. *Revista Bioethikos – Centro Universitário São Camilo*, São Paulo, v. 3, n. 2, p. 235-240, 2009. p. 239. Disponível em: http://www.saocamilo-sp.br/pdf/bioethikos/71/235-240.pdf. Acesso em: 14 ago. 2019.

[598] CORRÊA, Marilena Cordeiro Dias Villela. Novas tecnologias reprodutivas: doação de óvulos. O que pode ser novo nesse campo? *Caderno de Saúde Pública*, Rio de Janeiro, v. 16, n. 3, 863-870, 2000. p. 867. Disponível em: https://www.scielosp.org/pdf/csp/2000.v16n3/863-870/pt. Acesso em: 24 set. 2018.

[599] FONSECA, Larissa Lupião; HOSSNE, William Saad; BARCHFINTAINE, Christian de Paul de. Doação compartilhada de óvulos: opinião de pacientes em tratamento para infertilidade. *Revista Bioethikos – Centro Universitário São Camilo*, São Paulo, v. 3, n. 2, p. 235-240, 2009. p. 239. Disponível em: http://www.saocamilo-sp.br/pdf/bioethikos/71/235-240.pdf. Acesso em: 14 ago. 2019.

[600] FERRAZ, Ana Claudia Brandão de Barros Correia. *Reprodução humana assistida e suas consequências nas relações de família*: a filiação e a origem genética sob a perspectiva da repersonalização. 2. ed. Curitiba: Juruá, 2016. p. 52.

de avaliação gênica do material embrionário. Dá-se em duas fases, quais sejam: a) a colheita de ovócitos e sua consequente fertilização *in vitro*, a fim de que se obtenham embriões suficientes para a realização do DGPI; e b) a transferência dos embriões selecionados para o útero ou trompas da receptora. Estima-se, inclusive, que com esse método consiga-se reduzir até 95% as chances de transmissão de determinadas doenças genéticas graves para a descendência.[601] Não obstante, essa técnica também suscita algumas discussões éticas a respeito de possíveis práticas neoeugênicas que podem acontecer a partir da sua utilização[602] e suas repercussões jurídicas, como a limitação da autonomia no planejamento familiar dos seus beneficiários;[603]

(D) *crioconservação de gametas* – levando-se em conta que algumas das técnicas de RHA demandam a coleta do material genético dos beneficiários e/ou de doadores anônimos, bem como a formação de embriões extrauterinos *in vitro*, é necessário que se proceda com a sua preservação extracorpórea. Para tanto, é utilizada a técnica da crioconservação, na qual se faz uma imersão dos gametas sexuais ou dos embriões no nitrogênio líquido em temperaturas abaixo de -100ºC.[604] Com relação

---

[601] TELES, Natália Oliva. Diagnóstico genético pré-implantação: aspectos técnicos e considerações éticas. *Acta Medica Portuguesa*, [s.l.], v. 24, n. 6, p. 987-996, 2011. p. 988-989. Disponível em: http://repositorio.insa.pt/bitstream/10400.18/913/1/Acta%20Med%20Port%202011.pdf. Acesso em: 14 ago. 2019.

[602] Explica Ana Cláudia Brandão de Barros que o termo "neoeugenia" fora cunhado para caracterizar práticas de seleção de embriões "sadios", em detrimento de embriões tidos por "doentes", possibilitada, sobretudo, pelos avanços biotecnológicos no campo da medicina reprodutiva, sob um pretexto de garantir o direito à saúde daquele indivíduo que está por nascer. Não se confunde, assim, com a eugenia do século XX, caracterizada, por exemplo, pela esterilização de pessoas com deficiência mental ou física, eliminação de grupos étnicos – como os judeus e os ciganos – ou a exterminação de pessoas em razão da sua expressão de sexualidade, promovidas por regimes políticos totalitários, a exemplo do nazismo e do fascismo (cf. FERRAZ, Ana Claudia Brandão de Barros Correia. *Reprodução humana assistida e suas consequências nas relações de família*: a filiação e a origem genética sob a perspectiva da repersonalização. 2. ed. Curitiba: Juruá, 2016. p. 53).

[603] No mesmo sentido, ver DANTAS, Carlos Henrique Félix; FERRAZ, Carolina Valença. Projetos parentais ectogenéticos: da necessidade de limites ao exercício da autonomia no planejamento familiar a partir do uso das técnicas de reprodução assistida. *In*: ENCONTRO NACIONAL DE BIODIREITO: BIOTECNOLOGIA E RELAÇÕES FAMILIARES, I. *Anais...* São Paulo: Blucher, 2020. Disponível em: https://www.proceedings.blucher.com.br/article-details/projetos-parentais-ectogeneticos-da-necessidade-de-limites-ao-exerccio-da-autonomia-no-planejamento-familiar-a-partir-do-uso-das-tcnicas-de-reproduo-assistida-34769. Acesso em: 30 jan. 2021.

[604] HADDAD FILHO, Jorge. Criopresevação de oócitos e embriões. *Associação Paulista para o Desenvolvimento da Medicina*, 4 jul. 2013. Disponível em: https://www.spdm.org.br/blogs/

aos gametas (espermatozoides e óvulos), a criopreservação pode servir, também, como tratamento preventivo em razão de alguma enfermidade ou tratamento médico que venha a causar infertilidade no(a) paciente – como é o caso das terapêuticas oncológicas –, garantindo a possibilidade de realização de TRHA futura.[605] Nesse sentido, têm-se as seguintes alternativas: a) criopreservação de espermatozoides – para tal finalidade faz-se o armazenamento do sêmen no nitrogênio líquido em temperaturas de -196ºC, através de duas formas de congelamento, o lento e o rápido;[606] e b) criopreservação de óvulos – dá-se através do procedimento de vitrificação, caracterizado por uma solidificação de uma solução a temperaturas muito baixas (-196ºC) e por meio de um resfriamento muito rápido, sem a formação de cristais de gelo, demonstrando-se muito mais eficiente do que as técnicas de congelamento lento, podendo os óvulos permanecer conservados em tal estado por até 10 anos.[607]

(E) *crioconservação de embriões* – no caso dos embriões extrauterinos, dada a invasividade do procedimento para coleta de óvulos, é comum que sejam produzidos entre 10 e 15 embriões, sendo que nem sempre há a transferência de todos eles para o útero da receptora, o que dá ensejo à necessidade de sua crioconservação.[608] Nessa continuidade, se esses embriões não forem utilizados pelos beneficiários, restam-lhes apenas

---

reproducao-humana/item/1284-75criopreservacao-de-oocitos-e-embrioes. Acesso em: 15 ago. 2019.

[605] BRASIL. Conheça os procedimentos envolvidos na doação de óvulos e sêmen. *Governo do Brasil*, 23 dez. 2017. Disponível em: http://legado.brasil.gov.br/noticias/saude/2012/04/conheca-os-procedimentos-envolvidos-na-doacao-de-ovulos-e-semen. Acesso em: 15 ago. 2019.

[606] CIPRIANO, Vivian Taís Fernandes; FREITAS, Gilberto da Costa. O impacto da criopreservação na qualidade seminal. *Reprodução & Climatério*, [s.l.], v. 28, n. 3, p. 112-116, 2013. Disponível em: https://www.sciencedirect.com/science/article/pii/S1413208713000769. Acesso em: 15 ago. 2019.

[607] MORISHIMA, Christina; SANTOS, Thamara Braga dos; TAKAHIRA, Agnes Mayumi; DONADIO, Nilka; CAVAGNA, Mário; DZIK, Artur; GEBRIM, Luiz Henrique. Crianças nascidas após vitrificação de oócitos em reprodução assistida em hospital público. *Reprodução & Climatério*, [s.l.], v. 32, n. 2, p. 148-151, 2017. Disponível em: https://www.sciencedirect.com/science/article/pii/S1413208716300310. Acesso em: 15 ago. 2019; LUCÍRIO, Ivonete. Como é feito o congelamento de óvulos? *Saúde*, 9 fev. 2019. Disponível em: https://saude.abril.com.br/medicina/como-e-feito-o-congelamento-de-ovulos/. Acesso em: 15 ago. 2019.

[608] UREL, Isadora. Adoção de embriões: uma opção apropriada aos embriões excedentários viáveis. *Revista de Direito Constitucional e Internacional*, São Paulo, v. 99, p. 191-202, 2015. Disponível em: http://www.mpsp.mp.br/portal/page/portal/documentacao_e_divulgacao/doc_biblioteca/bibli_servicos_produtos/bibli_boletim/bibli_bol_2006/RDConsInter_n.97.08.PDF. Acesso em: 15 ago. 2019.

as opções de doação para projeto parental alheio ou, após o prazo de 3 anos, de descarte ou de destinação para fins de pesquisa científica, nos termos da Lei de Biossegurança (nº 11.105/2005), tudo mediante o consentimento livre e esclarecido dos beneficiários. Esse método, contudo, gera debates, na doutrina, em especial com relação à natureza jurídica e à proteção que deve ser dispensada a esses embriões supranumerários,[609] sobretudo quando se considera a importância dessa tutela ante a crescente taxa de crioconservação de embriões, como atesta o gráfico, a seguir, retirado do 12º Relatório do Sistema Nacional de Produção de Embriões (SisEmbrio), elaborado pela Agência Nacional de Vigilância Sanitária (Anvisa):[610]

---

[609] Diversos são os entendimentos, não estando esse tema ainda pacificado na doutrina. Alguns, a exemplo de Paulo Lôbo, entendem pela ausência de personalidade jurídica desses embriões pré-implantários; não lhes excluindo, contudo, um tratamento protetivo, como se observa ao afirmar que: "Dá-se a concepção quando se efetiva no aparelho reprodutor da mãe, ainda que o embrião tenha resultado de manipulação em laboratório (in vitro). Somente a partir daquele instante incide a norma do art. 2º do Código Civil, relativamente à ressalva dos direitos expectativos do nascituro" (LÔBO, Paulo. *Direito civil*: famílias. 7. ed. São Paulo: Saraiva, 2017. p. 218). Por outro lado, outros doutrinadores entendem pela atribuição do *status* de pessoa a esses embriões, a exemplo do que pondera Carolina Valença Ferraz: "Ora, o embrião ainda não implantado poderia ser considerado nascituro, pois conforme análise dos conceitos ele já é ser humano, possuidor de genoma, sendo um ser único, que ao ser implantado em uma mulher se desenvolverá, para ao final de nove meses já poder respirar e se alimentar fora do ventre da mãe. [...] Percebemos – após estudo apurado sobre o tema – que é incontroverso a condição do embrião como sujeito de direitos, dessa maneira não há como não considerarmos em sua existência, personalidade jurídica, pois, uma vez sujeito de direito, consequentemente é possuidor de personalidade" (cf. FERRAZ, Carolina Valença. *Biodireito*: a proteção jurídica do embrião in vitro. São Paulo: Verbatim, 2011. p. 22-23). Noutra perspectiva, tem-se, também, quem entenda, a partir de uma postura "utilitarista", que se deve atribuir uma natureza de coisa aos embriões pré-implantatórios, como explica a Professora Silmara Chinellato: "Outra corrente sustenta não ter o nascituro pré-implantatório ou embrião pré-implantatório esta qualidade [de nascituro], devendo ser considerado como res, ao menos até o décimo quarto dia a partir da fecundação. Denominados 'utilitaristas' seus adeptos, prendem-se a interesses ligados à manipulação genética, pesquisa em embriões, e – em posição extrema – destruição dos denominados 'embriões excedentes'" (cf. CHINELLATO, Silmara Juny de Abreu. Estatuto jurídico do nascituro: a evolução do direito brasileiro. *In*: CAMPOS, Diogo Leite de; CHINELLATO, Silmara Juny de Abreu. *Pessoa humana e direito*. Coimbra: Almedina, 2009. p. 419).

[610] BRASIL. Agência Nacional de Vigilância Sanitária – Anvisa. *12º Relatório do Sistema Nacional de Produção de Embriões* – SisEmbrio. Disponível em: http://portal.anvisa.gov.br/documents/4048533/4994015/12%C2%BA+Relat%C3%B3rio+do+Sistema+Nacional+de+Produ%C3%A7%C3%A3o+de+Embri%C3%B5es+-+SisEmbrio.pdf/29f37c42-803d-4fe9-8f16-cf6cfc70f40e. Acesso em: 15 ago. 2019.

Nº de embriões congelados

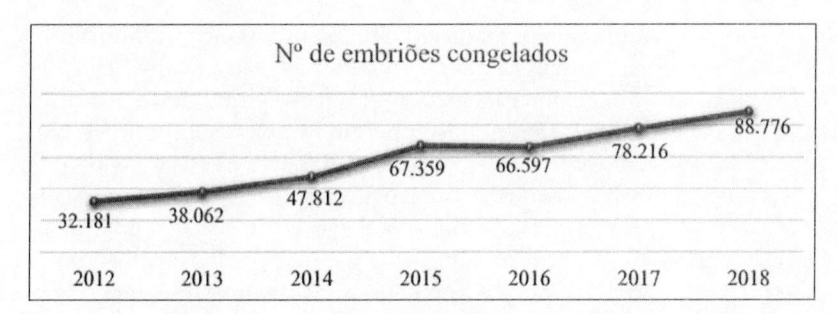

- 2012: 32.181
- 2013: 38.062
- 2014: 47.812
- 2015: 67.359
- 2016: 66.597
- 2017: 78.216
- 2018: 88.776

FIGURA 2 – Número de embriões congelados nos anos de 2012, 2013, 2014, 2015, 2016, 2017 e 2018 (dados cumulativos)

Fonte: SisEmbrio/Anvisa – 2019, dados obtidos em 17.6.2019.

(F) *gestação sub-rogada ou gestação por substituição (GS)* –[611] compreende o recurso através do qual uma terceira dispõe-se a suportar uma gravidez e carregar um embrião, durante um período de gestação, em razão da impossibilidade física do beneficiário que recorreu ao serviço de RHA de fazê-lo. Pode ser qualificada das seguintes formas: a) gestação sub-rodaga tradicional ou parcial – aquela em que a própria gestante por substituição doa o material genético o qual será utilizado na fecundação; e b) gestação sub-rogada gestacional ou total – aquela em que o material genético fecundante é totalmente pertencente ao casal beneficiário ou oriundo da doação por terceiros, não sendo utilizados os óvulos da gestante sub-rogada.[612] É indicada para casos de ausência de útero,

---

[611] Em que pese a existência de diversos sinônimos para essa técnica, tais quais "barriga de aluguel", "cessão de útero", "maternidade de substituição", "mães de substituição", optou-se, neste trabalho, pela utilização dos termos "gestação sub-rogada" e "gestação por substituição", por se entender que elas refletem de forma mais precisa o objetivo desse procedimento, qual seja o de suportar uma gravidez em favor de um projeto parental de terceiros. Afasta-se, portanto, as terminologias "mãe" ou "maternidade", tendo em vista que o aceite da mulher para levar a termo a gravidez não inclui o desejo de ser "mãe" ou de desempenhar a "maternidade" para com aquela criança que será gerada, mas dá-se tão somente para suportar aquela gravidez em favor da concretização de projeto parental alheio. Da mesma forma, não se utilizará a expressão "cessão de útero", pois a palavra "cessão", em termos jurídicos, estaria atrelada à ideia de alienação, onerosa ou gratuita, a qual não compreende o objetivo desse procedimento, pois a mulher não está alienando seu útero para terceiros. Por fim, a expressão "barriga de aluguel", ainda que tenha ficado popularmente conhecida por meio dessa nomenclatura, não será empregada, dado o seu caráter um tanto pejorativo.

[612] FINKELSTEIN, Alex; MAC DOUGALL, Sarah; KINTOMINAS, Angela; OLSEN, Anya. Surrogacy law policy in the U.S.: a national conversation informed by global lawmaking. *Columbia Law School Sexuality & Gender Law Clinic*, 2016. p. 5. Disponível em: https://web.

infertilidade vinculada à patologia uterina, contraindicação médica a uma gravidez, em razão de outras patologias – a exemplo da insuficiência renal grave – ou, ainda, no caso de projeto parental desempenhado por casal homoafetivo masculino.[613] Existem diversos debates éticos e jurídicos, no Brasil e no mundo, a respeito das possíveis repercussões do recurso a essa técnica e a respeito da sua legalidade ou não, mas, por uma questão organizacional, deixou-se para comentá-los, mais à frente, no capítulo que se segue.

---

law.columbia.edu/sites/default/files/microsites/gender-sexuality/files/columbia_sexuality_and_gender_law_clinic_-_surrogacy_law_and_policy_report_-_june_2016.pdf. Acesso em: 21 ago. 2019.

[613] FERRAZ, Ana Claudia Brandão de Barros Correia. *Reprodução humana assistida e suas consequências nas relações de família*: a filiação e a origem genética sob a perspectiva da repersonalização. 2. ed. Curitiba: Juruá, 2016. p. 50.

CAPÍTULO 5

A REPRODUÇÃO HUMANA ASSISTIDA E AS DIFICULDADES NA SUA REGULAMENTAÇÃO JURÍDICA: ENTRE TENTATIVAS E ERROS

> *Toda descoberta da ciência pura é potencialmente subversiva: até a ciência deve, às vezes, ser tratada como um inimigo possível.*
> (HUXLEY, Aldous. *Admirável mundo novo*, 1932)

Compreendidas as dinâmicas atinentes aos diversos métodos disponíveis em matéria de RHA, não se pode deixar de comentar também que o emprego dessas técnicas pode gerar uma maior ou menor complexidade para o debate jurídico acerca do tema. Tal conjuntura fica mais clara, inclusive, se se observam as repercussões que seus usos podem acarretar, sejam eles com relação aos direitos da personalidade das pessoas envolvidas, sejam no tocante ao âmbito do direito das famílias, especificamente em matéria de filiação.

Ora, avaliando a reprodução humana natural (RHN), em comparação com o emprego da RHA, tem-se um funcionamento muito mais simples do processo reprodutivo. Isso, pois, na primeira, fala-se em um sequenciamento ininterrupto de eventos, os quais desembocam no fenômeno final, ou seja, a gravidez e, como resultado, o parto.[614] De

---

[614] A título explicativo, tem-se que a RHN se inicia com a fusão dos gametas sexuais (fecundação), ocorrida nas trompas de falópio, doze a vinte e quatro horas após a ovulação, seguida de um processo de especialização de uma nova unidade celular individualizada (zigoto ou ovo), que se desenvolve gradativamente enquanto percorre a luz tubária com destino à cavidade uterina. A partir daí, no terceiro ou quarto dia, o embrião, sob a forma de mórula (com 12

outra forma, o emprego das TRHA dá outros rumos aos temas relativos à reprodução humana, potencializando as discussões e transcendendo barreiras antes inimagináveis. Afinal, fala-se na possibilidade de fracionamento de todo o processo reprodutivo, o qual pode dar-se, como visto anteriormente, *in vivo* ou *in vitro*, mediante o uso do material genético do(a) próprio(a) beneficiário(a) ou beneficiários(as) ou de terceiros(as), no presente ou no futuro, durante a vida ou após a morte daqueles que a solicitam, por meio de gestação própria ou por substituição etc.

Note-se, portanto, que em razão dessa gama de possibilidades, as referidas técnicas enfrentam diversos dilemas éticos e jurídicos. Inúmeras questões podem ser levantadas, tais quais: as pessoas geradas pelas TRHA devem ter direito a conhecer a sua origem genética ou deve ser mantido sigilo quanto à identidade do(a) doador(a)? As doações de gametas e a gestação por substituição devem ser gratuitas ou admite-se o pagamento de alguma contraprestação? Deve ser dada a possibilidade de pessoas individualmente consideradas recorrem às TRHA para desempenhar um projeto parental solo ou isso afrontaria o *melhor interesse* dos filhos a serem gerados? Casais homoafetivos, visto que são clinicamente férteis, também podem fazer uso dessas técnicas?

As perguntas são muitas e, como dito previamente, cabe à bioética ponderar todas essas possibilidades e alternativas de modo a estabelecer as melhores condutas a serem tomadas, o que servirá também de balizador para a regulamentação dessas práticas. Sabendo disso, o presente capítulo irá se destinar a pontuar algumas questões que dizem respeito à regulamentação ou, ao menos, às tentativas de regulamentação das TRHA e, para tanto, será dividido da seguinte maneira: a) primeiramente, serão debatidos alguns temas controvertidos no tocante ao uso da RHA, em especial aqueles que possuem um recorte de transversalidade com a presente pesquisa; e b) em seguida, serão analisados resoluções do CFM, projetos de lei que tramitam no CN e provimentos editados pelo CNJ, a fim de extrair as diretrizes e

---

a 16 células), chega ao interior do útero. Do sexto ao oitavo dia, inicia-se a implantação do blastocisto no endométrio (mucosa que reveste o útero), processo denominado nidação, culminando, consequentemente, no desempenho natural da gestação por nove meses (cf. KRELL, Olga Jubert Gouveia. *Reprodução humana assistida e filiação civil*: princípios éticos e jurídicos. Curitiba: Juruá, 2006. p. 124 UREL, Isadora. Adoção de embriões: uma opção apropriada aos embriões excedentários viáveis. *Revista de Direito Constitucional e Internacional*, São Paulo, v. 99, p. 191-202, 2015. p. 192. Disponível em: http://www.mpsp.mp.br/portal/page/portal/documentacao_e_divulgacao/doc_biblioteca/bibli_servicos_produtos/bibli_boletim/bibli_bol_2006/RDConsInter_n.97.08.PDF. Acesso em: 15 ago. 2019).

os parâmetros que estão sendo utilizados no contexto brasileiro de aplicação das TRHA.

5.1 Aspectos controversos da reprodução humana assistida: por que é tão difícil regulamentar?

Em razão da vasta gama de tópicos controvertidos com relação ao uso das diversas técnicas de RHA e dada à impossibilidade de debater todas as questões que circundam a matéria, optou-se, neste trabalho, por proceder com um recorte temático específico, o qual contemplará apenas aqueles aspectos controversos das TRHA que se relacionem diretamente com o objeto central da pesquisa, qual seja: o estudo das famílias ectogenéticas LGBT. Por essa razão, foram escolhidos três temas principais, a serem discutidos nos subtópicos que se seguem, quais sejam: a) a questão da gestação sub-rogada e as críticas em torno do seu procedimento; b) o anonimato do doador de material genético na reprodução assistida heteróloga, bem como a natureza desses gametas sexuais; e c) o impasse quanto à legitimidade das "produções independentes" de parentalidade ante o suposto direito à biparentalidade.

5.1.1 Gestação por substituição: solidariedade ou instrumentalização?

Para iniciar os debates, insta comentar a respeito dos pontos controvertidos que pairam em torno do recurso à gestação sub-rogada, talvez um dos temas mais polêmicos quando o assunto é reprodução humana assistida. Isso, pois, se antes a maternidade fora tradicionalmente tida como "sempre certa" – por razões biológicas e físicas – e costumeiramente atribuída àquela que levava a gravidez a termo, a técnica da GS veio para suscitar diversos pontos de interrogação quanto à atribuição dessa parentalidade. Ademais, a própria conjuntura do procedimento levanta questionamentos do ponto de vista ético, a respeito da sua pertinência, e jurídico, acerca da sua legalidade, pois se inquire sobre a probabilidade de estar-se instrumentalizando o corpo feminino e/ou aquela vida humana a ser gerada, o que violaria o *princípio da dignidade da pessoa humana*.

Diante desse contexto, torna-se imprescindível para esta pesquisa elucidar a temática, pois, em se tratando de famílias LGBT, pode ser que o recurso à gestação por substituição seja crucial para a concretização desses projetos parentais, como exemplo, no caso de casais homoafetivos masculinos compostos por homens cisgêneros, de casais homoafetivos femininos compostos por mulheres transgêneras, de casais heteroafetivos compostos por homem cisgênero e mulher transgênera etc.

Nessa continuidade, podem ser enumerados os seguintes questionamentos: de quem será o filho oriundo da técnica de GS: da gestante ou daquela(s) pessoa(s) que contratou/contrataram o procedimento? É possível uma mulher dispor do próprio corpo a ponto de comprometer-se a suportar uma gravidez em favor de outrem? Se permitida, qual deve ser a natureza desse método: gratuita ou onerosa? É o que se pretende discutir adiante.

5.1.1.1 A gestação sub-rogada na experiência estrangeira

Destarte, destaca-se que a presente problemática não encontra um debate isolado à realidade brasileira, pelo contrário, é uma questão que mobiliza as comunidades bioética e jurídica mundiais, com opiniões e formas de regulamentação bastante variadas em diversos países, demonstrando, de pronto, a complexidade da matéria. Por isso, antes de analisar a realidade brasileira em si, optou-se por abrir a discussão a partir de um panorama geral a respeito da normatização do tema ao redor do mundo, não no intuito de realizar um estudo de direito comparado, mas para compreender quais as diversas formas de tratamento dado à GS na experiência estrangeira. Para tanto, seguindo a classificação empregada por Bruna Kern Graziuso,[615] pode-se dividir os grupos de países em quatro categorias:

(A) países que regulamentam a prática e proíbem a gestação por substituição em todas as suas formas (comercial e gratuita) – a exemplo da França, da Itália, da Alemanha e do estado de Nova York nos Estados Unidos;
(B) países que regulamentam a prática e permitem a gestação por substituição apenas na modalidade gratuita – a exemplo do Reino Unido, da Grécia, do Uruguai;
(C) países que regulamentam a prática e permitem a gestação por substituição em todas as suas modalidades (comercial e

---

[615] GRAZIUSO, Bruna Kern. *Gestação de substituição no Brasil e nos Estados Unidos*: regulamentações e práticas de casos nacionais e transnacionais. 2017. 225 f. Dissertação (Mestrado em Direito) – Universidade La Salle, 2017. p. 142. Disponível em: http://svr-net20.unilasalle.edu.br/handle/11690/838. Acesso em: 20 ago. 2019.

gratuita) – a exemplo da Ucrânia, da Rússia e dos estados da Califórnia, de Illinois, do Texas e outros nos Estados Unidos; e (D) países que não regulamentam a prática – a exemplo da Irlanda, do Japão, da Venezuela, da Bélgica entre outros.

Pesquisa realizada por Katarina Trimmings e Paul Beaumont, citados por Bruna Kern Graziuso,[616] analisou, entre os anos de 2006 e 2011, as jurisdições de 25 países em matéria de GS, chegando aos dados que a autora organizou na seguinte tabela:

REGULAÇÃO DOS ESTADOS SOBRE *SURROGACY*	
ESTADOS QUE NÃO REGULAM	40%
ESTADOS QUE REGULAM E PERMITEM SURROGACY COMERCIAL E NÃO COMERCIAL	16%
ESTADOS QUE REGULAM E PERMITEM APENAS SURROGACY NÃO COMERCIAL	24%
ESTADOS QUE REGULAM E PROIBEM TOTALMENTE A PRÁTICA	20%

FIGURA 3 – Regulação dos 25 países analisados por Katarina Trimmings e Paul Beaumont em matéria de *surrogacy*[617] (2013)

Fonte: GRAZIUSO, Bruna Kern. *Gestação de substituição no Brasil e nos Estados Unidos*: regulamentações e práticas de casos nacionais e transnacionais. 2017. 225 f. Dissertação (Mestrado em Direito) – Universidade La Salle, 2017.[618]

A partir da apreciação da tabela, vislumbra-se uma maior inclinação, em nível internacional, de ausência de regulamentação, posto que a maioria dos países estudados pelos autores (40%) não regulamentava

---

[616] TRIMMINGS, Katarina; BEAUMONT, Paul. General reporto on surrogacy. *In*: TRIMMINGS, Katarina; BEAUMONT, Paul. *International surrogacy arrangements*: legal regulation at the international level. Oxford: Hart Publishing, 2013 *apud* GRAZIUSO, Bruna Kern. *Gestação de substituição no Brasil e nos Estados Unidos*: regulamentações e práticas de casos nacionais e transnacionais. 2017. 225 f. Dissertação (Mestrado em Direito) – Universidade La Salle, 2017. p. 19. Disponível em: http://svr-net20.unilasalle.edu.br/handle/11690/838. Acesso em: 20 ago. 2019.
[617] Em tradução livre: "sub-rogação". Assim, *surrogacy* é a forma pela qual a gestação sub-rogada é chamada em países de língua inglesa.
[618] Os países analisados foram: Argentina, Austrália, Bélgica, Brasil, China, República Tcheca, França, Alemanha, Grécia, Guatemala, Hungria, Índia, Japão, México, Holanda, Nova Zelândia, Rússia, África do Sul, Espanha, Ucrânia, Reino Unido, Estados Unidos e Venezuela (cf. GRAZIUSO, Bruna Kern. *Gestação de substituição no Brasil e nos Estados Unidos*: regulamentações e práticas de casos nacionais e transnacionais. 2017. 225 f. Dissertação (Mestrado em Direito) – Universidade La Salle, 2017. p. 19. Disponível em: http://svr-net20. unilasalle.edu.br/handle/11690/838. Acesso em: 20 ago. 2019.

a prática da gestação por substituição nem para proibi-la, tampouco para permiti-la. Daí, já se pode constatar que o Brasil, incorporando o grupo dos países que não se prestaram ainda a normatizar a respeito da GS, não se afasta da tendência mundial na matéria.

De toda forma, é interessante analisar os posicionamentos daqueles países que já possuem alguma regulamentação desse procedimento, seja proibitiva, seja permissiva em uma ou em ambas as suas modalidades, a fim de extrair quais diretrizes são seguidas por cada forma específica de normatização. Por isso, foram selecionados de dois a três países dentro de cada uma das categorias as quais já possuem regulamentação específica para a GS, de modo a dar uma maior abrangência à análise pretendida. Diante disso, tem-se:

(A) *países que proíbem a GS* – para esta categoria foram escolhidas a França e a Itália, por serem países com tendências a uma maior restrição no uso das TRHA, e Portugal, pela influência histórica do regime jurídico português sobre o direito brasileiro, mas também por todos apresentarem uma tradição de *civil law*, a qual também é adotada no Brasil;
(B) *países que admitem a GS na modalidade gratuita* – para este grupo selecionou-se um país com tradição de *common law* (Reino Unido) e outro com tradição de *civil law* (Uruguai), a fim de estabelecer um comparativo entre as diretrizes sedimentadas por eles em matéria de GS; e
(C) *países que admitem a GS em todas as suas modalidades* – neste caso, selecionou-se, assim como no anterior, um país com tradição de *civil law* (Ucrânia) e outro com tradição de *common law* (Estados Unidos), de modo a estabelecer um comparativo entre as diretrizes utilizadas nessas realidades nacionais para admitir a GS em ambas as suas formas.

5.1.1.1.1 França

Na legislação francesa, a *l'assistance médicale à la procréation* é regida pelas disposições da Lei nº 94-654 de 29.7.1994 (*relative au don et à l'utilisation des éléments et produits du corps humain, à l'assistance médicale à la procréation et au diagnostic prénatal*)[619] e também por algumas disposições do *Code Civil* francês. Em matéria de gestação por substituição – *mère porteuses* ou *location d'uterús* –, especificamente, o art. 16-7 do *Code*

---

[619] Em tradução livre: "sobre doação e uso dos elementos do corpo humano, assistência médica à procriação e diagnóstico pré-natal".

Civil[620] considera nulo qualquer contrato que tenha por fim a GS, o que implica dizer que, diante do descumprimento dessa regra, a gestante será efetivamente considerada a mãe da criança.

Com relação à fundamentação jurídica que impede o uso da prática e enseja a sua proibição, note-se que a jurisprudência francesa, firmada pela Corte de Cassação, mais alta instância cível do país, antes mesmo da lei de 1994, apreciou a hipótese e concluiu pela sua impossibilidade, pois, no seu entender, esse método contrariava princípios de ordem pública, quais sejam: a) da indisponibilidade do corpo humana; e b) da indisponibilidade dos estados das pessoas, por implicar uma renúncia à maternidade.[621]

Além disso, na esfera penal, a realização dessa prática é, inclusive, prevista como conduta tipificada pelo *Code Pénal* em seu art. 227-13,[622] punindo sua aplicação ou a mera tentativa com pena de três anos de prisão e multa de quarenta e cinco mil euros.

5.1.1.1.2 Itália

No ordenamento italiano, a *procreazione medicalmente assistita* é regida pelos ditames da Lei nº 40 de 19.2.2004 (*norme in materia di procreazione medicalmente assistita*). Com relação à gestação sub-rogada – *maternità surrogata* ou *surrogazione di maternità* –, de forma mais específica, o art. 12, §6º do referido dispositivo legal proíbe a GS, punindo qualquer pessoa que realize, organize ou anuncie esse procedimento com pena de reclusão de três meses a dois anos e com multa de seiscentos mil a um milhão de euros.[623]

---

[620] *Code Civil Français* (versão de 21.7.2019): "Qualquer acordo relativo a procriação os [sic] gestação por parte terceira será nulo" (tradução: GRAZIUSO, Bruna Kern. *Gestação de substituição no Brasil e nos Estados Unidos*: regulamentações e práticas de casos nacionais e transnacionais. 2017. 225 f. Dissertação (Mestrado em Direito) – Universidade La Salle, 2017. p. 143. Disponível em: http://svr-net20.unilasalle.edu.br/handle/11690/838. Acesso em: 20 ago. 2019).

[621] GAMA, Guilherme Calmon Nogueira da. *A nova filiação*: o biodireito e as relações parentais: o estabelecimento da parentalidade-filiação e os efeitos jurídicos da reprodução humana assistida heteróloga. Rio de Janeiro: Renovar, 2003. p. 256.

[622] *Code Pénal Français* (versão de 3.8.2019): "Substituição intencional, falsa representação ou dissimulação que infringe o status civil de uma criança é punido com três anos de prisão e multa de quarenta e cinco mil euros. Tentativa de cometer estas ofensas receberá as mesmas penalidades" (tradução: GRAZIUSO, Bruna Kern. *Gestação de substituição no Brasil e nos Estados Unidos*: regulamentações e práticas de casos nacionais e transnacionais. 2017. 225 f. Dissertação (Mestrado em Direito) – Universidade La Salle, 2017. p. 143. Disponível em: http://svr-net20.unilasalle.edu.br/handle/11690/838. Acesso em: 20 ago. 2019).

[623] Lei nº 40/2004: "*Art. 12 (Proibições gerais e sanções)* Qualquer um que, de qualquer forma, realiza, organiza ou anuncia a comercialização de gametas ou de embriões ou a sub-rogação

A respeito da rigidez nessa proibição, explica Ana Cláudia Brandão de Barros que sua principal fundamentação se encontra na proteção ao *princípio da dignidade da pessoa humana*,[624] seja relativa à proteção ao *melhor interesse* da pessoa concebida que estará privada de uma relação com aquela que o gerou e com quem criou um liame natural, seja pela preservação da *dignidade* da mulher que é exposta a riscos de saúde, de ausência de informação e, ainda, de exploração.[625]

Ademais, Barbara Sgorbati esclarece que a doutrina italiana majoritária é relutante em atribuir a qualidade de mãe àquela mulher que não levou a termo a gestação, pois se estaria contradizendo a regra geral do art. 269 do *Codice Civile*,[626] segundo a qual a mãe é aquela que dá à luz a criança, por considerar que a maternidade não é atribuída apenas por um liame biológico, mas também pelos laços durante a gestação.[627]

---

de maternidade é punido com reclusão de três meses a dois anos e com multa de 600.000 a um milhão de euros" (grifos no original, tradução nossa).

[624] FERRAZ, Ana Claudia Brandão de Barros Correia. *Reprodução humana assistida e suas consequências nas relações de família*: a filiação e a origem genética sob a perspectiva da repersonalização. 2. ed. Curitiba: Juruá, 2016. p. 90.

[625] SGORBATI, Barbara. Maternità surrogata, dignità della donna e interesse del minore. *Biolaw Journal – Rivista di BioDiritto*, Trento, n. 2, p. 111-129, 2016. p. 115. Disponível em: https://s3.amazonaws.com/academia.edu.documents/52469070/Maternita_surrogata__dignita_della_donna_e_interesse_del_minore.pdf?response-content-disposition=inline%3B%20filename%3DMaternita_surrogata_dignita_della_donna.pdf&X-Amz-Algorithm=AWS4-HMAC-SHA256&X-Amz-Credential=AKIAIWOWYYGZ2Y53UL3A%2F20190821%2Fus-east-1%2Fs3%2Faws4_request&X-Amz-Date=20190821T045819Z&X-Amz-Expires=3600&X-Amz-SignedHeaders=host&X-Amz-Signature=f7bfc4a509f638f01051bb8f7e744cddc3154c5 4e59e4a74c978fb03acdc6a66. Acesso em: 21 ago. 2019.

[626] *Codice Civile* italiano: "*Art. 269. Declaração judicial de paternidade e maternidade*. A paternidade e a maternidade podem ser judicialmente declaradas nos casos em que o reconhecimento é admitido. [...] A prova da paternidade e da maternidade pode ser dada por qualquer meio. [...] A maternidade é demonstrada, provando a identidade de quem se diz filho e daquele que foi parido pela mulher, a qual se assume ser a mãe. [...] A mera declaração da mãe e a mera existência de relações entre a mãe e o pretenso pai, no momento da concepção, não constituem prova da paternidade" (grifos no original, tradução nossa).

[627] SGORBATI, Barbara. Maternità surrogata, dignità della donna e interesse del minore. *Biolaw Journal – Rivista di BioDiritto*, Trento, n. 2, p. 111-129, 2016. p. 115. Disponível em: https://s3.amazonaws.com/academia.edu.documents/52469070/Maternita_surrogata__dignita_della_donna_e_interesse_del_minore.pdf?response-content-disposition=inline%3B%20filename%3DMaternita_surrogata_dignita_della_donna.pdf&X-Amz-Algorithm=AWS4-HMAC-SHA256&X-Amz-Credential=AKIAIWOWYYGZ2Y53UL3A%2F20190821%2Fus-east-1%2Fs3%2Faws4_request&X-Amz-Date=20190821T045819Z&X-Amz-Expires=3600&X-Amz-SignedHeaders=host&X-Amz-Signature=f7bfc4a509f638f01051bb8f7e744cddc3154c5 4e59e4a74c978fb03acdc6a66. Acesso em: 21 ago. 2019. p. 115.

5.1.1.1.3 Portugal

No contexto português, a RHA ou PMA – como é tratada pelo ordenamento lusitano – encontra-se regulamentada pela Lei nº 32/2006, de 26.7.2006. Ocorre que a redação original do art. 8º da mencionada normativa tratava a figura da "maternidade por substituição"[628] de forma a considerar nulos tais negócios jurídicos, fossem gratuitos ou onerosos, atribuindo a maternidade àquela mulher que aceitasse submeter-se à GS em favor de outrem.[629]

No entanto, a Lei nº 25/2016, de 22.8.2016, procedeu com uma alteração no referido art. 8º da lei de PMA, com a finalidade de autorizar o recurso à técnica da gestação por substituição, a título excepcional e com natureza gratuita, nos casos de ausência de útero, de lesão ou de doença nesse órgão que impedisse de forma absoluta ou definitiva a gravidez da mulher ou em situações clínicas que a justificassem. Para tanto, tomaram-se alguns cuidados, tais quais: a) a técnica deveria ter necessariamente o gameta de um dos beneficiários e jamais o da gestante; b) a realização do negócio jurídico estaria condicionada à prévia autorização do Conselho Nacional de Procriação Medicamente Assistida (CNPMA), órgão fiscalizador, ouvida a Ordem dos Médicos; c) somente poderiam ser pagos os valores relativos às despesas com o acompanhamento da gravidez; d) vedou-se a GS quando existisse uma relação de subordinação econômica, laboral ou de prestação de serviço, entre a gestante e os beneficiários; e) o negocio jurídico deveria ser formulado mediante contrato escrito e supervisionado pelo CNPMA; e f) o contrato não poderia impor quaisquer restrições à gestante, tampouco atentar contra seus direitos, liberdade e dignidade.[630]

---

[628] Termo o qual fora empregado na redação original do art. 8º da Lei 32/2006.

[629] Lei nº 32/2006, redação original do art. 8º: *"Artigo 8º Maternidade de substituição.* [...] 1 - São nulos os negócios jurídicos, gratuitos ou onerosos, de maternidade de substituição. [...] 2 - Entende-se por 'maternidade de substituição' qualquer situação em que a mulher se disponha a suportar uma gravidez por conta de outrem e a entregar a criança após o parto, renunciando aos poderes e deveres próprios da maternidade. [...] 3 - A mulher que suportar uma gravidez de substituição de outrem é havida, para todos os efeitos legais, como a mãe da criança que vier a nascer" (grifos no original).

[630] Lei nº 32/2006, redação dada pela Lei nº 25/2016: *"Artigo 8º Gestação de substituição.* [...] 1 - Entende-se por 'gestação de substituição' qualquer situação em que a mulher se disponha a suportar uma gravidez por conta de outrem e a entregar a criança após o parto, renunciando aos poderes e deveres próprios da maternidade. [...] 2 - A celebração de negócios jurídicos de gestação de substituição só é possível a título excecional e com natureza gratuita, nos casos de ausência de útero, de lesão ou de doença deste órgão que impeça de forma absoluta e definitiva a gravidez da mulher ou em situações clínicas que o justifiquem. [...] 3 - A gestação de substituição só pode ser autorizada através de uma técnica de procriação medicamente assistida com recurso aos gâmetas de, pelo menos, um dos respetivos beneficiários, não

No âmbito penal, a lei portuguesa tratou de punir, em seu art. 39, os beneficiários e a gestante substituta os quais formularem contrato de GS com natureza onerosa, bem como os beneficiários e a gestante sub-rogada os quais celebrarem contrato de GS gratuito, mas fora dos limites impostos pelos nºs 2 e 6 do art. 8º da lei.[631]

---

podendo a gestante de substituição, em caso algum, ser a dadora de qualquer ovócito usado no concreto procedimento em que é participante. [...] 4 - A celebração de negócios jurídicos de gestação de substituição carece de autorização prévia do Conselho Nacional de Procriação Medicamente Assistida, entidade que supervisiona todo o processo, a qual é sempre antecedida de audição da Ordem dos Médicos e apenas pode ser concedida nas situações previstas no nº 2. [...] 5 - É proibido qualquer tipo de pagamento ou a doação de qualquer bem ou quantia dos beneficiários à gestante de substituição pela gestação da criança, exceto o valor correspondente às despesas decorrentes do acompanhamento de saúde efetivamente prestado, incluindo em transportes, desde que devidamente tituladas em documento próprio. [...] 6 - Não é permitida a celebração de negócios jurídicos de gestação de substituição quando existir uma relação de subordinação económica, nomeadamente de natureza laboral ou de prestação de serviços, entre as partes envolvidas. [...] 7 - A criança que nascer através do recurso à gestação de substituição é tida como filha dos respetivos beneficiários. [...] 8 - No tocante à validade e eficácia do consentimento das partes, ao regime dos negócios jurídicos de gestação de substituição e dos direitos e deveres das partes, bem como à intervenção do Conselho Nacional de Procriação Medicamente Assistida e da Ordem dos Médicos, é aplicável à gestação de substituição, com as devidas adaptações, o disposto no artigo 14º da presente lei. [...] 9 - Os direitos e os deveres previstos nos artigos 12º e 13º são aplicáveis em casos de gestação de substituição, com as devidas adaptações, aos beneficiários e à gestante de substituição. [...] 10 - A celebração de negócios jurídicos de gestação de substituição é feita através de contrato escrito, estabelecido entre as partes, supervisionado pelo Conselho Nacional de Procriação Medicamente Assistida, onde devem constar obrigatoriamente, em conformidade com a legislação em vigor, as disposições a observar em caso de ocorrência de malformações ou doenças fetais e em caso de eventual interrupção voluntária da gravidez. [...] 11 - O contrato referido no número anterior não pode impor restrições de comportamentos à gestante de substituição, nem impor normas que atentem contra os seus direitos, liberdade e dignidade. [...] 12 - São nulos os negócios jurídicos, gratuitos ou onerosos, de gestação de substituição que não respeitem o disposto nos números anteriores" (grifos no original).

[631] Lei nº 32/2006, redação dada pela Lei nº 25/2016: *"Artigo 39º Gestação de substituição.* [...] 1 - Quem, enquanto beneficiário, concretizar contratos de gestação de substituição a título oneroso é punido com pena de prisão até 2 anos ou pena de multa até 240 dias. [...] 2 - Quem, enquanto gestante de substituição, concretizar contratos de gestação de substituição a título oneroso é punido com pena de multa até 240 dias. [...] 3 - Quem, enquanto beneficiário, concretizar contratos de gestação de substituição, a título gratuito, fora dos casos previstos nos nºs 2 a 6 do artigo 8º é punido com pena de prisão até 1 ano ou pena de multa até 120 dias. [...] 4 - Quem, enquanto gestante de substituição, concretizar contratos de gestação de substituição, a título gratuito, fora dos casos previstos nos nºs 2 a 6 do artigo 8º é punido com pena de multa até 120 dias. [...] 5 - Quem promover, por qualquer meio, designadamente através de convite direto ou por interposta pessoa, ou de anúncio público, a celebração de contratos de gestação de substituição fora dos casos previstos nos nºs 2 a 6 do artigo 8º é punido com pena de prisão até 2 anos. [...] 6 - Quem, em qualquer circunstância, retirar benefício económico da celebração de contratos de gestação de substituição ou da sua promoção, por qualquer meio, designadamente através de convite direto ou por interposta pessoa, ou de anúncio público, é punido com pena de prisão até 5 anos. [...] 7 - A tentativa é punível" (grifos no original).

Impende destacar, contudo, que recentemente o Tribunal Constitucional português, declarou, por meio do Acordão nº 225/2018,[632] a inconstitucionalidade parcial dos itens 2, 3, 4, 8, 10, 11 e 12 do art. 8º e do item 5 do art. 14º da Lei nº 32/2006, entendendo que ele viola o *princípio da determinabilidade das leis* e da *reserva legal*, por relegar a um órgão administrativo (CNPMA) e à autonomia da vontade das partes matérias que implicam restrição à direitos fundamentais, máxime no que diz respeito à liberdade da gestante em interromper a gravidez, nos moldes legais, e de exercer o "direito ao arrependimento", além de considerar que a via da nulidade do contrato quanto à inobservância dos requisitos legais pode vir a afrontar diretamente a segurança jurídica da atribuição do estado de filiação da criança.

Para Maria Raquel Guimarães, essa postura do Tribunal Constitucional implicou a impossibilidade de celebração de novos contratos de GS enquanto o legislador não aprovar um novo regime jurídico, o qual atenda aos ditames constitucionalmente tutelados.[633] De todo modo, o Tribunal determinou que não se aplicasse tal declaração de inconstitucionalidade aos contratos de GS já autorizados pelo CNPMA dos quais já tenham sido iniciados os processos terapêuticos.

---

[632] Acórdão da Corte Constitucional nº 225/2018: "Declara a inconstitucionalidade, com força obrigatória geral, das seguintes normas da Lei nº 32/2006 de 26 de julho: dos nºs 4, 10 e 11 do artigo 8º, e, consequentemente, das normas dos nºs 2 e 3 do mesmo artigo, na parte em que admitem a celebração de negócios de gestação de substituição a título excecional e mediante autorização prévia; do nº 8 do artigo 8º, em conjugação com o nº 5 do artigo 14º da mesma Lei, na parte em que não admite a revogação do consentimento da gestante de substituição até à entrega da criança aos beneficiários; consequentemente, do nº 7 do artigo 8º; do nº 12 do artigo 8º; das normas do nº 1, na parte em que impõe uma obrigação de sigilo absoluto relativamente às pessoas nascidas em consequência de processo de procriação medicamente assistida com recurso a dádiva de gâmetas ou embriões, incluindo nas situações de gestação de substituição, sobre o recurso a tais processos ou à gestação de substituição e sobre a identidade dos participantes nos mesmos como dadores ou enquanto gestante de substituição, e do nº 4 do artigo 15º; não declara a inconstitucionalidade das normas dos restantes artigos da Lei nº 32/2006, de 26 de julho, mencionados no pedido; determina que os efeitos da declaração de inconstitucionalidade não se apliquem aos contratos de gestação de substituição autorizados pelo Conselho Nacional da Procriação Medicamente Assistida em execução dos quais já tenham sido iniciados os processos terapêuticos de procriação medicamente assistida a que se refere o artigo 14º, nº 4, da Lei nº 32/2006, de 26 de julho" (cf. PORTUGAL. Tribunal Constitucional. *Acordão do Tribunal Constitucional nº 225/2018*. Relator: Conselheiro Pedro Machete. Data do Julgamento: 24/04/2018. Disponível em: https://dre.pt/application/conteudo/115226940. Acesso em: 22 ago. 2019).

[633] GUIMARÃES, Maria Raquel. As particularidades do regime do contrato de gestação de substituição no direito português e o Acórdão do Tribunal Constitucional nº 225/2018. *Revista de Bioética y Derecho*, Barcelona, v. 44, p. 179-200, 2018. Disponível em: http://scielo.isciii.es/pdf/bioetica/n44/1886-5887-bioetica-44-00179.pdf. Acesso em: 22 ago. 2019.

5.1.1.1.4 Reino Unido

No contexto jurídico do Reino Unido, a *surrogacy* é regulamentada pelo *Surrogacy Arrangements Act* (1985),[634] o qual admite apenas a modalidade gratuita,[635] e pelo *The Human Fertilization and Embryology Act* (1990),[636] que determina a força não obrigatória dos contratos de GS, bem como prevê o mecanismo das *parental orders*, como forma para que os pais intencionais requeiram o registro da criança.

Ocorre que, para o seu sistema jurídico, a maternidade é atribuída à mulher que der à luz a criança, salvo se essa criança for posteriormente adotada ou se a parentalidade for transferida por ordem judicial (*parental order*), e a paternidade legal, a seu turno, é atribuída ao marido ou companheiro da gestante sub-rogada (*surrogate*), caso ela seja casada ou viva em união estável e se comprovado que ele consentiu com a prática. Isso implica o fato de a certidão de nascimento, *a priori*, ser emitida no nome da *surrogate* e do seu parceiro, se houver. Dessa forma, os pais intencionais precisam requerer uma *parental order* e para fazer isso é necessário que pelo menos um deles tenha vínculo genético com a criança. Nessa continuidade, ao ser emitida tal *parental order*, a parentalidade da *surrogate* e do seu parceiro é extinta, emitindo-se uma nova certidão com o nome dos pais intencionais, sendo a certidão original arquivada, podendo ser acessada apenas pela criança quando atingir a maioridade aos 18 anos.[637]

5.1.1.1.5 Uruguai

No ordenamento uruguaio, a *reproducción humana assistida* é regulamentada pela Lei nº 19.167, de 29.11.2013. Note-se que, no que

---

[634] Em tradução livre: Ato sobre Acordos de Gestação Sub-Rogada.
[635] *Surrogacy Arrangements Act* de 1985: "2 Negociação de acordos de gestação sub-rogada numa base comercial, etc. (1) Nenhuma pessoa deve, numa base comercial, praticar de qualquer um dos seguintes atos no Reino Unido, quais sejam: (a) iniciar qualquer negociação com vista à realização de um, (aa) participar de quaisquer negociações com vistas à realização de um acordo de gestação sub-rogada, (b) oferecer ou concordar em negociar a realização de um acordo de gestação sub-rogada, ou (c) compilar qualquer informação com vistas a seu uso na elaboração ou negociação de acordos de gestação sub-rogada; e nenhuma pessoa no Reino Unido conscientemente fará com que outra pratique qualquer desses atos numa base comercial. [...] Nesta subseção, 'pagamento' não inclui pagamento para o benefício de uma mãe substituta ou mãe substituta em perspectiva" (grifos no original, tradução nossa).
[636] Em tradução livre: O Ato sobre Embriologia e Fertilização Humana.
[637] GRAZIUSO, Bruna Kern. *Gestação de substituição no Brasil e nos Estados Unidos*: regulamentações e práticas de casos nacionais e transnacionais. 2017. 225 f. Dissertação (Mestrado em Direito) – Universidade La Salle, 2017. p. 146-147. Disponível em: http://svr-net20.unilasalle.edu.br/handle/11690/838. Acesso em: 20 ago. 2019.

tange à gestação por substituição – *gestación subrogada* –, os arts. 25 a 28 admitem-na apenas a título excepcional, tendo em vista que, via de regra, os contratos de GS, gratuitos ou onerosos, são considerados nulos. Nesse sentido, a GS é permitida, apenas em caráter gratuito, para a mulher cujo útero não possa suportar uma gravidez em razão de enfermidades genéticas ou adquiridas, atestadas pela equipe responsável pelo tratamento.

Para tanto, o acordo deverá ser firmado com parente da mulher ou de seu parceiro, em 2º grau em consanguinidade, para gestar embrião próprio, entendido como aquele embrião que detém, no mínimo, o gameta sexual de um dos membros do casal ou o óvulo em caso de mulher solo. Além disso, tal situação deve ser informada à *Comisión Honoraria de Reproducción Humana Asistida*[638] para seu conhecimento e avaliação a respeito do atendimento de todos os requisitos do inc. 2º do art. 25. Dessa forma, a filiação é atribuída àquelas pessoas que solicitarem e acordarem a sub-rogação gestacional, ou seja, os pretensos pais, sendo a maternidade determinada: a) pelo parto ou pela cesariana da mãe biológica; ou b) em favor da mulher cuja gestação foi sub-rogada.[639]

5.1.1.1.6 Ucrânia

Na legislação ucraniana, o art. 281(7)[640] do seu *Civil Code* determina que é direito de toda mulher ou homem adultos obter acesso às tecnologias de apoio à reprodução, o que abarca justamente o uso da RHA.

---

[638] Em tradução livre: Comissão Honorária de Reprodução Humana Assistida.

[639] *Ley* nº 19.167/2013: "*Artigo 25.* (Nulidade). - Serão absolutamente nulos os contratos, a título oneroso ou gratuito, entre um casal e a mulher que forneça gametas ou embriões, sejam eles próprios ou de terceiros para gravidez no ventre de outra mulher, forçando-a a entregar aquele nascido para a outra parte ou para uma terceira parte. [...] Excetua-se o disposto precedentemente, unicamente a situação da mulher cujo útero não pode gestar devido a doenças genéticas ou adquiridas, que pode acordar com uma parente sua de segundo grau de consanguinidade ou de seu parceiro, se for o caso, a implantação e gestação de embrião próprio. [...] Entende-se por embrião próprio o que é formado pelo menos por um gameta do casal ou, no caso da mulher, apenas pelo seu óvulo. [...] A referida incapacidade deve ser diagnosticada pela equipe de tratamento, que deve enviar um relatório à Comissão Honorária de Reprodução Humana Assistida, para seu conhecimento, que avaliará se as condições estabelecidas no segundo parágrafo deste artigo são atendidas. [...] *Artigo 26.* (Assinatura do contrato). - O contrato referido no segundo parágrafo do artigo anterior deve ser gratuito e assinado por todas as partes envolvidas. [...] *Artigo 27.* (Filiação). - No caso previsto como exceção no artigo 25 desta lei, a filiação da criança corresponderá àqueles que solicitaram e acordaram a sub-rogação da gravidez. [...] *Artigo 28.* (Filiação materna). - A filiação materna será determinada pelo parto ou cesariana da mãe biológica ou, se for o caso, pela mulher cuja gravidez foi sub-rogada" (grifos no original, tradução nossa).

[640] *Civil Code of Ukraine*: "Artigo 281. O Direito à Vida. [...] 7. Uma mulher ou homem adultos devem ter o direito, a depender das indicações médicas, a receber programas de tratamento

No tocante à gestação por substituição, apesar de essa terminologia não ser empregada na lei, o art. 123(2)⁶⁴¹ do *Family Code* prevê expressamente a possibilidade de gestação sub-rogada, enquanto o art. 139(2)⁶⁴² desse mesmo diploma legal impede que a gestante por substituição conteste a maternidade da beneficiária. Isso demonstra, conforme explica Shany Noy Kirshner, que o registro parental, na Ucrânia, funciona de modo a proteger rigorosamente os pais intencionais.⁶⁴³

Quanto à possibilidade de GS comercial, o ordenamento ucraniano é silente, mas a liberdade de contratar fundamenta a sua normativa civil, a partir do art. 627(1).⁶⁴⁴ No tocante ao aspecto econômico, inclusive, muitos casais optam pela Ucrânia, em razão de suas tarifas baixas – já que, em comparação com outros países, lá são oferecidas as menores taxas para o recurso à GS comercial – e de a sua legislação ser mais branda.⁶⁴⁵

Não obstante, algumas limitações são impostas, a exemplo da exigência de os beneficiários serem casados e heterossexuais, a necessidade de comprovação da impossibilidade para gestar da mãe

---

médico de tecnologias auxiliares à reprodução de acordo com os procedimentos e condições estabelecidos pela legislação" (tradução nossa).

⁶⁴¹ *Family Code of Ukraine*: "Artigo. 123. Estabelecimento da Filiação Materna e Paterna nos Casos de Procriação Medicamente Assistida e Implantação de Óvulo. [...] 2. Se um óvulo for concebido pelos cônjuges e for implantado em outra mulher, os cônjuges deverão ser considerados os pais da criança [...]" (tradução nossa).

⁶⁴² *Family Code of Ukraine*: "Artigo 139. Contestação da Filiação Materna. [...] 2. Uma mulher que afirma ser mãe da criança pode interpor uma ação contra a mulher registrada como mãe da criança, para estabelecer sua afiliação materna. Contestar a filiação materna não é permitido nos casos previstos no Artigo 123, parágrafos 2 e 3, do presente Código [...]" (tradução nossa).

⁶⁴³ KIRSHNER, Shany Noy. Selling a miracle? Surrogacy through international borders: exploration of ukranian surrogacy. *Journal of International Business and Law*, Nova York, v. 14, n. 1, p. 77-97, 2015. p. 85. Disponível em: https://scholarlycommons.law.hofstra.edu/cgi/viewcontent.cgi?article=1264&context=jibl. Acesso em: 22 ago. 2019.

⁶⁴⁴ *Civil Code of Ukraine*: "Art. 627. Liberdade para Contratar. 1. De acordo com o artigo 6 deste Código, as partes devem ser livres para concluir um contrato, para escolher o contratado e para determinar os termos do contrato, levando em consideração os requisitos deste Código, outros atos da legislação civil, costumes da prática comercial e os requisitos da razoabilidade e da justiça [...]" (tradução nossa).

⁶⁴⁵ Shany Noy Kirshner explica que, na Ucrânia, é cobrada a um estrangeiro que procura os serviços de GS uma taxa entre $30.000 (trinta mil) e $45.000 (quarenta e cinco mil) dólares, sendo que o valor destinado ao pagamento das *surrogates* é em torno de $10.000 (dez mil) a $15.000 (quinze mil) dólares (cf. KIRSHNER, Shany Noy. Selling a miracle? Surrogacy through international borders: exploration of ukranian surrogacy. *Journal of International Business and Law*, Nova York, v. 14, n. 1, p. 77-97, 2015. p. 86-87. Disponível em: https://scholarlycommons.law.hofstra.edu/cgi/viewcontent.cgi?article=1264&context=jibl. Acesso em: 22 ago. 2019).

intencional e que, pelo menos, um dos pais intencionais tenha vínculo genético com a criança, para fins de registro.[646]

Para uma mulher ser a gestante de substituição, por sua vez, é preciso que tenha mais de 18 anos, que já tenha tido, pelo menos, um filho saudável, que não tenha problemas médicos e que tenha fornecido um consentimento escrito e com firma reconhecida. Ademais, a mulher não pode se envolver em nenhum hábito prejudicial, como fumar ou beber, e não pode ter registro criminal.[647]

5.1.1.1.7 Estados Unidos

Antes de tudo, é interessante destacar que, no contexto jurídico do modelo de *common law* americano, a regulamentação da *surrogacy* dá-se em âmbito estadual, o que gera, em verdade, uma diversidade de realidades normatizantes dentro do país,[648] havendo: a) 13 estados que autorizam expressamente essa prática;[649] b) 33 estados que não regulamentam a matéria, seja por meio de lei, seja por meio de *case*

---

[646] GRAZIUSO, Bruna Kern. *Gestação de substituição no Brasil e nos Estados Unidos*: regulamentações e práticas de casos nacionais e transnacionais. 2017. 225 f. Dissertação (Mestrado em Direito) – Universidade La Salle, 2017. p. 149. Disponível em: http://svr-net20.unilasalle.edu.br/handle/11690/838. Acesso em: 20 ago. 2019.

[647] KIRSHNER, Shany Noy. Selling a miracle? Surrogacy through international borders: exploration of ukranian surrogacy. *Journal of International Business and Law*, Nova York, v. 14, n. 1, p. 77-97, 2015. p. 86. Disponível em: https://scholarlycommons.law.hofstra.edu/cgi/viewcontent.cgi?article=1264&context=jibl. Acesso em: 22 ago. 2019.

[648] GRAZIUSO, Bruna Kern. *Gestação de substituição no Brasil e nos Estados Unidos*: regulamentações e práticas de casos nacionais e transnacionais. 2017. 225 f. Dissertação (Mestrado em Direito) – Universidade La Salle, 2017. p. 98. Disponível em: http://svr-net20.unilasalle.edu.br/handle/11690/838. Acesso em: 20 ago. 2019.

[649] Com base nos estudos realizados, em 2016, por Alex Frinkelstein, Sarah Mac Dougall, Angela Kintominas e Anya Olsen, e atualizados, em 2017, por Bruna Kern Graziuso, em sua dissertação de mestrado, tem-se que os estados com legislação permissa são: Califórnia, Delaware, Florida, Illinois, Maine, Nevada, New Hampshire, North Dakota, Texas, Utah, Virginia e Washington. Ademais, nos estudos de Bruna Kern foi adicionado o Distric of Columbia que, apesar de não ser estado, mas sim um distrito federal, as distinções quanto a esses dois tipos de entidades não foram levadas em consideração para o contexto da sua pesquisa, posto que analisou, também, a sua legislação própria em matéria de *surrogacy* (cf. FINKELSTEIN, Alex; MAC DOUGALL, Sarah; KINTOMINAS, Angela; OLSEN, Anya. Surrogacy law policy in the U.S.: a national conversation informed by global lawmaking. *Columbia Law School Sexuality & Gender Law Clinic*, 2016. Disponível em: https://web.law.columbia.edu/sites/default/files/microsites/gender-sexuality/files/columbia_sexuality_and_gender_law_clinic_-_surrogacy_law_and_policy_report_-_june_2016.pdf. Acesso em: 21 ago. 2019; GRAZIUSO, Bruna Kern. *Gestação de substituição no Brasil e nos Estados Unidos*: regulamentações e práticas de casos nacionais e transnacionais. 2017. 225 f. Dissertação (Mestrado em Direito) – Universidade La Salle, 2017. p. 87-88. Disponível em: http://svr-net20.unilasalle.edu.br/handle/11690/838. Acesso em: 20 ago. 2019).

law (precedentes judiciais);[650] e c) 4 estados que vedam expressamente o recurso à chamada *surrogate mother*.[651]

Tem-se, não obstante, a possibilidade de o Poder Federal, por meio das *Uniform Law Comissions* (ULC), criar leis uniformes aos estados sobre determinado tema, não sendo obrigatória a sua adesão por parte deles. É o caso do *Uniform Parantage Act* (UPA),[652] emitido em 2000 e revisado em 2002 e depois em 2017, o qual teve a adesão de 11 estados, entre os quais apenas 2 – Texas e Utah – aderiram ao artigo que trata da GS, art. 8º (*Surrogacy Agreement*), cuja aderência é facultativa.[653]

Tal dispositivo, por sua vez, é bastante flexível com relação à possibilidade de compensação financeira a ser paga à gestante por substituição,[654] pelo que fica a critério dos estados a regulamentação dessa possibilidade, sendo que, em meio àqueles que a regulamentam, 11 admitem a possibilidade comercial, demandando, ainda, que a

---

[650] São eles: Alabama, Arkansas, Arizona, Colorado, Connecticut, Georgia, Hawaii, Idaho, Iowa, Kansas, Kentucky, Louisiana, Maryland, Massachusetts, Minnesota, Mississippi, Missouri, Montana, Nebraska, New Mexico, North Carolina, Ohio, Oklahoma, Oregon, Pennsylvania, Rhode Island, South Carolina, South Dakota, Tennessee, Vermont, West Virginia, Wisconsin e Wyoming (cf. FINKELSTEIN, Alex; MAC DOUGALL, Sarah; KINTOMINAS, Angela; OLSEN, Anya. Surrogacy law policy in the U.S.: a national conversation informed by global lawmaking. *Columbia Law School Sexuality & Gender Law Clinic*, 2016. Disponível em: https://web.law.columbia.edu/sites/default/files/microsites/gender-sexuality/files/columbia_sexuality_and_gender_law_clinic_-_surrogacy_law_and_policy_report_-_june_2016.pdf. Acesso em: 21 ago. 2019; GRAZIUSO, Bruna Kern. *Gestação de substituição no Brasil e nos Estados Unidos*: regulamentações e práticas de casos nacionais e transnacionais. 2017. 225 f. Dissertação (Mestrado em Direito) – Universidade La Salle, 2017. p. 87-88. Disponível em: http://svr-net20.unilasalle.edu.br/handle/11690/838. Acesso em: 20 ago. 2019).

[651] São eles: Indiana, Michigan, New Jersey e New York (cf. FINKELSTEIN, Alex; MAC DOUGALL, Sarah; KINTOMINAS, Angela; OLSEN, Anya. Surrogacy law policy in the U.S.: a national conversation informed by global lawmaking. *Columbia Law School Sexuality & Gender Law Clinic*, 2016. Disponível em: https://web.law.columbia.edu/sites/default/files/microsites/gender-sexuality/files/columbia_sexuality_and_gender_law_clinic_-_surrogacy_law_and_policy_report_-_june_2016.pdf. Acesso em: 21 ago. 2019; GRAZIUSO, Bruna Kern. *Gestação de substituição no Brasil e nos Estados Unidos*: regulamentações e práticas de casos nacionais e transnacionais. 2017. 225 f. Dissertação (Mestrado em Direito) – Universidade La Salle, 2017. p. 87-88. Disponível em: http://svr-net20.unilasalle.edu.br/handle/11690/838. Acesso em: 20 ago. 2019).

[652] Em tradução livre: Ato Uniforme de Parentalidade (AUP).

[653] GRAZIUSO, Bruna Kern. *Gestação de substituição no Brasil e nos Estados Unidos*: regulamentações e práticas de casos nacionais e transnacionais. 2017. 225 f. Dissertação (Mestrado em Direito) – Universidade La Salle, 2017. p. 101-102. Disponível em: http://svr-net20.unilasalle.edu.br/handle/11690/838. Acesso em: 20 ago. 2019

[654] *Uniforme Parentage Act*, versão revisada em 2017: "*Seção 804. Requisitos do Contrato de Gestação Sub-Rogada Gestacional ou Genética: Conteúdo.* [...] (b) O contrato de gestação sub-rogada pode prever: (1) Pagamento de contraprestação e despesas razoáveis; (2) Reembolso de despesas específicas se o contrato é rescindido nos termos deste artigo; (3) Os direitos criados através de um contrato de gestação sub-rogada não é não atribuível e não haverá outro terceiro beneficiário do contrato que não a criança" (grifos no original, tradução nossa).

compensação financeira seja razoável, a fim de evitar exploração da mulheres de baixa renda e a consequente qualificação da prática como mercantilização do corpo feminino.[655] Entre esses estados, pode-se citar:

(A) *a Califórnia* – na qual existe uma lei explicitamente autorizando a prática da *surrogacy*, em que é autorizada a compensação financeira para a *surrogate*, sem delimitar uma limitação razoável da quantia que deve ser paga. Nesse estado, não há restrições a quem pode ser a *surrogate* ou quem podem ser os beneficiários da técnica, além de não ser estabelecido um requisito de residência para autorizar a sua prática. No mais, o estado autoriza a emissão de *pre-birth parental orders*, ou seja, ordens parentais pré-natais, em favor dos pais intencionais, as quais se tornam efetivas apenas após o parto;[656]

(B) *a Flórida* – tem dois estatutos específicos sobre *surrogacy*, um tratando da *gestational surrogacy* e outro da *traditional surrogacy*,[657] ambas admitindo a possibilidade de compensação financeira à *surrogate* em quantias razoáveis e também demandando que, no contrato, os pais intencionais aceitem a custódia total e assumam todos os direitos e responsabilidade parentais para com a criança gestada. Por causa das distinções entre ambas as modalidades de GS, as *pre-birth parental orders* não são admitidas. No caso da *gestational surrogacy*, os pais intencionais devem entrar com o pedido dentro de três dias após o parto, caso em que a Corte irá determinar a emenda da certidão, ao passo que, na *traditional surrogacy*, a *surrogate* tem o direito de rescindir o contrato dentro de 48 horas, já que possui vínculo genético com a criança, demandando que

---

[655] GRAZIUSO, Bruna Kern. *Gestação de substituição no Brasil e nos Estados Unidos*: regulamentações e práticas de casos nacionais e transnacionais. 2017. 225 f. Dissertação (Mestrado em Direito) – Universidade La Salle, 2017. p. 107. Disponível em: http://svr-net20.unilasalle.edu.br/handle/11690/838. Acesso em: 20 ago. 2019.

[656] FINKELSTEIN, Alex; MAC DOUGALL, Sarah; KINTOMINAS, Angela; OLSEN, Anya. Surrogacy law policy in the U.S.: a national conversation informed by global lawmaking. *Columbia Law School Sexuality & Gender Law Clinic*, 2016. Disponível em: https://web.law.columbia.edu/sites/default/files/microsites/gender-sexuality/files/columbia_sexuality_and_gender_law_clinic_-_surrogacy_law_and_policy_report_-_june_2016.pdf. Acesso em: 21 ago. 2019; GRAZIUSO, Bruna Kern. *Gestação de substituição no Brasil e nos Estados Unidos*: regulamentações e práticas de casos nacionais e transnacionais. 2017. 225 f. Dissertação (Mestrado em Direito) – Universidade La Salle, 2017. p. 8. Disponível em: http://svr-net20.unilasalle.edu.br/handle/11690/838. Acesso em: 20 ago. 2019.

[657] Dizem respeito às categorias de gestação sub-rogada tradicional e gestacional previamente comentadas no Capítulo 4, tópico 4.3.6.

os pais intencionais esperem tal período para proceder com o pedido judicial[658] etc.

No mais, importa considerar que essa tendência a uma maior abertura na regulamentação das *assisted reproduction techniques*, em especial a *surrogacy*, deve-se, sobretudo, às interpretações a respeito da 5ª e da 14ª emendas, as quais tratam sobre os direitos à privacidade, à liberdade e à igualdade.[659]

5.1.1.2 A gestação sub-rogada no Brasil: conflitos éticos e jurídicos

Como pode ser observado, na análise da experiência estrangeira, a gestação por substituição é bastante controversa, ensejando diversas formas de regulamentação da sua prática, proibitivas ou permissivas, com restrições ou não, por fundamentos bastante variados. O Brasil, como dito anteriormente, encontra-se no grupo de países que não possuem regulamentação específica sobre o tema, nem para autorizar, tampouco para vedar. Diante disso, passa-se, agora, à análise da viabilidade, legitimidade e juridicidade ou não da aplicação dos procedimentos de GS no contexto do direito das famílias pátrio.

De início, é importante frisar que, no Brasil, como visto alhures, vigora a tradicional presunção *mater semper certa est*, atribuindo-se o *status* de mãe em razão do parto. No entanto, insta declarar que tal atribuição não se encontra prevista expressamente na lei, tal qual ocorre com as presunções de paternidade, mas decorre de um viés interpretativo que se baseia em diversos dispositivos do ordenamento jurídico nacional.

Dessa maneira, explicam Taciana Damo Cervi e Sinara Camera que a maternidade é presumida de acordo com o nome daquela que consta

---

[658] FINKELSTEIN, Alex; MAC DOUGALL, Sarah; KINTOMINAS, Angela; OLSEN, Anya. Surrogacy law policy in the U.S.: a national conversation informed by global lawmaking. *Columbia Law School Sexuality & Gender Law Clinic*, 2016. Disponível em: https://web.law.columbia.edu/sites/default/files/microsites/gender-sexuality/files/columbia_sexuality_and_gender_law_clinic_-_surrogacy_law_and_policy_report_-_june_2016.pdf. Acesso em: 21 ago. 2019; GRAZIUSO, Bruna Kern. *Gestação de substituição no Brasil e nos Estados Unidos*: regulamentações e práticas de casos nacionais e transnacionais. 2017. 225 f. Dissertação (Mestrado em Direito) – Universidade La Salle, 2017. p. 9. Disponível em: http://svr-net20.unilasalle.edu.br/handle/11690/838. Acesso em: 20 ago. 2019.

[659] GRAZIUSO, Bruna Kern. *Gestação de substituição no Brasil e nos Estados Unidos*: regulamentações e práticas de casos nacionais e transnacionais. 2017. 225 f. Dissertação (Mestrado em Direito) – Universidade La Salle, 2017. p. 97-98. Disponível em: http://svr-net20.unilasalle.edu.br/handle/11690/838. Acesso em: 20 ago. 2019.

no termo de nascimento do filho, conforme os arts. 1.603⁶⁶⁰ e 1.608⁶⁶¹ do CC/02, o qual é produzido de acordo com as disposições contidas na Declaração de Nascido Vivo (DNV), que deve ser fornecida pelos hospitais ou demais estabelecimentos de atenção à saúde da gestante, como dispõe o art. 10, IV do ECA.[662] Segundo as autoras, o inc. II do referido art. 10 do ECA[663] é fundamental para esse entendimento, pois demanda o registro do recém-nascido e de sua mãe, a qual só poderia ser interpretada como aquela que deu à luz.[664] No mais, cita-se, também, o inc. V do art. 4º da Lei nº 12.662/12,[665] que regula a expedição do DNV, determinando a aposição da qualificação da mãe e da sua idade na ocasião do parto.

A partir daí, já se pode elencar a primeira perplexidade advinda da prática da GS, o fato de sua utilização gerar uma relativização da tradicional presunção de filiação materna, colocando em xeque as certezas quanto à maternidade. Tal fenômeno é o que Ingeborg Schwenzer, citada por Bruna Kern Graziuso, denomina *split motherhood* (maternidade cindida), por meio do qual existem três pretensões diferentes, corroborando a possibilidade de virem a existir as figuras de até três "mães" nesse procedimento: a) a mãe biológica – responsável por levar a gravidez a termo; b) a mãe genética – doadora anônima do material genético; e c) a mãe intencional ou socioafetiva – correspondendo àquela

---

[660] Código Civil de 2002: "Art. 1.603. A filiação prova-se pela certidão do termo de nascimento registrada no Registro Civil".

[661] Código Civil de 2002: "Art. 1.608. Quando a maternidade constar do termo do nascimento do filho, a mãe só poderá contestá-la, provando a falsidade do termo, ou das declarações nele contidas".

[662] Estatuto da Criança e do Adolescente (Lei nº 8.069/90): "Art. 10. Os hospitais e demais estabelecimentos de atenção à saúde de gestantes, públicos e particulares, são obrigados a: [...] IV - fornecer declaração de nascimento onde constem necessariamente as intercorrências do parto e do desenvolvimento do neonato".

[663] Estatuto da Criança e do Adolescente (Lei nº 8.069/90): "Art. 10. Os hospitais e demais estabelecimentos de atenção à saúde de gestantes, públicos e particulares, são obrigados a: [...] II - identificar o recém-nascido mediante o registro de sua impressão plantar e digital e da impressão digital da mãe, sem prejuízo de outras formas normatizadas pela autoridade administrativa competente".

[664] CERVI, Taciana Damo; CAMERA, Sinara. Os reflexos da Conferência de Haia sobre o direito internacional privado em relação à anacionalidade decorrente da maternidade de substituição transnacional. *Revista da Faculdade de Direito – UFPR*, Curitiba, v. 62, n. 3, p. 81-101, 2017. p. 192. Disponível em: https://revistas.ufpr.br/direito/article/view/51329/34353. Acesso em: 25 ago. 2019.

[665] Lei nº 12.662/12: "Art. 4º A Declaração de Nascido Vivo deverá conter número de identificação nacionalmente unificado, a ser gerado exclusivamente pelo Ministério da Saúde, além dos seguintes dados: [...] V - nome e prenome, naturalidade, profissão, endereço de residência da mãe e sua idade na ocasião do parto [...]".

que recorreu aos métodos de RHA e que, consequentemente, almeja a atribuição do vínculo materno-filial para com a criança a ser gerada.[666]

Essa realidade "tripartida", a seu turno, é cada vez mais comum, segundo asseveram Alex Frinkelstein, Sarah Mac Dougall e Angela Kintominas, tendo em vista o fato de que, na ausência de possibilidade de os beneficiários doarem o óvulo a ser fecundado, é mais aconselhável o recurso à GS gestacional (com uso de material genético de doadora anônima), que à GS tradicional (em que a gestante também é a doadora do material genético).[667] Com isso, pretende-se, especialmente, evitar maiores chances de disputas judiciais tais quais aquelas vislumbradas no emblemático caso *Baby M*, ocorrido nos Estados Unidos.[668]

Diante dessa conjuntura, pode-se já fazer os seguintes questionamentos: considerando as transformações no processo de reprodução, possibilitadas pelas TRHA, quais as implicações dos vínculos biológicos e/ou genéticos no estabelecimento da maternidade da gestante? De outro lado, tendo em mente as possibilidades trazidas pelo fortalecimento da

---

[666] SCHWENZER, Ingeborg. Model Family Code: from a global perspective, Antwerpen. Oxford: Intersentia, 2006. Apud GRAZIUSO, Bruna Kern. *Gestação de substituição no Brasil e nos Estados Unidos*: regulamentações e práticas de casos nacionais e transnacionais. 2017. 225 f. Dissertação (Mestrado em Direito) – Universidade La Salle, 2017. p. 20. Disponível em: http://svr-net20.unilasalle.edu.br/handle/11690/838. Acesso em: 20 ago. 2019.

[667] FINKELSTEIN, Alex; MAC DOUGALL, Sarah; KINTOMINAS, Angela; OLSEN, Anya. Surrogacy law policy in the U.S.: a national conversation informed by global lawmaking. *Columbia Law School Sexuality & Gender Law Clinic*, 2016. p. 7. Disponível em: https://web.law.columbia.edu/sites/default/files/microsites/gender-sexuality/files/columbia_sexuality_and_gender_law_clinic_-_surrogacy_law_and_policy_report_-_june_2016.pdf. Acesso em: 21 ago. 2019.

[668] Conta Bruna Kern Graziuso que, em 1985, o casal William e Elizabeth Stern assinou um contrato de GS com Mary Beth Whitehead, a qual, além de levar a termo a gravidez, também doou o óvulo para a fecundação com o material genético do Sr. Stern, abrindo mão dos seus direitos parentais, após o parto, para que a Sra. Stern pudesse adotar legalmente a criança. Não obstante, a Sra. Whitehead, estando arrependida, recusou-se a entregar a criança ao casal beneficiário, gerando uma disputa judicial pela guarda do bebê, a qual fora concedida ao casal Stern pela Corte do Estado de Nova Jersey (cf. GRAZIUSO, Bruna Kern. *Gestação de substituição no Brasil e nos Estados Unidos*: regulamentações e práticas de casos nacionais e transnacionais. 2017. 225 f. Dissertação (Mestrado em Direito) – Universidade La Salle, 2017. p. 16-18. Disponível em: http://svr-net20.unilasalle.edu.br/handle/11690/838. Acesso em: 20 ago. 2019). Comenta Maria Rita de Holanda que, no caso em questão, houve um conflito positivo de filiação, no qual a gestante, embora tenha se comprometido a entregar a criança após o parto, arrependeu-se e negou-se a fazê-lo, ensejando a que tanto a mãe intencional quanto a gestante reivindicassem a maternidade da criança (cf. OLIVEIRA, Maria Rita de Holanda Silva. *A autonomia parental e os limites do planejamento familiar no sistema jurídico brasileiro*. 2016. 297 f. Tese (Doutorado em Direito) – Faculdade de Direito do Recife, Universidade Federal de Pernambuco, 2016. p. 223. Disponível em: https://repositorio.ufpe.br/bitstream/123456789/19182/1/Maria%20Rita%20Tese%20%20final%20pdf.pdf. Acesso em: 12 jun. 2019). Por óbvio, o fato de a gestante ser também a doadora do material genético gerou uma repercussão negativa com relação ao caso, tornando desaconselhável essa modalidade de gestação por substituição.

socioafetividade, qual o papel e o peso da vontade procriacional para a formação dos vínculos paterno-materno-filiais? Ainda, a autonomia sobre o próprio corpo, como um direito fundamental e também da personalidade, pode ser invocada em favor da decisão e do consentimento da gestante para tomar parte no procedimento da GS?

Nessa esteira, impende comentar a respeito dos impactos que as tecnologias reprodutivas, associadas ao fortalecimento da socioafetividade nas relações familiares, geraram para o estabelecimento dos vínculos materno-paterno-filiais hodiernos. Destarte, é interessante destacar o posicionamento da Professora Eleonora Lamm acerca do que ela chama de vontade procriacional.

Segundo a autora, se antes a exclusividade da reprodução natural implicava a impossibilidade de dissociação dos liames biológicos e genéticos, hoje, com os recursos procriativos medicamente assistidos, o biológico já não compreende mais o genético e vice-versa.[669] Explica-se: na reprodução humana natural, a ininterruptibilidade do processo reprodutivo faz com que haja identidade entre os elementos biológicos e genéticos, já que a concepção da criança se dá endogenamente, com o material genético do casal em questão. Diversamente, por exemplo, quando uma mulher recorre à gestação sub-rogada, mediante o uso dos seus próprios gametas sexuais, o biológico (gestação) não compreende o genético (óvulos), posto que oriundos de pessoas diferentes. Por outro lado, pode ser que uma pessoa contribua apenas com os gametas sexuais – a exemplo da doação de sêmen ou de óvulos –, sem intenção de constituir a parentalidade, mas a gravidez é produzida por meio da RHA, casos em que o genético (gametas sexuais) não compreende o biológico (gravidez), tendo em vista o fato de que a colaboração é meramente genética.

De tal modo, na filiação natural, tem-se um conflito entre o biológico e o volitivo, já que nem sempre a concepção de uma nova vida é intencional, sendo que a falta de vontade dos genitores não os exime de exercer a parentalidade, em razão do dever de responsabilidade imposto por lei, situação na qual a verdade biológica é preponderante, a fim de promover a *proteção integral da criança*. Na RHA, de outro modo, têm-se um embate entre os fatores genético e volitivo, sendo que a vontade e a intenção de construção de um projeto parental apresentam maior

---

[669] LAMM, Eleonora. La importância de la voluntad procreacional em la nueva categoria de filiación derivada de las técnicas de reproducción assistida. *Revista de Bioética y Derecho*, Barcelona, n. 24, p. 76-91, 2012. p. 80. Disponível em: http://revistes.ub.edu/index.php/RBD/article/view/7610/9516. Acesso em: 27 ago. 2019.

preponderância quando comparadas à simples identidade genética, visto que respeita melhor os interesses do menor, o qual já é esperado e amado pelos pais intencionais mesmo antes da sua concepção.[670] Por isso, defende a autora:

> [...] se durante anos dirigiu-se ao triunfo da verdade biológica [...], hoje se deu uma volta de página. As TRHA têm provocado uma volta à verdade voluntária, em que a filiação já não se determina pelo elemento genético ou biológico, senão pelo volitivo. [...] Embora as TRHA sejam utilizadas, em geral, por aqueles que não querem renunciar a ter um filho "geneticamente próprio", não é o elemento genético o que determina a filiação, senão o volitivo [...] se trata de uma filiação que se determina sobre a base do consentimento previamente prestado.[671]

Nessa toada, vislumbra-se que, diante da conjuntura atual, a parentalidade transcende o aspecto meramente genético e o próprio parto, podendo estar centrada eminentemente no aporte volitivo, pelo desejo de ser mãe ou pai de alguém antes mesmo do seu nascimento.[672] Por isso, é imperioso que se leve em consideração as circunstâncias específicas por meio das quais os projetos parentais ectogenéticos são desempenhados, posto que o fato gerador da filiação é anterior à própria concepção do indivíduo e encontra-se estabelecido na vontade dos beneficiários em buscar uma clínica de RHA para levar a cabo seus desejos de ser(em) pai(s) e/ou mãe(s).

Com relação a essa nova categoria de atribuição de filiação, pode-se perceber que ela tem repercutido nas mais recentes legislações

---

[670] LAMM, Eleonora. La importância de la voluntad procreacional em la nueva categoria de filiación derivada de las técnicas de reproducción assistida. *Revista de Bioética y Derecho*, Barcelona, n. 24, p. 76-91, 2012. p. 80-81. Disponível em: http://revistes.ub.edu/index.php/RBD/article/view/7610/9516. Acesso em: 27 ago. 2019.

[671] No original: "[...] si durante años la lucha se dirigió al triunfo de la verdad biológica [...], hoy se ha dado una vuelta de página. Las TRA han provocado una nueva vuelta a la verdad voluntaria en la que la filiación ya no se determina por el elemento genético o biológico, sino por el volitivo. [...] Si bien las TRA son utilizadas, en general, por aquellos que no quieren renunciar a tener un hijo "genéticamente propio", no es el elemento genético el que determina la filiación, sino el volitivo [...] se trata de una filiación que se determina sobre la base del consentimiento previamente prestado" (cf. LAMM, Eleonora. La importância de la voluntad procreacional em la nueva categoria de filiación derivada de las técnicas de reproducción assistida. *Revista de Bioética y Derecho*, Barcelona, n. 24, p. 76-91, 2012. p. 81. Disponível em: http://revistes.ub.edu/index.php/RBD/article/view/7610/9516. Acesso em: 27 ago. 2019. Tradução nossa).

[672] RETTORE, Anna Cristina de Carvalho. *Gestação de substituição no Brasil*: a estrutura de um negócio jurídico dúplice, existente, válido e eficaz. 158. f. Dissertação (Mestrado em Direito) – Pontifícia Universidade Católica de Minas Gerais, 2018. p. 67. Disponível em: http://www.biblioteca.pucminas.br/teses/Direito_RettoreAC_1.pdf. Acesso em: 16 ago. 2018.

civis da América do Sul, como ocorreu no *Código Civil y Comercial de la Nación* de 2014, na Argentina,[673] e como está acontecendo no *Anteproyecto de Reforma del Código Civil Peruano*.[674] Ademais, no Brasil, já se pode notar tal tendência à proteção da vontade procriacional quando se vislumbra a possibilidade de estabelecimento da paternidade na RHA heteróloga, mediante expressa concordância do marido, configurando presunção absoluta.

Tal postura, inclusive, é corroborada pelas diretrizes interpretativas dos enunciados nºs 103 (que admite a existência de outros vínculos de parentesco, como aqueles oriundos do pai ou mãe que não contribuiu com o seu material genético na RHA heteróloga),[675] 104 (o qual afirma que o pressuposto fático da relação sexual é substituído pela vontade juridicamente qualificada na aplicação da RHA heteróloga)[676] e 129 (a qual propõe a inclusão de um novo artigo no CC/02, a fim de resolver expressamente os conflitos relativos ao estabelecimento da maternidade,

---

[673] *Código Civil y Comercial de la Nación*: "*Artigo 562. Vontade procriacional.* Os nascidos por meio das técnicas de reprodução humana assistida são filhos de quem deu à luz e do homem ou da mulher que também tenham dado seu consentimento prévio, informado e livre nos termos dos artigos 560 e 561, devidamente inscrito no Registro do Estado Civil e Capacidade das Pessoas, independentemente de quem tenha contribuiu com os gametas". Ao comentar essa normativa, inclusive, Maria Rita de Holanda afirma que esse dispositivo favorece a que uma gestante, mediante consentimento prévio, abdique da sua filiação natural em favor de projeto parental alheio, valorizando o elemento intencional para a configuração da filiação (cf. OLIVEIRA, Maria Rita de Holanda Silva. *A autonomia parental e os limites do planejamento familiar no sistema jurídico brasileiro*. 2016. 297 f. Tese (Doutorado em Direito) – Faculdade de Direito do Recife, Universidade Federal de Pernambuco, 2016. p. 129. Disponível em: https://repositorio.ufpe.br/bitstream/123456789/19182/1/Maria%20Rita%20Tese%20%20 final%20pdf.pdf. Acesso em: 12 jun. 2019. Grifos no original).

[674] *Anteproyecto de Reforma del Código Civil Peruano*: "*Artículo 415-D. - Determinación de la maternidad.* [...] 1. El parto determina la maternidad. [...] 2. La regla establecida en el numeral 1 no se aplica al concebido con el usode material genético proveniente de otra mujer o pareja, o, en su caso, deun embrión de la pareja o de terceros. [...] 3. En los supuestos descritos en el numeral 2 se deberá tener en cuenta lavoluntad procreacional de la mujer o pareja que solicitó la procreación, ogestación por cuenta de otro, el interés superior del niño o el principio deidentidad genética. Estos criterios no son excluyentes entre sí. [...] 4. Los acuerdos de procreación o gestación por cuenta de otro no tienencontenido patrimonial" (grifos no original).

[675] I Jornada de Direito Civil do CJF: "103 – Art. 1.593: o Código Civil *reconhece, no art. 1.593, outras espécies de parentesco civil* além daquele decorrente da adoção, acolhendo, assim, a noção de que *há também parentesco civil no vínculo parental proveniente quer das técnicas de reprodução assistida heteróloga relativamente ao pai (ou mãe) que não contribuiu com seu material fecundante*, quer da paternidade sócio-afetiva, fundada na posse do estado de filho" (grifos nossos).

[676] Ver nota de rodapé nº 518.

seja na RHN, seja pela RHA heteróloga ou com recurso à GS)[677] da I Jornada de Direito Civil da CJF.

Outrossim, a própria consolidação da doutrina da socioafetividade em meio ao ordenamento brasileiro, consoante o que já fora explicado, garante uma proteção das relações de cuidado construídas socialmente, independentemente de liame biológico, consagrando o exercício da parentalidade social lado a lado àquela consanguínea. Nesse sentido, o fato de estar-se falando de projetos parentais que podem vir a envolver – ou não – fatores genéticos não impede que seja invocada, também, a presença de socioafetividade para legitimar a atribuição da filiação a partir da vontade procriacional. Afinal, o desejo por aquele filho antecede a sua própria existência e não há maior expressão de *afetividade* que aquela que envolve a consubstanciação do desejo pela parentalidade e pelos deveres e responsabilidades que dela decorrem.

De mais a mais, para além do reconhecimento da vontade dos beneficiários como critério abalizador da atribuição da parentalidade, é imperioso destacar que, com relação à gestante, a tutela da personalidade no ordenamento jurídico brasileiro possibilita, em maior ou menor quantidade, a garantia da autonomia existencial sobre o próprio corpo, a qual também pode ser invocada com relação ao uso da GS. Sobre o exercício dessa autonomia, explicam Maria Celina Bodin de Moraes e Thamis Dalsenter Castro que o corpo, atualmente, passa a figurar de maneira distinta no direito privado pátrio. Isso, pois, de um lado, afigura-se a vedação da sua maculação por terceiros, sob pena de reparação pelos danos sofridos, e, de outro lado, tem-se a proteção com relação às investidas lesivas do seu próprio titular, estando sua

---

[677] I Jornada de Direito Civil do CJF: "129 – Proposição para inclusão de um artigo no final do cap. II, subtítulo II, cap. XI, título I, do livro IV, com a seguinte redação: [...] *Art. 1.597-A*. "A maternidade será presumida pela gestação. [...] *Parágrafo único*: Nos casos de utilização das técnicas de reprodução assistida, *a maternidade será estabelecida em favor daquela que forneceu o material genético, ou que, tendo planejado a gestação, valeu-se da técnica de reprodução assistida heteróloga*". [...] *Justificativa*: No momento em que o art. 1.597 autoriza que o homem infértil ou estéril se valha das técnicas de reprodução assistida para suplantar sua deficiência reprodutiva, não poderá o Código Civil deixar de prever idêntico tratamento às mulheres. O dispositivo dará guarida às mulheres que podem gestar, abrangendo quase todas as situações imagináveis, como as técnicas de reprodução assistida homólogas e heterólogas, nas quais a gestação será levada a efeito pela mulher que será a mãe socioevolutiva da criança que vier a nascer. Pretende-se, também, assegurar à mulher que produz seus óvulos regularmente, mas não pode levar a termo uma gestação, o direito à maternidade, uma vez que apenas a gestação caberá à mãe sub-rogada. Contempla-se, igualmente, a mulher estéril que não pode levar a termo uma gestação. Essa mulher terá declarada sua maternidade em relação à criança nascida de gestação sub-rogada na qual o material genético feminino não provém de seu corpo. Importante destacar que, em hipótese alguma, poderá ser permitido o fim lucrativo por parte da mãe sub-rogada" (grifos nossos).

autonomia, nesse aspecto, condicionada aos imperativos protetivos da personalidade na esfera jusprivatista.[678]

Nessa toada, destaca-se que, no âmbito do CC/02, a disciplina das disposições sobre o próprio corpo encontra-se positivada no seu art. 13,[679] o qual prevê a intangibilidade corporal quando os atos dispositivos implicarem diminuições permanentes na integridade física ou contrariarem os bons costumes, salvo exigências médicas ou nos casos de transplantes. A esse respeito comenta Adriano Marteleto Godinho que a normativa comporta uma regra geral (que impõe limites à disponibilidade corporal em função de restrições definitivas na integridade física e do respeito aos bons costumes) e exceções (quando em razão de circunstâncias médicas, destinadas a salvaguardar a vida e a saúde da pessoa, ou em casos de transplante, por uma motivação altruísta, de preservação da vida de terceiro).

Assevera, ainda, o autor que em se tratando das limitações impostas ao titular do direito: a) a vedação à diminuição permanente da integridade física tem o propósito de evitar uma mácula ao núcleo duro do próprio direito; e b) o respeito aos bons costumes propugna um comportamento socialmente aceito e difundido, mas cuja concepção varia de acordo com as características e os atributos do direito em questão.[680] Tendo isso em mente, interessante mostra-se o posicionamento de Marianna Chaves, para quem a técnica da GS não implicaria diminuição permanente no corpo da mulher ou qualquer dano à sua integridade física, tampouco violaria os bons costumes que, segundo a autora, é um conceito jurídico indeterminado; devendo, portanto, estar aberto para as demandas contemporâneas.[681]

---

[678] MORAES, Maria Celina Bodin de; CASTRO, Thamis Dalsenter Viveiros de. A autonomia existencial nos atos de disposição do próprio corpo. *Revista Pensar*, Fortaleza, v. 19, n. 3, p. 779-818, 2014. p. 797. Disponível em: https://periodicos.unifor.br/rpen/article/view/3433/pdf_1. Acesso em: 27 ago. 2019.

[679] Código Civil de 2002: "Art. 13. Salvo por exigência médica, é defeso o ato de disposição do próprio corpo, quando importar diminuição permanente da integridade física, ou contrariar os bons costumes. [...] Parágrafo único. O ato previsto neste artigo será admitido para fins de transplante, na forma estabelecida em lei especial".

[680] GODINHO, Adriano Marteleto. Direito ao próprio corpo: direitos da personalidade e sua limitação voluntária. *Revista Jurídica Electrónica – Universidad Nacional de Lomas de Zamora*, Buenos Aires, n. 2, p. 1-16, 2016. p. 5-6. Disponível em: http://www.derecho.unlz.edu.ar/revista_juridica/02/07_godinho.pdf. Acesso em: 27 ago. 2019.

[681] Ver nota de rodapé 44 em CHAVES, Marianna. Famílias ectogenéticas: os limites jurídicos para utilização de técnicas de reprodução assistida. *Anais do Congresso Brasileiro de Direito de Família*, v. 10, p. 309-340, 2016. p. 321. Disponível em: https://www.academia.edu/27632388/FAMÍLIAS_ECTOGENÉTICAS_OS_LIMITES_JURÍDICOS_PARA_UTILIZAÇÃO_DE_TÉCNICAS_DE_REPRODUÇÃO_ASSISTIDA. Acesso em: 27 jun. 2018.

Nesse diapasão, impende debruçar-se sobre mais algumas questões que geram bastante polêmica no tocante a técnica da GS, quais sejam: a intermediação feita por meio do acordo de GS tem eficácia? Em sendo admitida, deveria sê-lo mediante natureza gratuita ou onerosa? Por fim, ensejaria uma reificação dos bebês a serem gerados por meio dela ou das próprias gestantes?

A priori, note-se que a realização do procedimento demanda uma intermediação prévia, realizada entre o(s) beneficiário(s) e/ou beneficiária(s) e as mulheres que se disponibilizarão a levar a termo a gravidez em função do projeto parental alheio. Dessa maneira, muitas dúvidas são suscitadas quanto à natureza contratual dessas avenças e se tais acordos teriam força jurídica.

Para Heloisa Helena Barboza, citada por Guilherme Calmon Nogueira da Gama, o contrato de GS é ineficaz, posto que o estado de filiação implica a existência de direitos indisponíveis. Diante disso, entende a mencionada autora que esse negócio jurídico em questão não pode ser permitido, seja por pactuação gratuita, seja por acordo oneroso, visto que implica conflitos quanto ao estabelecimento do critério filiatório.[682]

Em sentido contrário, sustenta Anna Cristina Rettore[683] que a GS cumpre todos os requisitos para a configuração de um negócio jurídico existente, válido e eficaz. Sobre isso, pondera a autora:

> (A) *no plano da existência* – a manifestação da vontade emanada tanto por beneficiários quanto pela gestante é capaz de configurar uma vontade jurígena, posto que, embora inexista lei específica, há dispositivos constitucionais e federais que autorizam o livre desenvolvimento da personalidade perante um espaço de não direito,[684] ocasionando que realizem

---

[682] BARBOZA, Heloisa Helena. *A filiação em face da inseminação artificial e da fertilização in vitro*. Rio de Janeiro: Renovar, 1993. p. 88 *apud* GAMA, Guilherme Calmon Nogueira da. *A nova filiação*: o biodireito e as relações parentais: o estabelecimento da parentalidade-filiação e os efeitos jurídicos da reprodução humana assistida heteróloga. Rio de Janeiro: Renovar, 2003. p. 859.

[683] RETTORE, Anna Cristina de Carvalho. *Gestação de substituição no Brasil*: a estrutura de um negócio jurídico dúplice, existente, válido e eficaz. 158. f. Dissertação (Mestrado em Direito) – Pontifícia Universidade Católica de Minas Gerais, 2018. p. 113-136, *passim*. Disponível em: http://www.biblioteca.pucminas.br/teses/Direito_RettoreAC_1.pdf. Acesso em: 16 ago. 2018.

[684] Para delimitar o conceito de "espaços de não direito", a autora invoca os ensinamentos de Stefano Rodotà. Explica que, para Rodotà, "espaços de direito" seriam aqueles regulados por normas jurídicas, ao passo que "espaços de não direito" seriam aqueles que não estão regulados por razões de qualquer ordem. Ademais, chama atenção para o fato de que, segundo

escolhas quanto à forma e às consequências aplicáveis a essa tratativa;

(B) *no plano da validade* – é preciso que se ponderem os seguintes requisitos: a) agente capaz – o que, a princípio, excluiria os absolutamente incapazes – considerando que o exercício de direitos da personalidade não comporta representação – e poderia vir a abarcar os relativamente incapazes, se devidamente assistidos. Admite-se, contudo, exceção a essa conjuntura, já que o exercício de direitos existenciais pode ultrapassar o que configura capacidade em termos estritamente legais; b) objeto lítico, possível e determinado ou determinável – compreendendo o exercício de direitos da personalidade pela mulher gestante, os quais, ao fim, consistirão no compromisso negocial pela gestação da criança filha dos beneficiários; c) forma prescrita ou não defesa em lei – não sendo estabelecida forma específica para garantir a validade do negócio jurídico, visto que se trata de negócio atípico; e d) higidez da vontade – implicando que a manifestação volitiva, ante tais negócios jurídicos, não comporte a incidência dos vícios ou defeitos previstos pelo ordenamento (erro, dolo, coação, estado de perigo, lesão ou fraude contra credores), visto que, se o vício for causado por uma das partes, importará a prática de ato ilícito e má-fé, ensejando reparação por dano moral, diante da violação de direito da personalidade. Ademais, a autora chama atenção para o fato de que a implicação da invalidade como sanção pelo ordenamento jurídico não está adstrita ao momento patológico (formação de um negócio jurídico viciado), mas também se aplica ao momento imediatamente anterior a sua formação[685]; e

---

Rodotà, em determinadas circunstâncias, um "vazio de direito" tem capacidade de definir o sistema muito mais precisamente do que os espaços que estariam "preenchidos". Diante disso, a autora alude ao fato de o art. 5º, II da CF/88 (*princípio da legalidade*) representar um demonstrativo de um "espaço de não direito", visto que protege juridicamente o exercício de condutas quando inexistirem comandos legais proibitivos expressos (RODOTÀ, Stefano. *La vida y las reglas*: entre el derecho e el no derecho. Madrid: Trotta, 2010. p. 39 apud Cf. RETTORE, Anna Cristina de Carvalho. *Gestação de substituição no Brasil*: a estrutura de um negócio jurídico dúplice, existente, válido e eficaz. 158. f. Dissertação (Mestrado em Direito) – Pontifícia Universidade Católica de Minas Gerais, 2018. p. 43-44. Disponível em: http://www.biblioteca.pucminas.br/teses/Direito_RettoreAC_1.pdf. Acesso em: 16 ago. 2018).

[685] Por isso, faz menção à necessidade de que as partes acordantes se certifiquem da presença de adequado assessoramento jurídico para elaboração e redação dos termos constantes do negócio, tanto para si quanto para o outro negociante. No mais, com relação ao momento patológico do negócio, vislumbra a possibilidade de aplicação do art. 182 do CC/02, mediante

(C) *no plano da eficácia* – suscita duas principais repercussões advindas do negócio jurídico da GS: a) a do reconhecimento da filiação, ato jurídico *stricto sensu*, cujos efeitos não provêm da vontade, mas sim da lei, a partir do momento de incidência do efeito integrativo (início da gravidez, a partir da nidação); e b) o próprio desenvolvimento da gravidez, somente sendo possível a sua interrupção, tomando por base apenas a autonomia volitiva da gestante, mediante a verificação das hipóteses abarcadas pelo ordenamento brasileiro para o aborto legal, que, até o momento, são: i) em razão de estupro (o que não se aplica no caso em tela); ii) quando acarretar risco de vida para a gestante; e c) nos casos de anencefalia.[686]

Em posição intermediária, a seu turno, interessante faz-se a consignação dos apontamentos de Valeria Silva Galdino, Marcela Guerra e Andréia Colhando ao afirmarem que não é possível aplicar a teoria geral dos contratos à situação jurídica da gestação sub-rogada, pois a patrimonialidade é essencial nas obrigações contratuais e não haveria como afirmar a validade do seu objeto. Por essa razão, sugerem as autoras que a melhor forma de se estabelecer os vínculos parentais por meio da GS é por meio de um termo de consentimento esclarecido devidamente homologado pelo juiz competente, que, via de regra, seria aquele de vara especializada em direito das famílias.[687]

No tocante à modalidade de pactuação, há entendimentos no sentido de que, assim como nas doações de gametas, deva ser feita em caráter gratuito ou altruístico, a exemplo do que explica Olga Krell ao sustentar que nos "[...] casos em que o ato não remunerado de uma mulher de 'emprestar' o seu útero à outra, para viabilizar a

---

o pagamento de danos morais por parte daquele que conscientemente tenha dado causa ao vício, tendo em vista a natureza existencial da pactuação feita (cf. RETTORE, Anna Cristina de Carvalho. *Gestação de substituição no Brasil*: a estrutura de um negócio jurídico dúplice, existente, válido e eficaz. 158. f. Dissertação (Mestrado em Direito) – Pontifícia Universidade Católica de Minas Gerais, 2018. p. 122-123. Disponível em: http://www.biblioteca.pucminas.br/teses/Direito_RettoreAC_1.pdf. Acesso em: 16 ago. 2018).

[686] As discussões pertinentes à descriminalização do aborto e sua consequente legalização fogem ao objeto central desta pesquisa e, por isso, não serão aqui tratadas. No entanto, faz-se constar que compreende debate de extrema pertinência social e que impacta diretamente no exercício dos direitos reprodutivos das mulheres, pelo que se lhes deve ser dada a autonomia decisória quanto ao desenvolvimento da gravidez ou não.

[687] CARDIN, Valeria Silva Galdino; GUERRA, Marcela Gorete Rosa Maia; SANTOS, Andréia Colhado Gallo Grego. Dos limites da disposição do próprio corpo: uma análise da cessão do útero como efetivação do direito ao planejamento familiar à luz da teoria geral dos contratos. *Revista de Bioética y Derecho*, Barcelona, n. 35, p. 79-93, 2015. p. 85-90, *passim*. Disponível em: http://revistes.ub.edu/index.php/RBD/article/view/14283/17535. Acesso em: 28 ago. 2018.

maternidade desta, deve ser considerado altruístico, a ordem jurídica não deve proibi-lo".[688] Em contrapartida, há também quem sustente a legitimidade de uma contraprestação pecuniária, como faz Maria Berenice Dias, quando defende o entendimento de que "[...] nada justifica negar a possibilidade de ser remunerada quem, ao fim e ao cabo, presta um serviço a outrem. Aliás, um serviço em tempo integral por longos nove meses e que acarreta dificuldades e limitações de toda ordem".[689] Ante tais divergências, é também preciso que sejam feitas algumas ponderações.

A princípio, é importante destacar que o art. 1º da Lei nº 9.434/97 (Lei de Transplantes de Órgãos), regulamentando o §4º do art. 199 da CF/88,[690] prevê que a disposição gratuita de tecidos, órgãos e partes do corpo humano, em vida ou *post mortem*, para fins de transplante e tratamento, é permitida. Em seu parágrafo único, todavia, determina-se que o sangue, o esperma e o óvulo não estão compreendidos no conceito de tecidos que são regidos por suas diretrizes.[691] Por sua vez, o art. 5º, §3º da Lei de Biossegurança[692] proíbe a comercialização dos materiais genéticos que tratam o mencionado dispositivo (células-tronco embrionárias), sob pena de incidência no tipo penal constante do art. 15 da Lei de Transplantes.[693]

---

[688] KRELL, Olga Jubert Gouveia. *Reprodução humana assistida e filiação civil*: princípios éticos e jurídicos. Curitiba: Juruá, 2006. p. 196.

[689] DIAS, Maria Berenice. *Manual de direito das famílias*. 10. ed. São Paulo: Revista dos Tribunais, 2015. p. 29; 404.

[690] Constituição Federal de 1988: "Art. 199. A assistência à saúde é livre à iniciativa privada. [...] §4º A lei disporá sobre as condições e os requisitos que facilitem a remoção de órgãos, tecidos e substâncias humanas para fins de transplante, pesquisa e tratamento, bem como a coleta, processamento e transfusão de sangue e seus derivados, sendo vedado todo tipo de comercialização".

[691] Lei de Transplantes de Órgãos (nº 9.434/97): "Art. 1º A disposição gratuita de tecidos, órgãos e partes do corpo humano, em vida ou post mortem, para fins de transplante e tratamento, é permitida na forma desta Lei. [...] Parágrafo único. Para os efeitos desta Lei, não estão compreendidos entre os tecidos a que se refere este artigo o sangue, o esperma e o óvulo".

[692] Lei de Biossegurança (nº 11.105/05): "Art. 5º É permitida, para fins de pesquisa e terapia, a utilização de células-tronco embrionárias obtidas de embriões humanos produzidos por fertilização in vitro e não utilizados no respectivo procedimento, atendidas as seguintes condições: [...] I – sejam embriões inviáveis; ou [...] II – sejam embriões congelados há 3 (três) anos ou mais, na data da publicação desta Lei, ou que, já congelados na data da publicação desta Lei, depois de completarem 3 (três) anos, contados a partir da data de congelamento[...] §3º É vedada a comercialização do material biológico a que se refere este artigo e sua prática implica o crime tipificado no art. 15 da Lei nº 9.434, de 4 de fevereiro de 1997".

[693] Lei de Transplantes de Órgãos (nº 9.434/97): "Art. 15. Comprar ou vender tecidos, órgãos ou partes do corpo humano: [...] Pena - reclusão, de três a oito anos, e multa, de 200 a 360 dias-multa. [...] Parágrafo único. Incorre na mesma pena quem promove, intermedeia, facilita ou aufere qualquer vantagem com a transação".

Diante desse contexto, pondera Marianna Chaves que, a depender do viés interpretativo a ser dado a essas normativas, o contrato oneroso de GS poderá ser tido por válido ou não, havendo as seguintes alternativas: a) considerando que o embrião/feto estaria englobado nas disposições legais da Lei de Transplantes e da Lei de Biossegurança – o contrato deve ser considerado nulo a partir da aplicação do art. 166, I e II do CC/02;[694] e b) considerando que o embrião/feto não estaria englobado nas disposições legais da Lei de Transplantes e da Lei de Biossegurança – o contrato pode ser considerado válido, mesmo que moralmente reprovável sob a ótica de parcela da sociedade, a partir da aplicação do art. 5º, II da CF/88,[695] o qual prescreve o *princípio da legalidade*.[696]

Sobre esse tema, Maria Rita de Holanda afirma que a onerosidade seria um passo para ensejar a invalidade do contrato, de modo que, em se admitindo tal procedimento, no contexto brasileiro, somente há caminho para a modalidade gratuita.[697] Dessa maneira, aplicar-se-iam a essas estipulações os *princípios* da *autonomia privada* (de escolher o tipo contratual, o contratante e o conteúdo), da *obrigatoriedade* (posto que o contrato faz lei entre as parte, segundo o preceito do *pacta sunt servanda*), da *relatividade subjetiva* (produzindo-se a eficácia entre as partes), da *função social do contrato* (determinando que os interesses pessoais das partes contratantes sejam exercidos conforme os interesses sociais), da *boa-fé objetiva* (implicando conduta honesta e leal das partes no cumprimento das disposições contratuais) e da *equivalência material do contrato* (destinado a promover a harmonização de interesses entre os contratantes).[698]

---

[694] Código Civil de 2002: "Art. 166. É nulo o negócio jurídico quando: [...] II - for ilícito, impossível ou indeterminável o seu objeto; [...] III - o motivo determinante, comum a ambas as partes, for ilícito".
[695] Constituição Federal de 1988: "II - ninguém será obrigado a fazer ou deixar de fazer alguma coisa senão em virtude de lei".
[696] CHAVES, Marianna. Famílias ectogenéticas: os limites jurídicos para utilização de técnicas de reprodução assistida. *Anais do Congresso Brasileiro de Direito de Família*, v. 10, p. 309-340, 2016. p. 322. Disponível em: https://www.academia.edu/27632388/FAMÍLIAS_ECTOGENÉTICAS_OS_LIMITES_JURÍDICOS_PARA_UTILIZAÇÃO_DE_TÉCNICAS_DE_REPRODUÇÃO_ASSISTIDA. Acesso em: 27 jun. 2018.
[697] OLIVEIRA, Maria Rita de Holanda Silva. *A autonomia parental e os limites do planejamento familiar no sistema jurídico brasileiro*. 2016. 297 f. Tese (Doutorado em Direito) – Faculdade de Direito do Recife, Universidade Federal de Pernambuco, 2016. p. 224-225. Disponível em: https://repositorio.ufpe.br/bitstream/123456789/19182/1/Maria%20Rita%20Tese%20%20final%20pdf.pdf. Acesso em: 12 jun. 2019.
[698] OLIVEIRA, Maria Rita de Holanda Silva. *A autonomia parental e os limites do planejamento familiar no sistema jurídico brasileiro*. 2016. 297 f. Tese (Doutorado em Direito) – Faculdade de Direito do Recife, Universidade Federal de Pernambuco, 2016. p. 227. Disponível em:

Para Guilherme Calmon, a seu turno, em expressa concordância com Heloisa Helena Barboza, no Brasil, não há como se admitir a licitude da gestação sub-rogada, mesmo na modalidade gratuita, tendo em vista os valores culturais vigentes na maior parte da sociedade. Não obstante, em havendo a prática, ainda que ilícita, deve-se atentar para o *melhor interesse da criança*, a fim de que o filho não reste prejudicado em seu estado de filiação. Da mesma maneira, admite que a paternidade e/ou maternidade devem respeitar a vontade como principal pressuposto para o seu estabelecimento, em substituição à relação sexual propriamente dita, tendo em vista ser técnica também associada ao uso da RHA.[699]

Em contrapartida, Anna Cristina Rettore afirma que a vedação estabelecida no mencionado §4º do art. 199 da CF/88 não se aplica à situação da GS, tanto pelo objeto da pactuação não dizer respeito à remoção de qualquer substância humana do corpo da gestante, quanto por não possuir finalidade de transplante, pesquisa ou tratamento.[700] Desse modo, propõe, em consequência, que, dadas as características próprias desse negócio jurídico, não se pode tratá-lo como uma questão meramente patrimonial, sujeita à execução forçada. Pelo contrário, deve ser dado, inclusive, o direito ao arrependimento tanto à gestante, quanto aos beneficiários, por óbvio, até o momento da nidação, pois, do contrário, qualquer medida a obstar a continuação da gravidez implicaria aborto, o qual, até então, é conduta criminalizada, devendo ser realizada apenas dentro dos limites legais e a critério da gestante.[701]

Para tanto, admite a possibilidade de responsabilização civil, na modalidade dano moral, da seguinte forma: a) em estipulação gratuita – não há como imputar responsabilização à gestante, já que exerce liberalidade, devendo os beneficiários assumir os riscos e ônus do negócio. De outro lado, se forem os beneficiários aqueles a exercerem o arrependimento, cabe a eles o pagamento de danos morais,

---

https://repositorio.ufpe.br/bitstream/123456789/19182/1/Maria%20Rita%20Tese%20%20final%20pdf.pdf. Acesso em: 12 jun. 2019.

[699] GAMA, Guilherme Calmon Nogueira da. *A nova filiação*: o biodireito e as relações parentais: o estabelecimento da parentalidade-filiação e os efeitos jurídicos da reprodução humana assistida heteróloga. Rio de Janeiro: Renovar, 2003. p. 862-863.

[700] RETTORE, Anna Cristina de Carvalho. *Gestação de substituição no Brasil*: a estrutura de um negócio jurídico dúplice, existente, válido e eficaz. 158. f. Dissertação (Mestrado em Direito) – Pontifícia Universidade Católica de Minas Gerais, 2018. p. 50. Disponível em: http://www.biblioteca.pucminas.br/teses/Direito_RettoreAC_1.pdf. Acesso em: 16 ago. 2018.

[701] RETTORE, Anna Cristina de Carvalho. *Gestação de substituição no Brasil*: a estrutura de um negócio jurídico dúplice, existente, válido e eficaz. 158. f. Dissertação (Mestrado em Direito) – Pontifícia Universidade Católica de Minas Gerais, 2018. p. 105-106. Disponível em: http://www.biblioteca.pucminas.br/teses/Direito_RettoreAC_1.pdf. Acesso em: 16 ago. 2018.

a depender do avanço temporal, por lesão a direito da personalidade da gestante a qual já tiver sido submetida a quaisquer intervenções corporais, como exemplo, tratamento hormonais invasivos; e b) em estipulação remunerada – poderá ser fixada multa penitencial (devida como compensação a ser paga em razão da faculdade do arrependimento) ou arras penitenciais (servindo de indenização para os casos de arrependimento dos beneficiários e devendo ser devolvida a eles nos casos de arrependimento da gestante).[702]

De toda sorte, seja por meio de estipulação onerosa ou gratuita, o contrato de GS tem por fito, como explicado anteriormente, a aceitação de auxílio no projeto parental alheio, por parte da gestante, a qual, por razões altruístas – mesmo se houver remuneração –, consente em participar, levando a termo a gravidez e viabilizando a concretização da parentalidade de terceiro(s), os quais ficarão responsáveis pela efetivação do registro da criança e o consequente exercício da parentalidade. Por essa razão, defende Marianna Chaves que devem ser levados em consideração tanto o *princípio do melhor interesse da criança*, por tratar-se de direitos de menores, quanto a boa-fé contratual e a proibição do *venire contra factum proprium*.[703]

Outrossim, dadas as constantes críticas atinentes à suposta coisificação das crianças que são geradas por meio do recurso à gestação por substituição, alguns comentários precisam ser tecidos, a fim de esclarecer certos temores.

Diante disso, mostra-se oportuno, trazer à baila as discussões feitas pelo professor Glenn Cohen,[704] da Harvard Law School, acerca do *melhor interesse da criança*, quando comenta o que ele chama de "the best interest of the resolting child (BIRC)" ou, em tradução livre, *melhor interesse da criança resultante (MICR)*.

---

[702] RETTORE, Anna Cristina de Carvalho. *Gestação de substituição no Brasil*: a estrutura de um negócio jurídico dúplice, existente, válido e eficaz. 158. f. Dissertação (Mestrado em Direito) – Pontifícia Universidade Católica de Minas Gerais, 2018. p. 106-108. Disponível em: http://www.biblioteca.pucminas.br/teses/Direito_RettoreAC_1.pdf. Acesso em: 16 ago. 2018.

[703] CHAVES, Marianna. Famílias ectogenéticas: os limites jurídicos para utilização de técnicas de reprodução assistida. *Anais do Congresso Brasileiro de Direito de Família*, v. 10, p. 309-340, 2016. p. 322-323. Disponível em: https://www.academia.edu/27632388/FAMÍLIAS_ECTOGENÉTICAS_OS_LIMITES_JURÍDICOS_PARA_UTILIZAÇÃO_DE_TÉCNICAS_DE_REPRODUÇÃO_ASSISTIDA. Acesso em: 27 jun. 2018.

[704] COHEN, Glenn. Regulating reproduction: the problem with the best interests. *Minnesota Law Review*, Minnesota, v. 96, n. 8, p. 423-519, 2011. p. 427. Disponível em: http://www.minnesotalawreview.org/wp-content/uploads/2012/02/CohenA_MLR.pdf. Acesso em: 22 jun. de 2018.

Segundo o autor, há um problema lógico na interpretação do *melhor interesse* quando aplicado como fator limitador no contexto da autonomia reprodutiva se comparado com a sua utilização no caso da autonomia familiar. Isso, pois, nesta última, há um apelo ao respeito aos interesses de crianças já existentes, enquanto que, na primeira, há, na verdade, um apelo ao melhor interesse da criança que ainda virá a existir.[705] Nesse aspecto, Cohen compreende que não há como se falar em prejuízos para a criança resultante, na medida em que não lhe seja dada uma vida a qual não valha à pena ser vivida, ou seja, uma vida dotada de dor e sofrimento em tal proporção que o indivíduo escolheria nunca ter vindo a existir.[706]

Portanto, se uma criança vem ao mundo, ainda que não por meio de uma gestação que tenha sido suportada por um dos seus pais intencionais, mas para ser amada, cuidada e protegida com responsabilidade e respeito, não há como se vislumbrar qualquer atentado ao seu *melhor interesse* ou, mais, à sua *dignidade*. Por essa razão, não há igualmente como não reconhecer a legitimidade de projetos parentais que se socorrem do uso da gestação sub-rogada para viabilizar seus desejos mais íntimos de expansão do núcleo familiar, posto que a noção contemporânea de família vai muito além do liame consanguíneo, encontra-se na experiência social e no desempenho da *afetividade* em suas relações.

5.1.1.3 A bioética feminista e a gestação sub-rogada: debates em torno do respeito aos direitos das mulheres ante a relação biomédica – Exploração ou emancipação?

Além das discussões levantadas no tópico anterior, uma outra que surge é a da possibilidade de estar-se admitindo uma instrumentalização do corpo feminino e de suas capacidades reprodutivas, questão que gera grandes controvérsias doutrinárias. Tal fator, inclusive, encontra um campo bastante frutífero para discordâncias quando se insere na

---

[705] COHEN, Glenn. Regulating reproduction: the problem with the best interests. *Minnesota Law Review*, Minnesota, v. 96, n. 8, p. 423-519, 2011. p. 437. Disponível em: http://www.minnesotalawreview.org/wp-content/uploads/2012/02/CohenA_MLR.pdf. Acesso em: 22 jun. de 2018.

[706] COHEN, Glenn. Regulating reproduction: the problem with the best interests. *Minnesota Law Review*, Minnesota, v. 96, n. 8, p. 423-519, 2011. p. 437. Disponível em: http://www.minnesotalawreview.org/wp-content/uploads/2012/02/CohenA_MLR.pdf. Acesso em: 22 jun. de 2018.

seara da bioética feminista, que, segundo Débora Diniz e Dirce Guilhem, não compreende apenas uma simples incorporação do feminismo ao estudo da ética aplicada, mas uma inclusão da perspectiva crítica do feminismo sobre as desigualdades sociais – notadamente aquelas que envolvem o fator gênero – para questionar os padrões universalistas e abstratos da teoria principialista.[707]

Corroborando com tal perspectiva, explica Bruna Kern Graziuso que as questões de gênero relativas ao uso das novas tecnologias reprodutivas tornaram imprescindíveis a interação do feminismo com a bioética, dando voz aquelas que tradicionalmente encontravam-se silenciadas por preceitos universalistas e patriarcais. No que tange especificamente à GS, a autora afirma, ainda, que não existe uma posição uníssona quanto à possibilidade ética da prática.[708]

O principal argumento levantado para contestar a legitimidade da GS seria o fator vulnerabilidade do ente feminino na relação biomédica, especialmente quando se nota que há uma tendência a uma grande disparidade econômica entre os(as) beneficiários(as) e a gestante por substituição.[709] Diante disso, questiona-se o exercício da autonomia nessas conjunturas, pois não seria possível falar em "[...] autonomia como um princípio mediador para conflitos morais em contextos de profunda desigualdade social".[710]

Sobre esse tema, inclusive, avalia Maria Rita de Holanda, a partir de uma ótica decolonial, que os reflexos de uma colonialidade histórica ainda reverberam sobre os dias atuais, sendo responsáveis por agravar as desigualdades presentes no meio social, erigidas a partir das figuras de dominantes e dominados, superiores e inferiores. Nesse sentido, aqueles indivíduos que sofrem historicamente com as mais diversas formas de opressão veem suas existências ser desconsideradas ou desrespeitadas, tal qual ocorre com a mulher, em face do patriarcado, situação que se apresenta de forma mais gravosa ainda quando inseridos, nessa equação, recortes outros, tais quais o de raça e o de classe. Por

---

[707] DINIZ, Débora; GUILHEM, Dirce. *O que é bioética*. São Paulo: Brasiliense, 2012. p. 97.

[708] GRAZIUSO, Bruna Kern. *Gestação de substituição no Brasil e nos Estados Unidos*: regulamentações e práticas de casos nacionais e transnacionais. 2017. 225 f. Dissertação (Mestrado em Direito) – Universidade La Salle, 2017. p. 165. Disponível em: http://svr-net20.unilasalle.edu.br/handle/11690/838. Acesso em: 20 ago. 2019.

[709] GRAZIUSO, Bruna Kern. *Gestação de substituição no Brasil e nos Estados Unidos*: regulamentações e práticas de casos nacionais e transnacionais. 2017. 225 f. Dissertação (Mestrado em Direito) – Universidade La Salle, 2017. p. 166. Disponível em: http://svr-net20.unilasalle.edu.br/handle/11690/838. Acesso em: 20 ago. 2019.

[710] DINIZ, Débora; GUILHEM, Dirce. *O que é bioética*. São Paulo: Brasiliense, 2012. p. 101.

essa razão, a autora pontua que, ao se considerar tal contextualização, práticas como a da GS em países colonizados, como o Brasil, causam grande risco de "[...] que ainda se mantenham os efeitos da colonização, submetendo os menos favorecidos, como mulheres pobres, negras e índias a uma cessão supostamente autônoma", mas que, na prática, não respeitam essa autonomia que pressupõem.[711]

Em contrapartida, de forma favorável à GS, levanta-se a importância do respeito à autonomia feminina, verificada tanto na liberdade de contratar, quanto na autodeterminação da gestante sub-rogada com relação ao seu corpo.[712] Sobre isso, é importante frisar que a própria presunção de certeza da maternidade, por exemplo, está vinculada não só à externalização de um acontecimento biológico, mas à própria estrutura de dominação patriarcal, por meio da qual a maternidade é imposta à mulher como algo instintivo e/ou natural. Por essa lógica, o ato de dar à luz está diretamente ligado à ideia de maternidade, sendo o parto, nesse contexto, um momento determinante o qual dá ensejo ao despertar desse sentimento de cuidado e amor para com o fruto da gestação.[713]

Diante dessa conjuntura, pode-se, ainda, fazer o seguinte questionamento: com relação à *dignidade* da criança e da gestante, existem grandes impactos psicológicos e/ou físicos na entrega do bebê para os pais intencionais?

Aqui se costuma falar na importância da produção de oxitocina, chamada de "hormônio do amor", a qual se dá durante a gravidez e o parto, ao que se espera a continuidade dessa produção hormonal nos momentos posteriores, a exemplo da amamentação e do próprio contato propiciado pela convivência. Assim, argumentos que são costumeiramente levantados para obstar a possibilidade da GS dizem respeito aos impactos que a ruptura forçada entre a mãe e o bebê poderia gerar no desenvolvimento futuro da criança, bem como as repercussões que a "agressividade" dessa quebra poderia ocasionar na

---

[711] HOLANDA, Maria Rita de. A vulnerabilidade da mulher no caso da gestação sub-rogada no Brasil. *In*: EHRHARDT JR., Marcos; LOBO, Fabíola. *Vulnerabilidade e sua compreensão no direito brasileiro*. Indaiatuba: Foco, 2021. p. 209.

[712] GRAZIUSO, Bruna Kern. *Gestação de substituição no Brasil e nos Estados Unidos*: regulamentações e práticas de casos nacionais e transnacionais. 2017. 225 f. Dissertação (Mestrado em Direito) – Universidade La Salle, 2017. p. 166. Disponível em: http://svr-net20.unilasalle.edu.br/handle/11690/838. Acesso em: 20 ago. 2019.

[713] GRAZIUSO, Bruna Kern. *Gestação de substituição no Brasil e nos Estados Unidos*: regulamentações e práticas de casos nacionais e transnacionais. 2017. 225 f. Dissertação (Mestrado em Direito) – Universidade La Salle, 2017. p. 23-24. Disponível em: http://svr-net20.unilasalle.edu.br/handle/11690/838. Acesso em: 20 ago. 2019.

gestante, tencionando o debate no tocante ao respeito e à preservação da *dignidade* de ambos nesse processo.[714]

Note-se, porém, que há estudos no sentido de demonstrar que essa entrega do bebê pela gestante não traz grandes impactos, tanto para um, quanto para o outro. Entre esses, pode-se citar:

(A) *no tocante aos aspectos psicológicos das crianças* – estudos indicam que, um ano após o nascimento, as crianças nascidas da técnica de GS não apresentam quaisquer diferenças relativas ao seu temperamento ou com relação às taxas e à gravidade de problemas comportamentais quando comparadas com aquelas nascidas a partir da doação de gametas ou da concepção natural. Esse comportamento se mantém quando as crianças chegam aos dois anos de idade, não sendo captadas diferenças também com relação ao desenvolvimento cognitivo ou socioemocional. No mais, esse padrão é mantido quando as crianças investigadas estão com três, sete e dez anos de idade, não sendo verificadas diferenças no seu bem-estar psicológico;[715]

(B) *com relação aos aspectos psicológicos da gestante por substituição* – estudo realizado por Sharvari Karandikar, Lindsay Gezinski, James Carter e Marissa Kaloga verificiou que as gestantes por substituição costumam estabelecer relações com os beneficiários, e não com os fetos.[716] Corroborando com tal perspectiva, aponta Anna Cristina Rettore que estudos feitos na Grã-Bretanha indicaram que treze entre quatorze mulheres ou não apresentaram dificuldade para proceder com a entrega da criança para os beneficiários (10/14), ou a apresentaram por um pequeno período de tempo, restabelecendo seu psicológico com tranquilidade

---

[714] RETTORE, Anna Cristina de Carvalho. *Gestação de substituição no Brasil*: a estrutura de um negócio jurídico dúplice, existente, válido e eficaz. 158. f. Dissertação (Mestrado em Direito) – Pontifícia Universidade Católica de Minas Gerais, 2018. p. 68. Disponível em: http://www.biblioteca.pucminas.br/teses/Direito_RettoreAC_1.pdf. Acesso em: 16 ago. 2018.

[715] RUIZ- ROBLEDILLO, Nicolás; MOYA-ALBIOL, Luis. Gestational surrogacy: psychosocial aspects. Pshychosocial intervention. Madrid, v. 25, p. 187-193, 2016, p. 189. Disponível em: https://www.sciencedirect.com/science/article/pii/S1132055916300230. Acesso em: 26 ago. 2019.

[716] KARANDIKAR, Sharvari; GEZINSKI, Lindsay B.; CARTER, James R.; KALOGA, Marissa. Economic necessity or noble cause? A qualitative study exploring motivations for gestational surrogacy in Gujarat, India. *Journal of Women and Social Work*, v. 29, n. 2, p. 224-236, 2014. p. 225. Disponível: https://journals.sagepub.com/doi/abs/10.1177/0886109913516455. Acesso em: 3 fev. 2021.

(3/14). Esse mesmo estudo evidenciou, igualmente, que as gestantes costumam não pensar o bebê como delas e, caso surja algum sentimento de apego, elas buscam transferi-lo para a figura dos beneficiários;[717] e

(C) *no tocante à produção de oxitocina* – estudos feitos com famílias que adotaram crianças, a partir da medição hormonal da mãe adotante, atestam que os níveis de produção da oxitocina são semelhantes ao de famílias nas quais o nascimento deu-se tradicionalmente por meio da gestação. Ademais, verifica-se, inclusive, que a oxitocina não é exclusividade materna, tendo em vista que aparece em níveis semelhantes nos pais, comprovando a incidência do hormônio mesmo perante o afastamento do parto e da amamentação. Diante disso, pode-se verificar que não haveria diferença com relação aos casos de GS, tendo em vista o fato de os membros do casal beneficiário não terem sido responsáveis por suportar a gravidez.[718]

Desse modo, a garantia da autonomia da gestante por substituição, nesse processo, seria uma forma de afastar a ideia, quase que automática, da mulher como "mãe natural" ou da maternidade como algo "instintivo". Até porque, consoante já fora anteriormente trabalhado, as relações familiares contemporâneas prezam de maneira preponderante pelo estabelecimento de vínculos de afeto e cuidado, os quais nem sempre coincidirão com a biologia, mas terão os seus efeitos jurídicos protegidos em igualdade de condições.

Outro aspecto que é levantado em contrariedade à autorização da GS é a possibilidade de restrições à liberdade da gestante, como exemplo, não poder pintar o cabelo, fumar ou não ingerir bebidas alcoólicas, não se submeter a atividades de risco, não exercer atividades que demandem um elevado esforço físico, não praticar atividades físicas de alto impacto etc. Argumenta-se que tais limitações violariam os direitos da personalidade da gestante a qual estaria impossibilitada

---

[717] RETTORE, Anna Cristina de Carvalho. *Gestação de substituição no Brasil*: a estrutura de um negócio jurídico dúplice, existente, válido e eficaz. 158. f. Dissertação (Mestrado em Direito) – Pontifícia Universidade Católica de Minas Gerais, 2018. p. 69. Disponível em: http://www.biblioteca.pucminas.br/teses/Direito_RettoreAC_1.pdf. Acesso em: 16 ago. 2018.

[718] RETTORE, Anna Cristina de Carvalho. *Gestação de substituição no Brasil*: a estrutura de um negócio jurídico dúplice, existente, válido e eficaz. 158. f. Dissertação (Mestrado em Direito) – Pontifícia Universidade Católica de Minas Gerais, 2018. p. 68. Disponível em: http://www.biblioteca.pucminas.br/teses/Direito_RettoreAC_1.pdf. Acesso em: 16 ago. 2018.

de fazer determinadas atividades durante o período da gestação que, inclusive, não é um tempo reduzido.

A esse respeito, cabe aqui frisar o que esclarece Anna Cristina Rettore, ao enfatizar que cláusulas dessa natureza já são constatáveis em outras modalidades contratuais que digam respeito ao exercício de direitos da personalidade. Por exemplo, quando um *digital influencer* firma um contrato com uma empresa, atrelando a sua imagem à sua marca, não é incomum que, em razão dessa pactuação, ele assuma o compromisso de não frequentar determinados lugares ou de não praticar determinados hábitos, pois qualquer conduta reprovável que ele venha a ter repercutirá, de forma negativa, também para aquela marca.[719]

Por essa razão, considerando que já se verificam possibilidades de restrições à liberdade em outras modalidades contratuais, não há razão para que essa possibilidade impeça especificamente apenas o reconhecimento da GS. Mas é óbvio que tais restrições somente seriam impostas à gestante se ela com elas assim concordasse e, também, se estivessem devidamente fundamentadas em recomendações médicas que desaconselhassem a prática de alguns atos específicos.

De toda forma, tomando por base tais reflexões, é importante que se leve em consideração o fator vulnerabilidade da mulher que aceita submeter-se a tal procedimento em favor de outrem, pois, consoante explica Caroline Nogueira de Menezes, a vulnerabilidade é um fator inerente à existência humana, razão pela qual se exige uma proteção diferenciada para aquelas pessoas que se encontrarem em situações de desigualdade e desequilíbrio.[720]

A esse respeito, explica Carlos Nelson Konder que a origem do conceito de vulnerabilidade emerge dos debates em torno da saúde pública. Segundo o autor, tal termo foi construído para identificar aqueles indivíduos que, por alguma razão particular, estão mais sujeitos a serem lesionados em seus corpos. Transportando-se, por conseguinte, essa noção para o campo jurídico, adota-se tal conceito para significar a suscetibilidade maior de lesão aos direitos de determinados indivíduos

---

[719] RETTORE, Anna Cristina de Carvalho. *Gestação de substituição no Brasil*: a estrutura de um negócio jurídico dúplice, existente, válido e eficaz. 158. f. Dissertação (Mestrado em Direito) – Pontifícia Universidade Católica de Minas Gerais, 2018. p. 109. Disponível em: http://www.biblioteca.pucminas.br/teses/Direito_RettoreAC_1.pdf. Acesso em: 16 ago. 2018.

[720] MENEZES, Carolina Nogueira Teixeira de. *Contratos existenciais*: revisitando elementos contratuais à luz de uma hermenêutica emancipatória. 2016. 220 f. Dissertação (Mestrado em Direito) – Universidade Federal de Uberlândia, 2016. p. 95. Disponível em: https://repositorio.ufu.br/bitstream/123456789/17919/1/ContratosExistenciaisRevisitando.pdf. Acesso em: 20 dez. 2019.

em suas relações jurídicas, em razão de determinadas características e/ou circunstâncias, fazendo surgir os conceitos de vulnerabilidade patrimonial e de vulnerabilidade existencial.[721] Sobre essa segunda, conceitua Konder:

> [...] vulnerabilidade existencial seria a situação subjetiva em que o titular se encontra sob maior suscetibilidade de ser lesionado na sua esfera extrapatrimonial, impondo a aplicação de normas jurídicas de tutela diferenciada para a satisfação do princípio da dignidade da pessoa humana.[722]

Por isso, tem-se igualmente como imprescindível que tal questão seja levada em consideração no tocante à produção dos efeitos advindos da pactuação em torno da GS, tomando por base as circunstâncias do acordo firmado e a posição da gestante nessa tratativa, à luz do caso concreto, dando-se primazia aos interesses dela quando se encontrar em situação de desvantagem ou desequilíbrio fático. Assim, no dizer de Bruna Kern Graziuso, a bioética feminista fornece diretrizes de caráter interdisciplinar para a harmonização entre a proteção das gestantes sub-rogadas e as ações de empoderamento feminino.[723]

Por derradeiro, levando em consideração os pontos debatidos ao longo do presente tópico, bem como a finalidade de ilustrar como se daria a pactuação relativa ao procedimento de GS, apresenta-se, a seguir, um modelo de contrato de gestação por substituição:

CONTRATO DE GESTAÇÃO POR SUBSTITUIÇÃO COM FINS A AUXILIAR A REALIZAÇÃO DE PROJETO PARENTAL POR MEIO DE REPRODUÇÃO HUMANA ASSISTIDA

I – IDENTIFICAÇÃO DAS PARTES

BENEFICIÁRIO(S) – PAI(S) E/OU MÃE(S) INTENCIONAIS

Nome: (...), Nacionalidade: (...), Estado civil: (...), Profissão: (...), CPF nº: (...), RG nº: (...), Órgão Expedidor: (...), Endereço: (...), CEP nº: (...), Endereço Eletrônico: (...).

---

[721] KONDER, Carlos Nelson. Vulnerabilidade patrimonial e existencial: por um sistema diferenciador. *Revista de Direito do Consumidor*, São Paulo, v. 99, p. 101-123, 2015. p. 101-104, passim.

[722] KONDER, Carlos Nelson. Vulnerabilidade patrimonial e existencial: por um sistema diferenciador. *Revista de Direito do Consumidor*, São Paulo, v. 99, p. 101-123, 2015. p. 105.

[723] GRAZIUSO, Bruna Kern. *Gestação de substituição no Brasil e nos Estados Unidos*: regulamentações e práticas de casos nacionais e transnacionais. 2017. 225 f. Dissertação (Mestrado em Direito) – Universidade La Salle, 2017. p. 177. Disponível em: http://svr-net20.unilasalle.edu.br/handle/11690/838. Acesso em: 20 ago. 2019.

Nome: (...), Nacionalidade: (...), Estado civil: (...), Profissão: (...), CPF nº: (...), RG nº: (...), Órgão Expedidor: (...), Endereço: (...), CEP nº: (...), Endereço Eletrônico: (...).
Daqui em diante denominados(as) também CONTRATANTES.
REQUERIDA(O)[724] – GESTANTE POR SUBSTITUIÇÃO
Nome: (...), Nacionalidade: (...), Estado civil: (...), Profissão: (...), CPF nº: (...), RG nº: (...), Órgão Expedidor: (...), Endereço: (...), CEP nº: (...), Endereço Eletrônico: (...).
Daqui em diante denominada(o) também CONTRATADA(O).
II – DO OBJETO DO CONTRATO
Cláusula 1ª. Por meio deste contrato, a(o) CONTRATADA(O), devidamente orientada(o) e esclarecida(o), por meio de termo de consentimento informado (em anexo) nos moldes previstos pelo art. 17, §1º do Provimento nº 63/2017 do CNJ, aceita, mediante exercício de seus direitos da personalidade, auxiliar no projeto parental do(s) CONTRATANTE(S), levando a termo gestação de embrião, fecundado a partir da técnica [*da fertilização in vitro*] OU [*da injeção intracitoplásmica de espermatozoide*], utilizando-se de [*material genético de ambos os CONTRATANTES*] OU [*material genético do(a) CONTRATANTE (...) e material genético de doador(a) anônimo(a)*] OU [*material genético de doadores(as) anônimos(as)*], a ser implantado em seu útero, sendo, após o nascimento, atribuída a filiação, única e exclusivamente, ao(s) CONTRATANTE(S), mediante reconhecimento expresso da parentalidade, por eles efetuado a partir deste documento nos termos dos arts. 1.597, V c/c 1.609, II e parágrafo único, ambos do CC/02.
II – DAS CONDIÇÕES QUE INDICAM A NECESSIDADE DO RECURSO À GESTAÇÃO POR SUBSTITUIÇÃO
Cláusula 2ª. O recurso à gestação sub-rogada se faz imprescindível, no presente caso, [*tendo em vista a condição (...) que inviabiliza a possibilidade de desempenho da gravidez por parte da(o)(s) beneficiária(o)(s) (...), devidamente comprovada por laudo médico em anexo*] OU [*por tratar-se de casal homoafetivo masculino que deseja desempenhar seu projeto parental por meio do uso de técnicas de reprodução humana assistida*] [*etc.*].
III – DAS DISPOSIÇÕES GERAIS
Cláusula 3ª. A(O) CONTRATADA(O) [é parente de (modalidade, linha e grau de parentesco) do(a) CONTRATANTE] OU [*foi expressamente autorizada(o) pelo Conselho Regional de Medicina, conforme parecer em anexo*], nos termos do item VII-1 da Resolução nº 2.168/2017 do CFM, tendo

---

[724] É importante frisar aqui que, apesar de a totalidade das discussões em torno da técnica da GS pairar em torno da possibilidade de mulheres cisgêneras aceitarem desenvolvê-la, não apenas elas poderão fazê-lo, como também os homens trans terão a possibilidade figurar como contratados nessa modalidade de pactuação, desde que se autodeterminem nesse sentido.

sido devidamente orientada(o) e esclarecida(o), por meio de termo de consentimento informado (em anexo) nos moldes previstos pelo art. 17, §1º do Provimento nº 63/2017 do CNJ, aceitou participar do presente procedimento de livre e espontânea vontade, mediante fins puramente altruísticos, a fim de auxiliar na concretização do projeto de parentalidade desempenhado pelo(a)(s) CONTRATANTE(S), sabendo que, ao final, os vínculos de filiação com a criança gerada serão estabelecidos única e exclusivamente com o(a)(s) CONTRATANTE(S).

Parágrafo único. A(O) CONTRATADA(O) é [*solteira(o), dispensando-se, portanto, anuência do cônjuge ou companheiro(a)*] OU [*é casada(o)/convive em união estável, tendo seu/sua cônjuge/companheiro(a) sido devidamente orientado(a) e esclarecido(a), por meio de termo de consentimento informado (em anexo), a respeito do estabelecimento dos vínculos de filiação única e exclusivamente com o(a)(s) CONTRATANTE(S)*].

IV – DOS DIREITOS E OBRIGAÇÕES DO(S) CONTRATANTE(S)

Cláusula 4ª. Nos casos em que ocorrer uma das causas legais que autorizem a interrupção da gravidez, conforme dispositivo do art. 128, I do CP (aborto em caso de risco de vida da(o) gestante) e do entendimento firmado, em caráter vinculante, pelo Supremo Tribunal Federal no Julgamento da ADPF nº 54 (aborto de feto anencefálico), ficam o(a)(s) CONTRATANTE(S) ciente(s) de que a decisão a respeito da terminação da gravidez fica a critério exclusivo da(o) gestante, CONTRATADA(O), não podendo o(a)(s) CONTRATANTE(S) exercer(em) qualquer influência sobre essa tomada de decisão, sob pena de responder(em) civilmente por esta prática.

Cláusula 5ª. Fica(m) o(a)(s) CONTRATANTE(S) obrigado(s) a arcar com toda(s) a(s) despesa(s) relativa(s) ao acompanhamento médico da(o) CONTRATADA(O), inclusive por equipes multidisciplinares, até o puerpério.

Parágrafo único. Fica a critério do(a)(s) CONTRATANTE(S) eleger se irá(ão) estabelecer um plano de saúde para a(o) CONTRATADA(O) durante a gravidez.

Cláusula 6ª. Fica(m) o(a)(s) CONTRATANTE(S) obrigado(s) a arcar com todas as despesas relativas ao acompanhamento psicológico apropriado:

I – da(o) CONTRATADA(O), a fim de que se afira junto a ela(e), se se encontra apta(o) para as implicações da gestação e do nascimento oriundos da presente pactuação;

II – dele(a)(s) mesmo(a)(s), a fim de que se afira junto a ele(a)(s), se está(ão) apto(a)(s) para todas as implicações jurídicas que decorrem do nascimento oriundo da presente pactuação.

Cláusula 7ª. Fica(m) o(a)(s) CONTRATANTE(S) ciente(s) de que o presente contrato de gestação por substituição implica o reconhecimento, por ele(a)(s), CONTRATANTE(S), da parentalidade da criança cujo nascimento advém da presente pactuação e que será gestada pela(o) CONTRATADA(O), acarretando a produção legal de todos os efeitos que advêm do estabelecimento do estado de filiação, única e exclusivamente para com ele(a)(s), CONTRATANTE(S). Nesses termos, fica a(o) CONTRATADA(O) isenta(o) da assunção de quaisquer obrigações para com a criança que será gestada por ela(e).

Parágrafo único. Os efeitos legais produzidos pelo reconhecimento da filiação a que esta cláusula se refere dizem respeito, entre outros, a:

I – exercício da autoridade parental, nos termos da legislação civil, para com o filho, até que sobrevenha causa de extinção do poder familiar;

II – dever legal de prestar alimentos ao filho, caso ocorra a dissolução do casamento ou da união estável entre ambos, por parte daquele que não tiver a guarda da criança;

III – dever de visitar a criança, caso ocorra a dissolução do casamento ou da união estável entre ambos, por parte daquele que não tiver a sua guarda;

IV – assunção de direitos sucessórios por parte do filho, em caso de falecimento de um ou de ambos, nos termos da legislação;

V – estabelecimento de vínculos de parentesco legais entre eles, a criança e seus respectivos parentes, nos termos da legislação;

VI – direito ao exercício de licença-parental, [*pelo(a) CONTRATANTE*] OU [*por um(a) dele(a)(s)*], nos termos estabelecidos pela legislação;

VII – assunção de direitos de natureza previdenciária por parte do filho, nos termos da legislação.

V – DOS DIREITOS E OBRIGAÇÕES DA(O) CONTRATADA(O)

Cláusula 8ª. A(O) CONTRATADA(O) fica, por meio deste, ciente da impossibilidade de interrupção voluntária da gravidez, salvo nos casos expressamente previstos em lei ou autorizados judicialmente.

Parágrafo único. Nos casos em que ocorrer uma das causas legais que autorizem a interrupção da gravidez, conforme dispositivo do art. 128, I do CP (aborto em caso de risco de vida da(o) gestante) e do entendimento firmado, em caráter vinculante, pelo Supremo Tribunal Federal no Julgamento da ADPF nº 54 (aborto de feto anencefálico), a decisão a respeito da terminação da gravidez fica a critério exclusivo da(o) CONTRATADA(O) (gestante), não podendo o(a)(s) CONTRATANTE(S) exercer(em) qualquer influência sobre essa tomada de decisão, sob pena de responder(em) civilmente por esta prática.

Cláusula 9ª. Nos casos descritos na cláusula anterior fica a(o) CONTRATADA(O) isenta de pagar quaisquer indenizações a(o)(s) CONTRATANTE(S), caso opte pela interrupção da gravidez.

Cláusula 10ª A(O) CONTRATADA(O) faz jus a que sejam pagas, pelo(a)(s) CONTRATANTE(S), todas as despesas relativas ao acompanhamento médico, inclusive por equipes multidisciplinares, até o puerpério.

Cláusula 11ª A(O) CONTRATADA(O) faz jus a que sejam pagas, pelo(a)(s) CONTRATANTE(S), todas as despesas relativas ao acompanhamento psicológico apropriado, a fim de que se afira junto a ela(e), se ela(e) encontra-se apta(o) para as implicações da gestação e do nascimento oriundas da presente pactuação.

Cláusula 12ª A(O) CONTRATADA fica obrigada a abster-se da prática de quaisquer atos ou hábitos que possam ser nocivos para o desenvolvimento sadio da gestação, desde que tais restrições estejam fundadas em recomendações médicas que contraindiquem as respectivas práticas.

Parágrafo único. São exemplos de hábitos os quais a(o) CONTRATADA(O) obriga-se a não praticar, sem prejuízo de outros que, por ventura, venham a ser indicados pela equipe médica:

I – ingerir bebida alcoólica;

II – fumar;

III – fazer uso de substâncias entorpecentes;

IV – praticar atividades físicas de alto impacto;

V – fazer tatuagem;

VI – fazer doação de sangue.

VI – DO DIREITO AO ARREPENDIMENTO

Cláusula 13ª Por meio desta cláusula, fica pactuada a faculdade de arrependimento conferida a(o) CONTRATADA(O), ficando esta isenta de qualquer responsabilidade perante os beneficiários, correndo contra o(a)(s) CONTRATANTE(S) os riscos do negócio.

Parágrafo único. A faculdade de arrependimento, determinada nesta cláusula, deverá ser exercida até a ocorrência da nidação, momento a partir do qual se tornará inviável o seu exercício posterior, salvo nas hipóteses legais que autorizem a interrupção da gravidez, em atenção ao parágrafo único da Cláusula 8ª desta pactuação.

Cláusula 14ª Por meio desta cláusula, fica pactuada a faculdade de arrependimento conferida a(o)(s) CONTRATANTE(S), ficando esse(a)(s) responsáveis pelo ressarcimento de eventuais dano(s) causados a(o) CONTRATADA(O), quando essa(e) já tiver sido submetida(o) a quaisquer intervenções médicas corporais.

§1º A faculdade de arrependimento, determinada nesta cláusula, deverá ser exercida até a ocorrência da nidação, momento a partir do qual se tornará inviável o seu exercício posterior, salvo nas hipóteses legais que autorizem a interrupção da gravidez, em atenção exclusiva à vontade da(o) CONTRATADA(O), nos termos do parágrafo único da Cláusula 8ª.

§2º No caso descrito no parágrafo anterior, em já tendo havido a nidação, fica a critério [*do(a) CONTRATANTE a faculdade de entregar a criança para adoção, observando-se, para tanto, estritamente o que está disposto no Estatuto da Criança e do Adolescente (Lei nº 8.069/90) no que diz respeito à entrega de criança para adoção]* OU *[do(a)(s) CONTRATANTE(S), desde que em comum acordo, a faculdade de entregar a criança para adoção, observando-se, para tanto, estritamente o que está disposto no Estatuto da Criança e do Adolescente (Lei nº 8.069/90) no que diz respeito à entrega de criança para adoção].*

IV – DAS DISPOSIÇÕES FINAIS OU TRANSITÓRIAS

Cláusula 15ª No caso de morte *[do(a) CONTRATANTE]* OU *[do(a)(s) CONTRATANTES]*, antes de realizada a concepção ou, mesmo que iniciada a gestação, essa ainda não tiver se concluído, não se poderá impor a assunção dos deveres parentais e o estabelecimento do vínculo de parentesco para com a(o) CONTRATADA(O).

Parágrafo único. Na hipótese descrita anteriormente, caberá *[aos legitimados na lei]* OU *[a(o) CONTRATANTE sobrevivo]* efetivar, pela via judicial ou extrajudicial, o registro *post mortem* da criança, mediante apresentação do presente contrato, dos documentos constantes no art. 17 do Provimento nº 63/2017 do CNJ e, quando for o caso, de termo de autorização prévia específica do(a) falecido(a) para uso do material biológico preservado, em conformidade com o art. 1.597, III do CC/02, art. 17, §3º do Provimento nº 63/2017 do CNJ e item VIII da Resolução nº 2.168/2017 do CFM.

Cláusula 16ª No caso *[de divórcio]* OU *[de dissolução do vínculo de união estável]*, fica(m) o(a)(s) CONTRATANTE(S) cientes de que esse(a) não implicará automaticamente a não atribuição do vínculo de parentalidade entre ele(a)(s) e a criança gerada com o emprego da técnica da gestação por substituição, ressalvada a hipótese prevista na Cláusula 14, §2º, ficando ele(s)(s) obrigado(a)(s) a efetivar(em) o seu registro conjunto, bem como de fixar(em), nos termos da legislação vigente, prestação alimentar, regime de convivência e visitação.

Cláusula 17ª Qualquer cláusula que venha a ser julgada inválida não irá prejudicar a validade deste contrato.

E, por assim se acharem justos e contratados, as partes firmam o presente instrumento, em três vias de igual teor e forma, obrigando-se por si ao fiel cumprimento das cláusulas e condições aqui estipuladas.

[Cidade], _____ de _____ de _____.

CONTRATANTE 1
CPF Nº (...)
CONTRATANTE 2
CPF Nº (...)
CONTRATADA(O)
CPF Nº (...)
ADVOGADO
OAB Nº (...)

> **TESTEMUNHA 1**
> CPF Nº (...)
> **TESTEMUNHA 2**
> CPF Nº (...)

5.1.2 Anonimato do doador de gametas na reprodução humana assistida heteróloga: o direito ao conhecimento da origem genética em face do direito à intimidade do(a) doador(a)

Em se tratando de uso de TRHA heteróloga, algumas controvérsias também são levantadas e, por isso, merecem, da mesma forma, uma apreciação mais acautelada. Como dito anteriormente, essa modalidade de aplicação dos procedimentos de RHA demanda a que se recorra à doação de gametas sexuais por um terceiro, cujo anonimato deve ser preservado, a fim de que tal material genético seja utilizado pelo casal beneficiário ou, ainda, por pessoa solteira em projeto parental solo, tema que será tratado no tópico seguinte. Por isso, exige-se, no caso dos casais, que haja a anuência expressa do cônjuge ou companheiro, a fim de que lhe seja atribuída a parentalidade em relação àquela criança com a qual sabe não possuir ligação genética, o que é considerado, pela doutrina, um elemento de fortalecimento da socioafetividade no âmbito jurídico pátrio.

Diante desse contexto, alguns elementos são questionados, a exemplo de: qual a natureza jurídica do material genético doado e, ainda, qual deve ser a natureza dessas doações: gratuita ou onerosa? O filho, sabendo que fora concebido por meio de técnica de RHA, faria jus a conhecer a sua ascendência genética? Essa perquirição, a seu turno, ensejaria alguma espécie de estabelecimento de vínculo parental para com o doador dos gametas sexuais? Tais questões também se fazem pertinentes de serem debatidas aqui, pois, ao se tratar de projetos parentais LGBT, na sua maioria, precisar-se-á, provavelmente, do auxílio desses métodos heterólogos de procriação, para se possibilitar a concretização dessas parentalidades ectogenéticas.

Inicialmente, cabe pontuar alguns aspectos que devem ser levados em consideração para fins de uma normatização desses recursos, a começar pelo caráter das doações de gametas. Sobre o assunto, pontua a doutrina a respeito da importância da sua gratuidade, sobretudo em respeito ao princípio da *dignidade da pessoa humana*, o qual veda a objetificação da pessoa humana e, como consequência, das partes que a compõe. Nessa linha de pensamento, Maria Cláudia Crespo Brauner sustenta que, "Qualquer produto, parte ou função do corpo humano não pode ser comercializada, já que são consideradas, juridicamente, coisas fora do comércio, o princípio da dignidade da pessoa humana se estende ao corpo humano e seus componentes".[725]

Com base nisso, defendem, ainda, Leonardo Stoll de Morais e Márcia Santana Fernandes que o ordenamento brasileiro indica uma normatividade existencial para a disponibilidade do corpo humano, não podendo tais elementos ser considerados bens patrimoniais. Para eles, o fato de uma pessoa dispor de seu material genético não configura patrimonialidade ou circulação interpatrimonial de riquezas, pois tal ato configuraria um negócio jurídico de caráter existencial.[726]

Dessa maneira, primar-se-ia pela solidariedade nas doações, configurando ato de puro altruísmo por parte dos doadores, os quais estariam apenas contribuindo para a possibilidade do uso das técnicas por quem, por algum fator de ordem biológica ou psicológica, seja infértil. Nessas circunstâncias, Guilherme Calmon avalia duas formas distintas de disposição: a) a disposição gratuita feita pelo doador em favor do banco de esperma; e b) a disposição, também gratuita, do banco de sêmen em favor da pessoa ou casal interessado(s) na RHA heteróloga.[727]

Nessa continuidade, é imperioso aclarar que, apesar de a legislação tratar especificamente das técnicas heterólogas quando em meio ao contexto de atribuição dos vínculos paterno-filiais – pelo estabelecimento da presunção *juris et de juri* da paternidade –, por similitude, a mulher também poderá vir a precisar de material genético, fornecido por doadora anônima, a fim de dar concretude ao projeto parental do casal, garantindo-se-lhe, também, a atribuição da maternidade, fruto da aplicação de TRHA heteróloga.[728] Por isso, em se tratando de gametas sexuais femininos, aplica-se a mesma lógica, demandando-se uma gratuidade na sua disposição.

---

[725] BRAUNER, Maria Claudia Crespo. *Direito, sexualidade e reprodução humana*: conquistas médicas e o debate bioético. Rio de Janeiro: Renovar, 2003. p. 89-90.

[726] MORAIS, Leonardo Stoll; FERNANDES, Márcia Santana. A qualificação jurídica do material genético na reprodução humana assistida. *Revista Jurídica Luso-Brasileira – RJLB*, Lisboa, n. 3, p. 651-677, 2018. p. 667. Disponível em: http://www.cidp.pt/revistas/rjlb/2018/3/2018_03_0651_0677.pdf. Acesso em: 29 ago. 2019.

[727] GAMA, Guilherme Calmon Nogueira da. *A nova filiação*: o biodireito e as relações parentais: o estabelecimento da parentalidade-filiação e os efeitos jurídicos da reprodução humana assistida heteróloga. Rio de Janeiro: Renovar, 2003. p. 798-799.

[728] LÔBO, Paulo. *Direito civil*: famílias. 7. ed. São Paulo: Saraiva, 2017. p. 223.

A partir daí, surge uma indagação específica com relação à doação compartilhada de oócitos, previamente comentada, a qual pode vir a gerar alguns questionamentos éticos, dividindo opiniões a respeito da sua pertinência e da sua legitimidade. A esse respeito, Marilena Corrêa faz uma crítica ao procedimento adotado no compartilhamento de óvulos, pois, a seu ver, "[...] Essa solução evidencia os caminhos da difusão da reprodução assistida no Brasil, a oferta e a demanda por esses serviços no contexto de uma sociedade e de um país marcados por profundas desigualdades socioeconômicas, educacionais e sexuais".[729] De modo contrário, entendem Kamal Ahuja *et al.*, citados por Larissa Lupião, William Saad e Christian de Barchfintaine:

> [...] a doação compartilhada é uma opção atraente, pois evoca interação e reciprocidade entre os casais, previamente ligados pela luta contra a infertilidade. O casal doador consegue realizar seu tratamento e tem a possibilidade de ajudar a outro casal que não conceberia sem suas células. Por outro lado, o casal receptor tem a chance de engravidar, ajudando quem não teria condições financeiras para realizar seu tratamento.[730]

Dessa forma, percebe-se que, ainda que haja um auxílio financeiro por parte de uma das mulheres que participará da técnica da doação compartilhada, tal suporte não implica necessariamente o estabelecimento de comercialização de gametas, mas sim uma liberalidade que se destina a contribuir com a concretização do projeto parental daquela outra mulher que doou o seu material genético. Portanto, se fosse ser estabelecida uma analogia com um negócio jurídico típico, estaria mais próxima de uma doação remuneratória, do que de uma compra e venda, o que, além de não retirar a sua expressão de gratuidade, ainda contribui para a efetivação do *princípio bioético da justiça* e promove, ainda que *inter partes*, uma distribuição equânime de recursos.

Superadas tais questões, impende agora tratar a respeito do sigilo no procedimento de RHA e o consequente anonimato do doador

---

[729] CORRÊA, Marilena Cordeiro Dias Villela. Novas tecnologias reprodutivas: doação de óvulos. O que pode ser novo nesse campo? *Caderno de Saúde Pública*, Rio de Janeiro, v. 16, n. 3, p. 863-870, 2000. p. 867. Disponível em: https://www.scielosp.org/pdf/csp/2000.v16n3/863-870/pt. Acesso em: 24 set. 2018.

[730] AHUJA, K. K. *et al.* One hundred and three concurrent IVF successes for donors na recipients who shared eggs: ethical and practical benefits of egg sharing to society. *Reproductive Biomedicine Online Webpaper*, [s.l.], v. 1, n. 3, 101-105, 2000 *apud* FONSECA, Larissa Lupião; HOSSNE, William Saad; BARCHFINTAINE, Christian de Paul de. Doação compartilhada de óvulos: opinião de pacientes em tratamento para infertilidade. *Revista Bioethikos – Centro Universitário São Camilo*, São Paulo, v. 3, n. 2, p. 235-240, 2009. p. 239. Disponível em: http://www.saocamilo-sp.br/pdf/bioethikos/71/235-240.pdf. Acesso em: 14 ago. 2019.

ou da doadora de gametas, aspecto que é defendido, sobretudo, em razão do exercício da autonomia e da construção e desenvolvimento saudável da família.[731] A esse respeito, pondera Guilherme Calmon que se faz preciso separar dois aspectos: a) o sigilo no procedimento médico de reprodução heteróloga – próprio da relação profissional estabelecida entre o médico e o(s) beneficiário(s) e/ou a(s) beneficiária(s) antes, durante e após o procedimento terapêutico; e b) o anonimato do(a) doador(a), bem como o anonimato do casal e da própria criança ao nascer – o qual tem por finalidade resguardar o *melhor interesse da criança* e evitar quaisquer qualificações discriminatórias com relação a sua origem.[732]

Tal característica, contudo, leva a diversas discussões acerca do embate entre dois direitos fundamentais protegidos pelo ordenamento, quais sejam: o direito à identidade da pessoa nascida pelo uso das TRHA e o direito à intimidade do(a) doador(a). De um lado, sustentam alguns autores que o conhecimento da identidade genética pelo filho poderia causar impactos negativos tanto na estrutura familiar, quanto na saúde psicológica dos envolvidos, pelo que defendem a manutenção do sigilo e do direito à intimidade do doador, a exemplo do que explica Maria Helena Diniz:

> Na inseminação heteróloga, de um lado, o doador do material germinativo tem direito ao anonimato e ao não estabelecimento da paternidade biológica, e, de outro lado, reforçar-se-á a preservação da unidade da relação familiar e da paternidade socioafetiva, advinda da vontade procriacional levada a efeito com a participação de um terceiro.[733]

Assim, segundo a autora, independentemente do direito da personalidade da pessoa concebida por meio de técnica de RHA, prevaleceria o anonimato identitário do(a) doador(a), devido ao seu direito à intimidade e também para preservar a estrutura familiar já formada, que, independentemente da forma escolhida para realizar seu projeto parental, é dotada de estima e consideração tais quais aquelas atribuídas aos demais modelos familiares.

---

[731] BRAUNER, Maria Claudia Crespo. *Direito, sexualidade e reprodução humana*: conquistas médicas e o debate bioético. Rio de Janeiro: Renovar, 2003. p. 89.
[732] GAMA, Guilherme Calmon Nogueira da. *A nova filiação*: o biodireito e as relações parentais: o estabelecimento da parentalidade-filiação e os efeitos jurídicos da reprodução humana assistida heteróloga. Rio de Janeiro: Renovar, 2003. p. 800-802.
[733] DINIZ, Maria Helena. *O estado atual do biodireito*. 9. ed. São Paulo: Saraiva, 2014. p. 693.

Em contrapartida, outros alegam ser fundamental para a construção da identidade, como atributo da própria personalidade do indivíduo, o conhecimento de sua origem genética, pelo que deveria ser autorizado o conhecimento da pessoa do doador. Assim pensa Guilherme Calmon Nogueira da Gama:

> O conhecimento da verdade a respeito da sua própria origem biológica – e, consequentemente, da sua história – é direito fundamental que integra o conjunto dos direitos da personalidade. A recusa do doador em ter revelada sua identidade sob o argumento de que deve ser tutelado o direito à intimidade, ao segredo, deve prevalecer para todas as pessoas – inclusive para os pais (jurídicos) –, salvo em relação à pessoa concebida. Na contemporaneidade, como já foi realçado, não prepondera a concepção dos direitos fundamentais – e, nesse sentido, os próprios direitos da personalidade – como dotados do caráter absoluto, sendo perfeitamente possível que o direito à intimidade de alguém ceda em favor do direito à identidade pessoal de outra pessoa, como exatamente se verifica no conflito entre os direitos da pessoa concebida – com o sêmen de outro homem que não seu pai – e do doador.[734]

Ora, pode-se dizer que o direito ao conhecimento da origem biológica, sem fins de estabelecimento de vínculo parental, já fora consagrado pelo ordenamento brasileiro, desde as alterações proporcionadas pela Lei nº 12.010/2009 no ECA, dando ao adotado o direito a conhecer sua origem biológica, a partir do acesso ao processo de adoção, quando ele perfizer 18 anos ou, antes disso, a seu pedido, assegurada assistência jurídica e psicológica, consoante dispõe o art. 48, *caput* e parágrafo único.[735] Diante disso, como se poderia negar àquelas pessoas oriundas do emprego das TRHA heterólogas o direito de também conhecer a sua ascendência genética?

Não parece, portanto, ser viável ou compatível com as disposições sedimentadas, no ordenamento pátrio, a posição que obsta à criança essa perquirição, até porque, como sustenta Paulo Lôbo, "Fazer coincidir a filiação com a origem genética é transformar aquela de fato cultural e

---

[734] GAMA, Guilherme Calmon Nogueira da. *A nova filiação*: o biodireito e as relações parentais: o estabelecimento da parentalidade-filiação e os efeitos jurídicos da reprodução humana assistida heteróloga. Rio de Janeiro: Renovar, 2003. p. 909-910.

[735] Estatuto da Criança e do Adolescente (Lei nº 8.069/90): "Art. 48. O adotado tem direito de conhecer sua origem biológica, bem como de obter acesso irrestrito ao processo no qual a medida foi aplicada e seus eventuais incidentes, após completar 18 (dezoito) anos. [...] Parágrafo único. O acesso ao processo de adoção poderá ser também deferido ao adotado menor de 18 (dezoito) anos, a seu pedido, assegurada orientação e assistência jurídica e psicológica".

social, em determinismo biológico, o que não contempla suas dimensões existenciais".⁷³⁶ Seguindo essa mesma linha de raciocínio, pode-se mencionar, também, o Enunciado nº 111 da I Jornada de Direito Civil do CJF que coloca a adoção e a RHA heteróloga em pé de igualdade quanto ao estabelecimento dos vínculos filiatórios, diferindo-se apenas quanto ao fato de na primeira romperem-se os laços com a família de origem, ao passo que, na segunda, sequer esses vínculos são constituídos com o(a) doador(a).⁷³⁷

Dessa sorte, o caminho mais adequado a permitir essa apuração seria a ação de conhecimento da origem genética, pautada no direito da personalidade da pessoa que nasceu a partir da aplicação do método heterólogo de RHA, com o objetivo de proteger seu direito à vida, assegurando-lhe o conhecimento do histórico de saúde dos seus "parentes" biológicos próximos, de modo a prevenir-se de quaisquer doenças, e não a investigação de paternidade, que é fundada no intuito de se estabelecer o vínculo próprio do estado de filiação.⁷³⁸

Por fim, a título de comentário – posto que a apreciação mais detalhada dessas questões ultrapasse o objeto central desta pesquisa –, é interessante chamar atenção para o fato de que a dinamicidade nas relações sociais e também a própria evolução no uso das TRHA possa vir a implicar uma reformulação das concepções tradicionais em torno do que se entende pela aplicação heteróloga da procriação medicamente assistida. Isso, pois, novos modelos familiares colocam em xeque a relação de sigilo entre doador(a) e receptor(a), bem como a própria noção de estabelecimento da parentalidade. A esse respeito citam-se:

> (A) *a coparentalidade* – Valéria Costa explica que tal modalidade familiar pode ser definida a partir de uma relação estabelecida entre, no mínimo, dois adultos corresponsáveis pela educação e tomada de decisões relativas a pelo menos uma criança ou adolescente, não importando, para isso, o estado civil ou a

---

⁷³⁶ LÔBO, Paulo. Socioafetividade no direito de família: a persistente trajetória de um conceito fundamental. *Revista Brasileira de Direito das Famílias e das Sucessões*, Porto Alegre, v. 5, p. 5-22, 2008. p. 9.

⁷³⁷ I Jornada de Direito Civil do CJF: "111 – Art. 1.626: A adoção e a reprodução assistida heteróloga atribuem a condição de filho ao adotado e à criança resultante de técnica conceptiva heteróloga; porém, enquanto na adoção haverá o desligamento dos vínculos entre o adotado e seus parentes consangüíneos, na reprodução assistida heteróloga sequer será estabelecido o vínculo de parentesco entre a criança e o doador do material fecundante".

⁷³⁸ LÔBO, Paulo. Direito ao estado de filiação e direito à origem genética: uma distinção necessária. *Revista Brasileira de Direito de Família*, Porto Alegre, v. 1, n. 1, p. 133-156, 1999. p. 151.

expressão de sexualidade do(s) pai(s) e/ou mãe(s). Diante disso, a autora atesta que as transformações no contexto sociojurídico, associadas aos avanços biotecnológicos, proporcionaram uma relação paradoxal na qual a medicalização do parentesco seria um híbrido entre o reputado natural e as escolhas socioculturais. Por isso, defende uma perspectiva a partir da qual seja admitida a coparentalidade do doador conhecido, casos em que, diferentemente da tradicional RHA heteróloga – em que vigora o anonimato –, o doador ou doadora do material genético venha a integrar os cuidados para com a criança, integrando, de certa maneira, o projeto parental, independentemente de possuir uma relação afetivo-sexual com aquele(s) ou aquela(s) que será/serão o(s)/a(s) novo(s)/nova(s) pai(s)/mãe(s) da criança a ser gerada. Alguns exemplos dessa modalidade familiar são: a) quando um casal de lésbicas recorre a um doador conhecido para desempenhar seu projeto parental, geralmente recorrendo a um amigo *gay*, o qual pode se dispor a assumir o filho; ou b) quando dois casais homoafetivos, um de mulheres e outro de homens, resolvem se unir em prol da viabilização de um projeto parental comum a todos;[739] e

(B) *a multiparentalidade* – sobre o tema comentam Anderson Schreiber e Paulo Franco Lustosa que existem duas definições apriorísticas a respeito do seu conceito, quais sejam: a) a multiparentalidade *lato sensu* – representando o reconhecimento jurídico de que uma pessoa tenha mais de um vínculo parental paterno ou mais de um vínculo parental materno, o que abarcaria tanto as famílias pluriparentais quanto as famílias biparentais homoafetivas; e b) a multiparentalidade *stricto sensu* – configurada a partir do reconhecimento jurídico de mais de dois vínculos parentais a uma pessoa individualmente considerada e implicando, na opinião dos autores, a qual também é seguida nesta pesquisa, a verdadeira multiparentalidade, posto que se adequa melhor ao sentido empreendido pelo termo. Entendido seu conceito, é interessante ressaltar os comentários dos mencionados doutrinadores a respeito das implicações que o uso das TRHA pode vir a gerar para a configuração e formação de famílias multiparentais

---

[739] COSTA, Valéria Karla de Barros. Família moderna – estaria o direito apto a contemplar a coparentalidade de doador conhecido? *Revista Jurídica Luso-Brasileira – RJLB*, Lisboa, n. 2, p. 1.835-1.869, 2019. p. 1.847. Disponível em: http://www.cidp.pt/revistas/rjlb/2019/2/2019_02_1835_1869.pdf. Acesso em: 29 ago. 2019.

originárias. Para eles, o uso da RHA heteróloga também pode dar ensejo ao estabelecimento de múltiplos vínculos de parentesco, ao que dão os seguintes exemplos: a) hipótese em que o doador genético não é anônimo e pretende, igualmente, a configuração do vínculo paterno-filial (situação a qual pode coincidir com alguma hipótese da coparentalidade); ou b) a possibilidade de combinação de material genético de mais de duas pessoas para geração de seres humanos.[740] Ainda sobre a multiparentalidade, é importante lembrar que, em 2016, o STF aprovou, no julgamento do Recurso Extraordinário nº 898.060, o Tema de Repercussão Geral nº 622,[741] o qual garante o reconhecimento da multiparentalidade no ordenamento brasileiro, mas traz, ainda, muita perplexidade para a doutrina, devido à ausência de parâmetros, tanto legais, quanto jurisprudenciais na matéria.[742]

Por essa razão, a doutrina, a jurisprudência e especialmente o Estado devem estar atentos para essas vicissitudes, de modo a tentar compreender as especificidades dessas novas demandas sociais, com a finalidade de propor a melhor forma de regulá-las. Para tanto, será importante a combinação dos preceitos bioéticos – no sentido de estabelecimento de parâmetros éticos para o emprego das tecnologias reprodutivas nesses contextos – com os ditames jurídicos que norteiam o ordenamento, especialmente os direitos e garantias fundamentais.

---

[740] Tal situação, inclusive, já ocorreu, no ano de 2016, no México, por meio do uso de uma técnica em que se usa o óvulo da mãe, o esperma do pai e o óvulo de uma doadora para gerar um embrião, permitindo que pais que possuam alguma rara enfermidade genética tenham filhos sem que lhes seja transmitida essa condição. Dessa maneira, remove-se o núcleo do óvulo que possui o DNA mitocondrial "atípico", o qual poderia passar ao filho diversas doenças congênitas, e esse núcleo – carregando as informações genéticas da mãe –, é implantado no óvulo de uma doadora que possua DNA mitocondrial saudável. Em seguida, o óvulo será fecundado com o material genético do pai, possuindo apenas 0,1% do DNA da doadora (cf. SCHREIBER, Anderson; LUSTOSA, Paulo Franco. Efeitos jurídicos da multiparentalidade. *Revista Pensar*, Fortaleza, v. 21, n. 3, p. 847-873, 2016. p. 851-854, *passim*. Disponível em: https://periodicos.unifor.br/rpen/article/view/5824/pdf. Acesso em: 29 ago. 2019).

[741] Tema de Repercussão Geral nº 22: "Prevalência da paternidade socioafetiva em detrimento da paternidade biológica: A paternidade socioafetiva, declarada ou não em registro público, não impede o reconhecimento do vínculo de filiação concomitante baseado na origem biológica, com os efeitos jurídicos próprios".

[742] BRASIL. Supremo Tribunal Federal. Recurso *Extraordinário nº 898.060*. Relator: Ministro Luiz Fux. Data de Julgamento: 22/09/2016. Disponível em: http://www.stf.jus.br/portal/jurisprudenciaRepercussao/verAndamentoProcesso.asp?incidente=4252676&numeroProcesso=692186&classeProcesso=ARE&numeroTema=622#. Acesso em: 20 ago. 2019.

5.1.3 "Produções independentes" de parentalidade: pode-se falar em direito à biparentalidade?

Outro fator intrigante com relação ao uso da RHA diz respeito à legitimidade na procura dessas técnicas para o desempenho de determinados projetos parentais, levantando a seguinte indagação: quem pode efetivamente ser beneficiário das TRHA? É em meio a essa seara de incertezas que se questiona a pertinência e a própria genuinidade de uma pessoa sozinha[743] recorrer a esses procedimentos para levar a cabo um projeto parental individual, conhecido como "produção independente". Esse tema, guardadas as devidas proporções, apresenta uma intersecção direta com esta pesquisa e os impasses, muitas vezes semelhantes, impostos ao desempenho de projetos parentais LGBT, por serem ambos tidos como "não convencionais". Em razão disso, reservou-se este ponto específico para tratar dessa questão e tecer algumas considerações a respeito da viabilidade dessas famílias propositadamente monoparentais.

De início, cumpre destacar que a monoparentalidade é uma realidade inegável no contexto atual do país[744] e também o era quando foi reconhecida como entidade familiar em 1988. No entanto, as transformações sociais acabaram dando a essa entidade familiar uma abrangência maior de opções no tocante às suas formas de constituição, alçando novos patamares que antes não eram imaginados.

Atualmente, fala-se em duas formas distintas de formação de uma família monoparental, quais sejam: a) a monoparentalidade involuntária – que pode ser associada principalmente à figura da mãe solo,[745]

---

[743] O conceito de pessoa sozinha será aqui empregado para abarcar todos aqueles indivíduos que pretendem desempenhar um projeto parental individual, sem a necessária companhia de um cônjuge ou companheiro, sejam eles solteiros, divorciados ou viúvos.

[744] É impossível negar a existência dessas configurações familiares na realidade social brasileira, a exemplo do que apontam as estatísticas do IBGE, no Censo Demográfico de 2010, em que se constatou que o total de mulheres solteiras com filhos é de 12,2% da população, ao passo que o total de homens com filhos e sem cônjuges é de 1,8% (cf. BRASIL. Instituto Brasileiro de Geografia e Estatística. *Censo demográfico 2010*: famílias e domicílios resultados e amostras. Rio de Janeiro: IBGE, 2010. Disponível em: https://biblioteca.ibge.gov.br/visualizacao/periodicos/97/cd_2010_familias_domicilios_amostra.pdf. Acesso em: 23 jun. 2019).

[745] É importante enfatizar que o movimento feminista traz uma proposta de reinterpretação linguística da expressão "mãe solteira", a qual foi bastante utilizada, na história brasileira, de maneira pejorativa, a fim de descaracterizar e depreciar aquelas mulheres que fugiam ao padrão social vigente, qual seja o da "mulher honesta". Ser mãe e ser solteira significava o descumprimento, por parte da mulher, do seu "dever" de resguardo, visto que lhe era imputada a obrigação moral de manter-se virgem até o casamento, momento o qual seriam convoladas as núpcias com o seu respectivo marido e ele seria o único legitimado a praticar o ato sexual com ela. Tal compreensão era tão categórica que o não cumprimento desse dever

que foi fundamental para o reconhecimento da família monoparental como entidade familiar, especialmente pela finalidade de proteção dessas mulheres que eram abandonadas pelos companheiros, sendo obrigadas a desempenhar a maternidade individualmente; e b) a monoparentalidade voluntária – objeto da presente análise, representando a vontade de constituição de um projeto parental individualmente por uma mulher ou por um homem.

No tocante a esse projeto parental individual voluntário, no que lhe concerne, ele poderia vir a ser concretizado de três formas distintas: a) pela adoção; b) pela "produção independente"; e c) pelo coito sexual, em que a mulher planeja essa maternidade individualmente, omitindo do parceiro seu desejo.[746] Entre essas três hipóteses, contudo, curiosamente, a que se mostra mais controversa para o direito é a da "produção independente". Sobre isso, comenta Luciana Brasileiro Auto que, no terceiro caso, o direito não tem ingerência, pelo que não poderia impedir que a mulher tivesse relações sexuais com um homem para concretizar seu desejo por uma maternidade individual, fazendo com que a atenção jurídica recaia apenas nos casos de adoção e da RHA.[747] No entanto, aparentemente, a primeira tende a agradar mais a doutrina, pelo que cabe serem tecidas algumas considerações acerca de ambos e de suas implicações.

---

ensejava, inclusive, o direito de o marido pleitear a anulação do casamento, como dispunha o art. 178, §1º do CC/16: "Art. 178. Prescreve: §1º Em dez dias, contados do casamento, a ação do marido para anular o matrimônio contraído com mulher já deflorada". Diante disso, em acertada tentativa de desestigmatizar a figura dessas mulheres que, por si só, desempenham o exercício da parentalidade, sem qualquer auxílio dos genitores dos seus filhos, o movimento de mulheres traz a noção de "mães solo", para valorizar esse esforço unilateral dessas mães, as quais representam muito mais do que simplesmente o seu estado civil (cf. SILVA NETTO, Manuel Camelo Ferreira; DANTAS, Carlos Henrique Félix; FERRAZ, Carolina Valença. O dilema da "produção independente" de parentalidade: é legítimo escolher ter um filho sozinho? *Revista Direito GV*, São Paulo, v. 14, n. 9, p. 1.106-1.138, 2018. p. 1.124. Disponível em: http://www.scielo.br/scielo.php?script=sci_arttext&pid=S1808-24322018000301106. Acesso em: 15 jun. 2019).

[746] AUTO, Luciana da Fonseca Lima Brasileiro. *Projeto individual*: entre o desejo e o direito. 2012. 106 f. Dissertação (Mestrado em Direito) – Universidade Federal de Pernambuco, 2012. p. 39. Disponível em: http://repositorio.ufpe.br/bitstream/handle/123456789/10686/Disserta%C3%A7%C3%A3o%20Luciana.pdf?sequence=1&isAllowed=y. Acesso em: 23 jun. 2019.

[747] AUTO, Luciana da Fonseca Lima Brasileiro. *Projeto individual*: entre o desejo e o direito. 2012. 106 f. Dissertação (Mestrado em Direito) – Universidade Federal de Pernambuco, 2012. p. 39. Disponível em: http://repositorio.ufpe.br/bitstream/handle/123456789/10686/Disserta%C3%A7%C3%A3o%20Luciana.pdf?sequence=1&isAllowed=y. Acesso em: 23 jun. 2019.

Destarte, cumpre esclarecer que, a respeito da adoção, o art. 42, *caput* do ECA[748] autoriza a possibilidade de constituir-se uma família monoparental por meio de uma adoção individual. Diante disso, diz-se que a adoção cumpre seu papel social de solidariedade e de colocação de uma criança ou adolescente em família adotiva; realizando, assim, o seu *melhor interesse* e a ideia de *proteção integral*.

De outra sorte, na hipótese da "produção independente", reiterando o que já foi dito, não há regra específica acerca do tema e, ainda, parte da doutrina entende ser desaconselhável, visto que a enxergam como sendo egoística e violadora do *melhor interesse dos menores* pelo fato de negar-lhes o direito à convivência familiar com outro genitor (ou, supostamente, o direito à biparentalidade). Nesse sentido, há quem defenda, inclusive, que, nesses casos, ao filho estaria sendo sonegado o direito a uma filiação integral.[749]

Todavia, algumas reflexões e questionamentos precisam ser feitos a esse respeito: uma vez sendo reconhecida como espécie familiar digna e isonômica às demais, não se pode dizer que a família monoparental mereceria ser protegida em toda e qualquer hipótese? Poder-se-ia dizer que existem monoparentalidades mais adequadas que outras? Por que a "produção independente" viola o *melhor interesse da criança* e a adoção individual não, quando ambas são formas de monoparentalidade voluntária? Existe um direito à biparentalidade? A parentalidade é definida pelo número de pessoas que a exerce ou pelo afeto e pelo cuidado despendidos no seu exercício?

Primeiramente, importa relembrar que o direito das famílias hodierno, consoante o exposto alhures, preocupa-se com o bem-estar dos membros do núcleo familiar, bem como com o pleno desenvolvimento de suas potencialidades. Por isso, com vistas a proteger tal instituto jurídico, não impõe um modelo "correto" e predeterminado de família, tampouco tenta padronizar suas formas de constituição, pelo contrário, a partir do advento da CF/88 fala-se numa expansão desse conceito, a partir do acolhimento de múltiplas formas e tipos familiares sem lhes impor qualquer distinção valorativa entre elas. Dessa maneira, não há

---

[748] Estatuto da Criança e do Adolescente (Lei nº 8.069/90): "Art. Podem adotar os maiores de 18 (dezoito) anos, *independentemente do estado civil*" (grifos nossos).

[749] AUTO, Luciana da Fonseca Lima Brasileiro. Projeto *individual*: entre o desejo e o direito. 2012. 106 f. Dissertação (Mestrado em Direito) – Universidade Federal de Pernambuco, 2012. p. 87. Disponível em: http://repositorio.ufpe.br/bitstream/handle/123456789/10686/Disserta%C3%A7%C3%A3o%20Luciana.pdf?sequence=1&isAllowed=y. Acesso em: 23 jun. 2019.

como estabelecer hierarquias entre as entidades familiares, pois são todas *dignas* de igual proteção pelo ordenamento jurídico.

Como consequência, não há como se perceber a "produção independente" como uma forma "pior" ou "menos aconselhável" de se constituir uma família, por diversos fatores. Em primeiro lugar, se a família monoparental é protegida constitucionalmente pelo art. 226, §4º da CF/88 e a "produção independente" enquadra-se em seu conceito legal, não há como o direito refutá-la. Além disso, embora não haja legislação regulamentando-a, também não há aquela que a proíba, sendo que a própria Constituição Federal, no art. 5º, II, estabelece que tudo aquilo que não é proibido por lei, automaticamente, é permitido.

Outrossim, a opção por tal modalidade de família está assegurada pelo direito ao livre planejamento familiar, o qual apenas deverá ater-se à *dignidade da pessoa humana* e à *parentalidade responsável* como fatores limitadores ao seu exercício, pontos os quais serão melhor detalhados no Capítulo 6. De toda forma, não há como dizer que uma filiação previamente projetada, em que o pai ou a mãe já nutre um afeto pela criança, antes mesmo de sua concepção, poderá ferir os referidos princípios. Pelo contrário, assegurar a sua concretização, por meio das TRHA, é corroborar a *afetividade* protegida pelo ordenamento em matéria de direito das famílias.

Nessa continuidade, inclusive, vale ressaltar que aquele argumento de que, no caso da adoção, é melhor para a criança ou adolescente estar em uma família monoparental do que estar no acolhimento institucional e que, no caso da "produção independente", tem-se uma escolha egoística do(a) genitor(a) é, no mínimo, contraditório. Afinal, com base nesse raciocínio, a família monoparental está sendo colocada em um patamar de inferioridade, como se não fosse uma realidade a ser incentivada, mas apenas suportada e protegida nos casos de ser constituída de forma involuntária, simplesmente por ser uma situação factível e inevitável. No entanto, nas hipóteses de adoção, ela ainda pode ser tolerada, pois é vista como uma espécie de "caridade" afetiva para com a criança ou adolescente institucionalizado, ao passo que, nos casos de recurso à RHA, não deveria sequer ser cogitada.

Sucede-se que, com base nessa perspectiva, é perceptível o estabelecimento de uma hierarquia entre as modalidades de famílias conjugais – casamento e união estável – e as famílias monoparentais, bem como o estabelecimento de uma classificação discriminatória dentro do próprio âmbito das monoparentalidades, determinando que as "produções independentes" não devem ser estimuladas. Sobre isso, elucida Ana Liési Thurler que tais estratificações, inclusive, podem ser compreendidas como expressões de um heterossexismo social, o qual insiste em preservar a ordem patriarcal e a família patrimonial, notadamente das heteroconjugalidades matrimonializadas.[750] Diante disso, podem ser observadas violações flagrantes ao *princípio da igualdade familiar*, ao passo que se estaria estabelecendo formas hegemônicas e mais aconselháveis de famílias e, ainda mais, de parentalidades, o que não pode ser aceito, posto que inconstitucional.

Ademais, note-se que o art. 1.597, III do CC/02, que corresponde à presunção de paternidade na RHA *post mortem*, de certa maneira, resguarda a concretização de projetos parentais quando um dos genitores já está falecido, mediante expressa autorização do *de cujus*. Nesse sentido, para além de projetos individuais de maternidade, a diretriz interpretativa do Enunciado nº 633 da VIII Jornada de Direito Civil do CJF[751] garante também ao marido, quando a esposa já for falecida, com base no *princípio da igualdade familiar* (igualdade entre os cônjuges), o direito a desempenhar tal projeto particular de paternidade com o auxílio de uma gestação sub-rogada. Isso, na prática, acarreta a proteção de uma família monoparental intencional prevista na própria lei civil e oportunizada a partir das TRHA. Logo, mais uma vez, não há como sustentar um direito à biparentalidade quando o próprio Código Civil, seguindo os ditames constitucionais, ampara a viabilização desses vínculos.

Desse modo, torna-se difícil encontrar argumentos que obstem o acesso às técnicas de PMA por parte das pessoas individualmente consideradas. A respeito disso, defende, inclusive, Maria Claudia Crespo Brauner que a filiação projetada não representa necessariamente uma colisão entre os direitos do filho e os do pai ou da mãe intencionais, pois a triangulação tradicional, representada pelas figuras do pai, da mãe e do filho, deu lugar ao afeto nas relações paterno-materno-filiais, culminando nas ideias de paternidade e de maternidade sociológicas. Por isso, um projeto individual de parentalidade apresenta-se como um contraponto à costumeira noção de biparentalidade, que não é mais tida como compulsória, mas sim facultativa.[752]

---

[750] THURLER, Ana Liési. Homoparentalidades e heteroparentalidades: desafios à igualdade. *In*: STEVENS, Cristina; BRASIL, Katia Cristina Tarouquella; ALMEIDA, Tânia Mara Campos de; ZANELLO, Valeska (Org.). *Gênero e feminismos*: convergências (in)disciplinares. Brasília: Ex Libris, 2010.
[751] Ver nota de rodapé número 506.
[752] BRAUNER, Maria Claudia Crespo. A monoparentalidade projetada e o direito do filho à biparentalidade. *In*: DORA, Denise Dourado; SILVEIRA, Domingos Dresch da (Org.).

É inegável, portanto, que o ideal de família mudou e que a "produção independente" é mais um exemplo das suas múltiplas facetas. Nela, vislumbra-se a afetividade na qual alguém, por vontade própria, decide levar à tona um projeto parental individualmente, com o objetivo apenas de dar àquele filho todo amor, afeto e dedicação possíveis, com a responsabilidade e o cuidado devidos. Fala-se, assim, em um processo emancipatório que demanda acolhimento e proteção jurídicos, pois negar a essas pessoas o devido reconhecimento seria, também, negar tudo aquilo que já se conquistou em matéria de direito das famílias.

5.2 Resoluções do Conselho Federal de Medicina: a regulamentação deontológica da reprodução assistida

Entendidos os aspectos que circundam a RHA, seu conceito, técnicas e controvérsias, cabe, então, analisar se existe, ao menos, alguma diretriz para a sua aplicação. É sabido, consoante o que já foi exposto anteriormente, que atualmente, no Brasil, não existe nenhuma legislação específica a qual regulamente o exercício das TRHA. Tais recursos, entretanto, não estão apartados de certa normatização, visto que o Conselho Federal de Medicina já adotou algumas resoluções, editando normas éticas para a utilização das referidas práticas. Essas resoluções, por sua vez, comportam-se como instrumentos deontológicos a serem observados pelos médicos quando da aplicação desses procedimentos reprodutivos, servindo de balizador para o exercício correto das suas atribuições profissionais, como bem explicam André Soares e Walter Piñero ao referirem-se à deontologia médica:

> [...] em Medicina a deontologia (código de ética profissional) tem um papel importante, pois regula a ação do profissional nos limites de sua prática, tornando-a boa e adequada. [...] A deontologia implica sempre uma legalidade. Ela estabelece as condutas que deverão ser assumidas e pune outras, reprováveis.[753]

Assim, não há que se falar em uma ausência de parâmetros mínimos para o uso da RHA, uma vez que já foram editadas cinco

---

Direitos humanos, ética e direitos reprodutivos. Porto Alegre: Themis – Assessoria Jurídica e Estudos de Gênero, 1988.

[753] SOARES, André Marcelo M.; PIÑEIRO, Walter Esteves. *Bioética e biodireito*: uma introdução. 2. ed. São Paulo: Loyola, 2006. p. 27.

resoluções do CFM sobre a matéria, a 1.358/1992, a 1.957/2010, a 2.013/2013, a 2.121/2015 e a 2.168/2017 (recentemente alterada pela Resolução nº 2.283/2020), as quais foram elaboradas sequencialmente na tentativa de aprimorar as disposições sobre a matéria, revogando, assim, as suas antecedentes.

Em função disso, passar-se-á aqui a analisar de forma comparativa as principais disposições trazidas por essas resoluções e as mudanças que foram implementadas ao longo do tempo, destacando as principais alterações. Para tanto, montou-se um quadro comparativo – constante no Apêndice A do presente trabalho – e foram analisados os seguintes aspectos:

(A) *em matéria de princípios gerais* – as hipóteses, a possibilidade de preservação social e/ou oncológica de gametas sexuais, embriões ou tecidos germinativos, a possibilidade de preservação dos gametas sexuais de pessoas transexuais, a idade máxima da candidata à gestação, o consentimento informado e o seu documento, a possibilidade de seleção de sexo ou qualquer outra característica biológica do futuro filho, a finalidade, o número máximo de embriões ou oócitos a serem transferidos por idade da receptora e a possibilidade de redução embrionária;
(B) *em matéria de beneficiários das técnicas* – quem pode ser paciente e a existência de previsão do uso das técnicas para casais homoafetivos ou pessoas solteiras;
(C) *em matéria de doação de gametas* – seu caráter (se gratuito ou lucrativo), o sigilo, a possibilidade do uso de material genético do doador em mais de uma gestação, a escolha do doador, se há possibilidade de doação compartilhada de oócitos;
(D) *em matéria de criopreservação de gametas* – sua possibilidade e o tratamento dado aos embriões excedentários;
(E) em matéria de inseminação artificial post mortem – sua possibilidade;
(F) em matéria de diagnóstico genético pré-implantacional – sua possibilidade e suas hipóteses;
(G) *em matéria de gestação por substituição* – sua possibilidade, hipóteses, quem pode ser a gestante sub-rogada e seu caráter (se lucrativo ou gratuito).

Nesse diapasão, a respeito dos princípios gerais, *a priori*, destaca-se que todas as resoluções, sem exceção, previram a utilização das TRHA com o intuito de facilitar o processo de procriação, auxiliando na resolução dos problemas de infertilidade humana, desde que existisse probabilidade de sucesso e não incorresse em risco de saúde para a paciente ou possível descendente. Dessa forma, os beneficiários seriam pessoas capazes, segundo parâmetros estabelecidos na resolução, desde que de acordo e esclarecidos. Quanto à previsão da extensão de tais direitos para casais homoafetivos e pessoas solteiras, as três últimas previram essa possibilidade, sendo que, a partir da Resolução nº 2.121/15, passou-se a prever a possibilidade de gestação compartilhada por casal de lésbicas, o que fora reproduzido, também, na Resolução nº 2.168/17, acrescido de uma definição dessa prática (Item II-3).[754]

Observe-se, no entanto, que recentemente foi realizada uma alteração na Resolução nº 2.168/17, por meio da Resolução nº 2.283/20, que deu nova redação ao Item II-2 daquela, passando a constar da seguinte forma: "2. É permitido o uso das técnicas de RA para heterossexuais, homoafetivos e transgêneros", em substituição ao texto anterior, que dizia: "2. É permitido o uso das técnicas de RA para relacionamentos homoafetivos e pessoas solteiras, respeitado o direito a objeção de consciência por parte do médico". Sobre essa mudança, em que pese a sua nítida intenção de ratificar a amplitude de acesso às mais diversas configurações familiares, é preciso que se levante uma problematização: quando o CFM busca trazer, no bojo da resolução, uma redação aparentemente mais arrojada e inclusiva, fazendo menção expressa a "heterossexuais, homoafetivos e transgêneros", peca, em certa medida, na escolha terminológica. Primeiramente, pois, quando se fala em expressão de sexualidade como uma identidade própria de cada indivíduo, tem-se a figura dos "heterossexuais" e dos "homossexuais", ao passo que a terminologia "homoafetivo" não serviria para designar a pessoa, mas sim a relação familiar na qual está inserida, destacando a *afetividade* e o cuidado nela presentes, consoante já explicitado no Capítulo 2 deste trabalho. Além disso, é importante frisar que a diversidade sexual e de gênero não se restringe a um binarismo hetero/homo, cis/trans, abarcando, da mesma forma, as figuras da bissexualidade, da pansexualidade, da assexualidade, da não binariedade, da intersexualidade etc. Por esse motivo, a título de sugestão, mais adequado seria se a normativa indicasse que "o uso das técnicas de RA é permitido independentemente da orientação sexual/expressão

---

[754] Resolução nº 2.168/2017 do CFM: "3. É permitida a gestação compartilhada em união homoafetiva feminina em que não exista infertilidade. Considera-se gestação compartilhada a situação em que o embrião obtido a partir da fecundação do(s) oócito(s) de uma mulher é transferido para o útero de sua parceira".

de sexualidade ou da identidade de gênero das pessoas beneficiárias, não importando, igualmente, para fins de sua aplicação, a formatação da entidade familiar nas quais se encontram inseridas".

No tocante à idade máxima, houve certa variação, visto que as resoluções nºs 1.358/92 e 1.957/10 não estipulavam qualquer limite etário às pacientes das TRHA, enquanto que a Resolução nº 2.013/13 determinou a idade máxima de 50 anos (item I-2)[755] e a Resolução nº 2.121/15, mesmo tendo estabelecido a idade máxima de 50 anos, admitiu também exceções a essa idade limite por determinação do médico responsável, com motivos técnicos científicos, após esclarecimento dos riscos envolvidos (Item I-3).[756] A Resolução nº 2.168/17, a seu turno, manteve a idade máxima de 50 anos e também apresentou a possibilidade de exceções, fundamentadas em motivos técnico-científicos, relativos à ausência de comorbidades da mulher, e na autonomia dos pacientes depois de esclarecidos quanto aos riscos de tais intervenções, tanto para a gestante quanto para a futura prole (item I-3, §§1º e 2º).[757]

Consequentemente, quanto ao número máximo de embriões ou oócitos a serem transferidos, houve também algumas modificações. A Resolução nº 1.358/92 apenas determinou que não poderiam ser superiores a 4 (Item I-6).[758] As resoluções seguintes dividem em categorias, enquanto que a nº 1.957/10 determina que deveriam ser transferidos até 2 para pacientes com até 35 anos, até 3 para pacientes entre 36 e 39 anos e até 4 para pacientes acima de 40 anos (Item I-6),[759]

---

[755] Resolução nº 2.013/2013 do CFM: "2 - As técnicas de RA podem ser utilizadas desde que exista probabilidade efetiva de sucesso e não se incorra em risco grave de saúde para a paciente ou o possível descendente, e a idade máxima das candidatas à gestação de RA é de 50 anos".

[756] Resolução nº 2.121/2015 do CFM: "3 - As exceções ao limite de 50 anos para participação do procedimento serão determinadas, com fundamentos técnicos e científicos, pelo médico responsável e após esclarecimento quanto aos riscos envolvidos".

[757] Resolução nº 2.168/2017 do CFM: "3. As técnicas de RA podem ser utilizadas desde que exista probabilidade de sucesso e não se incorra em risco grave de saúde para o(a) paciente ou o possível descendente. §1º A idade máxima das candidatas à gestação por técnicas de RA é de 50 anos. §2º As exceções a esse limite serão aceitas baseadas em critérios técnicos e científicos fundamentados pelo médico responsável quanto à ausência de comorbidades da mulher e após esclarecimento ao(s) candidato(s) quanto aos riscos envolvidos para a paciente e para os descendentes eventualmente gerados a partir da intervenção, respeitando-se a autonomia da paciente".

[758] Resolução nº 1.358/1992 do CFM: "6 - O número ideal de oócitos e pré-embriões a serem transferidos para a receptora não deve ser superior a quatro, com o intuito de não aumentar os riscos já existentes de multiparidade".

[759] Resolução nº 1.957/2010 do CFM: "6 - O número máximo de oócitos e embriões a serem transferidos para a receptora não pode ser superior a quatro. Em relação ao número de embriões a serem transferidos, são feitas as seguintes determinações: a) mulheres com até

as três posteriores alteraram apenas a última categoria, a nº 2.013/13 determina até 4 embriões para mulheres entre 40 e 50 anos (Item I-6)[760], a nº 2.121/15 retoma a previsão de até quatro embriões para pacientes acima de 40 anos, ao que foi replicada pela Resolução nº 2.168/17 (Item I-7),[761] visto que a idade máxima de 50 anos, nessas duas últimas resoluções, pode ser afastada em certas hipóteses, consoante dito anteriormente. Além disso, todas as resoluções proibiram a possibilidade de redução embrionária.

A respeito do consentimento informado, todas as resoluções preveem-no como obrigatório, devendo conter os aspectos médicos detalhadamente expostos e os resultados obtidos naquela unidade de tratamento com a técnica sugerida. A única diferença, nesse tópico, contudo, foi quanto à elaboração do formulário de consentimento informado, ao qual, na Resolução nº 2.121/15, acrescentou-se a necessidade de ser formulado pela discussão bilateral entre os envolvidos, sendo retomada tal ideia na Resolução nº 2.168/2017 (Item I-4),[762] o que revela a maior preocupação com a autonomia dos pacientes.

Em matéria de seleção de sexo ou outra característica biológica do futuro filho, todas foram unânimes em vedar a sua possibilidade, salvo para evitar doenças do filho que venha a nascer. Tratando acerca da finalidade das TRHA, por sua vez, todas determinam que deva ser sempre procriativa, vedada qualquer outra finalidade distinta dessa.

---

35 anos: até dois embriões); b) mulheres entre 36 e 39 anos: até três embriões; c) mulheres com 40 anos ou mais: até quatro embriões".

[760] Resolução nº 2.013/2013 do CFM: "6 - O número máximo de oócitos e embriões a serem transferidos para a receptora não pode ser superior a quatro. Quanto ao número de embriões a serem transferidos faz-se as seguintes recomendações: a) mulheres com até 35 anos: até 2 embriões; b) mulheres entre 36 e 39 anos: até 3 embriões; c) mulheres entre 40 e 50 anos: até 4 embriões; d) nas situações de doação de óvulos e embriões, considera-se a idade da doadora no momento da coleta dos óvulos".

[761] Resolução nº 2.168/2017 do CFM: "7. Quanto ao número de embriões a serem transferidos, fazem-se as seguintes determinações de acordo com a idade: a) mulheres até 35 anos: até 2 embriões; b) mulheres entre 36 e 39 anos: até 3 embriões; c) mulheres com 40 anos ou mais: até 4 embriões; d) nas situações de doação de oócitos e embriões, considera-se a idade da doadora no momento da coleta dos oócitos. O número de embriões a serem transferidos não pode ser superior a quatro".

[762] Resolução nº 2.168/2017 do CFM: "4. O consentimento livre e esclarecido será obrigatório para todos os pacientes submetidos às técnicas de RA. Os aspectos médicos envolvendo a totalidade das circunstâncias da aplicação de uma técnica de RA serão detalhadamente expostos, bem como os resultados obtidos naquela unidade de tratamento com a técnica proposta. As informações devem também atingir dados de caráter biológico, jurídico e ético. O documento de consentimento livre e esclarecido será elaborado em formulário especial e estará completo com a concordância, por escrito, *obtida a partir de discussão bilateral entre as pessoas envolvidas nas técnicas de reprodução assistida*" (grifos nossos).

Inovação trazida pela Resolução nº 2.168/17 com relação aos princípios gerais do uso das TRHA está na previsão de possibilidade de preservação social e/ou oncológica de gametas sexuais, embriões ou tecidos germinativos (Item I-2).[763] Tal disposição faz-se importante, pois os pacientes que se submetem a tratamento oncológico podem ter, como efeito colateral, a infertilidade, sendo importante o oferecimento dessa alternativa. Ademais, dá a outros pacientes – os quais não tenham a infertilidade diagnosticada ou aqueles submetidos a outros tipos de tratamentos ou que forem acometidos por doenças os quais gerem um quadro de infertilidade – a opção de preservar seus gametas sexuais, no intuito de desempenhar um projeto parental futuro.[764]

Note-se, porém, que não há qualquer previsão específica com relação à possibilidade de sua preservação em caso de pacientes trans que desejam submeter-se ao processo transexualizador. Por óbvio que essa disposição possa ser interpretada em favor dessas pessoas, adequando-se à noção de preservação social, especialmente após a modificação textual introduzida pela Resolução nº 2.283/20. No entanto, seria oportuno trazer, de forma específica, essa alternativa, tanto na Resolução nº 2.168/17, quanto na Resolução nº 2.265/2017, como uma das etapas do processo de afirmação de gênero,[765] de modo a dar visibilidade à preservação dos direitos reprodutivos dessas pessoas.[766]

---

[763] Resolução nº 2.168/2017 do CFM: "2. As técnicas de RA podem ser utilizadas na preservação social e/ou oncológica de gametas, embriões e tecidos germinativos".

[764] Sobre isso, é a opinião do CFM: "A Resolução CFM nº 2.168/2017 permite que pessoas sem problemas reprodutivos diagnosticados possam recorrer a técnicas disponíveis de reprodução assistida, como o congelamento de gametas, embriões e tecidos germinativos. Dessa forma, os pacientes ganham a possibilidade de planejar o aumento da família, segundo um calendário pessoal, levando em conta projetos de trabalho ou de estudos, por exemplo. Também são beneficiados pacientes que, por conta de tratamentos ou desenvolvimento de doenças, poderão vir a ter um quadro de infertilidade" (cf. CONSELHO FEDERAL DE MEDICINA. *Reprodução assistida*: CFM anuncia novas regras para o uso de técnicas de fertilização e inseminação no país, 2017. Disponível em: https://portal.cfm.org.br/index.php?option=com_content&view=article&id=27275:2017-11-09-13-06-20&catid=3. Acesso em: 17 jun. 2019).

[765] A resolução traz menção apenas à necessidade de informação da pessoa trans quanto à ocorrência de esterilidade, nos termos do seu art. 6º, parágrafo único: "Art. 6º Na atenção médica especializada, o transgênero deverá ser informado e orientado previamente sobre os procedimentos e intervenções clínicas e cirúrgicas aos quais será submetido, incluindo seus riscos e benefícios. [...] Parágrafo único. É obrigatório obter o consentimento livre e esclarecido, informando ao transgênero sobre a possibilidade de esterilidade advinda dos procedimentos hormonais e cirúrgicos para a afirmação de gênero". No entanto, não é trazida qualquer disposição quanto às alternativas para conservação das capacidades reprodutivas dessas pessoas.

[766] O tema dos direitos reprodutivos das pessoas trans será melhor trabalhado em tópico específico no Capítulo 6.

No tocante à doação de gametas, todas as resoluções determinam que ela deve ser gratuita, sendo vedada aos médicos, funcionários e demais integrantes da equipe multidisciplinar das clínicas, unidades ou serviços. No entanto, a partir da Resolução nº 2.013/13, passou-se a estabelecer a idade máxima para fazer essa doação, sendo de 35 anos para mulheres e de 50 anos para homens, disposição essa a qual se repetiu nas resoluções nºs 2.121/15 e 2.168/17 (Item IV-3).[767] Além do mais, todas determinaram pelo sigilo, num modelo de anonimato absoluto[768] das doações, sendo que nem os doadores nem os receptores podem conhecer as identidades uns dos outros, e, excepcionalmente, em caso de motivação médica, podem ser fornecidas informações sobre os doadores exclusivamente para médicos, resguardando-se a sua identidade civil. Ainda sobre as doações, as resoluções atribuíram a escolha dos doadores às unidades, responsáveis por garantir a máxima semelhança fenotípica e a máxima compatibilidade com a receptora, e as resoluções nºs 2.013/13, 2.121/15 e 2.168/17, atualmente vigentes, inovaram ao admitir a possibilidade de doação compartilhada de oócitos (Item IV-9).[769]

Com relação ao uso do material genético de um mesmo doador em mais de uma gestação, algumas alterações foram sendo acrescidas ao texto das resoluções ao longo do tempo: a) na Resolução nº 1.358/92 – impunha-se a que fosse evitado o fato de, na região de localização da unidade, um doador produzisse mais de 2 gestações, de sexos diferentes, numa área de um milhão de habitantes; b) na Resolução nº 1.957/10 – esse número fora reduzido para 1 gestação de criança de sexos diferentes numa área de um milhão de habitantes; c) nas resoluções nºs 2.013/13 e 2.121/15 – o número foi novamente elevado para 2 gestações de crianças de sexos diferentes numa área de um milhão de habitantes; e d) na Resolução nº 2.168/17 – o número de 2 gestações de crianças de sexos diferentes para uma área de um milhão de habitantes foi mantido, mas se autorizou que o mesmo doador pudesse contribuir

---

[767] Resolução nº 2.168/2017 do CFM: "3. A idade limite para a doação de gametas é de 35 anos para a mulher e de 50 anos para o homem".
[768] FERRAZ, Ana Claudia Brandão de Barros Correia. *Reprodução humana assistida e suas consequências nas relações de família*: a filiação e a origem genética sob a perspectiva da repersonalização. 2. ed. Curitiba: Juruá, 2016. p. 69.
[769] Resolução nº 2.168/2017 do CFM: "[...] 9. É permitida a doação voluntária de gametas, bem como a situação identificada como *doação compartilhada de oócitos* em RA, em que doadora e receptora, participando como portadoras de problemas de reprodução, compartilham tanto do material biológico quanto dos custos financeiros que envolvem o procedimento de RA. A doadora tem preferência sobre o material biológico que será produzido" (grifos nossos).

com quantas gestações fossem desejadas, desde que em uma mesma família (Item IV-6).[770]

Acerca dos embriões excedentários, as resoluções optaram pela possibilidade de sua criopreservação, tendo as três últimas adicionado a possibilidade de criopreservar também tecidos gonádicos, além dos espermatozoides e óvulos, constantes também nas duas primeiras resoluções. Além disso, no momento dessa preservação, os pacientes devem expressar sua vontade, por escrito, quanto ao destino desses embriões em caso de divórcio, dissolução de união estável, doenças graves ou falecimento, de um ou de ambos, e quando desejam doá-los.

O prazo previsto para o descarte dos embriões foi alterado recentemente, posto que, nas resoluções nºs 2.013/13 e 2.121/15, ficou estabelecido que os embriões criopreservados por mais de 5 anos poderiam ser descartados ou utilizados para pesquisas com células-tronco, nos termos do art. 5º da Lei de Biossegurança (Lei nº 11.105/2005),[771] respeitada a vontade dos pacientes. Em 2017, a Resolução nº 2.168/17 reduziu o prazo para o descarte, segundo a vontade dos beneficiários, para 3 anos; autorizando, ainda, a possibilidade de descarte, independentemente da vontade dos pacientes, quando os embriões forem abandonados por eles, considerando abandonados aqueles embriões cujos responsáveis descumpriram o contrato preestabelecido com a clínica e não foram encontrados por ela (Item V-5),[772] silenciando com relação à sua destinação para fins de pesquisa científica. Tal dispositivo é problemático, pois contraria disposição expressa da Lei de Biossegurança (art. 5º,

---

[770] Resolução nº 2.168/2017 do CFM: "[...] 6. Na região de localização da unidade, o registro dos nascimentos evitará que um(a) doador(a) tenha produzido mais de duas gestações de crianças de sexos diferentes em uma área de um milhão de habitantes. *Um(a) mesmo(a) doador(a) poderá contribuir com quantas gestações forem desejadas, desde que em uma mesma família receptora*" (grifos nossos).

[771] Lei de Biossegurança (nº 11.105/05): "Art. 5º É permitida, para fins de pesquisa e terapia, a utilização de células-tronco embrionárias obtidas de embriões humanos produzidos por fertilização *in vitro* e não utilizados no respectivo procedimento, atendidas as seguintes condições: I – sejam embriões inviáveis; ou II – sejam embriões congelados há 3 (três) anos ou mais, na data da publicação desta Lei, ou que, já congelados na data da publicação desta Lei, depois de completarem 3 (três) anos, contados a partir da data de congelamento. §1º Em qualquer caso, é necessário o consentimento dos genitores. §2º Instituições de pesquisa e serviços de saúde que realizem pesquisa ou terapia com células-tronco embrionárias humanas deverão submeter seus projetos à apreciação e aprovação dos respectivos comitês de ética em pesquisa. §3º É vedada a comercialização do material biológico a que se refere este artigo e sua prática implica o crime tipificado no art. 15 da Lei nº 9.434, de 4 de fevereiro de 1997".

[772] Resolução nº 2.168/2017 do CFM: "5. Os embriões criopreservados e abandonados por três anos ou mais poderão ser descartados. Parágrafo único: *Embrião abandonado é aquele em que os responsáveis descumpriram o contrato pré-estabelecido e não foram localizados pela clínica*" (grifos nossos).

§1º), na qual ficou estabelecido que, em qualquer hipótese, o descarte só poderá ser realizado a partir do consentimento dos genitores,[773] o que demanda uma revisão desse dispositivo.

Em matéria de diagnóstico genético pré-implantacional, as resoluções nºs 1.358/92 e 1.957/10 o permitiram apenas para fins de prevenção e tratamento de doenças genéticas ou hereditárias, quando perfeitamente indicada e com suficientes garantias de diagnóstico e terapêutica. A seu turno, as resoluções nºs 2.013/13 e 2.121/15 também permitiram o diagnóstico anterior, mas, dessa vez, com outras duas finalidades: a) de seleção de embriões com alterações genéticas causadoras de doenças; e b) de tipagem de sistema HLA do embrião, para verificar embriões HLA-compatíveis com o filho do casal já acometido pela doença, cujo tratamento efetivo seja com células-tronco, possibilitando a técnica que ficou conhecida como "bebê medicamento" ou "bebê salvador".[774] No restante, a Resolução nº 2.168/17 apenas trouxe, como um requisito para a realização desse diagnóstico, a existência de termo de consentimento informado específico com relação a essa técnica (Item IV-1).[775]

De mais a mais, em se tratando de inseminação artificial *post mortem*, a Resolução nº 1.358/92 não previu nada a respeito, ao passo que todas as demais permitiram a sua realização, desde que houvesse autorização prévia específica do falecido para o uso do material genético, em conformidade com a legislação vigente.

---

[773] Lei de Biossegurança (nº 11.105/05): "§1º Em qualquer caso, é necessário o consentimento dos genitores".

[774] Explicam Claudia Aparecida Costa Lopes e Pedro Henrique Sanches que a concepção do "bebê medicamente" inicia-se com a coleta de óvulos e espermatozoides dos pais para a realização da fertilização *in vitro*. Durante o processo, formam-se os embriões, os quais passarão pelo diagnóstico genético pré-implantatório, em que é feita uma análise profunda das suas características genéticas, a fim de excluir a possibilidade de aquela criança desenvolver a doença hereditária em questão. O diagnóstico é feito a partir da retirada de células do embrião (chamado, nesse momento, de blastômero) quando ele apresenta de 6 a 8 células. Selecionam-se, então, os embriões que não possuem a doença e que são compatíveis com o irmão que está acometido da doença. Por fim, no momento do nascimento, são coletadas e congeladas as células tronco do cordão umbilical (cf. LOPES, Claudia Aparecida Costa; SANCHES, Pedro Henrique. Do bebê medicamento: "instrumento" de dignidade familiar. *In*: ENCONTRO NACIONAL DA CONPEDI: A HUMANIZAÇÃO DO DIREITO E A HORIZONTALIZARÃO DA JUSTIÇA NO SÉCULO XXI, 23., 2014, João Pessoa. *Anais Direito de Família II*. Florianópolis: Conpedi, 2014. p. 1-17. Disponível em: http://www.publicadireito.com.br/artigos/?cod=8ec959b57278128a. Acesso em: 17 jun. 2019).

[775] Resolução nº 2.168/2017 do CFM: "1. As técnicas de RA podem ser aplicadas à seleção de embriões submetidos a diagnóstico de alterações genéticas causadoras de doenças – podendo nesses casos ser doados para pesquisa ou descartados, *conforme a decisão do(s) paciente(s) devidamente documentada em consentimento informado livre e esclarecido específico*" (grifos nossos).

Enfim, relativamente à gestação por substituição, todas as resoluções admitiram-na, de forma gratuita, para casos de problema médico que impedisse ou contraindicasse a gestação na doadora genética. No entanto, algumas questões foram mudando ao longo do tempo: a) nas resoluções nºs 1.358/92 e 1.957/10 admitiu-se como gestante por substituição apenas as mulheres pertencentes à família da doadora genética, em parentesco consanguíneo, até o 2º grau; b) as resoluções nºs 2.013/13 e 2.121/15 permitiram que mulheres da família de qualquer dos beneficiários, em parentesco consanguíneo, até o 4º grau (primeiro grau – mãe; segundo grau – irmã e avó; terceiro grau – tia; quarto grau – prima), pudessem figurar na posição de gestante por substituição, inclusive nos casos de família homoafetiva; e c) na Resolução nº 2.168/17, manteve-se a limitação do parentesco no 4º grau, consanguíneo, com ampliação das hipóteses (primeiro grau – mãe e filha; segundo grau – irmã e avó; terceiro grau – tia e sobrinha; quarto grau – prima), e estendeu-se a possibilidade da prática também para pessoas solteiras.

Assim, pode-se notar que há uma grande restrição ao uso dessa técnica, pois as diretrizes administrativas instauradas pelo CFM acabam por restringir alguns acessos, os quais, *a priori*, não estariam excluídos pela legislação em si. Por exemplo, é o caso do parentesco civil, que, por lei, apresenta semelhante *dignidade* quando comparado ao consanguíneo, mas que se encontra fora do rol elencado pelo CFM para o uso da técnica da GS, sendo necessário, na prática, parecer do CRM para suplantar tal requisito.

Nesse caso, entende-se que as disposições da resolução deontológica desse conselho de classe não têm o condão de afastar a *igualdade* no parentesco, que representa conquista legal fundamental, consagrada tanto na seara constitucional, quanto na infraconstitucional. Por essa razão, o recurso à GS poderá estar atrelado a qualquer forma de parentesco, não podendo ser instaurada qualquer discriminação quanto a algum dos vínculos possíveis, quando devidamente comprovados. Desse modo, o que deve ser perquirido é a autonomia da gestante, por meio do seu efetivo consentimento informado, para que seja dada a legitimidade necessária ao procedimento, não sendo imprescindível, para a hipótese em apreço, o parecer do CRM.

Por derradeiro, cumpre salientar, mais uma vez, que, a despeito da existência dessas normas deontológicas, não se pode eximir o legislador da sua função de editar leis específicas nessa matéria. Isso, pois, como bem ressalta Olga Jubert Krell:

Deve ser respeitado o princípio constitucional da "reserva de lei", que exige uma decisão do legislador parlamentar democraticamente legitimado sobre assuntos que envolvem diretamente direitos fundamentais, questões que envolvem diretamente a liberdade das pessoas.[776]

Afinal, essas resoluções configuram somente normas "paralegais" aplicáveis aos médicos e cujo descumprimento implica apenas a instauração de processos administrativos disciplinares, no âmbito do conselho profissional específico, em face daqueles profissionais que não observarem os preceitos trazidos nas resoluções, não acarretando quaisquer sanções estatais comuns.[777] Por esse motivo, sustenta-se a atenção do legislador para tal demanda, visto que já faz mais de 30 anos do nascimento do primeiro "bebê de proveta" do Brasil, Ana Paula Caldeira, e ainda não foi aprovada nenhuma lei para regular essas práticas.

5.3 Uma realidade à margem da lei: os projetos de lei brasileiros e a tentativa de normatização das técnicas de reprodução humana assistida

Em que pese a inexistência de leis específicas que tratem do tema da RHA, existem diversos projetos de lei tramitando no Congresso Nacional os quais pretendem regular total ou parcialmente o uso das TRHA. Dessa maneira, passa-se à análise dos referidos projetos, a fim de verificar as direções que estão sendo tomadas pelo Legislativo em matéria de regulamentação dos procedimentos de reprodução humana, especialmente no concernente à atribuição da filiação.

Nesse sentido, dividiram-se os PLs em dois grandes grupos: a) os projetos de lei com propostas de regulamentação mais abrangentes – estando presentes, nesse grupo, aqueles projetos, seis no total, os quais se dispõem a criar um verdadeiro sistema jurídico de legalização do uso das TRHA; e b) os projetos de lei com propostas pontuais de regulamentação – colocando-se, nessa categoria, os projetos, quinze no total, os quais pretendem normatizar apenas algumas questões específicas atinentes às TRHA.

Com relação ao segundo grupo, não serão discutidas, neste trabalho, as ideias e propostas trazidas pelos PLs que o compõem, visto que, como já falado, não se propõem a regulamentar as TRHA,

---

[776] KRELL, Olga Jubert Gouveia. *Reprodução humana assistida e filiação civil*: princípios éticos e jurídicos. Curitiba: Juruá, 2006. p. 37.

[777] KRELL, Olga Jubert Gouveia. *Reprodução humana assistida e filiação civil*: princípios éticos e jurídicos. Curitiba: Juruá, 2006. p. 37.

buscando somente normatizar algumas temáticas pontuais, como: autorizar a FIV, instituir o programa de reprodução assistida no Sistema Único de Saúde, estabelecer critérios para o funcionamento das clínicas etc. Entretanto, ficará disponibilizado, no apêndice C desta pesquisa, o quadro comparativo elaborado a partir da análise desses PLs.

Dito isso, passa-se à apreciação dos PLs que compuseram o objeto deste estudo. Assim, no primeiro grupo, foram avaliados o PL nº 2.855/1997, o PL nº 1.135/2003, o PL nº 1.184/2003, o PL nº 2.061/2003, o PL nº 4.892/2012 e o PL nº 115/2015. Na sua análise, foi montado um quadro comparativo, constante do apêndice B, e levaram-se em conta os seguintes aspectos:

(A) *em matéria de princípios gerais* – as hipóteses, a possibilidade de preservação social e/ou oncológica de gametas sexuais, embriões ou tecidos germinativos, a possibilidade de preservação dos gametas sexuais de pessoas transexuais, a idade máxima da candidata à gestação, o consentimento informado e documento de consentimento informado, a seleção de sexo ou qualquer outra característica biológica do futuro filho, a finalidade, a criação de seres humanos geneticamente modificados, a criação de embriões para investigação de qualquer natureza, a criação de embriões com finalidade de eugenia, híbridos ou quimeras, a intervenção no genoma humano, a confusão na inseminação ou fertilização, o número máximo de embriões ou oócitos a serem transferidos por idade da receptora e a possibilidade de redução embrionária;

(B) *em matéria de beneficiários das técnicas* – quem pode ser paciente e a existência de previsão do uso das técnicas para casais homoafetivos ou pessoas solteiras;

(C) *em matéria de doação de gametas* – o seu caráter (se gratuito ou lucrativo), o sigilo, a escolha do doador e se há possibilidade de doação compartilhada de oócitos;

(D) a personalidade jurídica atribuída aos embriões in vitro;

(E) *em matéria de criopreservação de gametas* – sua possibilidade e o tratamento dado aos embriões excedentários;

(F) em matéria de inseminação artificial post mortem – sua possibilidade;

(G) em matéria de diagnóstico genético pré-implantacional – sua possibilidade e as suas hipóteses;

(H) *em matéria de gestação por substituição* – sua possibilidade, as hipóteses, quem pode ser a gestante por substituição e o seu caráter (se lucrativo ou gratuito);

(I) *em matéria de filiação* – a quem é conferida a filiação das pessoas nascidas das TRHA;
(J) *em matéria de fiscalização* – se há previsão de fiscalização das clínicas e a quem compete;
(K) *em matéria de infrações* – se há previsão de sanções em caso de descumprimento das leis.

Dessa forma, cumpre dizer primeiramente que tais projetos guardam certa semelhança entre si, geralmente seguindo as orientações estabelecidas nas resoluções do CFM. Destarte, note-se que o PL nº 2.855/1997 traz, de forma um tanto superficial, as discussões que atinem ao debate a respeito da aplicação das TRHA, fazendo constar que: a) as TRHA se farão pertinentes frente aos problemas de fertilidade e esterilidade humanas, mediante consentimento informado em documento escrito e assinado pelos beneficiários em formulário especial; b) veda a seleção de sexo ou qualquer outra característica biológica, salvo para os casos em que se pretenda prevenir doenças; c) veda a utilização da RHA para fins de clonagem e eugenia; d) proíbe expressamente o recurso à redução embrionária; e) estabelece a gratuidade e o sigilo na doação de gametas e embriões, podendo esse anonimato ser quebrado e fornecido pela equipe, somente por motivações de cunho médico, preservando-se a identidade civil do doador e jamais implicando estabelecimento de vínculo de filiação; f) admite a possibilidade de crioconservação de gametas e embriões, sendo que, no caso dos embriões excedentários, eles serão preservados pelo prazo de cinco anos; g) veda o reconhecimento de paternidade *post mortem* quando não houver manifestação prévia e expressa do casal nesse sentido; h) permite o uso de diagnóstico genético pré-implantacional, bem como da gestação sub-rogada gratuita, em que a gestante deverá ser parente até 4º grau da futura mãe legal; e i) estabelece diversas sanções de cunho penal.

O PL nº 1.135/2003 – o qual corresponde ao PLS nº 90/1999 – mostra-se basicamente uma cópia da Resolução nº 1.358/1992 do CFM, com apenas alguns acréscimos, quais sejam: a) atribuição da filiação aos beneficiários das técnicas; b) determinação de que o Ministério Público será responsável pela fiscalização dos centros que oferecerem as técnicas reprodutivas; c) atribuição de personalidade jurídica ao embrião apenas no momento da implantação no organismo da receptora, não considerando os embriões excedentários seres dotados de personalidade; d) previsão, mesmo que excepcionalmente, para os casos de risco de vida da gestante, da possibilidade de redução embrionária; e e) previsão da possibilidade de infrações éticas (a serem disciplinadas pelo Conselho dos órgãos de classe a que estão subordinados os profissionais) e administrativas (a serem estabelecidas pelo órgão competente da administração pública) e da tipificação de algumas condutas criminosas. No mais, mantêm-se as ideias de facilitação do processo de procriação, como finalidade, de necessidade de consentimento esclarecido prévio, expresso e obrigatório, com a possibilidade de transferência de, no máximo, três embriões, de gratuidade na doação de gametas, respeitado também o sigilo, de possibilidade de inseminação *post mortem*, de diagnóstico pré-implantacional e da gestação por substituição, na modalidade gratuita.

Em seguida, fala-se do PL nº 1.184/2003, o qual traz consigo algumas diferenças do projeto anteriormente comentado e também da própria resolução do CFM. Nele, não é estabelecida uma idade máxima, assim como no anterior, mas se traz a ideia de aptidão física e psicológica da beneficiária, não podendo ser transferidos mais do que dois embriões. Ademais, veda o uso das técnicas de inseminação *post mortem* e da gestação por substituição. No mais, estabelece, ainda, a possibilidade de redução embrionária nos casos de risco de vida da mãe, assim como o anterior, não considerando também os embriões excedentários como seres dotados de personalidade jurídica antes de sua implantação no organismo da receptora. No tocante à filiação, esta se atribui aos beneficiários, cumprindo ao Ministério Público a fiscalização do uso dessas técnicas. Por fim, prevê apenas uma série de condutas criminais tipificadas, sem mencionar infrações administrativas ou éticas.

O projeto que se segue, PL nº 2.061/2003, também tem suas peculiaridades em relação aos demais, a exemplo: a) da possibilidade de transferência de até quatro embriões, podendo tal número ser reduzido em função do aperfeiçoamento das técnicas; e b) da previsão de fiscalização do uso correto das TRHA por parte de uma Comissão de Ética a ser criada pelo conselho municipal de saúde ou, na sua falta, pelo conselho estadual de saúde da localidade dos estabelecimentos. É curioso, contudo, o fato de o referido projeto ter sido omisso quanto à constituição da filiação, bem como quanto à possibilidade de redução embrionária, quanto à personalidade jurídica do embrião *in vitro* e quanto à possibilidade de RHA *post mortem*, apresentando diversas lacunas.

Por último, cumpre destacar os principais pontos dos PLs nº 4.892/2012 e nº 115/2015, intitulados Estatuto da Reprodução Humana Assistida, os quais são, na realidade, o mesmo projeto, que foi apresentado duas vezes, uma pelo Ex-Deputado Eleuses Paiva e, em seguida, pelo Deputado Juscelino Rezende Filho. Tais projetos são, de longe, os mais completos, pois, além da regulamentação das práticas, estabelecem: a) princípios próprios a serem aplicados ao uso das TRHA (*respeito à vida humana, serenidade familiar, igualdade, dignidade da pessoa humana, superior interesse do menor, paternidade responsável, liberdade de planejamento familiar, proteção integral da família, autonomia da vontade, boa-fé objetiva, transparência* e *subsidiariedade*); b) direitos e deveres tanto para os beneficiários quanto para os médicos; c) direitos patrimoniais e pessoais para os nascidos das TRHA, a exemplo da garantia de direitos sucessórios ao descendente oriundo de embrião criopreservado, desde que nascido até três anos da abertura da sucessão; d) vedação à criação de seres humanos geneticamente modificados, embriões para investigação de qualquer natureza, bem como embriões com finalidades de eugenia, híbridos e quimeras; e) vedação à intervenção no genoma humano, exceto para o caso de terapia gênica; f) vedação à produção de embriões supranumerários, os quais podem ser criopreservados apenas em caráter excepcional; g) além de toda uma sistemática de controle administrativo, exercida pelo Sistema Nacional de Reprodução Assistida e seus órgãos, todos vinculados ao Ministério da Saúde e a Agência de Vigilância Sanitária.

Nessa continuidade, impende ressaltar que, apesar de os referidos projetos normativos omitirem a questão da personalidade jurídica dos embriões excedentários, pode-se perceber neles uma leve tendência a atribuir-lhes uma proteção diferenciada quando comparado com os demais. Isso, pois, além de desaconselhar a sua produção excessiva, veda o seu descarte e traz a figura da adoção embrionária no seu art. 34.[778] Nesse sentido, percebe-se o cuidado do legislador em proteger a expectativa daquela vida, pois, mesmo que não lhe tenha atribuído expressamente personalidade, ao menos optou por resguardá-la, prezando pela responsabilidade e a ética para com a vida humana quando do uso das citadas técnicas.

No mais, é importante destacar as seguintes questões com relação a todos esses PLs anteriormente mencionados: a) nenhum deles, diferentemente das resoluções nºs 2.013/2013, 2.121/2015 e 2.168/2017 do CFM, traz de maneira expressa a possibilidade do uso das TRHA por casais homoafetivos; e b) igualmente, nenhum deles preocupa-se com a questão da preservação de gameta das pessoas trans, o que, como

---

[778] Projeto de Lei nº 115/2015 (Estatuto da Reprodução Assistida): "Art. 34. A adoção de embriões seguirá as regras previstas no Estatuto da Criança e do Adolescente, no que couberem e não contrariarem o presente Estatuto [...] Parágrafo único. Para atender os fins propostos neste artigo, será criado no prazo de 180 (cento e oitenta) dias contado da entrada em vigor desta lei, pelo Conselho Nacional de Reprodução Assistida, um Cadastro Nacional de Adoção de Embriões".

visto anteriormente, apesar de não ter sido garantido expressamente, é possibilitado pela via da preservação social do material genético, que está prevista na Resolução nº 2.168/2017 do CFM. De qualquer forma, não parece razoável excluir tais grupos familiares do acesso a esses meios tecnológicos de reprodução, pois se ligam diretamente ao exercício da autonomia no planejamento familiar e no exercício dos direitos sexuais e reprodutivos, os quais serão tratados no capítulo seguinte.

5.4 Provimentos nº 52/2016 e nº 63/2017 do CNJ: a extrajudicialização do registro de crianças fruto das técnicas de reprodução humana assistida

A escassez legislativa a respeito do registro das crianças oriundas das TRHA, em especial, aquelas cujos pais compõem casal homoafetivo ou, ainda, nos casos de recurso à gestação sub-rogada para fins de concretização dos projetos parentais, fez com que muitas dessas relações tivessem que ser submetidas à apreciação do Poder Judiciário, no intuito de reconhecer as relações paterno-materno-filiais entre os envolvidos. Em razão dessas circunstâncias, intensos debates foram travados na doutrina, sobretudo em fóruns de discussão coletiva, levando à edição de enunciados, que, como visto anteriormente, embora não possuam caráter impositivo, indicam uma orientação interpretativa a ser seguida.

Nesse sentido, destacam-se os enunciados nº 129 da I Jornada de Direito Civil[779] e o nº 608 da VII Jornada de Direito Civil,[780] ambos

---

[779] I Jornada de Direito Civil do CJF: "129 – Proposição para inclusão de um artigo no final do cap. II, subtítulo II, cap. XI, título I, do livro IV, com a seguinte redação: Art. 1.597-A. 'A maternidade será presumida pela gestação. Parágrafo único: Nos casos de utilização das técnicas de reprodução assistida, a maternidade será estabelecida em favor daquela que forneceu o material genético, ou que, tendo planejado a gestação, valeu-se da técnica de reprodução assistida heteróloga'. *Justificativa*: No momento em que o art. 1.597 autoriza que o homem infértil ou estéril se valha das técnicas de reprodução assistida para suplantar sua deficiência reprodutiva, não poderá o Código Civil deixar de prever idêntico tratamento às mulheres. O dispositivo dará guarida às mulheres que podem gestar, abrangendo quase todas as situações imagináveis, como as técnicas de reprodução assistida homólogas e heterólogas, nas quais a gestação será levada a efeito pela mulher que será a mãe socioevolutiva da criança que vier a nascer. Pretende-se, também, assegurar à mulher que produz seus óvulos regularmente, mas não pode levar a termo uma gestação, o direito à maternidade, uma vez que apenas a gestação caberá à mãe sub-rogada. Contempla-se, igualmente, a mulher estéril que não pode levar a termo uma gestação. Essa mulher terá declarada sua maternidade em relação à criança nascida de gestação sub-rogada na qual o material genético feminino não provém de seu corpo. Importante destacar que, em hipótese alguma, poderá ser permitido o fim lucrativo por parte da mãe sub-rogada".

[780] VII Jornada de Direito Civil do CJF: "608 – É possível o registro de nascimento dos filhos de pessoas do mesmo sexo originários de reprodução humana assistida, diretamente no

organizados pelo CJF, assim como o Enunciado nº 12 do X Congresso Brasileiro de Direito de Família,[781] organizado pelo IBDFAM. A partir da análise desses vieses interpretativos, já se observam as seguintes tendências: a) do reconhecimento da possibilidade jurídica do recurso à gestação sub-rogada – sugerindo-se uma alteração legislativa, para fins de reconhecê-la expressamente e melhor tutelar a relação filial advinda dela; e b) do direito ao registro das crianças oriundas das TRHA quando seus pais compuserem família homoafetiva, independentemente do ingresso de ação judicial – embasando tal entendimento nas decisões do STF e do STJ (reconhecendo, respectivamente, as uniões homoafetivas e a possibilidade do casamento entre pessoas do mesmo gênero), no fato de o CFM ter expressamente admitido o recurso à RHA por casais homoafetivos desde 2013 e na proteção aos direitos à identidade, previdenciários e sucessórios do filho, bem como nos direitos dos pais à licença natalidade e de inscrevê-los no plano de saúde. Sugeriu-se, então, que as Corregedorias dos Tribunais de Justiça Estaduais e do Distrito Federal editassem provimentos, visando à garantia da segurança jurídica dos atos registrais relativos a essas questões.

Nessa toada, seguindo as diretrizes interpretativas preconizadas pelos enunciados supracitados, as Corregedorias de Justiça estaduais passaram a editar provimentos na tentativa de regulamentar os atos registrais envolvendo o uso das TRHA.[782] Isso, a seu turno, também impulsionou o CNJ a criar, em 2016, por meio da Ministra Nancy Andrighi, na função de Corregedora Nacional de Justiça, o Provimento nº 52, o qual se destinou a uma uniformização, em âmbito nacional, do registro de nascimento daquelas crianças geradas a partir das TRHA, independentemente de prévia autorização judicial.

Para tanto, trazia, em seu corpo, alguns parâmetros básicos a serem seguidos, cumprindo destacar aqui alguns de seus aspectos. De

---

Cartório do Registro Civil, sendo dispensável a propositura da ação judicial, nos termos da regulamentação da Corregedoria local".

[781] Enunciados programáticos do X Congresso de Direito de Família do IBDFAM: "Enunciado 12. É possível o registro de nascimento dos filhos de casais homoafetivos, havidos de reprodução assistida, diretamente no Cartório do Registro Civil".

[782] O pioneiro foi o Provimento nº 21/2015 do Tribunal de Justiça de Pernambuco (TJPE), o qual, nas palavras do Desembargador Jones Figueirêdo Alves, à época, Corregedor-Geral de Justiça no mencionado estado, se propôs a desburocratizar o registro civil e a desjudicializar as hipóteses de RHA, quanto aos assentos de nascimento, especialmente com relação aos inúmeros casos de gestação por substituição e de projetos parentais desempenhados por famílias homoafetivas (cf. ALVES, Jones Figueirêdo. Reprodução humana assistida começa a se desjudicializar. *Revista Consultor Jurídico*, 21 nov. 2015. Disponível em: https://www.conjur.com.br/2015-nov-21/jones-alves-reproducao-humana-assistida-comeca-desjudicializar. Acesso em: 20 jun. 2019).

início, ressalta-se que o provimento demandava que o casal, casado ou em união estável, fosse ele heteroafetivo ou homoafetivo, comparecesse ao Cartório de Registro Civil, munido da documentação exigida no seu art. 2º,[783] para proceder com o registro da criança ou, ainda, que apenas um deles o fizesse, desde que apresentasse termo de consentimento, por instrumento público, do cônjuge ou do companheiro, autorizando expressamente a realização do procedimento.[784] Fato curioso é que essa normativa não atenta para a questão das "produções independentes" de parentalidade, quando essas recorrem à gestação sub-rogada, o que também implica certas dificuldades registrais e a necessidade de submissão à apreciação do Poder Judiciário.

Nas hipóteses de casais homoafetivos, o assento de nascimento deveria ser adaptado para que constassem os nomes dos ascendentes, sem haver qualquer distinção quanto à ascendência paterna ou materna.[785] Sobre essa questão, comenta Enézio de Deus a respeito da adoção por pares homoafetivos, ao que também se pode aplicar para os casos de RHA:

> [...] eu já defendia que o(a) magistrado(a) determinasse que, na certidão de nascimento, oriunda do desfecho do processo de adoção por casal homossexual, constasse, tão-somente: *filho de:* ... [nome de um(a) dos companheiros(as)] *e de:* ... [nome do(a) outro(a) companheiro(a)]. E que, no lugar dos avós, constassem os nomes de todos eles, sem, necessariamente, ter que haver diferenciações entre "paternos" e "maternos".[786]

---

[783] Provimento nº 52/2016 do CNJ: "Art. 2º. É indispensável, para fins de registro e da emissão da certidão de nascimento, a apresentação dos seguintes documentos: I - declaração de nascido vivo - DNV: II - declaração, com firma reconhecida, do diretor técnico da clínica, centro ou serviço de reprodução humana em que foi realizada a reprodução assistida, indicando a técnica adotada, o nome do doador ou da doadora, com registro de seus dados clínicos de caráter geral e características fenotípicas, assim como o nome dos seus beneficiários; III - certidão de casamento, certidão de conversão de união estável em casamento, escritura pública de união estável ou sentença em que foi reconhecida a união estável do casal".

[784] Provimento nº 52/2016 do CNJ: "Art. 1º O assento de nascimento dos filhos havidos por técnicas de reprodução assistida, será inscrito no livro 'A', independentemente de prévia autorização judicial e observada a legislação em vigor, no que for pertinente, mediante o comparecimento de ambos os pais, seja o casal heteroafetivo ou homoafetivo, munidos da documentação exigida por este provimento. §1º Se os pais forem casados ou conviverem em união estável, poderá somente um deles comparecer no ato do registro, desde que apresentado o termo referido no art. 2º, §1º, inciso III deste Provimento [...]".

[785] Provimento nº 52/2016 do CNJ: "[...] §2º Nas hipóteses de filhos de casais homoafetivos, o assento de nascimento deverá ser adequado para que constem os nomes dos ascendentes, sem haver qualquer distinção quanto à ascendência paterna ou materna".

[786] SILVA JÚNIOR, Enézio de Deus. *A possibilidade jurídica de adoção por casais homossexuais*. 5. ed. Curitiba: Juruá, 2011. p. 202 (grifos no original).

Por óbvio, dada a especificidade dessas relações, tal adaptação mostra-se essencial, a fim de adequar-se à realidade familiar homoafetiva, visto que não existe uma figura paterna e uma materna, mas sim uma dupla paternidade ou maternidade.

Outrossim, podem-se destacar algumas questões bioéticas e de ordem prática que foram também abordadas pelo provimento, quais sejam:

(A) a não inclusão do nome da gestante por substituição no registro de nascimento (art. 2ª, §2º) –[787] questão bastante discutível, tendo em vista as determinações legais com relação à maternidade, como visto anteriormente;

(B) a apresentação de termo de autorização, mediante instrumento público, para os casos de reprodução *post mortem* (art. 2º, §3º);[788]

(C) a determinação de que o conhecimento da ascendência biológica não acarretará o estabelecimento de vínculo de parentesco (art. 2º, §4º);[789]

(D) a necessária apresentação de termo de consentimento informado, mediante instrumento público, para os doadores de material genético e as gestantes por substituição, bem como termo de aprovação prévia de seus cônjuges ou companheiros (art. 2º, §1º).[790]

Ademais, vale dizer que o provimento previa sanções administrativas semelhantes àquelas constantes na Resolução nº 175/13 do

---

[787] Provimento nº 52/2016 do CNJ: "§[...] 2º Na hipótese de gestação por substituição, não constará do registro o nome da parturiente, informado na declaração de nascido vivo - DNV".

[788] Provimento nº 52/2016 do CNJ: "[...] §3º Nas hipóteses de reprodução assistida post-mortem, além dos documentos elencados acima, conforme o caso, deverá ser apresentado termo de autorização prévia específica do falecido ou falecida para o uso do material biológico preservado, lavrado por instrumento público".

[789] Provimento nº 52/2016 do CNJ: "[...] §4º O conhecimento da ascendência biológica não importará no reconhecimento de vínculo de parentesco e dos respectivos efeitos jurídicos entre o doador ou a doadora e o ser gerado por meio da reprodução assistida".

[790] Provimento nº 52/2016 do CNJ: "[...] §1º Nas hipóteses de doação voluntária de gametas ou de gestação por substituição, deverão ser também apresentados: I - termo de consentimento prévio, por instrumento público, do doador ou doadora, autorizando, expressamente, que o registro de nascimento da criança a ser concebida se dê em nome de outrem; II - termo de aprovação prévia, por instrumento público, do cônjuge ou de quem convive em união estável com o doador ou doadora, autorizando, expressamente, a realização do procedimento de reprodução assistida; III - termo de consentimento, por instrumento público, do cônjuge ou do companheiro da beneficiária ou receptora da reprodução assistida, autorizando expressamente a realização do procedimento".

CNJ para os casos de descumprimento dos seus ditames.[791] Isso, por sua vez, fez com que suas disposições se tornassem de observância obrigatória por parte dos oficiais de registros públicos e impedia que fosse desconsiderada a referida regulamentação.

Por fim, um tema bastante controverso quanto a esse dispositivo é a sua nítida orientação para a não preservação do sigilo com relação aos doadores de material genético. Ora, o seu art. 2º exigia, para fins de efetivação do registro, declaração do diretor técnico da clínica, centro ou serviço de RHA em que foi realizado o procedimento, constando, entre outras informações, o nome do doador ou da doadora, com registro de seus dados clínicos e de caráter geral e características fenotípicas (art. 2º, II). No entanto, sabe-se, consoante o que já foi exposto anteriormente, que a resolução do CFM adota o modelo do anonimato absoluto dos doadores, pelo que tal previsão, contida no Provimento nº 52 do CNJ, implicava conflito expresso entre esses dois documentos, ensejando a necessidade de uma conformação entre essas duas normativas, a fim de evitar contradições.[792]

Diante disso, no ano seguinte, o CNJ editou um novo provimento, o de nº 63 de 2017, por meio do Ministro João Otávio de Noronha, no papel de Corregedor Nacional de Justiça, destinado a realizar as devidas adaptações no dispositivo anterior, o qual restou revogado. Interessante notar que esse novo provimento estabelece diretrizes com relação a três matérias distintas, quais sejam: a) a uniformização dos modelos das certidões de nascimento, de casamento e de óbito a serem adotadas pelos ofícios de registro civil de pessoas naturais (Seção I – arts. 1º ao 9º); b) a possibilidade de reconhecimento voluntário extrajudicial de paternidade e de maternidade socioafetiva (Seção II – arts. 10 ao 15); e c) os registros e a emissão das respectivas certidões dos filhos oriundos do uso das TRHA (Seção III – arts. 16 ao 19). Entretanto, considerando o recorte temático da presente pesquisa, o trabalho debruçar-se-á apenas sobre a Seção III desse provimento, por ser a parte que trata especificamente da RHA.

---

[791] Provimento nº 52/2016 do CNJ: "Art. 3º É vedada aos Oficiais Registradores a recusa ao registro de nascimento e emissão da respectiva certidão para os filhos havidos por técnicas de reprodução assistida, nos termos deste Provimento. §1º A recusa prevista no caput deverá ser comunicada ao respectivo juiz corregedor para as providências disciplinares cabíveis. §2º Todos os documentos referidos no art. 2º deste Provimento deverão permanecer arquivados em livro próprio do Cartório de Registro Civil".

[792] FERRAZ, Ana Claudia Brandão de Barros Correia. *Reprodução humana assistida e suas consequências nas relações de família*: a filiação e a origem genética sob a perspectiva da repersonalização. 2. ed. Curitiba: Juruá, 2016. p. 69.

Assim, destaca-se que não houve grandes alterações com relação ao objetivo central do regulamento, apenas algumas mudanças pontuais relativas à documentação exigida, quais sejam:

(A) a retirada da exigência de indicação do nome do doador ou da doadora e de seus dados clínicos, gerais e fenotípicos no termo elaborado pelo diretor da clínica, centro ou serviço de RHA, bem como da necessidade de juntada de um documento de consentimento assinado por eles, autorizando o registro no nome de outrem, a fim de preservar o anonimato nessas doações (art. 17, II);[793]

(B) a remoção da necessidade de juntada de termo com autorização prévia do cônjuge ou do(a) companheiro(a) do doador ou da doadora, autorizando a realização do procedimento, o que também tem o condão de salvaguardar o sigilo dessas doações;

(C) a dispensa da apresentação do termo de consentimento do cônjuge ou do(a) companheiro(a) do(a) beneficiário(a) que intente realizar o registro individualmente, bastando a apresentação da certidão de casamento, certidão de conversão de união estável em casamento, escritura pública de união estável ou sentença que declare união estável;

(D) a exigência de termo de compromisso por parte da gestante por substituição, esclarecendo a questão da filiação (art. 17, §1º),[794] ou seja, o que, no dizer de Flávio Tartuce, corresponde à indicação "[...] de que o vínculo de filiação deve ser estabelecido em relação à mulher que planejou a técnica de reprodução assistida",[795] ao que aqui também se pode estender ao casal homoafetivo ou à pessoa solteira que a planejou;

(E) a possibilidade de o termo de consentimento do falecido ou da falecida, na RHA *post mortem*, ser elaborado tanto

---

[793] Provimento nº 63/2017 do CNJ: "Art. 17. Será indispensável, para fins de registro e de emissão da certidão de nascimento, a apresentação dos seguintes documentos: [...] II – declaração, com firma reconhecida, do diretor técnico da clínica, centro ou serviço de reprodução humana em que foi realizada a reprodução assistida, indicando que a criança foi gerada por reprodução assistida heteróloga, assim como o nome dos beneficiários".

[794] Provimento nº 63/2017 do CNJ: "[...] §1º Na hipótese de gestação por substituição, não constará do registro o nome da parturiente, informado na declaração de nascido vivo, *devendo ser apresentado termo de compromisso firmado pela doadora temporária do útero, esclarecendo a questão da filiação*" (grifos nossos).

[795] TARTUCE, Flávio. Anotações ao provimento 63 do Conselho Nacional de Justiça – Parte I. *Migalhas*, 25 abr. 2018. Disponível em: https://www.migalhas.com.br/FamiliaeSucessoes/1 04,MI279029,51045-Anotacoes+ao+provimento+63+do+Conselho+Nacional+de+Justica+Pa rte+I. Acesso em: 21 jun. 2019.

em instrumento público, quanto particular com firmar reconhecida (art. 17, §2º).[796]

No mais, as outras diretrizes permaneceram no mesmo sentido do provimento anterior: a) no caso de família homoafetiva, demanda-se a que haja uma adaptação no assento de nascimento, não se fazendo constar qualquer alusão à natureza da ascendência, se paterna ou materna (art. 16, §2º);[797] b) no caso de doação de gametas, subsiste a previsão de que o conhecimento da ascendência biológica não importará reconhecimento do vínculo de parentesco entre o(a) doador(a) e o filho gerado pelas TRHA (art. 17, §3º);[798] e c) com relação à observância do provimento pelos oficiais de registro civil, veda-se a recusa no seu cumprimento, sob pena de incorrência em sanção administrativa (art. 18).[799]

Tais normativas, entretanto, geram intensos debates, na doutrina, quanto à legitimidade do CNJ para a edição desses provimentos, por se entender que representa um problema "[...] o órgão sedimentar, por meio do ato, questões que deveriam passar antes pelo processamento legislativo, especialmente pela relação com garantias constitucionais".[800] Na compreensão de Vitor Kumpel e de Bruno Borgarelli, essa tendência, mascarada por um incentivo à extrajudicialização de atos, acaba, na realidade, ensejando um uso político dos serviços registrais, por não representar uma simples regulamentação de registros, mas uma concreta efetivação de direitos, inovando com relação ao ordenamento

---

[796] Provimento nº 63/2017 do CNJ: "[...] §2º Nas hipóteses de reprodução assistida post mortem, além dos documentos elencados nos incisos do caput deste artigo, conforme o caso, deverá ser apresentado termo de autorização prévia específica do falecido ou falecida para uso do material biológico preservado, *lavrado por instrumento público ou particular com firma reconhecida*" (grifos nossos).

[797] Provimento nº 63/2017 do CNJ: "[...] §2º No caso de filhos de casais homoafetivos, o assento de nascimento deverá ser adequado para que constem os nomes dos ascendentes, sem referência a distinção quanto à ascendência paterna ou materna".

[798] Provimento nº 63/2017 do CNJ: "[...] §3º O conhecimento da ascendência biológica não importará no reconhecimento do vínculo de parentesco e dos respectivos efeitos jurídicos entre o doador ou a doadora e o filho gerado por meio da reprodução assistida".

[799] Provimento nº 63/2017 do CNJ: "Art. 18. Será vedada aos oficiais registradores a recusa ao registro de nascimento e à emissão da respectiva certidão de filhos havidos por técnica de reprodução assistida, nos termos deste provimento".

[800] KUMPEL, Vitor Frederico; BORGARELLI, Bruno de Ávila. Provimento reaviva debate sobre limites do CNJ em serventias extrajudiciais. *Revista Consultor Jurídico*, 29 jan. 2018. Disponível em: https://www.conjur.com.br/2018-jan-29/direito-civil-atual-provimento-reaviva-debate-limites-cnj-cartorios. Acesso em: 21 jun. 2019.

jurídico e promovendo um fenômeno o qual os autores denominam "deslegislação".[801]

No mesmo sentido, Luiz Guilherme Loureiro diz que tal postura do CNJ é inconstitucional por invadir a competência do Legislativo, disposta no art. 22, I e XXV da CF/88,[802] já que trata de matéria privativa de lei federal. Ademais, sustenta igualmente o autor que ninguém é obrigado a fazer ou a deixar de fazer algo, senão em virtude de lei em sentido formal, como dispõe o art. 5º, II, CF/88 (*princípio da legalidade*), sendo que as regras do referido provimento obrigam o oficial de registro civil a proceder com o assentamento, o que para o autor é uma afronta aos ditames constitucionais.[803]

Não se pode ignorar o conteúdo dessas críticas, pois, de fato, a normatização pelo CNJ, a partir da via administrativa, é dotada de certa fragilidade, já que não possui os mesmos efeitos de uma lei formal editada pelo Congresso Nacional. Por outro lado, não se pode deixar de observar que ambos os provimentos intentam criar um parâmetro regulamentar com relação à efetivação do registro civil das pessoas geradas a partir do uso das TRHA, pois tais nascimentos representam uma realidade fática posta à margem da lei, em razão de uma inércia injustificada do Legislativo, como visto no tópico anterior.

Nessa esteira, o CNJ, ao editar regulamentação na matéria encontra-se em consonância com os ditames do art. 103-B, §4º da CF/88, o qual lhe atribui competência de controle administrativo do Poder Judiciário, abarcando, também, a regulamentação cartorária. Além disso, evocando-se o já mencionado entendimento esposado pelo STF, no julgamento da ADO nº 12/DF, é sabido que o CNJ tem competência para editar atos normativos primários desde que tal medida diga respeito à concretização de normas constitucionais.

Assim, sabendo-se que a Magna Carta assegura a igualdade na filiação, independentemente de qual for a sua origem, bem como prima pela *proteção integral da criança e do adolescente* e também pela garantia do seu *melhor interesse*, os provimentos cumprem, ao menos de maneira

---

[801] KUMPEL, Vitor Frederico; BORGARELLI, Bruno de Ávila. Provimento reaviva debate sobre limites do CNJ em serventias extrajudiciais. *Revista Consultor Jurídico*, 29 jan. 2018. Disponível em: https://www.conjur.com.br/2018-jan-29/direito-civil-atual-provimento-reaviva-debate-limites-cnj-cartorios. Acesso em: 21 jun. 2019.

[802] Constituição Federal de 1988: "Art. 22. Compete privativamente à União legislar sobre: [...] I - direito civil, comercial, penal, processual, eleitoral, agrário, marítimo, aeronáutico, espacial e do trabalho; [...] XXV - registros públicos".

[803] LOUREIRO, Luiz Guilherme. *Registros públicos*: teoria e prática. 8. ed. Salvador: JusPodivm, 2017. p. 222.

transitória, enquanto não sobrevenha legislação na matéria, a função de assegurar e facilitar o registro dessas crianças, evitando, também, uma sobrecarga do Judiciário na apreciação dessas demandas. Contudo, é imperioso que se pressione o Poder Legislativo, quiçá, até mesmo pela via jurisdicional, por meio de uma ação direta de inconstitucionalidade por omissão, para que cumpra o seu papel fundamental e regule, de uma vez, as práticas de RHA, conferindo-lhes a devida segurança jurídica e sedimentando as inúmeras dúvidas que pairam a respeito da sua aplicação, tendo por base as questões éticas e jurídicas suscitadas no campo do direito das famílias e também do biodireito.

CAPÍTULO 6

FAMÍLIAS ECTOGENÉTICAS LGBT: O PLANEJAMENTO FAMILIAR E O USO DA REPRODUÇÃO HUMANA ASSISTIDA NA CONSTRUÇÃO DA HOMOPARENTALIDADE E DA TRANSPARENTALIDADE

> *Defendo o libertarianismo reprodutivo porque, quando todos podem fazer escolhas mais amplas, o amor se expande. [...] como a diversidade das espécies é determinante para a sustentação do planeta, essa diversidade fortalece a ecosfera do carinho.*
> (SOLOMON, Andrew. *Longe da árvore*, 2013)

No contexto ocidental – do qual a realidade brasileira não foge à regra –, o modelo familiar tradicional esteve comumente associado ao âmbito da dita família nuclear, monogâmica, heterossexual e com finalidade procriativa, composta por pai, mãe e filhos(as), o que também contribuiu para uma supervalorização do elemento biológico (conforme demonstrado no Capítulo 1). Isso, nas palavras de Elizabeth Zambrano, fez com que esse arquétipo se tornasse incontestável, levando ao pensamento culturalmente comum de que uma criança somente poderia ter um pai e uma mãe com os quais compartilharia os vínculos biológicos, de parentesco e de filiação e de quem receberia os necessários cuidados com a sua criação.[804]

---

[804] ZAMBRANO, Elizabeth. Parentalidades "impensáveis": pais/mães homossexuais, travestis e transexuais. *Revista Horizontes Antropológicos*, Porto Alegre, v. 12, n. 26, p. 123-147, 2006.

Por outro lado, comenta também a autora que os avanços tecnológicos no campo da reprodução tornaram questionável até mesmo a "verdade" biológica da maternidade. Somado a isso, as mudanças de perspectiva no tocante à família e à sua forma de constituição possibilitaram uma multiplicidade nos seus arranjos e nas suas formatações,[805] circunstâncias as quais desembocaram na pertinência e na necessidade de discutirem-se tanto a realidade da homoparentalidade quanto da transparentalidade.

O conceito de homoparentalidade, em sua origem, foi cunhado, na França, aproximadamente na década de 90, pela APGL (*Association des Parents et Futures Parents Gays et Lesbiens*),[806] correspondendo à tradução da palavra *homoparentalité*, e fora criado para definir aquelas famílias compostas por pais e mães não heterossexuais. Pela sua formulação original, tal vocábulo visa identificar as situações nas quais, pelo menos um adulto, que se autoidentifique como homossexual – seja ele um homem *gay* ou uma mulher lésbica – é ou pretende ser pai ou mãe de, ao menos, uma criança.[807] Nesse sentido, pode-se perceber que o referido termo nada mais é do que uma referência ao exercício da parentalidade por parte de pessoas homossexuais, sendo elas solteiras, integrantes de uma união homoafetiva ou casadas.

De início, já se vislumbra uma insuficiência na própria definição que fora originalmente pensada pela APGL, visto que remete apenas ao exercício da parentalidade por pessoas homossexuais, ignorando a possibilidade de pessoas bissexuais virem a integrar contextos familiares homoafetivos, hipótese na qual estariam abarcadas também por esse mesmo conceito. Levando isso em consideração, tomar-se-á a liberdade de, nesta pesquisa, por uma questão de visibilidade identitária, expandir a formulação original para abarcar também as pessoas bissexuais quando tais indivíduos estiverem compondo um par homoafetivo, visto que, nessa posição, a vivência desses indivíduos assemelha-se às experiências desempenhadas por um casal composto por duas pessoas homossexuais.

---

p. 125-126. Disponível em: http://www.scielo.br/pdf/ha/v12n26/a06v1226.pdf. Acesso em: 12 nov. 2019.

[805] ZAMBRANO, Elizabeth. Parentalidades "impensáveis": pais/mães homossexuais, travestis e transexuais. *Revista Horizontes Antropológicos*, Porto Alegre, v. 12, n. 26, p. 123-147, 2006. p. 127. Disponível em: http://www.scielo.br/pdf/ha/v12n26/a06v1226.pdf. Acesso em: 12 nov. 2019.

[806] Em tradução livre: Associação de Pais e Futuros Pais *Gays* e Lésbicas – APGL.

[807] MOSCHETTA, Sílvia Ozelame Rigo. *Homoparentalidade*: direito à adoção e reprodução humana assistida por casais homoafetivos. 2. ed. Curitiba: Juruá, 2011. p. 101.

De mais a mais, segundo acertadamente aponta Elizabeth Zambrano, a ideia de homoparentalidade também não é bastante para designar as vivências das parentalidades desempenhadas por pessoas trans.[808] Dessa sorte, opta-se aqui por seguir a tendência já esposada por Mônica Angonese e Mara Coelho Lago ao admitirem a categoria semântica da transparentalidade,[809] a qual, tomando por base a própria definição de homoparentalidade, nada mais seria do que a identificação das situações nas quais pelo menos um adulto, que se autoidentifica como trans (travesti, transexual ou transgênero/a), é ou pretende ser pai ou mãe de, no mínimo, uma criança. Assim, estar-se-ão abarcando tanto os contextos de pessoas trans solteiras quanto daquelas que forem casadas ou estiverem em uniões heteroafetivas ou homoafetivas.

Nesse diapasão, considerando os contornos até aqui delineados, tanto no tocante às transformações ocorridas no âmbito jusfamiliarista pátrio e que autorizam o reconhecimento das entidades familiares LGBT, bem como aqueles em torno do recurso às TRHA, insta finalmente adentrar no tema que representa o objeto central da presente pesquisa: o exercício da homoparentalidade e da transparentalidade por meio da eleição da via da RHA. Para isso, mostra-se imprescindível, num primeiro momento, traçar algumas considerações iniciais a respeito do direito ao planejamento familiar, trazido pela Constituição de 1988 e pela Lei de Planejamento Familiar (Lei nº 9.263/96), sua titularidade e a limitação do seu exercício.

Em seguida, far-se-á uma relação entra a autonomia presente no empreendimento desse planejamento familiar e a sua aplicabilidade aos contextos familiares LGBT, de modo a permitir-lhes a concretização de projetos parentais próprios; elencando, inclusive, alguns entraves que são suscitados para embargar essa possibilidade. Isso tudo servirá de base para, no Capítulo 7, serem trazidas as diversas maneiras por meio das quais a RHA pode ser utilizada na viabilização de projetos

---

[808] ZAMBRANO, Elizabeth. *"Nós também somos família"*: estudo sobre a parentalidade homossexual, travesti e transexual. 2008. 236 f. Tese (Doutorado em Antropologia Social) – Universidade Federal do Rio Grande do Sul, Porto Alegre, 2008. p. 17. Disponível em: https://www.lume.ufrgs.br/bitstream/handle/10183/17649/000718906.pdf?sequence=1&isAllowed=y. Acesso em: 13 nov. 2019.

[809] ANGONESE, Mônica; LAGO, Mara Coelho de Souza. Famílias e experiências de parentalidades trans. *Revista de Ciências Humanas*, Florianópolis, v. 52, p. 1-18, 2018. p. 5. Disponível em: https://periodicos.ufsc.br/index.php/revistacfh/article/view/2178-4582.2018.e57007/40096. Acesso em: 13 nov. 2019.

homoparentais e transparentais, tomando por base os contextos de biparentalidade e de monoparentalidade.[810]

6.1 O planejamento familiar no Brasil: uma análise da Constituição de 1988 em conjunto com a Lei nº 9.263/96

Antes de adentrar especificamente na abordagem dada pela CF/88 ao tema do planejamento familiar, cumpre tecer, primeiramente, algumas pequenas considerações históricas as quais levaram à normatização do referido instituto, máxime no que diz respeito à sua previsão como um direito fundamental. Com isso, pretende-se delinear de forma mais evidente os contornos que impulsionaram a compreensão contemporânea a respeito do exercício do planejamento familiar no Brasil.

Para tanto, é importante destacar que tal temática está diretamente ligada àquilo que se entende por políticas populacionais, ou seja, aquele conjunto de ações (proativas ou reativas) que, segundo José Eustáquio Diniz Alves, visam afetar as dinâmicas demográficas (de mortalidade, de natalidade e de migrações nacionais e/ou internacionais), bem como a distribuição populacional de um Estado.[811] Quanto ao ritmo do crescimento populacional, por sua vez, o mencionado autor explica que tais políticas dividem-se em:

(A) *natalistas ou expansionistas* – como o próprio nome já denota, dizem respeito ao encorajamento à expansão populacional seja por meio do incentivo à obtenção de altas taxas de natalidade e de nupcialidade, seja por meio de fomento à imigração. Essa forma de política populacional predominou por grande parte da história da humanidade, sobretudo, em razão da necessidade de ocupação territorial e de preservação da espécie;

(B) *controlistas ou reducionistas* – compreendem a redução no ritmo do crescimento populacional e o controle da natalidade. São mais recentes na história da humanidade e devem-se

---

[810] Reforçando a justificativa feita anteriormente, por motivações de cunho metodológico, optou-se por não tratar especificamente das hipóteses de coparentalidade e de multiparentalidade, visto que a sua inclusão nesta pesquisa acarretaria uma ampliação demasiada do objeto de pesquisa.

[811] ALVES, José Eustáquio Diniz. *As políticas populacionais e o planejamento familiar na América Latina e no Brasil*. Rio de Janeiro: Escola Nacional de Ciências Estatísticas, 2006. p. 9. Disponível em: https://biblioteca.ibge.gov.br/visualizacao/livros/liv31808.pdf. Acesso em: 10 nov. 2019.

especialmente à queda nas taxas de mortalidade, o que causou uma aceleração no crescimento populacional; e

(C) *neutras (laissez-faire)* – ocorrem quando o país não tem nenhuma meta populacional própria, podendo, assim como as demais, apresentar-se de forma explícita (geralmente definidas pela legislação) ou implícita.[812]

Nessa toada, é importante ressaltar que o Brasil sempre se apresentou como um país pró-natalista, fosse para preencher os espaços populacionais vazios, ou por questões de reforço à segurança nacional, ou em razão de guerras, ou em função da abolição da escravatura, ou para fins de promover uma unidade nacional com a proclamação da independência, o fato é que historicamente houve certo incentivo por parte do Estado à procriação.[813]

Assim, essa política populacional incentivadora da natalidade, surgida no século XIX, perdurou até meados de 1960, posto que, como bem explica Maria Amélia Belomo Castanho, "Nesta fase não havia polêmica acerca do assunto, e todas as ações voltadas às políticas populacionais se amparavam no discurso de que a evolução da sociedade brasileira implicava qualidade e quantidade da população".[814] Assim, até então, pode-se dizer que a preocupação estava no crescimento populacional, sem que houvesse necessariamente um cuidado com o planejamento da família.

Tal pensamento, entretanto, segundo explica a referida autora, começou a se bifurcar, no período compreendido entre 1964 e 1974, em dois ideais distintos, quais sejam: a) o antinatalista – o qual pretendia evitar um crescimento desenfreado no contingente populacional, especialmente por temer as repercussões desse aumento populacional nas esferas social e política; e b) o anticontrolista – o qual, encabeçado pela Igreja católica e pelas forças armadas, defendia que o território brasileiro, dada a sua extensão, comportaria uma população ainda maior,

---

[812] ALVES, José Eustáquio Diniz. *As políticas populacionais e o planejamento familiar na América Latina e no Brasil*. Rio de Janeiro: Escola Nacional de Ciências Estatísticas, 2006. p. 11-13. Disponível em: https://biblioteca.ibge.gov.br/visualizacao/livros/liv31808.pdf. Acesso em: 10 nov. 2019.

[813] CASTANHO, Maria Amélia Belomo. *Planejamento familiar*: o estado na construção de uma sociedade inclusiva e a participação social para o bem comum. Curitiba: Juruá, 2014. p. 44-45.

[814] CASTANHO, Maria Amélia Belomo. *Planejamento familiar*: o estado na construção de uma sociedade inclusiva e a participação social para o bem comum. Curitiba: Juruá, 2014. p. 47.

sendo necessária tal expansão, mormente para proceder à ocupação do território, bem como para fins de proteção das fronteiras.[815]

A ideia de planejamento familiar, por sua vez, ganhou força apenas na Conferência Mundial de População das Nações Unidas, ocorrida em Bucareste, em 1974, quando o governo brasileiro finalmente admitiu, em âmbito internacional, a responsabilidade do Estado no acesso à informação e no fornecimento de métodos contraceptivos às famílias.[816] Nesse contexto, explica José Eustáquio Diniz Alves que durante o Governo Geisel (1974-1979) houve um relaxamento na política natalista, o que acarretou, consequentemente, uma maior liberdade no exercício do planejamento familiar. Não obstante, em que pese tal afrouxamento no estímulo à natalidade, essa autonomia, pode-se dizer, era uma prerrogativa das parcelas mais ricas da população, que tinham acesso à informação e aos meios de regulação da fecundidade, ao passo que, nas camadas menos favorecidas, o acesso a meios de regulação reprodutiva mostrava-se carente e escasso.[817]

Diante disso, percebeu-se que os debates em torno do controle de natalidade tornaram-se uma realidade fática a qual não pode mais ser ignorada, de modo a que não se clamava mais por um posicionamento estatal a seu respeito, mas sim por uma atuação sua nessa seara. Para tanto, o desenvolvimento de uma política populacional focada no planejamento familiar não demandava apenas a distribuição de métodos contraceptivos, mas também uma melhoria na distribuição de renda, na promoção da saúde, da educação e da informação para todas as classes sociais, de modo a caracterizá-lo como um direito de *liberdade* e não como uma imposição. Por isso, no final da década de 80, mais precisamente em 1988, com o advento da Constituição Cidadã, o Estado brasileiro finalmente posicionou-se no sentido de regulamentar o referido instituto e, para tal, reconheceu seu *status*

---

[815] CASTANHO, Maria Amélia Belomo. *Planejamento familiar*: o estado na construção de uma sociedade inclusiva e a participação social para o bem comum. Curitiba: Juruá, 2014. p. 47-49, *passim*.

[816] CASTANHO, Maria Amélia Belomo. *Planejamento familiar*: o estado na construção de uma sociedade inclusiva e a participação social para o bem comum. Curitiba: Juruá, 2014. p. 52.

[817] ALVES, José Eustáquio Diniz. *As políticas populacionais e o planejamento familiar na América Latina e no Brasil*. Rio de Janeiro: Escola Nacional de Ciências Estatísticas, 2006. p. 27. Disponível em: https://biblioteca.ibge.gov.br/visualizacao/livros/liv31808.pdf. Acesso em: 10 nov. 2019.

de direito fundamental constitucionalmente protegido; impondo, inclusive, limites à interferência estatal nesse processo de planejamento das famílias.[818]

Feitas, então, essas devidas considerações acerca do contexto histórico o qual ensejou a normatização do instituto em comento, cumpre agora analisar as implicações jurídicas trazidas em matéria de planejamento familiar pela Carta Magna de 1988. Dessa forma, destaca-se primeiramente o art. 226 da Lei Maior,[819] o qual norteia sua aplicabilidade, bem como impõe certos limites à sua configuração.

Diante da análise desse dispositivo, observa-se, a *priori*, que o conceito de planejamento familiar trazido pela CF/88 remete a uma concepção de *liberdade*, a partir da predileção pela "livre decisão" do casal na opção pelo seu projeto parental. À vista disso, uma leitura superficial e apriorística dessa norma pode levar a crer, em um primeiro momento, que esse direito estaria restrito necessariamente à existência de um casal (duas pessoas, sem que haja especificação quanto à identidade ou à diversidade dos gêneros daqueles que o compõem). No entanto, cumpre dizer que tal direito, além de previsto na Constituição, encontra-se regulamentado na Lei de Planejamento Familiar (Lei nº 9.263/1996), a qual atribui o seu exercício também às pessoas individualmente consideradas.[820] Assim, pode-se perceber que, para além da ideia de casal, a titularidade do exercício desse direito estende-se também ao homem e à mulher ainda que não inseridos em um contexto de conjugalidade,[821] o que gera uma maior amplitude no seu entendimento.[822]

Isso posto, sua concepção não se encerra aí, tal direito também prevê uma abstenção do Estado quanto à sua ingerência na vida privada dos indivíduos, ficando o ente estatal, por sua vez, responsável única

---

[818] CASTANHO, Maria Amélia Belomo. *Planejamento familiar*: o estado na construção de uma sociedade inclusiva e a participação social para o bem comum. Curitiba: Juruá, 2014. p. 52-53.

[819] Constituição Federal de 1988: "Art. 226. A família, base da sociedade, tem especial proteção do Estado [...] §7º Fundado nos princípios da dignidade da pessoa humana e da paternidade responsável, o planejamento familiar é livre decisão do casal, competindo ao Estado propiciar recursos educacionais e científicos para o exercício desse direito, vedada qualquer forma coercitiva por parte de instituições oficiais ou privadas. Regulamento".

[820] Lei de Planejamento Familiar (Lei nº 9.263/96): "Art. 2º Para fins desta Lei, entende-se planejamento familiar como o conjunto de ações de regulação da fecundidade que garanta direitos iguais de constituição, limitação ou aumento da prole pela mulher, pelo homem ou pelo casal".

[821] O conceito de conjugalidade aqui mencionado refere-se a uma conjugalidade em sentido amplo, incluindo-se tanto a ideia de casamento quanto a de união estável.

[822] CASTANHO, Maria Amélia Belomo. *Planejamento familiar*: o estado na construção de uma sociedade inclusiva e a participação social para o bem comum. Curitiba: Juruá, 2014. p. 74.

e exclusivamente pelo acesso à informação dos titulares da referida garantia, para que o planejamento seja efetivo. Nesse sentido, sustenta Maria Amélia Belomo Castanho:

> O planejamento familiar constitucional, regulamentado pela Lei 9.263 de 12.01.1996, tem sentido amplo e compreende a escolha livre e consciente do indivíduo para evitar ou constituir prole, o que se deve dar a partir de um processo sério de esclarecimento e conscientização focado nas propostas de um Estado democrático de direito.[823]

Diante disso, percebe-se que a informação é instrumento essencial para garantir o exercício pleno e efetivo do planejamento familiar. Isso, pois, a autonomia somente será efetiva quando a pessoa ou o casal, titulares da referida garantia, estejam integralmente cientes do conteúdo, das consequências e dos riscos de suas escolhas.

Por essa razão, pode-se dizer que, em suma, o planejamento familiar nada mais é do que a *liberdade* de um indivíduo ou casal decidirem, a partir do exercício da sua autonomia existencial, a respeito de como se dará a concretização dos seus projetos parentais, abarcando: a) a forma de filiação eleita (seja pela reprodução humana natural ou assistida, seja pela vida da socioafetividade, como na adoção, na posse de estado de filho etc.); b) o tempo no qual se dará a sua efetivação (o momento mais oportuno, considerando a concepção daquela entidade familiar específica); e c) o número de filhos desejados (o que engloba tanto o direito de ter filhos quanto aquele de não os ter). É nesse contexto, portanto, em que se insere a responsabilidade do Estado, atuando como garantidor do acesso à informação pela população em geral, sobretudo no que diz respeito ao exercício dos direitos sexuais e reprodutivos, bem como as suas implicações nas esferas jurídica e social, o que será melhor abordado nos tópicos que seguem.

6.1.1 Direitos sexuais e reprodutivos e a sua relevância para o exercício efetivo do planejamento familiar

Falar de planejamento familiar é também falar de direitos sexuais e reprodutivos. Afinal, como dito anteriormente, o acesso às informações atinentes ao processo de procriação, bem como àquelas referentes ao exercício da sexualidade humana por parte da população representa

---

[823] CASTANHO, Maria Amélia Belomo. *Planejamento familiar*: o estado na construção de uma sociedade inclusiva e a participação social para o bem comum. Curitiba: Juruá, 2014. p. 68.

um ponto-chave para a garantia do pleno exercício dessa garantia constitucional. Por essa razão, far-se-á uma análise dos direitos sexuais e reprodutivos, desde a sua conceituação à sua ascensão ao *status* de direitos humanos fundamentais ligados diretamente ao planejamento familiar e à concretização do projeto parental.

Antes de tudo, é importante frisar que o surgimento desses direitos "[...] foi fruto da contribuição dos movimentos feministas mundiais que introduziram a discussão dos padrões socioculturais vigentes em relação à vida sexual e à reprodução humana".[824] Nesse sentido, os direitos sexuais e reprodutivos, com o auxílio principalmente dos movimentos de mulheres, foram lançados às pautas internacionais, sobretudo, como uma forma de expansão dos direitos humanos, os quais, consolidados por meio da Declaração Universal de Direitos Humanos de 1948, passaram a expandir-se, especialmente, no intuito de promover uma especificação dos seus sujeitos de direitos.[825] Nesse sentido, Ricardo Tadeu Fonseca diz:

> [...] a atenção aos grupos vulneráveis visa dar eficácia aos direitos humanos de forma a fazê-los unos, indivisíveis e interdependentes, de vez que as liberdades individuais e os direitos sociais fazem parte de uma sistematização monolítica e reciprocamente alimentada.[826]

Assim, pautada principalmente por ideais de *igualdade material*, a expansão dos direitos humanos, com relação às mulheres, teve por base, entre outras questões, também o reconhecimento do direito a uma vida sexual e reprodutiva saudável, garantindo-se o acesso à informação e o exercício da autonomia no tocante a esses aspectos das suas vidas.[827] É dentro dessa seara histórica, portanto, que se deu a construção e efetivação dos conceitos de direitos sexuais e reprodutivos como direitos humanos em âmbito internacional, cujas definições podem ser aqui trabalhadas da seguinte forma:

---

[824] BRAUNER, Maria Claudia Crespo. *Direito, sexualidade e reprodução humana*: conquistas médicas e o debate bioético. Rio de Janeiro: Renovar, 2003. p. 8.

[825] MOSCHETTA, Sílvia Ozelame Rigo. *Homoparentalidade*: direito à adoção e reprodução humana assistida por casais homoafetivos. 2. ed. Curitiba: Juruá, 2011. p. 75.

[826] FONSECA, Ricardo Tadeu Marques da. A ONU e o seu conceito revolucionário de pessoa com deficiência. *Inclusive – Inclusão e Cidadania*, 2 maio 2008. Disponível em: http://www.inclusive.org.br/arquivos/109. Acesso em: 6 jan. 2016.

[827] BRAUNER, Maria Claudia Crespo. *Direito, sexualidade e reprodução humana*: conquistas médicas e o debate bioético. Rio de Janeiro: Renovar, 2003. p. 9.

> [...] a formulação do conteúdo dos direitos reprodutivos se diferencia da dos direitos sexuais. Aqueles pretendiam desconstruir a maternidade como único meio ou fim de realização da mulher casada e introduzir no debate internacional situações como o aborto e os métodos anticoncepcionais, já estes intentavam trazer em pauta a liberdade sexual e a busca do prazer, desvinculados da necessidade de reprodução, com a devida proteção legal.[828]

Por esse ângulo, já se pode estabelecer uma distinção muito clara entre os âmbitos de atuação nos quais cada uma dessas garantias pretende atuar. Nos direitos reprodutivos a preocupação principal está centrada no exercício autônomo das capacidades reprodutivas individuais – num primeiro momento, focado especificamente na autonomia feminina e a desobrigatoriedade do desempenho da maternidade, mas, em seguida, contemplando toda e qualquer pessoa –, a partir de um paradigma da responsabilidade atrelada ao conhecimento e ao acesso à informação. Já no que se refere aos direitos sexuais, esses visam ao reconhecimento do desempenho livre da sexualidade humana, a qual não necessariamente se encontra vinculada à reprodução, mas sim ao gozo dos prazeres e à satisfação pessoal.

Percebe-se, então, sua ligação próxima com o que se entende por planejamento familiar e também com o direito à saúde, pois dizem respeito justamente às implicações decorrentes das atividades reprodutivas e sexuais na vida das pessoas. Para tanto, primam por uma autodeterminação responsável de cada indivíduo, de forma a exercer suas *liberdades* individuais com consciência dos efeitos que suas ações e práticas possam vir a causar. Nesse sentido, construiu-se também uma ideia de saúde sexual, definida por um grupo internacional de mulheres, HERA – *Health, Empowerment, Rights and Accountability*, citado por Maria Cláudia Crespo Brauner, o qual lança mão desse conceito nos seguintes termos:

> A saúde sexual é a habilidade de mulheres e homens para desfrutar e expressar sua sexualidade, sem riscos de doenças sexualmente transmissíveis, gestações não desejadas, coerção, violência e discriminação. A saúde sexual possibilita experimentar uma vida sexual informada, agradável e segura, baseada na auto-estima [sic], que implica uma abordagem positiva da sexualidade humana e no respeito mútuo nas relações sexuais. A saúde sexual valoriza a vida, as relações pessoais e a

---

[828] MOSCHETTA, Sílvia Ozelame Rigo. *Homoparentalidade*: direito à adoção e reprodução humana assistida por casais homoafetivos. 2. ed. Curitiba: Juruá, 2011. p. 78.

expressão da identidade própria da pessoa. Ela é enriquecedora, inclui o prazer e estimula a determinação pessoal, a comunicação e as relações.[829]

Partindo de tal perspectiva, por sua vez, pode-se sustentar a ideia de que esses direitos, uma vez ligados diretamente a aspectos da saúde, física e psicológica, dos indivíduos, bem como à própria *dignidade humana* de toda e qualquer pessoa, devem ser respeitados, assim como deve ser assegurada a sua efetivação. Desse modo, é dever do Estado, como garantidor e promotor da efetividade dos direitos fundamentais, propiciar a sua concretização no campo fático, visto que "devem ser assegurados a todos os cidadãos e, em razão disso, devem ser disponibilizados os meios científicos para possibilitar às pessoas, com autonomia e liberdade, a organização e o planejamento de sua vida sexual e reprodutiva".[830]

Em que pese essa compreensão, entretanto, é importante que se chame atenção para o fato de vislumbra-se uma maior tendência ao reconhecimento dos direitos reprodutivos, na perspectiva do direito positivo, quando comparados aos direitos sexuais.[831] Tal constatação deve-se, entre outras razões, à própria forma por meio da qual as ideias de sexo e de sexualidade foram construídas em torno do paradigma da reprodução. Sobre isso, explica Laura Davis Mattar que a importância da reprodução como finalidade única da relação sexual advém tanto do discurso sobre o papel da mulher na sociedade (sendo "naturalmente" dotada de corpo e sentimentos apropriados para o cuidado com a prole e o exercício da maternagem), bem como do discurso em torno do sexo, cujo modelo normativo eleito estaria vinculado necessariamente à heterossexualidade, visto que era o único formato que possibilitava a obtenção de prole.[832]

A fim de subverter essa lógica e de promover novas interpretações em torno desse debate, foram necessárias, como mencionado

---

[829] GALVÃO, Loren; DÍAZ, Juan (Org.). *Saúde sexual e reprodutiva no Brasil*. São Paulo: Hucitec, 1999. p. 174 *apud* BRAUNER, Maria Claudia Crespo. *Direito, sexualidade e reprodução humana*: conquistas médicas e o debate bioético. Rio de Janeiro: Renovar, 2003. p. 18, tradução da autora.

[830] MOSCHETTA, Sílvia Ozelame Rigo. *Homoparentalidade*: direito à adoção e reprodução humana assistida por casais homoafetivos. 2. ed. Curitiba: Juruá, 2011. p. 97.

[831] MOSCHETTA, Sílvia Ozelame Rigo. *Homoparentalidade*: direito à adoção e reprodução humana assistida por casais homoafetivos. 2. ed. Curitiba: Juruá, 2011. p. 75.

[832] MATTAR, Laura Davis. Reconhecimento jurídico dos direitos sexuais – Uma análise comparativa com os direitos reprodutivos. *SUR – Revista Internacional de Direitos Humanos*, São Paulo, v. 5, n. 8, p. 60-83, 2008. p. 66. Disponível em: http://www.scielo.br/pdf/sur/v5n8/v5n8a04.pdf. Acesso em: 12 nov. 2019.

alhures, uma coesão e organização fortes do movimento feminista, cujo protagonismo foi de extrema importância para que se fizesse constar expressamente, nas normativas internacionais, a promoção dos direitos reprodutivos, especialmente a partir de um paradigma de proteção à saúde reprodutiva.[833] Entre tais conquistas, pode-se citar: a) o reconhecimento da autonomia reprodutiva feminina no item 16 da Proclamação de Teerã, realizada na Conferência Internacional de Direitos Humanos do Teerã (Irã) de 1968;[834] e b) a definição do que seriam direitos reprodutivos, constante dos itens 7.2 e 7.3, do Capítulo VII – Direitos de Reprodução e Saúde Reprodutiva, do Relatório da Conferência Internacional sobre População e Desenvolvimento do Cairo (Egito) de 1994.[835] Além disso, conforme comenta Silvia Ozelame Rigo Moschetta, a associação dos direitos reprodutivos à ideia de direito à saúde foi outro fator crucial para a promoção de sua positivação na

---

[833] MOSCHETTA, Sílvia Ozelame Rigo. *Homoparentalidade*: direito à adoção e reprodução humana assistida por casais homoafetivos. 2. ed. Curitiba: Juruá, 2011. p. 76.

[834] Proclamação de Teerã de 1968: "16. A comunidade internacional deve continuar velando pela família e pelas crianças. Os pais têm o direito humano fundamental de determinar livremente o número de filhos e seus intervalos de nascimento".

[835] Relatório da Conferência Internacional sobre População e Desenvolvimento – Plataforma de Cairo de 1994: "7.2 *A saúde reprodutiva é um estado de completo bem-estar físico, mental e social e não simples a ausência de doença ou enfermidade, em todas as matérias concernentes ao sistema reprodutivo e a suas funções e processos.* A saúde reprodutiva implica, por conseguinte, que a pessoa possa ter uma vida sexual segura e satisfatória, tenha a capacidade de reproduzir e a liberdade de decidir sobre quando, e quantas vezes o deve fazer. Implícito nesta última condição está o direito de homens e mulheres de serem informados e de ter acesso a métodos eficientes, seguros, permissíveis e aceitáveis de planejamento familiar de sua escolha, assim como outros métodos, de sua escolha, de controle da fecundidade que não sejam contrários à lei, e o direito de acesso a serviços apropriados de saúde que dêem à mulher condições de passar, com segurança, pela gestação e pelo parto e proporcionem aos casais a melhor chance de ter um filho sadio. De conformidade com definição acima de saúde reprodutiva, a assistência à saúde reprodutiva é definida como a constelação de métodos, técnicas e serviços que contribuem para a saúde e o bem-estar reprodutivo, prevenindo e resolvendo problemas de saúde reprodutiva. Isto inclui também a saúde sexual cuja finalidade é a intensificação das relações vitais e pessoais e não simples aconselhamento e assistência relativos à reprodução e a doenças sexualmente transmissíveis. [...] 7.3 *Tendo em vista a definição supra, os direitos de reprodução abrangem certos direitos humanos já reconhecidos em leis nacionais, em documentos internacionais sobre direitos humanos e em outros documentos de acordos. Esses direitos se baseiam no reconhecido direito básico de todo casal e de todo indivíduo de decidir livre e responsavelmente sobre o número, o espaçamento e a oportunidade de seus filhos e de ter a informação e os meios de assim o fazer, e o direito de gozar do mais alto padrão de saúde sexual e de reprodução. Inclui também seu direito de tomar decisões sobre a reprodução, livre de discriminação, coerção ou violência*, conforme expresso em documentos sobre direitos humanos. No exercício desse direito, devem levar em consideração as necessidades de seus filhos atuais e futuros e suas responsabilidades para com a comunidade. A promoção do exercício responsável desses direitos por todo indivíduo deve ser a base fundamental de políticas e programas de governos e da comunidade na área da saúde reprodutiva, inclusive o planejamento" (grifos nossos).

ordem internacional, com destaque especial para a Convenção sobre Eliminação de Todas as Formas de Discriminação contra a Mulher de 1979.[836][837]

Por outro lado, os direitos sexuais começaram a ser discutidos, no final da década de 1980, especialmente em razão da epidemia do HIV/AIDS, por uma atuação conjunta dos movimentos *gay*, lésbico e feminista. Entretanto, os debates a seu respeito mostraram-se muito mais difíceis de serem assimilados quando comparados aos dos direitos reprodutivos, tanto que, na Conferência do Cairo de 1994, foram lançados à discussão como uma estratégia de barganha para assegurar a presença dos direitos reprodutivos no texto final do seu Relatório.[838] Somente na IV Conferência Mundial sobre a Mulher de Pequim, em 1995, é que se conseguiu uma menção expressa à ideia de "direitos sexuais" – ainda que superficial e sem promover necessariamente uma conceituação que os definisse – no item 96 da Declaração e Plataforma de Ação de Pequim.[839][840]

Segundo Laura Davis Mattar, a tradicional distinção da aplicação do direito entre as esferas pública e privada mostrou-se como um dos principais dificultadores para a obtenção dessa proteção para os direitos

---

[836] Convenção sobre Eliminação de Todas as Formas de Discriminação contra a Mulher de 1979: "Artigo 12 1. Os Estados-parte adotarão todas as medidas apropriadas para eliminar a discriminação contra a mulher na esfera dos cuidados médicos a fim de assegurar, em condições de igualdade entre homens e mulheres, o acesso a serviços médicos, inclusive os referentes ao planejamento familiar. 2. Sem prejuízo do disposto no parágrafo 1º, *os Estados-parte garantirão à mulher assistência apropriada em relação à gravidez, ao parto e ao período posterior ao parto, proporcionando assistência gratuita quando assim for necessário, e lhe assegurarão uma nutrição adequada durante a gravidez e a lactância*" (grifos nossos).

[837] MOSCHETTA, Sílvia Ozelame Rigo. *Homoparentalidade*: direito à adoção e reprodução humana assistida por casais homoafetivos. 2. ed. Curitiba: Juruá, 2011. p. 77.

[838] Segundo a autoria, a inclusão do termo "sexual" radicalizava demais o discurso, de forma que sua retirada fora negociada, a partir da garantia de manutenção do termo "direitos reprodutivos" (cf. MATTAR, Laura Davis. Reconhecimento jurídico dos direitos sexuais – Uma análise comparativa com os direitos reprodutivos. *SUR – Revista Internacional de Direitos Humanos*, São Paulo, v. 5, n. 8, p. 60-83, 2008. p. 64. Disponível em: http://www.scielo.br/pdf/sur/v5n8/v5n8a04.pdf. Acesso em: 12 nov. 2019).

[839] Declaração e Plataforma de Ação da IV Conferência Mundial sobre a Mulher – Pequim, 1995: "96. Os direitos humanos das mulheres incluem os seus direitos a ter controle sobre as questões relativas à sua sexualidade, inclusive sua saúde sexual e reprodutiva, e a decidir livremente a respeito dessas questões, livres de coerção, discriminação e violência. A igualdade entre mulheres e homens no tocante às relações sexuais e à reprodução, inclusive o pleno respeito à integridade da pessoa humana, exige o respeito mútuo, o consentimento e a responsabilidade comum pelo comportamento sexual e suas consequências".

[840] MATTAR, Laura Davis. Reconhecimento jurídico dos direitos sexuais – Uma análise comparativa com os direitos reprodutivos. *SUR – Revista Internacional de Direitos Humanos*, São Paulo, v. 5, n. 8, p. 60-83, 2008. p. 64. Disponível em: http://www.scielo.br/pdf/sur/v5n8/v5n8a04.pdf. Acesso em: 12 nov. 2019.

sexuais e reprodutivos. Afinal, não era de interesse do ente estatal regular o âmbito doméstico, razão pela qual os direitos reprodutivos demoraram tanto tempo para receber qualquer regulamentação e, também, motivo pelo qual os direitos sexuais ainda enfrentam uma dificuldade na sua normatização. Note-se que, se de um lado o exercício da sexualidade advém do respeito à autonomia dos indivíduos, de outro, ele demanda uma proteção do Estado, a fim de que possa ser empreendido de maneira plena e efetiva, livre de discriminações, preconceitos e coerções.[841]

É possível observar, portanto, que, uma vez o Estado conseguindo adotar uma política eficiente de promoção dos direitos sexuais e reprodutivos, a qual estimule o exercício da *liberdade* e da autonomia das pessoas, prezando sempre pela responsabilidade, estará também atuando na esfera de promoção da concretização de um planejamento familiar pleno e consciente. Ademais, estará auxiliando, consequentemente, os indivíduos e os casais, de qualquer tipo, sejam heteroafetivos ou homoafetivos, a realizar seus projetos parentais de forma eficaz, prudente e legítima, livre de preconceitos e discriminações negativas.

6.1.2 Os limites ao planejamento familiar: a dignidade da pessoa humana e a parentalidade responsável como demarcadores da concretização de projetos parentais autônomos

Entendida a relação entre os direitos sexuais e reprodutivos com a ideia de planejamento familiar trazida pelo ordenamento jurídico brasileiro, bem como a sua titularidade, é importante destacar também que a Constituição, no próprio art. 226, §7º, estabelece alguns limites ao exercício desse direito, quais sejam as ideias de *dignidade da pessoa humana* e de *parentalidade responsável*. Dessa forma, cumpre tecer alguns comentários acerca dessas disposições legais de observância obrigatória para a efetivação do direito ao planejamento familiar.

A *dignidade da pessoa humana*, no ordenamento pátrio, conforme visto anteriormente, está prevista como um dos fundamentos da República Federativa do Brasil, prescrevendo que os seres humanos não podem ser objetificados, de forma a serem usados como um meio para a consecução de um fim, mas que devem ser tratados como um

---

[841] MATTAR, Laura Davis. Reconhecimento jurídico dos direitos sexuais – Uma análise comparativa com os direitos reprodutivos. *SUR – Revista Internacional de Direitos Humanos*, São Paulo, v. 5, n. 8, p. 60-83, 2008. p. 75. Disponível em: http://www.scielo.br/pdf/sur/v5n8/v5n8a04.pdf. Acesso em: 12 nov. 2019.

fim em si mesmos.[842] Em matéria de planejamento familiar, por sua vez, tal direito representa não apenas um limitador das atuações do Estado e dos demais indivíduos, mas também um garantidor da *liberdade* no seu exercício,[843] funcionando de duas maneiras principais:

(A) *como um direito de defesa em face ao Estado* – pois impede que o ente estatal interfira na autonomia da pessoa ou do casal, controlando ou dificultando o exercício das suas faculdades reprodutivas, bem como lhe impõe o dever de proteção ante intervenções externas. A exemplo disso, tem-se o parágrafo único do art. 2º da Lei de Planejamento Familiar, o qual veda qualquer prática de controle populacional;[844] e

(B) *como um garantidor de prestações por parte do Estado* – pois, uma vez assegurando os direitos de não ter filhos ou de tê-los por meio de recursos biotecnológicos, como a RHA, exige do Estado uma atuação voltada à esfera promocional e de políticas públicas para o acesso a essas técnicas e/ou métodos.[845] Nesse sentido, inclusive, podem-se citar as disposições dos arts. 4º (que trata do planejamento familiar a partir de ações preventivas e educativas voltadas para o acesso à educação e às técnicas de controle da fecundidade),[846] 5º (que prescreve a obrigação do Estado, por meio do SUS, de promover condições e recursos informativos, educacionais, técnicos e científicos para o exercício livre do planejamento

---

[842] BARROSO, Luís Roberto. Legitimidade da recusa de transfusão de sangue por testemunhas de jeová. Dignidade humana, liberdade religiosa e escolhas existenciais. *In*: LEITE, George Salomão; SARLET, Ingo Wolfgang; CARBONELL, Miguel (Org.). *Direitos, deveres e garantias fundamentais*. Salvador: JusPodivm, 2011. p. 667.

[843] CASTANHO, Maria Amélia Belomo. *Planejamento familiar*: o estado na construção de uma sociedade inclusiva e a participação social para o bem comum. Curitiba: Juruá, 2014. p. 80.

[844] Lei de Planejamento Familiar (Lei nº 9.263/96): "Art. 2º Para fins desta Lei, entende-se planejamento familiar como o conjunto de ações de regulação da fecundidade que garanta direitos iguais de constituição, limitação ou aumento da prole pela mulher, pelo homem ou pelo casal. [...] Parágrafo único - É proibida a utilização das ações a que se refere o caput para qualquer tipo de controle demográfico" (grifos nossos).

[845] CASTANHO, Maria Amélia Belomo. *Planejamento familiar*: o estado na construção de uma sociedade inclusiva e a participação social para o bem comum. Curitiba: Juruá, 2014. p. 80-81.

[846] Lei de Planejamento Familiar (Lei nº 9.263/96): "Art. 4º O planejamento familiar *orienta-se por ações preventivas e educativas e pela garantia de acesso igualitário a informações, meios, métodos e técnicas disponíveis para a regulação da fecundidade*. [...] Parágrafo único. O Sistema Único de Saúde promoverá o treinamento de recursos humanos, com ênfase na capacitação do pessoal técnico, visando a promoção de ações de atendimento à saúde reprodutiva" (grifos nossos).

familiar)[847], 9º (oferta de todos os métodos e técnicas de concepção e contracepção cientificamente aceitos)[848] etc.

Corroborando tal perspectiva, pode-se remeter à distinção feita por Luís Roberto Barroso – e comentada no Capítulo 3 –, na qual elenca três planos de atuação do *princípio da dignidade humana*, quais sejam: a) a autonomia privada (no plano individual); b) a autonomia pública (no plano dos direitos políticos); e c) o mínimo existencial (no plano dos direitos sociais).[849] Diante disso, pode-se constatar que a *dignidade da pessoa humana*, como balizador do direito ao planejamento familiar, atua justamente para proporcionar um exercício pleno da autonomia de seus titulares, impedindo qualquer interferência do Estado ou de terceiros no seu exercício e exigindo do ente estatal os subsídios para efetivá-lo, pois sua atuação não está "[...] adstrita ao fornecimento de métodos contraceptivos, pois o direito ao planejamento familiar também envolve a concepção".[850]

Nesse diapasão, defende Othoniel Pinheiro Neto que essa vinculação do planejamento familiar à *dignidade humana* não pode ser vista como algo meramente decorativo ou sem possibilidades de concretização específica, pois tal associação implica o reconhecimento de que o seu foco é a pessoa como um fim em si mesma; amparando, por conseguinte, os diversos vieses da autonomia. Por essa razão, em seu bojo também está contido o direito a ter filhos naturais, seja por meio da RHN ou da RHA, posto que tal escolha diz respeito à realização existencial individual de cada pessoa ou entidade familiar, ao que lhes

---

[847] Lei de Planejamento Familiar (Lei nº 9.263/96): "Art. 5º É dever do Estado, através do Sistema Único de Saúde, em associação, no que couber, às instâncias componentes do sistema educacional, promover condições e recursos informativos, educacionais, técnicos e científicos que assegurem o livre exercício do planejamento familiar".

[848] Lei de Planejamento Familiar (Lei nº 9.263/96): "Art. 9º Para o exercício do direito ao planejamento familiar, serão oferecidos todos os métodos e técnicas de concepção e contracepção cientificamente aceitos e que não coloquem em risco a vida e a saúde das pessoas, garantida a liberdade de opção. [...] Parágrafo único. A prescrição a que se refere o caput só poderá ocorrer mediante avaliação e acompanhamento clínico e com informação sobre os seus riscos, vantagens, desvantagens e eficácia".

[849] BARROSO, Luís Roberto. Legitimidade da recusa de transfusão de sangue por testemunhas de jeová. Dignidade humana, liberdade religiosa e escolhas existenciais. In: LEITE, George Salomão; SARLET, Ingo Wolfgang; CARBONELL, Miguel (Org.). *Direitos, deveres e garantias fundamentais*. Salvador: JusPodivm, 2011. p. 667-668.

[850] CASTANHO, Maria Amélia Belomo. *Planejamento familiar*: o estado na construção de uma sociedade inclusiva e a participação social para o bem comum. Curitiba: Juruá, 2014. p. 81.

é dada a opção entre ter ou não ter filhos, a partir da garantia do acesso aos meios necessários para dar viabilidade a esses desejos.[851]

Por outro lado, a autonomia proporcionada pela *dignidade*, como princípio fundamental e balizador do exercício do planejamento familiar, não é irrestrita, visto que deve respeitar também os interesses do filho.[852] Isso se dá, sobretudo, em razão do *princípio do melhor interesse da criança e do adolescente*, o qual, por enxergar as crianças e os adolescentes como sujeitos de direitos, também dotados de *dignidade*, preceitua que, por estarem numa situação de vulnerabilidade e de desenvolvimento psíquico e físico, merecem a observância da primazia de seus interesses em detrimento dos interesses dos adultos, no caso, os futuros pais. Dessa maneira, tem-se:

> [...] a dignidade da pessoa humana atuará como limitadora ao exercício do planejamento familiar sempre que for necessário resguardar a dignidade de outrem, especialmente a figura do filho, fruto de uma decisão da qual não participou, mas que definirá os rumos dos acontecimentos de sua vida.[853]

Portanto, quando do exercício do direito ao planejamento familiar, deve-se levar em consideração, também, a *dignidade* daquela futura pessoa, o filho, o qual deverá ter seus interesses privilegiados com relação ao dos adultos, pelo que, quando sua *dignidade* for aviltada, não há que prosperar a autonomia dos pais na efetivação de seus direitos reprodutivos.

Além da *dignidade humana*, serve de alicerce à aplicabilidade do planejamento familiar também o princípio da *parentalidade responsável*. Tal garantia diz respeito à responsabilidade dos pais ao propiciarem um ambiente sadio para o desenvolvimento, físico e psíquico, da criança e do adolescente no meio social. Dessa maneira, está diretamente ligado à ideia de *proteção integral da criança e do adolescente*, a qual determina uma responsabilidade tanto do Estado, como da sociedade e da família, no

---

[851] PINHEIRO NETO, Othoniel. *O direito dos homossexuais biologicamente férteis, mas psicologicamente inférteis, habilita-os como beneficiários da política nacional de reprodução humana assistida*. 2016. 137 f. Tese (Doutorado em Direito) – Universidade Federal da Bahia, Salvador, 2016. p. 46-47. Disponível em: https://repositorio.ufba.br/ri/bitstream/ri/20172/1/Tese%20Othoniel%20 Pinheiro%20Neto.pdf. Acesso em: 28 nov. 2018.

[852] CASTANHO, Maria Amélia Belomo. *Planejamento familiar*: o estado na construção de uma sociedade inclusiva e a participação social para o bem comum. Curitiba: Juruá, 2014. p. 82.

[853] CASTANHO, Maria Amélia Belomo. *Planejamento familiar*: o estado na construção de uma sociedade inclusiva e a participação social para o bem comum. Curitiba: Juruá, 2014. p. 83.

cuidado com o desenvolvimento da criança e do adolescente, constando do art. 227, *caput*, da CF/88, consoante visto no Capítulo 4.

Por essa razão, não pode o referido planejamento familiar encontrar-se dissociado da ideia de uma responsabilidade dos pais no cuidado dessa prole, devendo implicar sempre o respeito dos direitos e garantias fundamentais de seus filhos, bem como na sua concepção, visto que também devem assumir suas responsabilidades decorrentes do exercício pleno e autônomo de suas faculdades sexuais e reprodutivas.[854] Nesse sentido, Maria Amélia Belomo Castanho sustenta:

> Ao atribuir responsabilidade aos pais, inegável que o Estado esteja exercendo mais uma variável de sua vigilância e controle, de modo que, se estes não atuarem corretamente conforme os seus preceitos e objetivos, sofrerão sanções que podem acarretar até mesmo a perda do poder familiar com a colocação da criança em família substituta ou abrigos.[855]

Observa-se, portanto, que as pessoas que desejem desempenhar um projeto parental não estão dotadas de uma autonomia ilimitada no exercício de seu direito fundamental ao planejamento familiar. Afinal, tal garantia não é absoluta, visto que seus beneficiários e também o Estado devem sempre observar o respeito à *dignidade humana* e à *parentalidade responsável*, a fim de atender aos interesses constitucionalmente protegidos, atentando-se também para os direitos daquela futura prole. Diante disso, seria possível concluir que os projetos parentais LGBT, de alguma forma, afrontam esses dois *standards* norteadores do planejamento familiar, de modo a que se imponha um limite para a sua atuação? Tal questão será melhor destrinchada no tópico que se segue.

6.2 O planejamento familiar no âmbito da diversidade sexual e de gênero e os projetos parentais LGBT: a (homo/trans)parentalidade à luz da Constituição Federal de 1988

Dada a escassez normativa na matéria, cumpre destacar os principais aspectos do ordenamento jurídico pátrio os quais sustentam o exercício da homoparentalidade e da transparentalidade. Para

---

[854] CASTANHO, Maria Amélia Belomo. *Planejamento familiar*: o estado na construção de uma sociedade inclusiva e a participação social para o bem comum. Curitiba: Juruá, 2014. p. 90.
[855] CASTANHO, Maria Amélia Belomo. *Planejamento familiar*: o estado na construção de uma sociedade inclusiva e a participação social para o bem comum. Curitiba: Juruá, 2014. p. 90.

tanto, utilizar-se-á a metodologia civil-constitucional, fundamentada, principalmente, no panorama trazido pela Constituição Federal de 1988, tendo em vista que o direito a ter filhos "[...] deve ser compreendido como um direito personalíssimo, indisponível, inalienável, devendo ser protegido pelo Estado e suas instituições".[856]

Nessa toada, cita-se a importância da aplicação principiológica, visto que os preceitos constitucionais correspondem a normas de maior amplitude interpretativa, a qual lhes possibilita uma aplicabilidade mais ampla que as normas-regras. Diante disso, é possível destacar, dentro da sistemática constitucional brasileira, quatro princípios fundamentais, os quais autorizam aos casais homossexuais a possibilidade de exercer seus direitos de parentalidade, quais sejam: a) a *dignidade da pessoa humana*; b) a *liberdade*; c) a *igualdade*; e d) a *vedação à discriminação*. A partir de tal arcabouço axiológico, podem-se realizar os propósitos da Carta Política, valendo lembrar, ainda, que a própria CF/88 autoriza, em seu art. 5º, §1º, a sua aplicabilidade imediata, pelo que se passará à análise de cada um deles em particular.

Em matéria de *dignidade humana*, considerando as elucubrações já desveladas no Capítulo 1, há duas esferas semânticas, as quais merecem ser enfatizadas neste tópico específico: a) a *dignidade* como *autonomia*; e b) a *dignidade* como *heteronomia*. Tais concepções, a seu turno, não são autoexcludentes, como explica Luís Roberto Barroso, pelo contrário, são complementares, funcionando a heteronomia como uma forma de limitar a liberdade das pessoas; sem retirar-lhes, entretanto, sua emancipação individual. Nesse sentido, explica ainda o autor:

> [...] à luz do sistema jurídico brasileiro, é possível afirmar uma certa predominância da dignidade como autonomia, sem que se deslegitime o conceito de dignidade como heteronomia. O que significa dizer que, como regra geral, devem prevalecer as escolhas individuais. Para afastá-las, fora dos casos expressos ou inequívocos, impõe-se um especial ônus argumentativo.[857]

Nesse sentido, a conjunção entre os princípios da *dignidade humana* e da *liberdade* permite que, na ausência de vedação expressa do

---

[856] BRAUNER, Maria Claudia Crespo. *Direito, sexualidade e reprodução humana*: conquistas médicas e o debate bioético. Rio de Janeiro: Renovar, 2003. p. 52.

[857] BARROSO, Luís Roberto. Legitimidade da recusa de transfusão de sangue por testemunhas de jeová. Dignidade humana, liberdade religiosa e escolhas existenciais. *In*: LEITE, George Salomão; SARLET, Ingo Wolfgang; CARBONELL, Miguel (Org.). *Direitos, deveres e garantias fundamentais*. Salvador: JusPodivm, 2011. p. 676.

ordenamento jurídico, seja autorizado aos indivíduos fazer o uso de sua autonomia existencial, a qual encontra na *dignidade heterônoma* um limite ao seu exercício. Dessa forma, é possível admitir, na realidade brasileira, que as pessoas homossexuais, bissexuais e trans exerçam a liberdade de planejar suas famílias, inclusive, no tocante à possibilidade de levarem a cabo um projeto de parentalidade que se socorra da aplicação das TRHA, desde que respeitados os limites elencados para o exercício do planejamento familiar.

Por essa razão, quando do necessário recurso ao auxílio de um terceiro no procedimento de procriação, deve ser igualmente respeitada a *dignidade* que lhe é intrínseca, assim como aquela inerente à futura prole. Logo, é preciso que se preze, por exemplo: a) pela correta concessão do consentimento informado de todos/as os/as envolvidos/as no procedimento; b) pela preservação da integridade psicofísica das doadoras de material genético nos casos de doação de óvulos; c) pelo cuidado com o bem-estar e com a integridade psicofísica da gestante por substituição (respeitando-se a sua autonomia no tocante aos casos de aborto legal, assegurando-se o legítimo exercício do seu consentimento informado, verificando-se, no plano fático, a presença de alguma vulnerabilidade que interfira no livre exercício da sua manifestação de vontade etc.); d) pela proteção do futuro filho de quaisquer investidas eugênicas ou de promoção de sexagem advindas dos recursos à manipulação genética; e) pelo respeito à individualidade e à integridade psicofísica da criança gerada nos casos de "bebê medicamento" etc.

Somada a essa perspectiva, tem-se ainda que o princípio da *igualdade* em conjunto com o da *vedação de toda e qualquer forma de discriminação* norteiam a aplicação das normas jurídicas, proibindo qualquer forma de distinção ilegítima e respeitando, inclusive, as subjetividades e peculiaridades de cada pessoa. Assim, ressalta-se que a igualdade constitucional também apresenta duas acepções complementares: a) a *igualdade formal* – representando a ideia de que todos são iguais perante a lei; e b) a *igualdade material ou substancial* – a qual representa o papel do Estado na promoção da justiça social, proporcionando um equilíbrio entre as pessoas (redistribuição) e o reconhecimento de suas individualidades (reconhecimento).

Dessa maneira, é importante entender que não basta reconhecer a *igualdade* de direitos no plano legal (formal), mas que é necessário proporcionar, no plano fático (material), que a isonomia seja estabelecida de forma plena e efetiva, reconhecendo-se as diferenças e as subjetividades de cada pessoa. Nesse sentido, defende Silvia Ozelame Rigo Moschetta:

[...] Afirma-se que a igualdade que deve prevalecer é a do teor relativo – a verdadeira igualdade, ou seja, a que garanta tratamento igualitário tendo presentes as diferenças, eis que a igualdade absoluta sempre trará resquícios de desigualdade, já que desigualdade é universal.[858]

À vista disso, no que diz respeito às famílias LGBT e o estabelecimento dos vínculos parentais, de nada adiantaria tal direito ser reconhecido com base na *igualdade* legal, se se ignorar que tais pessoas, por uma razão ligada à sua expressão afetivo-sexual ou à forma por meio da qual performam o gênero no meio social, apenas poderiam estabelecer tais vínculos por meio de métodos diversos do coito sexual. Tais particularidades, entretanto, não poderiam ser utilizadas como fatores impeditivos de seu acesso a esses procedimentos, sob pena de estar-se discriminando as suas identidades, o que representaria uma ofensa direta à ideia de isonomia e de não discriminação.

Nesse diapasão, todas as regras voltadas à salvaguarda do planejamento familiar devem atender, da mesma maneira, a todas as modalidades de família, incluídas as LGBT. Para tanto, deve ser-lhes conferida a possibilidade de desempenharem seus projetos parentais não somente por meio da adoção, mas também por meio do recurso às TRHA – tema que será melhor discutido em tópico específico e subsequente –, respeitando-se a vertente procriativa dessa garantia constitucional.[859]

Percebe-se, portanto, que o elemento volitivo, ou seja, a intenção de ser pai ou mãe por parte de pessoas homossexuais, bissexuais ou trans, por si só, já deve ser suficiente para que lhes seja atribuído tal direito, devendo ser garantido pelo ente estatal, a despeito da existência ou não de lei específica na matéria. Assim, a autonomia e a vontade de constituição de família dessas pessoas devem ser asseguradas, inclusive, no que disser respeito a todos os seus desdobramentos, quais sejam: o exercício da autoridade parental; o dever de cuidado para com os filhos; os vínculos de parentesco; os deveres de guarda, sustento e educação dos filhos; os direitos sucessórios; o direito à prestação alimentícia; o direito-dever de convivência familiar; os direitos de cunho

---

[858] MOSCHETTA, Sílvia Ozelame Rigo. *Homoparentalidade*: direito à adoção e reprodução humana assistida por casais homoafetivos. 2. ed. Curitiba: Juruá, 2011. p. 125.

[859] PINHEIRO NETO, Othoniel. *O direito dos homossexuais biologicamente férteis, mas psicologicamente inférteis, habilita-os como beneficiários da política nacional de reprodução humana assistida*. 2016. 137 f. Tese (Doutorado em Direito) – Universidade Federal da Bahia, Salvador, 2016. p. 53-54. Disponível em: https://repositorio.ufba.br/ri/bitstream/ri/20172/1/Tese%20Othoniel%20Pinheiro%20Neto.pdf. Acesso em: 28 nov. 2018.

previdenciário. Afinal, é papel do Estado assegurar a proteção das garantias fundamentais elencadas no texto constitucional, de forma a proporcionar uma maior segurança jurídica, mesmo para os indivíduos que se encontram desamparados pela legislação.

6.3 Obstáculos à concretização dos projetos parentais ectogenéticos LGBT?

Entendidas as questões de caráter jurídico as quais perpassam o estudo da efetivação do planejamento familiar para todo e qualquer cidadão, mister faz-se, neste momento, analisar as implicações específicas desse direito na esfera das famílias LGBT. Isso, pois, diferentemente de casais cis-heteroafetivos, esses indivíduos podem vir a depender de outros fatores, que não os exclusivamente biológicos, para concretizar seus projetos parentais.

Ademais, essa análise faz-se pertinente, também, porque a heterocisnormatividade e o conservadorismo[860] presentes, no contexto social, criam obstáculos à efetivação dos direitos sexuais e reprodutivos da população LGBT, ocasionando uma espécie de dominação simbólica – previamente comentada no Capítulo 2 –, que põe esses indivíduos ante uma estrutura de invisibilização das suas existências públicas e legítimas. Desse modo, a dimensão da não visibilidade, somada à ideia de uma "anormalização" desses corpos, põe-nos diante de um contexto sociojurídico de não reconhecimento das suas identidades e, consequentemente, dos seus direitos, cujos fundamentos encontram-se alicerçados especialmente no temor do incentivo ao desvio da norma cis-heterossexual vigente.

Nesse diapasão, alguns fatores das mais variadas ordens podem ser elencados como circunstâncias obstativas à recognição de um pleno e efetivo planejamento familiar das famílias LGBT, notadamente no que tange à escolha da via da RHA. Assim, o presente tópico será destinado a esmiuçar tais elementos e averiguar a sua pertinência ou não para o

---

[860] Flávia Piovesan e Sandro Gorski elencam 3 desafios centrais, os quais merecem ser combatidos, a fim de implementar uma efetividade nos direitos da população LGBTI, quais sejam: a) a falta de reconhecimento dos direitos LGBTI como direito humanos; b) o processo de globalização econômico; e c) a emergência dos fundamentalismos religiosos (PIOVESAN, Flávia; SILVA, Sandro Gorski. Diversidade sexual e o contexto global: desafios à plena implementação dos direitos humanos LGBTI. *Revista Quaestio Iuris*, Rio de Janeiro, v. 8, n. 4, p. 2.613-2650, 2015. p. 2.641. Disponível em: file:///C:/Users/Sergio/Downloads/20949-68351-2-PB.pdf. Acesso em: 29 out. 2017).

impedimento do acesso desses grupos familiares ao uso das técnicas reprodutivas humanas.

Para isso, enumeram-se quatro razões principais para uma possível restrição do alcance a esses métodos, quais sejam: a) o preconceito oriundo da heterocisnormatividade social; b) a possibilidade de recorrer-se da adoção, por ser considerada uma forma mais "digna" de concretização desses projetos parentais; c) a colisão entre o direito ao planejamento familiar das famílias LGBT e o direito à objeção de consciência dos médicos que aplicam as TRHA; e d) a invisibilidade dos direitos reprodutivos da população trans e a necessidade de fomento a esse debate.

6.3.1 Heterocisnormatividade social e preconceito: entre fatos e mitos

É de se notar que, na sociedade e, consequentemente, no campo político, ainda há certa relutância em conferir às pessoas LGBT alguns direitos atinentes à esfera civil. Entre eles, um dos mais polêmicos, senão aquele que desperta mais relutância social, diz respeito à possibilidade do estabelecimento de vínculos paterno-materno-filiais por parte de pessoas homossexuais, bissexuais e trans.

Entretanto, um fato curioso é que essa suposta preocupação com o bem-estar das crianças – caracterizada pelo levantamento de diversos mitos, geralmente, negativos em torno dessas formas de parentalidade – vem sempre desamparada de confirmação científica.[861] Pelo contrário, essa ausência de validação empírica caminha lado a lado com o preconceito contra as expressões afetivo-sexuais e as identidades de gênero não hegemônicas, demonstrando o poder surtido pela cis-heteronorma sobre esses corpos dissidentes e o temor que as suas transgressões do sistema sexo-gênero-sexualidade pode causar nas estruturas dominantes da sociedade.

Por essa razão, é preciso que sejam desmistificadas algumas suposições a respeito da homoparentalidade e da transparentalidade, a fim de demonstrar que são alternativas viáveis, legítimas e factíveis,

---

[861] ZAMBRANO, Elizabeth. *"Nós também somos família"*: estudo sobre a parentalidade homossexual, travesti e transexual. 2008. 236 f. Tese (Doutorado em Antropologia Social) – Universidade Federal do Rio Grande do Sul, Porto Alegre, 2008. p. 63. Disponível em: https://www.lume.ufrgs.br/bitstream/handle/10183/17649/000718906.pdf?sequence=1&isAllowed=y. Acesso em: 13 nov. 2019.

razão pela qual não podem ser ignoradas ou repudiadas. Nesse sentido, explica Bianca Alfano:

> Os temores mais comuns são dos filhos se tornarem homossexuais, de serem estigmatizados ou rejeitados em função de seus pais serem homossexuais, do possível desenvolvimento de patologias e de abuso sexual por parte, principalmente, de pais homossexuais do sexo masculino [...].[862]

Vê-se, portanto, grandes esforços no sentido de deslegitimar o exercício dos direitos dessas pessoas em razão de fatores nitidamente discriminatórios, os quais não podem ser tolerados pelo direito, tampouco usados para tolher a efetivação de garantias constitucionalmente protegidas, como é o caso do exercício da parentalidade. Por essa razão, passa-se, a partir daqui, à análise de alguns dos principais argumentos que são suscitados a título de desautorizar os projetos parentais LGBT, no intuito de ponderar argumentos científicos e constatáveis, em detrimento de crenças desarrazoadas e preconceituosas. São eles:

(A) *dúvidas quanto à capacidade de exercício da parentalidade* – a esse respeito Elizabeth Zambrano chama atenção para o fato de que, na literatura, há um grande número de trabalhos que atesta não existirem diferenças expressivas entre as famílias homoparentais e as heteroparentais – se se permitir aqui o uso de tal neologismo – quanto à atenção dada aos filhos, o tempo passado juntos ou a qualidade do vínculo entre eles.[863] Estudos como os de Brewaeys, Ponjaert, Van Hall e Golombok, por exemplo, mostram que a aptidão para o exercício da maternagem não apresenta grandes diferenças qualitativas quando comparados casais de lésbicas e casais heteroafetivos; elucidando, inclusive, que a qualidade da relação entre a mãe social e a criança, nas famílias homoafetivas femininas, era superior àquela desempenhada entre os pais e seus filhos, nas

---

[862] ALFANO, Bianca. Homoparentalidades: gênero e reprodução na contemporaneidade. *In*: ENCONTRO NACIONAL DA ABRAPSO, 14., 2007, Rio de Janeiro. *Anais do XIV Encontro Nacional da ABRAPSO*: diálogos em psicologia social, Rio de Janeiro, p. 1-13, 2007. p.9. Disponível em: http://www.abrapso.org.br/siteprincipal/anexos/AnaisXIVENA/conteudo/pdf/tra b_completo_199.pdf. Acesso em: 19 nov. 2018.

[863] ZAMBRANO, Elizabeth. *"Nós também somos família"*: estudo sobre a parentalidade homossexual, travesti e transexual. 2008. 236 f. Tese (Doutorado em Antropologia Social) – Universidade Federal do Rio Grande do Sul, Porto Alegre, 2008. p. 66. Disponível em: https://www.lume.ufrgs.br/bitstream/handle/10183/17649/000718906.pdf?sequence=1&isAllowed=y. Acesso em: 13 nov. 2019.

famílias heteroafetivas.[864] Somado a isso, pesquisa realizada por Patterson, citado por Elizabeth Zambrano, comparando pais heterossexuais a pais *gays*, constatou que estes têm uma melhor capacidade de resolver os problemas das crianças e estão mais dispostos a se divertir com os filhos e estimular sua autonomia, dando maior importância a seu papel paterno que aqueles.[865] Especificamente com relação às pessoas trans, pode-se citar a pesquisa desempenhada por Rebecca Stotzer, Jody Herman e Amira Hasenbush, a qual verificou, a partir da revisão de 51 estudos, que a relação entre os pais e as mães trans com seus filhos ou suas filhas é positiva, mesmo após "saírem do armário" ou estarem transicionando, bem como que o exercício dessas parentalidade não implica nenhum prejuízo em termos dos seus marcos de desenvolvimento.[866]

(B) *a necessidade de diversidade de sexos*[867] *para o pleno desenvolvimento psíquico da criança* – a ideia de que os filhos de pais *gays* e lésbicas possuem uma dificuldade maior de socialização é argumento falacioso, já que, como sustenta Roger Raupp Rios, "[...] Ideias desse tipo já foram utilizadas, por exemplo, para impedir casamentos entre pessoas de raças diferentes, para justificar segregação em escolas de brancos e negros, para impedir a criação e a adoção de crianças de raça, cor ou etnia diversa da dos adotantes",[868] sendo completamente desfundada tal alegação. Nessa mesma linha de pensamento,

---

[864] BREWAEYS, A.; PONJAERT, I; VAN HALL, E.V.; GOLOMBOK, S. Donor insemination: child development and family functioning in lesbian mother families. *Human Reproduction*, Oxford, v. 12, n. 6, p. 1.349-1.359, 1997. p. 1.349. Disponível em: https://pdfs.semanticscholar.org/5356/c7a79e56a4c2392156b028c7a7c207eae952.pdf. Acesso em: 16 nov. 2019.

[865] PATTERSON, C. J. *Résultats des recherches concernant l'homoparentalité*. Université de Virginie/APA, 1996. Disponível em: http://www.apgl.asso.fr/documents/pater_fr.rtf. Acesso em: 28 set. 2004 *apud* ZAMBRANO, Elizabeth. *"Nós também somos família"*: estudo sobre a parentalidade homossexual, travesti e transexual. 2008. 236 f. Tese (Doutorado em Antropologia Social) – Universidade Federal do Rio Grande do Sul, Porto Alegre, 2008. p. 67. Disponível em: https://www.lume.ufrgs.br/bitstream/handle/10183/17649/000718906.pdf?sequence=1&isAllowed=y. Acesso em: 13 nov. 2019.

[866] STOTZER, Rebecca L.; HERMAN, Jody L.; HASENBUSH, Amira. *Transgender parenting*: a review of existing research. Los Angeles: [s.n], 2014. p. 9-12, *passim*. Disponível em: https://williamsinstitute.law.ucla.edu/wp-content/uploads/transgender-parenting-oct-2014.pdf. Acesso em: 16 nov. 2015.

[867] Aqui se utiliza o termo "diversidade de sexos", pois a compreensão de quem se opõe a esses projetos parentais está focada notadamente no "sexo biológico", e não na identidade de gênero. Do contrário, não haveria problema, para os adeptos desses pensamentos mais conservadores, com relação a projetos transparentais desempenhados em um contexto heteroafetivo, já que estaria assegurada a "diversidade de gêneros".

[868] RIOS, Roger Raupp. *A homossexualidade no direito*. Porto Alegre: Livraria do Advogado, 2011. p. 141-143 *apud* VECCHIATTI, Paulo Roberto Iotti. *Manual da homoafetividade*: da possibilidade

Elizabeth Zambrano atesta que a diversidade sexual não se mostra um fator imprescindível para o bom amadurecimento psicológico da criança, sendo muito mais substancial o aspecto qualitativo da relação que é estabelecida entre pai(s)/mãe(s) e filhos(as).[869] Da mesma forma, os estudos de Stotzer, Herman e Hasenbush observaram que a transparentalidade não implica resultados negativos para o desenvolvimento infantil, pelo contrário, tem consequências positivas no sentido de "abrir a mente" dos filhos com relação à aceitação das diferenças individuais e da diversidade;[870]

(C) *desempenho dos papéis de gênero relativos ao exercício da maternidade e da paternidade* – sobre o tema comenta Elizabeth Zambrano que "Um homem gay não se torna mulher por ter o seu desejo sexual orientado para um outro homem, assim como a mulher lésbica não se torna homem pela mesma razão" e, por isso, a autora afirma que as funções ditas "maternas" e "paternas" podem ser desempenhadas por qualquer um. Do mesmo modo, comenta que tais circunstâncias podem igualmente ser verificadas nos contextos familiares nos quais estiver presente uma pessoa trans, sendo que geralmente o papel de "mãe" ou de "pai" é desempenhado de acordo com a identidade de gênero expressada pelo indivíduo.[871] Mônica Angonese e Mara Lago, por sua vez, vão mais além e, com base nos estudos de Judith Butler, enxergam o exercício da paternidade e da maternidade como algo performativo, ou seja, que se constitui discursivamente a partir da reiteração de atos ligados a um ideal normativo vigente. Nesse sentido, explicam que as ideias de "papel de mãe" e "papel de pai"

---

jurídica do casamento civil, da união estável e da adoção por casais homoafetivos. 2. ed. Rio de Janeiro: Forense; São Paulo: Método, 2012. p. 503-504.

[869] ZAMBRANO, Elizabeth. *"Nós também somos família"*: estudo sobre a parentalidade homossexual, travesti e transexual. 2008. 236 f. Tese (Doutorado em Antropologia Social) – Universidade Federal do Rio Grande do Sul, Porto Alegre, 2008. p. 68. Disponível em: https://www.lume.ufrgs.br/bitstream/handle/10183/17649/000718906.pdf?sequence=1&isAllowed=y. Acesso em: 13 nov. 2019.

[870] STOTZER, Rebecca L.; HERMAN, Jody L.; HASENBUSH, Amira. *Transgender parenting*: a review of existing research. Los Angeles: [s.n], 2014. p. 11. Disponível em: https://williamsinstitute.law.ucla.edu/wp-content/uploads/transgender-parenting-oct-2014.pdf. Acesso em: 16 nov. 2015.

[871] ZAMBRANO, Elizabeth. *"Nós também somos família"*: estudo sobre a parentalidade homossexual, travesti e transexual. 2008. 236 f. Tese (Doutorado em Antropologia Social) – Universidade Federal do Rio Grande do Sul, Porto Alegre, 2008. p. 70-71. Disponível em: https://www.lume.ufrgs.br/bitstream/handle/10183/17649/000718906.pdf?sequence=1&isAllowed=y. Acesso em: 13 nov. 2019.

são construções sociais vinculadas a um discurso que produz conceitos e padrões comportamentais ditos "normais". No entanto, defendem também que essa estrutura é passível de subversão e de renegociações, o que autoriza, por exemplo, Thomas Beatie, homem trans, a engravidar e amamentar, sem que isso lhe retire a masculinidade identitária reivindicada.[872] Da mesma forma, autoriza que uma mulher trans – embora socialmente tida como um corpo biologicamente "masculino" – passe por um tratamento de indução à lactação e amamente, da mesma forma, o seu filho, como já foi relatado em estudos recentes.[873] Dessa maneira, tem-se que o desempenho das funções parentais não pode ser enxergado a partir de uma limitação que esteja calcada no gênero, na identidade de gênero ou na expressão afetivo-sexual do(s) pai(s) e/ou mãe(s), visto que pode ser desempenhada por indivíduos integrantes da diversidade sexual e de gênero, da mesma forma que é exercida em contextos familiares (cis)heteroafetivos;

(D) *temor quanto ao estímulo a que as crianças venham a ter expressões afetivo-sexuais ou identidades de gênero diversas da cis-heteronorma* – a ideia de que se deveria negar a parentalidade a tais pessoas, pois seus filhos também seriam "desviados" do padrão heteronormativo apenas corrobora com o pensamento de que a homossexualidade, a bissexualidade e as identidades trans são "comportamentos errados" e que deveriam ser combatidos. Em verdade, dizem respeito à autodeterminação identitária individual de cada pessoa, devendo, assim, ser protegida e garantida a liberdade das suas mais diversas expressões. Além do que, como bem pondera Paulo Iotti, são muitos os casos de pessoas homossexuais – ao que aqui também podem ser incluídos os bissexuais e as pessoas trans – criadas por casais heteroafetivos, bem como de pessoas heterossexuais ou homossexuais que são criadas

---

[872] ANGONESE, Mônica; LAGO, Mara Coelho de Souza. Famílias e experiências de parentalidades trans. *Revista de Ciências Humanas*, Florianópolis, v. 52, p. 1-18, 2018. p. 8-9. Disponível em: https://periodicos.ufsc.br/index.php/revistacfh/article/view/2178-4582.2018.e57007/40096. Acesso em: 13 nov. 2019.

[873] Recentemente, uma pesquisa realizada por Tamar Reisman e Zil Goldstein relatou o caso de uma mulher trans que, graças a um tratamento hormonal de estímulo à lactação, conseguiu realizar a amamentação do seu filho por um período de seis semanas, comprovando a efetividade desse procedimento de indução (cf. REISMAN, Tamar; GOLDSTEIN, Zil. Case report: induced lactation in a transgender woman. *Transgender Health*, [s.l.], v. 3, n. 1, p. 24-26, 2018. p. 24. Disponível em: https://www.liebertpub.com/doi/pdf/10.1089/trgh.2017.0044. Acesso em: 4 dez. 2019).

por pessoas solteiras ou pares homoafetivos, demonstrando que a expressão de sexualidade ou identidade de gênero não influencia o desenvolvimento sexual dos filhos.[874] De toda forma, existem muitos estudos que comprovam que a expressão afetivo-sexual ou identidade de gênero dos pais não repercute na reprodução dessas mesmas identidades pelos seus filhos, a exemplo de Bailey, Bobrow, Wolfe e Mikach, citados por Elizabeth Zambrano,[875] e de Stotzer, Herman e Hasenbush;[876]

(E) *temor quanto à ocorrência de abusos contra as crianças* – não há que se falar em uma propensão maior em sofrer abusos sexuais por parte de pais e/ou mães LGBT, conforme afirma Elizabeth Zambrano ao verificar que nenhum trabalho revisado coloca o abuso dos filhos como uma característica dessas famílias.[877] Sobre o tema, inclusive, interessante faz-se a indicação da pesquisa feita por Carole Jenny, Thomas Roesler e Kimberly Poyer, os quais investigaram 352 pacientes (com idade média de 6,1 anos, variando entre 7 meses e 17 anos) encaminhados a uma clínica de avaliação de suspeita de abuso sexual infantil e constataram que em 82% dos casos o agressor era heterossexual e parceiro de alguma parente da

---

[874] VECCHIATTI, Paulo Roberto Iotti. *Manual da homoafetividade*: da possibilidade jurídica do casamento civil, da união estável e da adoção por casais homoafetivos. 2. ed. Rio de Janeiro: Forense; São Paulo: Método, 2012. p. 503.

[875] Nos estudos dos autores, mais de 90% dos filhos adultos de pais *gays* se consideravam heterossexuais, não estando também suas expressões afetivo-sexuais ligadas à duração de tempo vivido com seus pais (cf. BAILEY, J. Michael; BOBROW, David; WOLFE, Marilyn; MIKACH, Sarah. Sexual orientation of adult sons of gay fathers. *Developmental Psychology*, v. 31, n. 1, p. 124-129, 1995. Disponível em: http://www.france.qrd.org/assocs/apgl/. Acesso em: 17 nov. 2019. apud ZAMBRANO, Elizabeth. *"Nós também somos família"*: estudo sobre a parentalidade homossexual, travesti e transexual. 2008. 236 f. Tese (Doutorado em Antropologia Social) – Universidade Federal do Rio Grande do Sul, Porto Alegre, 2008. p. 72. Disponível em: https://www.lume.ufrgs.br/bitstream/handle/10183/17649/000718906.pdf?sequence=1&isAllowed=y. Acesso em: 13 nov. 2019).

[876] O levantamento feito pelas autoras demonstra que o exercício da transparentalidade não influencia em nada a expressão afetivo-sexual ou a identidade de gênero dos filhos (cf. STOTZER, Rebecca L.; HERMAN, Jody L.; HASENBUSH, Amira. *Transgender parenting*: a review of existing research. Los Angeles: [s.n], 2014. p. 11. Disponível em: https://williamsinstitute.law.ucla.edu/wp-content/uploads/transgender-parenting-oct-2014.pdf. Acesso em: 16 nov. 2015).

[877] ZAMBRANO, Elizabeth. *"Nós também somos família"*: estudo sobre a parentalidade homossexual, travesti e transexual. 2008. 236 f. Tese (Doutorado em Antropologia Social) – Universidade Federal do Rio Grande do Sul, Porto Alegre, 2008. p. 73. Disponível em: https://www.lume.ufrgs.br/bitstream/handle/10183/17649/000718906.pdf?sequence=1&isAllowed=y. Acesso em: 13 nov. 2019.

vítima.[878] No mesmo sentido, mencionam-se os estudos da ILGA – *International Lesbian and Gay Association*,[879] citados por Paulo Iotti, os quais demostram que 95% dos casos de abusos sexuais são praticados por heterossexuais, desmistificando completamente tal argumento levantado para se opor ao exercício da parentalidade pela população LGBT;[880]

(F) *a problemática do preconceito reflexo, na qual as crianças terão que lidar com a discriminação pelo fato de seus pais integrarem a diversidade sexual ou de gênero* – é fato que a estigmatização sofrida pela população LGBT pode transcender a figura dos pais e gerar repercussões sobre os seus filhos(as). No entanto, pergunta-se: já não houve o tempo em que as "mães solteiras" representavam uma figura extremamente estigmatizada pelo meio social e, da mesma forma, desempenhavam seus papéis parentais, independentemente de estarem contidas em um contexto biparental heterossexual? Esse fator, porém, não impediu que a Carta Magna de 1988 reconhecesse as famílias monoparentais como entidades familiares no art. 266, §4º, posto que incontestável a sua natureza de família. Da mesma forma, então, a homossexualidade, a bissexualidade ou a identidade trans dos pretensos pai(s) e/ou mãe(s) não é motivo capaz de ensejar um não reconhecimento da possibilidade de concretização de seus projetos parentais. Afinal, o preconceito é um fator que deve ser combatido e não incentivado, tendo o Estado papel fundamental na eliminação de todas as formas de discriminação, tal qual dispõe o art. 3º, IV da CF/88, sobretudo, por meio do investimento em políticas públicas de conscientização e educação da população.

Dessa forma, percebe-se que não há nenhum argumento plausível capaz de impedir o reconhecimento desse direito por parte da população LGBT. Afinal, como exposto aqui, as alegações contrárias nada mais são do que manifestações discriminatórias expressas voltadas para as expressões de sexualidade e as identidades de gênero diversas

---

[878] JENNY, Carole; ROESLER, Thomas A.; POYER, Kimberly L. Are children at risk for sexual abuse by homosexuals? *Pediatrics*, [s.l.], v. 94, n. 1, p. 41-44, 1994. Disponível em: https://pediatrics.aappublications.org/content/94/1/41.short. Acesso em: 16 nov. 2019.

[879] Em tradução livre: Associação Internacional de Lésbicas e *Gays* – AILG.

[880] VECCHIATTI, Paulo Roberto Iotti. *Manual da homoafetividade*: da possibilidade jurídica do casamento civil, da união estável e da adoção por casais homoafetivos. 2. ed. Rio de Janeiro: Forense; São Paulo: Método, 2012. p. 503.

daquelas eleitas como sendo o padrão social a ser seguido, ou seja, a cis-heterossexualidade.

6.3.2 A reprodução humana assistida como uma alternativa para as famílias LGBT: uma escolha legítima?

Entendida a sistemática jurídica a qual autoriza o reconhecimento do direito à homoparentalidade e à transparentalidade no ordenamento jurídico brasileiro, faz-se oportuno destacar as formas por meio das quais elas podem vir a ser viabilizadas. A esse respeito, explica Elizabeth Zambrano que estão descritas, na literatura, quatro formas principais de acesso aos vínculos parentais por parte da população homossexual (ao que aqui também pode estender-se às pessoas bissexuais):

(A) a primeira é por meio da formação de famílias recompostas,[881] nas quais, pelo menos, um dos parceiros já possuía um vínculo de filiação de um relacionamento anterior e, após o rompimento dessa relação pretérita, estabelece uma convivência ou casamento com um parceiro de mesmo gênero;
(B) a segunda é por meio da adoção individual ou conjunta;
(C) a terceira diz respeito ao recurso às TRHA; e
(D) a quarta é por meio do exercício da coparentalidade, na qual os cuidados são efetivados de forma igualitária e conjunta pelo(s) pai(s) e/ou mãe(s), podendo estar ligada a uma das formas de acesso anteriormente descritas.[882]

No tocante às pessoas trans, além das maneiras supracitadas, pode-se comentar também, em acréscimo às hipóteses trazidas por Zambrano em sua pesquisa, o recurso à RHN, por meio do coito sexual. Tal situação pode ocorrer tanto num contexto homoafetivo, quando aquela pessoa trans tiver suas capacidades reprodutivas preservadas e estiver relacionando-se com uma pessoa cisgênera, quanto em um contexto heteroafetivo, caso em que duas pessoas trans – uma

---
[881] Explica Paulo Lôbo que famílias "recompostas", "reconstituídas", "reconfiguradas", "sequenciadas", "mosaico" ou "compostas" são aquelas entidades familiares que se formam entre os cônjuges ou companheiros e os filhos do outro, vindos de relacionamento anterior (cf. LÔBO, Paulo. Direito civil: famílias. 7. ed. São Paulo: Saraiva, 2017. p. 86).
[882] ZAMBRANO, Elizabeth. Parentalidades "impensáveis": pais/mães homossexuais, travestis e transexuais. Revista Horizontes Antropológicos, Porto Alegre, v. 12, n. 26, p. 123-147, 2006. p. 132-133. Disponível em: http://www.scielo.br/pdf/ha/v12n26/a06v1226.pdf. Acesso em: 12 nov. 2019.

transmasculina e outra transfeminina – possuem suas capacidades reprodutivas preservadas e relacionam-se entre si.

Assim, percebe-se que, em tais contextos familiares, a concretização desses projetos parentais quase sempre irá depender de um terceiro, ou seja, uma pessoa interposta, conhecida ou não, que será crucial para a viabilização dessa homoparentalidade[883] ou transparentalidade. Diante disso, cabe ao casal ou a pessoa em questão decidir, no exercício de sua autonomia, qual a forma que melhor atende às suas necessidades e às suas expectativas pessoais com relação ao estabelecimento desses vínculos de filiação.

Ante essas possibilidades, a primeira hipótese não será aqui destrinchada, tendo em vista que, nessa situação, não se trata necessariamente de um planejamento conjunto daquela entidade familiar, mas sim a assunção de responsabilidades a partir de uma filiação que já se encontra estabelecida no plano fático e é originária de um relacionamento anterior. Ademais, é importante esclarecer que os vínculos de afinidade, estabelecidos entre o padrasto ou a madrasta e o(a) seu/sua enteado(a), não irão gerar necessariamente repercussões no campo da filiação, salvo nos casos de filiação socioafetiva configurada por adoção unilateral ou posse de estado de filiação.

Da mesma maneira, não serão tecidos maiores comentários a respeito da coparentalidade, pois, apesar da voluntariedade característica dessa modalidade parental, a compreensão das suas particularidades foge ao objeto central desta pesquisa. De toda forma, é notório que o recurso às RHA ampliou sobremaneira as possibilidades de estabelecimento desses projetos parentais específicos – como já fora comentado no Capítulo 5 –, devendo o campo jurídico estar aberto a discuti-los e refletir em torno da sua regulamentação.

Com relação à adoção, é interessante pontuar que, da mesma forma que os demais direitos atinentes à população LGBT, a sua possibilidade também não encontra previsão legislativa expressa no que tange a esse grupo populacional. Não obstante, no tocante ao seu deferimento para pessoas homossexuais ou casais homoafetivos, há um vasto reconhecimento da sua possibilidade por parte da doutrina e, consequentemente, também no âmbito jurisprudencial, mesmo antes

---

[883] PASSOS, Maria Consuêlo. Homoparentalidade: uma entre outras formas de ser família. *Psicologia Clínica*, Rio de Janeiro, v. 17, n. 2, p. 31-40, 2005. Disponível em: http://www.scielo.br/pdf/pc/v17n2/v17n2a03.pdf. Acesso em: 28 nov. 2018.

do julgamento do STF sobre as uniões homoafetivas.[884] A esse respeito, em sede dos tribunais superiores, podem ser elencadas as seguintes decisões: a) Recurso Especial nº 889.852/RS (REsp nº 889.852/RS) de relatoria do Ministro Luís Felipe Salomão – no qual foi concedida a adoção de duas crianças à companheira da sua mãe, a qual as havia adotado anteriormente;[885] b) Recurso Especial nº 1.281.093/SP (REsp nº 1.281.093/SP) de relatoria da Ministra Nancy Andrighi – que reconheceu a possibilidade jurídica de adoção unilateral feita pela companheira da mãe biológica de uma criança que fora havida por meio do emprego de TRHA heteróloga acordada pelo casal. Nessa oportunidade, a ministra relatora já aponta, como um dos fundamentos da sua decisão, o julgamento proferido pelo STF na discussão da ADPF nº 132 e da ADI nº 4.277;[886] e c) o Recurso Extraordinário nº 846.102/PR (RE nº 846.102/PR) de relatoria da Ministra Cármen Lúcia – no qual se reconheceu a possibilidade de habilitação conjunta de um casal homoafetivo para fins de adoção, sem restrição quanto ao sexo e à idade dos adotandos.[887]

Por outro ângulo, com relação à população trans, ainda não há um amplo reconhecimento jurisprudencial no tocante à adoção, o que não significa também que tais demandas sejam inexistentes.[888] De

---

[884] A respeito dos reconhecimentos jurisprudenciais, Tânia da Silva Pereira comenta que a decisão pioneira foi proferida, no estado do Rio de Janeiro, pelo Juiz Siro Darlan de Oliveira, então titular da 1ª Vara da Infância e da Juventude do Rio de Janeiro, deferindo a adoção a uma mulher homossexual de uma criança que lhe havia sido entregue com poucos dias de vida e grandes problemas de saúde. Além disso, comenta o caso ocorrido na Comarca de Santa Luzia, em Minas Gerais, em 2001, no qual o magistrado Marcos Henrique Caldeira Brant concedeu a guarda de um menino ao companheiro de seu pai biológico após o seu óbito (cf. PEREIRA, Tânia da Silva. Adoção. *In*: PEREIRA, Rodrigo da Cunha (Coord.). *Tratado de direito das famílias*. 2. ed. Belo Horizonte: IBDFAM, 2016. p. 403).

[885] BRASIL. Superior Tribunal de Justiça. *Recurso Especial nº 889.852/RS*. Relator: Ministro. Luis Felipe Salomão. Data do Julgamento: 27/04/2010. Disponível em: https://oabjuris.legalabs.com.br/process/d9099ffc3842ea92ee219336074f1c4a77a11bf24f78a7b6dd2764b5422145c6. Acesso em: 15 nov. 2019.

[886] BRASIL. Superior Tribunal de Justiça. *Recurso Especial nº 1.281.093/SP*. Relatora: Ministra Nancy Andrighi. Data do Julgamento: 18/12/2012. Disponível em: http://www.direito.mppr.mp.br/arquivos/File/STJRecursoEspecialn1281093SP.pdf. Acesso em: 15 nov. 2019.

[887] BRASIL. Supremo Tribunal Federal. *Recurso Extraordinário nº 846.102/PR*. Relatora: Ministra Cármen Lúcia. Data do Julgamento: 05/03/2015. Disponível em: https://www.conjur.com.br/dl/stf-reconhece-adocao-restricao-idade.pdf. Acesso em: 15 nov. 2019.

[888] Citam-se os seguintes casos: a) "Quarta-feira, 02 de abril de 2008 A transgênero amapaense, Verônica Oliveira de Moraes, conseguiu na Justiça o direito de adotar provisoriamente uma criança de apenas cinco meses de vida. A adoção, inédita no Brasil, foi concedida pela juíza titular da Vara da Infância e da Juventude de Santana, Ana Lúcia Bezerra [...] Segundo ela, a mãe da menina era conhecida de seu ex-noivo e, quando descobriu a gravidez, abriu mão da maternidade informando ao casal que daria a criança para adoção. Interessados em ganhar a guarda do bebê, Verônica e seu ex-noivo acompanharam toda a gravidez da jovem de 23 anos de idade, mãe de três filhos [...] Segundo Verônica, durante

toda forma, essa viabilidade encontra coro na doutrina, em que alguns autores, a exemplo de Enézio de Deus Silva Júnior, sustentam que ser pai ou mãe não representa um dado natural ligado ao sexo biológico, mas sim está ligado muito mais a aptidões subjetivas e psíquicas, as quais independem de qualquer condição ou traço vinculado à expressão afetivo-sexual ou às nuances de gênero vivenciadas, incorporadas, ultrapassadas ou transformadas.[889]

Em se tratando especificamente dos projetos parentais ectogenéticos – que são o objeto principal deste trabalho –, sabe-se que a sua disponibilidade se encontra ligada especialmente à infertilidade e/ou à esterilidade que ensejem a dificuldade ou impossibilidade de ter filhos pelo método tradicional (coito sexual). No caso das pessoas homossexuais e bissexuais em contexto homoafetivo, o recurso às TRHA não estaria voltado propriamente ao tratamento da infecundidade biológica, mas sim à sua infertilidade psicológica,[890] a qual se soma à

---

os cinco meses de vida da criança o processo esteve tramitando. A mãe da menina foi consultada e informou que não teria desistido de entregar Kimberly para adoção. Tanto a requerente quanto a mãe da menina passaram por diversas consultas com assistentes sociais e psicólogas até a decisão judicial favorável à Verônica. [...] No último dia 25 de março mais uma audiência foi realizada, dessa vez para solicitar a exclusão do nome do ex-noivo de Verônica, nesse ato discriminado como candidato a pai da criança. O pedido de retirada de seu nome do processo foi justificado pelo próprio requerente (o ex-noivo) pelo fim do seu relacionamento com a transgênero" (cf. TRANSGÊNERO consegue na Justiça amapaense o direito de adoção. *Instituto Brasileiro de Direito de Família*, 2 abr. 2008. Disponível em: http://www.ibdfam.org.br/noticias/na-midia/2282/Transg%C3%AAnero+consegue+na+Justi%C3%A7a+amapaense+o+direito+de+ado%C3%A7%C3%A3o. Acesso em: 15 nov. 2019); e b) "Uma juíza de Pernambuco concedeu a guarda de uma criança transexual para um casal de professores de Mairiporã (SP). O caso chamou a atenção, pois a mãe da menina, A.L.E, 35 anos, também é transgênero. Os pais, que já haviam adotado um menino especial, estão muito felizes e consideram a chegada da nova integrante da família uma grande vitória. [...] Antes de ser adotada pela nova família, A.M, 9 anos, que nasceu menino, mas sempre se identificou como garota, viveu por um ano e meio em um abrigo, localizado em Jaboatão dos Guararapes (PE). O casal a encontrou através dos serviços da Coordenadoria da Infância e Juventude do Estado (CIJ) e da Comissão Estadual Judiciária de Adoção (Ceja) de Pernambuco" (cf. JUSTIÇA de Pernambuco concede guarda de criança transexual para mulher trans. *Instituto Brasileiro de Direito de Família*, 13 out. 2016. Disponível em: http://www.ibdfam.org.br/noticias/6135/Justi%C3%A7a+de+Pernambuco+concede+guarda+de+crian%C3%A7a+transexual+para+mulher+trans.Acesso em: 15 nov. 2019).

[889] SILVA JÚNIOR, Enézio de Deus. *A possibilidade jurídica de adoção por casais homossexuais*. 5. ed. Curitiba: Juruá, 2011. p. 198.

[890] A infertilidade psicológica diz respeito ao exercício da autonomia daquelas pessoas que não queiram ter relações sexuais com o sexo oposto; impedindo, por conseguinte, a possibilidade de procriação natural. (cf. PINHEIRO NETO, Othoniel. *O direito dos homossexuais biologicamente férteis, mas psicologicamente inférteis, habilita-os como beneficiários da política nacional de reprodução humana assistida*. 2016. 137 f. Tese (Doutorado em Direito) – Universidade Federal da Bahia, Salvador, 2016. p. 62. Disponível em: https://repositorio.ufba.br/ri/bitstream/ri/20172/1/Tese%20Othoniel%20Pinheiro%20Neto.pdf. Acesso em: 28 nov. 2018). Dentro

impossibilidade de terem filhos conjuntamente por meio das relações sexuais puramente consideradas. Para as pessoas trans, por outro lado, o acesso às TRHA poderá estar fundado, a depender do caso, tanto na infertilidade biológica, quanto na infertilidade psicológica.[891] Além disso, considerando que tais indivíduos desejem desempenhar seus projetos de parentalidade individualmente, o recurso às TRHA encontra-se assegurado pela desobrigatoriedade de manutenção de relações sexuais com o sexo oposto (infertilidade psicológica), bem como pela proteção constitucional conferida às famílias monoparentais, voluntárias ou involuntárias, e pelo respeito ao exercício do planejamento familiar.

No entanto, essa opção pelo uso das técnicas reprodutivas pode levantar certa polêmica no meio social. Afinal, muitas vezes, quando comparada com a adoção, essa opção pode ser enxergada como uma escolha egoísta do indivíduo ou do casal que opta por ela. Em tal caso, percebe-se que as críticas se fundam principalmente na ideia de que a adoção seria uma opção mais "digna", pois, por meio dela, estar-se-ia dando um lar para crianças e adolescentes abandonados e desamparados. À vista disso, resta indagar: será que as pessoas integrantes da comunidade LGBT, quando forem impossibilitadas de procriar por si só, não deveriam ter a oportunidade de escolha acerca da constituição dos seus projetos de parentalidade? Ou será que, em função disso, teriam o papel primordial de acolher quem foi abandonado, ao invés de optar por dar à luz novos indivíduos? Será que existiria um direito a uma descendência biológica por parte dessas pessoas?

Inúmeros são os questionamentos, mas uma coisa é certa, eles se sintetizam primordialmente em duas questões: a) a *liberdade* no exercício do planejamento familiar pelo casal ou pela pessoa solteira que pretenderem realizar seu projeto parental, o qual poderá dar-se por meio da PMA ou da adoção; e b) o direito a uma descendência

---

desse conceito, enquadram-se, por exemplo, as pessoas homossexuais, cuja expressão afetivo-sexual destina-se a pessoas do mesmo gênero, e as assexuais, compreendendo aquelas pessoas que não experimentam a atração sexual, podendo experimentar interesses de tipo romântico por outras – dissociados de experiências sexuais – bem como aquelas pessoas que não expressam sequer interesse romântico por outrem (no mesmo sentido, ver BRIGEIRO, Mauro. A emergência da assexualidade: notas sobre política sexual, ethos científico e o desinteresse pelo sexo. *Sexualidad, Salud y Sociedad – Revista Latinoamericana*, Rio de Janeiro, n. 14, p. 253-283, 2013. p. 62. Disponível em: http://www.scielo.br/pdf/sess/n14/a12n14.pdf. Acesso em: 9 jul. 2018).

[891] Por questão de organização e também no intuito de não confundir o leitor, optou-se por destrinchar melhor essa questão da infertilidade biológica e psicológica, no contexto das famílias transparentais que desejarem recorrer às TRHA, no Capítulo 7, tópico 7.2, o qual tratará de discutir as formas de viabilização desses projetos parentais pela população trans.

biológica, mesmo os critérios consanguíneos tendo perdido a força, ante a consolidada construção da doutrina da socioafetividade.

Destarte, note-se que, com relação ao planejamento familiar, apenas corroborando o que já foi dito anteriormente, as suas únicas limitações legais, segundo os próprios ditames do art. 226, §7º da CF/88, seriam os princípios da *dignidade da pessoa humana* e da *parentalidade responsável*. Nessa hipótese, entretanto, não há como se falar em descumprimento de tais preceitos fundamentais, visto que a homossexualidade, a bissexualidade ou a identidade de gênero da(s) mães e/ou do(s) pai(s), individualmente consideradas, não trazem qualquer malefício para os filhos, inclusive, estudos da Academia Americana de Pediatria (AAP), citados por Sílvia Ozelame Rigo Moschetta, apontaram que o "[...] bom desenvolvimento das crianças parece ser influenciado mais pela natureza dos relacionamentos e interações dentro da unidade familiar do que pela forma estrutural específica que esta possui".[892]

Ademais, a escolha pela concepção com o auxílio dos procedimentos medicamente assistidos de reprodução também não gera qualquer violação aos direitos da futura prole. Afinal, o papel de toda e qualquer família, incluídas as homoparentais e transparentais, é o de proporcionar aos seus membros um ambiente coexistencial sadio e acolhedor, apto à promoção de um desenvolvimento de suas potencialidades individuais e de sua emancipação.[893] Dessa forma, não há como se vislumbrar a existência de qualquer ofensa aos princípios supramencionados, não havendo motivos para tolher a liberdade dessas pessoas quanto à escolha da forma por meio da qual pretendem concretizar seus projetos parentais.

Além do mais, quando se considera o contexto da adoção e a regulamentação do seu procedimento, é sabido que existem alguns entraves burocráticos que repercutem numa dificultação e num retardamento da efetivação desse direito para os adotantes. Isso, pois, segundo

---

[892] Texto original: "[...] Children's optimal development seems to be influenced more by the nature of the relationships and interactions within the family unit than by the particular structural form it takes" (PERRIN, Ellen C. *Technical Report*: Coparent or Second-Parent Adoption by Same-Sex Parents. Disponível em: http://pediatrics.aappublications.org/content/109/2/34. Acesso em: 2 abr. 2017 *apud* MOSCHETTA, Sílvia Ozelame Rigo. *Homoparentalidade*: direito à adoção e reprodução humana assistida por casais homoafetivos. 2. ed. Curitiba: Juruá, 2011. p. 155, tradução da autora).

[893] RUZYK, Carlos Eduardo Pianovski. *Liberdade(S) e função*: contribuição crítica para uma nova fundamentação da dimensão funcional do direito civil brasileiro. 2009. 402 f. Tese (Doutorado em Direito das Relações Sociais) – Universidade Federal do Paraná, Curitiba, 2009. Disponível em: https://acervodigital.ufpr.br/bitstream/handle/1884/19174/?sequence=1. Acesso em: 5 maio 2018.

consta nas disposições do próprio ECA, em seu art. 39, §1º, com redação dada pela Lei nº 12.010/2009 (Lei Nacional de Adoção),[894] ela é encarada como medida excepcional, a qual somente deve ocorrer quando forem frustradas as tentativas de manutenção da criança ou adolescente na família natural (biológica) ou extensa (conceito alargado que abrange parentes próximos).[895]

Além do mais, para que estejam aptos para adoção, é preciso que os interessados se habilitem para esse procedimento e que lhes seja deferida a inscrição no Cadastro Nacional de Adoção. A partir daí, a convocação irá obedecer, via de regra, à ordem cronológica de habilitação, tal qual dispõe o art. 197-E do ECA.[896] Atualmente,[897] depreende-se dos dados fornecidos pelo CNA, em 2019, que existem 46.091 pretendentes cadastrados, para 9.541 crianças constantes no cadastro, das quais 4.903 estão disponíveis para a adoção. Isto é, o número de possíveis adotantes é quase 9,5 vezes maior que o número de adotandos cadastrados, mas ainda assim há grandes dificuldades para a materialização das adoções.

No entendimento de Fabíola Albuquerque Lobo, entre outras razões, duas podem ser aqui destacadas para justificar a dificuldade na solidificação desse direito: a) a supracitada preferência dada pela legislação à manutenção da criança na família natural ou extensa; e b) o perfil das crianças estabelecido pelos pretendentes no cadastro.[898] Sobre esse segundo ponto, em específico, a autora fez, em 2016, interessante cruzamento de informações entre os requisitos eleitos pelos pretensos adotantes e a realidade fática das crianças dispostas para adoção e constatou o seguinte:

---

[894] Estatuto da Criança e do Adolescente (Lei nº 8.069/90): "Art. 39. A adoção de criança e de adolescente reger-se-á segundo o disposto nesta Lei. [...] §1 º *A adoção é medida excepcional* e irrevogável, à qual se deve recorrer apenas quando esgotados os recursos de manutenção da criança ou adolescente na família natural ou extensa, na forma do parágrafo único do art. 25 desta Lei" (grifos nossos).

[895] LÔBO, Paulo. *Direito civil*: famílias. 7. ed. São Paulo: Saraiva, 2017. p. 270.

[896] Estatuto da Criança e do Adolescente (Lei nº 8.069/90): "Art. 197-E. Deferida a habilitação, o postulante será inscrito nos cadastros referidos no art. 50 desta Lei, sendo a sua convocação para a adoção feita de acordo com ordem cronológica de habilitação e conforme a disponibilidade de crianças ou adolescentes adotáveis".

[897] Leve-se em consideração que os dados aqui fornecidos foram colhidos até o dia 15.11.2019.

[898] LOBO, Fabíola Albuquerque. Adoção consentida e o cadastro nacional de adoção: harmonização que se impõe. *Revista Pensar*, Fortaleza, v. 21, n. 2, p. 484-506, 2016. p. 493. Disponível em: https://periodicos.unifor.br/rpen/article/view/4373/pdf. Acesso em: 15 nov. 2019.

	Pretendentes	Crianças/ Adolescentes
Total CNA	35.844 (100%)	6.599 (100%)
Faixa etária 1 a 5 anos	83,79%	19,46%
6 a 17 anos	16,21%	80,54%
Raça	22,39% somente aceitam crianças de cor branca	33,72% são de crianças brancas. 48,48% são crianças de cor parda e as demais negras, amarelas e indígenas.
Sexo	28,97% somente crianças do sexo feminino	44,05% são do sexo feminino, enquanto 55,95% são do sexo masculino.
Grupo de irmãos	69,42% não aceitam	65,77% das crianças possuem irmãos
Gêmeos	72% não aceitam	2,41% são gêmeos
Portadoras de doenças/deficiência	68,95% não aceitam	80,62% não apresentam problemas de saúde

FIGURA 4 – Quadro comparativo entre o perfil dos pretensos adotantes e o perfil das crianças aptas à adoção a partir das informações disponibilizadas pelo CNA em 2016

Fonte: LOBO, Fabíola Albuquerque. Adoção consentida e o cadastro nacional de adoção: harmonização que se impõe. *Revista Pensar*, Fortaleza, v. 21, n. 2, p. 484-506, 2016.

Note-se que, se for feito um novo cruzamento de informações, dessa vez levando em conta uma atualização desses dados, com base nas informações fornecidas pelo CNA em 2021,[899] apesar da redução de alguns números com relação às preferências dos pretensos adotantes, ainda há uma grande disparidade entre os requisitos e a realidade das crianças e adolescentes aptos a serem adotados:

---

[899] Os dados coletados nesta pesquisa estão atualizados até o dia 31.1.2021.

	Pretendentes	Crianças/Adolescentes
Total CNA	46.393 (100%)	8.719 (100%)
Faixa etária 1 a 5 anos	72,85%	25,57%
Faixa etária 6 a 17 anos	27,15%	74,42%
Cor	13,99% somente aceitam crianças da cor branca	33,55% são crianças ou adolescentes de cor branca; 66,44% são crianças negras, pardas, indígenas ou de outra etnia
Gênero	26,61% somente aceitam crianças do gênero feminino e 8,19% somente aceitam crianças do gênero masculino	46,77% são do gênero feminino e 53,26% são do gênero masculino
Grupo de irmãos	61,65% não aceitam adotar grupos de irmãos	54,81% possuem irmãos
Gêmeos	64,01% não aceitam adotar gêmeos	3,11% são gêmeos
Crianças com algum tipo de doença ou deficiência[900]	60,01% somente aceitam adotar crianças sem algum tipo de doença ou deficiência	25,15% das crianças possuem algum tipo de deficiência ou foram diagnosticadas com algum tipo de problema de saúde, ao passo que 79,99% não foram diagnosticadas no momento do cadastro

QUADRO 1 – Quadro comparativo entre o perfil dos pretensos adotantes e o perfil das crianças aptas à adoção a partir das informações disponibilizadas pelo CNA em 2021

Fonte: Elaboração pelo autor a partir dos dados da pesquisa.

Diante desse contexto, não há como negar que, embora o intuito seja garantir a *proteção integral da criança e do adolescente*, evitando abusos na formalização dessa adoção e chamando para o Estado o dever de supervisionar o seu procedimento, as disposições legais acabam por

---

[900] Interessa destacar que o CNA coloca as crianças com algum tipo de doença ou de deficiência dentro de uma mesma categoria, tendência a qual precisa ser revista quando se consideram as mudanças de compreensão em torno da deficiência, a qual não pode ser confundida com doença a partir do modelo social de deficiência (cf. FONSECA, Ricardo Tadeu Marques da. A ONU e o seu conceito revolucionário de pessoa com deficiência. Inclusive – Inclusão e Cidadania, 2 maio 2008. Disponível em: http://www.inclusive.org.br/arquivos/109. Acesso em: 6 jan. 2016).

burocratizar excessivamente o seu processo, de forma a que a sua concretização se torna extremamente difícil e demorada. Sobre o tema, comenta Fabíola Albuquerque Lobo que "o excesso de burocracia da lei, a lentidão judicial e o esgotamento das tentativas de manutenção da criança ou adolescente na família natural ou extensa não contribuem para viabilizar a adoção", a qual esbarra, sobretudo, no fator tempo, considerando que as preferências parentais giram em torno das faixas etárias entre 1 e 5 anos de idade.[901]

Por essa razão, não parece coerente com os ditames constitucionais – especialmente os da *igualdade* e da *liberdade* – que seja imposta à população LGBT uma única forma de planejar seus projetos parentais, por meio da adoção, quando o mesmo não se faz com as famílias que integram contextos heterocisnormativos. Isso, pois, como visto anteriormente, o planejamento familiar não foi pensado a partir de uma perspectiva controlista, mas sim emancipatória, promovendo o acesso à informação e a métodos de concepção e contracepção, para que os seus beneficiários, considerando as escolhas possíveis, possam autodeterminar-se quanto à concretização dos seus ideais de parentalidade. Afinal, a *liberdade familiar* é um dos princípios gerais que norteiam as relações de família, sendo uma de suas vertentes justamente a autonomia no planejamento familiar, incluídas as escolhas quanto à forma de constituição dessa filiação, não se lhes podendo impor uma única forma de configuração desses vínculos.

Nessa lógica, impende remeter aqui às lições de Vera Lúcia Raposo que, ao considerar o desejo de procriar como uma das mais ancestrais aspirações da humanidade, representando um *mix* de instinto e cultura, observa o fato de que "Se possível esses filhos deverão ter connosco uma ligação genética, mas se tal não for concretizável ao menos que exista uma aparência de ligação genética". Com essa colocação, a autora não pretende reduzir a parentalidade a um estatuto meramente biológico, longe disso, mas busca demonstrar aquilo que talvez seja o fundamento justificador para o recurso às TRHA.[902]

---

[901] LOBO, Fabíola Albuquerque. Adoção consentida e o cadastro nacional de adoção: harmonização que se impõe. *Revista Pensar*, Fortaleza, v. 21, n. 2, p. 484-506, 2016. p. 495. Disponível em: https://periodicos.unifor.br/rpen/article/view/4373/pdf. Acesso em: 15 nov. 2019.

[902] RAPOSO, Vera Lúcia. "Dá-me licença que tenha filhos?": restrições legais no acesso às técnicas de reprodução humana assistida. *Revista Direito GV*, São Paulo, v. 15, n. 2, p. 1-27, 2019. p. 2-3. Disponível em: http://www.scielo.br/scielo.php?script=sci_arttext&pid=S1808-24322019000200202. Acesso em: 20 nov. 2019.

Por essa razão, entende, ainda, que o recurso às técnicas de PMA se sustenta justamente nessa aspiração ao genético, a qual acaba por simbolizar uma tendência quase que contraditória, visto que: a) de um lado, reforça o sentimento de afeto como base da construção da relação paterno-materno-filial (a exemplo do que ocorre na RHA heteróloga); e b) de outro, fortifica o apelo da consanguinidade, "[...] numa tentativa utópica de enganar a morte física mediante a permanência no mundo de um ser que é parte de nós".[903]

De toda forma, em se tratando dessa aparente contradição existente entre a defesa do direito a uma descendência biológica e a doutrina da socioafetividade, cumpre ressaltar, também, a posição doutrinária levantada por Paulo Lôbo ao considerar que, em matéria de filiação "[...] toda paternidade é necessariamente socioafetiva, podendo ter origem biológica ou não biológica; em outras palavras, a paternidade socioafetiva é gênero do qual são espécies a paternidade biológica e a paternidade não biológica".[904]

Ante tal perspectiva, percebe-se que o objetivo da doutrina da socioafetividade não é tolher a autonomia dos indivíduos quanto às suas escolhas existenciais, mas sim valorizar o afeto nas relações sociais e a *afetividade* nas relações jurídicas, os quais devem ser inerentes a todo e qualquer meio familiar. Dessa forma, tampouco importa o meio de concretização de um projeto parental, não cabendo ao direito, como instrumento regulador, estabelecer uma primazia abstrata de um vínculo filiatório sobre outro, até porque a própria legislação não o faz, a exemplo do art. 227, §6º da CF/88 e o art. 1.596 do Código Civil de 2002 (CC/02). Assim, independentemente da escolha feita, seja pela filiação biológica, seja pela civil (ou socioafetiva), o que deve importar é, como afirma Ana Paula Peres, "[...] a existência de um desejo verdadeiro de dar e receber amor",[905] o qual culmina, também, numa responsabilidade e num dever de cuidado recíprocos.

Vale dizer, portanto, que deve ser dada a cada indivíduo a oportunidade de escolha a respeito da constituição dos vínculos

---

[903] RAPOSO, Vera Lúcia. "Dá-me licença que tenha filhos?": restrições legais no acesso às técnicas de reprodução humana assistida. *Revista Direito GV*, São Paulo, v. 15, n. 2, p. 1-27, 2019. p. 3. Disponível em: http://www.scielo.br/scielo.php?script=sci_arttext&pid=S1808-24322019000200202. Acesso em: 20 nov. 2019.

[904] LÔBO, Paulo. *Direito civil*: famílias. 7. ed. São Paulo: Saraiva, 2017. p. 26.

[905] PERES, Ana Paula Ariston Barion. *A adoção por homossexuais*: fronteiras da família na pós-modernidade. Rio de Janeiro: Renovar, 2006, p. 121-122 *apud* MOSCHETTA, Sílvia Ozelame Rigo. *Homoparentalidade*: direito à adoção e reprodução humana assistida por casais homoafetivos. 2. ed. Curitiba: Juruá, 2011. p. 124.

parentais os quais pretendem estabelecer com seus filhos. Pois, no final das contas, o que interessará não é o tipo de filiação presente, biológica ou não biológica, mas sim o cuidado e o afeto existente naquela relação, a qual deverá ser capaz de dar àquela criança os subsídios necessários para o seu desenvolvimento sadio, tanto na esfera física, quanto na esfera psíquica, bem como para sua correta inserção no meio social em que habita.

6.3.3 Colisão de direitos fundamentais: a objeção de consciência do médico em face dos direitos reprodutivos dos casais homoafetivos e transafetivos

Outra questão levantada quando se trata do acesso às técnicas de RHA pela população LGBT é a possibilidade de os médicos responsáveis pela aplicação desses procedimentos escusarem-se da sua realização em virtude do respeito à chamada objeção de consciência; situação, inclusive, que, apesar de não constar mais expressamente no item II-2 da Resolução nº 2.168/17 do CFM – em razão da alteração realizada pela Resolução nº 2.283/20 em seu texto –, ainda pode ser evocada, já que, na exposição de motivos da nova normativa, fez-se constar que tal menção explícita seria prescindível, pois a atuação do profissional da medicina já está amparada pelos "Princípios Gerais" do Código de Ética Médica. Essa alternativa diz respeito ao fato de esses profissionais poderem negar-se a realizar o processo de PMA, nos contextos familiares compostos por indivíduos que integrem a diversidade sexual e de gênero, quando isso for de encontro com a sua *liberdade de consciência*.

Tem-se, portanto, um conflito entre dois direitos fundamentais, da *liberdade de consciência* do médico e da *liberdade no exercício do planejamento familiar* pelas famílias LGBT. Por esse motivo, algumas questões precisam ser aqui levantadas, quais sejam: a *liberdade de consciência* dos médicos representa um direito absoluto e que pode ser evocado em qualquer circunstância? Existe alguma limitação no exercício dessa garantia fundamental? Ou, ainda, até que ponto pode-se garantir o desempenho da *liberdade de consciência* sem que isso acarrete uma proteção indevida de condutas discriminatórias, pautadas única e exclusivamente no preconceito individual?

Ante tais circunstâncias, passa-se a tecer algumas considerações a respeito desse tema tão delicado, de modo a criar parâmetros para o exercício desse direito pelos profissionais da medicina, conciliando-o com o direito de acesso às TRHA pela população LGBT.

Inicialmente é imperioso esclarecer que a *liberdade de consciência* se encontra diretamente alicerçada na *laicidade estatal*, a qual, segundo Débora Diniz, é um pressuposto para a governamentabilidade de um Estado tido como plural e democrático.[906] Sobre isso, complementa ainda Marcos Augusto Machado ao afirmar que "O Estado brasileiro, como estado laico, deve cooperar com todas as religiões, sem discriminar, permitir preferência ou parcialidade a nenhuma religião em especial".[907]

Nessa continuidade, afirma o autor que a *liberdade de consciência*, enquanto um direito individual, diz respeito à garantia que é conferida a toda e qualquer pessoa de desenvolver as próprias interpretações sobre si e sobre o meio social no qual está inserida, de acreditar ou deixar de acreditar em alguma religião e de formar as suas próprias convicções morais a respeito do que é certo ou errado, condicionando suas formas de agir e de comportar-se em sociedade.[908]

Por essa razão, a objeção de consciência apresenta-se como um corolário do exercício desse direito de *liberdade*, autorizando, ainda que excepcionalmente, a inviolabilidade dos ideais e princípios daqueles que os invocam para escusarem-se do cumprimento de alguma imposição legal.[909] À vista disso, tal garantia encontra-se albergada em vários dispositivos da Constituição Federal de 1988, entre os quais se citam, de forma mais geral, a escusa de consciência embasada em motivos de ordem religiosa, filosófica e política, presentes nos incs. VI e VIII do art.

---

[906] DINIZ, Débora. Estado laico, objeção de consciência e políticas de saúde. *Cadernos de Saúde Pública*, Rio de Janeiro, v. 29, n. 9, p.1.704-1.706, 2013. p. 1.704. Disponível em: http://www.scielo.br/scielo.php?script=sci_arttext&pid=S0102-311X2013000900002. Acesso em: 9 dez. 2019.

[907] MACHADO, Marcos Augusto Ghisi. *A objeção de consciência no exercício da medicina*: conflitos entre o dever ético-profissional e a autonomia de vontade do paciente. 2016. 139 f. Dissertação (Mestrado em Direito) – Universidade Vale do Itajaí, 2016. p. 31. Disponível em: http://siaibib01.univali.br/pdf/Marco%20Augusto%20Ghisi%20Machado.pdf. Acesso em: 9 dez. 2019.

[908] MACHADO, Marcos Augusto Ghisi. *A objeção de consciência no exercício da medicina*: conflitos entre o dever ético-profissional e a autonomia de vontade do paciente. 2016. 139 f. Dissertação (Mestrado em Direito) – Universidade Vale do Itajaí, 2016. p. 34. Disponível em: http://siaibib01.univali.br/pdf/Marco%20Augusto%20Ghisi%20Machado.pdf. Acesso em: 9 dez. 2019.

[909] MACHADO, Marcos Augusto Ghisi. *A objeção de consciência no exercício da medicina*: conflitos entre o dever ético-profissional e a autonomia de vontade do paciente. 2016. 139 f. Dissertação (Mestrado em Direito) – Universidade Vale do Itajaí, 2016. p. 35. Disponível em: http://siaibib01.univali.br/pdf/Marco%20Augusto%20Ghisi%20Machado.pdf. Acesso em: 9 dez. 2019.

5º[910] e, em particular, a tradicional relação existente entre a *liberdade de consciência* e a obrigatoriedade de prestação do serviço militar, constante no art. 143, §1º.[911] [912]

Não obstante, é importante que se pontue também o fato de essa *liberdade de consciência* não ser ilimitada, visto que pode vir a chocar-se com outros preceitos fundamentais, a exemplo do que explica Dalmo de Abreu Dallari:

> [...] essa espécie de consideração pelo valor Liberdade – que é, sem dúvida, um dos valores fundamentais da Democracia – não pode servir de motivo para a postergação de outros valores equivalentes e igualmente imprescindíveis, como é o caso do valor Igualdade. E se fôr [sic] deixado a cada um comportar-se, na vida social, segundo os ditames que alega provirem de sua consciência, estará definitivamente eliminada a igualdade social, inclusive a jurídica, pois será inevitável a fuga aos imperativos legais e a recusa de sacrifícios sob alegação de objeção de consciência.[913]

Desse modo, é notório que o imperativo de consciência não possa ser vislumbrado a partir de uma ótica reducionista, a qual garanta apenas a *liberdade* do objetor, mas sim entendido a partir de uma perspectiva ampla e que leve em consideração todo o contexto que envolve a objeção em si. Por esse motivo, especificamente, na temática aqui trabalhada, exsurgem algumas importantes problemáticas. São elas: como conciliar o direito à *igualdade* das famílias LGBT e o exercício da escusa de consciência dos médicos que aplicam os procedimentos de

---

[910] Constituição Federal de 1988: "[...] VI - é inviolável a *liberdade de consciência* e de crença, sendo assegurado o livre exercício dos cultos religiosos e garantida, na forma da lei, a proteção aos locais de culto e a suas liturgias; [...] VIII - ninguém será privado de direitos *por motivo de crença religiosa ou de convicção filosófica ou política, salvo se as invocar para eximir-se de obrigação legal a todos imposta* e recusar-se a cumprir prestação alternativa, fixada em lei" (grifos nossos).

[911] Constituição Federal de 1988: "Art. 143. O serviço militar é obrigatório nos termos da lei. [...] §1º Às Forças Armadas compete, na forma da lei, atribuir serviço alternativo aos que, em tempo de paz, após alistados, *alegarem imperativo de consciência*, entendendo-se como tal o decorrente de crença religiosa e de convicção filosófica ou política, para se eximirem de atividades de caráter essencialmente militar" (grifos nossos).

[912] MACHADO, Marcos Augusto Ghisi. *A objeção de consciência no exercício da medicina*: conflitos entre o dever ético-profissional e a autonomia de vontade do paciente. 2016. 139 f. Dissertação (Mestrado em Direito) – Universidade Vale do Itajaí, 2016. p. 39. Disponível em: http://siaibib01.univali.br/pdf/Marco%20Augusto%20Ghisi%20Machado.pdf. Acesso em: 9 dez. 2019.

[913] DALLARI, Dalmo de Abreu. A objeção de consciência e a ordem jurídica. *Revista de Ciência Política*, Rio de Janeiro, v. 2, n. 2, p. 36-55, 1968. p. 36-37. Disponível em: http://bibliotecadigital.fgv.br/ojs/index.php/rcp/article/view/58960/57415. Acesso em: 9 dez. 2019.

RHA? Além disso, tomando por base o contexto do SUS e da Política Nacional de Reprodução Humana Assistida, quais as implicações bioéticas e jurídicas que a objeção de consciência pode acarretar?

Destarte, cumpre esclarecer a forma por meio da qual o imperativo de consciência encontra-se regulado no contexto do exercício da medicina. Para tanto, é indispensável a observância do Código de Ética Médica (CEM – Resolução nº 2.217/2018 do CFM), o qual prevê essa escusa no seu Capítulo I, item VII.[914] A esse respeito, é preciso destacar, contudo, que esse direito não é absoluto, comportando restrições e não podendo o profissional da medicina recursar-se em casos: a) de ausência de outro médico; b) de urgência ou emergência; e c) quando sua recusa possa trazer danos à saúde do paciente.

Note-se, primeiramente, que o exercício da objeção de consciência, na prática médica, está pautado, sobretudo, na autonomia funcional do profissional da medicina e, segundo Blas Jesus Muñoz Priego,[915] é,

> [...] a negativa do profissional de saúde em realizar, por motivos éticos e religiosos, determinados atos que são ordenados ou tolerados pela autoridade; tal postura é uma ação de grande dignidade ética quando as razões aduzidas pelo médico são sérias, sinceras e constantes, e referem-se a questões graves e fundamentais.[916]

Além disso, para o autor tal direito não está ligado diretamente à pessoa, mas sim à prática de determinada ação que viole as crenças e as perspectivas de mundo do médico que é instado a aplicá-las.[917] Assim,

---

[914] Código de Ética Médica (Resolução CFM nº 2.217/2018): "VII - O médico exercerá sua profissão com autonomia, não sendo obrigado a prestar serviços que contrariem os ditames de sua consciência ou a quem não deseje, excetuadas as situações de ausência de outro médico, em caso de urgência ou emergência, ou quando sua recusa possa trazer danos à saúde do paciente".

[915] MACHADO, Marcos Augusto Ghisi. *A objeção de consciência no exercício da medicina*: conflitos entre o dever ético-profissional e a autonomia de vontade do paciente. 2016. 139 f. Dissertação (Mestrado em Direito) – Universidade Vale do Itajaí, 2016. p. 68. Disponível em: http://siaibib01.univali.br/pdf/Marco%20Augusto%20Ghisi%20Machado.pdf. Acesso em: 9 dez. 2019.

[916] No original: "[...] la negativa del profesional sanitario a realizar, por motivos éticos y religiosos, determinados actos que son ordenados o tolerados por la autoridad; tal postura es una acción de gran dignidad ética cuando las razones aducidas por el médico son serias, sinceras y constantes, y se refieren a cuestiones graves y fundamentales" (cf. MUÑOZ PRIEGO, Blas Jesús. La objeción de consciência. *Instituto de Consulta y Especialización em Bioética*, 2010. p. 8. Disponível em: https://www.bioeticacs.org/iceb/seleccion_temas/objecionConciencia/La_Objecion_de_Conciencia.pdf. Acesso em: 10 dez. 2019).

[917] MUÑOZ PRIEGO, Blas Jesús. La objeción de consciência. *Instituto de Consulta y Especialización em Bioética*, 2010. p. 8. Disponível em: https://www.bioeticacs.org/iceb/seleccion_temas/objecionConciencia/La_Objecion_de_Conciencia.pdf. Acesso em: 10 dez. 2019.

explica Marcos Augusto Machado que ela também não pode implicar uma subversão da ordem normativa, fazendo da posição divergente uma regra geral, ou seja, o médico somente está autorizado a decidir sobre os seus próprios atos, não lhe cabendo transformar a sua posição em uma regra universal.

No tocante ao atendimento de pacientes que integrem a comunidade LGBT especificamente, cabe destacar a posição trazida por Marcela de Azevedo Limeira ao analisar o contexto particular dos profissionais da psicologia, a partir de uma perspectiva nacional e também internacional (tomando por base os contextos dos Estados Unidos, Reino Unido e Canadá). A autora, então, na tentativa de contribuir para o debate voltado à conformação entre a *liberdade de consciência religiosa* e o direito à *não discriminação* LGBT, considerou que é legítimo ao psicólogo que se sentir impedido, por razões de consciência, em proceder com tratamentos que manifestem aprovação à homossexualidade encaminhar o paciente para outro profissional que possa fornecer-lhe um melhor atendimento no que tange ao seu aspecto identitário.[918]

Daí já se pode retirar uma primeira constatação com relação ao uso das TRHA pela população LGBT, no sentido de que os profissionais da medicina têm assegurado seu direito à escusa de consciência, desde que, nas circunstâncias do seu exercício, haja a possibilidade de encaminhamento desses pacientes para outro médico qualificado para a aplicação desses procedimentos e que possa realizar o tratamento almejado. Dessa forma, assegura-se que a postura do objetor não acarrete prejuízos para aqueles que desejem desempenhar seus projetos parentais por meio da PMA e protege-se a autonomia desses profissionais no tocante à sua *liberdade de consciência*.

Nessa toada, tem-se, consequentemente, que, em não havendo outro profissional capacitado para a realização das técnicas de auxílio no processo reprodutivo, fica o médico impedido de evocar o imperativo de consciência, pois, do contrário, estar-se-ia tolhendo o direito das famílias LGBT de acessarem os recursos próprios da RHA, o que viola frontalmente a proteção ao exercício autônomo do planejamento familiar por esses contextos familiares.

---

[918] LIMEIRA, Marcela de Azevedo. *Liberdade de consciência religiosa e direito à não discriminação*: uma análise de direitos em conflito. 2018. 183 f. Dissertação (Mestrado em Direito) – Pontifícia Universidade Católica do Rio de Janeiro, Rio de Janeiro, 2018. p. 166-168. Disponível em: http://siaibib01.univali.br/pdf/Marco%20Augusto%20Ghisi%20Machado.pdf. Acesso em: 10 dez. 2019.

Tal conjuntura fica mais clara quando se observa, por exemplo, o contexto do SUS e da Política Nacional de Reprodução Humana, uma vez que – como visto no Capítulo 4 deste trabalho –, atualmente, apenas 9 hospitais, no país, oferecem os mencionados tratamentos de forma gratuita (sendo 4 na Região Sudeste, 2 na Região Nordeste, 2 na Região Sul e 1 na Região Centro-Oeste). Desse modo, a observância da objeção de consciência, a depender das circunstâncias analisadas, poderia acarretar uma intolerável impossibilidade de acesso à PMA, em razão, muitas vezes, da inviabilidade prática de obter tais tratamentos em outros estados ou, até mesmo, em outras regiões da Federação.

De outra sorte, importa destacar, igualmente, o posicionamento de Igor de Lucena Mascarenhas e Ana Carla Harmatiuk Matos, os quais sustentam que o próprio CEM, em seu Capítulo I, item I,[919] não autoriza que a atividade desses profissionais seja exercida mediante qualquer forma de discriminação, razão pela qual, para os autores, a escusa de consciência em razão da orientação sexual ou da identidade de gênero do(a) beneficiário(a) representaria uma dupla violação – tanto aos direitos da personalidade, quanto à possibilidade de concretização de projetos parentais de pessoas integrantes da diversidade sexual e de gênero –, que, por sua vez, faria surgir o direito à reparação por danos morais e também existenciais. Afinal, se for admitida a objeção com relação às famílias LGBT, também o deve ser no tocante às famílias compostas por pessoas heterossexuais e cisgêneras, do contrário estar-se-ia incorrendo em conduta discriminatória negativa, o que é expressamente vedado pelo ordenamento pátrio.

Logo, tem-se que a *liberdade de consciência* do médico não é uma garantia ilimitada, encontrando seus limites nos propósitos axiológicos da Constituição, quais sejam o respeito à *liberdade familiar*, na modalidade de autonomia no planejamento familiar das famílias LGBT, o respeito à *dignidade da pessoa humana* e a aplicação dos *princípios da igualdade e da vedação a toda e qualquer forma de discriminação*. Essa solução encontra amparo também nos preceitos bioéticos que devem nortear a relação médico-paciente: a) *justiça* (garantia da equidade no acesso, o qual deve dar-se em igualdade de oportunidades); b) *autonomia* (possibilidade de escolha do meio mais adequado de concretização do projeto parental); c) *beneficência* (promoção do bem-estar do paciente da relação biomédica, assegurando-lhe o exercício da autonomia no exercício do planejamento

---

[919] Código de Ética Médica (Resolução CFM nº 2.217/2018): "I - A medicina é uma profissão a serviço da saúde do ser humano e da coletividade e será exercida sem discriminação de nenhuma natureza".

familiar); e d) *não maleficência* (não causar prejuízos ao paciente, evitando-se que lhe sejam imputadas quaisquer discriminações em razão do contexto familiar em que está inserido).

6.3.4 A preservação dos direitos reprodutivos das pessoas trans: a heterocisnormatividade reprodutiva e os direitos reprodutivos da população T

Quando se fala na realidade das pessoas trans, há, ainda, outra questão central que se apresenta como um obstáculo à efetivação dos seus projetos parentais ectogenéticos: o fato de existir uma clara invisibilização dos direitos reprodutivos desses indivíduos, de forma que não se cogita a possibilidade de gerarem filhos com o uso do seu próprio material genético.[920] Isso, pois, vislumbra-se uma aparente incoerência entre o desejo ao exercício da procriação mediante o uso dos gametas sexuais próprios e a forma por meio da qual reivindicam vivenciarem suas identidades de gênero.

Nesse sentido, explica Camila de Jesus Mello Gonçalves que seria contraditório o uso dos óvulos ou dos espermatozoides respectivamente pelos trans-homens e as transmulheres, tendo em conta ser mais congruente, para a sustentação das suas identidades de gênero, o não exercício da capacidade reprodutiva baseada no sexo físico-biológico. A autora chega a essa conclusão, pois vislumbra a necessidade de respeito ao dever ético de autorresponsabilização pelas expectativas criadas, bem como ao dever jurídico de respeito à boa-fé, que veda o comportamento contraditório a partir do *venire contra factum proprium*. Assim, sustenta que tal limitação ao direito de *liberdade* está fundamentada na própria proteção da identidade de gênero conferida às pessoas trans, a fim de evitar incompatibilidades comportamentais que "contradigam" o aspecto identitário esperado.[921]

No entanto, pergunta-se: seria mesmo incoerente a preservação das potencialidades reprodutoras desse grupo social? A pessoa trans que desejar ter filhos biológicos com vínculos genéticos para consigo estaria

---

[920] ANGONESE, Mônica; LAGO, Mara Coelho de Souza. Direitos e saúde reprodutiva para a população de travestis e transexuais: abjeção e esterilidade simbólica. *Saúde e Sociedade*, v. 26, p. 256-270, 2017. p. 266. Disponível em: http://www.scielo.br/pdf/sausoc/v26n1/1984-0470-sausoc-26-01-00256.pdf. Acesso em: 27 out. 2017.

[921] GONÇALVES, Camila de Jesus Mello. *Transexualidade e direitos humanos*: o reconhecimento da identidade de gênero entre os direitos da personalidade. Curitiba: Juruá, 2016. p. 268.

deslegitimando a sua vivência de gênero autorreivindicada? Estaria esse indivíduo violando o dever de boa-fé e agindo em desacordo com o aspecto identitário pleiteado por ele(a) perante o contexto social em que habita? Ou tal visão representa apenas mais uma forma equivocada de limitação imposta à esfera jurídica dessas pessoas, que se encontra ainda muito atrelada a uma noção biologizante do gênero?

Diante da relevância desses questionamentos, serão tecidas, aqui, algumas considerações a respeito das transidentidades e da necessária discussão em torno da preservação das suas capacidades reprodutivas, tema o qual não pode estar afastado do âmbito jurídico. Afinal de contas, é papel fundamental do direito regular de forma adequada as mais diversas manifestações sociais, reconhecendo-lhes o devido tratamento legal, que as proteja de discriminações injustas e resguarde a diversidade das suas vivências.

6.3.4.1 (Des)construindo a ideia de corpo-homem e corpo-mulher: a heterocisnormatividade reprodutiva como instrumento de violência simbólica imposto às pessoas trans e a necessidade de superação desse paradigma

Destarte, é imperioso que se tenha em mente que as existências trans correspondem a realidades que se manifestam de múltiplas formas no meio social, devendo ser compreendidas a partir de uma ótica plural e não singular, conforme já foi abordado no Capítulo 2 deste trabalho. A exemplo disso, cita-se interessante constatação verificada por Elizabeth Zambrano em seus estudos sobre a homoparentalidade e a transparentalidade, na qual a autora identificou uma maior propensão, por parte das mulheres travestis e transexuais entrevistadas por ela, em recorrer à adoção, posto que enxergavam a coleta do sêmen como um "papel masculino" e não "feminino", o que, para elas, contradizia as suas vivências pessoais.[922]

Note-se que esses pleitos relatados pela autora são totalmente legítimos e estão respaldados pelo próprio exercício da autonomia existencial dessas pessoas. No entanto, a vontade de submeter-se aos

---

[922] ZAMBRANO, Elizabeth. Parentalidades "impensáveis": pais/mães homossexuais, travestis e transexuais. *Revista Horizontes Antropológicos*, Porto Alegre, v. 12, n. 26, p. 123-147, 2006. p. 140. Disponível em: http://www.scielo.br/pdf/ha/v12n26/a06v1226.pdf. Acesso em: 12 nov. 2019.

tratamentos de RHA também não estaria abarcada por esse direito? Se o gênero é uma construção social, como fora visto anteriormente, não se poderia admitir que ele seja experienciado de forma diversa por todos aqueles e todas aquelas que compõem o meio social? E, ainda, esse caráter multifacetado da experiência trans não autorizaria também a que aqueles indivíduos que queiram utilizar seus gametas sexuais próprios o façam de forma autônoma, respeitando-se o livre desenvolvimento das suas personalidades e a liberdade no seu planejamento familiar?

Ora, como visto alhures, a noção de gênero está bastante ligada aos "papéis" que a sociedade impõe aos homens e às mulheres, a partir de um suposto dever de coerência que precisa ser observado entre as ideias de sexo, gênero e sexualidade. Diante disso, aqueles que nascem com pênis são tidos por meninos e ensinados a gostar de azul, a brincar de bola e de carrinho e a encobrirem e enrijecerem suas dimensões sentimentais, ao passo que aquelas que nascem com vagina são tidas por meninas e instadas a gostar de rosa, brincar de boneca e de casinha e a desempenharem uma docilidade submissa e transigente. Fora desse padrão, as experiências que vão de encontro a esse sistema são tidas por ininteligíveis e, consequentemente, postas no patamar da "anormalidade", tal qual ocorreu e, ainda ocorre, com as pessoas trans.

Nessa acepção, elucida Berenice Bento que "Se mulher é passiva, emotiva, frágil, dependente, e se o homem é ativo, racional, competitivo, logo se esperará que as mulheres e os homens transexuais implementem este padrão", lógica a qual, para ela, propõe uma tentativa de dar estabilidade ao binarismo que normatiza os gêneros, mas, ao mesmo tempo, quebra e põe em xeque o sistema binário que define a ideia do corpo-sexuado (corpo-homem e corpo-mulher). À vista disso, a autora considera que a simplicidade desse modelo dicotômico não é suficiente para enquadrar todas as manifestações identitárias do gênero e, consequentemente, leva à conclusão de que "ser homem e/ou mulher não é tão simples".[923] Corroborando com tal perspectiva, Paul B. Preciado afirma que o gênero se apresenta como uma tecnologia sofisticada que "fabrica corpos sexuados", não sendo apenas uma consequência das práticas linguístico-discursivas (performatividade), mas uma construção prostética que se dá sobre a materialidade do corpo.[924]

---

[923] BENTO, Berenice Alves de Melo. *O que é transexualidade*. São Paulo: Brasiliense, 2008. p. 21-22.
[924] PRECIADO, Beatriz. *Manifesto contrassexual*: práticas subversivas de identidade sexual. São Paulo: n-1 Edições, 2014. p. 29.

Assim, esse panorama demonstra que a noção "naturalizada" de sexo-gênero não é tão natural assim e a tentativa de conformar as múltiplas possibilidades em uma única moldura não é suficiente para compreender e comportar aquelas identidades que fogem à lógica dominante e socialmente imposta. O cerne da questão, como diz Berenice Bento, é, então, desvincular e desvencilhar o gênero de um ponto determinante[925] e entender que "Negar a legitimidade da existência de experiências que negam a determinação natural das identidades é o caminho mais eficaz para gerar hierarquias e exclusões".[926]

Por essa razão, o direito, como um campo que se propõe a normatizar e a estabilizar as expectativas sociais, precisa estar aberto a essa revisitação dos padrões de gênero hegemonicamente instituídos, de modo a garantir a legitimidade de existências multifacetadas e diversificadas as quais podem apresentar-se de inúmeras maneiras no campo social que ele está destinado a regular. Tal tendência, inclusive, já vem ganhando espaço no campo jurídico, a partir da decisão proferida pelo STF na ADI nº 4.275/DF – previamente comentada no Capítulo 3 deste trabalho – que foi responsável por enfatizar o distanciamento do fenômeno trans de um caráter meramente biológico/patológico, conferindo a essas pessoas o direito de alterar seus registros civis independentemente de prévia submissão à cirurgia de redesignação genital.

Assim, deu-se espaço a que as transidentidades fossem submetidas a uma tutela jurídica que garanta o respeito e a concretização das suas respectivas esferas de personalidade, as quais podem abranger, inclusive, aquelas pessoas que não desejem submeter-se a alterações corporais para se enquadrar em um "padrão" predefinido do que seriam as ideias de "homem" e "mulher". Trilha-se o caminho, portanto, para o entendimento de que homens podem ter vagina e mulheres podem ter pênis, sem que essas características específicas lhes retirem a masculinidade e a feminilidade que é própria e tão particular da identidade de cada um.

---

[925] BENTO, Berenice Alves de Melo. *O que é transexualidade*. São Paulo: Brasiliense, 2008. p. 41.

[926] BENTO, Berenice Alves de Melo. Transexuais, corpos e próteses. Labrys. *Estudos Feministas*, Brasília, n. 4, 2003. p. 10 Disponível em: https://s3.amazonaws.com/academia.edu. documents/52798081/06-bento-berenice-transexuais-corpos-e-prc3b3teses.pdf?response-content-disposition=inline%3B%20filename%3DTransexuais_corpos_e_proteses.pdf&X-Amz-Algorithm=AWS4-HMAC-SHA256&X-Amz-Credential=AKIAIWOWYYGZ2Y53UL3A%2F20191127%2Fus-east-1%2Fs3%2Faws4_request&X-Amz-Date=20191127T025329Z&X-Amz-Expires=3600&X-Amz-SignedHeaders=host&X-Amz-Signature=c648fa4768097cf4e2b98be8d51eb69eec9ceb97de6c22324c3b0349c9e75755. Acesso em: 26 nov. 2019.

Nessa toada, a seara da reprodução precisa igualmente sofrer as repercussões de tal mudança de paradigma. Ora, se pensar a saúde reprodutiva da população trans ainda não é uma realidade no Brasil, urge a necessidade de tal questão ser levantada e devidamente discutida, nas mais diversas áreas do conhecimento, especialmente o direito. Afinal, como fora visto, a procriação está protegida pela categoria dos direitos humanos, a partir da defesa do exercício saudável das capacidades sexuais e reprodutivas.[927] No entanto, parece que a vivência trans encontra-se na contramão do processo de universalização dessas garantias.

Sobre isso, faz-se imperioso destacar que, em uma pesquisa realizada por Mônica Angonese e Mara Lago, por meio de entrevistas com um grupo de pessoas trans (duas mulheres e dois homens), as autoras perceberam que, até certo ponto, a infertilidade é exigida para que esses indivíduos tenham seu aspecto identitário assegurado. Em suma, parece ser inconcebível alguém dizer-se trans e, ao mesmo tempo, pretender procriar. É como se a transidentidade necessariamente tivesse que esterilizar biológica ou simbolicamente aquelas existências.[928]

Por essa razão, segundo Angonese e Lago, essas garantias precisam ser problematizadas para além de um ideal binarista de sexo e gênero (homem/mulher, macho/fêmea), a fim de que lhes seja proporcionada melhor efetividade na sua tutela. Do contrário, estar-se-á contribuindo para a sustentação de um modelo de esterilidade simbólica, pautado numa heterocisnormatividade reprodutiva que invisibiliza essa importante dimensão da vida da população T.[929]

Portanto, não há como negar que o direito tem um fundamental papel nessa consecução, a partir do afastamento de toda e qualquer forma de discriminação injusta a qual contribua para o cerceamento da esfera subjetiva existencial dessas pessoas. Desse modo, enquanto não sobrevier lei específica que faça constar de forma expressa as pautas suscitadas por esse debate, é preciso que se garanta a vinculação direta

---

[927] ANGONESE, Mônica; LAGO, Mara Coelho de Souza. Direitos e saúde reprodutiva para a população de travestis e transexuais: abjeção e esterilidade simbólica. *Saúde e Sociedade*, v. 26, p. 256-270, 2017. p. 260. Disponível em: http://www.scielo.br/pdf/sausoc/v26n1/1984-0470-sausoc-26-01-00256.pdf. Acesso em: 27 out. 2017.

[928] ANGONESE, Mônica; LAGO, Mara Coelho de Souza. Direitos e saúde reprodutiva para a população de travestis e transexuais: abjeção e esterilidade simbólica. *Saúde e Sociedade*, v. 26, p. 256-270, 2017. p. 267. Disponível em: http://www.scielo.br/pdf/sausoc/v26n1/1984-0470-sausoc-26-01-00256.pdf. Acesso em: 27 out. 2017.

[929] ANGONESE, Mônica; LAGO, Mara Coelho de Souza. Direitos e saúde reprodutiva para a população de travestis e transexuais: abjeção e esterilidade simbólica. *Saúde e Sociedade*, v. 26, p. 256-270, 2017. p. 266. Disponível em: http://www.scielo.br/pdf/sausoc/v26n1/1984-0470-sausoc-26-01-00256.pdf. Acesso em: 27 out. 2017.

dos direitos fundamentais no âmbito privado, promovendo com isso a *dignidade*, a *igualdade* (com respeito às diferenças), a *liberdade* e a *não discriminação*, concretizadas a partir de uma proteção ao desempenho das identidades de gênero dissidentes e das suas respectivas capacidades reprodutivas, de modo a que seja possível transcender os fatores meramente biológicos (genitálias e gametas sexuais), aproximando-se de uma defesa da diversidade que abrange as transidentidades.

Além disso, a *liberdade* no planejamento familiar, desde que respeitados os limites legalmente impostos, confere aos seus titulares o direito de escolha no que tange à concretização de seus projetos parentais. Assim, as identidades de gênero não hegemônicas não podem ser usadas como escusas para impedir que tais indivíduos constituam seus vínculos paterno-materno-filiais da forma que melhor lhes diga respeito.

6.3.4.2 Em busca da autonomia na reprodução: como conciliar as transidentidades com a manutenção da capacidade reprodutiva das pessoas trans?

É sabido que o processo transexualizador, como descrito no Capítulo 3 desta pesquisa, é composto por inúmeros procedimentos, entre os quais alguns que podem vir a ocasionar a infertilidade, como a cirurgia de redesignação genital e as terapias hormonais.[930] No entanto, como consequência da heterocisnormatividade reprodutiva, previamente descrita, não se atenta para a importância do respeito à autonomia dos(as) pacientes trans que, por acaso, desejem preservar suas capacidades procriativas em função de projetos parentais futuros. Nesse sentido, ressalta Heloisa Helena Barboza:

> [...] De realce igualmente o fato de nenhuma ressalva ter sido feita quanto à possibilidade de preservação de gametas dos que se submetem

---

[930] O objetivo da hormonioterapia em pessoas trans é justamente o de propiciar a esses indivíduos que estejam mais confortáveis consigo mesmos, tanto no aspecto físico como no psicológico. No entanto, esses tratamentos possuem alguns efeitos no âmbito reprodutivo, quais sejam: a) o estrogênio nas transmulheres – algumas mulheres trans afirmam que acham a ereção e o orgasmo mais difíceis de serem atingidos e pode gerar a infertilidade, não sendo certo o prazo dessa infertilidade, pois varia de pessoa para pessoa; e b) testosterona nos trans-homens – causa a interrupção da menstruação e, em longo prazo, não se sabendo precisar quanto, mas geralmente demorando mais tempo, torna a pessoa permanentemente infértil (cf. GENDER IDENTITY RESEARCH AND EDUCATION SOCIETY. *A guide to hormone therapy for trans people*. Londres: DH Publications Orderline, 2007. p. 7-8; 16. Disponível em: http://www.edinburghtranswomen.org.uk/Guide_to_Hormones.pdf. Acesso em: 27 nov. 2019).

à hormonioterapia e/ou cirurgias para conformação do outro sexo, procedimento que é adotado em outros tratamentos esterilizantes, como os de radioterapia em caso de câncer. Parece que não foi cogitada a hipótese de os transexuais terem filhos através das técnicas de reprodução assistida, utilizando seu próprio material genético.[931]

Dessa forma, é imperioso que se deixe claro para a pessoa que se submeterá ao referido processo que as suas funções reprodutivas podem e irão ser diretamente atingidas pelos procedimentos que serão nela empregados, bem como que sejam elucidadas as alternativas existentes para garantir a preservação das suas capacidades reprodutivas, mesmo que ela não demonstre interesse pela temática.[932] Assim, ter-se-á um consentimento livre e esclarecido que possibilitará ao indivíduo em questão um exercício pleno da sua autonomia, tendo por base a ponderação e a conciliação de seus anseios pessoais quanto às intervenções médicas que serão feitas em seu organismo, bem como aquelas atinentes ao desejo de desempenho de uma parentalidade futura.

Sem dúvidas, a evolução propiciada pelo desenvolvimento das TRHA causou impactos inimagináveis sobre o processo de procriação, repercutindo diretamente nas noções tradicionais do que seria a reprodução. Hoje, tendo em vista os recursos tecnológicos existentes, não é imprescindível que se tenha um relacionamento afetivo-sexual com outrem para viabilizar um projeto parental (o qual poderá também ser individual), tampouco é necessária a capacidade de gerar um embrião, visto que a RHA transpõe as barreiras da natureza, conferindo um leque vasto de alternativas para aqueles que desejarem gerar uma criança com, no mínimo, uma aparência de elo genético para consigo.

Nesse admirável mundo novo da PMA, portanto, não é ou, pelo menos, não deveria ser um requisito indispensável do acesso às suas facilidades a verificação de uma identidade de gênero compatível com o sexo biológico. Afinal de contas, há recursos para assegurar a concepção de uma criança antes ou até mesmo após o início do processo transexualizador, o que precisa ser melhor discutido e evidenciado

---

[931] BARBOZA, Heloisa Helena. Proteção da autonomia reprodutiva dos transexuais. *Revista Estudos Feministas*, Florianópolis, v. 20, n. 2, p. 549-558, 2012. p. 555. Disponível em: https://periodicos.ufsc.br/index.php/ref/article/view/S0104-026X2012000200015/22861. Acesso em: 30 out. 2017.

[932] SILVA, Sara Cristina Lemos da. *A parentalidade prospetiva pela voz de pessoas com identidade de género trans ou não binária*. 2018. 62 f. Dissertação (Mestrado Integrado em Psicologia) – Faculdade de Psicologia e de Ciências da Educação, Universidade do Porto, 2018. p. 10. Disponível em: https://repositorio-aberto.up.pt/bitstream/10216/121028/2/341591.pdf. Acesso em: 27 nov. 2019.

para as pessoas que se submetem a esses tratamentos. Inúmeras são as possibilidades, entre as quais se destacam:

(A) *opções para aquelas pessoas que se submeterem a procedimento cirúrgico de redesignação genital* – crioconservação do esperma, de oócitos, de embriões, de tecido ovariano ou testicular, assim como é feito com pacientes submetidos a terapias para o tratamento de câncer gonadotóxico ou que desejem preservar sua fertilidade por razões sociais;[933]

(B) *opções para mulheres trans* – considerando que a exposição prolongada ao estrogênio pode causar danos testiculares, a alternativa melhor sucedida para preservação da fertilidade de transmulheres é a crioconservação do esperma antes do início da hormonioterapia. Em alguns casos, quando já houver sido iniciada a transição, utilizam-se injeções de citrato de clomifeno ou de HCG para estimular a espermatogênese (produção de espermatozoides). No mais, é interessante pontuar que os casos relatados de transplante de útero em mulheres cisgêneras pode representar uma opção futura que, por ora, ainda está muito distante da realidade;[934] e

(C) *opções para homens trans* – os efeitos do tratamento prolongado com a testosterona nas funções ovarianas são ainda incertos, mas geralmente levam a um estado anovulatório e à amenorreia (ausência de menstruação), o que geralmente é reversível, a partir da descontinuidade da hormonioterapia; tendo sido, inclusive, reportadas gravidezes em trans-homens submetidos a um tratamento prolongado com testosterona. As opções de preservação de fertilidade abarcam: a) a crioconservação de oócitos, embriões e tecidos ovarianos (em caráter experimental),[935] os quais podem ser utilizados

---

[933] AMATO, Paula. Fertility options for transgender persons. *In*: CENTER OF EXCELLENCE FOR TRANSGENDER HEALTH. *Guidelines for the primary and gender-affirming care of transgender and gender nonbinary people*. 2. ed. São Francisco: Department of Family & Community Medicine, 2016. p. 100. Disponível em: https://transcare.ucsf.edu/sites/transcare.ucsf.edu/files/Transgender-PGACG-6-17-16.pdf. Acesso em: 27 nov. 2019.

[934] AMATO, Paula. Fertility options for transgender persons. *In*: CENTER OF EXCELLENCE FOR TRANSGENDER HEALTH. *Guidelines for the primary and gender-affirming care of transgender and gender nonbinary people*. 2. ed. São Francisco: Department of Family & Community Medicine, 2016.p. 101. Disponível em: https://transcare.ucsf.edu/sites/transcare.ucsf.edu/files/Transgender-PGACG-6-17-16.pdf. Acesso em: 27 nov. 2019.

[935] Explica a autora que a crioconservação de tecidos ovarianos é ainda considerada experimental, mas que já houve muitos relatos de nascimentos com vida, ao redor do mundo, originados após a realização de autotransplante de tecidos ovarianos crioconservados (cf. AMATO, Paula. Fertility options for transgender persons. *In*: CENTER OF EXCELLENCE FOR

para a consecução de uma futura gravidez no homem trans, na sua parceira ou em gestante por substituição; ou b) a descontinuidade da terapia hormonal já iniciada, para a realização de procedimento de IA ou FIV com transferência de embriões para o útero do paciente, da sua parceira ou de gestante sub-rogada.[936]

Trans-homens (designados como mulheres no nascimento)	Transmulheres (designadas como homens no nascimento)
Opções pós-púberes:	Opções pós-púberes:
• criopreservação de oócitos;	• criopreservação de espermatozoides;
• criopreservação de embriões (com parceiro(a) ou doador(a) anônimo(a)).	• criopreservação de embriões (com parceiro(a) ou doador(a) anônimo(a)).
Opção pré-púbere:	Opção pré-púbere:
• criopreservação do ovário ou de tecido ovariano (experimental).	• criopreservação do tecido testicular (experimental).

QUADRO 2 – Métodos de preservação da fertilidade em pessoas trans

Fonte: KHADIJA, Mitu. Transgender reproductive choice and fertility preservation. *AMA Journal of Etichs*, [s.l.], v. 18, n. 11, p. 1.119-1.125, 2016.[937]

TRANSGENDER HEALTH. *Guidelines for the primary and gender-affirming care of transgender and gender nonbinary people.* 2. ed. São Francisco: Department of Family & Community Medicine, 2016. p. 101. Disponível em: https://transcare.ucsf.edu/sites/transcare.ucsf.edu/files/Transgender-PGACG-6-17-16.pdf. Acesso em: 27 nov. 2019.

[936] AMATO, Paula. Fertility options for transgender persons. *In*: CENTER OF EXCELLENCE FOR TRANSGENDER HEALTH. *Guidelines for the primary and gender-affirming care of transgender and gender nonbinary people.* 2. ed. São Francisco: Department of Family & Community Medicine, 2016. p. 101. Disponível em: https://transcare.ucsf.edu/sites/transcare.ucsf.edu/files/Transgender-PGACG-6-17-16.pdf. Acesso em: 27 nov. 2019.

[937] No original:

Table 1. Fertility preservation methods for transgender people [11, 12]

Transmen (assigned female at birth)	Transwomen (assigned male at birth)
Postpubertal options	Postpubertal options
Oocyte cryopreservation	Sperm cryopreservation
Embryo cryopreservation (with partner's or donor's gamete)	Embryo cryopreservation (with partner's or donor's gamete)
Prepubertal options	Prepubertal options
Ovary/ovarian tissue cryopreservation (experimental)	Testicular tissue cryopreservation (experimental)

Em adição a isso, é interessante destacar também que esses procedimentos de conservação da fertilidade possuem implicações distintas quando comparadas as situações de mulheres e homens trans. Sobre isso, aponta Mitu Khadija que os trans-homens (FtM) enfrentam um desafio muito maior para garantir a proteção de seus direitos reprodutivos quando comparados com as transmulheres (MtF), pois a colheita dos óvulos é bem mais complexa, requerendo tratamentos hormonais que induzam à ovulação (o que pode surtir impactos psicológicos para esses indivíduos, posto que os hormônios a serem tomados são os femininos) e um procedimento bastante invasivo para coletá-los (que pode levar um ou mais ciclos menstruais).[938] Por outro lado, não são impostos desafios tão grandes às transmulheres para conservação da sua fertilidade, visto que a coleta dos espermatozoides é bem mais rápida e fácil, sem a necessidade de maiores planos.[939]

Todas essas circunstâncias precisam, portanto, ser bem pontuadas, a fim de proporcionar à população T um consentimento informado legítimo e efetivo e de evitar qualquer mal-estar relativo à aplicação das técnicas disponíveis. Para tanto, é imprescindível que essa oferta e sua apropriada contextualização (com seus prós e contras) venham a compor as diretrizes em matéria de RHA, bem como os procedimentos regulares do processo transexualizador de forma explícita (devendo ser desempenhada mediante um acompanhamento multiprofissional).[940]

Cf. KHADIJA, Mitu. Transgender reproductive choice and fertility preservation. *AMA Journal of Etichs*, [s.l.], v. 18, n. 11, p. 1.119-1.125, 2016. p. 1.120. Disponível em: https://journalofethics.ama-assn.org/article/transgender-reproductive-choice-and-fertility-preservation/2016-11. Acesso em: 27 nov. 2019.

[938] Explica a autora que, quando analisados, por exemplo, os casos de pacientes que já passaram por um tratamento de longo prazo com a testosterona, alguns efeitos, como a retomada da menstruação, podem, inclusive, ser experienciados como uma dolorosa recordação da feminilidade (cf. KHADIJA, Mitu. Transgender reproductive choice and fertility preservation. *AMA Journal of Etichs*, [s.l.], v. 18, n. 11, p. 1.119-1.125, 2016. p. 1.121. Disponível em: https://journalofethics.ama-assn.org/article/transgender-reproductive-choice-and-fertility-preservation/2016-11. Acesso em: 27 nov. 2019).

[939] KHADIJA, Mitu. Transgender reproductive choice and fertility preservation. *AMA Journal of Etichs*, [s.l.], v. 18, n. 11, p. 1.119-1.125, 2016. p. 1.121. Disponível em: https://journalofethics.ama-assn.org/article/transgender-reproductive-choice-and-fertility-preservation/2016-11. Acesso em: 27 nov. 2019.

[940] VASCONCELOS, Aline Foltran de; SILVA, Taynna Cury; REIS, Fernando M.; RODRIGUES, Jhenifer Kliemchen. Gravidez e preservação da fertilidade em pacientes homossexuais, transgênero e transexuais. *In*: CONGRESSO BRASILEIRO DE REPRODUÇÃO HUMANA, 28., 2018. *Anais do 28º Congresso Brasileiro de Reprodução Humana*. Belo Horizonte: [s.n.], 2018. p. 32. Disponível em: http://s3.amazonaws.com/host-client-assets/files/hra/anais_28cbrh.pdf. Acesso em: 27 nov. 2019.

Note-se que a Resolução nº 2.168/2017 do CFM já traz, em seu bojo, a via da preservação oncológica ou social de gametas sexuais, o que poderia já ser utilizado como fundamento para garantir a conservação da fertilidade em pessoas trans. Não obstante, sabendo-se dos impactos que a heterocisnormatividade surte no contexto reprodutivo desse grupo social, seria importante uma menção expressa, nesse documento, da possibilidade do uso das TRHA para garantir a manutenção das capacidades reprodutivas da população T, visto que tal estratégia geraria a visibilidade da questão, a partir da sua enunciação discursiva.

Ademais, é imperioso que os PLs voltados a regulamentar as TRHA, assim como o próprio Estatuto da Diversidade Sexual e de Gênero,[941] atentem-se igualmente para essa discussão e façam constar, nos seus dispositivos normativos, uma proteção específica das funções procriativas dessas pessoas, sedimentando, de uma vez por todas, a legitimidade dessas opções. Afinal, consoante já visto, é papel do campo jurídico promover a salvaguarda dos direitos fundamentais daqueles que estão sob a sua tutela, garantindo-lhes a emancipação pessoal e social, livre de quaisquer formas de discriminação e pautada no acolhimento e na defesa da diversidade como alicerces basilares da sua atuação.

---

[941] Estatuto da Diversidade Sexual e de Gênero (PLS nº 134/2018): "Art. 18. É assegurado o direito à saúde reprodutiva pelo Sistema Único de Saúde – SUS, de forma individual ou conjunta, independente da orientação sexual ou identidade de gênero. [...] §1º É garantido o acesso da pessoa ou de casais às técnicas de reprodução assistida no sistema privado e público de saúde. [...] §2º É admitido o uso de material genético das próprias pessoas *na reprodução assistida homoparental*. [...] §3º A filiação será estabelecida com base no projeto parental, admitida a multiparentalidade" (grifos nossos). Note-se que o PLS fala em direito ao uso do próprio material genético na "filiação homoparental", ao que se considera pertinente também a inclusão da expressão "transparental", de modo a evitar que as pessoas trans não tenham seus direitos reprodutivos integralmente tutelados e protegidos.

CAPÍTULO 7

A VIABILIZAÇÃO DOS PROJETOS PARENTAIS ECTOGENÉTICOS LGBT: AS DIFERENTES CONFIGURAÇÕES DAS FAMÍLIAS HOMOPARENTAIS E TRANSPARENTAIS ADVINDAS DA REPRODUÇÃO ASSISTIDA

> *Meus sonhos eram ser um super-herói, mais tarde casar com uma princesa e ser pai.*
> (NERY, João W. *Viagem solitária*, 2011)

> *Deixa eu colorir suas paredes brancas*
> *Desvendar as dobras do seu coração de papel*
> *Deixa eu entrar, florir, fluir uma chance*
> *Se deixa ir, eu.*
> (MAJUR part. Hiran. *Náufrago*, 2018)

Finalmente, tendo sido analisado o contexto normativo, constitucional e infraconstitucional, o qual legitima o reconhecimento das famílias LGBT e também aquele que autoriza o exercício da sua autonomia no desempenho do planejamento familiar, bem como os obstáculos encontrados com relação à homoparentalidade e à transparentalidade, especialmente aqueles relativos ao uso da RHA, e os seus respectivos modos de superação, resta, neste momento, elencar as formas por meio das quais esses projetos parentais ectogenéticos podem vir a ser viabilizados. Para tanto, considerou-se o amplo leque que as TRHA garantem ao(s) beneficiário(s) e/ou beneficiária(s) na atualidade, seja na intervenção no processo de procriação propriamente dito (IA, GIFT, ZIFT, FIV ou ICSI), seja no auxílio para a efetividade dos seus procedimentos (doação ou criopreservação de material genético e gestação por substituição).

Nesse diapasão, levando-se em conta o objeto central deste trabalho e a necessidade de reconhecimento das diferenças, trabalhada ao longo desta investigação, é preciso que se compreenda que os contextos familiares LGBT – ainda que postos dentro de um grande grupo da diversidade sexual e de gênero – são dotados de uma multiplicidade de arranjos dentro da própria comunidade, os quais precisam ser evidenciados e analisados um a um. Por essa razão, com base nos dados colhidos nesta pesquisa, impende elucidar as várias maneiras por meio das quais as técnicas de RHA podem ser utilizadas por pessoas sozinhas (solteiras, divorciadas ou viúvas) ou em contexto de conjugalidade *lato sensu* (casamento ou união estável), tomando como parâmetro as suas expressões de sexualidade e as suas identidades de gênero, se homens ou mulheres, cisgêneros (homossexuais ou bissexuais) ou transgêneros (homossexuais, bissexuais ou heterossexuais).

Ademais, tentar-se-á, nesse processo de explanação, identificar as formas por meio das quais os vínculos de filiação podem ser atribuídos àqueles e àquelas que buscarem recorrer ao uso da RHA para concretizar seus projetos parentais, considerando os seguintes liames: a) genético (gametas sexuais); b) biológico (gestação); c) volitivo (deliberação pelo uso das técnicas de RHA, a partir da vontade procriacional); d) socioafetivo (representando o vínculo afetivo e social do(a) beneficiário(a) para com aquele filho que será gerado a partir das TRHA); e e) jurídico (incidência de alguma das presunções jurídicas de filiação do art. 1.597 do CC/02). Importante lembrar que, independentemente do elo presente para o estabelecimento da relação paterno-materno-filial, não há nem deve haver uma hierarquia entre eles, sendo toda forma de filiação igualmente *digna* e legítima, em direitos e deveres.

Diante disso, por uma questão meramente didática, resolveu-se dividir a presente discussão em três momentos próprios, tomando por base o desempenho de projetos parentais em conjunto (pelo casal) ou singularmente (produções "independentes"), chegando-se aos seguintes subgrupos:

    (A) de famílias ectogenéticas homoparentais cisgêneras em caráter biparental, abarcando: a) casais femininos; e b) casais masculinos;

    (B) de famílias ectogenéticas transparentais em caráter biparental, englobando: a) homens trans num contexto heteroafetivo; b) homens trans num contexto homoafetivo; c) mulheres

trans num contexto heteroafetivo; e d) mulheres trans num contexto homoafetivo; e
(C) de famílias ectogenéticas homoparentais ou transparentais em caráter monoparental.

7.1 As diferentes possibilidades de configuração das famílias ectogenéticas homoparentais cisgêneras a partir da ótica biparental

Para o presente tópico, foi realizada a elaboração de um quadro, constante do Apêndice D deste trabalho. Nessa oportunidade, levou-se em consideração a condição de fertilidade ou de infertilidade, a necessidade ou não de recurso à doação de gametas e à gestação por substituição e a possibilidade ou não de valer-se da gestação compartilhada, bem como o critério de atribuição da parentalidade empregado. Ademais, foi verificado se a motivação do recurso às RHA encontra-se pautada na infertilidade psicológica puramente ou também na infertilidade biológica.

Assim, iniciar-se-á debatendo as possibilidades encontradas para o desempenho da dupla maternidade no contexto homoafetivo feminino e, em seguida, serão discutidos os recursos disponíveis para a consecução da dupla paternidade do casal homoafetivo masculino, ambos a partir de uma ótica cisgênera, visto que a realidade transgênera será objeto do próximo subtópico.

7.1.1 Casais femininos e a dupla maternidade

Quando um casal de mulheres cisgêneras deseja recorrer às TRHA, a fim de dar concretização a um projeto parental de ambas, vários são os recursos que estão à sua disposição. Afinal, como, por questões naturais e biológicas, elas são capazes de gestar o próprio filho, a intervenção no seu processo reprodutivo não é tão complexa quanto no caso dos casais masculinos cisgêneros, por exemplo, que demandam, além do uso da FIV, também o recurso à gestação sub-rogada. Levando isso em consideração, podem ser vislumbradas cinco hipóteses disponíveis para que esses casais desempenhem seus projetos parentais ectogenéticos. São elas:

(A) *mediante o uso da RHA heteróloga, no qual uma será a gestante e também a fornecedora do óvulo* – uma primeira possibilidade seria o recurso à reprodução heteróloga, por meio da IA com a utilização de material genético de uma delas e o de um doador anônimo, o que, a princípio, já resolveria a questão da fecundação e, a partir de então, ter-se-ia a possibilidade de ela levar a termo essa gravidez para o casal. Nessa hipótese, como bem afirma Marianna Chaves, a filiação seria, num primeiro momento, estabelecida apenas com aquela que gestou a criança,[942] mas, por óbvio, nada obstaria, com base na vinculação socioafetiva a ser estabelecida entre a criança e a outra mãe, que fosse reconhecida essa filiação também com relação a ela. Ademais, em se tratando de mulheres casadas, defende Rolf Madaleno que o inc. V do art. 1.597 do CC/02 seja-lhes aplicado em analogia, interpretando a "autorização do marido", enquanto "autorização do cônjuge",[943] solução a qual já aparece ventilada na jurisprudência.[944] Assim, uma vez

---

[942] CHAVES, Marianna. Parentalidade homoafetiva procriação natural e medicamente assistida por homossexuais. *In*: DIAS, Maria Berenice (Coord.). *Diversidade sexual e direito homoafetivo.* São Paulo: Revista dos Tribunais, 2011. p. 369.

[943] MADALENO, Rolf. Os efeitos jurídicos da homoparentalidade. *In*: FERRAZ, Carolina Valença; LEITE, George Salomão; LEITE, Glauber Salomão; LEITE, Glauco Salomão (Coord.). *Manual do direito homoafetivo.* São Paulo: Saraiva, 2013. p. 321.

[944] Em São Paulo, no ano de 2014, na 2ª Vara de Registros Públicos, um casal de lésbicas, em que as crianças A. R. d. C. e E. R. d. C., representados pela genitora, correspondente à mãe gestacional no procedimento de reprodução assistida, e também C. M. S., a qual seria a outra mãe das crianças e que, no caso em tela, não correspondeu à doadora genética, pleitearam o reconhecimento dessa outra maternidade. Dessa forma, o Juiz Marcelo Benacchio, em sua sentença, entendendo de forma diversa daquela defendida pela representante do Ministério Público, a qual opinou pela adoção unilateral, decidiu pelo registro da criança no nome da segunda mãe, nos seguintes termos: "As crianças Á e E, nascidas em 29/05/2009, ao que consta, foram planejadas e desejadas por essa família, com a participação de V e C durante todo o processo de inseminação artificial realizado na primeira, [...] em que pese o entendimento da nobre representante do Ministério Público, autorizo o reconhecimento de filiação de Á R d C e E R d C por C M S, averbando-se a filiação e o nome dos avós" (cf. SÃO PAULO. *Processo nº 0070161-75.2013.8.26.0100.* Juiz de Direito: Juiz de Direito Marcelo Benacchio. Data do Julgado 20/02/2014. Disponível em: http://www.direitohomoafetivo. com.br/jurisprudencia-categoria/sub86dupla-parentalidade/87/1. Acesso em: 21 nov. 2019). Em Pernambuco, por sua vez, caso semelhante ocorreu no juízo da 1ª Vara de Família e Registro Civil da Capital, no ano de 2014, em que um casal de mulheres, M. O. N. e M. T. S., entrou com um pedido de jurisdição voluntária, postulando o registro dos filhos, D. T. O. N. e L. T. O. N., ambos concebidos por meio do uso de técnicas de reprodução humana assistida, tendo servido como mãe gestacional M. T. S., com o uso de seus próprios óvulos e de material genético de doador anônimo. No caso, o juiz, Clicério Bezerra, fundamentando-se principalmente nos efeitos vinculantes garantidos pela ADPF nº 132/RJ e a ADI nº 4.277/DF, nos princípios constitucionais e reconhecendo o planejamento conjunto do casal, concedeu, assim como no primeiro caso, o direito ao registro das crianças por parte de ambas as mães, nos seguintes termos: "À vista do exposto e a livre manifestação das partes e os requisitos exigidos pelos arts. 29, I, e 50 a 66, da Lei nº 6.015/73, nos termos do Decreto nº 7.231/2010, e no Código de Normas dos Serviços Notariais e de Registro do Estado de Pernambuco, Provimento nº 20, de 20/11/2009 (DJE 30/11/2009), determino a abertura e lavratura dos assentamentos dos registros de nascimento de D.T.O.N. e L.T.O.N., nascidos em 06.02.2014,

que a possibilidade do casamento tenha sido reconhecida pelo STJ e regulamentada administrativamente pela Resolução nº 175/2013 do CNJ, ocasionando a factibilidade dessa formação familiar, já se teria a possibilidade de aplicação do instituto das presunções jurídicas de filiação do art. 1.597 do CC/02 para facilitar o reconhecimento desse vínculo parental entre a cônjuge daquela que foi mãe gestacional e a criança. Em suma: a maternidade seria atribuída a uma delas por meio dos critérios genético (fornecimento do seu próprio óvulo) e biológico (gestação) e à outra por meio dos critérios jurídico (aplicação analógica da presunção do inc. V do art. 1.597 do CC/02) e socioafetivo (em razão da ausência de vínculo genético com a prole) e o recurso às TRHA seria justificado a partir da ocorrência de infertilidade psicológica;

(B) *mediante o uso da gestação compartilhada* – uma segunda alternativa para essas pretensas mães seria o recurso à FIV, no qual uma das duas gestaria o embrião fecundado com o óvulo da outra e o espermatozoide de um doador anônimo, hipótese que é denominada por Marianna Chaves reprodução parcialmente heteróloga.[945] A propósito, interessa deixar registrado que alguns estudos têm apontado para os possíveis benefícios psicológicos que a utilização da mencionada técnica pode trazer para a realidade do casal, fazendo-se cumprir um desejo pessoal e cultural de ambas contribuírem para o desenvolvimento da futura prole.[946] Tal procedimento está previsto no item II-3 da Resolução nº 2.168/2017 do CFM como gestação compartilhada e visa dar um maior apelo ao vínculo genético entre a mãe não gestante e a prole; encontrando, inclusive, decisões favoráveis a essa

---

às 09h10m, com sexos, respectivamente, masculino e feminino, no Hospital Santa Joana, naturais do Recife, Estado de Pernambuco, filhos de M.O.N. e de M.T.S., tendo como avós maternos, por um lado, J. B. N. e V.L.O.N., e, por outro, de M.T.S. e M.C.S., respectivamente" (PERNAMBUCO. *Processo nº indisponível*. Juiz de Direito: Clicério Bezerra da Silva. Data do Julgado 20/02/2014. Disponível em: http://www.direitohomoafetivo.com.br/jurisprudencia-categoria/sub86dupla-parentalidade/87/1. Acesso em: 21 nov. 2019).

[945] CHAVES, Marianna. Parentalidade homoafetiva procriação natural e medicamente assistida por homossexuais. *In*: DIAS, Maria Berenice (Coord.). *Diversidade sexual e direito homoafetivo*. São Paulo: Revista dos Tribunais, 2011. p. 370.

[946] GETRAJDMAN, Chloe; LEE, Joseph A.; COPPERMAN, Alan B. Co-IVF for same-sex female couples. Seminars in Reproductive Medicine, Nova York, v. 25, n. 5, p. 415-419, 2017. Disponível em: https://www.thieme-connect.com/products/ejournals/html/10.1055/s-0037-1605380. Acesso em: 21 nov. 2019.

parentalidade na jurisprudência.[947] Dessa forma, percebe-se que a relação parental se dá, nesse caso, a partir do critério biológico (gestação) para aquela que for a gestante e dos critérios genético (uso do seu óvulo) e jurídico (aplicação analógica da presunção do inc. V do art. 1.597 do CC/02) para aquela que fornecer seu material genético para ser fertilizado e implantado em sua parceira. Por sua vez, o recurso às TRHA justificar-se-ia a partir da ocorrência de infertilidade psicológica;

(C) *mediante o uso da RHA heteróloga, quando ambas não puderem gestar a criança* – a terceira hipótese, cuja ocorrência, confessa-se, é bem mais difícil, mas totalmente factível, diz respeito

---

[947] Em 2012, na 2ª Vara de Registros Públicos de São Paulo, tramitou ação de retificação de registro na qual as requerentes, M. O. P. e C. C. A., pleitearam a retificação do registro civil de M. Y. P. para inclusão também de C. como mãe da criança. Nesse caso em questão, C. forneceu os seus óvulos para serem fecundados pelo material genético de doador anônimo, tendo M. O. P. gestado o embrião resultante. Diante disso, com parecer positivo do Ministério Público, o Juiz Márcio Martins Bonilha Filho deferiu o pedido, nos termos que seguem: "Por tudo que foi dito, a inserção da genitora biológica no assento de nascimento de M. é medida de rigor, mesmo porque a duplicidade em relação às mães, na forma almejada, não constitui óbice registrário, tanto que vários são os precedentes admitindo adoção por pessoas com orientação homossexual. Evidenciado o vínculo de filiação, como sucede na hipótese vertente em relação à genitora C. C. A., em respeito ao direito fundamental à identidade, forçoso é convir que o pedido de inserção deduzido a fls. 02/11 restabelecerá a realidade registrária e comporta deferimento. Posto isso, julgo PROCEDENTE o pedido nos termos da inicial para determinar a averbação no assento de nascimento de M. Y. P. a maternidade de C. C. A.. A criança passará a se chamar M. Y. A. P., deferida, também, a inserção dos nomes dos outros avós maternos (genitores da mãe C.)" (cf. SÃO PAULO. *Processo nº 0012939-86.2012.8.26.0100*. Juiz de Direito: Márcio Martins Bonilha Filho. Data do Julgado 28/09/2012. Disponível em: http://www.direitohomoafetivo.com.br/jurisprudencia-categoria/sub86dupla-parentalidade/87/2. Acesso em: 21 nov. 2019). Em Pernambuco, no ano de 2014, ocorreu caso semelhante perante o Juízo da 4ª Vara de Família e Registro Civil da Capital, no qual as requerentes, R. B. da S. e B. T. de B. B., que viviam em união estável há dois anos e sete meses, no intuito de concretizar seu projeto parental em comum, optaram pelo recurso da RHA, em que a primeira cedeu o seu material genético e a segunda gestou o embrião fertilizado com esse óvulo e o espermatozoide de um doador anônimo. Ante parecer positivo do Ministério Público, o magistrado, João Maurício Guedes Alcoforado, fundamentado, sobretudo, nos princípios dispostos no Magno Texto, entendeu pela concessão do duplo registro, nos termos que seguem: "O juiz de nosso século não é um mero leitor da lei e não deve temer novos direitos. Haverá sempre novos direitos e também haverá outros séculos. Deve estar atento à realidade social e, cotejando os fatos com o ordenamento jurídico, concluir pela solução mais adequada. Ante o exposto, levando em consideração a documentação acostada aos autos, bem como, o parecer favorável da Representante do Ministério Público, julgo PROCEDENTE o pedido na forma da petição inicial, autorizando-se o registro da criança em nome das duas requerentes, constando os nomes de todos os avós (pais de cada uma das requerentes) no registro. Ou seja: que a criança é filha de R. B. da S. e de B. T. de B. B., sendo avós J. B. da S. e V. B. da S. e M. T. de B. e A. P. de B" (cf. PERNAMBUCO. *Processo nº 8938554-2013*. Juiz de Direito: João Mauricio Guedes Alcoforado. Data do Julgado 25/07/2014. Disponível em: http://www.direitohomoafetivo.com.br/jurisprudencia-categoria/sub86dupla-parentalidade/87/1. Acesso em: 21 nov. 2019).

aos casos em que há alguma espécie de infertilidade que obste a gestação por ambas as integrantes do casal homoafetivo feminino. Nesse caso, poderão recorrer à FIV, na qual uma delas doará o óvulo que será fecundado por sêmen de doador anônimo e, em seguida, implantado no útero de gestante por substituição, que levará a termo a gestação em favor do casal de beneficiárias. Assim, os vínculos materno-filiais serão estabelecidos pelo critério genético (uso do óvulo) no tocante àquela que forneceu os seus gametas sexuais e pelos critérios socioafetivo (ausência de liame genético com a prole) e volitivo (deliberação pelo uso das técnicas de RHA) com relação à outra integrante do casal. O recurso às TRHA seria justificado, a seu turno, em razão da infertilidade psicológica;

(D) *mediante o uso da RHA heteróloga, quando ambas forem inférteis por fatores ovarianos e, ao menos, uma delas puder gestar* – esta quarta hipótese supõe a ocorrência de esterilidade ovariana em ambas as integrantes do casal feminino. Assim, explicam Ana Carla Harmatiuk Matos e Karla Ferreira Camargo Fischer que, em razão da infertilidade que acomete ambos os cônjuges femininos ou companheiras, necessita-se também, além da obtenção de esperma de doador anônimo, da recepção de um óvulo que será fornecido por uma doadora anônima. A partir daí faz-se o procedimento da FIV, fecundando os gametas sexuais e, em seguida, procede-se com a implantação do embrião no útero de uma das beneficiárias.[948] Nessa toada, os vínculos serão estabelecidos em razão do fator biológico (gestação) para a mãe gestante e pelos critérios socioafetivo (ausência de liame biológico com a prole) e jurídico (aplicação analógica da presunção do inc. V do art. 1.597 do CC/02) para a outra integrante do casal. Já o recurso às TRHA seria justificado a partir da ocorrência concomitante de infertilidade psicológica e biológica;

(E) *mediante o uso da RHA heteróloga, quando ambas forem inférteis por fatores ovarianos e não puderem gestar* – esta quinta hipótese é, talvez, a de mais difícil ocorrência prática, visto que supõe a existência de esterilidade ovariana em ambas as integrantes do casal feminino e também a impossibilidade de as duas gestarem o embrião. No entanto, se tal eventualidade é

---

[948] MATOS, Ana Carla Harmatiuk; FISCHER, Karla Ferreira de Camargo. Reprodução humana assistida e parceria homoafetiva. *Revista Pensar*, Fortaleza, v. 17, n. 1, p. 9-32, 2012. p. 24. Disponível em: https://periodicos.unifor.br/rpen/article/view/2289/pdf. Acesso em: 25 nov. 2019.

verificável em casais heteroafetivos (quando ambos os cônjuges são estéreis e a mulher não pode gestar), também não se pode ignorar a viabilidade do seu acontecimento no contexto homoafetivo feminino, a exemplo de um casal com idade mais avançada, no qual as duas já tenham experienciado a menopausa e possuam algum fator de infertilidade tubária. Desse modo, considerando a impossibilidade de suportarem a gestação somada ao impedimento do fornecimento de material genético próprio, necessita-se, além da obtenção de espermatozoide de doador anônimo e da recepção de um óvulo por uma doadora anônima, do recurso à GS. Nessa continuidade, faz-se o procedimento da FIV, fecundando os gametas sexuais doados e, em seguida, procede-se com a implantação do embrião no útero da gestante substituta. Assim, os vínculos entre as duas mães e a criança serão pautados concomitantemente nos critérios socioafetivo (ausência de liame biológico com a prole) e volitivo (deliberação pelo uso das TRHA). A seu turno, o recurso às TRHA seria justificado a partir da ocorrência simultânea de infertilidade psicológica e biológica.

Por fim, é interessante deixar registrado que os grandes avanços no campo da biotecnologia reprodutiva caminham para uma maior ampliação das alternativas a serem ofertadas aos seus beneficiários. No tocante ao casal de mulheres, inclusive, têm-se experiências no sentido de viabilizar até mesmo a reprodução homóloga entre os gametas femininos. Sobre essa hipótese, explica Marianna Chaves que é pontuada, na doutrina especializada, a possibilidade de uma criança ser filha genética de duas mães, independentemente até da necessária intervenção de um gameta sexual masculino para que isso ocorra. São dois os casos citados pela autora: a) de fecundação de um óvulo por outro, colhendo-se ambos já maduros e promovendo a sua fusão *in vitro*; e b) de transferência de um núcleo de um óvulo, previamente recolhido, para outro (doado pela parceira) e do qual foi retirado o núcleo primitivo. Em ambos os casos, a pessoa que fosse originada seria filha de duas mães genéticas.[949]

Diante disso, percebe-se que, graças aos avanços da engenharia genética, afasta-se cada vez mais do ideal de procriação natural, em

---

[949] CHAVES, Marianna. Parentalidade homoafetiva procriação natural e medicamente assistida por homossexuais. *In*: DIAS, Maria Berenice (Coord.). *Diversidade sexual e direito homoafetivo*. São Paulo: Revista dos Tribunais, 2011. p. 367-368.

que se necessitaria obrigatoriamente de um gameta masculino e outro feminino para proporcionar a reprodução. Logo, com o auxílio de técnicas inovadoras, quem sabe algum dia, um casal homoafetivo feminino poderá vir a constituir uma filiação biológica por meio da conjunção do material genético de ambas, sem precisar recorrer a um doador anônimo para concretizar seu projeto parental. Não obstante, é claro que, a realização desses procedimentos demandaria também uma análise ético-jurídica, a fim de averiguar a pertinência e a legitimidade de sua aplicação, de modo a evitar abusos e violações à *dignidade* de todos os envolvidos, especialmente da prole.

7.1.2 Casais masculinos e a dupla paternidade

Em se tratando de casal formado por dois homens cisgêneros, as possibilidades são bem menores quando comparadas às da situação do casal feminino. Afinal, a concretização do projeto parental conjunto, nesse caso, demandará necessariamente o recurso à gestação sub-rogada, que, de acordo com as diretrizes atuais estabelecidas pelo CFM (item VII-1[950] da Resolução nº 2.168/2017), demanda um necessário vínculo consanguíneo até o 4º grau entre a gestante e um dos beneficiários, estando os demais casos sujeitos à autorização do Conselho Regional de Medicina (CRM),[951] situação a qual já fora discutida no Capítulo 5.

---

[950] Resolução nº 2.168/2017 do CFM: "1. A cedente temporária do útero deve pertencer à família de um dos parceiros em parentesco consanguíneo até o quarto grau (primeiro grau – mãe/filha; segundo grau – avó/irmã; terceiro grau – tia/sobrinha; quarto grau – prima). Demais casos estão sujeitos à autorização do Conselho Regional de Medicina".

[951] Inúmeros são os pareceres fornecidos pelos vários CRMs espalhados pelo país, entre os quais podem ser citados: a) no Conselho Federal de Medicina do Estado do Amazonas (Cremam): "A exigência de que a doadora temporária do útero tenha parentesco até o segundo grau com a doadora genética não diz respeito a qualquer indicação de ordem genética, mas sim à proximidade familiar e afetiva. Assim sendo, considerando estar caracterizada a proximidade afetiva e a circunstância de a Resolução nº 1.358/92 permitir que os Conselhos Regionais de Medicina decidam situações especiais como esta, caso a caso, sou favorável à concessão, por parte deste Conselho, da autorização pretendida [...] Portanto, no caso em apreço, como as indicações acima mencionadas concluo ser favorável ao pedido aqui manifestado, fazendo remessa dos autos para a aprovação da Plenária" (cf. CONSELHO REGIONAL DE MEDICINA DO ESTADO DO AMAZONAS. *Parecer nº 08/2015.* Disponível em: https://sistemas.cfm.org.br/normas/visualizar/pareceres/AM/2015/8. Acesso em: 25 nov. 2019); b) o Conselho Regional de Medicina do Estado do Mato Grosso do Sul (CRMMS): "A Dra. S. de S. R., solicitou a este CRM Autorização para Cessão Temporária do Útero da Sra. L. dos S. R., tia de criação do paciente Sr. F. P.de A. que com o Sr. M. R. M. declararou constituir família homoparental, casados, e que intencionam ser pais de uma criança. Para esse fim, instruiu sua petição com todo o exigido na Resolução CFM nº 2121/2015 que adota as normas éticas para a utilização de técnicas de reprodução assistida [...] Após o exame de todo o pertinente a este pedido de Autorização de Cessão Temporária de Útero pertencente à pessoa sem laços consanguíneos, mas apenas afetivos, com um dos

Por isso, elencam-se apenas três possibilidades para que essas entidades familiares venham a concretizar seus desejos da parentalidade ectogenética, são elas:

(A) *mediante o recurso à RHA heteróloga, a partir do uso do material genético de um deles* – caso em que o projeto parental será viabilizado com o auxílio da FIV ou da ICSI, em que um dos integrantes do casal será responsável por ceder seu material genético (espermatozoide), que, por sua vez, será utilizado para fecundar o óvulo de uma doadora anônima, sendo o embrião resultante implantado no útero daquela que será a gestante substituta.[952] Tal alternativa, inclusive, já encontra respaldo na jurisprudência pátria.[953] Diante disso, o vínculo de

---

pretendentes à paternidade, sou de opinião que se deva conceder a autorização solicitada" (cf. CONSELHO REGIONAL DE MEDICINA DO ESTADO DO MATO GROSSO DO SUL. *Parecer nº 25/2017*. Disponível em: https://sistemas.cfm.org.br/normas/visualizar/pareceres/MS/2017/25. Acesso em: 25 nov. 2019); c) o Conselho Regional de Medicina do Estado do Paraná (CRMPR): "Este Conselheiro está de acordo com a opinião emitida pela Câmara Técnica de Reprodução Assistida e, a exemplo do parecer previamente formulado neste Conselho, opino favoravelmente à solicitação, observando-se o cumprimento na íntegra da Resolução nº 2168/2017 nas suas demais determinações" (cf. CONSELHO REGIONAL DE MEDICINA DO ESTADO DO PARANÁ. *Parecer nº 2.749/2019*. Disponível em: https://sistemas.cfm.org.br/normas/visualizar/pareceres/PR/2019/2749. Acesso em: 25 nov. 2019).

[952] CHAVES, Marianna. Parentalidade homoafetiva procriação natural e medicamente assistida por homossexuais. In: DIAS, Maria Berenice (Coord.). *Diversidade sexual e direito homoafetivo*. São Paulo: Revista dos Tribunais, 2011. p. 373.

[953] Em Pernambuco, no ano de 2012, um casal homossexual masculino, M. A. A. e W. A. A., requereu perante o Juízo da 1ª Vara de Família e Registro Civil da Capital o direito ao registro de sua filha, M. T. A. A., nascida com o auxílio de técnicas de reprodução humana assistida em conjunto com recurso à gestação sub-rogada, através da doação de material genético de M. A. A. e de doadora anônima. Nessa oportunidade, o juiz do caso, Clicério Bezerra, ao decidir a questão, fez os seguintes apontamentos: "À vista do exposto e a livre manifestação das partes e os requisitos exigidos pelos arts. 29, I, e 50 a 66, da Lei nº 6.015/73, nos termos do Decreto nº 7.231/2010, e no Código de Normas dos Serviços Notariais e de Registro do Estado de Pernambuco, Provimento nº 20, de 20/11/2009 (DJE 30/11/2009), determino a abertura e lavratura do assentamento do registro de nascimento de M. T. A. A., nascida em 29.01.2012, as 00h44m, do sexo feminino, no Hospital Esperança Ltda, natural do Recife, Estado de Pernambuco, filha de M. A. A. e de W. A. A., tendo como avós paternos, por um lado, M. P. D. S. e T. A. D. S., e, por outro, de S. R. D. A. e M. J. S. D. A., respectivamente" (cf. PERNAMBUCO. *Processo nº indisponível*. Juiz de Direito: Clicério Bezerra da Silva. Data do Julgado: 28/02/2012. Disponível em: http://www.direitohomoafetivo.com.br/jurisprudencia-categoria/sub86dupla-parentalidade/87/2. Acesso em: 25 nov. 2019). Em 2014, dessa vez em Santa Catarina, D. K. e J. C. entraram com ação declaratória de dupla paternidade, alegando que viviam em união estável desde 16.2.2011 e que tinham se submetido a um procedimento de RHA, com auxílio de gestação por substituição, a qual culminou no nascimento de uma menina, ainda durante o desenrolar do processo e que restava sem registro até então. Diante disso, o magistrado do caso, Luiz Cláudio Broering, proferiu a seguinte decisão: "Ante o exposto, julgo procedentes os pedidos iniciais para declarar os autores, D. K. e J. C. como pais da menina S. A. C. K, nascida em 08.08.2013, às 17:45 horas, sexo feminino, tendo como avós paternos B. F. K. e T. V. K., além de M. E.

filiação será estabelecido pelo critério genético (uso do gameta sexual próprio) para aquele que forneceu o espermatozoide e pelos critérios socioafetivo (ausência de liame biológico com a prole) e volitivo (deliberação pelo uso das TRHA) para o seu parceiro. No que tange ao uso das TRHA, esse estaria justificado pela ocorrência da infertilidade psicológica;

(B) *mediante o uso da RHA heteróloga, quando ambos sejam inférteis* – essa segunda hipótese é menos verificável, em razão da maior dificuldade factual da sua constatação. Nesse caso, além de óvulo fornecido por doadora anônima e do uso da gestação sub-rogada, seria necessário também a recepção de esperma doado por doador anônimo. Com isso, seria utilizada a técnica da FIV para realizar a fecundação dos gametas doados e seria realizada a posterior implantação no útero da gestante por substituição. Assim, os vínculos paterno-filiais seriam estabelecidos, com relação a ambos os pais, a partir do critério socioafetivo (ausência de vínculo biológico com a prole) e volitivo (deliberação pelo uso das TRHA). O recurso às TRHA seria justificado, então, por conta da infertilidade psicológica e também da infertilidade biológica; e

(C) *mediante o uso da RHA heteróloga ou bisseminal, a partir da coleta do material genético dos dois* – a última hipótese vislumbrada é aquela em que ambos os membros do casal doam seus respectivos materiais genéticos (espermatozoides), que serão utilizados no processo de fecundação do óvulo de doadora anônima, por meio da FIV, sendo o embrião resultante implantado no útero da gestante substituta. A partir daí, têm-se duas possibilidades: a) na primeira, explicada por Ana Carla Harmatiuk Matos e Karla Ferreira de Camargo Fischer, utiliza-se o gameta sexual de apenas um deles, sem revelar-lhes de quem foi o espermatozoide que fora efetivamente usado no procedimento, correspondendo à RHA heteróloga;[954] e b) na segunda, explicada por Silvio

---

C. e B. B. C. C. O registro de nascimento deverá manter em branco os campos relativos aos dados da genitora, uma vez que a concepção foi decorrente inseminação artificial heteróloga e a gestação por substituição. [...]Expeça-se mandado ao Cartório de Registro Civil competente, para a confecção do registro de nascimento da criança, com cópia de fl. 76, sendo observado o sigilo quanto aos documentos" (cf. SANTA CATARINA. *Processo nº 0800779-46.2013.8.24.0090*. Juiz de Direito: Luiz Cláudio Broering. Data do Julgado: 30/07/2014. Disponível em: http://www.direitohomoafetivo.com.br/jurisprudencia-categoria/sub86dupla-parentalidade/87/1. Acesso em: 25 nov. 2019).

[954] MATOS, Ana Carla Harmatiuk; FISCHER, Karla Ferreira de Camargo. Reprodução humana assistida e parceria homoafetiva. *Revista Pensar*, Fortaleza, v. 17, n. 1, p. 9-32, 2012. p. 25.

Romero Beltrão, diluem-se os espermatozoides de ambos conjuntamente, ocasionando um estado de dúvida quanto à paternidade genética da prole, que caracteriza a RHA bisseminal.[955] Diante disso, a relação de filiação com ambos os genitores será resultante dos critérios socioafetivo (em razão da incerteza do vínculo biológico entre genitores e criança) e volitivo (deliberação pelo uso das técnicas de RHA) ou, ainda, caso seja o desejo do casal ou mesmo da prole, se vier a ser realizado exame de DNA posterior, ter-se-á o vínculo genético (uso do gameta sexual) para com aquele membro do casal cujo espermatozoide foi efetivamente utilizado na fecundação; não sendo viável, inclusive, a pretensão posterior à desconstituição dessa paternidade, por parte daquele que não tem vínculo genético com a prole, visto que o *venire contra factum proprium* veda o comportamento contraditório quando há a anuência no uso das TRHA. No tocante ao uso da PMA, justifica-se, nessa hipótese, pela ocorrência da infertilidade psicológica.

Por derradeiro, assim como o que já fora dito anteriormente, não há como negar que os avanços tecnológicos vêm causando grandes transformações nas noções tradicionais de reprodução e de intervenção médica no processo reprodutivo. Sobre isso, é interessante notar que, por enquanto, é certo que, dada a incapacidade natural de gerar, um casal masculino cisgênero não tem como desempenhar um projeto parental ectogenético sem o auxílio de uma terceira disposta a gerar uma criança em favor deles. Mas, até quando isso será uma realidade?

É interessante destacar que algumas pesquisas e experimentos já vêm sendo feitos em torno do desenvolvimento extracorpóreo de embriões e fetos, os quais, futuramente, podem vir a culminar na criação de um "útero artificial". Acerca do tema, pondera Diana Coutinho que,

---

Disponível em: https://periodicos.unifor.br/rpen/article/view/2289/pdf. Acesso em: 25 nov. 2019.

[955] Segundo o autor, a técnica é geralmente utilizada, nos contextos heteroafetivos, a partir da mistura dos sêmens do marido e de doador anônimo, causando um estado de dúvida emocional quanto à real paternidade genética (cf. BELTRÃO, Silvio Romero. *Reprodução humana assistida*: conflitos éticos e legais. Legislar é necessário. 2010. 244 f. Tese (Doutorado em Direito) – Faculdade de Direito do Recife, Universidade Federal de Pernambuco, Recife, 2010. p. 36. Disponível em: https://repositorio.ufpe.br/bitstream/123456789/3775/1/arquivo402_1.pdf. Acesso em: 13 jun. 2019). Tendo por base essa apreciação do autor, emprestou-se aqui a possibilidade de utilizar essa técnica no contexto homoafetivo masculino, gerando o mesmo estado de dúvida emocional, mas, dessa vez, com relação a quem é o pai genético e quem é o pai socioafetivo.

se já existem tecnologias que possibilitam tanto o início da gestação fora do corpo feminino (com o desenvolvimento *in vitro* de embriões até cinco ou seis dias antes da sua implantação), quanto à redução do tempo necessário de gestação intrauterina (a partir da manutenção de bebês prematuros em incubadoras), não é de se espantar que a biotecnologia reprodutiva esteja caminhando também para a garantia de gestações extracorpóreas.[956] No dizer de Débora Diniz, em verdade, o que precisa ser superado são as 24 semanas em que o útero da mulher é imprescindível para o crescimento do feto.[957]

Em matéria publicada na revista superinteressante, em 2017, sob consultoria de Arnaldo Schizzi Cambiaghi, médico especialista em reprodução humana e diretor clínico do IPGO (Instituto Paulista de Ginecologia e Obstetrícia), foram elencados sete desafios a serem superados, de modo a que a tecnologia do "útero artificial" seja efetivamente implementada, quais sejam:

(1) *a sua capacidade de expansão e sua composição* – considerando que seria necessário imitar a elasticidade do órgão natural, bem como a composição do líquido amniótico;

(2) *as vias de transporte* – implicando a reprodução da vascularização do ambiente uterino e da placenta, a qual propicia ao feto oxigênio, glicose, nutrientes, vitaminas, anticorpos e hormônios;

(3) *o sistema de retrolavagem* – ou seja, a retirada de excrementos do invólucro, sem colocar em risco a saúde do feto;

(4) *o ativador epigenético* – que são os sinais provenientes do ambiente uterino, os quais garantem a ativação de certos genes e que serão fundamentais para o estabelecimento de algumas características genéticas do feto;

(5) *a interface de emoção* – que seria a ligação emocional estabelecida entre o feto e a mãe durante a gestação e que é de extrema importância para o seu sentimento de bem-estar e conforto

---

[956] COUTINHO, Diana. O "futuro" da tecnologia reprodutiva: o útero artificial. *In*: GONÇALVES, Anabela; CALHEIROS, Maria Clara; PEREIRA, Maria Assunção do Vale; MONTE, Mário Ferreira Monte (Org.). *Direito na lusofonia*: direito e novas tecnologias. [s.l.]: Escola de Direito da Universidade do Minho, 2018. p. 1. Disponível em: https://repositorium.sdum.uminho.pt/bitstream/1822/56127/3/7.%20Diana%20Coutinho.pdf. Acesso em: 26 nov. 2019.

[957] ATLAN, Henri. O útero artificial. Rio de Janeiro: Editora Fiocruz; 2006. Resenha de: DINIZ, Débora. Rumo ao útero artificial. *Cadernos de Saúde Pública*, Rio de Janeiro, v. 23, n. 5, p. 1.237-1.244, 2007. p. 1.241. Disponível em: https://www.scielosp.org/pdf/csp/2007.v23n5/1241-1243/pt. Acesso em: 26 nov. 2019.

intrauterinos e, posteriormente, da criança em seus primeiros dias de vida;
(6) *o combustível embriônico* – caracterizado pela nutrição do feto, a partir do fornecimento de ácido fólico, vitamina C, ferro, magnésio, cálcio e carboidratos; e
(7) *a injeção de hormônios* – a oxitocina (que protege a criança de danos cerebrais e auxilia no desenvolvimento do cérebro) e a prolactina (que é benéfica para a amamentação).[958]

Nessa continuidade, importa destacar o que aponta Diana Coutinho[959] ao elencar algumas pesquisas que demonstram a viabilidade de, em um futuro não tão distante, a gestação extracorpórea tornar-se uma realidade:

(A) na década de 80, Yoshiro Kuwabara criou uma placenta artificial, contendo líquido amniótico sintético, a fim de tentar reproduzir o ambiente uterino materno. Nela, realizou um experimento com animais, nos quais retirava um cabrito, cinco semanas antes do termo da gestação, e colocava-o na incubadora para desenvolver-se no restante da gestação, tendo sido necessários nove anos até que um desses animais conseguisse sobreviver nesse ambiente artificial;

(B) a Dra. Helena Liu desenvolveu a chamada "cocultura", na qual criou, em uma mesma proveta, um embrião e um tecido uterino. Em 2002, na sequência dos seus estudos, desenvolveu um rato, no que seria um esboço de "útero artificial", mas o animal não nasceu saudável;

(C) nos Estados Unidos, a fim de salvar bebês prematuros extremos (com menos de 20 semanas), pesquisadores desenvolveram a ventilação líquida, a qual, para a autora, poderá ser um dos componentes do "útero artificial";

(D) em 2016, na Universidade de Cambridge, pesquisadores lograram manter embriões humanos fora do útero materno por 13 dias – ultrapassando o *record* anterior de 9 dias –, utilizando uma mistura de nutrientes que simula o ambiente uterino. Tal

---

[958] CANOSSA, Carolina. É possível bebês nascerem através de úteros artificiais? *Superinteressante*, 26 set. 2017. Disponível em: https://super.abril.com.br/mundo-estranho/e-possivel-bebes-nascerem-atraves-de-uteros-artificiais/. Acesso em 23 mar. 2020.

[959] COUTINHO, Diana. O "futuro" da tecnologia reprodutiva: o útero artificial. *In*: GONÇALVES, Anabela; CALHEIROS, Maria Clara; PEREIRA, Maria Assunção do Vale; MONTE, Mário Ferreira Monte (Org.). *Direito na lusofonia*: direito e novas tecnologias. [s.l.]: Escola de Direito da Universidade do Minho, 2018. p. 2. Disponível em: https://repositorium.sdum.uminho.pt/bitstream/1822/56127/3/7.%20Diana%20Coutinho.pdf. Acesso em: 26 nov. 2019.

conquista já permitira que os cientistas descobrissem novos aspectos do desenvolvimento humano inicial, incluindo características nunca antes vistas em embriões humanos. Entretanto, maiores descobertas não foram possíveis, tendo em vista o fato de que as *guidelines* internacionais em matéria de pesquisa em embriões humanos não autorizam o seguimento desses estudos para além do 14º dia;[960]

(E) em 2017, investigadores do Hospital Pediátrico da Filadélfia criaram um protótipo de "útero artificial", o qual fora chamado de *biobag womb* (que, em tradução livre, poderia significar "útero de biobolsa") e constitui uma alternativa às incubadoras convencionais. Com ele, experimentou-se desenvolver cordeiros prematuros de forma extracorpórea, tendo se destacado, especialmente, pela sua simplicidade em comparação a outras incubadoras:[961]

---

[960] REARDON, Sara. Human embryos grown in lab for longest time ever. *Nature*, [s.l.], n. 533, p. 5-6, 2016. Disponível em: https://www.nature.com/news/polopoly_fs/1.19847!/menu/main/topColumns/topLeftColumn/pdf/533015a.pdf. Acesso em 23 mar. 2020.

[961] Ocorre que, na placenta, o feto desenvolve-se em um ambiente muito único, no qual lhe são fornecidos oxigênio e nutrientes, visto que seus pulmões não respiram o ar. Assim, eles flutuam no líquido amniótico, que é engolido pelo feto e criado pela micção fetal, estando sempre em constante reconstrução. Por isso, para bebês que vêm ao mundo muito cedo, as chances de sobrevivência ficam entre 10% e 50%, sendo que as tecnologias atuais utilizadas para tentar salvá-los também acabam por machucá-los, por exemplo, danificando seus frágeis pulmões ou interrompendo o desenvolvimento pulmonar. Assim, a *biobag womb* é composta por uma bolsa selada que contém um tubo que fornece líquido amniótico e outro que o drena, como pode ser visto na imagem constante do corpo do texto. Para chegar a esse resultado, a equipe do Hospital Pediátrico da Filadélfia, liderada pelo cirurgião fetal e pediátrico Alan Flake, iniciou suas pesquisas banhando os cordeiros em um líquido amniótico artificial, com eletrólitos que imitam o ambiente da placenta e conectam o animal a um oxigenador. O objetivo era ver se os cordeiros sobreviveriam, e estratégia funcionou de forma inesperada, com um animal tendo sobrevivido por 108 horas, mas ainda necessitando de um aprimoramento. Na continuidade do estudo, a equipe chegou a algo que imita de perto a biologia: uma abordagem que troca o líquido amniótico ao invés de recirculá-lo, um sistema selado que mantém o mundo exterior distante e um circuito de oxigenação do sangue que fica conectado ao feto do cordeiro pelo cordão umbilical. O coração do feto, a seu turno, instiga a circulação do sangue, mantendo a pressão sanguínea e outros marcadores em níveis normais. A partir desses novos experimentos, os resultados foram, no geral, positivos, observando-se apenas algumas complicações modestas, como inflamação pulmonar. Inclusive, a maior durabilidade obtida foi a de um cordeiro que sobreviveu durante um ano (cf. COUZIN-FRANKEL, Jennifer. Fluid-filled 'biobag' allows premature lambs to develop outside the womb. *Science*, 25 abr. 2017. Disponível em: https://www.sciencemag.org/news/2017/04/fluid-filled-biobag-allows-premature-lambs-develop-outside-womb. Acesso em: 26 nov. 2019).

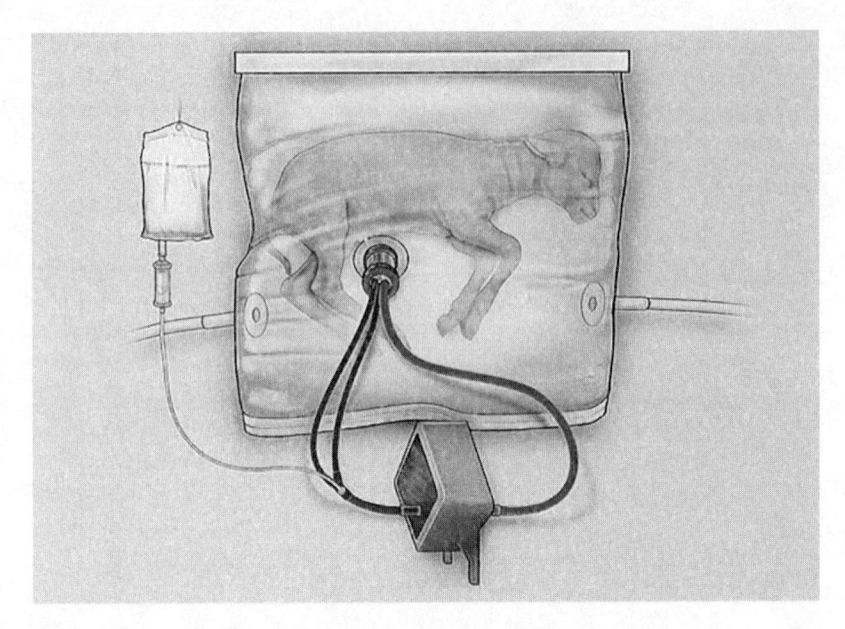

FIGURA 5 – Desenho esquemático da *biobag womb* desenvolvida pelo Hospital Pediátrico da Filadélfia

Fonte: COUZIN-FRANKEL, Jennifer. Fluid-filled 'biobag' allows premature lambs to develop outside the womb. *Science*, 25 abr. 2017.

(F) em 2019, um grupo de pesquisadores da Divisão de Ginecologia e Obstetrícia da Universidade Western (UW), Austrália, e do Centro para Medicina Perinatal e Neonatal do Hospital Universitário de Tohoko (HUT), Japão, publicaram um segundo teste do seu *ex-vivo environment platform* (EVE *platform*), o qual, após algumas adaptações da versão original de 2017, possibilitou o melhoramento nas taxas de sobrevivência (87,5%) de cordeiros extremamente prematuros (no equivalente a 24 semanas de gestação humana), submetidos ao tratamento por um período de 120 horas.[962] O mecanismo,

---

[962] USUDA, Haruo; WATANABE, Shimpei; SAITO, Masatoshi; SATO, Shinichi; MUSK, Gabrielle C.; FEE, Ms Erin; CARTER, Sean; KUMAGAI, Yusaku; TAKAHASHI, Tsukasa; KAWAMURA, Mr Shinichi; HANITA, Takushi; KURE, Shigeo; YAEGASHI, Nobuo; NEWNHAM, John P.; KEMP, Matthew W. Successful use of an artificial placenta to support extremely preterm ovine fetuses at the border of viability. *American Journal of Obstetrics and Gynecology*, [s.l.], v. 221, n. 1, 69. e1-69.e17, 2019. Disponível em: https://pubmed.ncbi.nlm.nih.gov/30853365/. Acesso em: 29 jan. 2021; ROMANIS, Elizabeth Chloe. Artificial womb technology and clinical translation: innovative treatment or medical research? *Bioethics*, [s.l.], n. 34, p. 392-402, 2020. p. 394. Disponível em: https://pubmed.ncbi.nlm.nih.gov/31782820/. Acesso em: 29 jan. 2021.

por sua vez, é bem similar ao da *biobag womb*, utilizando uma bolsa selada que contém um líquido amniótico quente no qual o feto fica imerso:[963]

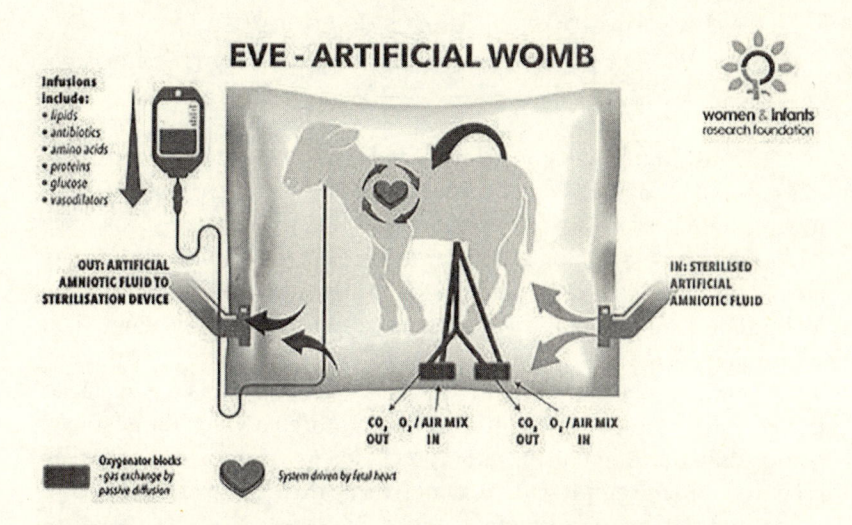

FIGURA 6 – EVE *platform*, desenvolvida pelos pesquisadores da Universidade Western e do Hospital Universitário de Tohoko

Fonte: INADA, Hitoshi. *Artificial womb raises hope for premature babies*. 2017.

Se esses estudos e pesquisas se concretizarem e realmente vierem a ser produzidos "úteros artificiais" efetivos, eles poderão tornar-se uma nova alternativa reprodutiva para aqueles que, como os casais homoafetivos masculinos, precisam do auxílio da GS no procedimento de RHA.

Por óbvio, a utilização de quaisquer dessas tecnologias em humanos ainda se encontra muito distante de concretizar-se. Porém, a factibilidade dessa alternativa já não parece apenas pertencer ao âmbito da ficção científica, demandando a atenção da sociedade, sobretudo, da bioética e do direito, no intuito de encontrar-se alguma maneira

---

[963] ROMANIS, Elizabeth Chloe. Artificial womb technology and clinical translation: innovative treatment or medical research? *Bioethics*, [s.l.], n. 34, p. 392-402, 2020. p. 394. Disponível em: https://pubmed.ncbi.nlm.nih.gov/31782820/. Acesso em: 29 jan. 2021.

de conciliar as aspirações procriativas do meio social e os limites ético-jurídicos à implantação dessas modernas tecnologias.[964]

7.2 As diferentes possibilidades de configuração das famílias ectogenéticas transparentais a partir da ótica biparental

Continuando as considerações iniciadas no tópico anterior, passa-se agora à análise dos contextos familiares que possuam, pelo menos, uma pessoa trans compondo o casal, seja a partir de uma ótica heteroafetiva, seja homoafetiva. Para tanto, levou-se em consideração, além das identidades de gênero dos(as) beneficiários(as) que compõem a entidade familiar analisada (se mulheres ou homens, cisgêneros ou transgêneros), também a sua condição de fertilidade ou de infertilidade, a necessidade ou não de recurso à doação de gametas e à gestação por substituição e a possibilidade ou não de se valer da gestação compartilhada. Ademais, foram apreciados os critérios de atribuição da parentalidade empregados e a motivação do recurso às TRHA, com base nos tipos de infertilidade.

Sobre essa questão, inclusive, antes de adentrar especificamente na descrição das alternativas encontradas para viabilizar os projetos parentais trans a partir das TRHA, cabe pontuar algumas particularidades relativas à verificação das espécies de infertilidade no contexto da transparentalidade. Isso, pois, para as pessoas trans, o acesso às técnicas de PMA poderá estar fundado, a depender do caso, tanto na infertilidade biológica, quanto na infertilidade psicológica – ambas previamente comentadas –, sendo que esta última apresenta uma peculiaridade a mais quando comparada à sua verificação no contexto homoafetivo cisgênero. Sobre isso, explica-se:

(A) *o direito ao recurso às TRHA para as pessoas trans fundar-se-á na infertilidade biológica* – quando o processo transexualizador causar a essas pessoas alguma forma de infertilidade ou esterilidade irreversível, seja em razão da hormonioterapia, seja

---

[964] A respeito dos impactos da tecnologia do "útero artificial" no direito civil, ver SILVA NETTO, Manuel Camelo Ferreira da; DANTAS, Carlos Henrique Félix. Entre a ficção científica e a realidade: o "útero artificial" e as (futuras) perspectivas em matéria de biotecnologia reprodutiva humana à luz do biodireito. *In*: EHRHARDT JÚNIOR, Marcos; CATALAN, Marcos; MALHEIROS, Pablo (Coord.). Direito civil e tecnologia. Belo Horizonte: Fórum, 2020.

por conta da realização de cirurgia de redesignação genital. A exemplo disso, tem-se a hipótese de uma pessoa trans, cujas capacidades reprodutivas tenham sido prejudicadas pela hormonioterapia, em uma relação homoafetiva com uma pessoa cis (mulher trans com uma mulher cis, homem trans com um homem cis), impossibilitando o recurso à RHN após o tratamento;

(B) *o direito ao recurso às TRHA para as pessoas trans fundar-se-á na infertilidade psicológica* – quando, embora mantenham suas capacidades reprodutivas preservadas, não queiram ter relações sexuais com pessoas que possuem organismos biologicamente diversos do seu, o que possibilitaria um indivíduo para gestar o embrião, um para fornecer o óvulo e outro para fornecer o espermatozoide. A exemplo disso, tem-se uma relação heteroafetiva entre uma pessoa trans e uma pessoa cis (mulher trans com homem cis, homem trans com mulher cis); ou

(C) *o direito ao recurso às TRHA para as pessoas trans fundar-se-á ainda na infertilidade psicológica (a qual poderia ser aqui chamada de infertilidade psicológica disfórica)* –[965] quando, embora mantenham uma relação com uma pessoa que tenha o organismo biologicamente diverso do seu, o processo transexualizador não lhes causar infertilidade ou esterilidade irreversíveis, mas a sua relação individual com a sua identidade de gênero e a forma de performá-lo, no meio social, acarrete uma ausência de vontade de desempenhar todas as suas funções reprodutivas de nascença. A exemplo disso, pode-se citar a figura do homem trans, cujas capacidades reprodutivas estão preservadas, que se relaciona com um homem cis e, podendo engravidar, opta por não o fazer, em razão de um desconforto pessoal com essa performatividade de gênero específica, que ainda é bastante associada ao feminino.

A respeito desse tema, discorre Pablo Pérez Navarro sobre como tal fenômeno social apresenta-se como uma das mais recentes formas de confrontar os ideais normativos que são responsáveis por orquestrar as formas "corretas" de performar o próprio gênero. O autor comenta que, nos últimos tempos, tem-se tido muitas notícias de homens que decidiram interromper temporariamente seus tratamentos

---

[965] Disforia diz respeito ao sentimento de desconforto ou mal-estar para com determinada situação ou característica.

hormonioterápicos, pelas mais diversas razões, sem que isso significasse uma rejeição da sua identidade de gênero. No entanto, não ignora o fato de que a própria matriz (cis)heteronormativa da sociedade pode acabar interferindo de maneiras imprevisíveis no desempenho das gestações masculinas, de modo a que os trans-homens sejam colocados em uma posição abjeta da mais radical ininteligibilidade.[966]

Por esse motivo, não se pode desconsiderar também o fato de que o desempenho da gravidez não poder ser aprioristicamente imposto ou retirado da realidade transmasculina em função de ideais preconcebidos do que é "ser homem". Pelo contrário, deve ser enxergado como uma opção do homem trans que desejaa ou não se permitir passar por essa experiência, visto que a vivência do gênero é e deve ser vista como um aspecto identitário subjetivo e pessoal.

Além disso, quando se analisa a questão da tradicional presunção *mater semper certa est* – anteriormente comentada no Capítulo 5 –, há aqui mais um motivo que enseja a sua revisão e adaptação às mais diversas possibilidades sociais. Ora, pela lógica estabelecida nessa presunção, a pessoa que gesta será considerada a mãe da criança gerada. No entanto, se a gestação sub-rogada já questiona a pertinência desse critério – pois nem sempre essa verdade biológica irá corresponder à verdade da filiação –, a gestação masculina a ser desempenhada por um homem trans evidencia, mais uma vez, a insuficiência desse preceito, visto que aquele que levará a gravidez a termo será considerado o pai e não a mãe. À vista disso, é preciso que se tenha por base a conjuntura de cada situação específica, de modo a compreender o estabelecimento dos vínculos filiatórios, os quais encontram na gravidez e no parto apenas um de seus critérios, nem sendo ele o mais importante, tampouco o de menor relevância, mas mais uma forma de atribuir seus efeitos jurídicos.

Dito isso, serão analisadas, a partir de agora, as subjetividades de cada uma das modalidades familiares as quais venham a conter uma pessoa trans em sua composição e como isso pode acarretar diferentes possibilidades de acesso e uso às TRHA. Para tanto, optou-se por fazer uma subdivisão meramente didática, a partir da identidade de gênero (se homens trans ou mulheres trans) e da natureza afetivo-sexual dos relacionamentos (se heteroafetivos ou homoafetivos), não para criar

---

[966] NAVARRO, Pablo Pérez. On ne naît pas queer: from the second sex to male pregnancy. In: DURANTI, Andrea; TUREVI, Matteo. *Proceedings of the 18th conference of the Simone de Beauvoir Society*: yesterday, today and tomorrow. Cambridge: Cambridge Scholars Publishing, 2017. Disponível em: https://eg.uc.pt/bitstream/10316/43956/1/On%20ne%20nait%20pas%20queer.pdf. Acesso em: 1º dez. 2019.

hierarquias ou categorias fechadas, mas para possibilitar um maior aprofundamento do estudo a ser realizado.

7.2.1 Homem trans (FtM) em um contexto familiar heteroafetivo

Nessa primeira formatação familiar, têm-se dois contextos que precisam ser analisados, a fim de que se entenda a disponibilidade de recursos, quais sejam: a) do homem trans (FtM) em relacionamento heteroafetivo com uma mulher cis; e b) do homem trans (FtM) em relacionamento heteroafetivo com uma mulher trans (MtF).

7.2.1.1 Homem trans (FtM) em relacionamento heteroafetivo com uma mulher cis

Destarte, iniciar-se-á a discussão talvez por um dos contextos familiares mais complexos, qual seja: o de um trans-homem que mantenha um relacionamento afetivo-sexual com uma mulher cisgênera. Diante disso, é necessário afirmar que, apesar das semelhanças com a realidade de um casal homoafetivo feminino, essa conjuntura apresenta suas próprias peculiaridades, tal qual quando se leva em consideração a vontade ou não do homem trans de suportar a gravidez pelo casal. Afinal, considerando a invasividade dos procedimentos e as suas repercussões hormonais para o seu organismo, pode ser mais usual que o seu cônjuge feminino ou companheira suporte a gestação para ambos.

No entanto, não se pode desconsiderar, também, o fato de essa parceira vir a ser infértil e/ou não puder vir a gestar o futuro filho. Daí terá que ser concedida ao homem trans a viabilidade de exercício da sua autonomia quanto à submissão ou não ao tratamento para engravidar, posto que, a depender, será necessário o auxílio de uma gestante por substituição.

Dessa forma, são vislumbradas quinze hipóteses possíveis para esses casais desempenharem seus projetos parentais ectogenéticos, tendo elas sido agrupadas, por fins didáticos, em cinco grupos. São elas:

> (A) *mediante o recurso à RHA heteróloga quando o homem trans tiver a fertilidade conservada e a mulher cis for fértil* – nesse primeiro caso, poderá haver: a) o recurso à RHA heteróloga, mediante o uso da IA, sendo que um dos integrantes do casal irá desempenhar a gravidez de embrião resultante da fecundação de seu próprio material genético com o sêmen

fornecido por doador anônimo; ou b) o recurso à gestação compartilhada, sendo que um dos dois será responsável por fornecer o óvulo e o outro pela gestação. Com isso, tem-se que a atribuição dos vínculos parentais será dada, a depender do método escolhido, a partir dos critérios genético (uso do próprio óvulo) e/ou biológico (gestação) para aquele que ficar responsável por gestar e por meio dos critérios genético (uso do seu óvulo) ou socioafetivo (ausência de liame biológico com o filho resultante) e jurídico (aplicação analógica da presunção do inc. V do art. 1.597 do CC/02) para aquele que não suportar a gravidez pelo casal. O uso das TRHA nesta primeira hipótese está assegurado pela ocorrência de infertilidade psicológica;

(B) *mediante o recurso à RHA heteróloga quando a mulher cis for infértil e o homem trans tiver a sua fertilidade conservada* – para esse caso particular, é preciso que sejam consideradas três circunstâncias factuais nas quais a infertilidade pode vir a manifestar-se nas mulheres cisgêneras:

(B.1) *infertilidade ovariana* – dada a impossibilidade do fornecimento de seus óvulos, restam duas opções a serem seguidas: a) pode ser realizado o procedimento de IA com sêmen de doador anônimo no homem trans, que suportará a gestação em favor do casal; e b) poder-se-á recorrer à gestação compartilhada, na qual o trans-homem cederá o seu óvulo, que será fecundado com material genético de doador anônimo, por meio da FIV, e, em seguida, será implantado no útero da mulher cis, que suportará a gravidez pelo casal. Nesse diapasão, a relação materno-paterno-filial será estabelecida, a depender do caso, pelos critérios socioafetivo (ausência de vínculo genético) e jurídico (aplicação analógica da presunção do inc. V do art. 1.597 do CC/02) ou biológico (gestação) com relação à mulher cis e a partir dos critérios genético (uso do próprio óvulo) e biológico (gestação) ou genético (uso do próprio óvulo) e jurídico (aplicação analógica da presunção do inc. V do art. 1.597 do CC/02) para o homem trans. O recurso às TRHA estará justificado pela ocorrência de infertilidade psicológica em concomitância com a infertilidade biológica;

(B.2) *impossibilidade de gestar* – considerando a situação na qual a mulher cis não possa suportar a gravidez, há mais duas possibilidades: a) a realização da IA no homem trans, como descrito anteriormente; ou b) o recurso à gestação compartilhada, mas, dessa vez, quem fornecerá o óvulo será a mulher cis e o embrião resultante da sua fecundação, por meio da FIV, com uso de sêmen de doador anônimo, será implantado no útero do homem trans, que irá levar a gravidez a termo pelo casal. Assim, a relação de filiação será estabelecida, respectivamente, por meio dos critérios socioafetivo (ausência de vínculo genético) e jurídico (aplicação analógica da presunção do inc. V do art. 1.597 do CC/02) ou genético (uso do seu óvulo) e jurídico (aplicação analógica da presunção do inc. V do art. 1.597 do CC/02) para a mulher cis e a partir dos critérios genético (uso do próprio óvulo) e biológico (gestação) ou biológico (gestação) para o homem trans. Diante disso, o uso das técnicas de PMA estará justificado pela ocorrência simultânea de infertilidade psicológica e biológica;

(B.3) *infertilidade ovariana cumulada com a impossibilidade de gestar* – considerando uma convergência de fatores que causem a infertilidade na mulher cis, resta apenas o recurso à IA no homem trans que, por essa razão, suportará a gestação em favor do casal. Os vínculos materno-paterno-filiais serão formados a partir dos critérios socioafetivo (ausência de liame biológico com a prole) e jurídico (aplicação analógica da presunção do inc. V do art. 1.597 do CC/02) para a mulher cis e por meio dos critérios genético (uso do próprio óvulo) e biológico (gestação) para o homem trans. Finalmente, a utilização das técnicas reprodutivas humanas estará fundamentada pela ocorrência de infertilidade psicológica e também de infertilidade biológica;

(C) *mediante o recurso à RHA heteróloga quando a mulher cis for fértil e o homem trans não tiver a sua fertilidade conservada* – nesse caso, em específico, tem-se que se considerar o fato de a infertilidade do homem trans estar associada:

(C.1) *ao fato de ele não poder fornecer seu óvulo (infertilidade ovariana)* – essa circunstância pode ser decorrente de uma disfunção do ovário ou da hormonioterapia (sem que tenha havido prévia criopreservação dos seus óvulos). Por essa razão, restarão duas alternativas: a) o recurso à IA na mulher cis com auxílio de sêmen doado anonimamente; ou b) recurso à gestação compartilhada, no qual a mulher cis fornecerá o seu óvulo e o homem trans suportará a gestação pelo casal. A atribuição dos vínculos filiatórios dar-se-á por meio dos critérios genético (uso do seu óvulo) e biológico (gestação) ou genético (uso do seu óvulo) e jurídico (aplicação analógica da presunção do inc. V do art. 1.597 do CC/02) para a mulher cis e por meio dos critérios socioafetivo (ausência de elo biológico com a prole) e jurídico (aplicação analógica da presunção do inc. V do art. 1.597 do CC/02) ou biológico (gestação) para o homem trans. Por fim, o recurso às PMA estará embasado na presença de infertilidade psicológica e biológica;

(C.2) *ao fato de ele não poder levar a gravidez a termo (infertilidade tubária ou uterina)* – nesse caso, tal quadro pode decorrer por disfunções no organismo ou pela realização de cirurgia de redesignação (a exemplo da histerectomia, ou seja, remoção do útero). Nesse diapasão, restam duas opções ao casal: a) mais uma vez, a utilização da IA, em que a mulher cis atuará como fornecedora do óvulo e também levará a gestação a termo; ou b) com a utilização da gestação compartilhada, na qual o homem trans irá disponibilizar seu óvulo e a mulher cis suportará a gravidez pelo casal. O estabelecimento dos vínculos parentais será feito por meio dos critérios genético (uso do seu óvulo) e biológico (gestação) ou apenas biológico (gestação) para a mulher cis e por meio dos critérios socioafetivo (ausência de elo biológico com a prole) e jurídico (aplicação analógica da presunção do inc. V do art. 1.597 do CC/02) ou genético (uso do seu óvulo) e jurídico (aplicação analógica da presunção do inc. V do art. 1.597 do CC/02) para o homem trans. Por sua vez, o uso das TRHA estaria fundamentado na ocorrência de infertilidade psicológica e biológica; ou

(C.3) *ao fato de ele não poder nem fornecer o óvulo nem levar a termo a gravidez* – na hipótese de haver uma concomitância de fatores que ensejem uma impossibilidade de fornecimento de óvulo e também de gestar, resta a esse casal a alternativa da IA, a ser realizada na mulher cis, a qual irá levar a gravidez a termo por ambos. Os vínculos materno-paterno-filiais serão formados a partir dos critérios genético (uso do próprio óvulo) e biológico (gestação) para a mulher cis e por meio dos critérios socioafetivo (ausência de liame biológico com a prole) e jurídico (aplicação analógica da presunção do inc. V do art. 1.597 do CC/02) para o homem trans. A utilização das TRHA, por sua vez, estará justificada pela ocorrência de infertilidade psicológica e também de infertilidade biológica;

(D) *mediante o recurso à RHA heteróloga quando ambos forem inférteis* – diante dessa conjuntura, assim como nas análises feitas anteriormente, dever-se-ão considerar os fatores que ensejam a infertilidade nos homens trans e nas mulheres cis, bem como as possibilidades de combinação dessas hipóteses:

(D.1) *infertilidade ovariana simultânea do homem trans e da mulher cis* – diante dessas circunstâncias, será preciso recorrer aos materiais genéticos (óvulo e espermatozoide) fornecidos por doadores anônimos, os quais serão fecundados, por meio da FIV, e, em seguida, implantados no útero de um dos membros do casal. Os vínculos filiatórios dar-se-ão pelo critério biológico (gestação) para aquele que levar a termo a gravidez e pelos critérios socioafetivo (ausência de liame genético com a prole) e jurídico (aplicação analógica da presunção do inc. V do art. 1.597 do CC/02) para aquele que não gestar o embrião. A utilização das TRHA, nesse caso, estará justificada pela ocorrência de infertilidade psicológica em simultaneidade com infertilidade biológica;

(D.2) *infertilidade ovariana do homem trans e impossibilidade de gestar da mulher cis* – aqui a concomitância de fatores de infertilidade em ambos os membros do casal ensejaria a que a mulher cis doasse o óvulo e o homem trans suportasse a gravidez pelo casal, a partir de uma gestação compartilhada. A relação materno-paterno-filial, a seu turno, dar-se-ia pelos critérios genético (uso do óvulo) e jurídico (aplicação analógica da presunção do inc. V do art. 1.597 do CC/02) com relação à mulher cis e pelo critério biológico (gestação) para o homem trans. Aqui o recurso às técnicas de PMA é fruto da existência de infertilidade psicológica e de infertilidade biológica;

(D.3) *infertilidade ovariana do homem trans e infertilidade ovariana cumulada com impossibilidade de gestar da mulher cis* – nesse caso, um pouco mais complexo que os demais, seria preciso recorrer à doação de material genético (óvulo e espermatozoide) por doadores anônimos, os quais seriam fecundados por meio da FIV, e, em seguida, o embrião seria transferido para o útero do homem trans, o qual suportaria a gravidez pelo casal. Aqui o vínculo de parentalidade seria estabelecido pelos critérios socioafetivo (ausência de elo genético com a prole) e jurídico (aplicação analógica da presunção do inc. V do art. 1.597 do CC/02) para a mulher cis e pelo critério biológico (gestação) para o homem trans. Dessa forma, o uso da RHA estará justificado pela incidência de infertilidade psicológica e também de infertilidade biológica;

(D.4) *impossibilidade de gestar simultânea do homem trans e da mulher cis* – nesse caso, um dos membros do casal seria responsável por fornecer seu óvulo, o qual seria fecundado por sêmen de doador anônimo e, posteriormente, implantado no útero da gestante substituta, que levaria a termo a gravidez em favor do casal. Dessa sorte, os vínculos filiatórios seriam estabelecidos por meio do critério genético (uso do seu óvulo) e volitivo (deliberação pelo uso das TRHA) para aquele que fornecesse seu gameta sexual e por meio do critério socioafetivo (ausência de vínculo biológico com a prole) e volitivo (deliberação pelo uso das TRHA) para o outro integrante do casal. Aqui, mais uma vez, o recurso às TRHA estará fundado na infertilidade psicológica e também na biológica;

(D.5) *impossibilidade de gestar do homem trans e infertilidade ovariana da mulher cis* – nessa conjuntura familiar, o homem trans iria fornecer seu óvulo e a mulher cis iria gestar o embrião resultante da sua fertilização *in vitro* com o espermatozoide fornecido por doador anônimo, adotando-se a técnica da gestação compartilhada. A filiação, nesse caso, seria estabelecida pelo critério biológico (gestação) com relação à mulher cis e pelos critérios genético (uso do seu óvulo) e jurídico (aplicação analógica da presunção do inc. V do art. 1.597 do CC/02) para o homem trans. Assim, o uso da PMA estará embasado na verificação de infertilidade psicológica e de infertilidade biológica; ou,

(D.6) *infertilidade ovariana cumulada com impossibilidade de gestar de ambos* – essa hipótese, talvez a mais complexa de todas até então trabalhadas, iria requerer o fornecimento de material genético (óvulo e espermatozoide) de doadores anônimos, os quais seriam fertilizados *in vitro* e, posteriormente, implantados no útero de gestante por substituição, a qual iria levar a gravidez a termo em favor do casal. Por isso, os vínculos paterno-materno-filiais com relação a ambos os membros do casal dar-se-ia pelos critérios socioafetivo (ausência de liame biológico com a prole) e volitivo (deliberação pelo uso das TRHA). Finalmente, o emprego da RHA, no caso aqui descrito, estará justificado pela ocorrência concomitante da infertilidade psicológica e da biológica; e

(E) *mediante o recurso à RHA heteróloga, quando o homem trans, mesmo tendo a fertilidade conservada, não deseja realizar a gestação* – por fim, como visto anteriormente, não se pode ignorar o direito à autonomia do homem trans no processo de concretização de seu projeto parental ectogenético, motivo pelo qual a sua falta de vontade de levar a gravidez a termo também precisa ser levada em consideração, de modo a que se respeite a sua maneira singular de performar e vivenciar sua identidade de gênero. Nesses casos, a atribuição do vínculo parental para com ele poderá dar-se por meio dos critérios volitivo (deliberação pelo uso das TRHA), genético (uso do próprio óvulo) ou socioafetivo (ausência de liame biológico com a prole), a depender da possibilidade de ele fornecer ou não seu óvulo para realização do procedimento de FIV, ou, ainda, jurídico (aplicação analógica da presunção do inc. V do art. 1.597 do CC/02) quando a sua parceira desempenhar a gravidez pelo casal. Por fim, mas não menos importante, o uso das TRHA estará associado à ocorrência de infertilidade psicológica disfórica em concomitância ou não com a infertilidade biológica.

O uso contextual dessas cinco hipóteses aqui trabalhadas encontra-se sintetizado na imagem seguinte, a qual fora elaborada com base nos dados coletados na pesquisa:

Figura 7

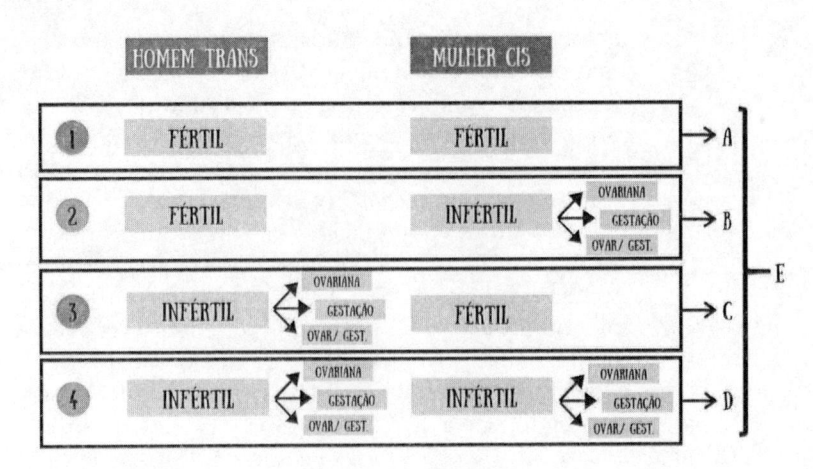

	HOMEM TRANS	MULHER CIS	
1	FÉRTIL	FÉRTIL	→ A
2	FÉRTIL	INFÉRTIL ⇔ OVARIANA / GESTAÇÃO / OVAR./GEST.	→ B
3	INFÉRTIL ⇔ OVARIANA / GESTAÇÃO / OVAR./GEST.	FÉRTIL	→ C
4	INFÉRTIL ⇔ OVARIANA / GESTAÇÃO / OVAR./GEST.	INFÉRTIL ⇔ OVARIANA / GESTAÇÃO / OVAR./GEST.	→ D

(B, C, D agrupados como E)

FIGURA 7 – Ilustração esquemática da disponibilidade das TRHA para um casal heteroafetivo formado por um homem trans (FtM) e uma mulher cis

Fonte: Elaborada pelo autor a partir dos dados da pesquisa.

7.2.1.2 Homem trans (FtM) em relacionamento heteroafetivo com uma mulher trans (MtF)

Da mesma forma que ocorre com o casal heteroafetivo cisgênero, tal contexto familiar pode vir a concretizar seu projeto parental até mesmo por meio da RHN, se ambos tiverem suas fertilidades preservadas e não tiverem passado por algum tratamento cirúrgico de redesignação genital. Entretanto, sabendo-se que a própria terapia hormonal pode gerar repercussões na fertilidade ou, ainda, que o homem trans possa não querer desempenhar o papel de gestante, é preciso que se analise essa situação de acordo com as suas particularidades. Nessa toada, foram levantadas nove possibilidades de viabilização dos projetos parentais ectogenéticos nessa conjuntura familiar, que foram agrupadas por fins didáticos em cinco categorias, quais sejam:

(A) *mediante o recurso à RHA homóloga, quando ambos tiverem a sua fertilidade conservada* – nessa primeira hipótese, utilizar-se-á o sêmen fornecido pela transmulher e o óvulo fornecido pelo trans-homem, os quais poderão ser fecundados tanto a partir da IA, quanto da FIV ou da ICSI com subsequente implantação do embrião no útero do homem trans, quando ele não tenha passado por algum procedimento cirúrgico com fins a removê-lo. Dessa forma, a atribuição dos vínculos materno-paterno-filiais seria dada a partir dos critérios genético (uso do próprio óvulo) e biológico (gestação) com relação ao homem trans e dos critérios genético (uso do espermatozoide) e jurídico (aplicação da presunção do inc. V do art. 1.597 do CC/02) com relação à mulher trans. O recurso às TRHA, por sua vez, estaria fundado na infertilidade biológica que o processo transexualizador pode vir a causar em ambos, o que demandaria uma conservação prévia dos gametas sexuais, especialmente da mulher trans, ou de embriões a serem usados no procedimento;

(B) *mediante o recurso à RHA heteróloga quando a mulher trans não tiver a sua fertilidade conservada e o homem trans for fértil* – para essa próxima situação considerar-se-á o caso em que a mulher trans não tinha a sua fertilidade preservada, mas o homem trans a tenha. Assim, será necessário o fornecimento do material genético de um doador anônimo para que seja realizada a fecundação, via IA ou FIV, sendo a gravidez resultante desempenhada pelo trans-homem. Diante disso, a concretização dos vínculos parentais seria dada pelos critérios genético (uso do próprio óvulo) e biológico (gestação) com relação ao homem trans e dos critérios socioafetivo (ausência de liame biológico com a prole) e jurídico (aplicação analógica da presunção do inc. V do art. 1.597 do CC/02) para a mulher trans. O recurso às TRHA, por sua vez, estaria fundado na infertilidade biológica;

(C) mediante o recurso à RHA heteróloga quando a mulher trans tiver a sua fertilidade conservada e o homem trans for infértil – nesse caso, mais uma vez, tem-se que se considerar os três fatores que podem dar ensejo à infertilidade do homem trans:

(C.1) infertilidade ovariana – nesse caso, será necessária a obtenção de um óvulo de doadora anônima, o qual será fecundado, por meio da FIV, com o espermatozoide fornecido pela mulher trans e, em seguida, implantado no útero do homem trans. A atribuição da filiação dar-se-á a partir do critério biológico (gestação) com relação ao homem trans e por meio dos critérios genético (uso do espermatozoide) e jurídico (aplicação analógica da presunção do inc. V do art. 1.597 do CC/02) para a mulher trans. O recurso às TRHA estará associado, nessa hipótese, à infertilidade biológica;

(C.2) impossibilidade de gestar – nessas circunstâncias, será preciso recorrer à técnica da GS, sendo os gametas sexuais do casal fecundados a partir da FIV e o embrião resultante transferido para o útero da gestante substituta, que suportará a gravidez em favor dos beneficiários. O estabelecimento dos vínculos materno-paterno-filiais será dado, portanto, a partir do critério genético (uso do material genético do casal) e volitivo (deliberação pelo uso das TRHA) para ambos os integrantes do casal. Finalmente, o recurso à RHA estará justificado pela ocorrência de infertilidade biológica; ou

(C.3) infertilidade ovariana cumulada com a impossibilidade de gestar – para essas hipóteses, será necessário o fornecimento do óvulo por uma doadora anônima, o qual será fecundado, com o auxílio da FIV, pelo sêmen da mulher trans que integra o casal e, posteriormente, o embrião será transferido para o útero de gestante por substituição. Assim, o liame parental estará pautado nos critérios socioafetivo (ausência de elo biológico com a prole) e volitivo (deliberação pelo uso das TRHA) com relação ao homem trans e nos critérios genético (uso do espermatozoide) e volitivo (deliberação pelo uso das TRHA) com relação à mulher trans. Por fim, o uso da RHA estará fundamentado pela ocorrência de infertilidade biológica;

(D) mediante o recurso à RHA heteróloga, quando ambos não tiverem as suas fertilidades conservadas – aqui também será preciso considerar as três hipóteses de infertilidade dos homens trans:

(D.1) infertilidade ovariana – nessa conjuntura, será demandado o fornecimento de óvulo por doadora anônima, sendo ele fecundado, a partir da FIV, com o sêmen fornecido por doador anônimo e, em seguida, o embrião será transferido para o útero do homem trans. Aqui, a lógica para atribuição dos vínculos paterno-materno-filiais serão pautados no critério biológico (gestação) para o homem trans e nos critérios socioafetivo (ausência de elo biológico com a prole) e jurídico (aplicação analógica da presunção do inc. V do art. 1.597 do CC/02) para a mulher trans. A justificativa para o recurso às TRHA estará embasada na infertilidade biológica;

(D.2) impossibilidade de gestar – aqui será fecundado o óvulo do homem trans integrante do casal e o espermatozoide de um doador anônimo, a partir da utilização da FIV, e, posteriormente, será transferido o embrião resultante para o útero da gestante por substituição, que levará a termo a gravidez em favor dos beneficiários. Nessa toada, a relação de parentalidade será formada a partir dos critérios genético (uso do próprio óvulo) e volitivo (deliberação pelo uso das TRHA) para o trans-homem, e dos critérios socioafetivo (ausência de liame biológico com a prole) e volitivo (deliberação pelo uso das TRHA) para a transmulher. Desse modo, o uso das técnicas de RHA estará fundamentado na infertilidade biológica; ou

(D.3) infertilidade ovariana cumulada com a impossibilidade de gestar – para essa circunstância, será necessário o fornecimento dos gametas sexuais por parte de doadores anônimos, sendo tais materiais genéticos fecundados com o auxílio da FIV e, posteriormente, transferidos para o útero da gestante sub-rogada. Desta feita, os vínculos parentais serão materializados a partir dos critérios socioafetivo (ausência de liame genético com a prole) e volitivo (deliberação pelo uso das TRHA) para ambos os integrantes do casal e a utilização das técnicas de PMA estará justificada pela ocorrência de infertilidade biológica; e

(E) mediante o recurso à RHA heteróloga, quando o homem trans, mesmo tendo a fertilidade conservada, não deseja realizar a gestação – reiterando a ideia previamente trabalhada, se o homem trans não desejar desempenhar a gravidez, é preciso que seja respeitada a sua autonomia nesse quesito, de modo a não violar sua identidade de gênero e a sua forma individual de performá-la. Por sua vez, a atribuição do vínculo parental para com ele, nesse contexto familiar, poderá dar-se por meio dos critérios volitivo (deliberação pelo uso das TRHA) e genético (uso do próprio óvulo) ou socioafetivo (ausência de liame biológico com a prole), a depender da possibilidade de ele fornecer ou não seu óvulo para realização do procedimento de FIV. Assim, mais uma vez, para essa hipótese, o recurso às TRHA estará associado à ocorrência de infertilidade psicológica disfórica simultaneamente ou não com a infertilidade biológica.

A imagem a seguir, elaborada a partir dos dados que foram colhidos durante a pesquisa, sintetiza a análise produzida neste tópico:

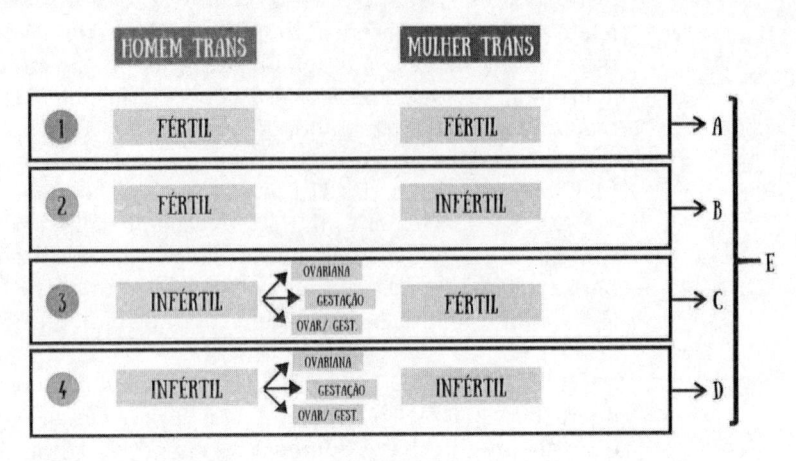

	HOMEM TRANS	MULHER TRANS	
1	FÉRTIL	FÉRTIL	→ A
2	FÉRTIL	INFÉRTIL	→ B
3	INFÉRTIL ⇄ OVARIANA / GESTAÇÃO / OVAR/GEST.	FÉRTIL	→ C
4	INFÉRTIL ⇄ OVARIANA / GESTAÇÃO / OVAR/GEST.	INFÉRTIL	→ D

}→ E

FIGURA 8 – Ilustração esquemática da disponibilidade das TRHA para um casal heteroafetivo formado por um homem trans (FtM) e uma mulher trans (MtF)

Fonte: Elaborada pelo autor a partir dos dados da pesquisa.

7.2.2 Homem trans (FtM) em um contexto familiar homoafetivo

Aqui, também se têm dois contextos familiares que precisam ser analisados, de modo a que se entenda a disponibilidade de recursos aplicáveis, quais sejam: a) do homem trans (FtM) em relacionamento homoafetivo com um homem cis; e b) de dois homens trans (FtM) em relacionamento homoafetivo.

7.2.2.1 Homem trans (FtM) em relacionamento homoafetivo com um homem cis

Em se tratando de um casal homoafetivo composto por um homem trans e um homem cis, a disponibilidade de recursos é semelhante àquela que se analisou no tópico 7.2.1.2, que tratava do contexto familiar heteroafetivo composto por um homem trans e uma mulher trans. Assim, não serão aqui traçados maiores aprofundamentos quanto aos recursos disponíveis e as formas de atribuição de filiação em cada uma das alternativas, tendo em vista que a única diferença é que quem irá fornecer o espermatozoide no lugar da mulher trans será o homem cisgênero, quando ele for fértil.

Além disso, nessa formatação, não se pode esquecer também que, havendo infertilidade psicológica disfórica, deve ser respeitada a autonomia do homem trans em desempenhar ou não a gravidez em favor do casal, o que poderá acarretar a necessidade de utilização da técnica da GS. No mais, remete-se o leitor ao tópico anteriormente citado, a fim de esclarecer maiores questionamentos. Por último, foi elaborada uma ilustração para sintetizar as alternativas disponíveis, considerando-se cada cenário específico:

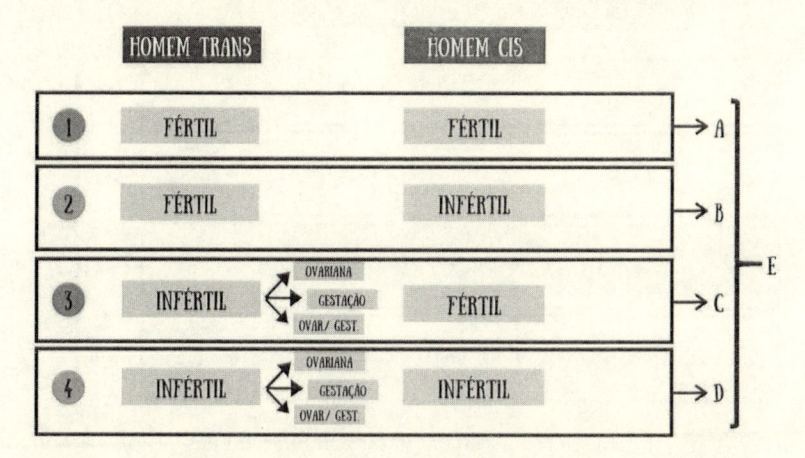

	HOMEM TRANS		HOMEM CIS	
1	FÉRTIL		FÉRTIL	→ A
2	FÉRTIL		INFÉRTIL	→ B
3	INFÉRTIL	⇔ OVARIANA / GESTAÇÃO / OVAR/ GEST	FÉRTIL	→ C
4	INFÉRTIL	⇔ OVARIANA / GESTAÇÃO / OVAR/ GEST	INFÉRTIL	→ D

(chave abrangendo 3 e 4: → E)

FIGURA 9 – Ilustração esquemática da disponibilidade das TRHA para um casal homoafetivo formado por um homem trans (FtM) e um homem cis[967]

Fonte: Elaborada pelo autor a partir dos dados da pesquisa.

7.2.2.2 Homens trans (FtM) em relacionamento homoafetivo

No caso de dois homens trans que formam um casal homoafetivo, há uma similitude de hipóteses com relação ao casal heteroafetivo formado por um homem trans e uma mulher cis, situação já trabalhada no tópico 7.2.1.1. Dada essa semelhança, não serão dispensados maiores

---

[967] Note-se que aqui as letras A, B, C, D e E dizem respeito às mesmas opções que foram tratadas no tópico 7.2.1.2, pelo que se remete ao leitor que faça a devida verificação, de modo a que possa melhorar sua compreensão do esquema realizado.

comentários no tocante a todas as alternativas possíveis para essa composição familiar, motivo pelo qual se sugere ao leitor que se dirija ao tópico anteriormente mencionado.

Não obstante, aproveita-se para ressaltar que, em se verificando infertilidade psicológica disfórica em um ou em ambos os membros desse casal, é preciso que as suas autonomias sejam respeitadas e, se for o caso, que se recorra à técnica da GS. Por fim, elaborou-se uma ilustração esquemática das alternativas disponíveis, em matéria de RHA, de modo a resumir os recursos disponíveis para cada cenário específico.

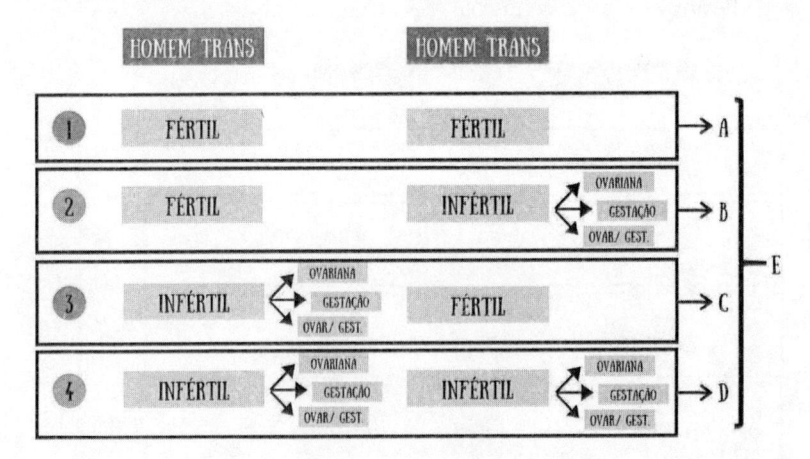

FIGURA 10 – Ilustração esquemática da disponibilidade das TRHA para um casal homoafetivo formado por dois homens trans (FtM)[968]

Fonte: Elaborada pelo autor a partir dos dados da pesquisa.

7.2.3 Mulher trans (MtF) em um contexto familiar heteroafetivo

Mais uma vez, têm-se duas situações que precisam ser analisadas, de modo que se possa compreender a disponibilidade de recursos para cada situação em específico, quais sejam: a) da mulher trans (MtF) em relacionamento heteroafetivo com um homem cis; e b) da mulher trans (MtF) em relacionamento heteroafetivo com um homem trans (FtM).

---

[968] Para melhor compreensão, é importante notar que as letras A, B, C, D e E, as quais aparecem na imagem, referem-se às mesmas conjunturas já analisadas no tópico 7.2.1.1.

7.2.3.1 Mulher trans (MtF) em relacionamento heteroafetivo com um homem cis

Na presente hipótese, assim como ocorre com os casais homoafetivos masculinos cisgêneros, são menores as possibilidades ofertadas, visto que será sempre demandado o auxílio da técnica da gestação por substituição. Diante disso, são levantadas três formas por meio das quais os casais que tenham essa estruturação familiar venham a viabilizar seus projetos parentais ectogenéticos. São elas:

> (A) *mediante o recurso à RHA heteróloga, a partir do uso do material genético de um deles* – esse procedimento poderá ser utilizado quando ambos forem férteis, bem como nos casos em que somente um dos membros do casal seja fértil. Para tanto, será coletado o material genético de um dos dois, o que, no caso das mulheres trans, precisará ser feito antes do início da transição, de modo a garantir a conservação da sua fertilidade. Em seguida, o sêmen do casal será fecundado com o óvulo de doadora anônima, por meio da FIV ou da ICSI, e, posteriormente, implantado no útero da gestante por substituição, a qual suportará a gravidez em favor do casal beneficiário. Nesse sentido, os vínculos paterno-materno-filiais serão estabelecidos a partir do critério genético (uso do gameta sexual) com relação àquele(a) que forneceu o sêmen a ser fecundado e a partir do critério socioafetivo (ausência de vínculo genético com a prole) e volitivo (deliberação pelo uso das TRHA) com relação àquele(a) que não forneceu seu material genético. O recurso às TRHA, a seu turno, estará fundamentado na infertilidade psicológica apenas ou nela, em concomitância com a biológica, se algum dos membros do casal for infértil.
>
> (B) *mediante o uso da RHA heteróloga, quando ambos sejam inférteis* – no caso de os dois membros do casal serem inférteis, demandar-se-á, além do óvulo fornecido por doadora anônima, também a utilização de sêmen ofertado por doador anônimo. Assim, serão fecundados os gametas sexuais, por meio da FIV, e o embrião resultante será implantado em uma gestante sub-rogada que levará a gestação a termo em favor do casal beneficiário. Desse modo, os vínculos paterno-materno-filiais serão estabelecidos, para com ambos, a partir dos critérios socioafetivo (ausência de liame biológico com o filho) e

volitivo (deliberação pelo uso das TRHA). O recurso às TRHA, por sua vez, pautar-se-á na infertilidade biológica; e

(C) *mediante o uso da RHA heteróloga ou bisseminal, a partir da coleta do material genético dos dois* – a terceira e última hipótese constatada é aquela em que ambos os membros do casal doam seus respectivos materiais genéticos, que serão utilizados no processo de fecundação do óvulo de doadora anônima, por meio da FIV, sendo o embrião resultante implantado no útero da gestante sub-rogada. Lembrando que, no caso da mulher trans, a conservação do sêmen deve ser realizada antes do processo de transição. A partir daí, têm-se duas possibilidades, como visto alhures no tocante aos casais homoafetivos masculinos cisgêneros: a) a primeira seria a utilização do sêmen de apenas um deles, sem revelar-lhes de quem foi o material genético utilizado para a fecundação, correspondendo à RHA heteróloga; e b) a segunda diz respeito à diluição dos espermatozoides de ambos em conjunto, o que gera um estado de dúvida quanto à paternidade/maternidade genética da prole, que representa a RHA bisseminal. Diante disso, a relação de filiação com ambos os genitores será resultante dos critérios socioafetivo (em razão da incerteza do vínculo genético entre genitores e criança) e volitivo (deliberação pelo uso das técnicas de RHA) ou, ainda, se for o desejo do casal ou mesmo da prole e vier a ser realizado exame de DNA posterior, ter-se-á o vínculo genético (uso do gameta sexual) para com aquele(a) membro do casal cujo espermatozoide foi efetivamente utilizado na fecundação. Note-se, mais uma vez, que, considerando essas circunstâncias, não pode ser admitida a pretensão a desconstituição da paternidade ou maternidade ulterior, por parte daquele(a) que não tem o vínculo genético efetivo com os filhos, pois veda-se o comportamento contraditório (*venire contra factum proprium*) quando há a anuência no uso das TRHA. Afinal, se assim não o fosse, quem restaria prejudicada em seu vínculo de filiação seria a criança resultante. Por fim, no que tange ao uso das TRHA, este está justificado pela ocorrência da infertilidade psicológica do casal.

O uso contextual dessas três hipóteses suscitadas está sintetizado na imagem posta a seguir e elaborada a partir dos dados obtidos na pesquisa:

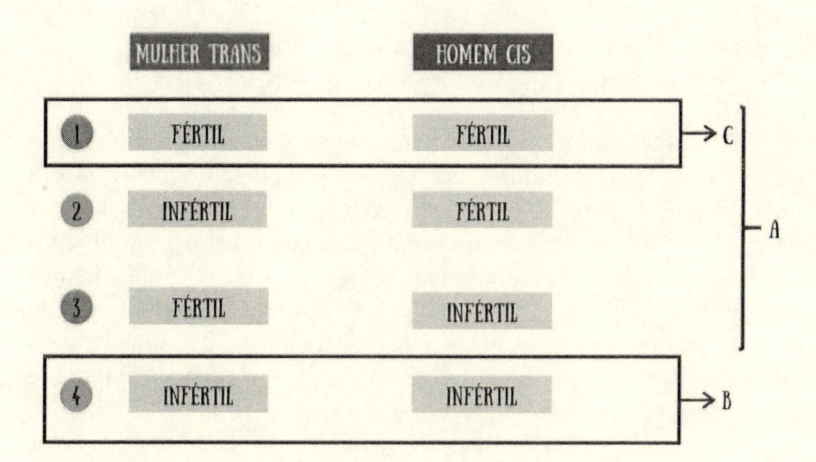

	MULHER TRANS	HOMEM CIS	
①	FÉRTIL	FÉRTIL	→ C
②	INFÉRTIL	FÉRTIL	⎤
③	FÉRTIL	INFÉRTIL	⎦ A
④	INFÉRTIL	INFÉRTIL	→ B

FIGURA 11 – Ilustração esquemática da disponibilidade das TRHA para um casal heteroafetivo formado por uma mulher trans (MtF) e um homem cis

Fonte: Elaborada pelo autor a partir dos dados da pesquisa.

7.2.3.2 Mulher trans (MtF) em relacionamento heteroafetivo com um homem trans (FtM)

Essa hipótese é exatamente a mesma que fora analisada no tópico 7.2.1.2, quando se comentou a disponibilidade das técnicas para os casais compostos por um homem trans (FtM) e uma mulher trans (MtF). Em razão disso, não serão repetidas as considerações anteriormente trabalhadas, pelo que se recomenda ao leitor verificar o tópico supracitado.

7.2.4 Mulher trans (MtF) em um contexto familiar homoafetivo

Assim como nos demais contextos supramencionados, aqui há também mais duas situações que precisam ser analisadas, quais sejam: a) da mulher trans (MtF) em relacionamento homoafetivo com uma mulher cis; e b) de duas mulheres trans (MtF) em relacionamento homoafetivo.

7.2.4.1 Mulher trans (MtF) em relacionamento homoafetivo com uma mulher cis

A hipótese de uma mulher trans estar em um relacionamento homoafetivo com uma mulher cis é bastante semelhante àquela que fora trabalhada no tópico 7.2.1.2, no qual se tratou da conjuntura familiar em que se tem um relacionamento afetivo-sexual entre um homem trans e uma mulher trans. Em razão disso, não serão tecidas maiores considerações a respeito de cada hipótese em específico (motivo pelo qual se remete o leitor para o tópico supracitado), mas somente com relação às diferenças que o caso aqui trabalhado tem quando comparado ao anteriormente abordado.

Em princípio, tem-se que, diversamente do primeiro caso, nesta formatação familiar, quem cumprirá o papel de fornecer o óvulo (se não possuir infertilidade ovariana) e de desempenhar a gestação (se não for impossibilitada de fazê-lo) será a mulher cisgênera. Em segundo lugar, ao contrário do que ocorre com o homem trans, a única hipótese em que será necessário o auxílio da técnica da GS é se a mulher cis não tiver a possibilidade de gestar (em razão de infertilidade tubária ou uterina), já que não há aqui a possibilidade de verificação de infertilidade psicológica disfórica.

De mais a mais, é interessante pontuar que, no cenário aqui trabalhado, também há a possibilidade de o casal vir a concretizar seu projeto parental por meio da reprodução natural, caso ambos sejam férteis. Logo, para a mulher trans, isso implicaria a não submissão a procedimentos que impactassem a preservação da sua fertilidade, tal qual a hormonioterapia e a cirurgia de redesignação genital.

Por fim, assim como nas outras hipóteses, foi feita uma ilustração esquemática, a título de resumo, para elucidar as alternativas existentes e que possibilitam a concretização dos projetos parentais ectogenéticos nesse contexto familiar.

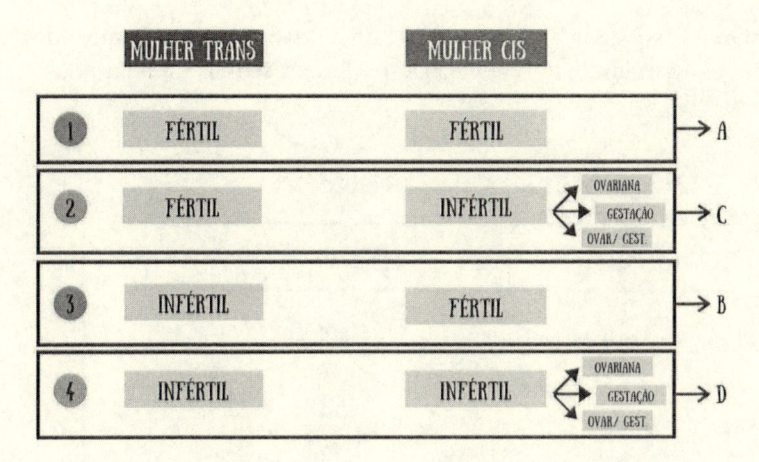

	MULHER TRANS	MULHER CIS		
1	FÉRTIL	FÉRTIL		→ A
2	FÉRTIL	INFÉRTIL	OVARIANA / GESTAÇÃO / OVAR/GEST	→ C
3	INFÉRTIL	FÉRTIL		→ B
4	INFÉRTIL	INFÉRTIL	OVARIANA / GESTAÇÃO / OVAR/GEST	→ D

FIGURA 12 – Ilustração esquemática da disponibilidade das TRHA para um casal homoafetivo formado por uma mulher trans (MtF) e uma mulher cis[969]

Fonte: Elaborada pelo autor a partir dos dados da pesquisa.

7.2.4.2 Mulheres trans (MtF) em relacionamento homoafetivo

Por derradeiro, mas não menos importante, tem-se a conjuntura familiar de um casal homoafetivo feminino composto por duas mulheres trans. Note-se que, nesse caso, existe uma semelhança com um casal heteroafetivo formado por uma mulher trans e um homem cis, cuja análise do contexto específico já foi feita no tópico 7.2.3.1. Em função disso, não se destinará um grande aprofundamento das alternativas existentes, a fim de evitar repetições. Por isso, remete-se o leitor ao tópico mencionado, lembrando-se que o que difere aquele outro contexto do que está sendo aqui elucidado é o fato de que, ao invés de um homem cisgênero, o relacionamento afetivo-sexual aqui empreendido é entre duas mulheres trans.

Diante disso, não custa reforçar o fato de ser importante que seja dada a ambas a faculdade de preservarem seus gametas sexuais antes de elas submeterem-se ao processo transexualizador, de modo a que possam empreender seus projetos parentais ectogenéticos sem que seja necessário o recurso a um doador anônimo de espermatozoide. No mais,

---

[969] Para melhorar a compreensão faz-se aqui constar que a menção às letras A, B, C e D, presentes na figura, está associada às alternativas explicadas no tópico 7.2.1.2.

também foi realizada a elaboração de uma ilustração esquemática das opções efetivas em matéria de RHA, para representar um resumo dos recursos disponíveis.

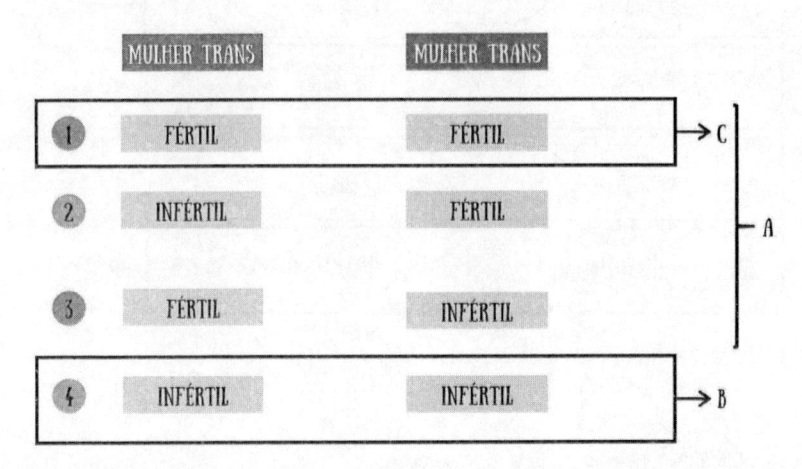

	MULHER TRANS	MULHER TRANS	
1	FÉRTIL	FÉRTIL	→ C
2	INFÉRTIL	FÉRTIL	⎫
3	FÉRTIL	INFÉRTIL	⎬ A
4	INFÉRTIL	INFÉRTIL	→ B

FIGURA 13 – Ilustração esquemática da disponibilidade das TRHA para um casal homoafetivo formado por duas mulheres trans (MtF)[970]

Fonte: Elaborada pelo autor a partir dos dados da pesquisa.

7.3 As diferentes possibilidades de configuração das famílias ectogenéticas homoparentais e transparentais a partir da ótica monoparental

Por último, elaborou-se um quadro, constante do Apêndice E do presente trabalho, em que se levou em consideração, da mesma forma, a identidade de gênero dos beneficiários (se mulheres ou homens, cisgêneros ou transgêneros), sua condição de fertilidade ou de infertilidade e a necessidade/possibilidade ou não de recurso à doação de gametas e à gestação por substituição, assim como o critério empregado para atribuir a parentalidade nos seus variados contextos. A partir daí, elencaram-se cinco hipóteses distintas e os respectivos recursos disponíveis para viabilizar seus projetos parentais. São eles:

(A) *da mulher cisgênera solteira, divorciada ou viúva, lésbica ou bissexual, biologicamente fértil que queira estabelecer sua produção*

---

[970] Para melhor compreensão, note-se que as letras A, B e C, aqui utilizadas, dizem respeito às mesmas conjunturas já analisadas no tópico 7.2.3.1.

independente de maternidade – nesse caso, bastaria o recurso a uma inseminação artificial, mediante o uso de seu próprio material genético (óvulos) e dos gametas sexuais de um doador anônimo (espermatozoides). Ademais, importa esclarecer que a maternidade seria atribuída unicamente à mãe, por meio do critério biológico (gestação), genético (uso de seu próprio óvulo) e volitivo (deliberação pelo uso das TRHA de forma individual);

(B) *do homem cisgênero solteiro, divorciado ou viúvo, gay ou bissexual, biologicamente fértil que queira empreender na sua produção independente de paternidade* – tal hipótese trata-se de situação mais complexa, sendo necessário o recurso à técnica da GS. Para tanto, devem ser utilizados os gametas sexuais do pretenso pai (espermatozoides), sendo aconselhado, ainda, que o óvulo doado para a efetivação da fecundação seja de uma terceira, doadora anônima, que não a gestante substituta. Diante disso, a paternidade deve ser atribuída única e exclusivamente ao beneficiário, por meio do critério genético (uso do seu gameta sexual próprio) e volitivo (sua deliberação pelo uso das técnicas de RHA de forma individual), afastando-se a atribuição de maternidade para a gestante, tendo em vista seu consentimento ser no sentido apenas de auxiliar na concretização do projeto parental individual do beneficiário;

(C) *da mulher transgênera solteira, divorciada ou viúva, heterossexual, lésbica ou bissexual, biologicamente fértil que queira estabelecer sua produção independente de maternidade* – essa hipótese também requer o recurso à técnica da gestação por substituição, seguindo o mesmo procedimento previamente descrito. Além disso, devem ser utilizados os gametas sexuais (espermatozoides) da pretensa mãe (os quais podem ser retirados e crioconservados antes do processo de hormonização) e o óvulo doado para a efetivação da fecundação por uma terceira. Diante disso, a maternidade deve ser atribuída única e exclusivamente à beneficiária, por meio do critério genético (uso do seu gameta sexual próprio) e volitivo (sua deliberação pelo uso das técnicas de RHA de forma individual), afastando-se a atribuição de maternidade para a gestante;

(D) *do homem transgênero solteiro, divorciado ou viúvo, heterossexual, gay ou bissexual, biologicamente fértil que queira empreender na sua produção independente de paternidade* – nesse caso, seria necessário o uso de seu próprio material genético (óvulos), que pode ser coletado e crioconservado antes do tratamento de hormonização, e dos gametas sexuais de um doador anônimo (espermatozoides). No entanto, haveria duas possibilidades: a) o caso em que ele mesmo desejasse levar a termo a gravidez – no qual bastaria o recurso a uma inseminação artificial, sendo atribuída a paternidade unicamente a ele, por meio do critério biológico (gestação), genético (uso de seu próprio óvulo) e volitivo (deliberação pelo uso das TRHA de forma individual); e b) o caso em que ele não queira levar a termo a gravidez, por motivos de desconforto pessoal relativo à sua identidade de gênero – demandando, assim, o recurso à gestação por substituição, sendo atribuída a paternidade exclusivamente a ele, por meio do critério genético (utilização do seu gameta sexual) e volitivo (sua deliberação pelo uso das técnicas de RHA de forma individual), afastando-se a atribuição de maternidade para a gestante;

(E) *da mulher ou do homem cisgênera(o), lésbica, gay ou bissexual, ou transgênera(o), heterossexual, lésbica, gay ou bissexual, solteira(o), divorciada(o) ou viúva(o), biologicamente infértil que queira empreender na sua produção independente de maternidade ou paternidade* – esse terceiro caso trata de hipóteses ainda mais complexas que as anteriores, nas quais, via de regra, também serão necessários os recursos à gestação sub-rogada e à doação de material genético por terceiros (óvulos e espermatozoides). Por óbvio que, em se tratando de mulheres cis e homens trans, o fornecimento do óvulo por doadora anônima ou a utilização da GS irá depender da ocorrência ou não de infertilidade ovariana e da impossibilidade de gestar ou, ainda, para os trans-homens, da ausência de vontade de gestar. Em tais circunstâncias, portanto, a maternidade e a paternidade serão atribuídas exclusivamente àqueles que empreenderam no projeto parental, mediante o uso dos critérios volitivo (deliberação pelo uso das técnicas de RHA de forma individual) e socioafetivo (em razão da ausência de vínculo genético com a prole) ou genético (uso do óvulo, nos casos em que a mulher cis ou o homem trans apenas estejam impossibilitados de gestar) ou biológico (gestação, nos casos em que a mulher cis e o homem trans apenas incorram em infertilidade ovariana).

Note-se que, nas três primeiras hipóteses, a justificativa do recurso às TRHA está na ocorrência de infertilidade psicológica, em razão de uma desobrigatoriedade de manutenção de relação afetivo-sexual com outrem para empreender um projeto parental. Por sua vez, no quarto caso, a fundamentação encontra-se apenas na infertilidade psicológica ou nela em concomitância com infertilidade psicológica disfórica. Por fim, a última situação está embasada na infertilidade psicológica somada à infertilidade biológica e, no caso dos homens trans, também poderá estar associada à infertilidade disfórica.

CONSIDERAÇÕES FINAIS

Diante de todas as questões que foram levantadas no presente trabalho, resta tecer algumas considerações a título conclusivo:

1. O direito, como um sistema que se propõe a normatizar e organizar o corpo social do qual faz parte, vê-se constantemente confrontado pelas transformações ocorridas nesse meio. Tais mudanças, por sua vez, são fruto da dinamicidade inerente às relações sociais, a qual nem sempre consegue ser acompanhada pelas regras que compõem a ordem positiva do Estado. Dessa sorte, uma problemática evidencia-se no sentido de buscar uma forma de conciliar as aspirações transformativas da sociedade com as limitações que compõem a própria lógica de construção da estrutura interna do sistema jurídico. Nesse sentido, o campo do direito que se destina a regulamentar as relações familiares mostra-se, talvez, como uma das áreas mais afetadas pelas inconstâncias do meio social, acarretando, cada vez mais, novas demandas por reconhecimento de direitos e garantias que não se encontram previstos expressamente nos textos das leis. Logo, surge a importância da discussão a respeito da efetividade dos preceitos e garantias fundamentais na esfera privada, posto que, embora a legislação tarde a mudar, não há como ignorar as constantes mudanças empreendidas no corpo social, sob pena de o direito afastar-se da realidade que pretende estruturar e tornar-se, assim, obsoleto.
2. Em que pese as várias construções teóricas e debates doutrinários a respeito da eficácia dos direitos fundamentais na ordem privada, é importante pontuar que, levando-se em consideração o próprio contexto normativo implementado pela Constituição Federal de 1988, tem-se que o seu art. 5º,

§1º pressupõe uma aplicação direta dos princípios constitucionais na seara jusprivatista, o que, por si só, já leva a concluir que se adotou a *teoria da eficácia direta e imediata dos direitos fundamentais na ordem privada*. Isso significa que a efetividade jusfundamental que emana do Magno Texto não demanda uma necessária regulamentação prévia da ordem infraconstitucional para que lhe seja assegurada a eficácia das garantias que enuncia. Pelo contrário, demanda evitar a supressão de direitos fundamentais, no âmbito privado, e protegê-los não só da atuação violadora do ente estatal, como também daquela desempenhada por particulares. É perante esse contexto que a metodologia do direito civil-constitucional é soerguida como uma forma de interpretação, aplicação e pesquisa do direito civil, no intuito de que seja garantido o respeito aos preceitos jurídicos fundamentais também no âmbito privado; evitando, assim, violações e restrições desarrazoadas a direitos constitucionalmente protegidos. Nesse sentido, a metodologia civil-constitucional, diferentemente do que propagam alguns dos seus críticos, não propugna uma suplantação das regras contidas no corpo normativo, mas sim o respeito a elas, somente podendo-se afastar a sua aplicabilidade quando se mostrarem incompatíveis com as disposições contidas na Carta Magna.
3. O direito privado perpassou, ao longo da sua história, por intensas transformações as quais culminam, hodiernamente, no processo de constitucionalização das suas normas. A passagem de uma sistemática liberal-burguesa para um ideário de Estado Democrático de Direito foi responsável pela consubstanciação de um ordenamento jurídico mais integrado e funcionalizado, responsável pela concretização e efetivação dos princípios fundamentais em todos os seus âmbitos. Com relação ao direito das famílias, a aplicação da metodologia civil-constitucional corrobora o desempenho de uma democratização de suas estruturas, com a consequente superação de um modelo hierarquizado e segregador e o afastamento de suas funções históricas opressoras. A família patriarcal deu espaço às famílias plurais, lastreadas, sobretudo, nos ideais de *dignidade*, *solidariedade* e *afetividade*, bem como na compreensão de que o meio familiar é responsável pelo desempenho do acolhimento e da emancipação de seus indivíduos, a partir de uma ótica de liberdade coexistencial.

4. Nas famílias, a constitucionalização é observável, especialmente, em razão de três pilares: a) a sua nova principiologia, engendrada no arcabouço axiológico da CF/88, contando, entre outros preceitos, com os ditames da *dignidade da pessoa humana*, da *solidariedade familiar*, da *liberdade familiar*, da *igualdade familiar*, da *afetividade*; b) a repersonalização de suas relações, responsável por colocar a *dignidade* de seus membros à frente do seu patrimônio; e c) a multiplicidade das entidades familiares, tendo em vista a concepção de que a família constrói-se a partir da *afetividade* despendida por seus membros, independentemente de uma formatação preestabelecida. Por conseguinte, pode-se dizer que a família, assim como o direito privado, constitucionalizou-se e suas atribuições foram transformadas e funcionalizadas em razão das pessoas que a integram. Dessa forma, cabe ao Estado conferir-lhe o devido reconhecimento e proteção merecidos, a fim de que os ditames constitucionais sejam efetivamente estabelecidos e realizados.
5. A autonomia, ante o fenômeno da constitucionalização, também ganha seus contornos próprios e diferenciados das sistemáticas anteriores, visto que a ideia de *autonomia da vontade* (do agir única e exclusivamente segundo a autodeterminação volitiva individual) dá espaço ao surgimento da noção de *autonomia privada* (a qual se encontra condicionada à funcionalização dos institutos civis). Além disso, a elevação do humano ao centro de proteção do ordenamento e a consequente garantia do desenvolvimento livre de sua personalidade garantiram a expansão da dimensão existencial das pessoas, a qual não está comportada pela lógica patrimonialista tradicional. Desse modo, tal direito ganha também uma nova roupagem a partir do conceito de *autonomia existencial*, a qual comporta elementos das outras modalidades supracitadas, prezando por uma autodeterminação que observe e não se contraponha aos valores constitucionais fundamentais, especialmente da *dignidade* (numa expressão de heteronomia) e da *solidariedade*.
6. No meio social, o caráter heterocisnormativo compulsório corrobora uma situação de marginalização e invisibilização das existências públicas e legítimas daqueles que integram a população LGBT. Afinal, as características identitárias próprias dessas pessoas tornam-nas ininteligíveis perante a sociedade, dada a sua violação do padrão sexo/gênero/

sexualidade hegemonicamente construído a partir da (cis) heterossexualidade. Nesse diapasão, todas as construções que dizem respeito ao exercício da sexualidade e aos padrões de gênero ignoram a pluralidade de manifestações que essas duas características podem apresentar em cada pessoa individualmente considerada. Em função disso, no âmbito jurídico, a consequência desse modelo de "normalidade" heterocisnormativa acarreta uma maior dificuldade de aprovação de legislações que abarquem os direitos das pessoas que integram a diversidade sexual e de gênero.

7. É na seara da escassez legislativa em que se encontra a família homoafetiva. Tal carência, entretanto, não impediu que o Supremo Tribunal Federal, no julgamento histórico da ADPF nº 132/RJ e da ADI nº 4.277/DF, reconhecesse a legitimidade jurídica das uniões entre pessoas do mesmo gênero, o que representou um marco nas conquistas de direitos civis das pessoas LGBT. Afinal, pode-se dizer que foi graças ao STF que essas entidades familiares finalmente foram ascendidas ao *status* de família constitucionalmente protegida, tendo em vista o caráter vinculante da decisão, o que implica a sua observância obrigatória pelos órgãos do Poder Judiciário e pela Administração Pública Direta e Indireta. Ademais, tal precedente também corroborou, em certa medida, para que posteriormente fosse assegurada a possibilidade de casamento, reconhecida pelo Superior Tribunal de Justiça, no julgamento do REsp nº 1.183.378/RS, e pelo Conselho Nacional de Justiça, na Resolução nº 175/2013, acarretando uma verdadeira concretização dos direitos fundamentais na esfera privada, em virtude da inércia do Poder Legislativo em regular tais matérias.

8. Sem dúvidas, as pessoas trans, como membros da população LGBT, enfrentam diversos entraves sociais, políticos e jurídicos para obter uma tutela jurídica protetiva e emancipadora das suas identidades. Afinal, configuram um grupo social que se caracteriza pelo não enquadramento e, consequentemente, pela transgressão dos padrões de gênero socialmente impostos por um modelo heterocisnormativo compulsório. Importa notar, ainda, que é uma comunidade não monolítica, em que os indivíduos vivenciam suas experiências pessoais na construção de suas identidades de gênero de forma plural e diferenciada. Por isso, fala-se que não existe uma única forma de se ser trans, mas sim que existem múltiplas

transgeneridades, as quais se expressam por meio de vários grupos identitários, a exemplo das travestis e das(os) transexuais.
9. O reconhecimento das identidades de gênero como uma categoria dos direitos da personalidade é um passo fundamental para proporcionar às pessoas trans uma tutela jurídica *digna* e respeitadora das suas subjetividades, encontrando no julgamento da ADI nº 4.275/DF pelo STF e no Provimento nº 73/2018 do CNJ medidas cruciais para a superação do paradigma da patologização. Em virtude disso, é imperioso enfatizar que o Estado tem papel crucial no combate à perpetuação das violações de direitos dessas pessoas, devendo promover a proteção jurídica das suas identidades de gênero, nas seguintes esferas: a) na autorização das retificações de registro civil, com relação ao nome e ao sexo, sem a imposição de submissão obrigatória a qualquer procedimento cirúrgico; b) na garantia do respeito ao nome social, para aquelas pessoas que ainda não obtiveram as modificações registrais; c) na promoção de um processo transexualizador que respeite as suas autonomias com relação aos procedimentos aos quais se submeterão; e d) na preservação do seu direito à intimidade e à vida privada, deixando sob seu domínio a vontade e a necessidade de expor para terceiros a sua condição como pessoa trans, sem que lhe sejam imputadas quaisquer sanções pelo fato de não a revelar. Nesse diapasão, a salvaguarda desses direitos deve repercutir, ainda, no campo do direito das famílias, assegurando-se a essa parcela da população o respeito ao livre desenvolvimento das suas personalidades também no âmbito familiar: a) impedindo-se que lhes seja vedado o acesso ao casamento e à constituição de uniões estáveis, tanto homoafetivos quanto heteroafetivos; b) não se lhes aplicando as disposições relativas à anulação do casamento por erro essencial quanto à pessoa do outro cônjuge, a fim de evitar a promoção de discriminações injustas, motivo pelo qual se vislumbra, no divórcio e na dissolução das uniões estáveis, opções que atendem melhor à *dignidade* dessas pessoas; e c) não se condicionando o exercício de direitos da personalidade desses indivíduos (seja no tocante à alteração registral, seja quanto à sua submissão ao processo transexualizador) ao crivo de seus cônjuges ou companheiros.
10. A atuação jurisprudencial vem representando um papel elementar para a concretização dos direitos fundamentais

da população LGBT no cenário jurídico brasileiro. Contudo, tais medidas não podem nem devem ser obtidas de forma meramente isolada, como se tem sido feito até então. Por essa razão, é imperioso que o Estado-Legislador seja sensibilizado com relação a tais questões, para que seja editada legislação específica que garanta, de forma integral e coerente, a salvaguarda dos direitos de lésbicas, *gays*, bissexuais e pessoas trans. Sobre isso, inclusive, é imperiosa a aprovação de propostas arrojadas como a do Estatuto da Diversidade Sexual e de Gênero que, além de concentrar a regulamentação da matéria em uma norma autônoma e com natureza de microssistema, ainda é responsável por promover o devido reconhecimento das particularidades da população LGBT+ no ordenamento brasileiro e por sedimentar a pertinência de uma autonomia epistemológica do ramo jurídico que visa tutelar a diversidade sexual e de gênero.

11. No tocante à RHA, tais técnicas não são devidamente reguladas no Brasil e a atribuição de filiação, nesses casos, ainda depende da incidência de presunções de paternidade, as quais não são suficientes para atender a todas as demandas sociais, especialmente aquelas que dizem respeito à imposição de limites no recurso a esses procedimentos. Diante disso, estudaram-se alguns aspectos da bioética e a importância de sua judicialização, por meio do biodireito, para solucionar os conflitos existentes e que circundam a aplicação dessas novas tecnologias reprodutivas. Nessa toada, faz-se mister a observância dos princípios éticos oriundos desse campo do conhecimento e que, consequentemente, servem de parâmetro para a atuação no campo biomédico. Para tanto, foram usados como paradigma aqueles instituídos pela teoria principialista de Childress e Beauchamp: a) *beneficência* e *não maleficência* – no sentido de prezar pelo bem-estar dos pacientes, evitando causar-lhes qualquer prejuízo, o que, no tocante ao uso da RHA, deve levar em consideração todas as pessoas envolvidas na sua aplicação, sejam os beneficiários, sejam o bebê resultante ou a gestante substituta; b) *autonomia* – no sentido de possibilitar ao paciente uma capacidade de autodeterminar-se quanto ao tratamento que lhe seja aplicado, a partir do fornecimento das informações suficientes para lhe garantir o exercício de um consentimento livre e esclarecido, o que, na RHA, somente será possível caso haja um enfoque tanto na efetividade das técnicas, quanto nos seus riscos de

aplicação; e c) *justiça* – relativo à tentativa de garantir uma distribuição equitativa de recursos para as mais diversas camadas da população, o que acaba encontrando barreiras no tocante à administração orçamentária estatal. De toda forma, no que tange à RHA, em que pese o fornecimento de tais serviços pelo SUS, nem todas as regiões do país encontram-se contempladas, pelo que é preciso um maior esforço do Estado na tentativa de dirimir essa desigualdade de oportunidades. Outrossim, é importe que se promova uma conjunção entre a utilização desses preceitos e a observância dos direitos e garantias fundamentais, em especial a *dignidade da pessoa humana*.
12. Entre os aspectos mais controversos relativos ao uso das TRHA, foram analisadas três situações que guardam pertinência direta com o objeto central desta pesquisa:
    (A) a gestação sub-rogada – no tocante aos aspectos ético-jurídicos em torno da GS, tal técnica mostra-se bastante controversa, seja no contexto pátrio, seja na conjuntura internacional. Especificamente no que tange à realidade brasileira, a tradicional presunção *mater semper certa est* é colocada em xeque, na medida em que a compreensão em torno da maternidade, hodiernamente, afasta-se de uma concepção puramente biológica, determinada pela gestação e pelo parto. A partir dessa mudança de paradigma, dá-se uma maior ênfase ao aspecto volitivo no que diz respeito à atribuição de filiação a partir da aplicação das TRHA. Diz-se, então, que a categoria da vontade procriacional é um fator crucial para atribuição dos vínculos materno-paterno-filiais oriundos do recurso à RHA; encontrando, inclusive, amparo interpretativo doutrinário nesse sentido e também legal, ao se considerar a natureza da presunção de filiação do inc. V do art. 1.597 do CC/02 (RHA heteróloga), na qual o pressuposto fático da relação sexual é substituído pela vontade, previamente manifestada pelo marido, para conferir-lhe a paternidade. Nesse diapasão, leva-se em conta, igualmente, o direito ao exercício da autonomia corporal por parte da gestante substituta, que encontra amparo legislativo no art. 13 do CC/02, o qual assegura o direito à disposição sobre o próprio corpo quando ele não implique diminuição permanente da integridade física (o que não ocorre na GS) ou em afronta aos bons costumes (expressão

de caráter aberto e que deve ser interpretada à luz das demandas contemporâneas). Consequentemente, as tratativas em torno da GS, em que pese grandes divergências na doutrina – tanto no que diz respeito à sua natureza (se contratual ou não) quanto ao seu caráter (se oneroso ou gratuito) –, deverão ter por base o respeito ao *princípio do melhor interesse da criança*, por tratar-se de direitos de menores, à boa-fé contratual e à proibição do comportamento contraditório (*venire contra factum proprium*). Ademais, por tratar-se de negócio que tem por fim o exercício de direito da personalidade da gestante (expressado pela sua autonomia corporal), deverá levar em consideração, no caso concreto, a verificação de vulnerabilidade fática, e, em caso de descumprimento, poderá dar ensejo à reparação civil por dano moral;

(B) a RHA heteróloga – método sobre o qual paira um grande debate quanto ao caráter sigiloso das doações – se devem ser anônimas ou não – tem prezado, via de regra, até então, pelo anonimato dos(as) doadores(as) como sendo a diretriz ética a ser seguida. Não obstante, esse anonimato não poderá impedir que a pessoa, fruto da aplicação das TRHA, venha a conhecer a sua origem biológica. Tal conhecimento, a seu turno, não possui fins de estabelecimento de vínculo filiatório, visto que o(a) doador(a) não consentiu com a atribuição da parentalidade, apenas atuou como fornecedor(a) de material genético em favor da concretização de projeto parental alheio. De outro modo, essa possibilidade está pautada no direito de personalidade da pessoa gerada em conhecer sua ancestralidade biológica, especialmente no tocante à proteção do seu direito à saúde, de conhecimento do histórico de saúde de seus ancestrais genéticos. De toda forma, é notório que algumas mudanças e transformações pelas quais perpassa a sociedade contemporânea vêm gerando novas demandas e configurações familiares, a exemplo da coparentalidade e da multiparentalidade; devendo, assim, a doutrina, a jurisprudência e, sobretudo, o Estado estar atentos para essas formatações que estão surgindo, de modo a que seja proposta uma forma adequada para a sua regulamentação e que respeite tanto os ditames bioéticos, quanto os preceitos jurídicos fundamentais; e

(C) as "produções independentes" de parentalidade – situação a qual gera grande perplexidade na doutrina por questionar os padrões binários de parentalidade tradicionais, gerando questionamentos quanto à possibilidade de pessoas individualmente consideradas poderem legitimamente recorrer-se das TRHA para ter um(a) filho(a) sozinhos. Note-se, contudo, que, dadas as transformações obtidas no campo jusfamiliarista, não há como sustentar uma obrigatoriedade de um modelo biparental compulsório, visto que a noção contemporânea de família preza mais pela *afetividade* nas suas relações que propriamente por um arquétipo preestabelecido. Diante disso, não há como negar a legitimidade das monoparentalidades propositais, as quais encontram nos projetos parentais ectogenéticos um *locus* de potencialização da sua viabilidade; devendo, por conseguinte, serem asseguradas as suas concretizações por meio da RHA.

13. Foi feita uma análise comparativa das resoluções do Conselho Federal de Medicina que se destinam à regulamentação das TRHA. Ante tal estudo, percebeu-se que o direito ao acesso a esses procedimentos foi assegurado, nas resoluções, às pessoas heterossexuais, homossexuais, sobretudo após a decisão do STF, e às pessoas transgênero, não se exigindo um estado civil particular. A resolução mais recente (nº 2.168/17) possibilitou, ainda, a figura da preservação social e/ou oncológica do material genético, o que pode ser aplicado às pessoas trans. No entanto, entende-se que seria pertinente fazer constar expressamente a possibilidade de preservação das suas capacidades reprodutivas, não só na Resolução nº 2.168/17, como também na nº 2.265/2019, enquanto uma etapa do processo de afirmação de gênero; dando-se, por conseguinte, maior visibilidade a tal questão. No mais, considerando as três discussões previamente suscitadas, há previsões no sentido de: a) reconhecer a possibilidade de emprego da prática da GS, desde que possua caráter gratuito e que a gestante por substituição pertença à família de um dos beneficiários(as), em parentesco consanguíneo até 4º grau (mãe, filha, avó, irmã, tia, sobrinha, prima); b) regulamentar o anonimato absoluto das doações de gametas sexuais, não autorizando, em nenhuma hipótese, a revelação da identidade civil do(a) doador(a). Ademais, a idade máxima para fazer essa doação

é de 35 anos para mulheres e de 50 anos para homens; e c) reconhecer a possibilidade de pessoa solteira recorrer ao uso das TRHA, o que acaba autorizando a viabilização das "produções independentes". Tal regulamentação, entretanto, ainda é bastante incipiente, pois são normas meramente deontológicas voltadas a direcionar a conduta profissional dos médicos no emprego da procriação assistida, jamais tendo força jurídica capaz de atribuir filiação a esses casais.

14. Investigaram-se os diversos projetos de lei que tramitam no Congresso Nacional em matéria de reprodução assistida e chegou-se à conclusão de que muitos deles se fundam nas diretrizes estabelecidas pelo CFM. Ainda assim, nenhum traz expressamente a possibilidade de aqueles que integram a diversidade sexual e de gênero fazerem uso das TRHA, apesar de ser possível enquadrá-los na categoria de beneficiários, visto que nenhum dos projetos chega também a vedar a sua utilização por essas pessoas. No que diz respeito às diretrizes para a regulamentação dessas práticas, os PLs mostram-se bastante diversificados, sendo que: a) no que tange à GS, via de regra, ela se encontra legitimada como uma prática possível (estando vedada em apenas um dos PLs analisados), sempre na forma gratuita e relativa a algum grau de parentesco com os beneficiários; b) no que diz respeito ao anonimato dos(as) doadores(as) de gametas sexuais, preza-se, via de regra, sempre pelo sigilo nessas doações. No entanto, os PLs divergem quanto à possibilidade de quebra do sigilo, sendo que alguns apenas a autorizam em casos de risco de saúde da pessoa oriunda do emprego das TRHA, ao passo que outros a autorizam independentemente desse aspecto, apenas para assegurar o direito ao conhecimento da origem genética do filho gerado a partir da RHA, sem atribuir-lhe filiação para com o(a) doador(a); e c) com relação às "produções independentes", elas não foram expressamente tratadas em nenhum dos PLs investigados, mas a conjuntura geral dessas propostas legislativas leva a entender que elas estariam abarcadas, com exceção de um PL que veda, inclusive, a prática da RHA *post mortem*.

15. O crescente recurso às TRHA, em suas mais diversas formas e técnicas, somado à escassez legislativa, repercutiu diretamente no crescimento de demandas judiciais que visavam assegurar o registro das crianças nascidas a partir do emprego desses novos métodos de concepção. Em razão disso, algumas

orientações interpretativas – enunciados aprovados na VII Jornada de Direito Civil do CJF e no X Congresso de Direito de Família do IBDFAM – sugeriram a possibilidade de registro civil das pessoas originadas a partir do uso da RHA – tanto em contextos familiares heteroafetivos, como homoafetivos – diretamente nos Cartórios de Registro Civil das Pessoas Naturais; aconselhando, inclusive, os tribunais estaduais a editarem provimentos que regulamentassem essa prática. Nessa toada, o CNJ editou provimento, em âmbito nacional, para harmonizar tal questão (Provimento nº 52/2016), o qual fora posteriormente revogado e substituído pelo Provimento nº 63/2017, visto que o primeiro afrontava a possibilidade de manutenção do anonimato dos(as) doadores(as) de gametas sexuais. O ato de 2017, a seu turno, consertou a atecnia da normativa anterior, dispensando a quebra do anonimato, e tratou de regulamentar os procedimentos registrais em comento, notadamente no que diz respeito à gestação sub-rogada. Não obstante, há diversas críticas, na doutrina, com relação à legitimidade desse dispositivo, visto que ele estaria desrespeitando a competência legislativa de exclusividade do CN na matéria. De toda forma, o provimento mostra-se de extrema relevância, no sentido de facilitar e desburocratizar o registro, além de assegurar o direito ao estado de filiação das pessoas oriundas das TRHA, o que, sem dúvidas, trata de verdadeira forma de concretização do *melhor interesse da criança* e da *dignidade humana* desses indivíduos. Diante disso, é imperioso que seja feita a devida pressão junto ao Poder Legislativo, até mesmo pela via do Judiciário, por meio de ADO, a fim de que cumpra a sua função respectiva e proceda com a necessária regulamentação desses procedimentos e das repercussões jurídicas que deles advêm.

16. Percebe-se que o conceito de planejamento familiar trazido pela Lei Maior – o qual remete, primeiramente, a uma ideia de *liberdade* do casal na opção pelo seu projeto parental – é ampliado pela Lei nº 9.263/1996 (Lei de Planejamento Familiar), a qual atribui o exercício desse planejamento também às pessoas individualmente consideradas. Assim, é perceptível que a compreensão da titularidade desse direito é dotada de certa amplitude, ultrapassando a noção pura e simples de *liberdade* do casal. Nesse diapasão, impende também esclarecer que, ainda que fosse direito apenas do

casal, desde a decisão do STF, em 2011, quando do julgamento da ADPF nº 132/RJ e da ADI nº 4.277/DF, a concepção da palavra "casal" não pode ser restrita apenas à ideia de um par formado por um homem e uma mulher, pelo que deve abranger igualmente os pares formados por pessoas do mesmo gênero. Da mesma forma, não há como se restringir a titularidade desse direito de modo a que não seja assegurado às pessoas trans, posto que as suas identidades de gênero não lhes retiram a cidadania que lhes é própria.

17. Por outro lado, o desempenho do projeto parental que se alicerça no direito ao livre planejamento familiar encontra também alguns limites. Afinal, o art. 226, §7º determina que sejam observados, no caso concreto, o respeito aos princípios da *dignidade da pessoa humana* e da *parentalidade responsável*. Desse modo, projetos parentais que violem tais preceitos não podem vir a ser concretizados, sejam eles desempenhados por heterossexuais, homossexuais, bissexuais, pessoas cisgêneras ou trans. O que não se pode admitir, como dantes mencionado, é que seja negado o exercício desse direito às famílias homoafetivas e transafetivas em razão da expressão das suas sexualidades ou de suas identidades de gênero, pois tais fatores não podem ser parâmetros de exclusão, sob pena de discriminação negativa, vedada expressamente pelo art. 3º, IV da Constituição Federal.

18. Observa-se que o Estado não pode interferir na escolha das pessoas quanto à forma de constituição de sua prole, apenas contribuir com o acesso à informação dos indivíduos, a fim de corroborar o exercício de sua autonomia. Dessa maneira, não foram encontrados óbices no ordenamento jurídico que deslegitimassem a escolha de um indivíduo ou de um casal, especialmente de pessoas integrantes da população LGBT, na escolha pelo uso das técnicas de RHA. Em contrapartida, tem-se que a autonomia dos indivíduos, desde que observadas as diretrizes estabelecidas para o planejamento familiar, deve ser respeitada. Afinal, cada pessoa tem legitimidade para decidir qual a melhor forma de constituição de sua família, sobretudo de sua prole. Por conseguinte, entendeu-se que a homoparentalidade e a transparentalidade devem ser protegidas pelo Estado, sob pena de desrespeito aos ditames constitucionais, principalmente da *dignidade*, da *liberdade*, da *igualdade* e da não discriminação. Por isso, vislumbra-se que o exercício da autonomia pela população LGBT, na construção

de seus projetos parentais, é direito fundamental, pautado pelo exercício do planejamento familiar, e não é passível de limitações que não as trazidas no art. 226, §7º da Carta Magna.
19. Fator que se demonstra limítrofe quando da análise do exercício da autonomia nos projetos parentais LGBT – notadamente aqueles ectogenéticos – é a possibilidade de objeção de consciência dos profissionais da saúde que estejam habilitados a aplicar as TRHA. Afinal, da mesma forma que a *liberdade familiar* assegura uma proteção à autonomia no exercício do planejamento familiar, a *liberdade de consciência* – que encontra fundamento na laicidade estatal e na proteção da pluralidade democrática – garante igualmente o direito de respeito e proteção das concepções individuais de mundo as quais são desenvolvidas por cada pessoa ao longo da formação da sua subjetividade. Por isso, são levantados questionamentos quanto à pertinência de concessão aos médicos do exercício da objeção de consciência quando o auxílio na concretização de projetos homoparentais e transparentais ectogenéticos forem de encontro aos seus posicionamentos morais, filosóficos e/ou religiosos. Afinal, se tal prerrogativa for protegida, não poderia ela restringir-se apenas às expressões de sexualidade e às identidades de gênero LGBT, podendo ser aplicada também para pessoas heterossexuais e cisgêneras, sob pena de estar-se reforçando condutas discriminatórias negativas contra tais pessoas, o que não é autorizado pelo ordenamento. De toda forma, se assegurada, não pode ser ilimitada, visto que demanda, por parte deles, o encaminhamento desses pacientes a outros profissionais que estejam capacitados para desempenhar o papel de aplicação das TRHA nos contextos familiares das pessoas que integram a diversidade sexual e de gênero. Assim, se não existirem outros profissionais habilitados naquela região, ou se for inviável para os pacientes o deslocamento para outro centro, público ou privado, situado em localidade diversa da qual habitam, ou mesmo se houver impossibilidade de os pacientes arcarem com os custos procedimentais das clínicas privadas, fica aquele médico impedido de recorrer ao imperativo de consciência, estando obrigado a realizar o tratamento. Tal compreensão, inclusive, encontra-se pautada tanto nos ditames bioéticos (*justiça, autonomia, beneficência* e *não maleficência*), quanto no arcabouço axiológico constitucional (*dignidade da pessoa humana, liberdade – de consciência* e *familiar*, sob a forma de

autonomia no planejamento familiar –, *igualdade* e *vedação a qualquer forma de discriminação*).

20. Quando se analisa a situação específica da população trans, percebe-se que mais uma circunstância obstativa é levantada no tocante à sua possibilidade de recurso às modernas técnicas reprodutivas, qual seja: a suposta relação de contradição existente entre as identidades de gênero reivindicadas por tais indivíduos e um possível desejo da utilização dos seus gametas sexuais próprios para concretização de um projeto parental. No entanto, tal compreensão é deveras reducionista, pois tenta dar às transidentidades uma percepção monolítica, a qual não é compatível com a pluralidade dessas vivências. Diante disso, não há como se propor uma tutela jurídica da população T que não perpasse a lógica da diversidade e da multiplicidade, ótica essa que legitima o desejo de algumas dessas pessoas, no exercício da sua autonomia, de submeter-se a tratamentos que viabilizem a concretização de projetos parentais ectogenéticos (sejam eles individuais, sejam eles em um contexto de casamento ou de união estável), mediante o uso de seus gametas sexuais próprios. Por esse motivo, mostra-se imperioso o combate e a refutação do modelo de heterocisnormatividade reprodutiva, que subjuga o livre desenvolvimento da personalidade das pessoas trans em nome de uma suposta "adequação de expectativas criadas". Nesse diapasão, a manutenção das capacidades reprodutivas das pessoas trans é indispensável para garantir a proteção de seus direitos fundamentais à *dignidade*, à *liberdade*, à *igualdade* e à *não discriminação*. Afinal, o processo de transição pelo qual as pessoas trans podem vir a passar, caso esse seja o desejo delas, pode acarretar uma infertilidade temporária ou permanente nesses indivíduos, a depender dos recursos que sejam utilizados. Assim, levando em consideração que, hodiernamente, inúmeras são as técnicas existentes que podem possibilitar a preservação das funções reprodutivas dessas pessoas (como a crioconservação de espermatozoides, de embriões ou de tecidos gonádicos) previamente ao processo de transição, é imprescindível que tais alternativas lhes sejam, ao menos, ofertadas e elucidadas, ainda que não demonstrem prévio interesse nelas. Isso, pois, somente assim, é que se estará conferindo a essas pessoas um exercício pleno e efetivo da sua autonomia. Portanto, qualquer legislação que

venha a normatizar o uso das TRHA, bem como aquelas que visem conferir uma tutela jurídica específica para a diversidade sexual e de gênero, precisa inserir essa pauta em seu arcabouço normativo, de modo a dar visibilidade e uma proteção apropriada e específica para essa situação.

21. Considerando a vasta gama de possibilidades que as TRHA oferecem aos seus beneficiários e beneficiárias, seja na intervenção propriamente dita no processo de reprodução (IA, GIFT, ZIFT, FIV ou ICSI), seja no auxílio da efetividade de seus procedimentos (doação ou criopreservação de material genético e gestação por substituição), é notório que há um amplo leque de alternativas disponíveis à população LGBT e que podem viabilizar o desejo de concretização de seus projetos parentais ectogenéticos, independentemente da formatação que essa estrutura familiar possa vir a tomar (homoparental, transparental, biparental, monoparental, homoafetiva, heteroafetiva etc.). Para tanto, os elos de filiação poderão ter a sua atribuição vinculada a diversos critérios (genético, biológico, volitivo, socioafetivo e/ou jurídico), os quais não são autoexcludentes, tampouco apresentam qualquer forma de hierarquia entre si, mas que devem ser considerados fatores, igualmente *dignos* e possíveis, de atribuição dos vínculos materno-paterno-filiais quando considerado o uso da RHA para o desempenho da parentalidade ectogenética. De mais a mais, tendo por base a associação da PMA com o tratamento das questões relativas à infertilidade, insta compreender que, nas realidades LGBT, essa circunstância ganha uma maior amplitude conceitual, não estando adstrita ao aspecto meramente biológico (infertilidade biológica), mas também abarcando o aspecto psíquico dos sujeitos (infertilidade psicológica propriamente dita e infertilidade psicológica disfórica).

Assim, ficou aqui constatado que os projetos parentais LGBT se encontram respaldados pela sistemática constitucional vigente, particularmente pelas regras que norteiam o planejamento familiar. Desse modo, deve ser garantida a autonomia no exercício de tal direito pelas pessoas homossexuais, bissexuais e trans, desde que respeitados os limites impostos pela *dignidade da pessoa humana* e pela *parentalidade responsável*. De toda forma, demanda-se ainda uma atuação do Poder Legislativo no sentido de promover o reconhecimento expresso dessas garantias no âmbito legal, com a finalidade de promover a *igualdade material* e a proteção específica da diversidade sexual e de gênero no ordenamento jurídico pátrio.

POSFÁCIO

Liberdade e igualdade no debate sobre o projeto parental das famílias LGBT

Liberdade e família. Nos anos 80, João Baptista Villela, em precioso e prestigioso artigo científico, descortinou, na abstração típica do direito, uma realidade pautada por transformações inimagináveis à época. Na ocasião, ainda com pouco tempo do nascimento do primeiro bebê de proveta na Inglaterra (1978), o autor já tratava de um futuro que era impensável: a possibilidade do sexo sem reprodução e reprodução sem atividade sexual.[971]

É importante o resgate da expressão "liberdade e família" naquele contexto, para compreender o espírito da obra de Manuel Camelo, que traz a rica experiência de conhecimentos interdisciplinares e de costumes sobre o planejamento familiar nas famílias LGBT, reconhecendo a mesma e pulsante intenção de revelar uma realidade e de romper pautas estanques pela mesma abstração jurídica.

A utilização da metodologia civil-constitucional é inafastável e fundamental para a abertura estrutural da família na atualidade, como *locus* de realização e desenvolvimento da personalidade de seus membros.

Trabalhar a autonomia e a passagem de seu sentido de um Estado Liberal a um Estado Social e Democrático de Direito requer a eleição de parâmetros de responsabilidade e sobretudo de sentido de *coexistência*, posto que a busca da concretização da vontade de uma pessoa não poderá colidir com direitos fundamentais de outras. Já o dizia Cícero

---

[971] VILLELA, João Baptista. Liberdade e família. *Revista da Faculdade de Direito da Universidade Federal de Minas Gerais*, Belo Horizonte, v. III, n. 2, 1980.

que *todos somos escravos da lei, para podermos ser livres*. Assim, os limites da liberdade não podem ser impostos em nome da mesma liberdade, senão em nome da justiça.[972]

O trabalho analisado foi dividido em duas partes, em que se vislumbrou inicialmente uma importante notícia histórica sobre a população LGBT, justificante de uma proteção constitucional isonômica para o exercício de uma autonomia existencial, que seria dentro dos preceitos da autonomia privada e não da autonomia da vontade. Existir não é fácil e coexistir menos ainda.

Sem dúvida, a história de exclusão de pessoas em razão de sua orientação sexual e de sua identidade de gênero é cruel e estigmatizante. Há justificativa para o movimento político emancipatório e as questões conceituais e terminológicas resultantes desse. Constitui-se então, um importante ponto de partida que revela uma permanente luta contra a exclusão e pela defesa dos direitos LGBT.

A orientação sexual e a identidade de gênero são direitos de personalidade agregados a tantos outros direitos da própria existência humana, além disso, jamais poderão ser utilizados como fator que justifique um tratamento discriminatório.

Parece muito importante esclarecer, também, que quaisquer adjetivações existenciais e comportamentais se mostram necessárias apenas para fins identitários e de coesão em determinada luta, mas é certo que a pessoa humana não precisaria ser adjetivada em razão dos traços de sua personalidade, como pela sua orientação sexual ou identidade de gênero, não fosse a história de exclusão. A identificação da população LGBT se torna importante para registrar as constantes pressões e violências praticadas em razão dessa identidade. Ao se falar de orientações sexuais discriminadas, está a se falar das orientações homossexuais e bissexuais e nunca da heterossexual; ao se falar de identidade de gênero discriminado, está a se falar do *transgênero* e não da binariedade orgânica do feminino e do masculino.

Apresentando-se como *gay cis*, no uso de uma nomenclatura distintiva e politizada pela comunidade LGBT, a imersão do autor além de científica é ricamente informativa de uma realidade não enxergada pela maioria das pessoas, em razão de um cruel e excludente processo de socialização, decorrente de um modelo *heterocisnormativo*. O autor ocupa o seu lugar de fala.

---

[972] DELGADO, Mário Luiz. *Direitos da personalidade nas relações de família*. Anais do V Congresso Brasileiro de Direito de Família do IBDFAM. São Paulo: IOB Thompson, 2006. p. 719.

Importante retratar que as posturas preconceituosas e discriminatórias da sociedade são provenientes da absoluta ignorância decorrente do enquadramento de conceitos e comportamentos que também foram influenciados por uma moral religiosa escravizante e influenciadora de concepções patológicas e, nesse sentido, o trabalho vem a contribuir com esclarecimentos importantes à superação de tais estigmas.

Como contribuição ao trabalho, destacaria a complexa missão de se trabalhar a igualdade sob espectro jurídico. De certo que não é uma tarefa fácil e requer certa frieza e distinção do que é discriminante e do que é discriminatório. Torna-se discriminatório o tratamento desigual em razão da diversidade sexual e de gênero.

Sobre o conteúdo do princípio da igualdade, ressalte-se que *o próprio ditame constitucional em seu art. 5º, que embarga a desequiparação por motivo de raça, sexo, trabalho, credo religioso e convicções políticas, tão somente evidencia traços que não podem, pelo preconceito de uma época ou meio, ser tomados gratuitamente como ratio fundamentadora do discríminen.*[973] Em outras palavras, as distintas características não podem gerar, por si só, uma discriminação.

A partir daí e de forma provocativa para além do texto do autor, poder-se-ia indagar: seria discriminatório impedir o acesso à pessoa do homem (gênero masculino biológico) – independentemente de sua orientação sexual – à técnica reprodutiva que envolva a gestação de uma mulher (gênero feminino biológico) que não estará incluída no projeto parental? Estaria a autonomia exercida por esta mulher, ao instrumentalizar o seu corpo para o projeto parental alheio, na esfera de uma autonomia da vontade ou de uma autonomia privada?

Com foco no planejamento familiar pela população LGBT, o autor ressalta os avanços biotecnológicos como extremamente úteis e oportunos para o exercício dos direitos reprodutivos enquanto direito fundamental, enumerando vários dos avanços de forma técnica e responsável, com uma rica informação interdisciplinar. O acesso às tais técnicas em sua concepção deve ser garantido principalmente para que haja um direito igualitário ao que já seria francamente exercido por uma população não LGBT.

E aqui, a título de contribuição e instigada pela elaboração textual, seria importante ressaltar, ainda na esfera das diferenças, as interseccionalidades de raça e de classe social como um fator exógeno,

---

[973] BANDEIRA DE MELLO, Celso Antônio. *O conteúdo jurídico do princípio da igualdade.* 3. ed. São Paulo: Malheiros, 2004. p. 17.

que pode ser impeditivo ao acesso à oferta complexa das técnicas de reprodução humana, máxime em um país cada vez mais pautado em abismos sociais também estigmatizantes.

As extasiantes descobertas da ciência médica deixam para a ciência jurídica a desafiadora tarefa de busca dos ideais constitucionais igualitários, dentro de um campo minado de desigualdades sociais. Para fugir da mera abstração do direito tal qual propôs Villela, não se pode desconhecer esta realidade que é potencializada pelo modelo neoliberal, reverenciador do poder econômico. As regras do mercado também penetraram a realidade da reprodução humana assistida, questionando a eficácia do princípio bioético da justiça. Há uma outra realidade em torno da realidade biotecnológica. Nesse campo, os ricos serão os pacientes e os pobres, meros expectadores de seu uso.

Enfim, a trilha percorrida pelo autor é densa e instigante, garantindo um inevitável exercício crítico pelo leitor, na medida em que o mesmo enfrenta também um abismo entre a abstração do direito e uma realidade social, que talvez justifique uma sistematização legal própria, como proposto.

Mais do que ciência, a obra do autor representa uma luta que comporta os interesses da população LGBT, historicamente tratada pela sociedade de forma marginalizada. *Liberdade* e *família* voltam a ser contempladas e perquiridas como condição de atendimento à própria dignidade humana.

Leitura fortemente recomendada a todos que procuram imersão nos estudos biotecnológicos e nos direitos LGBT.

Recife/PE, 5 de março de 2021.

Maria Rita de Holanda
Doutora em Direito Civil pela Universidade Federal de Pernambuco (UFPE). Mestre em Direito Civil pela Pontifícia Universidade Católica de São Paulo (PUC-SP). Pós-Doutora pela Universidad de Sevilla na Espanha (ES). Professora Adjunta I da Universidade Católica de Pernambuco (Unicap). Pesquisadora do Grupo de Pesquisa Constitucionalização das Relações Privadas na Universidade Federal de Pernambuco (Conrep/UFPE). Pesquisadora do Grupo de Pesquisa Direito Civil e Ação da Universidade Católica de Pernambuco (Unicap). Presidenta do Instituto Brasileiro de Direito de Família no Estado de Pernambuco. Advogada especialista em Família, Sucessões, Gênero, Bioética e Biodireito.

APÊNDICES

APÊNDICE A

QUADRO COMPARATIVO ENTRE AS RESOLUÇÕES DO CFM QUE VERSAM SOBRE RHA

(continua)

ASPECTOS COMPARATIVOS	RESOLUÇÃO Nº 1.358/92	RESOLUÇÃO Nº 1.957/10	RESOLUÇÃO Nº 2.013/13	RESOLUÇÃO Nº 2.121/15	RESOLUÇÃO Nº 2.168/17
HIPÓTESES	Facilitar o processo de procriação, auxiliando na resolução dos problemas de infertilidade humana, desde que exista probabilidade de sucesso e não se incorra em risco de saúde para a paciente ou possível descendente.	Facilitar o processo de procriação, auxiliando na resolução dos problemas de reprodução humana, desde que exista probabilidade de sucesso e não se incorra em risco de saúde para a paciente ou possível descendente.	Facilitar o processo de procriação, auxiliando a resolução dos processos de reprodução humana, desde que exista probabilidade de sucesso e não se incorra em risco de saúde para a paciente ou possível descendente.	Facilitar o processo de procriação, desde que exista probabilidade de sucesso e não se incorra em risco de saúde para o(a) paciente ou possível descendente.	Facilitar o processo de procriação, desde que exista probabilidade de sucesso e não se incorra em risco de saúde para o(a) paciente ou possível descendente.
PRESERVAÇÃO SOCIAL E/OU ONCOLÓGICA DE GAMETAS SEXUAIS, EMBRIÕES OU TECIDOS GERMINATIVOS	Não há previsão.	Não há previsão.	Não há previsão.	Não há previsão.	Autorizada.

(continua)

ASPECTOS COMPARATIVOS	RESOLUÇÃO Nº 1.358/92	RESOLUÇÃO Nº 1.957/10	RESOLUÇÃO Nº 2.013/13	RESOLUÇÃO Nº 2.121/15	RESOLUÇÃO Nº 2.168/17
PRESERVAÇÃO DE GAMETAS SEXUAIS DE PESSOAS TRANSEXUAIS	Não há previsão.	Não há previsão.	Não há previsão.	Não há previsão.	Não há previsão expressa, mas há possibilidade interpretativa que garanta esse direito, em razão da modificação implementada pela Resolução nº 2.283/2020.
IDADE MÁXIMA DA CANDIDATA À GESTAÇÃO	Sem idade máxima.	Sem idade máxima.	50 anos.	50 anos, com exceções determinadas por fundamentos técnico-científicos, por parte do médico responsável, após o esclarecimento quanto aos riscos.	50 anos, com exceções determinadas por fundamentos técnico-científicos, por parte do médico responsável, quanto à ausência de comorbidades da mulher, após o esclarecimento quanto aos riscos para a mulher e para o descendente, respeitando-se a autonomia da paciente.

(continua)

ASPECTOS COMPARATIVOS	RESOLUÇÃO Nº 1.358/92	RESOLUÇÃO Nº 1.957/10	RESOLUÇÃO Nº 2.013/13	RESOLUÇÃO Nº 2.121/15	RESOLUÇÃO Nº 2.168/17
CONSENTIMENTO INFORMADO	Obrigatório, devendo o termo conter os aspectos médicos (detalhadamente expostos), os resultados obtidos naquela unidade de tratamento com a técnica, dados de caráter biológico, jurídico, ético e econômico.	Obrigatório, devendo o termo conter os aspectos médicos (detalhadamente expostos), os resultados obtidos naquela unidade de tratamento com a técnica, dados de caráter biológico, jurídico, ético e econômico.	Obrigatório, devendo o termo conter os aspectos médicos (detalhadamente expostos), os resultados obtidos naquela unidade de tratamento com a técnica, dados de caráter biológico, jurídico, ético e econômico.	Obrigatório, devendo o termo conter os aspectos médicos (detalhadamente expostos), os resultados obtidos naquela unidade de tratamento com a técnica, dados de caráter biológico, jurídico e ético.	Obrigatório, devendo o termo conter os aspectos médicos (detalhadamente expostos), os resultados obtidos naquela unidade de tratamento com a técnica, dados de caráter biológico, jurídico e ético.
DOCUMENTO DE CONSENTIMENTO INFORMADO	Elaborado em formulário especial, estando completo com a concordância, por escrito.	Elaborado em formulário especial, estando completo com a concordância, por escrito.	Elaborado em formulário especial, estando completo com a concordância, por escrito.	Elaborado em formulário especial, estando completo com a concordância, por escrito, obtida pela discussão bilateral entre os envolvidos.	Elaborado em formulário especial, estando completo com a concordância, por escrito, obtida pela discussão bilateral entre os envolvidos.
SELEÇÃO DE SEXO OU QUALQUER OUTRA CARACTERÍSTICA BIOLÓGICA DO FUTURO FILHO	Vedada, salvo para evitar doenças do filho que venha a nascer.	Vedada, salvo para evitar doenças do filho que venha a nascer.	Vedada, salvo para evitar doenças do filho que venha a nascer.	Vedada, salvo para evitar doenças do filho que venha a nascer.	Vedada, salvo para evitar doenças do filho que venha a nascer.

(continua)

ASPECTOS COMPARATIVOS	RESOLUÇÃO N° 1.358/92	RESOLUÇÃO N° 1.957/10	RESOLUÇÃO N° 2.013/13	RESOLUÇÃO N° 2.121/15	RESOLUÇÃO N° 2.168/17
FINALIDADE	Sempre procriativa, vedada qualquer outra.	Sempre procriativa, vedada qualquer outra.	Sempre procriativa, vedada qualquer outra.	Sempre procriativa, vedada qualquer outra.	Sempre procriativa, vedada qualquer outra.
NÚMERO MÁXIMO DE EMBRIÕES OU OÓCITOS A SEREM TRANSFERIDOS POR IDADE DA RECEPTORA	Não deve ser superior a 4.	Até 35 anos – até 2. Entre 36 e 39 anos – até 3. Entre 40 anos ou mais – até 4.	Até 35 anos – até 2. Entre 36 e 39 anos – até 3. Entre 40 e 50 anos – até 4.	Até 35 anos – até 2. Entre 36 e 39 anos – até 3. 40 anos ou mais – até 4.	Até 35 anos – até 2. Entre 36 e 39 anos – até 3. 40 anos ou mais – até 4. Obs.: O número de embriões a ser transferido não pode ser superior a quatro.
REDUÇÃO EMBRIONÁRIA	Proibida.	Proibida.	Proibida.	Proibida.	Proibida.
BENEFICIÁRIOS	Mulheres capazes, segundo os parâmetros estabelecidos na resolução, desde que de acordo e esclarecidas, com aprovação do cônjuge ou companheiro.	Pessoas capazes, segundo os parâmetros estabelecidos na resolução, desde que estejam de acordo e esclarecidas.	Pessoas capazes, segundo os parâmetros estabelecidos na resolução, desde que estejam de acordo e esclarecidas.	Pessoas capazes, segundo os parâmetros estabelecidos na resolução, desde que estejam de acordo e esclarecidas.	Pessoas capazes, segundo os parâmetros estabelecidos na resolução, desde que estejam de acordo e esclarecidas.

(continua)

ASPECTOS COMPARATIVOS	RESOLUÇÃO Nº 1.358/92	RESOLUÇÃO Nº 1.957/10	RESOLUÇÃO Nº 2.013/13	RESOLUÇÃO Nº 2.121/15	RESOLUÇÃO Nº 2.168/17
DIREITOS A CASAIS HOMOAFETIVOS E PESSOAS SOLTEIRAS	Não há previsão.	Não há previsão.	Permitido (ressalvado direito de objeção de consciência do médico).	Permitido (ressalvado direito de objeção de consciência do médico). Permite gestação compartilhada por casal de lésbicas.	Permitido para heterossexuais, homoafetivos e transgêneros (redação modificada pela Resolução nº 2.283/2020). Permite gestação compartilhada por casal de lésbicas. Obs.: Considera-se gestação compartilhada a situação em que o embrião obtido a partir da fecundação do(s) oócito(s) de uma mulher é transferido para o útero de sua parceira.

APÊNDICE A | 457
QUADRO COMPARATIVO ENTRE AS RESOLUÇÕES DO CFM QUE VERSAM SOBRE RHA

(continua)

ASPECTOS COMPARATIVOS	RESOLUÇÃO Nº 1.358/92	RESOLUÇÃO Nº 1.957/10	RESOLUÇÃO Nº 2.013/13	RESOLUÇÃO Nº 2.121/15	RESOLUÇÃO Nº 2.168/17
DOAÇÃO DE GAMETAS OU EMBRIÕES	Gratuita. Vedada para os médicos, funcionários e demais integrantes das clínicas.	Gratuita. Vedada para os médicos, funcionários e demais integrantes das clínicas.	Gratuita. Idade limite – 35 anos para mulheres e 50 anos para homens. Vedada para os médicos, funcionários e demais integrantes das clínicas.	Gratuita. Idade limite – 35 anos para mulheres e 50 anos para homens. Vedada para os médicos, funcionários e demais integrantes das clínicas.	Gratuita. Idade limite – 35 anos para mulheres e 50 anos para homens. Vedada para os médicos, funcionários e demais integrantes das clínicas.
SIGILO	Sigilosa (doadores não podem conhecer identidade dos receptores e vice-versa). Excepcionalmente, informações sobre os doadores (clínicas devem manter registro permanente) podem ser fornecidas exclusivamente para médicos, resguardando-se a sua identidade civil.	Sigilosa (doadores não podem conhecer identidade dos receptores e vice-versa). Excepcionalmente, informações sobre os doadores (clínicas devem manter registro permanente) podem ser fornecidas exclusivamente para médicos, resguardando-se a sua identidade civil.	Sigilosa (doadores não podem conhecer identidade dos receptores e vice-versa). Excepcionalmente, informações sobre os doadores (clínicas devem manter registro permanente) podem ser fornecidas exclusivamente para médicos, resguardando-se a sua identidade civil.	Sigilosa (doadores não podem conhecer identidade dos receptores e vice-versa). Excepcionalmente, informações sobre os doadores (clínicas devem manter registro permanente) podem ser fornecidas exclusivamente para médicos, resguardando-se a sua identidade civil.	Sigilosa (doadores não podem conhecer identidade dos receptores e vice-versa). Excepcionalmente, informações sobre os doadores (clínicas devem manter registro permanente) podem ser fornecidas exclusivamente para médicos, resguardando-se a sua identidade civil.

(continua)

ASPECTOS COMPARATIVOS	RESOLUÇÃO Nº 1.358/92	RESOLUÇÃO Nº 1.957/10	RESOLUÇÃO Nº 2.013/13	RESOLUÇÃO Nº 2.121/15	RESOLUÇÃO Nº 2.168/17
USO DO MATERIAL GENÉTICO DO DOADOR EM MAIS DE UMA GESTAÇÃO	Na região de localização da unidade, o registro das gestações evitará que um doador tenha produzido mais que 2 gestações, de sexos diferentes, numa área de um milhão de habitantes.	Na região de localização da unidade, o registro dos nascimentos evitará que um(a) doador(a) venha a produzir mais do que 1 gestação de criança de sexo diferente numa área de um milhão de habitantes.	Na região de localização da unidade, o registro dos nascimentos evitará que um(a) doador(a) tenha produzido mais de 2 gestações de crianças de sexos diferentes, numa área de um milhão de habitantes.	Na região de localização da unidade, o registro dos nascimentos evitará que um(a) doador(a) tenha produzido mais de 2 gestações de crianças de sexos diferentes em uma área de um milhão de habitantes.	Na região de localização da unidade, o registro dos nascimentos evitará que um(a) doador(a) tenha produzido mais de 2 gestações de crianças de sexos diferentes em uma área de um milhão de habitantes. Obs.: Um(a) mesmo(a) doador(a) poderá contribuir com quantas gestações forem desejadas, desde que em uma mesma família receptora.
ESCOLHA DO DOADOR	Responsabilidade da unidade, devendo garantir a máxima semelhança fenotípica e a máxima compatibilidade com a receptora.	Responsabilidade da unidade, devendo garantir a máxima semelhança fenotípica e a máxima compatibilidade com a receptora.	Responsabilidade da unidade, devendo garantir a máxima semelhança fenotípica e a máxima compatibilidade com a receptora.	Responsabilidade do médico, devendo garantir a máxima semelhança fenotípica e a máxima compatibilidade com a receptora.	Responsabilidade do médico, devendo garantir a máxima semelhança fenotípica com a receptora.

(continua)

ASPECTOS COMPARATIVOS	RESOLUÇÃO Nº 1.358/92	RESOLUÇÃO Nº 1.957/10	RESOLUÇÃO Nº 2.013/13	RESOLUÇÃO Nº 2.121/15	RESOLUÇÃO Nº 2.168/17
DOAÇÃO COMPARTILHADA DE OÓCITOS	Não há previsão.	Não há previsão.	Possível, tendo a doadora preferência sobre o material biológico que será produzido.	Possível, tendo a doadora preferência sobre o material biológico que será produzido.	Possível, tendo a doadora preferência sobre o material biológico que será produzido.
CRIOPRESERVAÇÃO DE GAMETAS OU EMBRIÕES	Poderão ser criopreservados espermatozoides, óvulos e pré-embriões.	Poderão ser criopreservados espermatozoides, óvulos e embriões.	Poderão ser criopreservados espermatozoides, óvulos, embriões e tecidos gonádicos.	Poderão ser criopreservados espermatozoides, óvulos, embriões e tecidos gonádicos.	Poderão ser criopreservados espermatozoides, óvulos, embriões e tecidos gonádicos.
EMBRIÕES EXCEDENTÁRIOS	Serão criopreservados. No momento dessa criopreservação, os pacientes devem expressar suas vontades, por escrito, quanto ao destino desses embriões em caso de divórcio, doenças graves ou falecimento, de um deles ou ambos, e quando desejam doá-los.	Serão criopreservados. No momento dessa criopreservação, os pacientes devem expressar suas vontades, por escrito, quanto ao destino desses embriões em caso de divórcio, doenças graves ou falecimento, de um deles ou ambos, e quando desejam doá-los.	Serão criopreservados. No momento dessa criopreservação, os pacientes devem expressar suas vontades, por escrito, quanto ao destino desses embriões em caso de divórcio, doenças graves ou falecimento, de um deles ou ambos, e quando desejam doá-los. Os embriões	Serão criopreservados. No momento dessa criopreservação, os pacientes devem expressar suas vontades, por escrito, quanto ao destino desses embriões em caso de divórcio, doenças graves ou falecimento, de um deles ou ambos, e quando desejam doá-los. Os embriões	Serão criopreservados. No momento dessa criopreservação, os pacientes devem expressar suas vontades, por escrito, quanto ao destino desses embriões em caso de divórcio, dissolução de união estável, doenças graves ou falecimento, de um deles ou ambos, e

(continua)

ASPECTOS COMPARATIVOS	RESOLUÇÃO Nº 1.358/92	RESOLUÇÃO Nº 1.957/10	RESOLUÇÃO Nº 2.013/13	RESOLUÇÃO Nº 2.121/15	RESOLUÇÃO Nº 2.168/17
EMBRIÕES EXCEDENTÁRIOS			criopreservados por mais de 5 anos podem ser descartados ou utilizados em pesquisa de células-tronco, nos termos da Lei de Biossegurança, segundo a vontade dos pacientes.	criopreservados por mais de 5 anos podem ser descartados ou utilizados em pesquisa de células-tronco, nos termos da Lei de Biossegurança, segundo a vontade dos pacientes.	quando desejam doá-los. Os embriões criopreservados por mais de 3 anos podem ser descartados. Os embriões criopreservados e abandonados por 3 anos ou mais poderão ser descartados. Obs.: Embrião abandonado é aquele em que os responsáveis descumpriram o contrato preestabelecido e não foram localizados pela clínica.

(continua)

ASPECTOS COMPARATIVOS	RESOLUÇÃO Nº 1.358/92	RESOLUÇÃO Nº 1.957/10	RESOLUÇÃO Nº 2.013/13	RESOLUÇÃO Nº 2.121/15	RESOLUÇÃO Nº 2.168/17
INSEMINAÇÃO *POST MORTEM*	Não há previsão.	Permitida, não constituindo ilícito ético, desde que haja autorização prévia específica do falecido para o uso do material biológico criopreservado, de acordo com a legislação vigente.	Permitida a sua utilização, desde que haja autorização prévia do falecido para o uso do seu material biológico criopreservado, de acordo com a legislação vigente.	Permitida a sua utilização, desde que haja autorização prévia do falecido para o uso do seu material biológico criopreservado, de forma a respeitar a legislação vigente.	Permitida a sua utilização, desde que haja autorização prévia do falecido para o uso do seu material biológico criopreservado, de forma a respeitar a legislação vigente.
DIAGNÓSTICO GENÉTICO PRÉ-IMPLANTACIONAL	Permitida na preservação e tratamento de doenças genéticas ou hereditárias, quando perfeitamente indicadas e com suficientes garantias de diagnóstico e terapêutica. Toda intervenção sobre os embriões *in vitro* não pode ter outra finalidade que não a de avaliar a sua viabilidade ou	Permitida na preservação e tratamento de doenças genéticas ou hereditárias, quando perfeitamente indicadas e com suficientes garantias de diagnóstico e terapêutica. Toda intervenção sobre os embriões *in vitro* não pode ter outra finalidade que não a de avaliar a sua viabilidade ou	Permitido para seleção de embriões submetidos a diagnóstico de alterações genéticas causadoras de doenças ou para tipagem do sistema HLA do embrião, com o intuito de verificar embriões HLA-compatíveis com o filho do casal já afetado pela doença, cujo tratamento efetivo seja com transplante	Permitido para seleção de embriões submetidos a diagnóstico de alterações genéticas causadoras de doenças (hipótese em que podem ser doados para pesquisa ou descartados) ou para tipagem do sistema HLA do embrião, com o intuito de verificar embriões HLA-compatíveis com o filho do	Permitido para seleção de embriões submetidos a diagnóstico de alterações genéticas causadoras de doenças (hipótese em que podem ser doados para pesquisa ou descartados, de acordo com a vontade dos pacientes, devidamente documentada em termo específico)

(continua)

ASPECTOS COMPARATIVOS	RESOLUÇÃO Nº 1.358/92	RESOLUÇÃO Nº 1.957/10	RESOLUÇÃO Nº 2.013/13	RESOLUÇÃO Nº 2.121/15	RESOLUÇÃO Nº 2.168/17
DIAGNÓSTICO GENÉTICO PRÉ-IMPLANTACIONAL	detectar doenças hereditárias ou tratar uma doença ou impedir a sua transmissão.	detectar doenças hereditárias ou tratar uma doença ou impedir a sua transmissão.	de célula-tronco ou de órgãos.	casal já acometido de doença, cujo tratamento efetivo seja com célula-tronco.	ou para tipagem do sistema HLA do embrião, com o intuito de verificar embriões HLA-compatíveis com o filho do casal já acometido de doença, cujo tratamento efetivo seja com célula-tronco.
GESTAÇÃO POR SUBSTITUIÇÃO (DOAÇÃO/ CESSÃO TEMPORÁRIA DE ÚTERO)	Permitida, para caso de problema médico que impeça a gestação na doadora genética. A doadora temporária do útero deve pertencer à família da doadora genética (parentesco consanguíneo até o 2º grau), sendo os demais casos sujeitos à	Permitida, para caso de problema médico que impeça a gestação na doadora genética. A doadora temporária do útero deve pertencer à família da doadora genética (parentesco consanguíneo até o 2º grau), sendo os demais casos sujeitos à	Permitida, para caso de problema médico que impeça a gestação na doadora ou no caso de união homoafetiva. A doadora temporária do útero deve pertencer à família de um dos parceiros (parentesco consanguíneo até o 4º grau), respeitada	Permitida, para caso de problema médico que impeça a gestação na doadora ou no caso de união homoafetiva. A doadora temporária do útero deve pertencer à família de um dos parceiros (parentesco consanguíneo até o 4º grau).	Permitida, para caso de problema médico que impeça a gestação na doadora, no caso de união homoafetiva ou de pessoa solteira. A doadora temporária do útero deve pertencer à família de um dos parceiros (parentesco consanguíneo

(conclusão)

ASPECTOS COMPARATIVOS	RESOLUÇÃO Nº 1.358/92	RESOLUÇÃO Nº 1.957/10	RESOLUÇÃO Nº 2.013/13	RESOLUÇÃO Nº 2.121/15	RESOLUÇÃO Nº 2.168/17
GESTAÇÃO POR SUBSTITUIÇÃO (DOAÇÃO/ CESSÃO TEMPORÁRIA DE ÚTERO)	autorização do CRM. Deve ser gratuita, pois é vedado o caráter lucrativo ou comercial.	autorização do CRM. Deve ser gratuita, pois é vedado o caráter lucrativo.	a idade máxima de 50 anos. Deve ser gratuita, pois é vedado o caráter lucrativo.	Estando os demais casos sujeitos à autorização do CRM. Deve ser gratuita, pois é vedado o caráter lucrativo.	até o 4º grau). Estando os demais casos sujeitos à autorização do CRM. Deve ser gratuita, pois é vedado o caráter lucrativo.

Fonte: Elaboração pelo autor a partir dos dados da pesquisa.

APÊNDICE B

QUADRO COMPARATIVO ENTRE OS PROJETOS DE LEI COM PROPOSTAS DE REGULAMENTAÇÃO MAIS ABRANGENTES DAS TRHA

(continua)

ASPECTOS COMPARATIVOS	PL Nº 2.855, DE 1997 (DO SR. CONFÚCIO MOURA)	PL Nº 1.135, DE 2003 (DO SR. DR. PINOTTI)	PL Nº 1.184, DE 2003 (DO DEPUTADO LUCIO ALCÂNTARA)	PL Nº 2.061, DE 2003 (DA DEPUTADA MANINHA)	PL Nº 4.892, DE 2012 (DO SR. ELEUSES PAIVA)/PL Nº 115, DE 2015 (DO SR. JUSCELINO REZENDE FILHO)
HIPÓTESES	Participação médica no processo de procriação ante a esterilidade ou infertilidade humana, quando outras terapêuticas tenham sido consideradas ineficazes. É permitida nos casos em que haja possibilidade concreta de êxito e não incorra em risco grave para a saúde da mulher ou para a possível descendência. As técnicas são inseminação artificial, fecundação	Facilitar o processo de procriação, auxiliando na resolução dos problemas de infertilidade humana.	Casos em que se verifique infertilidade e para prevenção de doenças genéticas ligadas ao sexo, observando-se indicação médica para o emprego das técnicas, receptora civilmente capaz, informada e esclarecida, apta, física e psicologicamente, após avaliação que leve em conta sua idade e outros critérios estabelecidos em regulamento, doador, apto física	Facilitar o processo de procriação, auxiliando na resolução dos problemas de infertilidade humana, quando outras terapêuticas tenham sido ineficazes ou ineficientes para solução da sua infertilidade, através dos serviços de saúde, públicos e privados, desde que exista probabilidade de sucesso e não incorra em risco de saúde para a mulher e para o possível nascituro.	RHA decorre do emprego de técnicas médicas cientificamente aceitas de modo a interferir diretamente no ato reprodutivo, viabilizando a fecundação e a gravidez. As técnicas são inseminação artificial, fertilização in vitro, injeção intracitoplásmica de espermatozoide e transferência de embriões, gametas ou zigotos, não excluindo outras que objetivem a facilitação da reprodução, desde que não contrariem normas éticas do CFM. Podem ser homólogas (emprega o material genético dos próprios genitores da concepção) ou heteróloga

(continua)

ASPECTOS COMPARATIVOS	PL Nº 2.855, DE 1997 (DO SR. CONFÚCIO MOURA)	PL Nº 1.135, DE 2003 (DO SR. DR. PINOTTI)	PL Nº 1.184, DE 2003 (DO DEPUTADO LUCIO ALCÂNTARA)	PL Nº 2.061, DE 2003 (DA DEPUTADA MANINHA)	PL Nº 4.892, DE 2012 (DO SR. ELEUSES PAIVA)/PL Nº 115, DE 2015 (DO SR. JUSCELINO REZENDE FILHO)
HIPÓTESES	*in vitro*, transferência de pré-embriões, transferência intratubária de gametas e outros métodos, observados os princípios da eficiência e da beneficência.		e mentalmente, mediante exames complementares. Caso não se diagnostique causa para a infertilidade, deverá observar um prazo mínimo de espera a ser fixado em regulamento.		(utiliza material genético de pelo menos um terceiro). Tem caráter subsidiário e serão utilizadas apenas quando houver diagnóstico médico indicando o tratamento ou para evitar a transmissão de doença considerada grave à criança. Indicado quando houver possibilidade razoável de êxito, não representar risco grave para a saúde física ou psíquica dos envolvidos, incluindo a descendência. Deverá obedecer aos princípios do respeito à vida humana, serenidade familiar, igualdade, dignidade humana, superior interesse do menor, paternidade

(continua)

ASPECTOS COMPARATIVOS	PL Nº 2.855, DE 1997 (DO SR. CONFÚCIO MOURA)	PL Nº 1.135, DE 2003 (DO SR. DR. PINOTTI)	PL Nº 1.184, DE 2003 (DO DEPUTADO LUCIO ALCÂNTARA)	PL Nº 2.061, DE 2003 (DA DEPUTADA MANINHA)	PL Nº 4.892, DE 2012 (DO SR. ELEUSES PAIVA/PL Nº 115, DE 2015 (DO SR. JUSCELINO REZENDE FILHO)
HIPÓTESES					responsável, liberdade de planejamento familiar, proteção integral da família, autonomia da vontade, boa-fé objetiva, transparência e subsidiariedade.
PRESERVAÇÃO SOCIAL E/OU ONCOLÓGICA DE GAMETAS SEXUAIS, EMBRIÕES OU TECIDOS GERMINATIVOS	Não há previsão expressa, mas possibilita a crioconservação dos gametas sexuais.	Não há previsão expressa, mas possibilita a crioconservação dos gametas sexuais.	Não há previsão expressa, mas possibilita a crioconservação dos gametas sexuais.	Não há previsão expressa, mas possibilita a crioconservação dos gametas sexuais.	Não há previsão expressa, mas possibilita a crioconservação dos gametas sexuais.
PRESERVAÇÃO DE GAMETAS SEXUAIS DE PESSOAS TRANSEXUAIS	Não há previsão.	Não há previsão.	Não há previsão.	Não há previsão.	Não há previsão.
IDADE MÁXIMA DA CANDIDATA À GESTAÇÃO	Sem idade máxima.	Sem idade máxima.	Sem idade máxima, mas a beneficiária deve ser apta, física	Sem idade máxima.	Sem idade máxima.

(continua)

ASPECTOS COMPARATIVOS	PL N° 2.855, DE 1997 (DO SR. CONFÚCIO MOURA)	PL N° 1.135, DE 2003 (DO SR. DR. PINOTTI)	PL N° 1.184, DE 2003 (DO DEPUTADO LUCIO ALCÂNTARA)	PL N° 2.061, DE 2003 (DA DEPUTADA MANINHA)	PL N° 4.892, DE 2012 (DO SR. ELEUSES PAIVA)/PL N° 115, DE 2015 (DO SR. JUSCELINO REZENDE FILHO)
IDADE MÁXIMA DA CANDIDATA À GESTAÇÃO			e psicologicamente, após avaliação que leve em conta sua idade e outros critérios do regulamento.		
CONSENTIMENTO INFORMADO	Obrigatório.	Obrigatório.	Obrigatório, vedada manifestação de vontade por procurador.	Obrigatório.	Obrigatório.
DOCUMENTO DE CONSENTIMENTO INFORMADO	Deverá ser escrito e assinado pelos beneficiários em formulário especial. É obrigatória a informação aos pacientes quanto à TRHA proposta, especialmente sobre os dados jurídicos, éticos, econômicos,	Deverá conter os aspectos médicos (detalhadamente expostos), os resultados obtidos naquela unidade de tratamento com a técnica, riscos inerentes ao tratamento, dados de caráter biológico, jurídico,	Deverá conter a indicação médica para o uso das técnicas no caso específico, manifestação expressa dos beneficiários da falta de interesse na adoção, os aspectos técnicos, implicações	Deverá ser escrito e acompanhado pela Comissão de Ética, contendo os aspectos médicos (detalhadamente expostos), os resultados obtidos naquela unidade de tratamento com a técnica, dados de caráter biológico,	Deverá ser prévio e indicar possibilidades de êxito, riscos e condições de aplicação, constando as implicações éticas, jurídicas e sociais. Deverá ser assinado por todos os envolvidos. Se os pacientes forem casados ou viverem em união estável, será necessária manifestação

(continua)

ASPECTOS COMPARATIVOS	PL N° 2.855, DE 1997 (DO SR. CONFÚCIO MOURA)	PL N° 1.135, DE 2003 (DO SR. DR. PINOTTI)	PL N° 1.184, DE 2003 (DO DEPUTADO LUCIO ALCÂNTARA)	PL N° 2.061, DE 2003 (DA DEPUTADA MANINHA)	PL N° 4.892, DE 2012 (DO SR. ELEUSES PAIVA)/PL N° 115, DE 2015 (DO SR. JUSCELINO REZENDE FILHO)
DOCUMENTO DE CONSENTIMENTO INFORMADO	biológicos, detalhamento médico de procedimentos, os riscos e os resultados estatísticos obtidos no próprio serviço e em serviço de referência. É possível a revogação do consentimento até o momento anterior à aplicação da técnica.	ético e econômico. Elaborado em formulário especial, estando completo com a concordância, por escrito, da paciente ou do casal infértil. Deverão constar, ainda, as condições em que o doador ou depositante autoriza a utilização de seus gametas ou pré-embriões, inclusive postumamente, o que também será exigido de seu cônjuge ou companheiro.	médicas das fases das modalidades disponíveis e seu custo, dados estatísticos referentes à efetividade dos resultados obtidos naquele serviço de saúde, resultados estatísticos e probabilísticos acerca da incidência e prevalência de resultados indesejados, em geral e no serviço de saúde onde será realizada, as implicações jurídicas, procedimentos	psicológico, jurídico, ético, econômico e social. Elaborado em formulário especial, estando completo com a concordância, por escrito, dos receptores e doadores e assinado por pelo menos um membro do Conselho de Ética.	expressa do cônjuge ou companheiro, concordando expressamente com o procedimento a ser adotado.

APÊNDICE B | 471

(continua)

ASPECTOS COMPARATIVOS	PL N° 2.855, DE 1997 (DO SR. CONFÚCIO MOURA)	PL N° 1.135, DE 2003 (DO SR. DR. PINOTTI)	PL N° 1.184, DE 2003 (DO DEPUTADO LUCIO ALCÂNTARA)	PL N° 2.061, DE 2003 (DA DEPUTADA MANINHA)	PL N° 4.892, DE 2012 (DO SR. ELEUSES PAIVA)/PL N° 115, DE 2015 (DO SR. JUSCELINO REZENDE FILHO)
DOCUMENTO DE CONSENTIMENTO INFORMADO			autorizados pelos beneficiários, condições em que o doador ou depositante autorizam o uso de seus gametas, inclusive postumamente, demais requisitos estabelecidos em regulamento. No caso do doador, deve conter também as implicações do ato de doar.		
SELEÇÃO DE SEXO OU QUALQUER OUTRA CARACTERÍSTICA BIOLÓGICA DO FUTURO FILHO	Vedada, salvo para os casos em que se pretenda prevenir doenças.	Vedada, salvo para evitar doenças do filho que venha a nascer.	Autorizada para prevenir doenças genéticas ligadas ao sexo, conforme dispuser o regulamento.	Vedada, salvo para evitar doenças do futuro nascituro.	Vedada, salvo para evitar doenças no futuro filho.

(continua)

ASPECTOS COMPARATIVOS	PL Nº 2.855, DE 1997 (DO SR. CONFÚCIO MOURA)	PL Nº 1.135, DE 2003 (DO SR. DR. PINOTTI)	PL Nº 1.184, DE 2003 (DO DEPUTADO LUCIO ALCÂNTARA)	PL Nº 2.061, DE 2003 (DA DEPUTADA MANINHA)	PL Nº 4.892, DE 2012 (DO SR. ELEUSES PAIVA)/PL Nº 115, DE 2015 (DO SR. JUSCELINO REZENDE FILHO)
FINALIDADE	Sempre procriativa, vedada qualquer outra.	Sempre procriativa, vedada qualquer outra.	Procriativa.	Sempre procriativa, vedada qualquer outra.	Sempre procriativa, vedada qualquer outra.
CRIAÇÃO DE SERES HUMANOS GENETICAMENTE MODIFICADOS, EMBRIÕES PARA INVESTIGAÇÃO DE QUALQUER NATUREZA, EMBRIÕES COM FINALIDADES DE EUGENIA, HÍBRIDOS, QUIMERAS	Vedada a utilização das TRHA para fins de clonagem e eugenia.	Não prevê.	Não prevê.	Não prevê.	Vedada.
INTERVENÇÃO NO GENOMA HUMANO	Não prevê.	Não prevê.	Não prevê.	Não prevê.	Vedada, exceto para casos de terapia gênica, excluindo-se qualquer ação em células germinativas que resulte na modificação genética da descendência.

APÊNDICE B | 473
(continua)

ASPECTOS COMPARATIVOS	PL Nº 2.855, DE 1997 (DO SR. CONFÚCIO MOURA)	PL Nº 1.135, DE 2003 (DO SR. DR. PINOTTI)	PL Nº 1.184, DE 2003 (DO DEPUTADO LUCIO ALCÂNTARA)	PL Nº 2.061, DE 2003 (DA DEPUTADA MANINHA)	PL Nº 4.892, DE 2012 (DO SR. ELEUSES PAIVA)/PL Nº 115, DE 2015 (DO SR. JUSCELINO REZENDE FILHO)
CONFUSÃO NA INSEMINAÇÃO OU FERTILIZAÇÃO	Não prevê.	Não prevê.	Não prevê.	Não prevê.	Vedada.
NÚMERO MÁXIMO DE EMBRIÕES OU OÓCITOS A SEREM TRANSFERIDOS POR IDADE DA RECEPTORA	Não há previsão.	Não deve ser superior a 3, respeitada a vontade da mulher receptora a cada ciclo reprodutivo.	Não deve ser superior a 2, respeitada a vontade da mulher receptora a cada ciclo reprodutivo.	Não deve ser superior a 4, número que poderá ser reduzido em virtude da melhoria das técnicas cientificamente aceitas de reprodução humana assistida.	Até 35 anos – até 2. Entre 36 e 39 anos – até 3. 40 anos ou mais – até 4.
REDUÇÃO EMBRIONÁRIA	Proibida, salvo em caso de risco de vida da gestante.	Proibida, salvo nos casos de risco de vida para a gestante.	Proibida, salvo nos casos de risco de vida para a gestante.	Não há previsão.	Proibida.
BENEFICIÁRIOS	Mulheres, capazes, independentemente de seu estado civil, desde que tenham	Mulheres civilmente capazes, desde que de acordo e esclarecidas, com	Mulheres civilmente capazes, desde que de acordo e esclarecidas, aptas,	Homens e mulheres capazes, nos termos da lei, desde que	Pessoas maiores de 18 anos, mediante manifestação inequívoca de sua vontade e

(continua)

ASPECTOS COMPARATIVOS	PL Nº 2.855, DE 1997 (DO SR. CONFÚCIO MOURA)	PL Nº 1.135, DE 2003 (DO SR. DR. PINOTTI)	PL Nº 1.184, DE 2003 (DO DEPUTADO LUCIO ALCÂNTARA)	PL Nº 2.061, DE 2003 (DA DEPUTADA MANINHA)	PL Nº 4.892, DE 2012 (DO SR. ELEUSES PAIVA)/PL Nº 115, DE 2015 (DO SR. JUSCELINO REZENDE FILHO)
BENEFICIÁRIOS	solicitado e concordado livre e conscientemente em documento de consentimento informado.	aprovação do cônjuge ou companheiro.	física e psicologicamente, após avaliação que leve em conta sua idade e outros critérios estabelecidos em regulamento.	de acordo e esclarecidos.	indicação médica, que desejem ter um filho.
DIREITOS A CASAIS HOMOAFETIVOS/ PESSOAS SOLTEIRAS	Não há previsão.	Não há previsão.	Não há previsão.	Não há previsão.	Não há previsão.
DOAÇÃO DE GAMETAS OU EMBRIÕES	Gratuita.	Gratuita. Vedada para os médicos, funcionários e demais integrantes das clínicas.	Gratuita. Vedada a dirigentes, funcionários, membros da equipe ou seus parentes até o quarto grau e a pessoas absolutamente incapazes. Podem ser estabelecidas	Gratuita. Vedada para os médicos, funcionários e demais integrantes das clínicas.	Gratuita. Vedada para os médicos e integrantes da equipe multidisciplinar que trabalharem nas clínicas.

(continua)

ASPECTOS COMPARATIVOS	PL Nº 2.855, DE 1997 (DO SR. CONFÚCIO MOURA)	PL Nº 1.135, DE 2003 (DO SR. DR. PINOTTI)	PL Nº 1.184, DE 2003 (DO DEPUTADO LUCIO ALCÂNTARA)	PL Nº 2.061, DE 2003 (DA DEPUTADA MANINHA)	PL Nº 4.892, DE 2012 (DO SR. ELEUSES PAIVA)/PL Nº 115, DE 2015 (DO SR. JUSCELINO REZENDE FILHO)
DOAÇÃO DE GAMETAS OU EMBRIÕES			idades limites para os doadores, para garantir a qualidade dos gametas doados, conforme estabelecido em regulamento.		
SIGILO	Sigilosa. A quebra do sigilo sobre as condições dos doadores somente será permitida em razão de motivação médica, podendo ser fornecidas exclusivamente para a equipe responsável pelo caso, preservada a identidade civil do doador. Cabe ao serviço	Sigilosa (doadores não podem conhecer identidade dos receptores e vice-versa). Excepcionalmente, informações sobre os doadores (clínicas devem manter registro permanente) podem ser fornecidas exclusivamente	Sigilosa (doadores não podem conhecer identidade dos receptores e vice-versa). O sigilo poderá ser quebrado, nos casos autorizados em lei, obrigando-se o serviço de saúde a fornecer as informações solicitadas,	Sigilosa (doadores não podem conhecer identidade dos receptores e vice-versa, salvo em situação de doação homóloga ou heteróloga consentida, sendo necessária a aprovação de ambos, após consentimento informado).	Sigilosa. Toda informação relativa a doadores e receptores deve ser coletada, tratada e guardada no mais estrito sigilo, não podendo ser facilitada nem divulgada informação que permita a identificação da identidade civil do doador ou receptor. Assegurado às autoridades de vigilância sanitária o acesso aos registros médicos para fins de inspeção e

(continua)

ASPECTOS COMPARATIVOS	PL Nº 2.855, DE 1997 (DO SR. CONFÚCIO MOURA)	PL Nº 1.135, DE 2003 (DO SR. DR. PINOTTI)	PL Nº 1.184, DE 2003 (DO DEPUTADO LUCIO ALCÂNTARA)	PL Nº 2.061, DE 2003 (DA DEPUTADA MANINHA)	PL Nº 4.892, DE 2012 (DO SR. ELEUSES PAIVA)/PL Nº 115, DE 2015 (DO SR. JUSCELINO REZENDE FILHO)
SIGILO	que emprega a técnica a custódia dos dados de identidade do doador, que deverão ser repassados para os serviços de controle regional. Os serviços ficam também obrigados a colher amostra celular dos doadores, assim como manter registro dos seus dados clínicos e de suas características fenotípicas, que serão permanentemente arquivados. A revelação da	para médicos, resguardando-se a sua identidade civil.	mantidos o segredo profissional e o anonimato. A pessoa nascida das técnicas terá acesso, a qualquer tempo, diretamente ou por representante legal, desde que manifeste sua vontade, livre e esclarecida, a todas as informações sobre o processo que o gerou, inclusive à identidade civil do doador. Também será quebrado quando razões médicas (caso em que será mantida em sigilo a	Excepcionalmente, informações sobre os doadores (clínicas devem manter registro permanente) podem ser fornecidas exclusivamente para médicos, resguardando-se a sua identidade civil.	investigação, devendo observar o dever de sigilo. Assegurado também o direito da pessoa nascida de utilização de material genético de doador de conhecer sua origem biológica, mediante autorização judicial, em caso de interesse relevante para garantir a preservação de sua vida, manutenção de sua saúde física ou higidez psicológica e em outros casos graves que, a critério do juiz, assim o sejam reconhecidos por sentença judicial. O mesmo direito é garantido ao doador.

(continua)

ASPECTOS COMPARATIVOS	PL Nº 2.855, DE 1997 (DO SR. CONFÚCIO MOURA)	PL Nº 1.135, DE 2003 (DO SR. DR. PINOTTI)	PL Nº 1.184, DE 2003 (DO DEPUTADO LUCIO ALCÂNTARA)	PL Nº 2.061, DE 2003 (DA DEPUTADA MANINHA)	PL Nº 4.892, DE 2012 (DO SR. ELEUSES PAIVA)/PL Nº 115, DE 2015 (DO SR. JUSCELINO REZENDE FILHO)
SIGILO	identidade do doador não será motivo para determinar nova filiação.		identidade civil do doador) ou jurídicas indicarem, para a vida ou saúde da pessoa gerada ou para oposição de impedimento do casamento, devendo tais informações serem fornecidas ao médico solicitante ou ao oficial de registro civil ou a quem presidir a celebração do casamento, que notificará os nubentes. Pessoa nascida e doador ou seus parentes até 2º grau terão acesso para fins de transplante de órgão ou tecidos.		

(continua)

ASPECTOS COMPARATIVOS	PL Nº 2.855, DE 1997 (DO SR. CONFÚCIO MOURA)	PL Nº 1.135, DE 2003 (DO SR. DR. PINOTTI)	PL Nº 1.184, DE 2003 (DO DEPUTADO LUCIO ALCÂNTARA)	PL Nº 2.061, DE 2003 (DA DEPUTADA MANINHA)	PL Nº 4.892, DE 2012 (DO SR. ELEUSES PAIVA)/PL Nº 115, DE 2015 (DO SR. JUSCELINO REZENDE FILHO)
ESCOLHA DO DOADOR	Responsabilidade do serviço médico, que deverá zelar para que as características fenotípicas e imunológicas se aproximem ao máximo da receptora. O doador deve ser civilmente capaz e ter comprovadamente descartada qualquer possibilidade de transmissão de doenças, especialmente as hereditárias. A doação pode ser revogada, caso haja uma	Responsabilidade da unidade, devendo garantir a máxima semelhança fenotípica e a máxima compatibilidade com a receptora. Doador e seus parentes biológicos não terão direito ou vínculo, quanto à parentalidade, em relação à pessoa nascida do uso das técnicas, salvo os impedimentos matrimoniais.	A escolha será responsabilidade do serviço de saúde responsável pela utilização das técnicas e deverá assegurar a compatibilidade imunológica entre doador e receptor. Doador deve ser considerado apto, física e mentalmente, por meio de exames clínicos complementares. Doador e seus parentes biológicos não terão direito ou vínculo, quanto à parentalidade, em relação à pessoa	Responsabilidade da unidade, devendo garantir a máxima semelhança fenotípica e imunológica, com a máxima compatibilidade com a receptora.	Responsabilidade do médico, devendo garantir a máxima semelhança fenotípica, imunológica e máxima compatibilidade com os receptores. Deverá ser maior de 18 anos, capaz e concordar expressamente coma doação, após ser devidamente informado do destino de seu material genético e das implicações do ato. Deverá concordar em se submeter a uma avaliação médico-laboratorial, incluindo testes para doenças infectocontagiosas e repeti-los num prazo nunca inferior a seis meses, após a última coleta, para a liberação do material

APÊNDICE B | 479
QUADRO COMPARATIVO ENTRE OS PROJETOS DE LEI COM PROPOSTAS DE REGULAMENTAÇÃO MAIS ABRANGENTES...

(continua)

ASPECTOS COMPARATIVOS	PL Nº 2.855, DE 1997 (DO SR. CONFÚCIO MOURA)	PL Nº 1.135, DE 2003 (DO SR. DR. PINOTTI)	PL Nº 1.184, DE 2003 (DO DEPUTADO LUCIO ALCÂNTARA)	PL Nº 2.061, DE 2003 (DA DEPUTADA MANINHA)	PL Nº 4.892, DE 2012 (DO SR. ELEUSES PAIVA)/PL Nº 115, DE 2015 (DO SR. JUSCELINO REZENDE FILHO)
ESCOLHA DO DOADOR	infertilidade superveniente do doador e ele precisar desses gametas para fins procriativos, se ainda existirem.		nascida do uso das técnicas, salvo os impedimentos matrimoniais.		doado, desde que o resultado seja negativo para quaisquer doenças.
DOAÇÃO COMPARTILHADA DE OÓCITOS	Não há previsão.	Não há previsão.	Não há previsão.	Não há previsão.	Não há previsão.
PERSONALIDADE JURÍDICA DOS GAMETAS E PRÉ-EMBRIÕES	Não há previsão.	Anteriormente à sua implantação no organismo da receptora, não são dotados de personalidade civil. Os beneficiários são responsáveis pela tutela do pré-embrião e seu ulterior desenvolvimento no organismo receptor.	Anteriormente à sua implantação no organismo da receptora, não são dotados de personalidade civil. Os beneficiários são responsáveis pela tutela do embrião e seu ulterior desenvolvimento no organismo receptor.	Não há previsão.	Não há previsão.

(continua)

ASPECTOS COMPARATIVOS	PL N° 2.855, DE 1997 (DO SR. CONFÚCIO MOURA)	PL N° 1.135, DE 2003 (DO SR. DR. PINOTTI)	PL N° 1.184, DE 2003 (DO DEPUTADO LUCIO ALCÂNTARA)	PL N° 2.061, DE 2003 (DA DEPUTADA MANINHA)	PL N° 4.892, DE 2012 (DO SR. ELEUSES PAIVA)/PL N° 115, DE 2015 (DO SR. JUSCELINO REZENDE FILHO)
PERSONALIDADE JURÍDICA DOS GAMETAS E PRÉ-EMBRIÕES			É facultada a pesquisa e experimentação com embriões transferidos e espontaneamente abortados, desde que haja autorização dos beneficiários.		
CRIOPRESER-VAÇÃO DE GAMETAS OU EMBRIÕES	Poderão ser criopreservados gametas e pré-embriões.	Poderão ser criopreservados espermatozoide, óvulos e pré-embriões.	Poderão ser preservados gametas humanos, pelo método e prazo estabelecidos em regulamento.	Poderão ser criopreservados espermatozoides, óvulos e pré-embriões.	Poderão ser criopreservados óvulos e espermatozoides. Excepcionalmente, caso haja indicação médica de não se transferir imediatamente, poderão ser crioconservados embriões.

(continua)

ASPECTOS COMPARATIVOS	PL Nº 2.855, DE 1997 (DO SR. CONFÚCIO MOURA)	PL Nº 1.135, DE 2003 (DO SR. DR. PINOTTI)	PL Nº 1.184, DE 2003 (DO DEPUTADO LUCIO ALCÂNTARA)	PL Nº 2.061, DE 2003 (DA DEPUTADA MANINHA)	PL Nº 4.892, DE 2012 (DO SR. ELEUSES PAIVA)/PL Nº 115, DE 2015 (DO SR. JUSCELINO REZENDE FILHO)
EMBRIÕES EXCEDENTÁRIOS	Serão criopreservados, por 5 anos, nos bancos autorizados, aqueles não utilizados a fresco, salvo manifestação contrária dos beneficiários. Após 5 anos, ficarão à disposição dos bancos correspondentes, que deverão descartá-los, salvo para uso em experimentação, com observância das disposições contidas no Título VII do PL em comento. O casal deverá manifestar,	Serão criopreservados. Os pacientes devem expressar suas vontades, por escrito, quanto ao destino desses embriões em caso de divórcio, doenças graves ou falecimento, de um deles ou ambos, e quando desejam doá-los. Após 3 anos, ficarão à disposição dos beneficiários, doadores ou depositantes, para descartá-los ou doá-los e, quando forem detectadas alterações	O tempo máximo de desenvolvimento *in vitro* dos embriões será disposto em regulamento.	Serão criopreservados. No momento da criopreservação, os pacientes devem expressar suas vontades, por escrito, quanto ao destino desses pré-embriões em caso de doenças graves ou falecimento de um deles ou ambos.	Vedada produção de embriões supranumerários (aqueles que excedem o número necessário à transferência em razão da idade da mulher). Excepcionalmente podem ser crioconservados. No momento, beneficiários devem expressar sua vontade, por escrito, quanto ao destino que será dado aos embriões em caso de rompimento da sociedade conjugal, união estável, doença grave ou falecimento de um ou de ambos ou em virtude de desistência do tratamento proposto. Destinos possíveis dos embriões: implantação na beneficiária, entrega

(continua)

ASPECTOS COMPARATIVOS	PL Nº 2.855, DE 1997 (DO SR. CONFÚCIO MOURA)	PL Nº 1.135, DE 2003 (DO SR. DR. PINOTTI)	PL Nº 1.184, DE 2003 (DO DEPUTADO LUCIO ALCÂNTARA)	PL Nº 2.061, DE 2003 (DA DEPUTADA MANINHA)	PL Nº 4.892, DE 2012 (DO SR. ELEUSES PAIVA)/PL Nº 115, DE 2015 (DO SR. JUSCELINO REZENDE FILHO)
EMBRIÕES EXCEDENTÁRIOS	por escrito, o destino a ser dado aos pré-embriões criopreservados nos casos de morte de um deles ou de separação. Nos pré-embriões em que sejam detectadas alterações genéticas que comprovadamente venham a comprometer a vida saudável da descendência serão descartados após consentimento do casal.	genéticas que comprometam a vida saudável da descendência, serão descartados, após o consentimento do casal.			para adoção embrionária (seguirá o ECA) ou envio para pesquisas científicas, com o devido consentimento. Não serão, em qualquer hipótese, descartados.

(continua)

ASPECTOS COMPARATIVOS	PL Nº 2.855, DE 1997 (DO SR. CONFÚCIO MOURA)	PL Nº 1.135, DE 2003 (DO SR. DR. PINOTTI)	PL Nº 1.184, DE 2003 (DO DEPUTADO LUCIO ALCÂNTARA)	PL Nº 2.061, DE 2003 (DA DEPUTADA MANINHA)	PL Nº 4.892, DE 2012 (DO SR. ELEUSES PAIVA)/PL Nº 115, DE 2015 (DO SR. JUSCELINO REZENDE FILHO)
INSEMINAÇÃO *POST MORTEM*	Veda o reconhecimento da paternidade no caso de morte do esposo ou companheiro anterior à utilização médica de alguma técnica de reprodução humana assistida, salvo nos casos de manifestação prévia e expressa do casal.	Não há previsão.	Proibida, salvo se houver termo de consentimento livre e esclarecido ou testamento que autorize.	Não há previsão.	Permitido uso de material genético de qualquer pessoa, seja óvulo, espermatozoide ou embrião já formado, após sua morte, desde que haja manifestação específica, em documento escrito, dado por ela, em vida, para o uso do seu material biológico, descrevendo: a pessoa que deverá gerar o ser já concebido (embrião) ou a quem deverá ser destinado o gameta (óvulo ou espermatozoide) e quem o gestará após a concepção. O destinatário deverá dar sua anuência ao documento.

(continua)

ASPECTOS COMPARATIVOS	PL Nº 2.855, DE 1997 (DO SR. CONFÚCIO MOURA)	PL Nº 1.135, DE 2003 (DO SR. DR. PINOTTI)	PL Nº 1.184, DE 2003 (DO DEPUTADO LUCIO ALCÂNTARA)	PL Nº 2.061, DE 2003 (DA DEPUTADA MANINHA)	PL Nº 4.892, DE 2012 (DO SR. ELEUSES PAIVA)/PL Nº 115, DE 2015 (DO SR. JUSCELINO REZENDE FILHO)
DIAGNÓSTICO GENÉTICO PRÉ-IMPLANTACIONAL	Permitido, desde que tenha finalidade exclusiva de fazer uma avaliação da viabilidade dos pré-embriões *in vitro* e da detecção de doenças hereditárias, com o fim de tratá-las ou impedir sua transmissão, condicionadas ao prévio consentimento informado do casal. Não poderá ser objeto de seleção eugênica.	Permitido na prevenção e tratamento de doenças genéticas ou hereditárias, quando perfeitamente indicadas e com suficientes garantias de diagnóstico e terapêutica. Toda intervenção sobre os embriões *in vitro* não pode ter outra finalidade que não a de avaliar a sua viabilidade ou detectar doenças hereditárias ou tratar uma doença ou impedir a sua transmissão.	Autorizado para prevenir doenças genéticas ligadas ao sexo, conforme dispuser em regulamento.	Permitido na prevenção e tratamento de doenças genéticas ou hereditárias, quando científica e eticamente indicadas e com garantias suficientes de diagnóstico e terapêutica. Toda intervenção sobre os embriões *in vitro* não pode ter outra finalidade que não a de avaliar a sua viabilidade ou detectar doenças genéticas ou hereditárias ou tratar uma doença ou impedir a sua transmissão.	Permitido para avaliar a viabilidade do embrião ou detectar doenças hereditárias graves a fim de tratá-las ou impedir sua transmissão, somente sendo utilizado com garantias reais de sucesso, sendo obrigatório o consentimento informado dos beneficiários.

(continua)

ASPECTOS COMPARATIVOS	PL Nº 2.855, DE 1997 (DO SR. CONFÚCIO MOURA)	PL Nº 1.135, DE 2003 (DO SR. DR. PINOTTI)	PL Nº 1.184, DE 2003 (DO DEPUTADO LUCIO ALCÂNTARA)	PL Nº 2.061, DE 2003 (DA DEPUTADA MANINHA)	PL Nº 4.892, DE 2012 (DO SR. ELEUSES PAIVA)/PL Nº 115, DE 2015 (DO SR. JUSCELINO REZENDE FILHO)
GESTAÇÃO POR SUBSTITUIÇÃO	Permitida, para os casos em que a futura mãe legal, por defeito[1] congênito ou adquirido, não possa desenvolvê-la. Não poderá ter objetivo comercial ou lucrativo e é indispensável a autorização do Conselho Nacional de RHA, salvo nos casos em que a gestante por substituição seja parente até o 4º	Permitida, para caso de problema médico que impeça a gestação na doadora genética. A doadora temporária do útero deve pertencer à família da doadora genética (parentesco consanguíneo até o 2º grau), sendo os demais casos sujeitos à autorização do CRM. Deve ser gratuita, pois é vedado o caráter	Proibida.	Permitida, para caso de problema médico que impeça a gestação na doadora genética. Deve ser gratuita, pois é vedado o caráter lucrativo ou comercial.	Permitida para casos em que a indicação médica identifique qualquer fator de saúde que impeça ou contraindique a gestação por um dos cônjuges, companheiros ou pessoa que se submeta ao tratamento. Deve ser gratuita, pois é vedado caráter lucrativo ou comercial, e a cessionária deverá pertencer à família dos cônjuges ou companheiros, em um parentesco de 2º grau. Excepcionalmente e desde que comprovadas a indicação e

[1] Tal expressão é a que consta do texto original do projeto de lei em comento.

(continua)

ASPECTOS COMPARATIVOS	PL Nº 2.855, DE 1997 (DO SR. CONFÚCIO MOURA)	PL Nº 1.135, DE 2003 (DO SR. DR. PINOTTI)	PL Nº 1.184, DE 2003 (DO DEPUTADO LUCIO ALCÂNTARA)	PL Nº 2.061, DE 2003 (DA DEPUTADA MANINHA)	PL Nº 4.892, DE 2012 (DO SR. ELEUSES PAIVA)/PL Nº 115, DE 2015 (DO SR. JUSCELINO REZENDE FILHO)
GESTAÇÃO POR SUBSTITUIÇÃO	grau consanguíneo ou afim[2] da futura mãe legal.	lucrativo ou comercial.			compatibilidade da receptora, será admitida a gestação por pessoa que não seja parente dos beneficiários, após parecer do CRM. Deverá ser formalizada por pacto de gestação de substituição, homologado judicialmente, antes do início do procedimento, sendo nulos os pactos não homologados, considerando-se, nesse caso, a cedente do útero como mãe da criança. Para lavratura do registro em Cartório de Registro Civil e Pessoas Naturais,

[2] Este ponto trata de uma imprecisão no projeto de lei, pois o parentesco por afinidade vai apenas até o 2º grau colateral e não se confunde com o parentesco civil ou socioafetivo.

(continua)

ASPECTOS COMPARATIVOS	PL Nº 2.855, DE 1997 (DO SR. CONFÚCIO MOURA)	PL Nº 1.135, DE 2003 (DO SR. DR. PINOTTI)	PL Nº 1.184, DE 2003 (DO DEPUTADO LUCIO ALCÂNTARA)	PL Nº 2.061, DE 2003 (DA DEPUTADA MANINHA)	PL Nº 4.892, DE 2012 (DO SR. ELEUSES PAIVA)/PL Nº 115, DE 2015 (DO SR. JUSCELINO REZENDE FILHO)
GESTAÇÃO POR SUBSTITUIÇÃO					deve-se levar o pacto homologado, comprovação do nascimento emitida pelo hospital, declaração do médico responsável descrevendo a técnica empregada e o termo de consentimento informado.
FILIAÇÃO	Não é claro quanto à atribuição da parentalidade, mas dá a entender que ela será conferida aos beneficiários das técnicas. Veda a inscrição de quaisquer observações, na certidão de nascimento, a respeito da origem genética do filho,	Atribuída aos beneficiários (mulheres ou casais que tenham solicitado as técnicas) e a morte desses não restabelece o poder parental dos pais biológicos.	Atribuída aos beneficiários (mulheres ou casais que tenham solicitado as técnicas) e a morte desses não restabelece o poder parental dos pais biológicos.	Não há previsão.	Atribuída aos beneficiários (cônjuges ou companheiros) e, em nenhuma hipótese, o assento de nascimento conterá dados acerca do caráter da geração. Nenhum vínculo será estabelecido com o doador. Na inseminação *post mortem* o vínculo será estabelecido com o genitor falecido. Admitida a negatória de paternidade/

(continua)

ASPECTOS COMPARATIVOS	PL N° 2.855, DE 1997 (DO SR. CONFÚCIO MOURA)	PL N° 1.135, DE 2003 (DO SR. DR. PINOTTI)	PL N° 1.184, DE 2003 (DO DEPUTADO LUCIO ALCÂNTARA)	PL N° 2.061, DE 2003 (DA DEPUTADA MANINHA)	PL N° 4.892, DE 2012 (DO SR. ELEUSES PAIVA/PL N° 115, DE 2015 (DO SR. JUSCELINO REZENDE FILHO)
FILIAÇÃO	não podendo o registro civil ser questionado sob o argumento de que o filho nasceu por meio de uso de técnica de reprodução humana assistida.				maternidade nas hipóteses de erro de consentimento no tocante ao uso de inseminação heteróloga ou nos casos de fraude em razão de infidelidade do outro genitor. Admite-se a negatória, também, se houver fundada suspeita de que não foi aplicada pelo médico a técnica escolhida (a sentença que reconhecer o erro médico não desconstituirá o vínculo paterno-filial existente)
FISCALIZAÇÃO	Não há previsão.	Os serviços de saúde que oferecem as técnicas sujeitam-se à fiscalização do Ministério Público.	Os serviços de saúde que oferecem as técnicas sujeitam-se à fiscalização do Ministério Público.	Comissão de Ética, a ser instituída pelo Conselho Municipal de Saúde ou, na sua falta, pelo Conselho Estadual de Saúde	Compete ao Conselho Nacional de Reprodução Assistida (CNRA), em articulação com as entidades públicas competentes, fiscalizar o cumprimento da lei.

APÊNDICE B | 489
QUADRO COMPARATIVO ENTRE OS PROJETOS DE LEI COM PROPOSTAS DE REGULAMENTAÇÃO MAIS ABRANGENTES...

(continua)

ASPECTOS COMPARATIVOS	PL Nº 2.855, DE 1997 (DO SR. CONFÚCIO MOURA)	PL Nº 1.135, DE 2003 (DO SR. DR. PINOTTI)	PL Nº 1.184, DE 2003 (DO DEPUTADO LUCIO ALCÂNTARA)	PL Nº 2.061, DE 2003 (DA DEPUTADA MANINHA)	PL Nº 4.892, DE 2012 (DO SR. ELEUSES PAIVA)/PL Nº 115, DE 2015 (DO SR. JUSCELINO REZENDE FILHO)
FISCALIZAÇÃO				da localidade onde esteja o estabelecimento.	Também o Ministério da Saúde é responsável por fiscalizar o âmbito administrativo, através da Agência Nacional de Vigilância Sanitária.
INFRAÇÕES E SANÇÕES	Infrações penais – a lei elenca uma diversidade de crimes.	Infrações éticas – disciplinadas em resolução pelos conselhos a que se subordinam os profissionais. Infrações administrativas – estabelecidas pelo órgão competente da administração pública, que procederá à fiscalização. Infrações penais – a lei prevê	Infrações penais – a lei elenca uma diversidade de crimes. A prática de qualquer uma das condutas elencadas, inclusive, acarreta a perda da licença do estabelecimento, sem prejuízo das demais sanções cabíveis.	Determina que as instituições, públicas ou privadas, e profissionais de saúde que contrariarem os dispositivos da lei, estão sujeitos às penalidades previstas na legislação civil e penal em vigor.	O projeto estabelece uma série de sanções e responsabilizações: Infrações administrativas – sujeitam o infrator às penalidades da Lei nº 6.437/1877, não excluindo sanções civis e penais definidas em normas específicas. Infrações penais – a lei prevê uma série de condutas tipificadas.

(conclusão)

ASPECTOS COMPARATIVOS	PL Nº 2.855, DE 1997 (DO SR. CONFÚCIO MOURA)	PL Nº 1.135, DE 2003 (DO SR. DR. PINOTTI)	PL Nº 1.184, DE 2003 (DO DEPUTADO LUCIO ALCÂNTARA)	PL Nº 2.061, DE 2003 (DA DEPUTADA MANINHA)	PL Nº 4.892, DE 2012 (DO SR. ELEUSES PAIVA)/PL Nº 115, DE 2015 (DO SR. JUSCELINO REZENDE FILHO)
INFRAÇÕES E SANÇÕES		quatro tipos penais (fecundar oócito humano com finalidade distinta da reprodutiva; comercializar ou industrializar pré-embriões ou gametas; praticar RHA sem obtenção de consentimento livre e esclarecido; revelar a identidade civil dos doadores s ou dos beneficiários).			

Fonte: Elaboração pelo autor a partir dos dados da pesquisa.

APÊNDICE C

QUADRO COMPARATIVO ENTRE OS PROJETOS DE LEI COM PROPOSTAS PONTUAIS DE REGULAMENTAÇÃO DAS TRHA

(continua)

PL Nº	PROPOSTA DE REGULAMENTAÇÃO
4.664/2001 (DO SR. LAMARTINE POSELLA)	Autoriza a fertilização *in vitro* só para casais que não puderem ter filhos pelo processo natural de fertilização, somente em clínicas autorizadas pelo Ministério da Saúde.
4.665/2001 (DO SR. LAMARTINE POSELLA)	Veda o descarte de embriões humanos fertilizados *in vitro*. Determina que a responsabilidade sobre o destino dos embriões não implantados é dos doadores das células germinativas por 5 anos. Após este período, passa a ser da clínica a responsabilidade que, acrescida à responsabilidade de manutenção, só poderá destiná-los para adoção, nunca para experiências.
6.296/2002 (DO SR. MAGNO MALTA)	Proíbe a fertilização de óvulos humanos com material genético proveniente de células de doador do gênero feminino.
120/2003 (DO SR. ROBERTO PESSOA)	Trata da investigação de paternidade de pessoas nascidas de técnicas de reprodução humana assistida, acrescentando o art. 6º-A na Lei nº 8.560/1992, o qual dispõe que as pessoas nascidas das técnicas de reprodução humana assistida têm direito de saber a identidade de seu pai ou mãe biológicos, a ser fornecido na ação de investigação de paternidade ou maternidade pelo profissional médico que assistiu a reprodução ou, se for o caso, de quem detenha seus arquivos. Estabelece, ainda, que a parentalidade biológica resultante de doações de gametas não gera direitos sucessórios.

(continua)

PL N°	PROPOSTA DE REGULAMENTAÇÃO
4.686/2004 (DO SR. JOSÉ CARLOS ARAÚJO)	Acrescenta o art. 1.597-A no Código Civil: 1) Pessoa nascida pelo processo de inseminação heteróloga tem direito ao acesso, a qualquer tempo, diretamente ou mediante representante legal, desde que manifeste sua vontade livre e consciente, a todas as informações sobre o processo que a gerou, inclusive a identidade civil do doador e mãe biológica, obrigando-se o serviço de saúde a fornecer as informações solicitadas, mantidos segredo profissional e de justiça. 2) Parentalidade biológica surgida de processo de reprodução assistida heteróloga não gera direitos sucessórios. 3) Conhecimento da verdade biológica impõe a aplicação dos art. 1.521 (impedimentos matrimoniais), 1.596 (igualdade na filiação), 1.626 (revogado) e 1.628 (revogado) do Código Civil.
4.889/2005 (DO SR. SALVADOR ZIMBALDI)	Estabelece critérios para o funcionamento das clínicas de reprodução humana assistida. As clínicas já instaladas, na data da publicação da lei, disporão de prazo de seis meses para fazer sua regulamentação junto ao Ministério da Saúde e as novas precisarão de licença do mesmo Ministério para poder funcionar. Todos os procedimentos de reprodução humana deverão ser informados ao Ministério da Saúde. Proíbe a fecundação de mais de 1 óvulo de uma mesma mulher para cada gestação, somente sendo autorizada fecundação de dois óvulos quando a mãe desejar ter filhos gêmeos. Proibida a redução terapêutica. Proibido o congelamento de óvulos. Proibida a fecundação de óvulos para obtenção de células tronco embrionárias. Clínicas que transgredirem serão responsabilizadas criminalmente segundo crimes estabelecidos no Código Penal e sendo tratado como crime inafiançável, sujeitando-se à multa de cinco mil salários mínimos vigentes e perda da licença para funcionamento. Vetada a constituição de novas clínicas aos infratores.
5.624/2005 (DO SR. NEUCIMAR FRAGA)	Institui o Programa de Reprodução Assistida no Sistema Único de Saúde, a ser desenvolvido pelos estabelecimentos e conveniados ao Ministério da Saúde. Objetiva: garantir a oferta de atendimento ao usuário que necessite de auxílio na reprodução humana assistida; prestar auxílio, assistência e orientação especializada dos órgãos de saúde a pessoas com problema de fertilidade; desenvolver projetos e ações destinados a garantir a saúde reprodutiva; oferecer técnicas de reprodução assistida para pessoas com doenças genéticas e infectocontagiosas;

(continua)

PL Nº	PROPOSTA DE REGULAMENTAÇÃO
	oferecer atendimento básico e de alta complexidade. Prevê a realização de convênios e parcerias com entidades públicas ou privadas, governamentais ou não governamentais.
3.067/2008 (DO SR. DR. PINOTTI)	Altera o art. 5º da Lei nº 11.105/2005 (Lei de Biossegurança), o qual trata acerca da pesquisa com células-tronco embrionárias obtidas de embriões humanos obtidos por fertilização *in vitro* e não utilizados no procedimento. Estabelece, entre outras prescrições, a necessidade de autorização para realizar tais pesquisas, a ser concedida pela Comissão Nacional de Ética em Pesquisa (Conep) ou a quem ela delegar; a vedação à remessa para o exterior do país de embriões humanos, mesmo para fins terapêuticos ou de pesquisa; a garantia da aplicação universal dos resultados, sem discriminação social e a vedação ao privilégio em matéria de patentes para os resultados etc.
7.701/2010 (DA SRA. DALVA FIGUEIREDO)	Acrescenta o art. 1.597-A, o qual dispõe que a utilização de sêmen, depositado em banco de esperma, para inseminação artificial após a morte do marido ou companheiro somente poderá ser feita pela viúva ou ex-companheira, desde que haja anuência expressa do *de cujus*, quando em vida e até 300 dias após óbito.
3.977/2012 (DO SR. LAEL VARELLA)	Estabelece que todo cidadão em idade reprodutiva que se submeter a tratamento de combate ao câncer o qual implique esterilidade tem assegurado o direito ao acesso à preservação, conservação, distribuição e transferências dos seus gametas, para serem utilizados, quando assim julgar, em processo de reprodução assistida pelo SUS. Obrigatório o consentimento livre e informado do cidadão, sendo vetada a manifestação de vontade por procurador. O instrumento de consentimento livre e esclarecido deverá ser formalizado por instrumento particular, contendo indicação médica específica de emprego de técnicas de tratamento oncológico consideradas infertilizantes e os aspectos técnicos e as implicações médicas das diferentes fases das modalidades de reprodução assistida disponíveis.
7.591/2.017 (DO SR. CARLOS BEZERRA)	Acrescenta o parágrafo único ao art. 1.798 do Código Civil, a fim de conferir capacidade sucessória às pessoas concebidas mediante o uso das técnicas de reprodução humana assistida após a abertura da sucessão.
9.403/2017 (DO SR. VITOR VALIM)	Estabelece o direito à sucessão do filho gerado por meio de inseminação artificial após a morte do autor da herança. Para tanto, altera o art. 1.798 do Código Civil, fazendo-se

(continua)

PL Nº	PROPOSTA DE REGULAMENTAÇÃO
	prever o seguinte: que se legitimam a suceder as pessoas nascidas ou já concebidas à época da abertura da sucessão, assim como os filhos gerados por meio do uso de inseminação artificial após a morte do autor da herança, desde que: a) os cônjuges ou companheiros expressem sua vontade, por escrito, quanto ao destino que deverá ser dado aos embriões, em caso de divórcio, doenças graves ou falecimento de um deles ou de ambos, e quando desejarem doá-lo, por meio de testamento público, testamento particular ou documento assinado em clínica, centros ou serviços de RHA, serviços médico-hospitalares, todos devidamente cadastrados e reconhecidos pelo CFM ou CRMs; b) no caso de necessidade de recurso à gestação por substituição, obedecer-se-á as disposições da legislação vigente ou do CFM ou determinação judicial.
5.768/2019 (DO SR. AFONSO MOTTA)	Acrescenta dispositivo (art. 1.597-A) ao Código Civil para estabelecer as hipóteses de presunção de maternidade, quais sejam: a) pela gestação (art. 1.597-A, *caput*); b) nos casos de reprodução humana assistida, maternidade atribuída àquela que doou o material genético ou que, planejando a gestação, valeu-se de técnica de reprodução assistida heteróloga (art. 1.597-A, parágrafo único). Além disso, autoriza expressamente a possibilidade de recurso à gestação por substituição, através do art. 1.597-B, o qual determina que será uma técnica gratuita e voluntária, somente permitida quando houver problemas médicos que impeçam ou contraindiquem a gestação pela doadora do material genético (comprovados por laudo médico demonstrativo), devendo a gestante substituta ser plenamente capaz e pertencer à família da doadora genética ou do seu cônjuge ou companheiro.
1.218/2020 (DO SR. ALEXANDRE FROTA)	Altera o art. 1.798 do Código Civil para estabelecer o direito à sucessão de filho gerado por meio de reprodução assistida após a morte do autor da herança. Nesse sentido, dispõe que o artigo passa a prever como legitimados a suceder as pessoas nascidas ou já concebidas no momento da abertura da sucessão bem como os filhos gerados por meio de reprodução assistida após a morte do autor da herança, desde que os cônjuges ou companheiros expressem sua vontade, por escrito, quanto ao destino que será dado aos embriões, em caso de divórcio, doenças graves ou de falecimento de um deles ou de ambos, e quando desejam doá-los, através de: a) testamento público; ou b) documento assinado em clínica, centros ou serviços de reprodução humana, serviços médico-hospitalares, todos devidamente cadastrados e reconhecidos pelo

(conclusão)

PL Nº	PROPOSTA DE REGULAMENTAÇÃO
	Conselho Federal de Medicina ou Conselhos Regionais de Medicina. Além disso, prevê que, nos casos de necessidade de gestação em útero diverso a um dos cônjuges, será obedecido o disposto na legislação vigente ou na resolução do Conselho Federal de Medicina ou determinação judicial.
4.178/2020 (DO SR. DEUZINHO FILHO)	Modifica a redação do art. 1.798 o Código Civil para estabelecer o direito à sucessão de filho gerado por meio de inseminação artificial após a morte do autor da herança. Diante disso, prevê que são legitimados a suceder as pessoas nascidas ou já concebidas no momento da abertura da sucessão, bem como os filhos gerados por meio de reprodução humana assistida após a morte do autor da herança, desde que os cônjuges ou companheiros expressem sua vontade, por escrito, quanto ao destino que será dado aos embriões, em caso de divórcio, doenças graves ou de falecimento de um deles ou de ambos, e quando desejam doá-los, através de: a) testamento público; b) testamento particular; ou c) documento assinado em clínica, centros ou serviços de reprodução humana, serviços médico-hospitalares, todos devidamente cadastrados e reconhecidos pelo Conselho Federal de Medicina ou Conselhos Regionais de Medicina. Ademais, prevê que, nos casos de necessidade de gestação em útero diverso a um dos cônjuges, será obedecido o disposto na legislação vigente ou na resolução do Conselho Federal de Medicina ou determinação judicial.

Fonte: Elaboração pelo autor a partir dos dados da pesquisa.

APÊNDICE D

QUADRO ESQUEMÁTICO REFERENTE À UTILIZAÇÃO DAS TRHA NOS CONTEXTOS FAMILIARES BIPARENTAIS HOMOAFETIVOS CISGÊNEROS[3]

---

[3] Aqui não foram inseridos os contextos familiares transparentais biparentais, posto que, no próprio corpo do texto, já foram colocadas ilustrações esquemáticas para sintetizar as alternativas disponíveis.

(continua)

ASPECTOS	USO DE MATERIAL GENÉTICO PRÓPRIO	DOADOR(A) ANÔNIMO(A) DE GAMETAS	GESTAÇÃO SUB-ROGADA	GESTAÇÃO COMPARTILHADA	ATRIBUIÇÃO DA MATERNIDADE OU PATERNIDADE
CASAL HOMOAFETIVO FEMININO FORMADO POR MULHERES CIS	Uso do próprio material genético (óvulo) daquela que irá gestar a criança ou de sua parceira.	Sempre precisará do uso de material genético (espermatozoide) de doador anônimo e poderá precisar do material genético (óvulo) de doadora anônima se ambas forem inférteis por fatores ovarianos.	Não necessária, via de regra, salvo se ambas não puderem gestar o embrião.	Possível se ambas forem férteis.	Genético e biológico para a gestante e socioafetivo e jurídico para a não gestante. Biológico para a gestante e genético e jurídico para a não gestante que fornecer seu óvulo. Genético para a que fornecer o material genético e não gestou e socioafetivo e volitivo para a que não forneceu o material genético nem gestou. Biológico para a que gestou e socioafetivo e jurídico para a não gestante. Socioafetivo e volitivo para ambas que não

(conclusão)

ASPECTOS	USO DE MATERIAL GENÉTICO PRÓPRIO	DOADOR(A) ANÔNIMO(A) DE GAMETAS	GESTAÇÃO SUB-ROGADA	GESTAÇÃO COMPARTILHADA	ATRIBUIÇÃO DA MATERNIDADE OU PATERNIDADE
CASAL HOMOAFETIVO FEMININO FORMADO POR MULHERES CIS					fornecerem material genético nem gestarem.
CASAL HOMOAFETIVO MASCULINO FORMADO POR HOMENS CIS	Uso do próprio material genético (espermatozoide).	Sempre precisará do uso de material genético (óvulo) de doadora anônima e poderá precisar do material genético (espermatozoide) de doador anônimo se ambos forem inférteis.	Sim, sempre será necessária.	Não é possível.	Genético para o que forneceu seu espermatozoide e socioafetivo e volitivo para o parceiro. Pelo critério socioafetivo e volitivo com relação à ambos os pais. Socioafetivo e volitivo com relação a ambos os pais ou, ainda, genético, se for realizado posterior exame de DNA.

Fonte: Elaboração pelo autor a partir dos dados da pesquisa.

APÊNDICE E

QUADRO ESQUEMÁTICO REFERENTE À UTILIZAÇÃO DAS TRHA NOS CONTEXTOS FAMILIARES MONOPARENTAIS CISGÊNEROS E TRANSGÊNEROS

(continua)

ASPECTOS	USO DE MATERIAL GENÉTICO PRÓPRIO	DOADOR(A) ANÔNIMO(A) DE GAMETAS	GESTAÇÃO SUB-ROGADA	ATRIBUIÇÃO DA MATERNIDADE OU PATERNIDADE
MULHER CISGÊNERA SOLTEIRA, DIVORCIADA OU VIÚVA BIOLOGICAMENTE FÉRTIL	Uso do próprio material genético (óvulo).	Uso de material genético de doador anônimo (espermatozoide).	Não necessária.	Critérios biológico (gestação), genético (uso de seu próprio óvulo) e volitivo (deliberação pelo uso das TRHA de forma individual).
HOMEM CISGÊNERO SOLTEIRO, DIVORCIADO OU VIÚVO BIOLOGICAMENTE FÉRTIL	Uso do próprio material genético (espermatozoide).	Uso de material genético de doadora anônima (óvulo) diferente da cedente do útero.	Necessária.	Critério genético (uso do seu gameta sexual próprio) e volitivo (sua deliberação pelo uso das técnicas de RHA de forma individual).
MULHER TRANSGÊNERA SOLTEIRA, DIVORCIADA OU VIÚVA BIOLOGICAMENTE FÉRTIL	Utilização de material genético próprio (espermatozoide), retirado antes do processo de hormonização.	Uso de material genético de doadora anônima (óvulo) diferente da cedente do útero.	Necessária.	Critério genético (uso do seu gameta sexual próprio) e volitivo (sua deliberação pelo uso das técnicas de RHA de forma individual).
HOMEM TRANSGÊNERO SOLTEIRO, DIVORCIADO OU VIÚVO BIOLOGICAMENTE FÉRTIL	Utilização de material genético próprio (óvulo), retirado antes do processo de hormonização.	Uso de material genético de doador anônimo (espermatozoide).	Não necessária.	Critérios biológico (gestação), genético (uso de seu próprio óvulo) e volitivo (deliberação pelo uso das TRHA de forma individual).

(conclusão)

ASPECTOS	USO DE MATERIAL GENÉTICO PRÓPRIO	DOADOR(A) ANÔNIMO(A) DE GAMETAS	GESTAÇÃO SUB-ROGADA	ATRIBUIÇÃO DA MATERNIDADE OU PATERNIDADE
MULHER OU HOMEM CISGÊNERA(O) OU TRANSGÊNERA(O) SOLTEIRA(O), DIVORCIADA(O) OU VIÚVA(O) BIOLOGICAMENTE INFÉRTIL	Não utilização de material genético próprio.	Uso de material genético de doadora anônima (óvulo) diferente da cedente do útero e de doador anônimo (espermatozoide).	Necessária.	Critério volitivo (deliberação pelo uso das técnicas de RHA de forma individual), socioafetivo (em razão da ausência de vínculo genético com a prole) ou genético (uso do óvulo, quando a mulher cis ou o homem trans apenas estejam impossibilitados de gestar) ou biológico (gestação, quando a mulher cis ou o homem trans apenas incorram em infertilidade ovariana).

Fonte: Elaboração pelo autor a partir dos dados da pesquisa.[4]

---

[4] A presente tabela foi desenvolvida pelo autor desta pesquisa, tendo sido também explorada em outro trabalho, em coautoria, versando sobre a legitimidade das "produções independentes" de parentalidade, o qual foi publicado pela *Revista de Direito da Fundação Getúlio Vargas, Revista Direito GV*, em seu volume 14, número 3, do ano de 2018 (Cf. SILVA NETTO, Manuel Camelo Ferreira; DANTAS, Carlos Henrique Félix; FERRAZ, Carolina Valença. O dilema da "produção independente" de parentalidade: é legítimo escolher ter um filho sozinho? *Revista Direito GV*, São Paulo, v. 14, n. 9, p. 1.106-1.138, 2018. p. 1.132. Disponível em: http://www.scielo.br/scielo.php?script=sci_arttext&pid=S1808-24322018000301106. Acesso em: 15 jun. 2019).

REFERÊNCIAS

AGUIAR, Mônica. *Direito à filiação e a bioética*. Rio de Janeiro: Forense, 2005.

ALEXY, Robert. *Teoria de los derechos fundamentales*. Tradução de Ernesto Garzón Valdés. Madrid: Centro de Estudios Constitucionales, 1993.

ALFANO, Bianca. Homoparentalidades: gênero e reprodução na contemporaneidade. *In*: ENCONTRO NACIONAL DA ABRAPSO, 14., 2007, Rio de Janeiro. *Anais do XIV Encontro Nacional da ABRAPSO*: diálogos em psicologia social, Rio de Janeiro, p. 1-13, 2007. Disponível em: http://www.abrapso.org.br/siteprincipal/anexos/AnaisXIVENA/conteudo/pdf/tra b_completo_199.pdf. Acesso em: 19 nov. 2018.

ALMEIDA, Maria Christina. Filhos da reprodução assistida. *In*: GROENINGA, Giselle Câmara; PEREIRA, Rodrigo da Cunha (Coord.). *Direito de família e psicanálise*: rumo a uma nova epistemologia. Rio de Janeiro: Imago, 2003.

ALÓS, Anselmo Peres. Gênero, epistemologia e performatividade: estratégias pedagógicas de subversão. *Revista Estudos Feministas*, Florianópolis, v. 19, n. 2, p. 421-449, 2011. Disponível em: https://periodicos.ufsc.br/index.php/ref/article/view/S0104-026X2011000200007/19545. Acesso em: 20 dez. 2019.

ALVES, Jones Figueirêdo. Reprodução humana assistida começa a se desjudicializar. *Revista Consultor Jurídico*, 21 nov. 2015. Disponível em: https://www.conjur.com.br/2015-nov-21/jones-alves-reproducao-humana-assistida-comeca-desjudicializar. Acesso em: 20 jun. 2019.

ALVES, José Eustáquio Diniz. *As políticas populacionais e o planejamento familiar na América Latina e no Brasil*. Rio de Janeiro: Escola Nacional de Ciências Estatísticas, 2006. Disponível em: https://biblioteca.ibge.gov.br/visualizacao/livros/liv31808.pdf. Acesso em: 10 nov. 2019.

ALVES, Leonardo Barreto Moreira. *Direito de família mínimo*: possibilidade de aplicação e o campo de incidência da autonomia privada no direito de família. Rio de Janeiro: Lumen Juris, 2010.

AMATO, Paula. Fertility options for transgender persons. *In*: CENTER OF EXCELLENCE FOR TRANSGENDER HEALTH. *Guidelines for the primary and gender-affirming care of transgender and gender nonbinary people*. 2. ed. São Francisco: Department of Family & Community Medicine, 2016. Disponível em: https://transcare.ucsf.edu/sites/transcare.ucsf.edu/files/Transgender-PGACG-6-17-16.pdf. Acesso em: 27 nov. 2019.

ANGONESE, Mônica; LAGO, Mara Coelho de Souza. Direitos e saúde reprodutiva para a população de travestis e transexuais: abjeção e esterilidade simbólica. *Saúde e Sociedade*, v. 26, p. 256-270, 2017. Disponível em: http://www.scielo.br/pdf/sausoc/v26n1/1984-0470-sausoc-26-01-00256.pdf. Acesso em: 27 out. 2017.

ANGONESE, Mônica; LAGO, Mara Coelho de Souza. Famílias e experiências de parentalidades trans. *Revista de Ciências Humanas*, Florianópolis, v. 52, p. 1-18, 2018. Disponível em: https://periodicos.ufsc.br/index.php/revistacfh/article/view/2178-4582.2018.e57007/40096. Acesso em: 13 nov. 2019.

ARAÚJO, Maria Clara. Por que os homens não estão amando as mulheres trans? *Blogueiras Negras*, 2015. Disponível em: http://blogueirasnegras.org/2015/10/17/por-que-os-homens-nao-estao-amando-as-mulheres-trans-2/. Acesso em: 13 mar. 2019.

ARGENTINA. *Código Civil y Comercial de la Nación*. Ley 26.994, de 8 de octubre de 2014. Disponível em: http://www.saij.gob.ar/docs-f/codigo/Codigo_Civil_y_Comercial_de_la_Nacion.pdf. Acesso em: 26 ago. 2019.

ASSOCIAÇÃO PSIQUIÁTRICA AMERICANA. *Manual diagnóstico e estatístico de transtornos mentais*: DSM-5. 5. ed. Porto Alegre: Artmed, 2014.

AUTO, Luciana da Fonseca Lima Brasileiro. *Projeto individual*: entre o desejo e o direito. 2012. 106 f. Dissertação (Mestrado em Direito) – Universidade Federal de Pernambuco, 2012. Disponível em: http://repositorio.ufpe.br/bitstream/handle/123456789/10686/Disserta%C3%A7%C3%A3o%20Luciana.pdf?sequence=1&isAllowed=y. Acesso em: 23 jun. 2019.

BANDEIRA DE MELLO, Celso Antônio. *O conteúdo jurídico do princípio da igualdade*. 3. ed. São Paulo: Malheiros, 2002.

BARBOZA, Heloisa Helena. Princípios da bioética e do biodireito. *Revista de Bioética*, Brasília, v. 8, n. 2, p. 209-216, 2000. Disponível em: http://www.revistabioetica.cfm.org.br/index.php/revista_bioetica/article/view/2 76/275. Acesso em: 15 jun. 2019.

BARBOZA, Heloisa Helena. Proteção da autonomia reprodutiva dos transexuais. *Revista Estudos Feministas*, Florianópolis, v. 20, n. 2, p. 549-558, 2012. Disponível em: https://periodicos.ufsc.br/index.php/ref/article/view/S0104-026X2012000200015/22861. Acesso em: 30 out. 2017.

BARROSO, Luís Roberto. A constitucionalização do direito civil. *In*: TEPEDINO, Gustavo (Org.). *Direito civil contemporâneo*: novos problemas à luz da legalidade constitucional: anais do Congresso Internacional de Direito Civil-Constitucional da Cidade do Rio de Janeiro. São Paulo: Atlas 2008.

BARROSO, Luís Roberto. Diferentes, mas iguais: o reconhecimento jurídico das relações homoafetivas no Brasil. *Revista Brasileira de Direito Constitucional – RBDC*, [s.l.], v. 17, p. 105-138, 2011. Disponível em: http://www.esdc.com.br/seer/index.php/rbdc/article/view/242/235. Acesso em: 6 abr. 2019.

BARROSO, Luís Roberto. Legitimidade da recusa de transfusão de sangue por testemunhas de jeová. Dignidade humana, liberdade religiosa e escolhas existenciais. *In*: LEITE, George Salomão; SARLET, Ingo Wolfgang; CARBONELL, Miguel (Org.). *Direitos, deveres e garantias fundamentais*. Salvador: JusPodivm, 2011.

BAYER, Diego. Oscar Wilde: condenado por ser homossexual. *Justificando*, 2015. Disponível em: http://www.justificando.com/2015/02/11/oscar-wilde-condenado-por-ser-homossexual/. Acesso em: 19 nov. 2018.

BEAUVOIR, Simone. *O segundo sexo*: a experiência vivida. 3. ed. Rio de Janeiro: Nova Fronteira, 2016. v. 2.

BELTRÃO, Silvio Romero. *Reprodução humana assistida*: conflitos éticos e legais. Legislar é necessário. 2010. 244 f. Tese (Doutorado em Direito) – Faculdade de Direito do Recife, Universidade Federal de Pernambuco, Recife, 2010. Disponível em: https://repositorio.ufpe.br/bitstream/123456789/3775/1/arquivo402_1.pdf. Acesso em: 13 jun. 2019.

BENTO, Berenice Alves de Melo. *O que é transexualidade*. São Paulo: Brasiliense, 2008.

BENTO, Berenice Alves de Melo. Transexuais, corpos e próteses. Labrys. *Estudos Feministas*, Brasília, n. 4, 2003. Disponível em: https://s3.amazonaws.com/academia.edu. documents/52798081/06-bento-berenice-transexuais-corpos-e-prc3b3teses.pdf?response-content-disposition=inline%3B%20filename%3DTransexuais_corpos_e_proteses. pdf&X-Amz-Algorithm=AWS4-HMAC-SHA256&X-Amz-Credential=AKIAIWO WYYGZ2Y53UL3A%2F20191127%2Fus-east-1%2Fs3%2Faws4_request&X-Amz-Date=20191127T025329Z&X-Amz-Expires=3600&X-Amz-SignedHeaders=host&X-Amz-Signature=c648fa4768097cf4e2b98be8d51eb69eec9ceb97de6c22324c3b0349c9e75755. Acesso em: 26 nov. 2019.

BILBAO UBILLOS, Juan María. Eficacia horizontal de los derechos fundamentales: las teorias y la practica. *In*: TEPEDINO, Gustavo (Org.). *Direito civil contemporâneo*: novos problemas à luz da legalidade constitucional: anais do Congresso Internacional de Direito Civil-Constitucional da Cidade do Rio de Janeiro. São Paulo: Atlas, 2008.

BOURDIEU, Pierre. *A dominação masculina*. Tradução de Maria Helana Kühner. 11. ed. Rio de Janeiro: Bertland Brasil, 2012.

BRASIL. Agência Nacional de Vigilância Sanitária – Anvisa. *12º Relatório do Sistema Nacional de Produção de Embriões* – SisEmbrio. Disponível em: http://portal.anvisa.gov. br/documents/4048533/4994015/12%C2%BA+Relat%C3%B3rio+do+Sistema+Nacional+d e+Produ%C3%A7%C3%A3o+de+Embri%C3%B5es+-+SisEmbrio.pdf/29f37c42-803d-4fe9-8f16-cf6cfc70f40e. Acesso em: 15 ago. 2019.

BRASIL. CDH acolhe sugestão de Estatuto da Diversidade Sexual. *Senado Federal*, 23 maio 2018, 16:45. Disponível em: https://www12.senado.leg.br/noticias/materias/2018/03/21/cdh-acolhe-sugestao-da-oab-sobre-estatuto-da-diversidade-sexual-e-de-genero. Acesso em: 15 dez. 2019.

BRASIL. *Código Civil de 1916*. Lei nº 3.071, de 1º de janeiro de 1916. Disponível em: http://www.planalto.gov.br/ccivil_03/leis/L3071.htm. Acesso em: 14 mar. 2019.

BRASIL. *Código Civil de 2002*. Lei nº 10.406, de 10 de janeiro de 2002. Disponível em: http://www.planalto.gov.br/ccivil_03/Leis/2002/L10406.htm. Acesso em: 14 mar. 2019.

BRASIL. Comissão de Direitos Humanos e Legislação Participativa. *Ato da Comissão de Direitos Humanos e Legislação Participativa nº 01/2006*. Disponível em: http://www.senado.leg.br/comissoes/CDH/AtoRegulamentarCDH.pdf. Acesso em: 15 dez. 2019.

BRASIL. Congresso Nacional. *Projeto de Lei do Senado nº 134/2018*. Institui o Estatuto da Diversidade Sexual e de Gênero. Disponível em: https://www25.senado.leg.br/web/atividade/materias/-/materia/132701. Acesso em: 15 dez. 2019.

BRASIL. Congresso Nacional. *Projeto de Lei do Senado nº 470/2013*. Dispõe sobre o Estatuto das Famílias e dá outras providências. Disponível em: https://legis.senado.leg.br/sdleg-getter/documento?dm=4590857&ts=1571775504963&disposition=inline. Acesso em: 14 dez. 2019.

BRASIL. Congresso Nacional. *Projeto de Lei nº 1.135/2003*. Dispõe sobre a reprodução humana assistida. Disponível em: http://www.camara.gov.br/proposicoesWeb/prop_mostrarintegra?codteor=136097&filename=PL+1135/2003. Acesso em: 18 jun. 2019.

BRASIL. Congresso Nacional. *Projeto de Lei nº 1.218/2020*. Altera a redação do art. 1.798 da Lei nº 10.406, de 10 de janeiro de 2002, para estabelecer direito à sucessão de filho gerado por meio de inseminação artificial após a morte do autor da herança. Disponível em: https://www.camara.leg.br/proposicoesWeb/prop_mostrarintegra?codteor=1871455&filename=PL+1218/2020. Acesso em: 29 jan. 2021.

BRASIL. Congresso Nacional. *Projeto de Lei nº 115/2015*. Institui o Estatuto da Reprodução Assistida, para regular a aplicação e utilização das técnicas de reprodução humana assistida e seus efeitos no âmbito das relações civis sociais. Disponível em: http://www.camara.gov.br/proposicoesWeb/prop_mostrarintegra?codteor=1296985&filename=PL+115/2015. Acesso em: 18 jun. 2019.

BRASIL. Congresso Nacional. *Projeto de Lei nº 1184/2003*. Dispõe sobre a Reprodução Assistida. Disponível em: http://www.camara.gov.br/proposicoesWeb/prop_mostrarintegra?codteor=137589&filename=PL+1184/2003. Acesso em: 18 jun. 2019.

BRASIL. Congresso Nacional. *Projeto de Lei nº 120/2003*. Dispõe sobre a investigação de paternidade de pessoas nascidas de técnicas de reprodução assistida. Disponível em: http://www.camara.gov.br/proposicoesWeb/prop_mostrarintegra?codteor=114176&filename=PL+120/2003. Acesso em: 18 jun. 2019.

BRASIL. Congresso Nacional. *Projeto de Lei nº 2.061/2003*. Disciplina o uso de técnicas de Reprodução Humana Assistida como um dos componentes auxiliares no processo de procriação, em serviços de saúde, estabelece penalidades e dá outras providências. Disponível em: http://www.camara.gov.br/proposicoesWeb/prop_mostrarintegra?codteor=166567&filename=PL+2061/2003. Acesso em: 18 jun. 2019.

BRASIL. Congresso Nacional. *Projeto de Lei nº 2.855/1997*. Dispõe sobre a utilização de técnicas de reprodução humana assistida, e dá outras providências. Disponível em: http://imagem.camara.gov.br/Imagem/d/pdf/DCD14MAR1997.pdf#page=73. Acesso em: 18 jun. 2019.

BRASIL. Congresso Nacional. *Projeto de Lei nº 3.067/2008*. Altera a Lei n.º 11.105, de 24 de março de 2005. Disponível em: http://www.camara.gov.br/proposicoesWeb/prop_mostrarintegra?codteor=546968&filename=PL+3067/2008. Acesso em: 18 jun. 2019.

BRASIL. Congresso Nacional. *Projeto de Lei nº 3.977/2012*. Dispõe sobre o acesso às técnicas de preservação de gametas e Reprodução Assistida aos pacientes em idade reprodutiva submetidos a tratamento de câncer. Disponível em: http://www.camara.gov.br/proposicoesWeb/prop_mostrarintegra?codteor=996949&filename=PL+3977/2012. Acesso em: 18 jun. 2019.

BRASIL. Congresso Nacional. *Projeto de Lei nº 4.178/2020*. Modifica a redação do art. 1.798 da Lei nº 10.406, de 10 de janeiro de 2002 para estabelecer o direito a sucessão de filho gerado por meio de inseminação artificial após a morte do autor da herança. Disponível em: https://www.camara.leg.br/proposicoesWeb/prop_mostrarintegra?codteor=1921956&filename=PL+4178/2020. Acesso em: 29 jan. 2021.

BRASIL. Congresso Nacional. *Projeto de Lei nº 4.664/2001*. Dispõe sobre a autorização da fertilização humana in vitro para casais comprovadamente incapazes de gerar filhos pelo processo natural de fertilização e dá outras providências. Disponível em: http://www.camara.gov.br/proposicoesWeb/prop_mostrarintegra?codteor=1426&filename=PL+4664/2001. Acesso em: 18 jun. 2019.

BRASIL. Congresso Nacional. *Projeto de Lei nº 4.665/2001*. Dispõe sobre a autorização da fertilização humana "in vitro" para os casais comprovadamente incapazes de gerar filhos pelo processo natural de fertilização e dá outras providências. Disponível em: http://www.camara.gov.br/proposicoesWeb/prop_mostrarintegra?codteor=1429&filename=PL+4665/2001. Acesso em: 18 jun. 2019.

BRASIL. Congresso Nacional. *Projeto de Lei nº 4.686/2004*. Introduz o art. 1.597-A à Lei nº 10.406, de 10 de janeiro de 2002, que institui o Código Civil, assegurando o direito ao conhecimento da origem genética do ser gerado a partir de reprodução assistida, disciplina a sucessão e o vínculo parental, nas condições que menciona. Disponível em: http://www.camara.gov.br/proposicoesWeb/prop_mostrarintegra?codteor=259391&filename=PL+4686/2004. Acesso em: 18 jun. 2019.

BRASIL. Congresso Nacional. *Projeto de Lei nº 4.889/2005*. Estabelece normas e critérios para o funcionamento de Clínicas de Reprodução Humana. Disponível em: http://www.camara.gov.br/proposicoesWeb/prop_mostrarintegra?codteor=282844&filename=PL+4889/2005. Acesso em: 18 jun. 2019.

BRASIL. Congresso Nacional. *Projeto de Lei nº 4.892/2012*. Institui o Estatuto da Reprodução Assistida, para regular a aplicação e utilização das técnicas de reprodução humana assistida e seus efeitos no âmbito das relações civis sociais. Disponível em: http://www.camara.gov.br/proposicoesWeb/prop_mostrarintegra?codteor=1051906&filename=PL+4892/2012. Acesso em: 18 jun. 2019.

BRASIL. Congresso Nacional. *Projeto de Lei nº 5.624/2005*. Cria Programa de Reprodução Assistida no Sistema Único de Saúde e dá outras providências. Disponível em: https://www.camara.leg.br/proposicoesWeb/prop_mostrarintegra?codteor=322712&filename=PL+5624/2005. Acesso em: 18 jun. 2019.

BRASIL. Congresso Nacional. *Projeto de Lei nº 5.768/2019*. Acrescenta dispositivos à lei 10.406, de 10 de janeiro de 2002 (Código Civil) para estabelecer as hipóteses de presunção de maternidade pela gestação na utilização de técnicas de reprodução assistida e autoriza a gestão de substituição. Disponível em: https://www.camara.leg.br/proposicoesWeb/prop_mostrarintegra?codteor=1828256&filename=PL+5768/2019. Acesso em: 29 jan. 2021.

BRASIL. Congresso Nacional. *Projeto de Lei nº 6.296/2002*. Proíbe a fertilização de óvulos humanos com material genético proveniente de células de doador do gênero feminino. Disponível em: http://www.camara.gov.br/proposicoesWeb/prop_mostrarintegra?codteor=1281277&filename=PL+6296/2002. Acesso em: 18 jun. 2019.

BRASIL. Congresso Nacional. *Projeto de Lei nº 6.583/2013*. Dispõe sobre o Estatuto da Família e dá outras providências. Disponível em: https://www.camara.leg.br/proposicoesWeb/prop_mostrarintegra?codteor=1159761&filename=PL+6583/2013. Acesso em: 14 dez. 2019.

BRASIL. Congresso Nacional. *Projeto de Lei nº 7.591/2017*. Acrescenta parágrafo único ao art. 1.798 da Lei nº 10.406, de 10 de janeiro de 2002 (Código Civil), para conferir capacidade para suceder aos concebidos com o auxílio de técnica de reprodução assistida após a abertura da sucessão. Disponível em: https://www.camara.leg.br/proposicoesWeb/prop_mostrarintegra?codteor=1556651&filename=PL+7591/2017. Acesso em: 18 jun. 2019.

BRASIL. Congresso Nacional. *Projeto de Lei nº 7.701/2010*. Dispõe sobre a utilização post mortem de sêmen do marido ou companheiro. Disponível em: http://www.camara.gov.br/proposicoesWeb/prop_mostrarintegra?codteor=792197&filename=PL+7701/2010. Acesso em: 18 jun. 2019.

BRASIL. Congresso Nacional. *Projeto de Lei nº 9.403/2017*. Modifica a redação do art. 1.798 da Lei nº 10.406, de 10 de janeiro de 2002. Disponível em: https://www.camara.leg.br/proposicoesWeb/prop_mostrarintegra?codteor=1634728&filename=PL+9403/2017. Acesso em: 18 jun. 2019.

BRASIL. Conheça os procedimentos envolvidos na doação de óvulos e sêmen. *Governo do Brasil*, 23 dez. 2017. Disponível em: http://legado.brasil.gov.br/noticias/saude/2012/04/conheca-os-procedimentos-envolvidos-na-doacao-de-ovulos-e-semen. Acesso em: 15 ago. 2019.

BRASIL. Conselho da Justiça Federal. *Enunciados da I Jornada de Direito Civil de 12-13 de setembro de 2002*. Disponível em: https://www.cjf.jus.br/enunciados/pesquisa/resultado. Acesso em: 13 jun. 2019.

BRASIL. Conselho da Justiça Federal. *Enunciados da VII Jornada de Direito Civil de 28-29 de setembro de 2015*. Disponível em: https://www.cjf.jus.br/enunciados/pesquisa/resultado. Acesso em: 13 jun. 2019.

BRASIL. Conselho da Justiça Federal. *Enunciados da VIII Jornada de Direito Civil de 26-27 de abril de 2018*. Disponível em: https://www.cjf.jus.br/cjf/corregedoria-da-justica-federal/centro-de-estudos-judiciarios-1/publicacoes-1/jornadas-cej/viii-enunciados-publicacao-site-com-justificativa.pdf. Acesso em: 13 jun. 2019.

BRASIL. Conselho Nacional de Justiça. *Cadastro Nacional de Adoção*. Disponível em: https://www.cnj.jus.br/cnanovo/pages/publico/index.jsf. Acesso em: 15 nov. 2019.

BRASIL. Conselho Nacional de Justiça. *Provimento nº 52/2016, de 14 de março de 2016*. Dispõe sobre o registro de nascimento e emissão da respectiva certidão dos filhos havidos por reprodução assistida. Disponível em: http://www.cnj.jus.br/files/conteudo/arquivo/2016/03/6bd953c10912313a24633f1a1e6535e1.pdf. Acesso em: 21 jun. 2019.

BRASIL. Conselho Nacional de Justiça. *Provimento nº 73 de 28 de junho de 2018*. Dispõe sobre a averbação da alteração do prenome e do gênero nos assentos de nascimento e casamento de pessoa transgênero no Registro Civil das Pessoas Naturais (RCPN). Disponível em: http://www.cnj.jus.br/files/atos_administrativos/provimento-n73-28-06-2018-corregedoria.pdf. Acesso em: 12 mar. 2019.

BRASIL. Conselho Nacional de Justiça. *Resolução nº 175, de 14 de maio de 2013*. Dispõe sobre a habilitação, celebração de casamento civil, ou de conversão de união estável em casamento, entre pessoas de mesmo sexo. Disponível em: http://www.cnj.jus.br/images/imprensa/resolu%C3%A7%C3%A3o_n_175.pdf. Acesso em: 12 abr. 2019.

BRASIL. Constituição Federal (1988). *Constituição da República Federativa do Brasil*. Brasília: Senado, 1988. Disponível em: http://www.planalto.gov.br/ccivil_03/Constituicao/Constituicao.htm. Acesso em: 7 ago. 2018.

BRASIL. *Decreto nº 8.727, de 28 de abril de 2016*. Dispõe sobre o uso do nome social e o reconhecimento da identidade de gênero de pessoas travestis e transexuais no âmbito da administração pública federal direta, autárquica e fundacional. Disponível em: http://www.in.gov.br/materia/-/asset_publisher/Kujrw0TZC2Mb/content/id/21174536/do1-2016-04-29-decreto-n-8-727-de-28-de-abril-de-2016-21174484. Acesso em: 13 mar. 2019.

BRASIL. Instituto Brasileiro de Geografia e Estatística. *Censo demográfico 2010*: famílias e domicílios resultados e amostras. Rio de Janeiro: IBGE, 2010. Disponível em: https://biblioteca.ibge.gov.br/visualizacao/periodicos/97/cd_2010_familias_domicilios_amostra.pdf. Acesso em: 23 jun. 2019.

BRASIL. Instituto Nacional de Seguridade Social. *Instrução Normativa nº 50, de 08 de maio de 2001*. Estabelece procedimentos para a concessão de pensão por morte e auxílio-reclusão a companheiro ou companheira de homossexual. Disponível em: https://www.contabeis.com.br/legislacao/11913/instrucao-normativa-inss-dc-50-2001/. Acesso em: 6 abr. 2019.

BRASIL. *Lei n 11.105 de 24 de março de 2005*. Regulamenta os incisos II, IV e V do §1º do art. 225 da Constituição Federal, estabelece normas de segurança e mecanismos de fiscalização de atividades que envolvam organismos geneticamente modificados – OGM e seus derivados, cria o Conselho Nacional de Biossegurança – CNBS, reestrutura a Comissão Técnica Nacional de Biossegurança – CTNBio, dispõe sobre a Política Nacional de Biossegurança – PNB, revoga a Lei nº 8.974, de 5 de janeiro de 1995, e a Medida Provisória nº 2.191-9, de 23 de agosto de 2001, e os arts. 5º, 6º, 7º, 8º, 9º, 10 e 16 da Lei nº 10.814, de 15 de dezembro de 2003, e dá outras providências. Disponível em: http://www.planalto.gov.br/ccivil_03/_ato2004-2006/2005/lei/l11105.htm. Acesso em: 17 jun. 2019.

BRASIL. *Lei nº 11.340, de 07 de agosto de 2006*. Cria mecanismos para coibir a violência doméstica e familiar contra a mulher, nos termos do §8º do art. 226 da Constituição Federal, da Convenção sobre a Eliminação de Todas as Formas de Discriminação contra as Mulheres e da Convenção Interamericana para Prevenir, Punir e Erradicar a Violência contra a Mulher; dispõe sobre a criação dos Juizados de Violência Doméstica e Familiar contra a Mulher; altera o Código de Processo Penal, o Código Penal e a Lei de Execução Penal; e dá outras providências. Disponível em: http://www.planalto.gov.br/ccivil_03/_Ato2004-2006/2006/Lei/L11340.htm. Acesso em: 9 abr. 2019.

BRASIL. *Lei nº 12.852, de 05 de agosto de 2013*. Institui o Estatuto da Juventude e dispõe sobre os direitos dos jovens, os princípios e diretrizes das políticas públicas de juventude e o Sistema Nacional de Juventude – SINAJUVE. Disponível em: http://www.planalto.gov.br/CCIVIL_03/_Ato2011-2014/2013/Lei/L12852.htm. Acesso em: 9 abr. 2019.

BRASIL. *Lei nº 13.146, de 06 de julho de 2015*. Institui a Lei Brasileira de Inclusão da Pessoa com Deficiência (Estatuto da Pessoa com Deficiência). Disponível em: http://www.planalto.gov.br/ccivil_03/_Ato2015-2018/2015/Lei/L13146.htm. Acesso em: 9 abr. 2019.

BRASIL. *Lei nº 6.015 de 31 de dezembro de 1973*. Dispõe sobre os registros públicos, e dá outras providências. Disponível em: http://www.planalto.gov.br/ccivil_03/leis/L6015compilada.htm. Acesso em: 12 mar. 2019.

BRASIL. *Lei nº 8.069, de 13 de julho de 1990*. Dispõe sobre o Estatuto da Criança e do Adolescente e dá outras providências. Disponível em: http://www.planalto.gov.br/ccivil_03/leis/l8069.htm. Acesso em: 12 jun. 2019.

BRASIL. *Lei nº 8.935, de 18 de novembro de 1994*. Regulamenta o art. 236 da Constituição Federal, dispondo sobre serviços notariais e de registro. (Lei dos cartórios). Disponível em: http://www.planalto.gov.br/ccivil_03/leis/L8935.htm. Acesso em: 12 abr. 2019.

BRASIL. *Lei nº 9.263, de 12 de janeiro de 1996*. Regula o §7º do art. 226 da Constituição Federal, que trata do planejamento familiar, estabelece penalidades e dá outras providências. Disponível em: http://www.planalto.gov.br/ccivil_03/leis/L9263.htm. Acesso em: 18 nov. 2018.

BRASIL. *Lei nº 9.434, de 4 de fevereiro de 1997*. Dispõe sobre a remoção de órgãos, tecidos e partes do corpo humano para fins de transplante e tratamento e dá outras providências. Disponível em: http://www.planalto.gov.br/ccivil_03/LEIS/L9434.htm. Acesso em: 27 ago. 2019.

BRASIL. Ministério da Saúde. *Portaria nº 1.707, de 18 de agosto de 2008*. Institui, no âmbito do Sistema Único de Saúde (SUS), o Processo Transexualizador, a ser implantado nas unidades federadas, respeitadas as competências das três esferas de gestão. Disponível em: http://bvsms.saude.gov.br/bvs/saudelegis/gm/2008/prt1707_18_08_2008.html. Acesso em: 16 abr. 2019.

BRASIL. Ministério da Saúde. *Portaria nº 2.048, de 3 de setembro de 2009*. Aprova o Regulamento do Sistema Único de Saúde (SUS). Disponível em: http://portalarquivos. saude.gov.br/images/pdf/2013/agosto/28/regulamento-sus-240909.pdf. Acesso em: 16 jun. 2019.

BRASIL. Ministério da Saúde. *Portaria nº 2.803, de 19 de novembro de 2013*. Redefine e amplia o Processo Transexualizador no Sistema Único de Saúde (SUS). Disponível em: http://bvsms.saude.gov.br/bvs/saudelegis/gm/2013/prt2803_19_11_2013.html. Acesso em: 13 mar. 2019.

BRASIL. Ministério da Saúde. *Portaria nº 3.149, de 28 de dezembro de 2012*. Fica destinados recursos financeiros aos estabelecimentos de saúde que realizam procedimentos de atenção à Reprodução Humana Assistida, no âmbito do SUS, incluindo fertilização in vitro e/ou injeção intracitoplasmática de espermatozoides. Disponível em: http://bvsms. saude.gov.br/bvs/saudelegis/gm/2012/prt3149_28_12_2012.html. Acesso em: 15 jun. 2019.

BRASIL. Superior Tribunal de Justiça. *Recurso Especial nº 1.159.242/SP*. Relatora Min. Nancy Andrighi, 24 de abril de 2012. Disponível em: https://bdjur.stj.jus.br/jspui/ bitstream/2011/100798/Julgado_1.pdf. Acesso em: 5 jan. 2017.

BRASIL. Superior Tribunal de Justiça. *Recurso Especial nº 1.183.378/RS*. Relator: Ministro Luis Felipe Salomão, 25 de outubro de 2011. Disponível em: https://jurisprudencia. s3.amazonaws.com/STJ/IT/RESP_1183378_RS_1330972067974.pdf?Signature=UrJqtmv% 2Fp3N%2B2R1bfDaCDSu8KEc%3D&Expires=1555052681&AWSAccessKeyId=AKIAIPM 2XEMZACAXCMBA&response-content-type=application/pdf&x-amz-meta-md5-hash= 6614bce5618ad15c0806d4ac79e931ac. Acesso em: 12 abr. 2019.

BRASIL. Superior Tribunal de Justiça. *Recurso Especial nº 1.281.093/SP*. Relatora: Ministra Nancy Andrighi, 18 de dezembro de 2012. Disponível em: http://www.direito.mppr.mp.br/ arquivos/File/STJRecursoEspecialn1281093SP.pdf. Acesso em: 15 nov. 2019.

BRASIL. Superior Tribunal de Justiça. *Recurso Especial nº 889.852/RS*. Relator: Ministro Luis Felipe Salomão, 27 de abril de 2010. Disponível em: https://oabjuris.legalabs.com. br/process/d9099ffc3842ea92ee219336074f1c4a77a11bf24f78a7b6dd2764b5422145c6. Acesso em: 15 nov. 2019.

BRASIL. Supremo Tribunal Federal. *Ação Direta de Inconstitucionalidade nº 4.275/DF*. Relator: Ministro Marco Aurélio Mello, 01 de março de 2018. Disponível em: https://portal.stf. jus.br/processos/downloadPeca.asp?id=15339649246&ext=.pdf Acesso em: 12 mar. 2019.

BRASIL. Supremo Tribunal Federal. *Ação Direta de Inconstitucionalidade nº 4.277/DF*. Relator: Ministro Ayres Britto, 05 de maio de 2011. Disponível em: http://jurisprudencia. s3.amazonaws.com/STF/IT/ADI_4277_DF_1319338828608.pdf?Signature=3tCKJor9pw2 2ndmfv2CkDfbIRXg%3D&Expires=1459737468&AWSAccessKeyId=AKIAIPM2XEMZA CAXCMBA&response-content-type=application/pdf&x-amz-meta-md5-hash=82e72df8 3dc8520f9d7b7eeb704df7c6. Acesso em: 14 ago. 2018.

BRASIL. Supremo Tribunal Federal. *Ação Direta de Inconstitucionalidade por Omissão nº 26/DF*. Relator: Ministro Celso de Mello, 13 de junho de 2019. Disponível em: http://portal.stf.jus.br/processos/detalhe.asp?incidente=4515053. Acesso em: 15 dez. 2019.

BRASIL. Supremo Tribunal Federal. *Arguição de descumprimento de preceito fundamental nº 54/DF*. Relator: Ministro Marco Aurélio Mello, 12 de abril de 2012. Disponível em: http://portal.stf.jus.br/processos/downloadPeca.asp?id=136389880&ext=.pdf. Acesso em: 15 abr. 2019.

BRASIL. Supremo Tribunal Federal. *Arguição de Descumprimento de Preceito Fundamental nº 132/RJ*. Relator: Ministro Ayres Britto, 05 de maio de 2011. Disponível em: http://redir.stf.jus.br/paginadorpub/paginador.jsp?docTP=AC&docID=628633. Acesso em: 14 ago. 2018.

BRASIL. Supremo Tribunal Federal. *Recurso Extraordinário nº 670.422/RS*. Relator: Ministro Dias Toffoli. Data do Julgamento: 15/08/2018. Disponível em: http://portal.stf.jus.br/processos/detalhe.asp?incidente=4192182. Acesso em: 15 abr. 2019.

BRASIL. Supremo Tribunal Federal. *Recurso Extraordinário nº 846.102/PR*. Relatora: Ministra Cármen Lúcia. Data do Julgamento: 05/03/2015. Disponível em: https://www.conjur.com.br/dl/stf-reconhece-adocao-restricao-idade.pdf. Acesso em: 15 nov. 2019.

BRASIL. Supremo Tribunal Federal. *Recurso Extraordinário nº 898.060*. Relator: Ministro Luiz Fux. Data do Julgamento: 22/09/2016. Disponível em: http://www.stf.jus.br/portal/jurisprudenciaRepercussao/verAndamentoProcesso.asp?incidente=4252676&numeroProcesso=692186&classeProcesso=ARE&numeroTema=622#. Acesso em: 20 ago. 2019.

BRAUNER, Maria Claudia Crespo. A monoparentalidade projetada e o direito do filho à biparentalidade. *In*: DORA, Denise Dourado; SILVEIRA, Domingos Dresch da (Org.). *Direitos humanos, ética e direitos reprodutivos*. Porto Alegre: Themis – Assessoria Jurídica e Estudos de Gênero, 1988.

BRAUNER, Maria Claudia Crespo. *Direito, sexualidade e reprodução humana*: conquistas médicas e o debate bioético. Rio de Janeiro: Renovar, 2003.

BREWAEYS, A.; PONJAERT, I; VAN HALL, E.V.; GOLOMBOK, S. Donor insemination: child development and family functioning in lesbian mother families. *Human Reproduction*, Oxford, v. 12, n. 6, p. 1.349-1.359, 1997. Disponível em: https://pdfs.semanticscholar.org/5356/c7a79e56a4c2392156b028c7a7c207eae952.pdf. Acesso em: 16 nov. 2019.

BRIGEIRO, Mauro. A emergência da assexualidade: notas sobre política sexual, ethos científico e o desinteresse pelo sexo. *Sexualidad, Salud y Sociedad – Revista Latinoamericana*, Rio de Janeiro, n. 14, p. 253-283, 2013. Disponível em: http://www.scielo.br/pdf/sess/n14/a12n14.pdf. Acesso em: 9 jul. 2018.

BUTLER, Judith. *Problema de gênero*: feminismo e subversão da identidade. 6. ed. Rio de Janeiro: Civilização Brasileira, 2013.

CABRAL, Mauro; BENZUR, Gabriel. Cuando digo intersex. Um dialogo introductorio a la intersexualidad. *Cadernos Pagu*, Campinas, v. 24, p. 283-304, 2005. Disponível em: http://www.scielo.br/pdf/cpa/n24/n24a13.pdf. Acesso em: 10 mar. 2019.

CALEIRO, João Pedro. Jean Wyllys diz que desistiu de mandato e vai deixar Brasil após ameaças. *Exame*, 24 jan. 2019. Disponível em https://exame.abril.com.br/brasil/jean-wyllys-diz-que-desistiu-de-mandato-e-vai-deixar-brasil-apos-ameacas/. Acesso em: 7 abr. 2019.

CANOSSA, Carolina. É possível bebês nascerem através de úteros artificiais? *Superinteressante*, 26 set. 2017. Disponível em: https://super.abril.com.br/mundo-estranho/e-possivel-bebes-nascerem-atraves-de-uteros-artificiais/. Acesso em 23 mar. 2020.

CARDIN, Valeria Silva Galdino; GUERRA, Marcela Gorete Rosa Maia; SANTOS, Andréia Colhado Gallo Grego. Dos limites da disposição do próprio corpo: uma análise da cessão do útero como efetivação do direito ao planejamento familiar à luz da teoria geral dos contratos. *Revista de Bioética y Derecho*, Barcelona, n. 35, p. 79-93, 2015. Disponível em: http://revistes.ub.edu/index.php/RBD/article/view/14283/17538. Acesso em: 28 ago. 2018.

CASTANHO, Maria Amélia Belomo. *Planejamento familiar*: o estado na construção de uma sociedade inclusiva e a participação social para o bem comum. Curitiba: Juruá, 2014.

CASTRO JÚNIOR, Torquato. Constitucionalização do direito privado e mitologias da legislação: Código Civil versus Constituição? *In*: SILVA, Arthur Stamford da (Org.). *O Judiciário e o discurso dos direitos humanos*. Recife: Editora Universidade UFPE, 2011.

CAVALCANTI, Céu Silva; SOUZA, Henrique da Fonte Araújo de. Transforma-se o direito, permanecem os estigmas: a transgeneridade e o provimento nº 73/2018 do Conselho Nacional de Justiça. *Revista da Defensoria Pública do Rio Grande do Sul*, Porto Alegre, v. 21, p. 13-31, 2018. Disponível em: https://issuu.com/defensoriapublicadoriograndedosul/docs/revista_21. Acesso em: 13 mar. 2019.

CERVI, Taciana Damo; CAMERA, Sinara. Os reflexos da Conferência de Haia sobre o direito internacional privado em relação à anacionalidade decorrente da maternidade de substituição transnacional. *Revista da Faculdade de Direito – UFPR*, Curitiba, v. 62, n. 3, p. 81-101, 2017. Disponível em: https://revistas.ufpr.br/direito/article/view/51329/34353. Acesso em: 25 ago. 2019.

CHAVES, Marianna. Famílias ectogenéticas: os limites jurídicos para utilização de técnicas de reprodução assistida. *Anais do Congresso Brasileiro de Direito de Família*, v. 10, p. 309-340, 2016. Disponível em: https://www.academia.edu/27632388/FAMÍLIAS_ECTOGENÉTICAS_OS_LIMITES_JURÍDICOS_PARA_UTILIZAÇÃO_DE_TÉCNICAS_DE_REPRODUÇÃO_ASSISTIDA. Acesso em: 27 jun. 2018.

CHAVES, Marianna. *Homoafetividade e direito*: proteção constitucional, uniões, casamento e parentalidade. 3. ed. Curitiba: Juruá, 2015.

CHAVES, Marianna. Parentalidade homoafetiva procriação natural e medicamente assistida por homossexuais. *In*: DIAS, Maria Berenice (Coord.). *Diversidade sexual e direito homoafetivo*. São Paulo: Revista dos Tribunais, 2011.

CHINELLATO, Silmara Juny de Abreu. Estatuto jurídico do nascituro: a evolução do direito brasileiro. *In*: CAMPOS, Diogo Leite de; CHINELLATO, Silmara Juny de Abreu. *Pessoa humana e direito*. Coimbra: Almedina, 2009.

CIPRIANO, Vivian Taís Fernandes; FREITAS, Gilberto da Costa. O impacto da criopreservação na qualidade seminal. *Reprodução & Climatério*, [s.l.], v. 28, n. 3, p. 112-116, 2013. Disponível em: https://www.sciencedirect.com/science/article/pii/S1413208713000769. Acesso em: 15 ago. 2019.

CONSELHO FEDERAL DE MEDICINA. *Reprodução assistida*: CFM anuncia novas regras para o uso de técnicas de fertilização e inseminação no país, 2017. Disponível em: https://portal.cfm.org.br/index.php?option=com_content&view=article&id=27275:2017-11-09-13-06-20&catid=3. Acesso em: 17 jun. 2019.

CONSELHO FEDERAL DE MEDICINA. *Resolução CFM nº 1.957, de 06 de janeiro de 2010*. A Resolução CFM nº 1.358/92, após 18 anos de vigência, recebeu modificações relativas à reprodução assistida, o que gerou a presente resolução, que a substitui in totum. Disponível em: http://www.portalmedico.org.br/resolucoes/CFM/2010/1957_2010.htm. Acesso em: 17 jun. 2019.

CONSELHO FEDERAL DE MEDICINA. *Resolução CFM nº 2.013, de 09 de maio de 2013*. Adota as normas éticas para a utilização das técnicas de reprodução assistida, anexas à presente resolução, como dispositivo deontológico a ser seguido pelos médicos e revoga a Resolução CFM nº 1.957/10. Disponível em: http://www.portalmedico.org.br/resolucoes/CFM/2013/2013_2013.pdf. Acesso em: 17 jun. 2019.

CONSELHO FEDERAL DE MEDICINA. *Resolução CFM nº 2.121, de 24 de setembro de 2015*. Adota as normas éticas para a utilização das técnicas de reprodução assistida – sempre em defesa do aperfeiçoamento das práticas e da observância aos princípios éticos e bioéticos que ajudarão a trazer maior segurança e eficácia a tratamentos e procedimentos médicos – tornando-se o dispositivo deontológico a ser seguido pelos médicos brasileiros e revogando a Resolução CFM nº 2.013/13, publicada no D.O.U. de 9 de maio de 2013, Seção I, p. 119. Disponível em: http://www.portalmedico.org.br/resolucoes/CFM/2015/2121_2015.pdf. Acesso em: 17 jun. 2019.

CONSELHO FEDERAL DE MEDICINA. *Resolução CFM nº 2.168, de 10 de novembro de 2017*. Adota as normas éticas para a utilização das técnicas de reprodução assistida – sempre em defesa do aperfeiçoamento das práticas e da observância aos princípios éticos e bioéticos que ajudam a trazer maior segurança e eficácia a tratamentos e procedimentos médicos –, tornando-se o dispositivo deontológico a ser seguido pelos médicos brasileiros e revogando a Resolução CFM nº 2.121, publicada no D.O.U. de 24 de setembro de 2015, Seção I, p. 117. Disponível em: https://sistemas.cfm.org.br/normas/visualizar/resolucoes/BR/2017/2168. Acesso em: 17 jun. 2019.

CONSELHO FEDERAL DE MEDICINA. *Resolução CFM nº 2.217, de 27 de setembro de 2018*. Aprova o Código de Ética Médica. Disponível em: https://www.in.gov.br/materia/-/asset_publisher/Kujrw0TZC2Mb/content/id/48226289/do1-2018-11-01-resolucao-n-2-217-de-27-de-setembro-de-2018-48226042. Acesso em: 29 jan. 2021.

CONSELHO FEDERAL DE MEDICINA. *Resolução CFM nº 2.265/2019, de 20 de setembro de 2019*. Dispõe sobre o cuidado específico à pessoa com incongruência de gênero ou transgênero e revoga a Resolução CFM nº 1.955/2010. Disponível em: https://sistemas.cfm.org.br/normas/visualizar/resolucoes/BR/2019/2265. Acesso em: 12 fev. 2021.

CONSELHO FEDERAL DE MEDICINA. *Resolução CFM nº 2.283/2020, de 27 de novembro de 2020*. Altera a redação do item 2 do inciso II, "Pacientes das técnicas de RA", da Resolução CFM nº 2.168/2017, aprimorando o texto do regulamento de forma a tornar a norma mais abrangente e evitar interpretações contrárias ao ordenamento jurídico. Disponível em: https://sistemas.cfm.org.br/normas/visualizar/resolucoes/BR/2020/2283. Acesso em: 29 jan. 2021.

CONSELHO FEDERAL DE MEDICINA. *Resolução nº 1.358, de 19 de novembro de 1992*. Adota normas éticas para utilização das técnicas de reprodução assistida. Disponível em: http://www.portalmedico.org.br/resolucoes/CFM/1992/1358_1992.htm. Acesso em: 17 jun. 2019.

CONSELHO FEDERAL DE MEDICINA. *Resolução nº 1.931, de 17 de setembro de 2009*. Aprova o Código de Ética Médica. Disponível em: https://portal.cfm.org.br/index.php?option=com_content&view=category&id=9&Itemid=122. Acesso em: 10 dez. 2019.

CONSELHO FEDERAL DE MEDICINA. *Resolução nº 1.955, de 3 de setembro de 2010*. Dispõe sobre a cirurgia de transgenitalismo e revoga a Resolução CFM nº 1.652/02. Disponível em: http://www.portalmedico.org.br/resolucoes/cFm/2010/1955_2010.htm. Acesso em: 13 mar. 2019.

CONSELHO REGIONAL DE MEDICINA DO ESTADO DO AMAZONAS. *Parecer nº 08/2015*. Disponível em: https://sistemas.cfm.org.br/normas/visualizar/pareceres/AM/2015/8. Acesso em: 25 nov. 2019.

CONSELHO REGIONAL DE MEDICINA DO ESTADO DO MATO GROSSO DO SUL. *Parecer nº 25/2017*. Disponível em: https://sistemas.cfm.org.br/normas/visualizar/pareceres/MS/2017/25. Acesso em: 25 nov. 2019.

CONSELHO REGIONAL DE MEDICINA DO ESTADO DO PARANÁ. *Parecer nº 2.749/2019*. Disponível em: https://sistemas.cfm.org.br/normas/visualizar/pareceres/PR/2019/2749. Acesso em: 25 nov. 2019.

CORRÊA, Marilena Cordeiro Dias Villela. Novas tecnologias reprodutivas: doação de óvulos. O que pode ser novo nesse campo? *Caderno de Saúde Pública*, Rio de Janeiro, v. 16, n. 3, p. 863-870, 2000. Disponível em: https://www.scielosp.org/pdf/csp/2000.v16n3/863-870/pt. Acesso em: 24 set. 2018.

CORRÊA, Marilena Cordeiro Dias Villela; LOYOLA, Maria Andréa. Reprodução e bioética. A regulação da reprodução assistida no Brasil. *Caderno CRH*, Salvador, v. 18, n. 43, p. 103-112, 2005. Disponível em: https://portalseer.ufba.br/index.php/crh/article/view/18514/11890. Acesso em: 10 jun. 2019.

CORTE INTERAMERICANA DE DIREITOS HUMANOS. *Opinión consultiva nº 24 de 2017*. Disponível em: http://www.corteidh.or.cr/docs/opiniones/seriea_24_esp.pdf. Acesso em: 15 abr. 2019.

CORTIANO JÚNIOR, Eroulths. As quatro fundações do direito civil: ensaio preliminar. *Revista da Faculdade de Direito da Universidade Federal do Paraná (UFPR)*, Curitiba, v. 45, n. 0, p. 99-102, 2006. Disponível em: http://revistas.ufpr.br/direito/article/view/8750/6576. Acesso em: 6 ago. 2018.

COSTA, Bruno. Quem são os LGBTs eleitos em 2018. *Vice*, 9 out. 2018. Disponível em: https://www.vice.com/pt_br/article/wj97zy/quem-sao-os-lgbts-eleitos-em-2018. Acesso em: 7 abr. 2019.

COSTA, Valéria Karla de Barros. Família moderna – estaria o direito apto a contemplar a coparentalidade de doador conhecido? *Revista Jurídica Luso-Brasileira – RJLB*, Lisboa, n. 2, p. 1.835-1.869, 2019. Disponível em: http://www.cidp.pt/revistas/rjlb/2019/2/2019_02_1835_1869.pdf. Acesso em: 29 ago. 2019.

COUTINHO, Diana. O "futuro" da tecnologia reprodutiva: o útero artificial. *In*: GONÇALVES, Anabela; CALHEIROS, Maria Clara; PEREIRA, Maria Assunção do Vale; MONTE, Mário Ferreira Monte (Org.). *Direito na lusofonia*: direito e novas tecnologias. [s.l.]: Escola de Direito da Universidade do Minho, 2018. Disponível em: https://repositorium.sdum.uminho.pt/bitstream/1822/56127/3/7.%20Diana%20Coutinho.pdf. Acesso em 26 nov. 2019.

COUZIN-FRANKEL, Jennifer. Fluid-filled 'biobag' allows premature lambs to develop outside the womb. *Science*, 25 abr. 2017. Disponível em: https://www.sciencemag.org/news/2017/04/fluid-filled-biobag-allows-premature-lambs-develop-outside-womb. Acesso em: 26 nov. 2019.

CUNHA, Marina Luz Martinez. Questões de gênero: transexualidade e o processo transexualizador ofertado pelo Sistema Único de Saúde no Brasil. *In*: XXVII CONGRESSO NACIONAL DA CONPEDI PORTO ALEGRE – RS: TECNOLOGIA, COMUNICAÇÃO E INOVAÇÃO NO DIREITO, 27, 2018, Porto Alegre. *Anais gênero, sexualidades e direito I*. Florianópolis: Conpedi, 2018. Disponível em: http://conpedi.danilolr.info/publicacoes/34q12098/b0f9sx12/6Xz2pZ9h2B8H9SDz.pdf. Acesso em: 16 abr. 2019.

DALLARI, Dalmo de Abreu. A objeção de consciência e a ordem jurídica. *Revista de Ciência Política*, Rio de Janeiro, v. 2, n. 2, p. 36-55, 1968. Disponível em: http://bibliotecadigital.fgv.br/ojs/index.php/rcp/article/view/58960/57415. Acesso em: 9 dez. 2019.

DANTAS, Carlos Henrique Félix; FERRAZ, Carolina Valença. Projetos parentais ectogenéticos: da necessidade de limites ao exercício da autonomia no planejamento familiar a partir do uso das técnicas de reprodução assistida. *In*: ENCONTRO NACIONAL DE BIODIREITO: BIOTECNOLOGIA E RELAÇÕES FAMILIARES, I. *Anais...* São Paulo: Blucher, 2020. Disponível em: https://www.proceedings.blucher.com.br/article-details/projetos-parentais-ectogenticos-da-necessidade-de-limites-ao-exerccio-da-autonomia-no-planejamento-familiar-a-partir-do-uso-das-tcnicas-de-reproduo-assistida-34969. Acesso em: 30 jan. 2021.

DEARO, Guilherme. Número de candidatos LGBT cresce 386% em 2018, diz pesquisa. *Exame*, 29 ago. 2018. Disponível em: https://exame.abril.com.br/brasil/eleicoes-2018-numero-de-candidatos-lgbt-cresce-386/. Acesso em: 7 abr. 2019.

DIAS, Maria Berenice. Estatuto da diversidade sexual – uma lei por inciativa popular. *In*: FERRAZ, Carolina Valença; LEITE, George Salomão; LEITE, Glauber Salomão; LEITE, Glauco Salomão (Coord.). *Manual do direito homoafetivo*. São Paulo: Saraiva, 2013.

DIAS, Maria Berenice. *Homoafetividade e direitos LGBTI*. 7. ed. São Paulo: Revista dos Tribunais, 2016.

DIAS, Maria Berenice. *Manual de direito das famílias*. 10. ed. São Paulo: Revista dos Tribunais, 2015.

DIAS, Maria Berenice. Rumo a um novo direito. *In*: DIAS, Maria Berenice (Coord.). *Diversidade sexual e direito homoafetivo*. 3. ed. São Paulo: Revista dos Tribunais, 2017.

DINIZ, Débora. Estado laico, objeção de consciência e políticas de saúde. *Cadernos de Saúde Pública*, Rio de Janeiro, v. 29, n. 9, 1.704-1.706, 2013. Disponível em: http://www.scielo.br/scielo.php?script=sci_arttext&pid=S0102-311X2013000900002. Acesso em: 9 dez. 2019.

DINIZ, Débora. Rumo ao útero artificial. *Cadernos de Saúde Pública*, Rio de Janeiro, v. 23, n. 5, p. 1.237-1.244, 2007. Disponível em: https://www.scielosp.org/pdf/csp/2007.v23n5/1241-1243/pt. Acesso em: 26 nov. 2019.

DINIZ, Débora; GUILHEM, Dirce. *O que é bioética*. São Paulo: Brasiliense, 2012.

DINIZ, Maria Helena. *O estado atual do biodireito*. 9. ed. São Paulo: Saraiva, 2014.

DUARTE, Clarice Seixas. Fundamentos filosóficos da proteção às minorias. *In*: MAGALHÃES, José Quadros de; JUBILUT, Liliana Lyra; BAHIA, Alexandre Gustavo Melo Franco. *Direito à diferença*. Saraiva: São Paulo, 2014. v. 1.

ESTADOS UNIDOS DA AMÉRICA. *Uniform Parantage Act. 2017*. Disponível em: https://www.uniformlaws.org/HigherLogic/System/DownloadDocumentFile.ashx?DocumentFileKey=ce291d6c-41bd-7205-eae9-66a77c8b60dc&forceDialog=0. Acesso em: 21 ago. 2019.

FACHIN, Luiz Edson. A construção do direito privado contemporâneo na experiência crítico-doutrinária brasileira a partir do catálogo mínimo para o direito civil-constitucional no Brasil. *In*: TEPEDINO, Gustavo (Org.). *Direito civil contemporâneo*: novos problemas à luz da legalidade constitucional: anais do Congresso Internacional de Direito Civil-Constitucional da Cidade do Rio de Janeiro. São Paulo: Atlas, 2008.

FACHIN, Luiz Edson. O corpo do registro e o registro do corpo: mudança de nome e sexo sem cirurgia de redesignação. *Revista Brasileira de Direito Civil*, Belo Horizonte, v. 1, p. 36-60, 2014. Disponível em: https://rbdcivil.ibdcivil.org.br/rbdc/article/view/130/126. Acesso em: 12 mar. 2019.

FACHIN, Luiz Edson. *Questões do direito civil brasileiro contemporâneo*. Rio de Janeiro: Renovar, 2008.

FACHIN, Luiz Edson; FACHIN, Melina Girardi. A proteção dos direitos humanos e a vedação à discriminação por orientação sexual. *In*: DIAS, Maria Berenice (Coord.). *Diversidade sexual e direito homoafetivo*. 2. ed. São Paulo: Revista dos Tribunais, 2011.

FARIAS, Cristiano Chaves de; ROSENVALD, Nelson. *Curso de direito civil*: famílias. 8. ed. Salvador: JusPodivm, 2016.

FERRAZ, Ana Claudia Brandão de Barros Correia. *Reprodução humana assistida e suas consequências nas relações de família*: a filiação e a origem genética sob a perspectiva da repersonalização. 2. ed. Curitiba: Juruá, 2016.

FERRAZ, Carolina Valença. *Biodireito*: a proteção jurídica do embrião in vitro. São Paulo: Verbatim, 2011.

FERRAZ, Carolina Valença. O direito privado e a opressão feminina nas relações sociais: como o patriarcado construiu relações nefastas de poder em face do gênero aproveitando os costumes de casa que foram à praça. *In*: FERRAZ, Carolina Valença (Coord.). *Manual jurídico feminista*. Belo Horizonte: Letramento, 2019.

FERRAZ, Carolina Valença; LEITE, Glauber Salomão. A pessoa transgênera e o reconhecimento do direito de ser mulher: promoção da dignidade humana e garantia de desenvolvimento pessoal. *In*: FERRAZ, Carolina Valença; LEITE, George Salomão; LEITE, Glauber Salomão; LEITE, Glauco Salomão (Coord.). *Manual dos direitos da mulher*. São Paulo: Saraiva, 2013.

FERRAZ, Carolina Valença; LEITE, Glauber Salomão. Casamento entre pessoas do mesmo sexo: a desconstrução de estigmas e a construção de parâmetros para o desenvolvimento pessoal e a justiça social. *In*: FERRAZ, Carolina Valença; LEITE, George Salomão; LEITE; Glauber Salomão; LEITE, Glauco Salomão (Coord.). *Manual do direito homoafetivo*. São Paulo: Saraiva, 2013.

FINKELSTEIN, Alex; MAC DOUGALL, Sarah; KINTOMINAS, Angela; OLSEN, Anya. Surrogacy law policy in the U.S.: a national conversation informed by global lawmaking. *Columbia Law School Sexuality & Gender Law Clinic*, 2016. Disponível em: https://web.law.columbia.edu/sites/default/files/microsites/gender-sexuality/files/columbia_sexuality_and_gender_law_clinic_-_surrogacy_law_and_policy_report_-_june_2016.pdf. Acesso em: 21 ago. 2019.

FONSECA, Larissa Lupião; HOSSNE, William Saad; BARCHFINTAINE, Christian de Paul de. Doação compartilhada de óvulos: opinião de pacientes em tratamento para infertilidade. *Revista Bioethikos – Centro Universitário São Camilo*, São Paulo, v. 3, n. 2, p. 235-240, 2009. Disponível em: http://www.saocamilo-sp.br/pdf/bioethikos/71/235-240.pdf. Acesso em: 14 ago. 2019.

FONSECA, Ricardo Tadeu Marques da. A ONU e o seu conceito revolucionário de pessoa com deficiência. *Inclusive – Inclusão e Cidadania*, 2 maio 2008. Disponível em: http://www.inclusive.org.br/arquivos/109. Acesso em: 6 jan. 2016.

FONTES, Gustavo Rosa. *Bioética e transexualidade*: o sistema jurídico brasileiro e fundamentos para uma bioética queer. 2014. 178 f. Dissertação (Mestrado em Direito) – Universidade do Estado do Amazonas, Manaus, 2014. Disponível em: http://www.pos.uea.edu.br/data/area/titulado/download/60-8.pdf. Acesso em: 10 mar. 2019.

FOUCAULT, Michel. *Em defesa da sociedade*: curso no Collège de France (1975-1976). São Paulo: Martins Fontes, 1999.

FOUCAULT, Michel. *História da sexualidade 1*: A vontade de saber. 2. ed. São Paulo: Paz e Terra, 2015.

FRANÇA. *Code Civil, version consolidée au 21 juillet 2019*. Disponível em: https://www.legifrance.gouv.fr/affichCode.do;jsessionid=B0FEE0F7FADDFEA4BC0E78C664B7905D.tplgfr23s_3?cidTexte=LEGITEXT000006070721&dateTexte=20190821. Acesso em: 21 ago. 2019.

FRANÇA. *Code Pénal, version consolidée au 3 août 2019*. Disponível em: https://www.legifrance.gouv.fr/affichCode.do?cidTexte=LEGITEXT000006070719. Acesso em: 21 ago. 2019.

GALINDO, Bruno. O direito antidiscriminatório entre a forma e a substância: igualdade material e proteção de grupos vulneráveis pelo reconhecimento da diferença. *In*: FERRAZ, Carolina Valença; LEITE, Glauber Salomão (Coord.). *Direito à diversidade*. São Paulo: Atlas, 2015.

GAMA, Guilherme Calmon Nogueira da. *A nova filiação*: o biodireito e as relações parentais: o estabelecimento da parentalidade-filiação e os efeitos jurídicos da reprodução humana assistida heteróloga. Rio de Janeiro: Renovar, 2003.

GENDER IDENTITY RESEARCH AND EDUCATION SOCIETY. *A guide to hormone therapy for trans people*. Londres: DH Publications Orderline, 2007. Disponível em: http://www.edinburghtranswomen.org.uk/Guide_to_Hormones.pdf. Acesso em: 27 nov. 2019.

GETRAJDMAN, Chloe; LEE, Joseph A.; COPPERMAN, Alan B. Co-IVF for same-sex female couples. Seminars in Reproductive Medicine, Nova York, v. 25, n. 5, p. 415-419, 2017. Disponível em: https://www.thieme-connect.com/products/ejournals/html/10.1055/s-0037-1605380. Acesso em: 21 nov. 2019.

GODINHO, Adriano Marteleto. Direito ao próprio corpo: direitos da personalidade e sua limitação voluntária. *Revista Jurídica Electrónica – Universidad Nacional de Lomas de Zamora*, Buenos Aires, n. 2, p. 1-16, 2016. Disponível em: http://www.derecho.unlz.edu.ar/revista_juridica/02/07_godinho.pdf. Acesso em: 27 ago. 2019.

GONÇALVES, Camila de Jesus Mello. *Transexualidade e direitos humanos*: o reconhecimento da identidade de gênero entre os direitos da personalidade. Curitiba: Juruá, 2016.

GONEL, Ayisigi Hale. Pansexual identification in online communities: employing a collaborative queer method to study pansexuality. *Graduate Journal of Social Science*, v. 10, n. 1, p. 36-59, 2013. Disponível em: http://www.gjss.org/sites/default/files/issues/chapters/papers/Journal-10-01--02-HaleGonel.pdf. Acesso em: 24 jun. 2019.

GRAZIUSO, Bruna Kern. *Gestação de substituição no Brasil e nos Estados Unidos*: regulamentações e práticas de casos nacionais e transnacionais. 2017. 225 f. Dissertação (Mestrado em Direito) – Universidade La Salle, 2017. Disponível em: http://svr-net20.unilasalle.edu.br/handle/11690/838. Acesso em: 20 ago. 2019.

GUIMARÃES, Aníbal. Os princípios de Yogyakarta. *In*: DIAS, Maria Berenice (Coord.). *Diversidade sexual e direito homoafetivo*. 2. ed. São Paulo: Revista dos Tribunais, 2011.

GUIMARÃES, Maria Raquel. As particularidades do regime do contrato de gestação de substituição no direito português e o Acórdão do Tribunal Constitucional nº 225/2018. *Revista de Bioética y Derecho*, Barcelona, v. 44, p. 179-200, 2018. Disponível em: http://scielo.isciii.es/pdf/bioetica/n44/1886-5887-bioetica-44-00179.pdf. Acesso em: 22 ago. 2019.

HADDAD FILHO, Jorge. Criopresevação de oócitos e embriões. *Associação Paulista para o Desenvolvimento da Medicina*, 4 jul. 2013. Disponível em: https://www.spdm.org.br/blogs/reproducao-humana/item/1284-75criopreservacao-de-oocitos-e-embrioes. Acesso em: 15 ago. 2019.

HIRONAKA, Giselda Maria Fernandes Novaes. As inovações biotecnológicas e o direito das sucessões. *In*: TEPEDINO, Gustavo (Org.). *Direito civil contemporâneo*: novos problemas à luz da legalidade constitucional: anais do Congresso Internacional de Direito Civil-Constitucional da Cidade do Rio de Janeiro. São Paulo: Atlas, 2008.

HOLANDA, Caroline Sátiro. *As técnicas de reprodução assistida e a necessidade de parâmetros jurídicos à luz da Constituição Federal de 1988*. 2006. 263 f. Dissertação (Mestrado em Direito) – Universidade de Fortaleza, Fortaleza, 2006. Disponível em: http://www.dominiopublico.gov.br/download/teste/arqs/cp041477.pdf. Acesso em: 28 nov. 2018.

HOLANDA, Maria Rita de. A vulnerabilidade da mulher no caso da gestação sub-rogada no Brasil. *In*: EHRHARDT JR., Marcos; LOBO, Fabíola. *Vulnerabilidade e sua compreensão no direito brasileiro*. Indaiatuba: Foco, 2021.

HOLANDA, Maria Rita de. Filiação: natureza jurídica, autonomia e boa-fé. *In*: LOBO, Fabíola Albuquerque; EHRHARDT JÚNIOR, Marcos; PAMPLONA FILHO, Rodolfo (Coord.). *Boa-fé e sua aplicação no direito brasileiro*. Belo Horizonte: Fórum, 2017.

HUPSEL, Francisco. *Autonomia privada na dimensão civil-constitucional*: o negócio jurídico, a pessoa concreta e suas escolhas existenciais. Salvador: JusPodivm, 2016.

HUXLEY, Aldous. *Admirável mundo novo*. 22. ed. São Paulo: Globo, 2014.

IBDFAM aprova Enunciados. *Instituto Brasileiro de Direito de Família*, 2015. Disponível em: http://www.ibdfam.org.br/noticias/5819/IBDFAM+aprova+Enunciados. Acesso em: 20 jun. 2019.

INADA, Hitoshi. Artificial womb raises hope for premature babies. *Tohoko University: Research News*, 2017. Disponível em: https://www.tohoku.ac.jp/en/press/artificial_womb_raises_hope.html. Acesso em: 29 jan. 2021.

ITÁLIA. *Lei nº 40, de 19 de fevereiro de 2004*. Norma em matéria de procriação medicamente assistida. Disponível em: http://www.parlamento.it/parlam/leggi/04040l.htm. Acesso em: 21 ago. 2019.

JENNY, Carole; ROESLER, Thomas A.; POYER, Kimberly L. Are children at risk for sexual abuse by homosexuals? *Pediatrics*, [s.l.], v. 94, n. 1, p. 41-44, 1994. Disponível em: https://pediatrics.aappublications.org/content/94/1/41.short. Acesso em: 16 nov. 2019.

JESUS, Jaqueline Gomes de. Feminismo contemporâneo e interseccionalidade 2.0: uma contextualização a partir do pensamento transfeminista. *Rebeh – Revista Brasileira de Estudos da Homocultura*, [s.l.], v. 1, n. 1, p. 5-24, 2018. Disponível em: http://www.revistas.unilab.edu.br/index.php/rebeh/article/view/87. Acesso em: 5 abr. 2019.

JESUS, Jaqueline Gomes de. *Orientações sobre identidade de gênero*: conceitos e termos. Brasília: [s.n.], 2012.

JUSTIÇA de Pernambuco concede guarda de criança transexual para mulher trans. *Instituto Brasileiro de Direito de Família*, 13 out. 2016. Disponível em: http://www.ibdfam.org.br/noticias/6135/Justi%C3%A7a+de+Pernambuco+concede+guarda+de+crian%C3%A7a+transexual+para+mulher+trans. Acesso em: 15 nov. 2019.

KARANDIKAR, Sharvari; GEZINSKI, Lindsay B.; CARTER, James R.; KALOGA, Marissa. Economic necessity or noble cause? A qualitative study exploring motivations for gestational surrogacy in Gujarat, India. *Journal of Women and Social Work*, v. 29, n. 2, p. 224-236, 2014. Disponível em: https://journals.sagepub.com/doi/abs/10.1177/0886109913516455. Acesso em: 3 fev. 2021.

KHADIJA, Mitu. Transgender reproductive choice and fertility preservation. *AMA Journal of Etichs*, [s.l.], v. 18, n. 11, p. 1.119-1.125, 2016. Disponível em: https://journalofethics.ama-assn.org/article/transgender-reproductive-choice-and-fertility-preservation/2016-11. Acesso em: 27 nov. 2019.

KIRSHNER, Shany Noy. Selling a miracle? Surrogacy through international borders: exploration of ukranian surrogacy. *Journal of International Business and Law*, Nova York, v. 14, n. 1, p. 77-97, 2015. Disponível em: https://scholarlycommons.law.hofstra.edu/cgi/viewcontent.cgi?article=1264&context=jibl. Acesso em: 22 ago. 2019.

KONDER, Carlos Nelson. Vulnerabilidade patrimonial e existencial: por um sistema diferenciador. *Revista de Direito do Consumidor*, São Paulo, v. 99, p. 101-123, 2015.

KRELL, Olga Jubert Gouveia. *Reprodução humana assistida e filiação civil*: princípios éticos e jurídicos. Curitiba: Juruá, 2006.

KUMPEL, Vitor Frederico; BORGARELLI, Bruno de Ávila. Provimento reaviva debate sobre limites do CNJ em serventias extrajudiciais. *Revista Consultor Jurídico*, 29 jan. 2018. Disponível em: https://www.conjur.com.br/2018-jan-29/direito-civil-atual-provimento-reaviva-debate-limites-cnj-cartorios. Acesso em: 21 jun. 2019.

LAMM, Eleonora. La importância de la voluntad procreacional em la nueva categoria de filiación derivada de las técnicas de reproducción assistida. *Revista de Bioética y Derecho*, Barcelona, n. 24, p. 76-91, 2012. Disponível em: http://revistes.ub.edu/index.php/RBD/article/view/7610/9516. Acesso em: 27 ago. 2019.

LEITE, Glauco Salomão. Jurisdição constitucional, ativismo judicial e minorias: o Supremo Tribunal Federal e o reconhecimento da união estável homoafetiva. *In*: FERRAZ, Carolina Valença; LEITE, George Salomão; LEITE, Glauber Salomão; LEITE, Glauco Salomão (Coord.). *Manual do direito homoafetivo*. São Paulo: Saraiva, 2013.

LEONEL, Maria Júlia. O Estado falocêntrico e a travestilidade: a desconstrução do feminino heteronormativo. *In*: FERRAZ, Carolina Valença. *Manual jurídico feminista*. Belo Horizonte: Letramento, 2019.

LEWIS, Elizabeth Sara. "Eu quero meu direito como bissexual": a marginalização discursiva da diversidade sexual dentro do movimento LGBT e propostas para fomentar a sua aceitação. *In*: III SIMPÓSIO NACIONAL DISCURSO, IDENTIDADE E SOCIEDADE (III SIDIS), 3, 2012, Campinas. *Anais do III Simpósio Nacional Discurso, Identidade e Sociedade (III SIDIS)*: dilemas e desafios na contemporaneidade, Campinas: [s.n.], 2012. p. 1-22. Disponível em: https://www.iel.unicamp.br/sidis/anais/pdf/LEWIS_ELIZABETH_SARA.pdf. Acesso em: 19 nov. 2018.

LIMA, Flávia Danielle Santiago. Diálogos ou embates institucionais? A ADPF 132/ADI 4.277 e as dinâmicas políticas entre STF e Congresso Nacional. *In*: FERRAZ, Carolina Valença; LEITE, Glauber Salomão; OMMATI, José Emílio Medauar; VECCHIATTI, Paulo Roberto Iotti (Coord.). *Diferentes, mas iguais*: estudos sobre a decisão do STF sobre a união homoafetiva (ADPF 132 e ADI 4277). Rio de Janeiro: Lumen Juris, 2017.

LIMA, Heloisa Bezerra; NASCIMENTO, Raul Victor Rodrigues do. Transgeneridade e cárcere: diálogos sobre uma criminologia transfeminista. *Revista Transgressões: Ciências Criminais em Debate*, Natal, v. 2, n. 2, p. 75-89, 2014. Disponível em: https://periodicos.ufrn.br/transgressoes/article/view/6444/5256. Acesso em: 10 dez. 2017.

LIMA, Suzana Borges Viegas. *O estatuto jurídico das relações homoafetivas*. Brasília: Gazeta Jurídica, 2015.

LIMEIRA, Marcela de Azevedo. *Liberdade de consciência religiosa e direito à não discriminação*: uma análise de direitos em conflito. 2018. 183 f. Dissertação (Mestrado em Direito) – Pontifícia Universidade Católica do Rio de Janeiro, Rio de Janeiro, 2018. Disponível em: http://siaibib01.univali.br/pdf/Marco%20Augusto%20Ghisi%20Machado.pdf. Acesso em: 10 dez. 2019.

LINS, Rivelynno Costa. *Corpos LGBTs no espaço público*: práticas de liberdade na cidade do Recife nos anos 2000. 2017. 203 f. Dissertação (Mestrado em História) – Universidade Federal de Pernambuco, Recife, 2017. Disponível em: https://repositorio.ufpe.br/bitstream/123456789/29885/1/DISSERTA%C3%87%C3%83O%20Rivelynno%20da%20Costa%20Lins.pdf. Acesso em: 31 mar. 2019.

LOBO, Fabíola Albuquerque. Adoção consentida e o cadastro nacional de adoção: harmonização que se impõe. *Revista Pensar*, Fortaleza, v. 21, n. 2, p. 484-506, 2016. Disponível em: https://periodicos.unifor.br/rpen/article/view/4373/pdf. Acesso em: 15 nov. 2019.

LÔBO, Paulo. A constitucionalização do direito civil brasileiro. *In*: TEPEDINO, Gustavo (Org.). *Direito civil contemporâneo*: novos problemas à luz da legalidade constitucional: anais do Congresso Internacional de Direito Civil-Constitucional da Cidade do Rio de Janeiro. São Paulo: Atlas, 2008.

LÔBO, Paulo. Constitucionalização do direito civil. *Revista Informação Legislativa*, Brasília, v. 36, n. 141, p. 99-109, 1999. Disponível em: http://www.direitofmc.xpg.com.br/TGDC/texto01.pdf. Acesso em: 8 ago. 2018.

LÔBO, Paulo. Despatrimonialização do direito de família e a constitucionalização permanente. *Revista do Tribunal de Justiça do Estado do Maranhão*, São Luís, v. 5, n. 2, p. 25-35, 2011. Disponível em: http://gerenciador.tjma.jus.br/app/webroot/files/publicacao/403468/anexo_20873_revista_do_tj_-_jul_a_dez_de_2011_30092013_1005.pdf. Acesso em: 15 ago. 2018.

LÔBO, Paulo. Direito ao estado de filiação e direito à origem genética: uma distinção necessária. *Revista Brasileira de Direito de Família*, Porto Alegre, v. 1, n. 1, p. 133-156, 1999.

LÔBO, Paulo. *Direito civil*: famílias. 7. ed. São Paulo: Saraiva, 2017.

LÔBO, Paulo. *Direito civil*: parte geral. 7. ed. São Paulo: Saraiva, 2018.

LÔBO, Paulo. *Entidades familiares constitucionalizadas*: para além do numerus clausus. 2002. Disponível em: http://www.egov.ufsc.br/portal/sites/default/files/anexos/9408-9407-1-PB.pdf. Acesso em: 14 ago. 2018.

LÔBO, Paulo. Metodologia do direito civil constitucional. *In*: RUZYK, Carlos Eduardo Pianovski; SOUZA, Eduardo Nunes de; MENEZES, Joyceane Bezerra de; EHRHARDT JÚNIOR, Marcos (Org.). *Direito civil constitucional*: a ressignificação dos institutos fundamentais do direito civil contemporâneo e suas consequências, Florianópolis: Conceito, 2014.

LÔBO, Paulo. Socioafetividade no direito de família: a persistente trajetória de um conceito fundamental. *Revista Brasileira de Direito das Famílias e das Sucessões*, Porto Alegre, v. 5, p. 5-22, 2008.

LOPES, Claudia Aparecida Costa; SANCHES, Pedro Henrique. Do bebê medicamento: "instrumento" de dignidade familiar. *In*: ENCONTRO NACIONAL DA CONPEDI: A HUMANIZAÇÃO DO DIREITO E A HORIZONTALIZARÃO DA JUSTIÇA NO SÉCULO XXI, 23., 2014, João Pessoa. *Anais Direito de Família II*. Florianópolis: Conpedi, 2014. p. 1-17. Disponível em: http://www.publicadireito.com.br/artigos/?cod=8ec959b57278128a. Acesso em: 17 jun. 2019.

LOUREIRO, Luiz Guilherme. *Registros públicos*: teoria e prática. 8. ed. Salvador: JusPodivm, 2017.

LUCÍRIO, Ivonete. Como é feito o congelamento de óvulos? *Saúde*, 9 fev. 2019. Disponível em: https://saude.abril.com.br/medicina/como-e-feito-o-congelamento-de-ovulos/. Acesso em: 15 ago. 2019.

MACHADO, Marcos Augusto Ghisi. *A objeção de consciência no exercício da medicina*: conflitos entre o dever ético-profissional e a autonomia de vontade do paciente. 2016. 139 f. Dissertação (Mestrado em Direito) – Universidade Vale do Itajaí, 2016. Disponível em: http://siaibib01.univali.br/pdf/Marco%20Augusto%20Ghisi%20Machado.pdf. Acesso em: 9 dez. 2019.

MADALENO, Rolf. *Direito de família*. 8. ed. Rio de Janeiro: Forense, 2018.

MADALENO, Rolf. Os efeitos jurídicos da homoparentalidade. *In*: FERRAZ, Carolina Valença; LEITE, George Salomão; LEITE, Glauber Salomão; LEITE, Glauco Salomão (Coord.). *Manual do direito homoafetivo*. São Paulo: Saraiva, 2013.

MANZUR, Maurício. A dicotomia entre os direitos da personalidade e os direitos fundamentais. *In*: MIRANDA, Jorge; RODRIGUES JÚNIOR, Otávio Luiz; FRUET, Gustavo Bonato (Org.). *Direitos da personalidade*. São Paulo: Atlas, 2012.

MARCONI, Maria de Andrade; LAKATOS, Eva Maria. *Fundamentos de metodologia científica*. 5. ed. São Paulo: Atlas, 2003.

MARTINS-COSTA, Judith. Bioética e dignidade da pessoa humana: rumo à construção do biodireito. *Revista da Faculdade de Direito da UFRGS*, Porto Alegre, v. 18, p. 153-170, 2000. Disponível em: https://seer.ufrgs.br/revfacdir/article/view/71207/40420. Acesso em: 15 jun. 2019.

MASCARENHAS, Igor de Lucena; MATOS, Ana Carla Harmatiuk. Objeção de consciência médica em reprodução humana assistida: entre o direito e a discriminação. *Migalhas*, 17 dez. 2020. Disponível em: https://migalhas.uol.com.br/coluna/migalhas-de-responsabilidade-civil/337964/objecao-de-consciencia-medica-em-reproducao-humana-assistida--entre-o-direito-e-a-discriminacao. Acesso em: 10 jan. 2020.

MATOS, Ana Carla Harmatiuk. *União entre pessoas do mesmo sexo*: aspectos jurídicos e sociais. Belo Horizonte: Del Rey, 2004.

MATOS, Ana Carla Harmatiuk; FISCHER, Karla Ferreira de Camargo. Reprodução humana assistida e parceria homoafetiva. *Revista Pensar*, Fortaleza, v. 17, n. 1, p. 9-32, 2012. Disponível em: https://periodicos.unifor.br/rpen/article/view/2289/pdf. Acesso em: 25 nov. 2019.

MATTAR, Laura Davis. Reconhecimento jurídico dos direitos sexuais – Uma análise comparativa com os direitos reprodutivos. *SUR – Revista Internacional de Direitos Humanos*, São Paulo, v. 5, n. 8, p. 60-83, 2008. Disponível em: http://www.scielo.br/pdf/sur/v5n8/v5n8a04.pdf. Acesso em: 12 nov. 2019.

MENEZES, Carolina Nogueira Teixeira de. *Contratos existenciais*: revisitando elementos contratuais à luz de uma hermenêutica emancipatória. 2016. 220 f. Dissertação (Mestrado em Direito) – Universidade Federal de Uberlândia, 2016. Disponível em: https://repositorio.ufu.br/bitstream/123456789/17919/1/ContratosExistenciaisRevisitando.pdf. Acesso em: 20 dez. 2019.

MIGUEL, Luis Felipe; BIROLI, Flávia. *Feminismo e política*: uma introdução. São Paulo: Boitempo, 2014.

MISKOLCI, Richard. Comentário. *Cadernos Pagu*, Campinas, n. 28, p. 55-63, 2007. Disponível em: http://www.scielo.br/pdf/cpa/n28/04.pdf. Acesso em: 19 nov. 2018.

MORAES, Maria Celina Bodin de; CASTRO, Thamis Dalsenter Viveiros de. A autonomia existencial nos atos de disposição do próprio corpo. *Revista Pensar*, Fortaleza, v. 19, n. 3, p. 779-818, 2014. Disponível em: https://periodicos.unifor.br/rpen/article/view/3433/pdf_1. Acesso em: 27 ago. 2019.

MORAIS, Leonardo Stoll; FERNANDES, Márcia Santana. A qualificação jurídica do material genético na reprodução humana assistida. *Revista Jurídica Luso-Brasileira – RJLB*, Lisboa, n. 3, p. 651-677, 2018. Disponível em: http://www.cidp.pt/revistas/rjlb/2018/3/2018_03_0651_0677.pdf. Acesso em: 29 ago. 2019.

MORISHIMA, Christina; SANTOS, Thamara Braga dos; TAKAHIRA, Agnes Mayumi; DONADIO, Nilka; CAVAGNA, Mário; DZIK, Artur; GEBRIM, Luiz Henrique. Crianças nascidas após vitrificação de oócitos em reprodução assistida em hospital público. *Reprodução & Climatério*, [s.l.], v. 32, n. 2, p. 148-151, 2017. Disponível em: https://www.sciencedirect.com/science/article/pii/S1413208716300310. Acesso em: 15 ago. 2019.

MOSCHETTA, Sílvia Ozelame Rigo. *Homoparentalidade*: direito à adoção e reprodução humana assistida por casais homoafetivos. 2. ed. Curitiba: Juruá, 2011.

MOURA, Marisa Decat de; SOUZA, Maria do Carmo Borges de; SCHEFFER, Bruno Brum. Reprodução assistida. Um pouco de história. *Revista da Sociedade Brasileira de Psicologia Hospitalar*, Rio de Janeiro, v. 12, n. 2, p. 23-42, 2009. Disponível em: http://pepsic.bvsalud.org/scielo.php?script=sci_arttext&pid=S1516-08582009000200004. Acesso em: 11 jun. 2019.

MUÑOZ PRIEGO, Blas Jesús. La objeción de consciência. *Instituto de Consulta y Especialización em Bioética*, 2010. Disponível em: https://www.bioeticacs.org/iceb/seleccion_temas/objecionConciencia/La_Objecion_de_Conciencia.pdf. Acesso em: 10 dez. 2019.

NAVARRO, Pablo Pérez. On ne naît pas queer: from the second sex to male pregnancy. *In*: DURANTI, Andrea; TUREVI, Matteo. *Proceedings of the 18th conference of the Simone de Beauvoir Society*: yesterday, today and tomorrow. Cambridge: Cambridge Scholars Publishing, 2017. Disponível em: https://eg.uc.pt/bitstream/10316/43956/1/On%20ne%20nait%20pas%20queer.pdf. Acesso em: 1º dez. 2019.

NÚMERO de evangélicos aumenta 61% em 10 anos, aponta IBGE. *G1*, 29 jun. 2012. Disponível em: http://g1.globo.com/brasil/noticia/2012/06/numero-de-evangelicos-aumenta-61-em-10-anos-aponta-ibge.html. Acesso em: 9 abr. 2019.

OLIVEIRA, André Lucas Guerreiro. *"Somos quem podemos ser"*: os homens (trans) brasileiros e o discurso pela (des)patologização da transexualidade. 2015. 169 f. Dissertação (Mestrado em Ciências Sociais) – Universidade Federal do Rio Grande do Norte, 2015. Disponível em: https://repositorio.ufrn.br/jspui/bitstream/123456789/20034/1/AndreLucasGuerreiroOliveira_DISSERT.pdf. Acesso em: 15 abr. 2019.

OLIVEIRA, Catarina Almeida de. *Relações existenciais decorrentes do poder familiar e sua tutela pelas normas do direito das obrigações*. 2012. 196 f. Tese (Doutorado em Direito) – Faculdade de Direito do Recife, Universidade Federal de Pernambuco, Recife, 2012. Disponível em: https://repositorio.ufpe.br/bitstream/123456789/10137/1/TESE%20-%20CATARINA%20ALMEIDA%20DE%20OLIVEIRA.pdf. Acesso em: 7 ago. 2018.

OLIVEIRA, Luciano. *Não fale do Código de Hamurabi!* A pesquisa sócio-jurídica na pós-graduação em direito. Disponível em: https://www3.ufpe.br/moinhojuridico/images/ppgd/7.4%20hamurabi_por_loliveira.pdf. Acesso em: 29 mar. 2019.

OLIVEIRA, Maria Rita de Holanda Silva. *A autonomia parental e os limites do planejamento familiar no sistema jurídico brasileiro*. 2016. 297 f. Tese (Doutorado em Direito) – Faculdade de Direito do Recife, Universidade Federal de Pernambuco, 2016. Disponível em: https://repositorio.ufpe.br/bitstream/123456789/19182/1/Maria%20Rita%20Tese%20%20final%20pdf.pdf. Acesso em: 12 jun. 2019.

OMMATI, José Emílio Medauar. As novas técnicas de reprodução humana à luz dos princípios constitucionais. *Revista de Informação Legislativa*, Brasília, v. 36, n. 141, p. 229-238, 1999. Disponível em: https://www2.senado.leg.br/bdsf/bitstream/handle/id/464/r141-17.pdf?sequence=4. Acesso em: 4 jun. 2019.

ORGANIZAÇÃO DAS NAÇÕES UNIDAS. *Convenção sobre a Eliminação de Todas as Formas de Discriminação contra a Mulher* – Cedaw, 1979. Disponível em: http://www.onumulheres.org.br/wp-content/uploads/2013/03/convencao_cedaw.pdf. Acesso em: 11 nov. 2019.

ORGANIZAÇÃO DAS NAÇÕES UNIDAS. *Convenção sobre os Direitos da Criança de 20 de novembro de 1989*. Disponível em: https://www.unric.org/html/portuguese/humanrights/Crianca.pdf. Acesso em: 12 jun. 2019.

ORGANIZAÇÃO DAS NAÇÕES UNIDAS. *Declaração e Plataforma de Ação da IV Conferência Mundial Sobre a Mulher* – Pequim, 1995. Disponível em: http://www.onumulheres.org.br/wp-content/uploads/2014/02/declaracao_pequim.pdf. Acesso em: 12 nov. 2019.

ORGANIZAÇÃO DAS NAÇÕES UNIDAS. *Proclamação de Teerã de 1968*. Disponível em: http://www.direitoshumanos.usp.br/index.php/Confer%C3%AAncias-de-C%C3%BApulas-das-Na%C3%A7%C3%B5es-Unidas-sobre-Direitos-Humanos/proclamacao-de-teera.html. Acesso em: 11 nov. 2019.

ORGANIZAÇÃO DAS NAÇÕES UNIDAS. *Relatório da Conferência Internacional sobre População e Desenvolvimento* – Plataforma de Cairo, 1994. Disponível em: http://www.unfpa.org.br/Arquivos/relatorio-cairo.pdf. Acesso em: 11 nov. 2019.

ORGANIZAÇÃO DOS ESTADOS AMERICANOS. *Convenção Americana de Direitos Humanos ("Pacto de San José de Costa Rica") de 22 de novembro de 1969*. Disponível em: https://www.cidh.oas.org/basicos/portugues/c.convencao_americana.htm. Acesso em: 15 abr. 2019.

ORGANIZAÇÃO MUNDIAL DE SAÚDE. *CID-10*. Disponível em: http://www.datasus.gov.br/cid10/V2008/WebHelp/f60_f69.htm#F64. Acesso em: 12 mar. 2019.

ORGANIZAÇÃO MUNDIAL DE SAÚDE. *ICD-11*. Disponível em: https://icd.who.int/browse11/l-m/en#/http%3a%2f%2fid.who.int%2ficd%2fentity%2f577470983. Acesso em: 12 mar. 2019.

ORGANIZAÇÃO MUNDIAL DE SAÚDE. *ICD-11*: classifying disease to map the way we live and die, 2018. Disponível em: https://www.who.int/health-topics/international-classification-of-diseases. Acesso em: 12 mar. 2019.

ORGANIZAÇÃO PAN-AMERICANA DE SAÚDE. *Aprueban resoluciones sobre seguridad del paciente, atención de emergencias y traumatismos, agua y saneamiento, y la CIE-11*, 2019. Disponível em: https://www.paho.org/hq/index.php?option=com_content&view=article&id=15214:delegations-adopted-resolutions-on-patient-safety-emergency-and-trauma-care-water-and-sanitation-and-on-the-icd-11&Itemid=1926&lang=es. Acesso em: 14 dez. 2019.

PASSOS, Maria Consuêlo. Homoparentalidade: uma entre outras formas de ser família. *Psicologia Clínica*, Rio de Janeiro, v. 17, n. 2, p. 31-40, 2005. Disponível em: http://www.scielo.br/pdf/pc/v17n2/v17n2a03.pdf. Acesso em: 28 nov. 2018.

PEREIRA, Cleyton Feitosa. Barreiras à ambição e à representação política da população LGBT no Brasil. *Revista Ártemis*, João Pessoa, v. 24, n. 1, p. 120-131, 2017. Disponível em: http://www.periodicos.ufpb.br/index.php/artemis/article/view/35710/19262. Acesso em: 7 abr. 2019.

PEREIRA, Fabio Queiroz; GOMES, Jordhana Maria Costa. Pobreza e gênero: a marginalização de travestis e transexuais pelo direito. *Revista Direitos Fundamentais e Democracia*, Curitiba, v. 22, n. 2, p. 210-224, 2017. Disponível em: http://revistaeletronicardfd.unibrasil.com.br/index.php/rdfd/article/view/800. Acesso em: 3 dez. 2017.

PEREIRA, Rodrigo da Cunha. *Princípios fundamentais e norteadores para a organização jurídica da família.* 2004. 157 f. Tese (Doutorado em Direito) – Universidade Federal do Paraná, Curitiba, 2004. Disponível em: https://acervodigital.ufpr.br/bitstream/handle/1884/2272/Tese_Dr.%20Rodrigo%20da%20Cunha.pdf. Acesso em: 12 jun. 2019.

PEREIRA, Tânia da Silva. Adoção. *In*: PEREIRA, Rodrigo da Cunha (Coord.). *Tratado de direito das famílias.* 2. ed. Belo Horizonte: IBDFAM, 2016.

PERNAMBUCO. *Processo nº 8938554-2013*. Juiz de Direito: João Mauricio Guedes Alcoforado, 25 de julho de 2014. Disponível em: http://www.direitohomoafetivo.com.br/jurisprudencia-categoria/sub86dupla-parentalidade/87/1. Acesso em: 21 nov. 2019.

PERNAMBUCO. *Processo nº indisponível*. Juiz de Direito: Clicério Bezerra da Silva, 28 de fevereiro de 2012. Disponível em: http://www.direitohomoafetivo.com.br/jurisprudencia-categoria/sub86dupla-parentalidade/87/2. Acesso em: 25 nov. 2019.

PERNAMBUCO. *Processo nº indisponível*. Juiz de Direito: Clicério Bezerra da Silva, 20 de fevereiro de 2014. Disponível em: http://www.direitohomoafetivo.com.br/jurisprudencia-categoria/sub86dupla-parentalidade/87/1. Acesso em: 21 nov. 2019.

PERU. Grupo de Trabajo de Revisión y Mejoradel Código Civil Peruano de 1984. *Anteproyecto de Reforma do Código Civil do Peruano.* Disponível em: https://www.academia.edu/40168085/Anteproyecto_de_Reforma_del_C%C3%B3digo_Civil_Peruano. Acesso em: 26 de ago. 2019.

PINHEIRO NETO, Othoniel. *O direito dos homossexuais biologicamente férteis, mas psicologicamente inférteis, habilita-os como beneficiários da política nacional de reprodução humana assistida.* 2016. 137 f. Tese (Doutorado em Direito) – Universidade Federal da Bahia, Salvador, 2016. Disponível em: https://repositorio.ufba.br/ri/bitstream/ri/20172/1/Tese%20Othoniel%20Pinheiro%20Neto.pdf. Acesso em: 28 nov. 2018.

PINO, Nádia. A teoria queer e os intersex: experiências invisíveis de corpos desfeitos. *Cadernos Pagu*, Campinas, v. 28, p. 149-174, 2007. Disponível em: http://www.scielo.br/pdf/cpa/n28/08.pdf. Acesso em: 10 mar. 2019.

PINTO, Maria Jaqueline Coelho. *A vivência afetivo-sexual de mulheres transgenitalizadas.* 2008. 227 f. Tese (Doutorado em Psicologia) – Faculdade de Filosofia, Ciências e Letras de Ribeirão Preto, Universidade de São Paulo, 2008. Disponível em: http://www.teses.usp.br/teses/disponiveis/59/59137/tde-27052008-141851/pt-br.php. Acesso em: 18 abr. 2019.

PIOVESAN, Flávia; SILVA, Sandro Gorski. Diversidade sexual e o contexto global: desafios à plena implementação dos direitos humanos LGBTI. *Revista Quaestio Iuris*, Rio de Janeiro, v. 8, n. 4, p. 2.613-2650, 2015. Disponível em: file:///C:/Users/Sergio/Downloads/20949-68351-2-PB.pdf. Acesso em: 29 out. 2017.

PORTUGAL. *Lei nº 32 de 26 de julho de 2006*. Procriação medicamente assistida. Disponível em: https://dre.pt/web/guest/legislacao-consolidada/-/lc/75185175/201704051407/exportPdf/normal/1/cacheLevelPage?_LegislacaoConsolidada_WAR_drefrontofficeportlet_rp=indice. Acesso em: 10 jun. 2019.

PORTUGAL. Tribunal Constitucional. *Acordão do Tribunal Constitucional nº 225/2018*. Relator: Conselheiro Pedro Machete, 24 de abril de 2018. Disponível em: https://dre.pt/application/conteudo/115226940. Acesso em: 22 ago. 2019.

PRECIADO, Beatriz. *Manifesto contrassexual*: práticas subversivas de identidade sexual. São Paulo: n-1 Edições, 2014.

PRINCÍPIOS DE YOGYAKARTA. *Princípios sobre a aplicação da legislação internacional de direitos humanos em relação à orientação sexual e identidade de gênero*. Disponível em: http://www.dhnet.org.br/direitos/sos/gays/principios_de_yogyakarta.pdf. Acesso em: 12 jul. 2017.

RAGO, Margareth. Epistemologia feminista, gênero e história. *In*: GROSSI, Miriam Pilar; PEDRO, Joana Maria (Org.). *Masculino, feminino, plural*. 1. ed. Florianópolis: Mulheres, 1998. Disponível em: http://files.mudem.webnode.com/200000074-71426723a2/Epistemologia%20feminista,%20g%C3%AAnero%20e%20hist%C3%B3ria.pdf. Acesso em: 20 dez. 2019.

RAMOS, André Luiz Santa Cruz. *Direito empresarial*. 7. ed. Rio de Janeiro: Forense; São Paulo: Método, 2017.

RAMOS, Elival da Silva. *Ativismo judicial*: parâmetros dogmáticos. São Paulo: Saraiva, 2015.

RANGEL, Rafael Calmon. As uniões homoafetivas na visão dos tribunais: análise da jurisprudência dos últimos 25 anos. *In*: DIAS, Maria Berenice (Coord.). *Diversidade sexual e direito homoafetivo*. 3. ed. São Paulo: Revista dos Tribunais, 2017.

RAPOSO, Vera Lúcia. "Dá-me licença que tenha filhos?": restrições legais no acesso às técnicas de reprodução humana assistida. *Revista Direito GV*, São Paulo, v. 15, n. 2, p. 1-27, 2019. Disponível em: http://www.scielo.br/scielo.php?script=sci_arttext&pid=S1808-24322019000200202. Acesso em: 20 nov. 2019.

REALE, Miguel. *Lições preliminares de direito*. 27. ed. São Paulo: Saraiva, 2002.

REARDON, Sara. Human embryos grown in lab for longest time ever. *Nature*, [s.l.], n. 533, p. 5-6, 2016. Disponível: https://www.nature.com/news/polopoly_fs/1.19847!/menu/main/topColumns/topLeftColumn/pdf/533015a.pdf. Acesso em 23 mar. 2020.

REINO UNIDO. *Surrogacy Arrangements Act, 16th july 1985*. An Act to regulate certain activities in connection with arrangements made with a view to women carrying children as surrogate mothers. Disponível em: https://www.legislation.gov.uk/ukpga/1985/49. Acesso em: 22 ago. 2019.

REIS, Neilton; PINHO, Raquel. Gêneros não-binários: identidades, expressões e educação. *Revista Reflexão e Ação*, Santa Cruz do Sul, v. 24, n. 1, p. 7-25, 2016. Disponível em: https://online.unisc.br/seer/index.php/reflex/article/view/7045/pdf. Acesso em: 10 mar. 2019.

REISMAN, Tamar; GOLDSTEIN, Zil. Case report: induced lactation in a transgender woman. *Transgender Health*, [s.l.], v. 3, n. 1, p. 24-26, 2018. Disponível em: https://www.liebertpub.com/doi/pdf/10.1089/trgh.2017.0044. Acesso em: 4 dez. 2019.

RETTORE, Anna Cristina de Carvalho. *Gestação de substituição no Brasil*: a estrutura de um negócio jurídico dúplice, existente, válido e eficaz. 158. f. Dissertação (Mestrado em Direito) – Pontifícia Universidade Católica de Minas Gerais, 2018. Disponível em: http://www.biblioteca.pucminas.br/teses/Direito_RettoreAC_1.pdf. Acesso em: 16 ago. 2018.

RIO DE JANEIRO. *Decreto-Lei n. 220, de 18 de julho de 1975*. Dispõe sobre o Estatuto dos Funcionários Públicos Civis do Poder Executivo do Estado do Rio de Janeiro. Disponível em: http://alerjln1.alerj.rj.gov.br/decest.nsf/13a8832c3ad51674832569d0006c75a4/cb7fc6f032ee6e5683256eb40054bd0e?OpenDocument. Acesso em: 7 abr. 2019.

RIO DE JANEIRO. *Lei nº 5.034, de 29 de maio de 2007*. Acrescenta parágrafo ao art. 29 da lei nº 285/79, modificada pela lei nº 3.189/99, dispondo sobre a averbação, pelos servidores públicos estaduais, da condição de companheiros do mesmo sexo, para fins previdenciários e dá outras providências. Disponível em: http://alerjln1.alerj.rj.gov.br/contlei.nsf/69d90307244602bb032567e800668618/01f879fc4f1b7fc2832572f1005c70be?OpenDocumentt. Acesso em: 7 abr. 2019.

RODRIGUES JUNIOR, Otávio Luiz. *Distinção sistemática e autonomia epistemológica do direito civil contemporâneo em face da constituição e dos direitos fundamentais*. 2017. 682 f. Tese (Livre-Docência em Direito) – Faculdade de Direito da Universidade de São Paulo, São Paulo, 2017.

RODRIGUES JUNIOR, Otávio Luiz. Estatuto epistemológico do direito civil contemporâneo na tradição de civil law em face do neoconstitucionalismo e dos princípios. *Meritum, Revista de Direito da Universidade FUMEC*, Belo Horizonte, v. 5, n. 2, p. 13-52, 2010. Disponível em: http://www.fumec.br/revistas/meritum/article/view/1054/747. Acesso em: 14 ago. 2018.

RODRIGUES JUNIOR, Otávio Luiz. O amor desapareceu do Código Civil brasileiro. *Revista Consultor Jurídico*, 19 dez. 2012. Disponível em: https://www.conjur.com.br/2012-dez-19/direito-comparado-amor-desapareceu-codigo-civil-brasileiro. Acesso em: 11 nov. 2019.

ROMANIS, Elizabeth Chloe. Artificial womb technology and clinical translation: innovative treatment or medical research? *Bioethics*, [s.l.], n. 34, p. 392-402, 2020. Disponível em: https://pubmed.ncbi.nlm.nih.gov/31782820/. Acesso em: 29 jan. 2021.

ROUDINESCO, Elisabeth. *A família em desordem*. Rio de Janeiro: Jorge Zahar Ed., 2003.

RUIZ-ROBLEDILLO, Nicolás; MOYA-ALBIOL, Luis. Gestational surrogacy: psychosocial aspects. *Pshychosocial Intervention*, Madrid, v. 25, p. 187-193, 2016. Disponível em: https://www.sciencedirect.com/science/article/pii/S1132055916300230. Acesso em: 26 ago. 2019.

RUZYK, Carlos Eduardo Pianovski. *Liberdade(S) e função*: contribuição crítica para uma nova fundamentação da dimensão funcional do direito civil brasileiro. 2009. 402 f. Tese (Doutorado em Direito das Relações Sociais) – Universidade Federal do Paraná, Curitiba, 2009. Disponível em: https://acervodigital.ufpr.br/bitstream/handle/1884/19174/?sequence=1. Acesso em: 5 maio 2018.

SÁ, Mariana Oliveira de; CARDOSO, Fernanda Carolina Lopes; COELHO, Henri Cláudio de Almeida. A criação de uma lei de identidade de gênero no Brasil como ferramenta para a efetivação de direitos das pessoas LGBT. *In*: CONGRESSO INTERNACIONAL CONSTITUCIONALISMO E DEMOCRACIA: O NOVO CONSTITUCIONALISMO LATINO-AMERICANO, 4., 2017, Rio de Janeiro. *Anais Direito, Gênero, Sexualidades e Racialidade*. Florianópolis: Conpedi, 2017. p. 260-279. Disponível em: https://www.conpedi.org.br/publicacoes/qu1qisf8/g86d5443/yeAm75X2o1uYly21.pdf. Acesso em: 13 mar. 2019.

SALGADO, Gisele Mascarelli. Epistemologia feminista no direito. *In*: FERRAZ, Carolina Valença (Coord.). *Manual jurídico feminista*. Belo Horizonte: Letramento, 2019.

SALIH, Sara. *Judith Butler e a teoria queer*. Belo Horizonte: Autêntica, 2015.

SANTA CATARINA. *Processo nº 0800779-46.2013.8.24.0090*. Juiz de Direito: Luiz Cláudio Broering, 30 de julho de 2014. Disponível em: http://www.direitohomoafetivo.com.br/jurisprudencia-categoria/sub86dupla- parentalidade/87/1. Acesso em: 25 nov. 2019.

SÃO PAULO. *Processo nº 0012939-86.2012.8.26.0100*. Juiz de Direito: Márcio Martins Bonilha Filho, 28 de setembro de 2012. Disponível em: http://www.direitohomoafetivo.com.br/jurisprudencia-categoria/sub86dupla-parentalidade/87/2. Acesso em: 21 nov. 2019.

SÃO PAULO. *Processo nº 0070161-75.2013.8.26.0100*. Juiz de Direito: Juiz de Direito Marcelo Benacchio, 20 de fevereiro de 2014. Disponível em: http://www.direitohomoafetivo.com.br/jurisprudencia-categoria/sub86dupla- parentalidade/87/1. Acesso em: 21 nov. 2019.

SARMENTO, Daniel. A vinculação dos particulares aos direitos fundamentais: o debate teórico e a jurisprudência do STF. *In*: LEITE, George Salomão; SARLET, Ingo Wolfgang; CARBONELL, Miguel (Org.). *Direitos, deveres e garantias fundamentais*. Salvador: JusPodivm, 2011.

SCHREIBER, Anderson; LUSTOSA, Paulo Franco. Efeitos jurídicos da multiparentalidade. *Revista Pensar*, Fortaleza, v. 21, n. 3, p. 847-873, 2016. Disponível em: https://periodicos.unifor.br/rpen/article/view/5824/pdf. Acesso em: 29 ago. 2019.

SENA, Tito. Os relatórios Kinsey: práticas sexuais, estatísticas e processos de normali(ti)zação. *In*: SEMINÁRIO INTERNACIONAL FAZENDO GÊNERO: DIÁSPORAS, DIVERSIDADE E DESLOCAMENTOS, 9., 2010, Florianópolis. *Anais Fazendo Gênero 9*: diásporas, diversidade e deslocamentos. Florianópolis: Universidade Federal de Santa Catarina, 2010. Disponível em: http://www.fazendogenero.ufsc.br/9/resources/anais/1278011145_ARQUIVO_ArtigoTitoSenaFG9.pdf. Acesso em: 29 mar. 2019.

SGORBATI, Barbara. Maternità surrogata, dignità della donna e interesse del minore. *Biolaw Journal – Rivista di BioDiritto*, Trento, n. 2, p. 111-129, 2016. Disponível em: https://s3.amazonaws.com/academia.edu.documents/52469070/Maternita_surrogata__dignita_della_donna_e_interesse_del_minore.pdf?response-content-disposition=inline%3B%20filename%3DMaternita_surrogata_dignita_della_donna.pdf&X-Amz-Algorithm=AWS4-HMAC-SHA256&X-Amz-Credential=AKIAIWOWYYGZ2Y53UL3A%2F20190821%2Fus-east-1%2Fs3%2Faws4_request&X-Amz-Date=20190821T045819Z&X-Amz-Expires=3600&X-Amz-SignedHeaders=host&X-Amz-Signature=f7bfc4a509f638f01051b b8f7e744cddc3154c54e59e4a74c978fb03acdc6a66. Acesso em: 21 ago. 2019.

SILVA JÚNIOR, Enézio de Deus. *A possibilidade jurídica de adoção por casais homossexuais*. 5. ed. Curitiba: Juruá, 2011.

SILVA JÚNIOR, Enézio de Deus. Diversidade sexual e suas nomenclaturas. *In*: DIAS, Maria Berenice (Coord.). *Diversidade sexual e direito homoafetivo*. São Paulo: Revista dos Tribunais, 2011.

SILVA NETTO, Manuel Camelo Ferreira da; DANTAS, Carlos Henrique Félix. Entre a ficção científica e a realidade: o "útero artificial" e as (futuras) perspectivas em matéria de biotecnologia reprodutiva humana à luz do biodireito. *In*: EHRHARDT JÚNIOR, Marcos; CATALAN, Marcos; MALHEIROS, Pablo (Coord.). *Direito civil e tecnologia*. Belo Horizonte: Fórum, 2020.

SILVA NETTO, Manuel Camelo Ferreira; DANTAS, Carlos Henrique Félix; FERRAZ, Carolina Valença. O dilema da "produção independente" de parentalidade: é legítimo escolher ter um filho sozinho? *Revista Direito GV*, São Paulo, v. 14, n. 9, p. 1.106-1.138, 2018. Disponível em: http://www.scielo.br/scielo.php?script=sci_arttext&pid=S1808-24322018000301106. Acesso em: 15 jun. 2019.

SILVA, Leilane Assunção da; SOUZA, Emilly Mel Fernandes de. A epistemologia do barraco: uma breve história do movimento LGBTI em geral. *Inter-Legere – Revista de Pós-Graduação em Ciências Sociais da UFRN*, n. 21, p. 106-121, 2017. Disponível em: https://periodicos.ufrn.br/interlegere/article/view/13539/9261. Acesso em: 12 mar. 2019.

SILVA, Sara Cristina Lemos da. *A parentalidade prospetiva pela voz de pessoas com identidade de género trans ou não binária*. 2018. 62 f. Dissertação (Mestrado Integrado em Psicologia) – Faculdade de Psicologia e de Ciências da Educação, Universidade do Porto, 2018. Disponível em: https://repositorio-aberto.up.pt/bitstream/10216/121028/2/341591.pdf. Acesso em: 27 nov. 2019.

SOARES, André Marcelo M.; PIÑEIRO, Walter Esteves. *Bioética e biodireito*: uma introdução. 2. ed. São Paulo: Loyola, 2006.

SOUTO, Luiza. Assassinatos de LGBT crescem 30% entre 2016 e 2017, segundo relatório. *O Globo*, 2018. https://oglobo.globo.com/sociedade/assassinatos-de-lgbt-crescem-30-entre-2016-2017-segundo-relatorio-22295785. Acesso em: 19 nov. 2018.

SOUZA, Sandra Duarte. Política religiosa e religião política: os evangélicos e o uso político do sexo. *Revista Estudos de Religião*, [s.l.], v. 27, n. 1, p. 177-201, 2013. Disponível em: https://www.metodista.br/revistas/revistas-ims/index.php/ER/article/view/4160/3622. Acesso em: 9 abr. 2019.

SPARGO, Tamsin. *Foucault e a teoria queer*: seguido de Ágape e êxtase: orientações pós-seculares. Belo Horizonte: Autêntica, 2017.

STOTZER, Rebecca L.; HERMAN, Jody L.; HASENBUSH, Amira. *Transgender parenting*: a review of existing research. Los Angeles: [s.n], 2014. Disponível em: https://williamsinstitute.law.ucla.edu/wp-content/uploads/transgender-parenting-oct-2014.pdf. Acesso em: 16 nov. 2015.

STRECK, Lenio Luiz. O pamprincipiologismo e a flambagem do direito. *Revista Consultor Jurídico*, 10 out. 2013. Disponível em: https://www.conjur.com.br/2013-out-10/senso-incomum-pamprincipiologismo-flambagem-direito. Acesso em: 23 mar. 2019.

STRECK, Lenio Luiz. *O que é isto* – Decido conforme minha consciência? Porto Alegre: Livraria do Advogado, 2010.

STRECK, Lenio Luiz. O rubicão e os quatro ovos do condor: de novo, o que é ativismo? *Revista Consultor Jurídico*, 7 jan. 2016. Disponível em: https://www.conjur.com.br/2016-jan-07/senso-incomum-rubicao-quatro-ovos-condor-ativismo. Acesso em: 19 ago. 2018.

STRECK, Lenio Luiz. Zimermann, Schmidt, Streck e Otavio: todos contra o pan-principialismo. *Revista Consultor Jurídico*, 5 mar. 2015. Disponível em: https://www.conjur.com.br/2015-mar-05/senso-incomum-balde-agua-fria-pan-principialismo-clausulas-gerais2. Acesso em: 19 ago. 2018.

STRECK, Lenio Luiz; BARRETTO, Vicente de Paulo; OLIVEIRA, Rafael Tomaz. Ulisses e o canto das sereias: sobre ativismos judiciais e os perigos da instauração de um "terceiro turno da constituinte". *Revista Estudos Constitucionais, Hermenêutica e Teoria do Direito – RECHTD*, São Leopoldo, v. 1, n. 2, p. 75-83, 2009. Disponível em: http://revistas.unisinos.br/index.php/RECHTD/article/view/47/2401. Acesso em: 8 abr. 2019.

TARTUCE, Flávio. Anotações ao provimento 63 do Conselho Nacional de Justiça – Parte I. *Migalhas*, 25 abr. 2018. Disponível em: https://www.migalhas.com.br/FamiliaeSucesso es/104,MI279029,51045-Anotacoes+ao+provimento+63+do+Conselho+Nacional+de+Just ica+Parte+I. Acesso em: 21 jun. 2019.

TARTUCE, Flávio. *Mudança do nome do transexual*. Disponível em: http://www.egov. ufsc.br/portal/sites/default/files/anexos/31506-35738-1-PB.pdf. Acesso em: 14 mar. 2019.

TEIXEIRA, Ana Carolina Brochado. Autonomia existencial. *Revista Brasileira de Direito Civil – RBDCivil*, Belo Horizonte, v. 16, p. 75-104, 2018. Disponível em: https://rbdcivil. ibdcivil.org.br/rbdc/article/view/232/214. Acesso em: 23 mar. 2019.

TELES, Natália Oliva. Diagnóstico genético pré-implantação: aspectos técnicos e considerações éticas. *Acta Medica Portuguesa*, [s.l.], v. 24, n. 6, p. 987-996, 2011. Disponível em: http://repositorio.insa.pt/bitstream/10400.18/913/1/Acta%20Med%20Port%202011. pdf. Acesso em: 14 ago. 2019.

TENÓRIO, Leonardo Farias Pessoa; PRADO, Marco Aurélio Máximo. As contradições da patologização das identidades trans e argumentos para mudança de paradigma. *Revista Periodicus*, Salvador, v. 1, n. 5, p. 41-55, 2016. Disponível em: https://portalseer. ufba.br/index.php/revistaperiodicus/article/view/17175/11332. Acesso em: 15 abr. 2019.

TEPEDINO, Gustavo. A disciplina jurídica da filiação na perspectiva civil-constitucional. In: PEREIRA, Rodrigo da Cunha Pereira (Org.). *Direito de família contemporâneo*. Belo Horizonte: Del Rey, 1997.

THURLER, Ana Liési. Homoparentalidades e heteroparentalidades: desafios à igualdade. In: STEVENS, Cristina; BRASIL, Katia Cristina Tarouquella; ALMEIDA, Tânia Mara Campos de; ZANELLO, Valeska (Org.). *Gênero e feminismos*: convergências (in)disciplinares. Brasília: Ex Libris, 2010.

TRANSGENDER EUROPE. *30 de março de 2016*: nota de imprensa, dia internacional da visibilidade trans. Disponível em: http://transrespect.org/wp-content/uploads/2016/03/ TvT_TMM_TDoV2016_PR_PT.pdf. Acesso em: 3 dez. 2017.

Transgênero consegue na Justiça amapaense o direito de adoção. *Instituto Brasileiro de Direito de Família*, 2 abr. 2008. Disponível em: http://www.ibdfam.org.br/noticias/ na-midia/2282/Transg%C3%AAnero+consegue+na+Justi%C3%A7a+amapaense+o+ direito+de+ado%C3%A7%C3%A3o. Acesso em: 15 nov. 2019.

TREVISAN, João Silvério. Oscar Wilde e os direitos homossexuais. *Cult*, 2013. Disponível em: https://revistacult.uol.com.br/home/oscar-wilde-e-os-direitos-homossexuais/. Acesso em: 19 nov. 2018.

UCRÂNIA. *Civil Code of Ukraine, januay 1st of 2004*. Disponível em: https://zakon.rada. gov.ua/laws/show/en/435-15?lang=en. Acesso em: 22 ago. 2019.

UCRÂNIA. *Family Code of Ukraine, january 1st of 2004*. Disponível em: https://www. refworld.org/pdfid/4c4575d92.pdf. Acesso em: 22 ago. 2019.

UREL, Isadora. Adoção de embriões: uma opção apropriada aos embriões excedentários viáveis. *Revista de Direito Constitucional e Internacional*, São Paulo, v. 99, p. 191-202, 2015. Disponível em: http://www.mpsp.mp.br/portal/page/portal/documentacao_e_divulgacao/ doc_biblioteca/bibli_servicos_produtos/bibli_boletim/bibli_bol_2006/RDConsInter_n.97.08. PDF. Acesso em: 15 ago. 2019.

URUGUAI. *Ley* nº 19.167, de 29 de novembro de 2013. Técnicas de reproducción humana assistida. Disponível em: https://legislativo.parlamento.gub.uy/temporales/leytemp6299504.htm. Acesso em: 22 ago. 2019.

USUDA, Haruo; WATANABE, Shimpei; SAITO, Masatoshi; SATO, Shinichi; MUSK, Gabrielle C.; FEE, Ms Erin; CARTER, Sean; KUMAGAI, Yusaku; TAKAHASHI, Tsukasa; KAWAMURA, Mr Shinichi; HANITA, Takushi; KURE, Shigeo; YAEGASHI, Nobuo; NEWNHAM, John P.; KEMP, Matthew W. Successful use of an artificial placenta to support extremely preterm ovine fetuses at the border of viability. *American Journal of Obstetrics and Gynecology*, [s.l.], v. 221, n. 1, 69. e1-69.e17, 2019. Disponível em: https://pubmed.ncbi.nlm.nih.gov/30853365/. Acesso em: 29 jan. 2021.

VASCONCELOS, Aline Foltran de; SILVA, Taynna Cury; REIS, Fernando M.; RODRIGUES, Jhenifer Kliemchen. Gravidez e preservação da fertilidade em pacientes homossexuais, transgênero e transexuais. *In*: CONGRESSO BRASILEIRO DE REPRODUÇÃO HUMANA, 28., 2018. *Anais do 28º Congresso Brasileiro de Reprodução Humana*. Belo Horizonte: [s.n.], 2018. Disponível em: http://s3.amazonaws.com/host-client-assets/files/hra/anais_28cbrh.pdf. Acesso em: 27 nov. 2019.

VECCHIATTI, Paulo Roberto Iotti. Constitucionalidade (e dever constitucional) da classificação da homofobia e da transfobia como crimes de racismo. *In*: DIAS, Marias Berenice (Coord.). *Diversidade sexual e direito homoafetivo*. 3. ed. São Paulo: Revista dos Tribunais, 2017.

VECCHIATTI, Paulo Roberto Iotti. Constitucionalidade das decisões do STF, STJ e CNJ sobre as uniões homoafetivas. *In*: FERRAZ, Carolina Valença; LEITE, Glauber Salomão; OMMATI, José Emílio Medauar; VECCHIATTI, Paulo Roberto Iotti (Coord.). *Diferentes, mas iguais*: estudos sobre a decisão do STF sobre a união homoafetiva (ADPF 132 e ADI 4277). Rio de Janeiro: Lumen Juris, 2017.

VECCHIATTI, Paulo Roberto Iotti. *Manual da homoafetividade*: da possibilidade jurídica do casamento civil, da união estável e da adoção por casais homoafetivos. 2. ed. Rio de Janeiro: Forense; São Paulo: Método, 2012.

VENOSA, Sílvio de Salvo. A família conjugal. *In*: PEREIRA, Rodrigo da Cunha (Coord.). *Tratado de direito das famílias*. 2. ed. Belo Horizonte: IBDFAM, 2016.

VILLELA, João Baptista. Desbiologização da paternidade. *Revista da Faculdade de Direito da Universidade Federal de Minas Gerais*, Belo Horizonte, n. 21, p. 400-418, 1979. Disponível em: https://www.direito.ufmg.br/revista/index.php/revista/article/view/1156/1089. Acesso em: 12 jun. 2019.

WÜNSCH, Guilherme; SCHIOCCHET, Taysa. O reconhecimento do transexual como um sujeito de direito das famílias: o biodireito frente aos desafios da contemporaneidade. *In*: ENCONTRO NACIONAL DO CONPEDI, 20., 2011, Belo Horizonte. *Anais do XX Encontro Nacional do Conpedi*. Florianópolis: Conpedi, 2011. Disponível em: https://www.academia.edu/11490927/O_Reconhecimento_do_Transexual_como_um_Sujeito_de_Direito_das_Fam%C3%ADlias_o_Biodireito_Frente_aos_Desafios_da_Contemporaneidade. Acesso em: 15 abr. 2019.

ZAMBRANO, Elizabeth. *"Nós também somos família"*: estudo sobre a parentalidade homossexual, travesti e transexual. 2008. 236 f. Tese (Doutorado em Antropologia Social) – Universidade Federal do Rio Grande do Sul, Porto Alegre, 2008. Disponível em: https://www.lume.ufrgs.br/bitstream/handle/10183/17649/000718906.pdf?sequence=1&isAllowed=y. Acesso em: 13 nov. 2019.

ZAMBRANO, Elizabeth. Parentalidades "impensáveis": pais/mães homossexuais, travestis e transexuais. *Revista Horizontes Antropológicos*, Porto Alegre, v. 12, n. 26, p. 123-147, 2006. Disponível em: http://www.scielo.br/pdf/ha/v12n26/a06v1226.pdf. Acesso em: 12 nov. 2019.

Esta obra foi composta em fonte Palatino Linotype, corpo 10
e impressa em papel Offset 75g (miolo) e Supremo 250g (capa)
pela Gráfica Laser Plus.